한승헌 변호사
변론사건실록
2

간행위원회

위원장 : 박원순 (변호사, 희망제작소 상임이사)

위　원 : 박종화 (목사)
　　　　　백승헌 (민주사회를위한변호사모임 회장, 변호사)
　　　　　신인령 (전 이화여대 총장)
　　　　　윤형두 (범우사 대표)
　　　　　임헌영 (문학평론가, 중앙대 교수)
　　　　　장영달 (국회의원)
　　　　　정동익 (동아투위 위원장)
　　　　　최종고 (서울대 법대 교수)
　　　　　한명숙 (국무총리)

이 도서의 국립중앙도서관 출판시 도서목록(CIP)은
e-CIP홈페이지(http://www.nl.go.kr/cip.php)에서 이용하실 수 있습니다.
(CIP제어번호 : CIP2006002412)

남산부활절예배 사건의 항소심에서 무죄판결을 받고 법정을 나오며. 오른쪽으로부터 박형규 목사, 부인 조정하 여사, 한승헌 변호사 (1991)

유신헌법 철폐운동으로 구속되어(대통령긴급조치위반) 군사법정에 선 장준하(오른쪽), 백기완 (1974. 2.)

정부를 성토하는 한 집회에서 독재타도와 민주회복을 외치고 있는 재야원로들. 오른쪽부터 백기완, 계훈제, 문익환, 강희남 (1986. 3.)

대통령긴급조치 사건 재판을 맡길 비상고등군법회의 재판장 이세호 대장에게 임명장을 주는 박정희 대통령 (1974. 1.)

서종철 국방장관이 대통령긴급조치 사건의 '재판'을 맡을 비상군법회의 심판관(현역장교)들에게 임명장을 주고 나서 (1974. 1.)

대통령긴급조치1호 사건으로 군사법정에 선 기독교 성직자들. 오른쪽으로부터 김진홍, 이해학, 이규상, 인명진, 박윤수, 김경락 (1974. 2.)

《한양》지 사건('문인간첩단 사건'으로 발표)으로 구속되어 법정에 선 문인들. 오른쪽으로부터 이호철, 임헌영, 김우종, 장백일, 정을병 (1974. 4.)

《한양》지 사건의 문인들을 변호하고 있는 한승헌 변호사 (1974. 4.)

민청학련 사건으로 구속된 김지하 시인 (1975. 5.)

민청학련 사건의 피고인과 변호인들이 사건 28년 만에 다시 한 자리에 (2003. 7.)

대통령긴급조치 사건 항소심을 맡은 비상고등군법회의 법정의 단상 단하. 옆모습이 한승헌 변호사 (1974. 5.)

전두환 정권때 보안사의 탄압으로 서울제일교회(담임목사 박형규)가 중부경찰서 앞 노상에서 매주 주일예배를 보던 시기에 격려방문을 하고 있는 김대중 씨(중앙)와 이직형 장로(그 왼쪽) (1988. 8.)

인혁당 사건으로 전격 처형된 여정남 씨의 무덤(대구)을 찾은 민청학련운동계승사업회 간부들 (2003. 10.)

한승헌변호사 변론사건실록

한승헌변호사변론사건실록간행위원회

2

범우사

■ 일러두기

1. 이 〈…실록〉에는 한승헌 변호사가 지난 1965년 이후 변호한 시국사건 또는 정치적 사건 중 67건을 골라서 그에 관한 문헌 자료가 실려 있다. (한 변호사의 변호사 자격 박탈 기간(1976~1983)과 감사원장 재임기간(1988~1989)에는 변론한 사건이 물론 없다.)

2. 사건 당사자와의 연락이나 자료 수집이 여의치 않아 이번에 수록치 못한 사건에 대해서는 앞으로 사정이 풀리는 대로 추가해서 실록을 발간할 계획이다.

3. 사건의 배열 순서는 사건의 발생(입건, 기소 포함)이나 수사 재판의 시기의 선후를 기준삼아 정하였다.

4. 사건별 중간 표지에 피고인 또는 사건 당사자 전원의 이름을 싣고, 그중 한 변호사가 수임 변호한 당사자 이름에는 밑줄을 그어 식별이 되도록 하였다.

5. 외래어나 외국어의 발음 표기는 일반적 기준에 맞게 손질을 하였으나, 판결문 등 공문서의 경우는 그대로 두었다.

6. 간행물의 이름이나 글의 제목, 대화, 인용 등의 경우에는 일반적으로 쓰여지고 있는 기호나 표시를 따랐다.

7. 공소장, 판결문 등 문서에 나와 있는 사건 당사자의 본적이나 주민등록번호는 개인정보를 보호하는 뜻에서 △△△△△△ 등으로 덮어서 처리하였다.

8. 사진 화보에는 수록 사건이나 재판에 직접 관련 있는 사진을 싣되, 수록 사건 외에 그 당사자의 활동과 연관 있는 사진도 실었다.

9. 글이나 기사의 필자의 직업(직분)은 집필 또는 공표 당시의 표시에 따랐다.

| 간행위원장 인사말씀 |

세월은 가도 역사는 남는다
−한승헌 변호사 변론사건 실록 출간에 즈음하여

박원순 (변호사, 희망제작소 상임이사)

　세월은 가고 사람도 갔다. 질풍노도의 한국 현대사 속에서 수많은 사건이 있었고 그속에 풍운의 주인공들도 있었다. 그 사건들 중에는 재판을 받고 그 주인공들이 교도소로 간 사람들도 적지 않다. 그중에는 사형에 처해진 사람도 있고 나중에 대통령이 된 사람도 있다. 그 이후의 어떤 사회적 역할을 했든 이제 많은 세월과 함께 모두가 역사의 저편으로 사라지고 있다.
　그러나 아무리 세월이 흐르고 사람이 사라져도 역사는 남는다. 그들의 활동과 발언과 행적은 역사 속에 생생히 남는다. 후세의 사람들은 그것을 통하여 배우고 따른다. 그러므로 기록을 통해 남은 역사는 엄중하고도 소중하다.
　한국의 지난 현대사는 독재와 권위주의, 분단과 전쟁, 외세와 투쟁, 이념의 갈등과 대립, 빈곤과 소외로 점철되어 있다. 양심과 정의가 실종되기 일쑤였고 정치적 반대자와 소수자들이 정권에 의해 철저히 억압, 보복당했다. 그 결과는 흔히 사법적 절차와 과정을 통해 정당화되었다. 반공의 이데올로기가 지배하던 시대에 수많은 지식인들이 빨갱이라는 너울을 뒤집어쓰거나 반국가사범이라는 낙인이 찍혀 법정에 서야 했다.
　그러므로 법정은 이 모든 현대사의 분류가 모이는 곳이었다. 단순히 사람과 사람, 사익과 사익의 충돌이 벌어지는 곳이 아니었다. 오히려 그 시대의 핵심적 모순과 그에 대한 저항이 불꽃을 튀기며 충돌하는 곳이었다. 그러나 대체로 의로운 저항자들의 패배로 귀결되는 것이 보통이었다. 적어도 법정에서 정의를 찾기는 어려웠다.

그러나 이 의로운 사람들을 향해 기꺼이 그들의 뜻에 동조하고 그들의 분투를 지원하기 위해 나선 사람들이 있었다. 바로 '인권변호사'라는 사람들이 그들이었다. 이들은 단지 한 직업인으로서의 사명을 넘어서 동시대 지식인으로서의 양심에 기초하여 그 저항자들과 한 편이 되었던 것이다.

한승헌 변호사는 이러한 인권변호사의 선구자적 지위에 있는 분이다. 일제시대의 인권변호사들의 뜻을 이어받고, 인권변론의 비조라고 일컬어지는 이병린 변호사의 뒤를 이어, 1960년대 이후 그는 수많은 문인들의 필화사건과 억울하게 법정에 선 정치인들, 예술인들, 평화통일 운동가, 기타 지식인들의 변론을 맡은 단골 변호사였다. 이른바 시국사건이라는 이름의 재판에서 자신이 피고인으로 서는 바람에 변호사 자격을 박탈당한 70년대 말의 몇 년을 제외하고는 그의 이름이 변호인으로 올라 있지 않은 사건은 찾아보기 어려울 것이다. 한때 반공법 위반으로 구속되고 처벌되는 등 한 변호사 자신도 큰 희생을 치르기도 하였다.

이제 그 엄혹하던 시대는 갔다. 아직 인권의 문제가 완전히 사라졌다고 보기는 어려워도 과거와 같은 무지막지한 고문과 처형의 시대는 갔다. 산타나라고 하는 미국의 철학자는 "역사를 잊으면 같은 잘못을 되풀이한다"고 갈파한 적이 있다. 과거의 역사와 기록을 소홀히 하는 민족은 또 그 착오를 반복할 수밖에 없다. 오늘 우리 시대의 인권의 과제 중의 하나는 바로 과거의 기록을 정확히 기록하고 그 교훈을 후세에 남겨주는 것이다.

그러나 과거의 그 처절한 시절에는 기록을 제대로 남기기도 어려웠다. 당사자 본인들은 말할 것도 없고 변호인들마저 그 기록을 보존하기 어려웠다. 그러나 한승헌 변호사는 스스로 역사학자처럼 자신이 변론했던 기록을 보존하고 사건의 당사자들에게 당시상황을 회고하게 하는 등 역사를 복원하고 정리하고 기록하려는 노력을 다해왔다. 이 실록은 바로 그 노력의 한 매듭에 다름 아니다.

이책에 나오는 사건은 가능한 한 당시의 상황을 복원하기 위해 공소사실, 판결문, 변론요지서와 같은 공식문건뿐만 아니라 피고인 본인의 회고, 전문가들의 평가와 의견 등을 함께 싣고 있다. 언제나 그렇듯이 검찰이나 법원의 공식문건만으로는 당시의 상황을 제대로 설명하기 어렵다. 관계된 여러 당사자들의 각기 다른 입장과 해명을 들음으로써 비로소 진실과 성격의 온전한 복원이 가능해진다. 이책은 바로 이러한 다각적인 접근을 함으로써 현대사 속에 매몰되어 있는 사건의 실체를 하나하나씩 풀어가고 있다는 점에 그 특색이 있다.

사실 본인을 포함해서 간행위원들이 한 일은 많지 않다. 오히려 대부분 이 모든 사건을 꼼꼼히 챙기고, 기록을 뒤적이고, 당사자들에게 글을 채근하는 것을 한승헌 변호사 본인이 했다. 그런 점에서 부끄럽기 짝이 없다.

한변호사님은 자주 이런 말을 하곤 해 좌중을 웃기곤 했다. "내가 맡은 사건에서 무죄가 난 경우는 거의 없다. 그럼에도 사건이 끝나고 모두들 나에게 고맙다고들 했다." 언제나 유죄가 나고 엄혹한 형이 선고되어도 한변호사는 인기있는 시국사건의 단골 변호사였다. 그것은 바로 유무죄의 문제라기보다는 피고인의 뜻을 가장 잘 이해하고 그 사건을 가장 잘 설명할 수 있었기 때문이다. 어차피 당시 인권변호사들의 변론은 법정과 재판부 판사들에게 향해 있었다기보다는 다음의 시대와 국민대중에게 향해 있었던 것이다. 이제 후세를 향해 외쳤던 한변호사의 변론이 다시 우리와 다음의 세대를 향해, 이 실록을 통하여 더욱 가슴에 남고 그 시대의 정의를 세우는 데 큰 역할을 하리라는 점에서 큰 의미를 찾는다. 한변호사 – 그는 당시의 법정에서는 연전연패했지만 역사의 법정에서는 승리자로 남을 것이다.

| 머리말 |

변호사의 또 다른 책무로서

[1]

이 《…실록》은 지난 40년 동안 내가 변호했던 시국사건 또는 정치적 사건의 수사·재판 문서와 관련 자료를 집대성한 문헌집이다. 당초 추려낸 약 1백 건의 사건 중에서 67건을 여기에 수록했다. 세월이 흐르는 동안 기록이 없어지기도 하고 자료수집이 어려워졌는가 하면, 사건 당사자 본인의 글(체험기)을 얻지 못했거나 아예 연락조차 안되는 경우가 있었기 때문이다. 하지만 나머지 사건에 대해서도 계속 노력을 해서 이 《…실록》의 증보판으로 추가해서 간행하고자 한다.

[2]

나는 이 실록물을 통하여, 이 나라의 험난했던 역사 속에서, 특히 분단과 독재의 칼바람 속에서 권력의 핍박을 받고 감방에 갇히거나 심지어는 형장의 이슬로 사라진 사람들의 고난을 사건기록을 중심으로 역사에 입력해두고자 했다. 뿐만 아니라 이 실록이 지난 한 시대의 아픔과 권력의 무도함 그리고 그런 불행으로부터 주권자와 민주주의를 지켜주었어야 할 사법부의 실체를 구체적으로 점검해보는 임상臨床보고서가 되었으면 한다.

다시 말해서 분단상황과 독재치하에서 일어난 온갖 정치적 또는 시국적인 사건을 정확하게 이해하고, 연구하고, 거기에서 얻어진 깨달음을 통해서 역사의 상처를 치유함은 물론 세상을 바로잡기 위해서 헌신한 분들의 발자취를 널리 알릴 수 있게 되기를 바란다. 또한 기구한 한국 현대사의 연구에도 값지게 쓰일 수 있는 사료집 내지 문헌집이 되었으면 한다.

[3]

수록사건을 죄명별로 보면, 정치적 사건 또는 시국사건의 속성상 국가보안법 위반, 반공법 위반, 간첩, 대통령긴급조치 위반, 집회시위에관한법률 위반 등이 주류를 이루고 있다. 그밖에 내란예비음모, 폭력행위등처벌에관한법률 위반, 업무방해 등이 끼어 있는가 하면, 심지어 저작권법 위반이나 장식방해죄葬式妨害罪까지 등장하여 실로 다채롭고 기발하다.

나는 사건과 재판에 대한 이해를 돕기 위해서 각 사건의 첫머리에 '사건개요'라는 해설을 실었고, 다음에 피고인(또는 사건 당사자)의 사건 체험기를 앞세웠다. 그리고 공소장, 조사보고서, 구속영장, 모두진술, 변론서, 최후진술, 판결문 또는 항소 (또는 상고)이유서 등을 수록하였다. 사건의 내용과 성격 등에 대한 이해를 돕기 위해서 사건과 관련된 논문, 기사, 대담, 수기, 방청기 등 참고자료도 실었다.

[4]

이 《…실록》을 준비하면서 법정과 구치소(또는 교도소)에서 서로 뜻을 같이했던 많은 분들의 삶을 다시 생각하게 되었다. 변호인의 쓸모는 과연 무엇인가라는 자문自問도 잊지 않았다. 많은 시국사범들이 무죄임을 확신하면서 동시에 유죄판결이 나오리라는 점도 확신해야 했던 지난날의 기막힌 사법현실 속에서 나의 변호는 어떤 의미가 있었을까? 나의 변호는 그들에게 무슨 효용이 얼마나 있었을까? 그들에게 얼마쯤의 위로와 격려라도 되었을까?

벌거벗은 권력의 독기와 맞서거나, 아니면 그앞에서 기죽기 쉬운 '피고인'들에게 힘을 실어주고, 격려를 보내고 그리고 법정 안팎의 진실을 목격한 사람으로서 시간과 공간의 벽을 뛰어넘는 '진실의 전달자'가 되자고 나는 다짐했다. 이 실록의 간행은 내 그런 다짐의 작은 실천이라고 말할 수 있다.

[5]
나는 이 《…실록》이 범우사 창립 40주년 기념사업의 하나로 간행되는 것을 매우 기쁘게 생각한다. 지금까지 나는 범우사에서 여러 권의 책을 낸 바 있는데, 1975년 초에는 난데없는 필화사건으로 책의 판매가 금지되고 내가 구속되는 바람에 범우사에 적지 않은 손해를 끼친 적도 있다. 범우사의 창업자인 윤형두 회장님은 지난 70년대 초입 이래 험난한 시대를 살아오면서 나와는 형제와 같은 우정으로 얽혀서 지내온 사이이다.

생각건대 범우사 40년은 윤형과 나 사이의 우정의 연륜이기도 하다. 그동안 내가 두 번의 옥고를 치르는 등 힘들었던 시기에 여러 모로 따뜻한 정을 베풀어준 윤회장님께 이 지면을 빌려 다시금 감사한 마음을 전하고자 한다.

[6]
지난 1994년, 나의 회갑기념문집 《분단시대의 피고들》의 간행위원들이 전원 그대로 이 《…실록》의 간행위원이 되어주셔서 참으로 감사하다. 10년이 넘는 세월이 흘렀지만 그분들과의 정으로 보아 간행위원도 그냥 그대로가 좋겠다는 생각이 들었는데, 모두들 같은 생각으로 참여해주셔서 여간 고맙지가 않다. 특히 12년 전 그때의 간행위원장이었던 박원순 변호사와 이 《…실록》의 성격상 새 위원으로 모신 백승헌 변호사께서 편집과정에서 여러 모로 힘을 보태주셨다.

분에 넘치는 축하의 글을 써주신 강만길 교수님, 그리고 오래 전부터 나에게 이런 실록의 필요성을 일깨워주면서 이번 상재上梓에 이르기까지 프롬터 역할을 해주신 박원순 간행위원장님께 참으로 고맙다는 말씀을 드리지 않을 수 없다.

이 《…실록》의 간행이 범우사 창립 40주년을 기념하는 데 조그마한 의미라도 보탤 수 있다면 큰 기쁨이 되겠다. 방대한 이 《…실록》의 간행을 맡아주신 윤형두 형에게는 말할 것도 없고, 책이 나올 때까지 애써주신 범우사의 윤재민 사장, 윤성혜 실장, 교정·교열에 수고해주신 김정숙 교수 그리고 표지 디자인을 맡아주신 김장수 님께 두루 감사를 드린다.

2006년 11월 1일

| 축사 |

《변론사건 실록》, 감사합니다

평생 역사학을 공부한 사람으로서, 특히 우리 근·현대사를 전공한 사람으로서 《한승헌 변호사 변론사건 실록》 발간을 축하하기에 앞서 깊은 감사의 말씀을 드리고 싶습니다. 그리고 《한승헌 변호사 변론사건 실록》이 반드시 출간되어야 함은 이 나라의 역사학도라면 누구나 바라는 일이요, 또 함께 감사해야 할 일이라 하지 않을 수 없습니다.

역사는 인류 이상의 현실화 과정이라 생각하지만, 그 현실화 과정에는 많은 우여곡절이 있게 마련임도 부인할 수 없습니다. 그럼에도 역사는 결국 그것이 가야 할 방향으로 가야 할 만큼 가고 만다는 생각을 가진 지도 오래되었습니다. 특히, 우리 근·현대사의 전개과정을 되돌아보면 그런 생각에 대한 확신도가 높아지기도 합니다.

우리 정도의 문화수준에 있는 민족사회가 20세기에 들어서서 남의 지배를 받게 된 일부터가 대단히 '억울한' 일이었지만, 어떻든 지금은 제2차세계대전 후 주권을 되찾은 민족사회 중에서는 정치·경제·사회·문화적인 면에서 일단 선두그룹에 들었다고 하겠습니다. 그 저력은 역시 역사시대 이래 축적된 우리의 문화적 역량 그것에 있으며, 그 역량은 역사가 한때나마 어두운 길에 들어섰을 때 더 선명히 드러나게 마련이었습니다.

지난 1960년대에서 80년대에 걸친 약 30년간의 군사독재 시대는 분명

역사적으로 어둡고 암울한 시대였지만, 그것을 기어이 극복할 수 있었다는 점에서 또한 자랑스러움이 깃든 시대이기도 했습니다. 그리고 이 어두운 시대를 밝은 시대로 바꾼 주역들은 시민과 노동자-농민들이었습니다.

프랑스혁명 때도 그랬지만, 그 시민 속에는 역사의식이 투철한 법조인-교수-교사-언론인-문인-의료인-학생 등이 들어 있었습니다. 이들 시민과 노동자, 농민들이 한 덩어리가 되어 역사를 기어이 바꾸고 마는 주역으로서의 민중이 된 것입니다. 우리 사회의 경우, 민주화가 이루어진 1990년대 이후에는 시민운동과 노농운동의 분화과정을 겪게 됩니다만.

특히 암울했던 1970년대와 80년대의 군사독재 아래에서는 교수와 교사들이 교단에서 쫓겨나고 언론인들의 붓이 꺾이면서 이른바 해직교수, 해직언론인이 양산되고 많은 학생들이 학원에서 쫓겨났습니다. 이 혹독한 시절에 반독재운동의 현장에 섰다가 구속된 노동자-농민-학생-지식인들을 변호하는 인권변호사가 탄생했고, 그들 자신이 권력의 횡포에 의해 변호사 자격을 빼앗기거나 구속되기도 했습니다. 어두웠던 시대를 헤쳐나간 자랑스러운 역사의 이면에는 그만큼 많은 희생이 따랐음을 잊을 수 없습니다.

1970년대, 80년대의 어두운 역사를 밝고 보람찬 역사로 바꾸어가는 과정에서 누구보다도 큰 역할을 한 법조인의 한 사람이 한승헌 변호사임은 아무도 부인하지 못할 것입니다. 가냘픈 그 몸의 어디에 그런 정의감과 의지와 용기가 깃들었는지 그야말로 감탄하지 않을 수 없었습니다. 그 자신이 영어의 몸이 되면서까지 투쟁을 멈추지 않았음은 우리 모두가 잘 아는 사실입니다.

한승헌 변호사는 1965년에 작가 남정현 씨의 소설 '분지' 필화 사건의 변호를 맡은 때부터 시작하여 2003년 노무현 대통령의 탄핵 사건에 이르기까지 약 40년간에 걸쳐 무려 100여 건에 이르는 중요한 시국사건의 변호를 맡아 활약했습니다. 그야말로 격동하는 우리 현대사의 한복판에 우뚝 서 있는 역사의 산 증인이라 하지 않을 수 없습니다.

해방 후 우리 역사의 발전방향 자체도 그렇지만, 한승헌 변호사가 활약한 1960년대 이후 우리 역사의 바른 노정은 크게 보아 민주주의 발전과 평화통일의 진전이라고 하겠습니다. 이 시대를 산 지성인으로서 또 양심적 법조인으로서의 그의 활동도 크게 보아 이 두 가지 역사의 길을 누구보다도 충실히 걸어왔다고 할 수 있습니다. 그가 담당했던 시국사건을 분석해 보면 정확한 답이 나올 수 있습니다.

그분이 맡아서 활약한, 아니 투쟁한 사건들 중 자신이 직접 관여된 김대중 내란음모 사건, 야당대통령후보 선거법위반 사건, 긴급조치1호 민주인사구속 사건, 역시 긴급조치1호 성직자구속 사건, 민청학련 사건, 민주회복국민회의 대표위원 구속 사건, 반유신 야당의원 구속 사건, 광주희생자 추모식 사건, 부천서 성고문 규탄대회 사건, 6월민주항쟁 사건 등등은 군사독재정권 아래에서 감행된 민주화운동으로서 으레 그분의 변호를 기다리는 사건들이었습니다.

자신이 법조인인 동시에 뛰어난 논객이기도 한 한승헌 변호사는 모든 부문이 경직되었던 군사독재정권 아래에서 분출된 민주주의 운동의 일환으로서의 언론의 자유, 사상의 자유를 신장시키기 위해 각종 필화사건에도 적극적인 변호활동을 폈습니다.

소설 '분지' 필화 사건을 비롯해서 김지하 씨의 담시 '오적' 필화 사건, 월간 《다리》지 필화 사건, 동아방송 선거보도 사건, 김주언 씨 등의 보도지침폭로 사건, 리영희 교수의 〈한겨레신문〉 방북취재기획 사건, 마광수 교수의 《즐거운 사라》 필화 사건 그리고 자신이 직접 당한 '어떤 조사' 필화 사건 등 "필화사건 있는 곳에 한변호사 있다"고 해도 과언이 아닐 만큼 모든 희생을 감수하며 적극 나섰습니다.

군사독재정권 아래에서 특히 활동하기 어렵고, 따라서 변호하기도 어려운 문제가 남북문제, 즉 통일문제였습니다. 한승헌 변호사를 비롯한 몇 분의 역사의식과 사명감이 투철한 법조인이 없었다면 아마 많은 남북관계 통일관계 사건들의 진상이 밝혀지기 어려웠을 것입니다.

이른바 동백림거점 간첩단 사건, 문익환 목사 방북 사건, 임수경 학생 방북 사건, 통일혁명당 사건, 고은 시인 등의 남북작가회담 추진 사건, 작가 황석영 씨의 방북 사건, 박순경 교수의 '기독교와 민족통일' 강연 사건, 강희남 목사의 김일성 주석 조문기도 사건, 김낙준 씨 사건, 송두율 교수 사건 등등 남북문제 평화통일 문제를 진전시키기 위한 활동들의 재판에는 반드시 한변호사의 변호가 있게 마련이었습니다.

엄혹한 군사독재 정권 아래에서의 민주화운동과 평화통일 운동은 곧 이 시기 우리 역사의 핵심적 내용이었고, 후세의 역사서술을 위해 반드시 그 세세한 진상까지 밝혀져야 하고 또 기록되어야 함은 말할 나위가 없습니다. 군사독재 시기 우리 역사의 원동력이 바로 이 두 가지 운동에 있기 때문입니다.

이번에 출판되는 《한승헌 변호사 변론사건 실록》은 그가 변론을 맡았던 민주화운동과 평화통일 운동 등에 관한 67건의 재판에 대해, 변호인으로서의 사건내용 및 그 성격을 요약한 해설을 붙였고, 사건의 피고인과 원고와 피해자 등 당사자의 사건체험기가 실려 있으며, 각 사건의 공소장과 판결문 그리고 결정문 등이 기재되어 있습니다.

그리고 각 사건마다의 변론서와 최후진술서가 있고, 그밖에도 항소이유서 및 상고이유서 외에 관련문헌과 자료 그리고 사진까지 갖추어져 있는 '실록'이 무려 일곱 권이나 됩니다. 이 '실록'에 등재된 인물이 곧 우리 현대사 위의 주요인물이며 이 '실록'에 기재된 사건이야말로 우리 현대사의 중요한 사건들이라 하겠습니다. 따라서 이 '실록'은 바로 현대사의 중요한 사료 그것이 되는 것입니다.

우리나라에는 예부터 그때마다의 역사적 사실을 기록하는 사관이 있었습니다. 사실 자체를 기록하는 것이 주된 목적이지만, 사관의 의견이나 관점을 덧붙이기도 했고 그것이 후세인들에게 좋은 참고가 되기도 합니다. 한승헌 변호사가 간행하는 이 '실록' 역시 사실과 판결결과 외에 피고의 항소이유서와 변호인의 해설까지 곁들어진 제1급 사료요, 한변호사님 자신이 바로 사관이 된 경우라 하겠습니다.

아마 중앙정보부나 국가안전기획부의 자료가 보관되고 개방되지 않는 한 군사정권 30년간의 역사적 진실을 밝힐 수 있는 사료는 부실한 점이 많다고 하지 않을 수 없습니다. 그런데 이 '실록'에 실린 사건들은 대부분 당시의 '중정' 및 '안기부'가 다룬 사건들이 아닌가 합니다. 그렇다면 이 '실록'의 역사자료로서의 가치는 한층 더 높아지는 것이라 할 수 있습니다.

올바른 우리 현대사의 서술을 위해 귀중한 사료를 잘 간수했다가 세상에 내어놓는 한승헌 변호사의 꾸준한 노력과 높은 지성과 투철한 역사의식을 높이 사면서 다시 한번 감사해 마지 않습니다.

2006년 6월 15일

강 만 길 씀

한승헌변호사변론사건실록

제2권 차례

인사말씀 _박원순(간행위원회 위원장·변호사) ·································· 11
머 리 말 _한승헌(변호사) ·· 14
축   사 _강만길(고려대 명예교수·사학자) ······································ 18

13. 남산 부활절예배 사건 _박형규 (외)
1. 사건개요: 부활절 예배중 전단살포가 '내란음모'로 ························ 31
2. 체험기(1): 15년 만에 무죄 난 '내란음모' — 박형규 ······················ 34
3. 체험기(2): 70년대 상황변화의 새 전기 — 권호경 ······················ 41
4. 판결 (1심; 서울형사지법 73고합 518) ·· 51

14. 긴급조치1호 민주인사 구속 사건 _백기완 (외)
1. 사건개요: 대통령 긴급조치 제1호 사건들의 실체 ·························· 63
2. 체험기: 박정희 유신독재와의 정면대결 — 백기완 ························ 66
3. 판결 (군재 1심; 74비보군형공 제1호) ·· 78
4. 판결 (대법 74도 1123) ·· 90
5. 긴급조치와 비상군법회의 ··· 93

15. 긴급조치 1호 성직자 등 구속 사건(1) _김진홍 (외)
1. 사건개요: 각본대로 나오는 정찰제 판결 ·· 101
2. 체험기: 개신교 젊은 성직자들의 긴급조치 저항 — 이해학 ············ 105
3. 판결 (군재 1심; 74비보군형공 제3호) ·· 118

16. 긴급조치 1호 성직자 등 구속 사건 (2) _김동완 (외)

1. 사건개요: 개헌운동 성직자 구속과 유인물 사건 ·············· 129
2. 체험기(1): '내란음모'에 이은 유신헌법 반대투쟁 – 김동완 ·········· 133
3. 체험기(2): 긴급조치 구속 자초한 유인물 배포 – 이미경 ·········· 139
4. 판결 (군재1심; 74비보군형공 11호) ·············· 150

17. 《한양》지 관련 문인 사건 _임헌영 (외)

1. 사건개요: 문인 개헌성명 후에 나온 '간첩단' 발표 ·············· 163
2. 체험기: 허황된 '문인간첩단' 사건의 누명 – 임헌영 ·········· 166
3. 문인 '간첩단' 사건 제3회 공판 – 방청기록 ·········· 181
4. 공소장 ·············· 200
5. 변론요지서 – 한승헌 ·············· 218

18. 울릉도 간첩단 사건 _이성희 (외)

1. 사건개요: 고문으로 날조된 친북지하조직의 '두목' ·············· 227
2. 체험기: 분단극복 의지에 무기징역으로 – 이성희 ·········· 231
3. 판결 (대법 75도 279) ·············· 244

19. 긴급조치 4호 민청학련 사건 _이직형 (외)

1. 사건개요(1): 민청학련 사건의 진실과 허구 ·············· 257
2. 사건개요(2): 법정에 선 180명, 청년, 학생, 전직 대통령까지 ········ 262
3. 체험기(1): 유신정권의 극약처방, 사건 날조에서 극형까지 – 정상복 266
4. 체험기(2): "피고인 이 철, 사형!" – 이 철 ·············· 280

5. 체험기(3): 민청학련사건의 진실 - 이직형 ·········· 298
6. 체험기(4): 민청학련 사건, 나의 체험 - 김지하 ·········· 310
7. 체험기(5): 내가 겪은 민청학련사건 - 유인태 ·········· 319
8. 유신체제 수호와 민청학련 사건 - 서중석 ·········· 347
9. 민청학련사건 - 강준만 ·········· 355
10. 타는 목마름으로 부른 민주주의 만세 - 김지하 ·········· 362
11. 양심선언 그후 다른 사건으로 구속되어 - 김지하 ·········· 394

20. 민청학련 사건 연계 인민혁명당 사건 _여정남 (외)
1. 사건개요: 인혁당과 민청학련의 연결고리로 몰린 사형수 ·········· 417
2. 항소이유서 - 여정남 ·········· 421
3. 항소이유서 - 한승헌 ·········· 431
4. 판결 (군재 2심; 74비고군형항 14, 15, 16호) ·········· 438
5. 상고이유서 - 여정남 ·········· 489
6. 상고이유서 - 한승헌 ·········· 492
7. 인혁당 사건 및 민청학련 사건 대법원판결 요지 ·········· 510
8. 인혁당 재건위 사건 추적기 - 유봉인 ·········· 520

제1권

1. 소설 '분지' 필화 사건 _남정현
2. 동백림 간첩단 사건 _이응로 (외)
3. 동백림 간첩단 '장외' 사건 _천상병
4. 전국체전 재일동포선수단 감독 사건 _홍성인
5. 통일혁명당 사건 _노인영 (외)
6. 담시 '오적' 필화 사건 _김지하 (외)
7. 월간 《다리》지 필화사건 _윤형두 (외)
8. 재일동포 모국 유학생 '간첩' 사건 _서 승 (외)
9. 여간첩 사망보도 사건 _박영수
10. 반유신 야당의원 구속 사건 _김상현 (외)
11. 남북한 유엔동시가입론 탄압 사건 _김준희
12. 동아방송 선거보도 사건 _고준환

제3권

21. 군법회의 변호인 구속 사건 _강신옥
22. 거액 금융부정 배후보도 사건 _이원달
23. 긴급조치 4호 연세대교수 구속 사건 _김동길 (외)
24. 야당 대통령후보 선거법위반 사건 _김대중
25. 민주회복국민회의 대표위원 구속 사건 _이병린
26. '어떤 조사弔辭' 반공법 필화 사건 _한승헌
27. 김대중 내란 음모사건 _김대중 (외)
28. 《노동과 노래》 책 저작권법 사건 _허병섭
29. 기독교사회문제연구원 사건 _조승혁 (외)
30. 재일동포 '위장전향 간첩' 재심 사건 _손유형
31. 국회의원선거 무효소송 사건 _전대열
32. 《민중교육》지 사건 _김진경 (외)

韓 勝 憲

제4권

33. 5·3 인천시위 사건 _탁지일
34. 부천서 성고문 규탄집회 사건 _오대영
35. 광주희생자 추모, 대구·인천시위 사건 _장영달
36. 부천서 성고문 재정신청 사건 _권인숙
37. 변호사의 '범인은닉' 위장 사건 _이돈명
38. 목요기도회 설교사건 등 _고영근
39. 정부 보도지침 폭로 사건 _김태홍 (외)
40. 백범 시해범 안두희 응징 사건 _권중희
41. 전북대 총학생회 사건 _정도상 (외)
42. 6월 민주항쟁 사건 _김병오 (외)

제5권

43. 대우조선 노동자 '장식방해' 사건 _노무현 (외)
44. 민중미술- '진달래' 걸개그림 사건 _이상호 (외)
45. 호남대 교수 해직 사건 _변진흥 (외)
46. 전경련회장실 성직자 진입 사건 _조화순
47. 국회공무원 집단면직 사건 _임정호 (외)
48. 서울대 문리대생 데모조종혐의 사건 _이재오 (외)
49. 북한판《해방조선》출판 사건 _이재선
50. 《한국 근현대 민족해방운동사》 사건 _이승환
51. 〈한겨레신문〉 방북취재 기획 사건 _리영희
52. 북한판《조선전사》출판 사건 _강병선
53. 남북작가회담 추진 사건 _고 은

제6권

54. 문익환 목사 방북 사건 _문익환 (외)
55. 전대협 임수경 양 입북 사건 _임수경 (외)
56. 통일운동가의 간첩연계 사건 _김낙중
57. '기독교와 민족통일' 강연 사건 _박순경
58. 《즐거운 사라》 필화 사건 _마광수

제7권

59. 작가 황석영 방북 사건 _황석영
60. 구국전위 사건 _정화려 (외)
61. 김일성 주석 조문기도 사건 _강희남
62. 역사학 교수의 간첩혐의 사건 _박창희
63. '성남 외국인 노동자의 집' 사건 _김해성 (외)
64. 불교인권운동 스님 수난 사건 _박용모
65. 감사원장서리 법리논쟁 사건 _김대중
66. 효성가톨릭대 교수 해임 사건 _손덕수
67. 노무현 대통령 탄핵심판 사건 _노무현

13

남산 부활절예배 사건

피고인 박형규, 권호경, 남삼우, 이종난

1. 사건개요 : 부활절 예배중 전단살포가 '내란음모'로 31
2. 체험기(1): 15년 만에 무죄 난 '내란음모' – 박형규 34
3. 체험기(2): 70년대 상황변화의 새 전기 – 권호경 41
4. 판결 (1심; 서울형사지법 73고합 518) 51

사건개요

부활절 예배중 전단살포가 '내란음모'로

한승헌 (변호사)

1973년 4월 22일 이른 아침 5시, 남산 야외음악당에서 부활절 연합예배가 열렸다. 이날 예배는 '한국교회의 진보세력을 대표하는 엔시시(NCC)와 보수세력연합체인 대한기독연합회가 자리를 같이한 최초의 '부활절 기념 연합예배'라는 의미를 갖고 있었다. 두 집단의 '동석'은 근 17년 만에 처음 있는 일이었으니 그 의미가 사뭇 대단할 만도 했다.

그런데 훗날의 기록은 그날 예배행사 뒤에 있었던 소규모의 전단배포 사건 때문에 엉뚱하게도 내란선동의 현장처럼 채색되고 만다.

그날 행사가 끝날 무렵 청년 몇 사람이 잠시 동안 신도들에게 전단을 나누어주다가 이내 사라졌다. 그리고 아무 일도 없었다. 전단에는 '회개하라. 위정자여!' '주여, 어리석은 왕을 불쌍히 여기소서' 등의 문구가 적혀 있었는데 누구도 그 정도의 전단을 위험시한 사람은 없었다.

그런 데도 그로부터 70여 일이 지난 어느날 도하 각 신문에는 '내란음모 기도 15명 검거, 목사 등 넷 구속'이란 거창한 제목의 기사가 독자의 눈길을 사로잡았다.

그 전단의 제작·살포에 관련된 박형규朴炯圭 목사, 권호경權皓景 전도사 등이 뜻밖에도 내란예비음모 혐의로 구속되어 세상을 놀라게 했다. 서울지검 공안부의 발표인즉, 부활절 연합예배날을 거사일로 잡아서 정부전복을 기도했다는 것이다.

이 사건은 한국 기독교세력이 유신반대투쟁에 나서는 계기가 되었다는 점에서 누구도 예상치 못한 큰 의미와 파장을 남겼다. 안병무安炳茂 박사가 말하는 '사건의 신학'의 전형적 사례이기도 했다.

법정의 열기와 격론은 대단했다. 도대체 종교집회에서 전단을 좀 뿌린 것이 어찌하여 정부전복을 위한 내란예비음모가 된다는 것인지 누구도 납득할 수가 없었다.

재판에서 검찰은, 행동대원들이 군중을 4개 방향으로 유도하여 이를 저지하는 경찰과 투석전을 벌이면서 중앙방송국을 점거, 중앙청을 비롯한 관서들을 점령할 계획이었다고 주장했다.

여기서 기가 막힌 일은 남산에서 집회를 마친 사람들은 그냥 두어도 4개 방향으로 각기 발길을 잡아 돌아가게 되어 있다는 사실이었다.

공소장에는 군중의 일부는 중앙방송국쪽으로 몰려가서 방송국을 점령하고 다른 일부는 남대문을 거쳐 세종로쪽으로 진출하여 중앙청을 접수하려 했다는 식의 무협소설식 '공소사실'이 들어 있었다. 실제로 그날 집회를 마친 '군중'의 인파는 그와 같이 두 방향으로 흘러간 것이 사실이다. 남산에서 내려오는 큰길은 그 두 코스 말고는 없기 때문이었다.

플래카드 및 전단 제작비용을 댄 박형규 목사와 이를 받아 제작을 지시한 권호경 전도사는 '……상기 음악당에 도착하여 예배가 끝나기를 기다리며 예배장 내외의 동정을 살핌으로써 내란을 예비했다'는 것이었다.

이처럼 코믹하기까지 한 각본을 만들어 기독교계뿐만 아니라 온 국민들에게 비웃음과 공포를 아울러 불러일으킨 까닭은 무엇이었을까.

첫째는 플래카드나 전단의 문구가 비록 기독교적인 표현이기는 하지만 1인독재 유신체제에 대한 저항적 의미가 담겨 있다고 본 것이다. 둘째는 박목사를 비롯한 몇몇 뜻있는 젊은 크리스찬들이 벌이고 있던 도시빈민운동을 위험시했다는 점이다.

그들은 서울의 빈민촌 주민들을 의식화하고 조직화하여 최소한의 생존권 확보를 돕는 운동을 벌여오고 있었는데 이것이 결국 반정부세력으로

커질 우려가 있어 미리 철퇴를 가한 것이 아닌가 싶었다.

　박형규, 권호경, 남삼우 등 세 사람 외에도 한국기독학생총연맹(KSCF) 회원으로서 전단의 제작·살포에 나섰던 나상기, 정명기, 이상윤, 황인성, 서창석 등이 보안사 서빙고분실로 끌려가 모진 고문을 당한 끝에 '내란음모'를 자백하기도 했다.

　박형규 목사에 대한 나의 반대신문에서는 이런 문답이 오갔다.

―기독교에서는 폭력을 쓰거나 옹호하는가.

"그렇지 않다."

―부활절 연합예배에는 주로 어떤 연령층의 사람들이 모이는가.

"중년 이상의 신자들, 특히 부녀자들이 많이 모인다."

―신자들은 무엇을 가지고 오는가.

"찬송가와 성경이다."

―예배에 참석할 때 혹시 흉기나 돌을 가지고 오지는 않는가.

"그런 일은 없다."

　결국 찬송가와 성경을 들고 모이는 부녀자 중심의 신자들이 폭력으로 방송국과 정부청사를 점령하고 정부전복을 하려 했다는 것이니 '각본' 치고는 수준이하였다. 그런데도 1심 재판부는 두 사람에게 징역 2년의 실형을 선고해서 세상을 놀라게 했고 이틀 뒤에 피고인들을 보석으로 풀어주어 다시 한번 어리둥절하게 했다.

　박정권도 사라지고 5공이 저물도록 열리지 않던 항소심이 1987년 6월 항쟁 다음해 5월 27일 선고공판을 열었다. 판결 주문은 무죄였다. 재판시효인 15년이 거의 다 될 무렵에, 그것도 민주화의 열기가 넘치던 시점에서 얻어낸 '승리'였다.

　그러나 그처럼 오랜 세월이 지난 후에야 무죄가 확인되었다는 것은 단순한 늑장재판의 문제가 아니라 사법부의 직무유기가 아니냐는 비판도 있어서 좀 씁쓸했다.

체험기(1)

15년 만에 무죄 난 '내란음모'

박형규 (목사)

군부통치와 법조인

　1960년대 초반 5·16쿠데타로 정권을 장악한 박정희 군사도당은 부정부패를 일소하고 정국과 민생을 안정시킨 후 군복무로 돌아가겠다는 애초의 국민과의 약속을 어기고 '민주공화당'이라는 군부정당을 만들어 반공을 국시로 하는 극우 독재정권 수립에 성공했다.
　이들의 성공은 법과 순리를 폭력으로 짓밟은 과감한 대對국민 군사작전의 성과이기는 하지만 시류에 민감하게 반응하고 편승하는 일부, 아니 대다수 정치인·법조인·종교인·학자·언론인 등 이른바 국민지도층의 묵인 내지 동조와 지원에 힘입은 면도 적지 않다. 민정이양을 약속한 군부가 수차례 약속을 번복한 끝에 군복을 벗고 정치를 하겠다고 나섰을 때나 불법으로 야당을 탄압하고 부정선거를 자행했을 때 이를 규탄한 것은 야당과 학생들 말고 또 누가 있었던가?
　군부정권은 취약한 권력의 당위성과 합법성을 보완하기 위해 분단상황을 최대한으로 이용해 끊임없는 대국민 심리작전을 전개하고 있었다. 그 과정에서 날조된 간첩단사건이 생겨났고, 고문·협박·회유로 조작된 간첩도 양산됐다. 피해자의 대다수는 재일교포들이나 북에 혈육이나 친척을 둔 해외동포와 내국인들이었다. 이들 가운데에는 조사과정에서 목숨을 잃은 사람들도 있고 모진 고문으로 정신병 환자가 되어 생을 망친 사람들도 있었다.

이런 상황에서 힘 없는 사람들이 구원을 기대하고 바라보는 곳이 법조계였다. 그들은 경찰, 정보부 혹은 보안사에서 모진 고문을 견디지 못해 허위자백을 했더라도, 검찰에서는 진실과 거짓을 가려줄 것이라는 일말의 기대를 가지고 검찰청에 송치되는 날을 마치 해방되는 날처럼 기다렸다. 그러나 검찰은 양심과 법에 따라 일하는 사람들이 아니라 정부시책에 따라 움직이는 하부구조에 불과했다. 재판부도 마찬가지였다. 사법부의 독립을 주장하는 목소리가 사라진 지도 이미 오래였다.

군부정권 아래에서 사법의 독립을 바라는 것은 연목구어緣木求魚격이었다. 억울한 피의자들의 가족이 한 가닥 희망을 걸고 찾아가는 곳은 변호사 사무실뿐이었다. 그런데 대부분의 변호사들은 이른바 공안사범에 대한 기피증 같은 것을 갖고 있었다. 공안사범을 변호하다가 공안사범이 되어버리는 경우가 심심찮게 발생했고, 재판에서 이길 가망은 거의 없는 데다가, 이겼다 해도 변호사에게 돌아오는 것은 유능한 '인권변호사'라는 달갑지 않은(?) 호칭뿐이었다. '인권변호사'라는 딱지가 붙으면 그 변호사 사무실은 개점휴업을 할 판국이고, 한승헌·강신옥처럼 공안사범을 변호하다가 공안사범이 되어 감옥에 간 변호사들은 출옥한 뒤에도 오랫동안 변호사 활동을 못하게 되는 것이 군부독재하에서의 법조계 풍속도였다.

그럼에도 불구하고, 법조계에 몸담은 것을 사회의 양심과 정의를 위해 일하도록 하늘이 내려준 천명으로 알고 시대의 조류에 대항하여 양식과 양심을 지켜온 소수의 변호사들이 그 시대에 존재했다는 사실은, 우리의 수치스럽고 어두웠던 현대사 속에서도 민족적 긍지를 느끼게 하는 찬란한 등불이라 할 수 있을 것이다.

이미 오래 전에 고인이 되신 이병린 변호사는 암흑의 시대에 처음으로 법조인의 양심의 빛을 밝힌 선구자였다. 그리고 우리는 참으로 유능한 인권변호사 두 사람—황인철과 조영래를 저 세상으로 보냈다. 그러나 광주에는 홍남순 변호사가 건재하고 서울에는 박세경·이돈명·이세중·한승헌·홍성우·조준희·강신옥 등 기라성 같은 인권변호사들이 건재하며,

그들 뒤에는 '민주사회를 위한 변호사 모임'('민변')이라는 이름의 대부대가 양심과 정의, 인권과 민주를 위한 투쟁을 위해 대오를 정비하고 대기하고 있다는 사실을 우리는 잘 알고 있다.

불발된 시위가 '내란예비음모'로

한승헌 변호사를 내가 언제부터 알게 되고 어떤 일에 함께 관여했는지 지금은 기억해내기가 어렵다. 아마도 최초의 접촉은 60년대 후반 내가 기독교서회의 정기간행물 부장 겸 월간 《기독교사상》 주간으로 있을 때가 아니면 1970~71년 사이 기독교방송의 방송담당 상무이사로 재직중일 때였을 것이다.

1971년 4·27 대통령 선거에서 박정희 후보가 당선됨으로써 민주세력은 다가올 탄압을 각오해야 했고 나는 타의에 의해 실직자가 됐다. 그 무렵 나는 크리스챤 아카데미의 프로그램위원장으로 여러가지 대화 모임을 주선하는 한편 '수도권특수지역선교위원회' 위원장으로서 도시빈민지역에서 주민들의 자활운동을 조직·지원하는 선교실무자 양성에 종사하고 있었으므로 실업자이지만 쉴 새가 없었다. 이런 일들과 관련해서도 나는 한변호사를 몇 번 만났을 것이다. 그러다가 유신독재 시대가 되면서 우리는 운명적으로 결속할 수밖에 없었고 드디어 부활절 '내란예비음모' 사건을 통해 종교적 표현을 빌리면 섭리적 만남을 체험했던 것이다. 나는 이 체험을 나의 생애 중에 흔치 않은 초월적 순간으로 나의 영혼과 더불어 길이 간직할 것이다.

1971년 10월 서울에 위수령이 발동되던 날 나는 크리스챤 아카데미를 떠나야 했다. 1972년 10월 국회가 해산되고 비상계엄 선포하에 유신헌법이 발표됨으로써 12월에는 통일주체국민회의가 박정희를 중임제한 없는 대통령으로 선출했다. 이로써 유신체제는 일인독재의 모든 요건을 갖추었다. 국회와 야당은 유신통치의 장식물이었고 모든 민간단체는 정부통제의 대상이었다.

이런 상황에서 수도권 빈민지역에서 주민의 자활을 돕는 선교활동을 한다는 것은 불가능한 일이었다. 이 무렵 선교 실무자들에 대한 공안기구의 감시와 음해가 심해져 주민들마저 불안을 느낄 정도였다. 이때에 비로소 우리는 독재권력하에서는 예수 그리스도의 명령인 이웃사랑도 실천할 수가 없다는 사실을 깨달았다. 그리고 실무자들은 사랑을 실천할 자유를 확보하기 위해 정치투쟁을 병행할 수밖에 없다는 결론에 도달했던 것이다.

1974년 부활주일은 4월 22일이었다. 부활주일 새벽예배는 교파를 초월해 같은 시간에 한자리에 모여 드리자는 합의가 이루어져, 장소는 남산 야외음악당, 시간은 오전 5시로 정해졌다. 우리는 이 집회를 통해 우선 기독교인들에게 교회의 시대적 사명과 정치·사회적 책임감을 일깨우는 일을 할 수 없을까 궁리하고 있었다. 설교와 기도 등 중요한 절차는 모두 보수 교단의 지도자들에게 돌아갔고 그들에게서 역사적·사회적 내용이 담긴 메시지를 기대할 수는 없었다.

때마침 베트남전에서 공을 세운 윤필용 장군이 유신을 비판했다 하여 보안사 서빙고분실에서 모진 고문을 당하고 있다는 소문이 나돌았다. 나는 얼마 전까지 나와 함께 '공해방지협회' 이사로 있다가 정부의 압력으로 함께 물러난 바 있는 전 신민당원 남삼우 씨를 통해 이 사실을 확인하고, '유신'은 '반공'도 잡아먹는 지독한 독재체제라는 사실을 국민에게 알려야 한다는 명분으로 일을 꾸미기로 했다.

터무니없는 '자백'

나는 전도사 권호경에게 거사자금 10만 원을 주면서 남삼우와 협력하되 거사는 반드시 예배가 끝난 뒤에 행할 것과, 거사에 사용되는 용어는 철저하게 기독교적 표현으로 하라고 지시했다. 부활절 새벽, 나는 음악당 맨 뒷자리에 미국 감리교의 잡지기자 한 사람과 함께 섰다. 기자에게는 예배가 끝나면 볼 만한 광경이 벌어질 테니 사진 찍을 준비를 하라고 했다. 그런데 예배가 끝나고 사람들이 다 흩어지는 데도 현수막 하나 오르지 않고 전단을 뿌리는 학생 하나 보이지 않았다. 나중에 알고 보니 금화아파트 주민들이 현수막 열 장을 준비해왔으나 경찰병력으로 포위된 음악당 주변

분위기가 너무 무서워 땅바닥에 버리고 도망쳤다는 것이고, 학생들도 전단 몇 장을 승용차에 집어넣었을 뿐 나머지는 모두 쓰레기통에 버리고 도망쳤다는 것이었다.

이렇게 해서 우리의 거사는 무위로 끝난 것으로 알고 각자 일상적 업무에 골몰하는데 느닷없이 보안사령부가 우리를 '내란예비음모' 혐의자로 연행해가는 것이었다.

내가 서빙고로 연행된 것은 6월 29일이었다. 이미 남삼우·진산전 등이 연행되어 무지막지한 고문을 견디다 못해 내란음모에 가담했다는 자백을 한 다음이었고, 전단 제작과 살포에 동원된 기독학생총연맹(KSCF) 회장 나상기를 비롯한 정명기·이상윤·황인성·서창석 등도 고문 끝에 내란음모를 자백한 후였다. 나와 비슷한 시기에 연행된 권호경과 김동완은 내란음모가 아니라고 고집하는 바람에 일주일 내내 갖은 고문을 다 당하고서야 조서에 손도장을 찍었다. 쉴 새 없이 옆방에서 들려오는 고문당하는 소리에 견딜 수 없어 나도 결국 내란음모를 했다는 거짓자백을 할 수밖에 없었다.

7월 6일 새벽 우리는 뉴 용산호텔로 끌려가 거기에서 고문 수사관 입회하에 검찰조사를 받고 검찰청으로 이송됐다. 오랏줄로 팔이 묶인 채 수갑을 차고 부장검사인 듯한 사람 앞에 나는 섰다. 그는 귀찮다는 듯 내 얼굴도 쳐다보지 않고 "오늘 아침 검사를 만났지요? 그 진술 그대로지요?" 하고 물었다. 나는 고문하는 수사관이 배석하고 있었기 때문에 진실을 말할 수가 없었다고 대답했다. 그는 내 얼굴을 힐끔 보더니 "좋소, 그럼 여기 앉아서 다시 진술서를 쓰시오" 하면서 문 옆에 앉아 있는 사환에게 책상을 비워주고 종이와 볼펜을 주라고 시켰다.

나는 수갑을 찬 채로 진술서를 쓰느라 여념이 없었다. 때는 늦은 오후. 사람들이 퇴근준비를 하는 것같았다. 사람들이 내 옆을 지나 부장실에 왔다가 잠시 후에 나가곤 했다. 말없이 발자국 소리만 들리는 방의 공기는 무겁게 느껴졌으나 서빙고에 비하면 천국이었다. 여기서는 고문은 하지 않을 것이고 고문당하는 소리를 듣지 않아도 될 것이다. 한참 진술서를 써내려가는데 누군가가 내 옆에 와서 멈추어선다. 나는 조용히 고개를 들었다.

법정 안팎의 한승헌 변호사
"목사님, 여기 계셨군요. 모두들 걱정하고 있습니다. 용기를 내십시오."
 한승헌 변호사였다. 내가 할 말을 찾는 순간 그는 조용히 내 손을 한번 잡고는 문 밖으로 나가버렸다. 나는 이 순간에 느낀 감회를 표현할 말을 찾을 수가 없다. 이때의 한승헌은 신이 보낸 전령이었다.
 그날 밤 늦게 나는 진술서를 끝내고 서대문구치소에 수감됐다. 9사 23 방 똥통이 있는 2층의 0.75평짜리 독방이었다. 검찰청에서 한승헌 변호사를 만난 것은 신의 섭리로 이루어진 기적이며 이 사건이 신의 손 안에서 이루어지고 있다는 증거라 생각하니 모든 불안이 사라지는 것같았다.
 수감 후 사흘째 되는 날 출정이라는 것을 해보았다. 시국사범이라고 다시 오랏줄에 꽁꽁 묶여 비둘기집이라는 격리된 대기실에서 몇 시간을 기다린 뒤에 담당검사에게 끌려갔다. 문호철 검사가 날 담당했다. 거구에 호탕해 보이는 사나이였다. 나는 이 사람과 끊임없는 입씨름을 해야 했다. 그는 우리가 폭력시위를 하려 했다고 우기고 나는 시위를 할 계획은 없었다고 우겼다. 문검사는 거의 매일같이 날 불러내고는 하루종일 비둘기집에 가두었다가 만나지도 않고 돌려보냈다. 일종의 고문이었다.
 이런 술책으로는 내가 굴복하지 않을 것이라고 짐작했는지 하루는 자기의 어려운 사정을 토로하고 협조해달라고 간청해왔다. 어려운 고시를 치르고 겨우 검사가 됐는데 어쩌다 공안부에 배속되어 이런 사건을 기소하지 못하면 옷을 벗어야 한다는 것이었다. 그리고 어차피 진실은 재판정에서 가려질 것이니 '폭력시위'라는 말 한마디만 쓰게 해달라는 것이었다. 그때의 공안검사 문호철의 모습이 매우 측은해보였고 또 나도 속으로 이 사건이 유신체제에 대한 도전이라는 흔적을 남기기 위해서는 우리가 법정에 설 필요가 있다는 생각을 하고 있었다.
 검사에게 '폭력시위'라는 말을 양보한 얼마 후에 우리는 '내란예비음모'라는 죄목으로 기소되고 재판 일정은 8월 21일로 잡혔다. 그 동안 우리에게는 가족면회는 고사하고 변호사 접견도 허락되지 않았다. 변호사들이 우리를 접견한 것은 첫 공판이 열리기 3일 전이었다. 교회에서 변호인으로 의뢰한 박승서 변호사가 먼저 날 접견하고 재판정에서는 말을 적게 하고 묻는 말에 '예' '아니오'로만 대답하라는 요령을 가르쳐주었다. 교회협의회에서 의뢰한 한승헌 변호사는 그 동안 밖에서 일어난 일들과 가족들의 안부를 소상하게 전해주고 재판에 임하는 요령에 대해서는 박승서 변호사의 말대로 하는 것이 좋겠다고 했다.

1973년 9월 12일 제3회 공판이 열렸을 때 변호인 반대신문에 나선 한승헌 변호사는 우리가 폭력시위를 의도하지 않았다는 것을 증명하기 위해 다음과 같은 질문을 우리들에게 던졌다.

문 기독교에서는 문제해결을 위해 폭력을 사용합니까?
답 폭력은 절대로 쓰지 않습니다.
문 부활절 예배에 참석한 분들은 무엇을 가지고 갑니까?
답 성경과 찬송가 책을 가지고 갑니다.
문 혹시 돌이나 각목이나 흉기를 가지고 가는 경우도 있습니까?
답 그런 경우는 없습니다.
문 그럼, 성경과 찬송가로 내란을 일으킬 수 있다고 생각했습니까?

한승헌 변호사의 유도신문으로 방청석에서는 폭소가 터졌다. 그러나 한 변호사 본인은 여전히 진지한 태도로 질문을 계속하던 그 장면, 정말 잊지 못할 살아 있는 연극의 한 장면이었다.

이 재판은 9월 25일 박형규·권호경에게 각각 징역 2년을, 남삼우에게는 징역 1년 6개월을 선고함으로써 1심이 끝나고, 27일에 보석으로 풀려났다. 검찰과 피고소인들이 항소하여 고등법원에 15년 가까이 계류중이던 이 사건은 1987년 6월민주항쟁 후 시효만료 직전에 법정이 개정되어 무죄판결을 받았다. 그러나 그 15년 동안 한승헌과 우리는 인권과 민주를 위해 가시밭길을 함께 걸어야 했다.

체험기(2)

70년대 상황변화의 새 전기

권호경

내가 한승헌 변호사님과 처음 만나게 된 것은 내가 걸어온 여러가지 힘든 여정의 첫머리에서였다. 나는 그때 서울형사지법 합의7부(재판장 김형기 부장판사)의 재판정에 서 있었다. 1973년 8월 21일이었다. 죄목은 놀랍게도 정부전복을 위한 내란예비음모였다. 우습게도 내란예비를 음모한 사람은 고작 박형규 목사님과 김동완 목사 그리고 남삼우 씨 등에 불과했다.

지금의 관점에서 객관적으로 이야기한다면 "뭐, 그런 것도 사건이 될 수 있습니까?"라는 말이 나올 수 있을 만큼 대수롭지 않은 일이라고 할 수 있다. '남산 야외음악당 사건' 혹은 '남산 부활절 연합예배사건' 이라고도 불리는 이 사건은, 비록 사건의 장본인들이 의도했던 바는 아니었지만, 70년대 초반의 상황이 어떤 것이었던가를 극명하게 드러내면서 상황의 변화에 새로운 전기를 마련하는 중요한 일화로 기록되었다.

사건의 배경—1973년 봄의 정치상황과 기독교

사건의 전말은 지극히 단순했다. 1973년 4월 22일은 기독교 절기로서는 가장 중요하게 꼽히는 부활절이었다. 지금은 여의도광장에서 부활절 새벽에 대규모 연합예배가 개최되고 있지만, 그해에는 남산의 야외음악당(지금은 음악당이 없어지고 공원으로 조성되어 있다)에서 부활절 기념 연합예배가 개최되었다. 그해의 연합예배는 그전까지 한국기독교교회협의회와 그밖의 교회들이 각각 치러오던 부활절 기념예배를 폐지하고 모든 교회가 연합하여 마련한 첫 번째 기념예배였다.

이 뜻깊은 행사에 참석한 기독교인들을 향해 부활절의 의미에 걸맞은 중요한 메시지를 전해야겠다고 생각한 사람들이 있었다. 그들은 1960년대 말부터 도시빈민들을 대상으로 새로운 형식의 선교활동을 전개해온 기독교인들이었고, 나도 그 가운데 하나였다.

당시 가장 심각한 사회문제 가운데 하나였던 도시빈민들에게도 기독교의 복음이 증거되어야 한다는 생각에서 그들에게 접근했던 우리 도시빈민선교 참여자들은, 도시빈민들을 만나고 대화하면서 가난한 사람들에게 가장 큰 기쁨은 가난을 헤쳐나가는 것이라는 사실을 깨달았다. 그들의 절대빈곤이 해결되지 않고는 그들에게 기독교 복음을 이야기할 수조차 없다는 사실을 발견하게 되었고, 그 문제를 해결하기 위해 함께 노력하는 가운데 우리는 그들의 빈곤이 그들 개인의 문제가 아니라 사회구조적인 모순과 깊이 연관되어 있음을 깨닫게 되었다. 그래서 빈민선교 참여자들은 자연스럽게 사회의 구조적 모순에 대해 말하기 시작했고, 더 나아가 구조적 모순의 근원인 정치에 대해 발언해야 함을 느끼기 시작했다. 이것은 그 무렵 기독교 내부에서 일기 시작한 사회적 책임에 대한 각성과도 맥을 같이했다.

그러나 정치상황은 그러한 발언을 허용하지 않고 있었다. 1969년 삼선개헌을 관철시킨 박정희 정권은 1972년 10월 17일 대통령특별선언을 통해 국회를 해산하고 정치활동을 전면 중지시킨 뒤, 삼엄한 분위기 속에 치러진 국민투표를 통해 대통령 독재를 의미하는 새 헌법을 통과시키고 12월 27일 대통령에 취임함으로써 이른바 '유신' 정권을 만들어내고 있었던 것이다.

정권의 정통성 부재를 고도성장과 개발로 만회하고자 했던 박정권의 노력은 여러가지 사회적 모순들을 드러내었다. 이에 지식인들과 국민들의 저항이 거세지기 시작하자 박정권은 김지하 시인의 사회비평 담시 '오적' 및 '비어'에 대한 필화사건(1970), 월간지 《다리》에 대한 필화사건(1971) 등을 일으켜 국민들의 입을 봉쇄하고 비판적인 생각을 마비시키려는 강압정책을 전개했다. 여기에 유신헌법을 통해 절대적인 권한을 행사할 수 있는 제도적 장치까지 마련한 박정권을 향해 감히 시비를 가리자고 나설 수 있는 사람은 없었다. 이것이 1973년 부활절 당시의 정치상황이었다.

상황이 이토록 삼엄함에도 불구하고, 가난하고 말할 수 없는 상황에 놓인 사람들의 입장을 누군가가 대변해야 하며, 특히 불의에 대해서는 무언가 말해야 하지 않겠느냐는 순박한 생각을 하고 있던 것이 우리 도시빈민선교 참여자들이었고, 또 이제 막 사회적 책임에 눈뜨고 있던 기독교인들이었다. 우리가 그런 생각을 할 수 있었던 것은, '하룻강아지 범 무서운 줄 모른다'는 속담도 있듯이, 사회문제를 대하는 데서 아직 애송이였기 때문인지도 모른다. 사실 오래 전부터 부정과 부패에 대해, 그리고 독재권력에 대해 투쟁해왔던 지식인·학생계층은 상황이 얼마나 삼엄한지를 알고 있었고, 그리하여 전략적인 후퇴인지는 몰라도 침묵하고 있었다.

그러나 이제 막 문제의식에 눈뜨기 시작한 우리들은 비록 짧은 기간의 침묵이었지만 그것을 견딜 수가 없었다. 그리하여 스스로 나서서 무언가 이야기해야겠다고 생각하기 시작했다. 특히 같은 기독교 신앙을 가진 사람들을 향해 우리들이 새로이 터득하기 시작한 진리, 곧 신앙은 구체적인 삶의 문제들과 분리될 수 없으며, 구원은 정치·경제분야를 포함하여 인간의 모든 면에서의 전인全人적인 구원이어야 한다는 것, 따라서 신앙인이라면 사회적인 문제들에 대해 구체적으로 말할 수 있는 지혜와 용기를 지녀야 한다고 이야기하지 않고는 견딜 수가 없었다.

펴보지도 못한 현수막—60일 후의 검거

그러나 우리가 취할 수 있는 행동은 아직 유치한 것에 불과했다. 당시 박형규 목사님이 시무하시던 서울제일교회의 전도사로 일하면서 수도권도시선교위원회를 조직하여 도시빈민선교를 하고 있던 내가 구상하고 실천할 수 있었던 일은 고작 박형규 목사님으로부터 10만 원을 빌려다가 현수막 10개와 전단 2,000매를 제작하는 것뿐이었다. 그나마 현수막과 전단에 적힌 구호들은 '주여, 어리석은 왕을 불쌍히 여기소서' '회개하라, 이후락 중앙정보부장' '윤필용 장군을 위해 기도합시다' '꿀먹은 동아일보, 아부하는 한국일보' '회개하라, 때가 가까웠느니라' 등 간단한 기도제목 뿐이었다(이 사건에 대한 자세한 기록은 한국기독교교회협의회 인권위원회가 1986년에 펴낸 《1970년대 민주화운동》에 실려 있기 때문에 여기에서는 상세한 기술을 피하고 그 의미를 중심으로 이야기해보려 한다).

그러나 이렇게 허술하게 준비된 현수막과 전단조차도 제대로 빛을 보지 못했다. 많은 사람이 모이는 대중집회였기 때문에 경찰도 많이 출동해 있었고, 김동완 목사를 통해 동원되었던 한국기독학생총연맹 학생들은 아직 이런 일에 익숙하지 못한 탓으로 전단을 골고루 뿌리지 못했으며, 남삼우 씨를 통해 제작한 현수막은 펼쳐보지도 못한 채 가지고 돌아왔기 때문이다. 사람들 앞에 펼쳐보이지도 못했던 현수막은, 그 가운데 일부를 집에 가져가 보관했던 사람으로 인해 사건이 발각되는 단서가 되고 말았다.

그런데 참으로 보잘것없고, 준비한 사람으로서도 부끄럽기 짝이 없는 이 사건을 주목한 사람들이 있었다. 그들은 유신체제 출범 이후 계속되고 있는 완벽한 침묵을 즐기던 권력자들이었다. 비록 내용도 변변찮은 기도제목들이 담긴 전단지 몇 장이었지만, 그들은 부활절 연합예배장 주변에서 발견된 이 기도제목들을 보고 놀랐다. 그들은 그 전단이 자신들이 즐기고 있던 완벽한 침묵에 커다란 손상을 끼치는 것으로 보았다. 그리고 그런 불손한 짓이 더 이상 재발하지 않도록 뿌리뽑아야 한다고 생각했다.

그들의 행동은 민첩했다. 그들은 그런 일이 있었는지조차 사람들이 알지 못하는 이 하찮은 사건의 관련자들을 60여 일 만인 6월 25일 전원 색출해낸 것이다. 나중에 안 사실이지만, 이 사건이 있은 직후 당국은 범인을 찾아내기 위해 남대문경찰서에 수사본부를 두고 많은 사람을 연행하여 고문하기도 했다고 한다. 그때 입은 상처로 지금도 이상이 있는 몸을 가지고 민주화개혁을 위해 노력하시는 분들을 볼 때면, 본의는 아니었지만 큰 누를 끼친 것같아 미안한 생각을 금할 수가 없다.

우리는 서슬이 퍼렇던 육군보안사령부, 속칭 서빙고호텔로 연행되어 고문을 당했고, 그들의 각본에 따라 민중봉기로 정부를 전복하려 했다고 조서를 쓴 뒤 구속되었다. 그때 우리가 얼마나 어리석고 순박했는가 하면, 우리는 어려운 상황에서 한 장군이 제거당하는 것을 보면서 단순한 생각에 '윤필용 장군을 위해 기도합시다'라는 기도제목도 넣었던 것인데, 그것을 보고 수사관들이 "윤장군을 어떻게 아느냐?" "혹시 배후인물이 아니냐?"고 다그쳐 물었을 때도 대답할 길이 없었다. 왜냐하면 우리는 그 사람과 전혀 모르는 사이였기 때문이다.

여하튼 이 사건과 관련하여 서울지검 공안부(부장 정명래 부장검사)는 박형규 목사님과 나, 그리고 남삼우 씨를 내란예비음모 혐의로 구속하고, 지금 한국기독교교회협의회 총무인 김동완 목사 등 11명을 즉심에 회부했다.(같이 재판받은 사람 가운데 이종란이라는 사람이 포함되어 있으나 사실 그는 사건 가담자가 아니다. 그는 소각되지 않고 보관되어 있던 현수막을 매부 집에서 발견하고 고발 운운하며 여러 차례 금품을 요구하다가 보안사령부에 고발했던 사람이기 때문이다. 수사기관의 입장에서 보면 그는 사건을 해결할 수 있는 실마리를 제공해준 공로자라고 할 수도 있으나, 그 사람조차도 공범처럼 같은 사건의 구속자 명단에 끼워넣어 함께 재판을 받았으니 아이러니가 아닐 수 없다.)

한승헌 변호사의 등장

이 사건에 대해 기독교계는 의외로 민첩하게 대응했다. 7월 7일 사건이 일간지를 통해 발표된 지 사흘 만인 7월 10일 한국기독교교회협의회(KNCC)는 모임을 갖고 실행위원회를 소집하여 24일 조사위원회를 구성했다. 지금 국회에 진출하여 활동하고 있는 이우정 의원이 회장이던 한국교회여성연합회는 7월 19일 법무부장관 앞으로 탄원서를 제출했다. 8월 1일에는 한경직 목사, 백낙준 목사, 김옥길 박사, 김관석 목사 등 교계의 지도자들이 김종필 국무총리를 면담했다.

8월 6일에는 나와 박형규 목사님이 소속한 교회에서 여러 요로에 진정서를 제출했고, 소속교단인 한국기독교장로회에서는 대책위원회를 구성하고 법적인 절차에 대비하여 변호사를 선임했다. 8월 20일에는 범교단적으로 대책위원회가 구성되기도 했다. 이러한 대책활동은 한국기독교교회협의회에 인권위원회가 조직되는 토대가 되었고, 재판이 열리기 전 법원 가까이에 있는 정동교회에서 가졌던 기도회는 목요기도회의 시초가 되기도 했다.

이와 같이 교회들이 이 사건에 신속히 대응하는 과정에서 한승헌 변호사님이 이른바 인권운동의 대열에 합류하시게 되었고, 나 역시 처음으로 한변호사님을 알게 되었다.

대책위원회에서 선임한 변호사는 한승헌 변호사님과 박승서 변호사님이었다. 첫 공판은 8월 21일에 열렸고, 두 번째 공판은 8월 28일에 열렸고, 그리고 세 번째 공판은 9월 12일에 열렸는데, 변호인 반대신문이 있던 세 번째 공판에서 우리는 한변호사님과 공개적인 대화를 할 수 있는 기회를 가졌다.

변호사의 반대신문에서 한변호사님은 혐의사실로 되어 있는 내란예비음모의 허구성을 밝히는 데 주력하셨다. 특히 폭력사용 의지나 가능성에 질문의 초점을 모으셨다. 방청을 했던 사람들은 재판내용을 상세히 기록하여 사건의 진상을 알리는 자료로 사용하는 열심을 보였다. 비록 비공식 공판기록이지만 덕분에 사건의 허구를 파헤쳐나가던 젊은 시절 한변호사님의 솜씨를 오늘도 생생하게 살펴볼 수 있는 것은 다행스러운 일이 아닐수 없다. 그때 배포되었던 공판소식 가운데 박형규 목사님에 대한 한변호사님의 반대신문 내용 몇 구절을 발췌하여 소개해본다.

문 기독교에서는 폭력을 사용하는가?
답 안한다.
문 부활절 연합예배에는 무엇을 가지고 참석하는가?
답 찬송가와 성경이다.
문 예배에 참석할 때 흉기를 가지고 오지는 않는가?
답 그런 경우는 없다.
문 예정대로 진행되었다면 어떤 사태가 일어났을 것이라고 지금 생각하는

가?
답 아마 그 자리에서 (기도제목이 씌어 있는) 현수막을 잠깐 들었다가 경찰에 의해 제지당했을 것이라고 생각된다.
문 군중들은 어떻게 했을 것이라고 생각하는가?
답 (기도제목이 적힌) 현수막을 보고 놀라기는 하겠으나 흩어져 집으로 돌아갔을 것이다.

9월 18일에 결심공판이 있었다. 이 자리에서 담당검사는 박형규·권호경·남삼우 세 피고인에게 각각 징역 5년을 구형하였다. 이에 대해 한승헌 변호사께서는 변론을 통해 "내란예비음모는 나라를 뒤집기 위해 폭력을 수반하려고 할 때 성립되는데, 모든 증거는 이와 반대가 되고 더욱이 같이 행동한 사람들이 즉결재판을 받고 겨우 며칠씩 구류생활을 하는 데 그쳤다는 것은 이점을 검찰측이 자인한 것"이라는 요지로 피고인들의 무죄를 주장하셨다.

9월 25일 신속하게 비공개로 개최된 선고공판에서 재판부는 공소사실을 인정하면서 박형규·권호경 피고에게 각각 징역 2년을, 남삼우 피고에게는 징역 1년 6월을 선고하고 3분여 만에 재판을 종결하였다. 이러한 유죄판결은 당시의 시대상황으로서는 예상되던 바이기도 했다. 그런데 유죄선고 이틀 만인 9월 27일, 서울형사지방법원 재판부는 돌연 박형규·권호경·남삼우 등을 보석금 10만 원씩을 걸게 하고 석방함으로써 자신들의 판결이 정당하지 못한 것임을 자인하였다. 이것이 나의 첫 번째 감옥경험이었다.

그러나 한승헌 변호사님은 실질적인 승리만으로 만족하지 않고, 형식적·법적 승리까지 얻어내기 위해 원심판결에 불복, 무죄를 주장하며 항소를 제기하셨다. 그때 제출된 항소이유서 가운데 일부를 인용해보면 다음과 같다.

원심은 증거능력이 없는 자료를 증거로 인용한 위법이 있어 판결에 영향을 미쳤음. 즉,

(가) 원심은 피고인들에 대한 검사 작성 피의자 신문조서의 기재를 유죄의 증거로 들고 있으나, 위 조서는 피고인 권호경, 동 남삼우의 경우에는 검사 면전에서 조서가 작성되기 전에 군수사기관에 의하여 도저히 인내할 수 없는 고문을 당함으로써 군수사기관이 요구하는 대로 허위진술을 하였던바, 야반에 돌연히 끌려나와 수사관헌에게 부인하면 다시 고문이 있을 것이라는 위협을 받은 연후에 서울 용산 소재 신용산호텔에 연행되어 동인의 입회 아래 검사(조사를 받을 당시에는 검사인 줄 모르고 다만 같은 군수사기관의 간부로 알았다)의 신문을 받았는바, 이러한 환경에서 피고인들이 진상을 진술하려 하여도 그대로 관철될 수 없는 상황이므로 부득이 다시 허위자백에 이른 것이다. 그후 검사에게 인계된 뒤에도 위와 같이 고문과 협박을 받은 직후로서 계속 같은 위협을 받은 상태 아래에서 신문을 받았으므로 결국 계속 허위자백에 이른 것이고, 피고인 박형규의 경우 심문조서 기재 가운데 '정권 타도' 또는 '폭력 데모' 등 용어의 나열이 있으나, 이것 역시 피고인의 진술을 관철시키고자 시도하였으나 강력한 검사의 요구에 체념해버리고 그대로 방치하여버린 것임. 그러므로 위 각 조서는 진술의 임의성이 없으며, 임의성에 관한 증명도 없음…….

(나) 위 각 피의자 신문조서가 예외적으로는 증거능력을 부여받으려면 '특히 신빙할 만한 상황하에서 작성되었다고 인정할 만한 특정의 사유'가 그 요건이 되는 것인바, 전항에서 설시한 바와 같이 그 기재내용이 황당무계하여 우리의 상식에 비추어볼 때 정신병자가 아닌 건전한 평균인의 상식으로는 실현성이 전혀 없고 또 과대망상과 같은 내용의 기재가 되어 있으며, 한편 전술한 바와 같이 그 조서작성의 일시, 장소, 전후경위 등을 종합해볼 때 그 증명력은 고사하고 특신상태의 정황적 보장이 전혀 없는 문서로서 증거능력이 없는 것임.

그러나 명백한 정황적 설명에도 불구하고 당시의 상황에서 내란예비음모 혐의에 대한 무죄판결을 얻어낸다는 것은 사실상 기대할 수 없는 일이었으며, 그나마 보석결정이라도 내려져서 육체적 자유라도 누릴 수 있게 된 것은 불행 중 다행이었다.

유신체제하의 KNCC 활동

어쨌든 이 사건을 통해 나는 한승헌 변호사님을 알게 되었고, 한승헌 변호사님은 인권운동 참여자 내지는 동조자 대열에 들어서게 되었다. 또한 1973년 가을부터 숨가쁘게 돌아가기 시작한 반독재운동의 물결은 한 변호사님으로 하여금 그 대열에서 벗어날 틈을 주지 않았다.

남산 야외음악당 사건 이후 우리 사회는 더할 수 없는 고요 속으로 잠기는가 했다. 그러나 그것은 폭발 직전의 고요였다. 그해 10월 2일 서울대학교 문리과대학에서 학생시위가 일어난 것을 시작으로 무서운 속도로 학생시위가 번져나가기 시작했고, 11월 5일에는 지식인 15인이 시국선언을 함으로써 반독재 움직임이 사회 전반으로 확산될 조짐을 보였다. 이런 와중에 11월 23일부터 24일까지 한국기독교교회협의회 주최로 서울 장충동의 분도회관에서 '신앙과 인권'을 주제로 한 협의회가 개최되었다. 그때 한승헌 변호사께서는 법조계 인사로 초청받아 참가하실 정도로 인권운동의 전면에 나서고 계셨다.

12월 4일에는 개헌청원 100만인 서명운동이 시작되었고, 유신체제가 심각한 도전에 직면했음을 직감한 박정권은 1974년 1월 8일 긴급조치 1호를 발표하여 유신체제에 대한 일체의 비판적 발언과 행동을 근원적으로 봉쇄하고자 하였다. 그러나 나는 유신체제 출범 직후처럼 또다시 오랜 침묵이 있어서는 안되겠다고 판단했다. 그리하여 1월 9일 아침 9시에 뜻을 같이하는 도시산업선교회 실무 목사님들과 함께 모여 긴급조치 철회운동을 전개하기로 계획하고 이를 실행하였다. 그 결과 나는 다시 구속되어 최고형을 선고받았으며, 남산 야외음악당 사건으로 받았던 집행유예 2년까지 합쳐져서 결국 징역 17년 자격정지 17년을 선고받았다(긴급조치 1호 위반의 최고형은 15년이었다).

3월 개학과 함께 대학가를 중심으로 긴급조치에 저항하는 움직임이 가열되기 시작하자, 그 움직임이 심상치 않음을 감지한 박정권은 이를 저지하기 위해 이른바 '전국민주청년학생총연맹(민청학련)' 사건을 일으키는 긴급조치 4호를 발표하였다. 이 사건을 통해 1,000명 이상이 수사대상이 되었고, 250명 이상이 구속되었으며, 8명에게 사형이 집행되었다.

　전국은 그야말로 벌집을 쑤셔놓은 듯한 난리를 겪어야 했다. 이러한 최악의 인권상황은 법적으로 인권수호자의 역할을 담당해야 할 인권변호사를 절대적으로 필요로 했다. 그러나 상황이 상황인만큼 그 역할을 떠맡으려고 나서는 사람은 극히 적었다. 따라서 이미 한 발을 들여놓은 한승헌 변호사께서 발을 뺄 수 있는 여지는 없었고, 한변호사님은 기꺼이 그 역할을 담당해주셨다. 그 결과, 당국의 미움을 사게 되고, 1975년 3월 21일에는 그 자신이 반공법 위반혐의로 연행, 구속되기에 이르렀다. 이로써 한변호사님은 그 자신 또한 양심수가 되신 것이었다. 어쩌면 예수께서 십자가에서 하신 '다 이루었다' 라는 말씀이 한변호사님에게 실현되는 순간이었는지도 모른다.

서 울 형 사 지 방 법 원
제 7 부

판 결

사　　건　　73고합 518 내란예비, 공갈, 공무원 자격사칭

피 고 인　　(1) 박형규朴炯圭 목사 1923. 12. 7.생
　　　　　　주거　서울 성동구 송정동 50의 28
　　　　　　본적　△△△△△△
　　　　　　(2) 권호경權晧景 전도사 1942. 4. 20.생
　　　　　　주거　서울 성북구 월계동 841의 2
　　　　　　본적　△△△△△△
　　　　　　(3) 남삼우南三祐 무직 1939. 7. 23.생
　　　　　　주거　인천시 중구 신흥동 2가 16
　　　　　　본적　△△△△△△
　　　　　　(4) 이종난李鍾難 무직 1946. 8. 17.생
　　　　　　주거　서울 성북구 상계3동 이하 불상
　　　　　　본적　△△△△△△

검　　사　　문호철
변 호 인　　변호사 한승헌 (피고인 박형규에 대하여)
　　　　　　변호사 박승서 (피고인 박형규, 동 권호경에 대하여)
　　　　　　변호사 강대헌 (피고인 남삼우에 대하여)

주　　문　　피고인 박형규, 동 권호경을 각 징역 2년에, 피고인 남삼

우를 징역 1년 6월에, 피고인 이종난을 징역 1년에 각 처한다. 피고인들에 대하여 판결 선고 전의 구금일수 중 80일씩을 위 각형에 산입한다.

압수된 삐라 9매(증제1호), 삐라 10매(증제2호), 등사기 1대(증제3호), 프랑카드 1개(증제4호)를 피고인 박형규, 동 권호경, 동 남삼우로부터 각 몰수한다.

이 유

범죄사실

피고인 박형규는 1950. 6.경 부산대학교 2학년을 중퇴하고 1955. 3.경 일본 동경신학대학 4학년에 편입하여 1959. 3.경 동대학 대학원 2년을 수료한 후 그때부터 1964. 10.경까지 서울 공덕장로교회 목사, 1965. 1.경부터 1966. 3.경까지 서울 초동교회 목사로 각 종사타가 그후 베다니 평신도 학원 원장, 한국기독교학생회 총무, 월간 기독교사상지 주간, 기독교 방송국 상무 등을 거쳐 1971. 5.경부터 서울 중구 오장동 101의 1호 소재 서울제일교회의 목사로 종사하면서 민주수호 국민협의회 평회원, 한국교회협의회 교회와 사회정책분과 위원회 회장, 동 발전위원회 회장, 동 수도권 특수지역 선교위원회 회장, 한국 현대선교협의체 이사장, 한국기독교학생 총연맹 이사 등으로 활동하고 있는 자이고, 동 권호경은 1969. 2.경 한국신학대학 4년을 졸업하고 동년 3월경부터 서울 성동구 행당동 번지불상 소재 새발교회 전도사로 종사타가 1971. 8. 1. 상기 서울 제일교회 전도사로 취임하여 현재에 이르면서 1972. 4. 초순경부터 상기 수도권 특수지역 선교위원회 주무간사로 동 박형규의 지시를 받으며 동대문구 답십리 2동 소재 청계천변 빈민가에서 빈민선교 활동에 종사하는 자이고, 동 남삼우는 1960. 2.경 연세대학교 법정대학 법학과를 졸업하고 1964. 10.경부터 인천 대건중학교 교사로 재직타가 1967. 12.경 민중당에 입당하여 1968. 초경 신민당 조직국 제2부 차장을 역임하고 1970. 8.경 신민당을 탈당함과 아울러 국민당 창당준비위원으로 활약중 1971. 1.경 국민당 인천 갑구당 위원장에 피선되었으나 동년 5월경 제8대 국회의원 입후보자 공천에서 탈락되자, 동당을 탈당한 이래 무직으로 현재에 이른 자이고, 동 이종난은 부산 배정중학교를 거쳐 1965. 2. 일자불상경 동 배정고등학교를 졸업하고, 1966. 10. 7. 해병 제183기 사병으로 입대하여 근무타가 1971. 10. 30. 하사로 만기 제대한 후 1971. 11. 2.부터 서울특별시 영등포구 목동 16번지의 5호에서 참새구이 및 대포집 촌놈싸롱을 경영타가 1973. 4. 일자불상경 폐업하고 그경부터 일정한 직업이 없이 무위도식하여오던 자 등인바,

 1. 피고인 박형규는 현정부가 굴욕적인 한일협정을 체결하고 이른바 3선개헌을 단행하여 장기집권을 기도했을 뿐 아니라 극도로 부정부패했으며 더욱이 10월 유신으로 영구집권 체제를 구축한 독재정권으로 단정하고, 동 권호경은 현정부는 5·16 이후 장기집권을 하여오면서 온갖 실책을 범해온 독재정권일 뿐 아니라 10월유신 이후 기독교 교인에 대한 사찰을 강화하고 10월유신의 지지를 강요하는 등으로 기독교를 극히 탄압하고 있다고 단정하고, 동 남삼우는 현정부는 영구집권을 기도하고 있는 독재정권일 뿐 아니라 고급 공무원들의 부정부패가 극심하고 과중한 조세부과로 국민들이 생활고를 면치 못하고 있는 동시에 제반 실책으로 부실기업이 속출하고 있다고 단정한 나머지 각각 현정부에 대하여 극도의 불평불만을 포지하고 있던 자들로서 수시로 회합하면서 동 불평불만을 토로하여 오던 중 수도경비사령관 윤필용이 구금되었다는 사실을 지득하게 되자, 현정부에 충성을 다하던 윤필용이 구금된 것은 현정권에 분열이 생긴 것이고 군부내에도 혼란이 왔으며 국민의 세금문제로 정부에 대한 반발이 심하여 민심이 동요되고 있으므로 현정권을 전복할 수 있는 시기가 도래한 것으로 판단, 믿은 나머지,

 가. 1973. 4. 2. 14:00 상기 서울 제일교회 사무실에서 동 박형규, 권호경 및 동 남삼우 등 3인이 회합하여 현정부시책을 비난 성토하던 중에 동 남삼우가 윤필용 장군이 남북대화와 10월유신을 반대하여 구데타를 일으키려다가 체포 구금되어 조사를 받고 있다고 말하자 동 박형규는 반공에 앞장섰던 윤장군으로서는 있을 법한 일이라고 공감을 표시하고 이어 동 권호경이 현정부의 독재적이고 무법적인 처사를 더 이상 참을 수가 없으니 이 기회에 기독교 세력과 과거의 야당 세력이 봉기하여 윤필용 추종세

력의 지지를 받아 현정부를 타도하도록 하자고 말하여 동 박형규와 동 남삼우의 공명을 얻은 다음 그 실행방법을 논의한 끝에 동년 4. 22. 남산 야외음악당에서 부활절 연합예배가 열릴 때 동 예배에 참석한 신도들에게 독재정권을 타도하자, 윤필용 장군을 구출하자는 등으로 선동, 일제히 가두 폭력데모를 전개하여 현정부를 타도하기로 하되 구체적인 방법은 동 권호경과 동 남삼우가 수립키로 하는 동시에 동 권호경은 모든 거사 준비를 맡아보고, 동 남삼우는 과거 데모 경력이 많고 야당 활동을 한 이철홍을 포섭하여 행동대원을 확보토록 하며 동 박형규는 거사자금을 조달하기로 결정하고,

나. 동년 4. 8. 10:00경 상기 서울 제일교회 사무실에서 동 박형규는 동 남삼우로부터 동인이 포섭하여 같이 데리고 온 공소 외 이철홍(33세)을 소개받고 동인에게 야당생활에 얼마나 고생하였느냐고 하면서 현재와 같은 독재와 억압을 그대로 둘 수 없다고 선동하여 동인으로부터 야당세력을 규합하여 현정권타도에 앞장서겠다는 의사 표명을 듣고

다. 동년 4. 14. 10:00경 상기 서울제일교회 사무실에서 동 권호경과 동 남삼우가 회합하여 구체적인 거사계획을 논의한 끝에 동년 4. 22. 05:00경 남산 야외음악당에서 열리는 부활절 연합예배장에 독재정권 타도하자, 윤필용 장군을 구출하자는 내용의 플랭카드와 삐라를 지참한 행동대원들을 투입하여 약 6만 명이 참석할 것으로 예상되는 예배 군중 속에 배치시켜 두었다가 예배가 끝날 무렵 일제히 플랭카드를 쳐들고 삐라를 살포하면서 예배 주최측에서 지시한 것처럼 가장하여 예배군중들을 선동, 행동대원들의 선도 아래 서울시내를 향하여 폭력데모를 전개토록 하고, 데모대가 동 음악당을 벗어날 때 데모대를 양분하여 그중 일대를 동 남삼우의 지휘로 서울 중앙방송국으로 진출케 하여 동 방송국을 점거한 다음 현정부 타도를 위해 전국민의 호응할 것을 호소하고, 다른 일대는 동 권호경의 지휘로 서울시내로 진입하여 중앙청과 국회의사당을 비롯한 중요 관공서를 파괴, 점거하고 서울시내를 완전히 장악한 다음 일반 국민과 윤필용 장군 추종세력의 지지 아래 현정부를 강제로 축출 타도하고 각계각층의 양심적이고

민주적인 인사들로 임시 통치기구를 구성한 후 유신헌법을 폐기하고 동 기구가 입법, 행정, 사법 등 3권을 통괄하여 과도적으로 통치하면서 새로운 헌법을 제정키로 하되 각자의 분담임무로서 동 박형규는 자금조달과 배후조종을, 동 권호경은 거사계획 실행 총지휘 및 삐라 제작 등을 동 남삼우는 행동대원 확보와 플랭카드 제작 등을 각각 담당하기로 결정한 다음 동 남삼우는 동일 13:00경 서울시 서대문구 소재 덕수궁 정문 앞에서 상기 이철홍을 만나 동 덕수궁내 분수대 옆 의자에 앉아 동인과 회합하여 동인에게 위와 같은 현정부 타도계획을 설명하여주고 거사일에 폭력데모에 앞장설 행동대원 15명을 포섭, 동원시켜 달라는 부탁을 하여 동 이철홍으로 하여금 신민당 청년당원들인 진상전, 김동윤, 이용일 및 이계곤 등 수명을 포섭케 하고,

라. 동년 4. 16. 11:00경 상기 서울 제일교회 사무실에서 동 권호경은 동 박형규와 회합하고, 동 박형규에게 상기 다항 내용과 같이 결정한 거사 계획을 설명하며 자금지원 요구를 하자 동 박형규는 이에 전적으로 찬동하면서 거사 자금조로 금 10만 원을 동 권호경에게 교부하고, 동 권호경은 동일 19:00경 상기 서울 제일교회 부근에 있는 '차' 다방에서 동 남삼우와 회합하여 거사계획 실행을 거듭 다짐하면서 동 남삼우에게 동 박형규로부터 받은 자금 100,000원을 교부하고, 동 남삼우는 즉시 자기 집으로 돌아가 미리 대기하고 있던 상기 이철홍을 접선하여 동인에게 상기 금원 중 금 40,000원을 교부하면서 틀림없이 행동대원 15명을 확보토록 다짐하고,

마. 동년 4. 19. 17:00경 서울 종로구 광화문 부근에 있는 파리다방에서 동 권호경과 동 남삼우가 회합하여 거사시에 사용할 플랭카드 문안을 작성키로 합의하고 동일 19:00경 서울 마포구 신수동 번지불상 소재 동 남삼우의 형 남선우 집으로 가서 일박하면서 '주여, 어리석은 왕을 불쌍히 여기소서. 신도여, 부활하신 왕 주님의 힘으로 민주주의 꽃 피우자, 반공으로 지킨 조국 독재국가 웬말이냐, 민주주의는 통곡한다, 자유를 위하여 종을 울리자, 윤필용 장군을 위해 기도합시다. 회개하라 이후락 부장, 서글픈 부활절 통곡하는 민주주의, 사울왕아, 하늘이 두렵지 않느냐' 라는 내용

의 프랑카드 문안을 작성한 다음 동년 4. 20. 12:00경 동 남삼우가 동대문 시장에서 프랑카드용으로 광목 40마짜리 한 필을 금 8,000원에 매입하여 동일 13:00경 상기 남삼우 집에서 동 이철홍과 같이 동 광목으로 프랑카드 원단을 만든 다음 동 이철홍이가 동 프랑카드 원단 6매와 금 30,000원을 동 남삼우로부터 교부받아 동일 22:00경 시내 서대문구 신촌 로타리에 있는 왕자다방에서 동 남삼우와 동 이철홍 등은 그간 포섭된 진상전과 접선하여 동소 근방에 있는 옥호미상 보신탕집으로 옮겨 회합하면서 동 남삼우는 동 진상전으로부터 행동대원들을 전부 확보하였다는 것을 확인함과 동시에 동 이철홍이가 소지한 프랑카드 원단과 금 15,000원을 동 진상전에게 교부하여 프랑카드를 제작하여 행동대원들로 하여금 거사시에 쳐들도록 하라고 지시하는 것을 목격하고, 한편 권호경은 동일 23:00경 서울 동대문구 답십리동 번지불상 소재 임시거소에서 만난 빈민선교사업을 하고 있는 공소 외 반석교회 전도사인 김동완(31년)에게 4. 22. 새벽에 남산 야외음악당에서 열리는 부활절 연합예배를 계기로 하여 기독교인들을 포함한 정치인들이 현정권을 뒤엎는 거사를 하는데 우리 젊은 사람으로서 그대로 있을 수 없지 않느냐 우리도 이에 협력을 하여야 되겠는데 그날 예배군중들에게 삐라를 살포하여 군중을 선동할 수 있는 기독교 학생들을 포섭하고 살포할 삐라도 만들어달라고 부탁하고 다음날인 4. 21. 08:00경 같은 장소에서 '회개하라, 때가 가까웠느니라. 회개하라, 위정자여. 주여 어리석은 왕을 불쌍히 여기소서, 민주주의 부활은 대중의 해방이다, 화 입을 지언정 위정자여, 국민주권 대부받아 전당포가 웬말이냐, 회개하라 이후락 부장, 윤필용 장군을 위해 기도합시다, 주님의 날이여 어서 옵소서. 73년도 부활주일 새벽에' 라는 내용의 삐라문안을 작성, 동인에게 교부하면서 삐라를 제작하여 행동대로 포섭한 기독교 학생들로 하여금 부활절예배가 끝날 무렵 프랑카드가 올라가면 살포하라고 지시함으로써 동 김동완으로 하여금 한국기독학생총연맹 회장 라상기를 포섭하여 동인을 통하여 황인성, 이상윤, 정명기, 서창석 등 수명의 학생들을 확보하고 공소 외 이규상과 같이 상기 제일교회 사무실에서 야간을 이용, 삐라 2,000여 매를 등사한 다음 동 라상기 등에게 인계하여 살포토록 하였고 동일 17:00경 상기 파리다방에서 동 권호경과 동 남삼우가 회합하여 거사계획 준비상황을 최종적으로 검토 확인함과 아울러 각자 분담 임무를 성공적으로 수행할 것을 다짐하고, 동년 4. 22. 05:00경 동 박형규는 단독으로 동 권호경은 상기 김동완을 대동하고 동 남삼우는 상기 이철홍을 대동하고 각각 상기 음악당에 도착 집결하여 예배가 끝나기를 기다리면서 예배장내의 동정을 살핌으로써 내란을 예비하고,

2. 피고인 이종난은 1973. 4. 30. 13:00경 서울시 서대문구 홍제동 소재 홍제다방에서 공소 외 이계곤으로부터 '주여, 어리석은 왕을 불쌍히 여기소서'라고 적혀 있는 폭 30센티미터, 길이 2미터 가량의 프랑카드를 소지하였다는 약점을 이용하여 금원을 갈취할 것을 결의하고

가. 1973. 5. 2. 15:00경 서울시 서대문구 홍제동 소재 상호불상 대포집에서 동 이용일과 음주하던 중 이용일이 프랑카드를 반환하라고 간청하자 동인에게 당신의 배후에 진상전이 있으니 그 사람을 만나서 해결하겠다고 말하고 동월 3일 14:00경 동구의 주로 1가 소재 서대문경찰서 옆 유림다방에서 동 이용일, 동 진상전 등과 만난 자리에서 동 진상전에 대하여 나는 506보안부대에 근무하는 이중사인데 이 프랑카드 사건을 가지고 출세를 하느냐 그렇지 않으면 당신들의 처분만 믿고 한번 봐주느냐 하는 중대한 입장에 놓여 있다고 말하여 동인 등이 금원을 제공하지 않으면 상부에 보고하여 입건 구속할 것같은 태도를 취하여 동인 등을 협박하고 이에 외포된 동 진상전으로부터 그 시간 동소에서 금 20,000원을, 동월 9일 14:00경 동소에서 금 20,000원을 각 교부받아 이를 갈취하고

나. 동월 12. 14:00경 동구 홍제동 소재 청자다방 및 동시 성북구 정릉동 소재 상호불상 중국요리집 등지에서 동 김동윤에 대하여 전시 2의 가항과 같은 취지의 협박을 하고 이에 외포된 동인 등으로부터 동월 20. 16:30경 동시 서대문구 서소문동 소재 중앙일보사 건너편에 있는 '여로' 다방에서 공소 외 권상지를 통하여 금 50,000원을 교부받아 이를 갈취하고,

다. 동월 17. 15:00경 동시 서대문구 홍제동 소재 상호불상 여관에서 상

기 동 진상전, 동 김동윤, 동 이용일, 동 이계곤 등을 모아놓고 동인 등에게 서울지구 506 보안부대에 근무하는 이중사라고 하면서 프랑카드의 제조 및 소지 경위와 목적 등을 수사하여야 한다면서 16절 갱지와 볼펜을 사용하여 동 진상전 등 4명에 대한 문답식 조서를 작성하여서 공무원의 자격을 사칭한 것이다.

증거의 요지 피고인 박형규, 동 권호경, 동 남삼우의 판시소위는
1. 검사 작성의 피고인 박형규, 동 권호경, 동 남삼우에 대한 각 피의자 신문조서 중 판시 사실에 부합하는 각 진술 기재
1. 검사 작성의 장철산, 나상기, 서창석에 대한 각 진술조서 중 판시사실에 부합하는 각 진술 기재
1. 이계곤, 이용일, 이상원, 황인성, 정영기 작성의 각 진술서 중 판시사실에 부합하는 각 진술 기재
1. 압수된 삐라 9매(증제1호) 삐라 10매(증제2호), 등사기 1대(증제3호), 프랑카드 1개(증제4호)의 각 현존

등을 종합하여

피고인 이종난의 판시소위는
1. 같은 피고인의 이 법정에서의 판시사실에 부합하는 진술
1. 검사 작성의 같은 피고인에 대한 피의자 신문조서 중 판시사실에 부합하는 진술 기재
1. 검사 작성의 진상전, 김동윤에 대한 각 진술조서 및 이용일, 이계곤 작성의 각 진술서 중 판시사실에 부합하는 각 진술 기재 등을 종합하여 각 이를 인정할 수 있다.

법령의 적용

피고인 박형규, 동 권호경, 동 남삼우의 판시 소위는 형법 제90조 제1항 제87조 제30조에 피고인 이종난의 판시 소위 중 판시(가) 및 (나)의 각소위는 어느 것이나 같은 법 제350조 제1항에, 판시(다)의 소위는 같은 법 제

118조에 각 해당하는 바, 각 소정형 중 징역형을 각 선택하고, 피고인 이종난의 판시 각죄는 같은 법 제37조 전단의 경합범이므로 같은 법 제38조 제1항 제2항 제50조 제2항, 제3항에 의하여 형 및 죄질과 범정이 무거운 같은 피고인의 판시(가)의 공갈죄에 정한 형에 경합범가중을 하고, 피고인 박형규, 동 권호경, 동 남삼우에 대하여는 같은 피고인들이 초범이고 그 죄를 뉘우치고 있는 등 그 정상에 참작할 만한 사유가 있으므로 같은 법 제53조 제55조 제1항 제3호에 의하여 각 작량 감경을 한 형기 범위내에서 피고인 박형규 동 권호경을 각 징역 2년에, 피고인 남삼우를 징역 1년 6월에, 피고인 이종난을 징역 1년에 각 처하고, 같은 법 제57조에 따라서 이 판결 선고 전의 구금일수 중 80일씩을 피고인들의 위 각형에 산입하고, 압수된 삐라 9매(증제1호) 삐라10매(증제2호) 등사기 1대(증제3호), 프랑카드 1개(증제4호)는 어느 것이나 피고인 박형규, 동 권호경, 동 남삼우의 판시 내란 예비죄의 범행에 제공되거나 그 범행으로 인하여 생긴 것으로서 같은 피고인들 이외의 자의 소유에 속하지 아니하므로 이것을 같은 피고인들로부터 각 몰수한다.

위와 같은 이유로 주문과 같이 판결한다.

1973. 9. 25.

재 판 장   판 사   김형기
판 사   임창원
판 사   김상철

14

긴급조치1호 민주인사 구속 사건

피고인 장준하, 백기완

1. 사건개요: 대통령 긴급조치 제1호 사건들의 실체 ·················· 63
2. 체험기: 박정희 유신독재와의 정면대결 – 백기완 ················· 66
3. 판결 (군재 1심; 74비보군형공 제1호) ······························· 78
4. 판결 (대법 74도 1123) ·· 90
5. 긴급조치와 비상군법회의 ··· 93

사건개요

대통령 긴급조치 제1호 사건들의 실체

한승헌 (변호사)

 1974년 1월 8일에 선포된 '대통령 긴급조치 제1호'라는 것은 유신헌법을 비방·반대하거나 개정을 주장만 해도 최고 15년의 징역에 처한다는 사상 유례가 없는 조치였다. 더욱 가관인 것은 그런 긴급조치를 비방하는 것도 긴급조치 위반이라고 규정해놓은 점이었다.
 헌정사상 처음 들어보는 '긴급조치'라는 것이 제9호까지 쏟아져나와 10·26사태 후 제 명에 사라질 때까지 이땅의 민주헌정을 처참하게 짓밟았다. 헌법상 당연히 허용되는 개헌논의조차도 15년 징역으로 다스리겠다는 것은 그 헌법, 그 통치자에 체제도전을 유발시킬 만한 화근이 담겨 있음을 의미했다.
 첫번째로 《사상계》주간과 국회의원을 지낸 장준하張俊河 씨, 백범사상연구소장 백기완白基玩 씨가 구속되어 긴급조치 1호 위반사건의 형사사건 번호 1호를 장식(?)했다. 그들은 개헌청원서명운동본부를 주도해온 인물이었다. 함석헌, 천관우, 계훈제, 김동길 등 각계 인사들은 위 두 사람의 제의로 그 전해인 1973년 12월 24일 헌법개정청원운동본부를 결성하고 1백만인 개헌서명운동에 들어갔던 것이다.
 긴급조치사건을 다루는 비상군법회의는 삼각지 언덕바지에 있는 군용 콘셋 건물 안에서 열려 그해 봄, 여름, 가을을 달아오르게 했다. 피고인으로 끌려나온 장준하 씨와 백기완 씨는 유신헌법 철폐운동의 정당성에 관하여 의연하게 진술했다. 나는 백기완 씨에게 물었다.

─이번에 중앙정보부에 잡혀가서 조사를 받았지요?

"네."

─그때 주머니에서 나온 돈이라고는 단돈 5천 원뿐이었다는데, 그게 사실입니까.

"네. 딱 5천원밖에 없었습니다."

─잡혀오기 직전까지 개헌운동을 주도하면서 상당한 자금이 필요했을 터인데…….

"네. 민주주의와 통일을 바라는 엄청난 민심이 바로 우리들의 자금이요, 힘이니까요."

나는 개헌운동에 대한 국민적 공감과 참여도를 부각시키기 위해 백씨 호주머니에서 나온 '푼돈'을 거론했던 것이다. 그런데 장준하 선생의 호주머니에서는 단돈 1백 80원이 나왔을 뿐이었다. 담배값도 안되는 돈이었다. 참으로 눈물겨웠다.

비상보통군법회의 제1심 심판부에는 별 셋짜리 재판장을 비롯한 현역 장교 몇 사람에 구색 양념처럼 차출되어온 판사, 검사 각 한 명씩이 들러리를 서고 있었다.

1월 31일 결심공판에서 징역 15년을 구형하자 바로 다음날인 2월 1일에 떨어진 판결이라는 것도 징역 15년. 단 하룻밤 사이의 일이었다. 구형량에서 한푼도 깎아주지 않은 '정찰제 판결'이었다.

나는 그때 말했다. "대한민국의 '정찰제'는 백화점의 상관행이 아닌 군법회의 판결에서 최초로 확립되었다"라고.

그게 '개판'이지 무슨 재판이냐고 분개하는 사람들에게 나는 '군법회의' 니까 문자 그대로 '회의會議'에 불과한데 그걸 가지고 뭘 그러느냐고 달래기도 했다. 지금은 법을 고쳐서 그 이름도 거룩한 '군사법원'이 되었다.

기독교계 목사, 전도사 등 11명도 긴급조치 1호 위반으로 구속되어 군법회의에 회부되었다. 김진홍金鎭洪 김경락金敬洛 이해학李海學 이규상李圭

祥 등 젊은 성직자들이었다. 이들에 대해서도 검찰관 구형대로 징역 15년 또는 10년이 떨어졌다. 역시 정찰제 판결이었다.

단상의 군인(심판관)이 단하의 성직자(피고인)들에게 질문 아닌 추궁을 했다.

—이 비상사태에 어찌하여 목사들이 전도는 하지 않고 정치활동을 하였는가.

"이 비상사태에 군인인 당신들이야말로 어찌하여 국방의무를 저버리고 여기 와서 민간인을 재판한다고 앉아 있는가."

그것은 답변이라기보다는 준엄한 호통이자 논고였다.

그 살벌함을 무릅쓰고 유신과 긴급조치에 항거한 기독교 성직자와 평신도들이 잇따라 구속되었다. 김동완金東完, 권호경, 박상희朴祥姬, 이미경李美卿 씨 등이 그들이었다. 그들은 신앙적 결단에 따라 유신통치를 반대하는 것이 크리스천의 사명이라고 당당하게 진술했다.

당시 나는 기독교인도 아니어서 그들을 신문하고 변론하기 위해 그들의 신념과 행동의 근거인 성서적 진리에 대한 소나기식 공부를 해야 했다. 성경과 기독교 서적을 밤늦도록 읽고 법정에서 인용할 만한 대목을 메모한 다음 혹시 실수할까봐서 교인인 아내에게 물어서 배워가지고 법정에 나갔다. 이처럼 나는 '예수쟁이' 피고인들을 변호하다가 거꾸로 세뇌, 감동되어 마침내는 교회에 나가게 되었다.

체험기

박정희 유신독재와의 정면대결

백기완 (통일문제연구소장)

법의 기능과 역기능

　변호사란 법률로 정한 사람의 권리를 보호하고 실현하는 실천적 이론가이든가, 그도 아니면 조직 속의 기능인이라고만 알고 있는 사람들이 많다. 이를 테면, 사람의 가치를 기존사회의 가치질서와 통일적으로 실현하고자 함으로써 도리어 현상 타파의 주역으로서의 사람의 가치를 배제하고, 그럼으로써 사람의 창조적 가치를 추상화하는…… 인권의 실현자이자 아울러 현상고착의 현상적 합리성의 파수꾼쯤으로 알고 있는 사람들이 적지 않은 것이다. 그러나 이것은 법률가를 곁눈질로 단순화하려는 주관적 잘못의 한 가닥이다.
　참된 법률가는 법이 정하는 반인간적인 요소까지를 실정법상의 국법, 우리 사람들이 받아들여야 할 법률적 가치를 긍정하는 파리한 묵수주의자로 주저앉기를 뿌리친다.
　실정법으로 정형화된 법률이란 본디 지배계층의 지배관계의 제도적 표현이다. 그 물질적 기초는 근대자본주의의 불합리한 자본축적과 독점적 장악과정이다. 따라서 법률의 발전이란 이러한 자본축적과 그 독점적 장악이 몰고 오는 사회적 생산성의 갈등·혼란, 분배의 모순, 그 본질에서는 계급적 모순의 자본주의적 합리화과정의 권력적 표현이다.

여기서 실정법을 다루는 법률가는 자칫 잘못하면 실정법을 다루는 그 기능적 탁월성에도 매이지 않고 사회적 총체성에 대한 파악을 법률적 총체성으로 한계짓는 색맹이 될 위험이 없지 않은 것이다. 이것을 우리들은 역사발전에 있어 법률가적 역기능 또는 법률가적 역사의식·문화의식의 한계라고 지적할 수가 있을 것이다.

그러나 이러한 법률가적 역기능이나 법률가적 역사의식의 한계를 훨씬 뛰어넘어 법률적 현상, 이를 테면 법률로 지배되는 사회적 제 모순관계를 총체적으로 파악하여 사람의 가치·인권을 실현하고자 하는 지혜로운 법률가를 보게 된다. 아니, 일정한 법률로 하여 그 지배체제를 철저화하는 권력의 해악과 맞서 싸움으로써 사람의 가치, 이를 테면 인권을 제도적으로 실현하려는 실천적 법률가를 만나게 된다.

그러한 법률가가 있다고 하면 누구일까. 솔직히 말하거니와 나는 그러한 분이 바로 한승헌 변호사라는 것을 눈물겹게 겪어온 사람이다.

박정권의 반통일·반민주 억압구조

이 이야기로 들어가려면 아마도 지난 1972년 유신독재헌법이 강요되던 안팎의 내력을 더듬어야만 할 것같다.

잘 아다시피 박정희는 군사반란으로 권력을 빼앗은 뒤 이른바 조국근대화라는 명제를 내걸었지만 그 근대화의 주체를 외래 독점자본으로 삼음으로써 몇 가지 중대한 문제를 몰고 왔다.

첫째, 이른바 근대화의 주체를 외래독점자본에 기댐으로써 민족경제의 자주적 토대를 국제독점자본주의의 수직적 분업체계, 이를 테면 예속의 소용돌이 속으로 해체·재편성시켜갔다.

둘째, 이 때문에 박정희의 근대화정책은 그로부터 피해받고 있는 민족대중을 양산量産하여 민족대중과의 계급적 대립을 격화시켜갔으며, 이에 따라 박정희는 외래 독점자본을 물질적 기초로 하는 민족대중 탄압의 길,

이른바 박정희식 독재화의 길로 치닫게 되었다.

셋째, 외래 독점자본을 근대화의 주체로 하는 예속화 과정에 따라 한반도는 국제 독점자본의 군사적 유효수요의 조작대상, 이를 테면 정치·경제·군사적 분쟁지역으로 격화되어 박정희 군사독재야말로 분단체제를 완결해가는 반통일의 총체적인 원흉이었다.

여기서 박정희 군사독재는 그로부터 양산된 민중의 계급적 저항, 양심적이요 진보적인 국민대중의 민주적 저항, 통일을 염원하는 사람들의 민족적 저항에 부딪쳐갔다. 따라서 박정희 군사독재가 그야말로 거센 역사의 바람 앞에 선 촛불과 같은 위기에 놓여진 때가 바로 이른 1970년대이다.

그런데 박정희는 느닷없이 그 위기의 상황 속에서 7·4남북공동성명을 들고 나왔다(1972년). 그것은 이념과 제도의 차이를 넘어 민족대단결의 원칙이 담긴 성명이었다.

여기서 나는 생각했다. 7·4공동성명은 그 글귀만으로는 민족통일의 대원칙을 확인한 것이 틀림없다. 하지만 그것은 이때까지 박정희 군사독재가 쌓아온 반민족·반통일적 사회경제체제와 곧바로 대립되는 자기모순의 표현이다. 어쨌거나 이 7·4성명을 놓고 어떻게 해야 할 것인가 생각하다가 내린 결론이다.

7·4성명은 비록 여태까지 박정희가 쌓아온 분단대립체제와는 정면으로 모순되기는 하더라도 그것을 긍정적으로 받아들임으로써 자주·민주·평화통일의 대원칙과 대립되는 박정희의 모순을 격파시키자는 것이었다. 다시 말하면, 이 민족통일의 대원칙을 한 발자욱도 뒤로 물러서지 못하게끔 해놓고 그 대원칙과 모순하는 박정희의 억압체제와 그것의 물질적 밑힘인 국제 독점자본의 침탈을 자주통일의 장애로 폭로, 박정희를 반통일·반민주의 원흉으로 몰아붙이자는 것이다. 이것이 7·4성명을 앞뒤로 한 이땅의 자주·평화·통일운동 그리고 민주화운동의 나아갈 길이었다고 해도 좋을 것이다.

아니나 다를까, 마침내 박정희는 7·4성명의 먹물이 채 마르기도 전에 감히 통일문제를 빗대가지고 박정희 영구집권 체제인 유신헌법을 강제하기에 이르렀다. 그것은 한마디로 한 나라의 최고법인 헌법으로, 온 국민의 민주적 자율성을 적으로 설정하고 온 민중의 경제적 자주성을 말살의 대상으로 삼았으며, 온 겨레의 염원인 통일문제를 외래독점자본의 온 한반도 침탈의 대상으로 둔갑시키고자 하는 반민주·반진보·반통일의 장치나 다름없었다.

여기서 실정법을 다루는 법률가들은 두 가지 측면에서 고뇌하기 시작했다. 나라의 최고법이라는 것이 이 모양이 되었으니 그 반역적 헌법에 대항해서 저항적인 발언을 할 것인가, 아니면 법률가적 침묵을 할 것인가. 이 무렵 침묵은 양심의 굴종이다. 그 당시의 발언이란 한 최고법에 대한 발언의 뜻만 있는 것이 아니라 사실은 유신체제, 이를 테면 박정희 군사독재에 대한 저항일 수밖에 없었다.

이것은 그때의 상황으로 보아 법률가적 지위·명예·기득권 따위는 말할 것 없고 목숨까지를 걸지 않고서는 생각도 못할 문제인데, 그때 한승헌 변호사는 어떻게 했던가. 목숨을 걸고 발언에 나섰던 것이다.

대통령긴급조치와 맞선 싸움

그 갓대(증거)로 한승헌 변호사는 그렇게도 무시무시한 대통령긴급조치 7호에 대항해 나섰던 것이다. 대통령긴급조치 이야기가 나왔으니 말인데, 그것이 발동되던 안팎의 사정은 이러했다.

남북으로 갈라진 민족이 이념·제도의 차이를 넘어 자주·평화통일을 하자는 대원칙을 발표했던 박정희가 그 성명이 있은 지 석 달 만에 7·4성명의 정신과는 정면으로 대립되는 이른바 유신헌법을 강제하자, 장준하 선생과 나는 유신헌법에 반대하는 방법으로 개헌청원 백만인서명운동의 기치를 들고 나왔었다. 1973년 12월 24일 아침이었던 것으로 기억된다. 이것은 이 무렵 유신체제를 거머쥔 사람들에게는 물론 유신체제의 국제적 배경인 미·일 양국에게는 엄청난 타격이 아닐 수가 없었다.

우선 청원운동본부는 장준하·함석헌·계훈제·문동환·홍남순·이호철·김지하·김윤수·김동길·천관우·김순경·김수환·백기완 등 이런 저런 사람 30명 각자를 본부로 하고, 이들 30명에게 서명된 것을 가져가면 된다고 한 것이 엄청난 바람을 일으켰던 것으로 기억된다.

더구나 청원운동이 시작된 지 이틀 뒤인 12월 26일 우리들은 장준하 선생이 앞장서 일으켰던 지성의 유격전 민족학교의 이름으로 '항일민족문학의 밤'을 열고 거기서 백만인 서명운동을 대중화하자 유신반대 개헌청원운동은 그 방법의 애매성에도 매이지 않고 마치 메마른 들판에 한 점 불꽃을 던진 것처럼 퍼져나갔다. 이를테면 '유신반대'라는 정치투쟁과 '문학의 밤'이라는 문화투쟁을 변증법적으로 통일해나간 것이 샛바람을 불러일으켰던 것이다.

당연히 박정희는 이 샛바람에 칼을 대기 시작했다. 우리들이 항일민족문학의 밤을 열고 있던 12월 26일 밤 바로 그 시간이었다. 그때 국무총리라는 김종필은 생방송으로 얼굴을 내밀고 유신헌법의 개정이니 뭐니 까불지들 말라고 아주 까놓고 공갈협박을 하고, 그날 문학의 밤이 열리던 대성건물의 전기불마저 끄기까지 했다. 그러나 한번 당겨진 유신반대의 불길이 더욱 세차게 치켜붙자 12월 30일 드디어 박정희가 직접 나서서 유신헌법에 대해 개정 어쩌구 하는 자들은 용서하지 않을 테니 당장 청원운동을 때려치우라고 공갈 협박한 것이 신문호외로 요란하게 나와 거리와 거리를 으스스하게 했다.

하지만 패배자는 물러서도, 물을 찾는 목이 마른 이는 우물을 판다고, 1974년 신정연휴가 끝난 1월 5일 우리들은 어떤 탄압에도 굴하지 않고 유신반대 청원운동을 계속하겠노라고 성명을 내자, 박정희는 그로부터 3일 뒤인 1월 8일 이른바 대통령 긴급조치 1호라는 것을 발동하기에 이르렀다. 그런데 그 내용이라는 것이 희한했다. 유신헌법을 개정하자는 말만 해도 15년형이요, 유신헌법을 비방해도 15년형이요, 아울러 대통령긴급조치 1호에 대해 어쩌구 저쩌구 말을 해도 그것이 비방인데, 그렇게 비방만 해도 15년형을 때리되 그 재판을 위해 군사법정을 설정한다는 것이었다.

그리하여 시커먼 차 대여섯 대가 나를 밤낮 미행하던 끝에 긴급조치가 발동된 지 5일 만에 나와 장준하 선생이 개처럼 끌려갔는데, 나의 죄상이라는 게 또한 자못 희한했다. 긴급조치가 나오던 날 나는 "유신헌법을 개정하자는 개改자만 써도 15년형이라면 그때 가서는 백기완이가 백기완 옹이 되어 나오겠구나" 하고 말한 것이 긴급조치 비방에 해당하는 죄목이라는 것이었다.

그때 나를 조사하던 중앙정보부(안기부)의 닦달은 대단했다. 그 가운데에서도 희한한 심문은 세 가지로 집중된 것으로 기억된다.

첫째, 개헌청원운동이 시작되고 나서 필자가 체포되기까지 약 20일 동안 서명한 사람들의 명단을 내놓으라는 것이었다. 장준하 선생이 총책이 되어 모은 서명인수는 자그마치 15만 명에 이르렀다. 그러나 우리들은 그들의 목숨을 보호해야 할 책임이 있기에 땅에 묻어두고서는 그 명단은 체포되기에 앞서 모두 불질렀노라고 끝까지 버티어 그들을 모두 보호했다. 그러니 그 과정이 오죽 참혹했을까.

두번째, 닦달을 받은 것은 다름이 아니었다. 발가벗겨진 내 옷에서 나온 돈이라는 것이 설렁탕값도 안되는 단돈 5,000원뿐이라, 청원운동의 자금은 누가 댔으며 아울러 그 자금은 모두 어디다 숨겨두었느냐는 것이었다. 그런데 장선생 주머니에서는 담배 한 갑 값도 안되는 180원이 나왔고 나는 끝까지 버텼던 것으로 생각한다. 유신반대운동은 자금으로 하는 것이 아니라, 엄청난 민심이 바로 우리들의 자금이라고…….

셋째로, 내가 괴로웠던 것은 그때 우리집을 뒤져본 사람들이 내가 입고 있는 옷밖에 없는 것을 보고서는 어느 밀실(아지트)에다 옷가지를 숨겨두었느냐 대라는 것이었다.

나는 대답했다. 사람이 입는 옷이라면 한 가지면 됐지, 또 무슨 여벌이 필요한가고 항변하던 그 시절…… 물론 유신반대의사를 철회하라는 엄청난 강요를 끝까지 뿌리치느라 내 몸에서는 두 관씩이나 살이 빠질 정도로 모두가 치가 떨리고 괴롭던 그 시절, 나의 벗 하나는 그때 도망다니던 나를 하룻밤 재워준 것이 탄로나는 바람에 잡혀가 매를 맞고 당뇨병이 도져 지금은 거의 폐인이 되다시피 되었다. "네 이놈, 무슨 주제로 네 놈이 유신

반대하는 백기완이를 재워주고 먹여주었느냐' 이거였다.
그 참담하던 시절, 그러나 나에게는 '도무지'가 나타났던 것이다. 도무지란 우리 옛이야기에 나오는 천하 힘꾼으로서, 짓밟히는 백성들의 의기를 살려내는 민중적 상징이다.
그런 '도무지'가 누구였을까. 바로 한승헌 변호사란 말이다.

내 한살메(생애) 두 차례에 걸친 명변론

까놓고 이야기를 하면, 나는 한승헌 변호사의 이름을 맨 처음 듣기로는 한변호사가 얼짬(잠시) 검사직을 맡고 있을 적이다. 이와 같이 내가 갖고 있던 한변호사에 대한 선입견은 이른바 법률가들이 걷고 있는 일반적인 통념 때문이었다.
그런데 1974년 1월 어느 추운 날 아내가 서대문 감옥으로 접견와서 하는 말이 한승헌 변호사가 자청해서 무료변호를 해주겠다고 나섰다는 것이다. 물론 그때 김택현·이병용 변호사도 용감하게 나서주었지만 한변호사가 나서준다는 소식이 그렇게도 힘이 될 수가 없었다. 그래서 나는 주먹을 불끈 쥐며 '아, 마침내 도무지를 얻었구나' 하고 하늘을 우러르던 생각이 이참에도 선하다.
더구나 한변호사의 변론은 자로 잰 듯이 사건과 피고 사이의 지름을 가늠하고, 그리하여 사건을 조작하는 검사측의 거짓됨을 폭로해내는 법이론의 적용 전개는 시국을 우악스럽게 돌파만 하려는 나같은 사람에게는 큰 깨우침과 용기를 주는 것이었다.
보기를 들면 이런 것이었다. 그때 체포된 지 두 달도 채 못되어 벌어지는 육군본부 뒤쪽의 군사법정은 자못 으스스했다. 법정에는 헌병들이 총을 메고 섰고 방청석에는 나의 아내와 꼬마들 그리고 장준하 선생의 직계가족만이 지켜보는 사실상의 비밀재판. 거기서 깡마른 한변호사는 마치 등불처럼 나타나 나한테 묻는 것이었다.

"백기완 씨는 이번에 중앙정보부에 잡혀가서 조사를 받았지요?"
"네."
"그때 백기완 씨 주머니에서 나온 돈이라고는 단돈 5,000원뿐이었다는데, 그게 사실입니까?"
"네, 딱 5,000원밖에 없었습니다."
"여기에 잡혀오기 직전까지 개헌청원운동을 주도하면서 자금도 상당히 필요했을 터인데……?"
"네. 민주주의와 통일을 바라는 엄청난 민심이 바로 우리들의 자금이요, 힘이니까요."
"알겠습니다."

나는 어찌해서 그 많은 변호사 반대신문과 변론요지를 빼고 굳이 이 대목을 상기하고 있는 것일까. 그것은 바로 이 대목에서 한승헌 변호사의 날카롭고 당당한 백기완 변론의 알짜가 살아 있다고 여겨지기 때문이다.

개헌청원운동을 일으킨 지 불과 며칠 만에 반反박정희의 기류가 그만치 치솟았다는 것은 몇 사람이 주도한 까닭이 아니라, 바로 온 민중의 염원이 객관화된 것이나 다름없기 때문이다. 그런데 바로 그점을 떳떳이 입증하는 방법으로서 한변호사는 그때 내 주머니에 있던 푼돈을 거론한 것이다. 이보다 더 지혜로운 변론이 어디 있을 것인가. 지금도 나는 고개가 끄덕거려지는 것이다.

아무렴, 이 대목은 나 백기완이를 변론한 것이 아니기 때문이다. 그것은 당시의 민심을 변론한 것이요, 아울러 그때 한변호사는 단순히 피고 백기완이를 변론하려고 그 군사법정에 섰던 것이 아니라 바로 그 군사법정을 거머쥐고 있는 박정희 유신독재체제를 심판하고 있었던 것이다.

그날 나는 장준하 선생과 함께 꽁꽁 묶인 채 군사법정을 나서면서 이런 말을 했던 것이 이참에도 똑똑히 떠오른다.

"형님(장준하 선생), 거 저 양반 말입니다. 딱딱한 법률가라기보다는 차라리 엄청난 상상력을 가진 문학인 같질 않습니까? 그러나 저러나 저 양반 저러다가 우리들처럼 꽁꽁 묶일지도 모르는데, 좌우간 고마운 분이로군요."

이런 말을 했었는데, 아니나 다를까. 그뒤 한변호사가 감옥엘 가게 되었을 때 나는 감탄하지 않을 수가 없었다. 과연 한변호사는 단순히 법률적 테두리 속에서 법이론을 적용하는 따위의 묵수주의자가 아니라 도리어 잘못된 법, 잘못된 체제와 맞서 싸움으로써 정의로운 세상, 그속에서의 사람의 권리를 제도적으로 관철하는 방법으로 끊임없이 높은 품격의 인권을 창출하고자 하는 분이구나 하고 혀를 차지 않을 수가 없었다는 말이다.

성고문 규탄대회로 또 구속되어

박정희가 죽고 나서 나는 전두환이가 사령관으로 있던 보안사(기무사)에 끌려가 매를 맞고 쓰러졌다가 10시간 만에 겨우 깨어날 정도로 죽음의 고비를 넘겨야만 했다. 그때는 아마도 한변호사가 변호사 자격을 박탈당해 나의 변론을 맡지는 못하지 않았나 여겨진다.

좌우간 그때 그 고문 후유증으로 시달리던 1986년, 권인숙 양 성고문사건 폭로대회를 주도했다는 죄목으로 도망다니다가 반 년 만에 잡혔을 때에는 감옥 안에서 고문후유증이 도져 나는 거의 죽음의 고비를 들락거리고 있었다. 그런 한편으로 1986년 말경 서대문구치소는 매우 활기가 있었다. 전두환이한테 잡혀온 노동자·농민, 양심적 시민, 더구나 수많은 학생들이 아침저녁으로 웅성거리고 외쳐댔다.

"군사독재 타도, 노동해방 만세!"

감옥 안이 떠나갈 것같았다. 그러나 내 입에서는 그보다 더 지독한 외침이 터지곤 했다. 어떻게 알았는지 내가 들것에 실린 채 감옥 안으로 들어서자 그 캄캄한 감옥 이곳저곳에서 외치는 소리가 들려왔다.

"전두환 군사독재 타도! 백기완 선생님 힘내세요!"

그러는 데도 내 입에서는 "야, 이 전두환이, 네 에미 무어다" 이런 소리가 났다. 그런 쩡한 소리가 아니고서는 이미 옥사 직전이던 나의 심정을 달랠 길이 없었던 것이다.

바로 이때 내 앞에 나타난 '도무지'가 있었으니, 그것이 누구였을까. 두말할 필요도 없이 한승헌 변호사이다. 한변호사는 일찍이 유신체제 밑에서 나같은 사람의 편에 서서 싸우다가 감옥까지 다녀온 분이다.

그렇다고 하면 그보다 더 지독한 전두환 체제 밑에서는 조용히 살 법도 한 노릇이다. 그런데 또다시 불사신처럼 살아 서대문구치소로 나를 찾아준 것이다. 그때 나는 병동에 있으면서 접견을 오면 손수레(휠체어)에 몸을 싣고서야 다니던 참혹한 지경이었다.

그러니까 그것이 1986년 말쯤이던가, 캄캄한 밤에 방문을 따기로 깜짝 놀라 손수레를 질질 끌며 나가보았더니 한변호사가 찾아와 하시는 말씀이 아무래도 전두환 정부가 백선생을 일반병원으로 옮겨줄 것같지 않으니 어떻게 하든지 감옥 안에서 고문후유증과 싸워 이겨내라는 것이었다.

나는 그때 한변호사의 사랑이라는 것을 뼈저리게 느껴본 사람이다. 나를 고문한 것들이 전두환 일당이요, 또 그 고문후유증에 시달리는 사람을 이렇게 다시 가두는 것도 그들인데, 오히려 나를 병원으로 옮겨주지 못하는 것을 안쓰러워하던 한변호사……

그뒤 얼마 있다가 다시 어두움이 깔린 내 방의 문을 따기로 나가보았더니 한변호사가 찾아오셨다. 어쩌면 오늘 밤 안으로 한양대병원으로 옮겨질지도 모르지만, 너무 기대하지는 말라고 하며 돌아서던 한변호사의 깊은 시름.

바로 그날 밤 한양대병원으로 옮겨져, 거의 내 발로 병실 안 뒷간에 들락거릴 정도가 되었을 1987년 3월 1일 아침이다. 마침 그날은 문익환 목사의 부인(사모님이라는 말은 안 쓰는 편이 좋다) 박용길 여사와 화가 이기연 씨가 병문안을 왔을 때인데, 중부서 사복형사와 정복전경 100여 명이 달려들더니만 나를 끌고 나가는 것이었다.

이때 주사를 놓고 있던 간호사가 화가 나서 이럴 수가 있는가고 주사바

늘을 집어던지며 나가고, 구속자 가족들은 전두환이 타도를 외치며 다시 나를 끌어가는 경찰차의 앞바퀴에 드러눕고…… 그러나 소용 있으랴. 한양대병원에서 강제로 다시 끌려들어간 서대문구치소에서 또다시 고문후유증이 도져 내 병세가 위험한 지경이 되자, 세상 안팎의 여론이 들끓기 시작했던 것으로 기억된다.

해외동포들의 항의문이 전두환 정부에 날아들고, 국제앰네스티에서는 전세계 지부에 백기완을 살리자는 긴급전문을 보내고, 그 가운데에서도 한변호사의 활약은 그야말로 눈물겨웠다.

'먼저 백기완을 살리자' 이거였다. 사람을 잡아다 패서 죽음의 지경까지 이르게 한 사람들이 다시 그 사람을 감옥에서 죽게 해서야 어찌 이땅에 사람이 산다고 하겠는가고 조목조목 따져 집행유예를 선고하도록 명변론을 한 것은 이참에도 잊혀지지 않는다. 그때가 6월항쟁이 불붙기 시작하던 1987년 6월 초라고 기억된다.

내 가슴에 해방의 정서를 심어준 한승헌

나의 자리에서 본 한승헌, 그는 어절씨구 누구일까?

내 가슴에 해방의 정서를 심어준 분, 이렇게 울부짖고 싶다.

무슨 말일까, 딴 게 아니다. 그때 내 감방 안엔 도대체 책이라는 것을 넣어주지 않는 것이었다. 전두환이의 악덕이란 그런 정도였다. 보기를 들면, 신경림 시인의 《민요기행》도 아니 넣어주었다. 왜냐하면 그분도 반체제 '끼'가 있으니 그의 글은 안된다는 것이다.

그러나 그 혹독한 한데에서도 나의 독방을 마음대로 들락거릴 수 있는 인쇄물이 세 가지가 있었다. 어느 보수적 기독교의 신문, 법정스님의 수필집, 그리고 《샘터》라는 잡지…… 그러고 보면 그 당시 감옥이란 조작 강요된 죄업을 몸으로 때우게 하자는 것뿐이 아니었다. 골방에 처넣고 사람의 훈훈한 정서와 사고의 발전을 위한 논리적 깨우침의 능력을 아예 뿌리째 뭉개버리자는 문화적 범죄였다. 물론 그리 될 턱도 없는 데도 말이다.

어쨌거나 이때 나의 시들어가는 정서를 번쩍 눈뜨게 한 것이 한승헌 변호사의 수필집이었다.

아내한테 말해 몰래 내 방에 들어오게 한 한변호사의 수필집은 그 대목 대목이 어찌나 짜릿하던지, 나는 하루에 세 대목 이상을 안 읽고 덮어두곤 하던 생각이 난다. 마치 먼 여행길에서 딸리는 여비를 아끼듯이 말이다.

왜 그랬을까. 간단한 이치였다. 만약 그책을 다 읽고 나면 목은 마른데 샘물이 다할 것만 같았기 때문이었다.

그래서 야금야금 읽어가며 다 읽기를 아끼던 어느날이다. 한변호사의 눈물겨운 활약으로 한양대병원으로 옮겨지게 되자 나는 고민을 했다. 이 책을 갖고 나갈 것인가, 아니면 그곳 도둑놈들한테 주고 나갈 것인가. 옳거니, 그분의 그 귀한 글귀 속에는 사람을 깨우치는 해방의 정서가 있지 않은가. 내 어찌 그것을 독점한단 말인가. 도둑놈들한테도 읽혀서 그분의 뜻을 널리 전하자 하고 병원으로 옮기면서 정신없이 열이 나건만, 나는 속으로 울부짖었다. '옳거니, 그분의 책은 지금 내 손을 떠나지만, 그분의 뜻은 내 속에 새겨져 있으니 내 어느 때든지 신세를 갚으리라' 고.

이렇게 다짐했건만, 아, 무정한 세월이여. 그로부터 20여 년이 흘러가건만 나는 아직껏 그분에게 따슨 밥 한끼를 제대로 못 대접해드린 이 어중이…….

더구나 그분 집에 잔치가 있을 적마다 봉투에 넣는다는 것은 고작 2만 원인 것을 보고 아내가 꾸짖곤 하는 것이다.

"여보, 당신도 사람 좀 되슈. 그렇게 20여 년 동안 무료변호를 해주신 분한테 밥 한끼 값도 채 안되는 2만 원이 뭐요. 반성 좀 해요."

그렇다. 한승헌 선생이시여. 이 백기완이 이참엔 반성 좀 하겠수다. 그러니 조금만 더 기다려주사이다. 이렇게 울부짖는 나는 한승헌 변호사님 앞에 영원한 떠중이이다.

판결문

비상보통군법회의

판 결

사건번호   74년 비보군형공 제1호

사 건 명   대통령 긴급조치 위반
피 고 인   1) 성명 : 장준하
           생년월일   1915. 8. 27.생(58세)
           직업   전 국회의원(출판업)
           본적   △△△△△△
           주소   서울특별시 동대문구 면목2동 1004번지
                2) 성명 : 백기완
           생년월일   1932. 1. 24.생(42세)
           직업   무직(백범사상 연구소 대표)
           본적   △△△△△△
           주소   서울특별시 중구 장충동 2가 161-7
관여검찰관   검사 문호철
관여변호사   변호사 김택현 (피고인 장준하, 동 백기완을 위하여)
           변호사 유택형 (피고인 장준하를 위하여)
           변호사 이병용, 동 한승헌 (피고인 백기완을 위하여)

주   문

피고인 장준하, 동 백기완을 각 징역 15년과 자격정지 15년에 처한다.

이 판결 선고 전 구금일수 중 각 15일을 위 형에 산입한다.
압수한 원고지 3매(증 제9호)를 피고인 백기완으로부터 몰수한다.

이   유

피고인 장준하는 부 장선익의 장남으로 출생하여 평북 삭주군 외남면 대관동 소재 대관공립보통학교를 거쳐 1933. 4.경 신성중학 5년을 졸업한 다음 신안공립보통학교 교원으로 종사타가 1940. 3.경 일본에 건너가 동양대학 예과 1년을 수료하고 일본신학교에 입학 재학중인 1944. 1. 20. 일본학도병에 자원 입대하여 중국 서주에 주둔한 통전부대에 배속 훈련중 동부대를 탈출, 동지역에 주둔하는 중화민국 중앙군에 편입되었다가 중국 중경 주재 광복군 총사령부로 파견되어 광복군 대위로 복무중 8·15 해방으로 동부대가 해산되자 1945. 11. 23.경 김구 선생을 따라 귀국한 다음 김구 선생의 비서를 거쳐 1946. 5.경 민족청년단 중앙훈련소 교무처장으로 있으면서 한국신학교 3년에 편입, 1950. 6.에 동교를 졸업하자 6·25 사변의 발발로 남하하여 부산에서 문교부 국민사상연구원 사무국장 서리 겸 기획과장으로 근무타가 1953. 1.경 사임하고, 《사상계》란 잡지사를 창설, 출판업에 종사타가 1967. 6. 8. 국회의원 선거시 신민당 소속으로 서울 동대문 을구에서 출마, 당선되어 국회의원으로 정치활동을 하여오던 중 1969. 2. 동 신민당을 탈당하고 윤보선 등과 같이 국민당을 창당하였으나 1971. 1. 말경 동당을 탈당하고 1973. 2. 1. 민주통일당에 입당, 동당 소속으로 서울 동대문구에서 제9대 국회의원에 입후보하였다가 낙선되었으며, 1970. 3. 6. 서울 형사지방법원에서 국가원수에 대한 명예훼손죄로 선고유예 판결을 받고 서울 고등법원에 항소하였다가 동년 5. 26. 항소, 기각 판결을 받은 일이 있고 1973. 6. 1. 서울형사지방법원에서 대통령선거법 위반, 국회의원선거법 위반, 명예훼손 및 국민투표법 위반 등으로 징역 10월의 선고를 받자 서울고등법원에 항소하여 현재 동법원에 사건 계류중에 있는 자이고,

피고인 백기완은 부 백홍열의 3남으로 출생, 황해도 은율군 장연면 소

재 일도국민학교 6년을 졸업하고 1946. 9.경 부 백홍열을 따라 월남하여 서울 영등포구 당산동에서 채석장을 경영하는 부의 사업을 도와주다가 6·25 사변이 발발하자 국군에 입대 복무중, 교통사고로 1951. 3. 경 의병 제대하여 부산에서 경희대학교 정외과에 입학, 1953. 3. 2년을 중퇴하고 1960. 7. 29. 총선거시에 서울 용산구에서 무소속으로 국회의원에 출마하여 낙선되자 1961. 1.경에는 전국 4월혁명 총연맹을 창설, 동연맹 위원장으로, 1963. 1.경에는 자유대중당 창립 준비위원회를 구성, 동위원장으로 활동하다가 1967. 1.경 신민당에 입당, 동년 5월경 동당을 탈당하면서 바로 민주당에 입당, 동년 6. 8. 국회의원 선거시 동당 소속으로 서울 영등포구 갑구에서 출마, 낙선되자 1969. 9.경에 3선개헌반대 투쟁위원회 선전위원에 취임, 활동하였고 1972. 7.경 백범사상 연구소를 만들어 그 소장직에 있는 자로서 1969. 11.초순경 서울형사지방법원에서 국민투표법 위반죄로 금 10만 원의 벌금형을 선고받자 이에 항소하여 1973. 9.초순경 서울고등법원에서 항소, 기각 판결을 받고 1973. 12.하순경 대법원에 상고하여 현재 사건 계류중에 있는 자인바,

1. 피고인 장준하는

5·16 직후 부정축재자로 규정되는 동시에 정치 정화법에 의한 정치활동 제한처분을 받자 현정부에 대하여 불만을 포지하고 한일국교정상화 반대시에는 대일굴욕외교반대 투쟁위원회 연사로, 삼선개헌반대시에는 동 투쟁위원회의 선전위원장으로, 또한 민주수호국민협의회 운영위원으로 각 활동하면서 정부를 비난하고 국가보안법, 반공법 등의 폐지와 중앙정보부 법을 개정 축소해야 된다는 등으로 정부시책에 사사건건 반대하여 오다가 10월유신으로 국민총화체제가 강화되고 남북대화를 전제로 한 국론이 통일됨에 따라 반대론자들의 지위가 일반적으로 약화됨에 초조한 나머지 반정부 활동을 더욱 강력히 전개할 것을 결의하고 1973. 8. 15.을 기해 '민주질서 회복 시국 선언문'을 발표하려 하였으나, 김대중 피랍사건 발생으로 국민의 관심을 얻을 전망이 흐리다고 단정, 동계획을 보류하여 오던 중 동년 10. 2. 서울대학교 학생데모 이후 점차 데모가 격화되어 일

부 불순세력들의 호응을 받을 가능성이 엿보이자 절호의 기회로 판단, 동년 11. 5. 서울시 종로구 2가 소재 '와이. 엠. 씨. 에이' 회관에서 민주수호협의회 대표위원 함석헌 외 10명 등의 명의로 '민주질서의 회복을 위하여 우리들은 총궐기 투쟁하겠다'는 내용의 시국 선언문을 발표케 하여 국민들로 하여금 유신체제와 정부시책을 반대하도록 선동하는 것을 배후에서 조종하고 한국 신학대학 데모시 사용한 호소문을 복사, 소속정당인 통일당의 투쟁지침으로서 당원들에게 배포하고, 유신헌법을 반대 개헌투쟁을 전개하려면 재야 원로 인사급들을 배경으로 내세워야만이 가능할 것으로 판단한 끝에 동년 12. 10.경부터 백낙준, 유진오, 김수환, 김홍일, 이인, 한경직, 김광식, 김재준, 함석헌 등을 각각 자택으로 순방하면서 정당인이 개입하면 대외적으로 불신을 받을 우려가 있으니 비정치 단체인 민주수호협의회 명의로 재야 원로들의 시국간담회를 개최, 개헌투쟁을 전개하여줄 것을 종용하여 찬동을 받고 위 백낙준 등 재야원로급 인사 15명으로 하여금 동년 12. 13. '와이. 엠. 씨. 에이'에서 '평화적 정권교체가 가능하도록 하기 위하여는 헌법을 1972. 10. 17. 이전으로 복원시키도록 개헌을 해야된다'고 결의케 하고 박대통령에게 현시국의 수습방안으로 개헌할 것을 건의하기 위하여 면담요청서를 발송케 하였으나, 아무런 반응이 없자 이에 대한 대책으로서 개헌청원 100만인 서명운동을 전개하기로 결심, 제1차는 동년 12. 24.까지 재야 원로인사와 종교인, 기타 사회지도자 30명을 규합하여 개헌청원 발기인으로 한 다음 제2차로 1974. 1. 15.까지 대학교수를 발기인으로 포섭 대학생들을 동원시키고, 제3차는 동년 1. 30.까지 노동운동자들과 농민운동자들을 포섭 발기인으로 하여, 노동자·농민들의 협조로 서명을 받아 100만인 이상 서명자의 확보를 획책하고 1973. 12. 15.부터 12. 20.까지 '민주주의 회복, 현행헌법 개정을 요구하는 청원운동을 전개하며……'라는 내용의 인쇄물을 작성 발기인 함석헌 외 29명의 명의로 발표하고 동년 12. 24. '와이. 엠. 씨. 에이'에서 국내외 기자 30명에게 개헌청원 취지 성명서를 발표하고 동년 12. 26. 대성빌딩에서 《항일 민족 시집》 출판을 기념하는 '항일 문학의 밤'에 참집한 약 700명의 군중에게 개헌청원 운동의 적극지지를 호소하며, 개헌청원운동 취지문을 배포하고 동년 12. 27. 서울 중구 다동 소재 호수그릴에서 개최한 6・3 동지회 망년회에 참석, 참집한 약 150명에게 개헌청원 서명운동에 가담하도록 선동하고, 동년 12. 28. 국무총리의 담화발표에 대한 반박성명서를 작성하여 각 신문사에 배포하고, 동년 12. 29. '와이. 엠. 씨. 에이'에서 평화적 정권교체가 가능한 제도적 확립을 요구하는 건의문을 작성, 동년 12. 31. 박대통령에게 재차 동 건의문을 발송하고 잔여 인쇄물은 국내외 신문기자들에게 배포하였으며, 1974. 1. 1.부터 3.까지 백낙준, 유진오, 윤보선, 함석헌, 김재준, 천관우 및 교육계 인사들을 심방, 동년 1. 15. 종로 소재 한일관에서 "대통령에게 면담요청 및 건의문을 발송한 결과 반응이 없는 데 대한 대책을 논의하고, 개헌청원 서명운동 진행상황 보고와 대책을 논의하자"고 권유, 동의를 받고 동년 1. 5. 자택에서 '헌법개정 청원운동은 계속할 것이니 이 운동을 막는 과오를 범하지 말라'는 내용의 반박성명서를 각 신문사에 배부함과 동시에 《씨알의 소리》편집인 회의를 소집, 동 《씨알의 소리》지에 개헌청원 운동에 관한 기사들을 게재하기로 합의하고, 동년 1. 5~7.까지 전 기독교장로회 총회장 이해영, 연세대 명예교수 정석회, 초동교회 목사 조항녹, 한국광복동지회장 김재오 등을 접선, 포섭하여 개헌청원 운동의 제2차 발기인으로 만들고, 전시 백낙준, 천관우, 함석헌, 김재준 등의 자택을 순방하면서 서명자 접수상황을 확인하며, 개헌청원운동은 국민으로부터 절대로 호응받을 수 있는 운동이라고 격려하는 등 시종 반정부활동으로 일관하여오던 중, 동년 1. 8. 17:00를 기하여 발효된 대통령 긴급조치로 인하여 개헌을 위한 일체의 행위가 금지되었음에도 불구하고 이러한 조치는 부당한 처사라고 단정, 계속 헌법개정 운동을 추진하겠다는 결의 아래,

 가. 1974. 1. 8. 18:30경 서울 동대문구 보문동 소재 옥호미상 불고기집에서 상 피고인 백기완과 공소 외 백범사상연구소 직원 김희로, 동 김영길 및 공소 외 장호권 등에게 "1・8 긴급조치는 국민의 기본권을 탄압하는 부당한 조치다. 이럴 수가 있느냐. 국민이 대통령에게 개헌청원도 못한단 말

인가"라는 말을 함으로써 대통령 긴급조치를 비방하고,

나. 1974. 1. 9. 12:30경 서울 종로구 중학동 소재 미대사관 근무 정치담당 2등 서기관인 '보드만'의 숙소에서 동인과 면담을 하면서 동인에게 "개헌 서명운동은 앞으로도 계속하겠으며, 금명간 재야인사들과 만나 구체적인 활동방침을 협의할 예정이고, 우리나라 헌법은 대통령 마음대로 무엇이든 하게 되어 있어 긴급조치가 나온 것이며, 우리나라 국민에게는 정권은 평화적으로 교체할 수 있는 희망이 없다. 나는 헌법개정을 위하여 계속 노력하겠으며, 나와 같이 개헌운동에 참여한 사람들은 긴급조치에 구애를 받을 사람이 없으나, 현재 언론계의 협조가 없어서 개헌청원 서명운동 전개가 어려울 것같으며, 그러나 언론계의 침묵도 오래 가지는 않을 것이다. 반유신체제운동은 이미 모든 국민에게 불붙고 있어 이를 강압적으로 저지하려는 것은 큰 오산이며, 현재까지 서명운동에 호응한 사람의 수는 약 30만 명을 초과하고 있는데 내가 구속됨으로써 우리 운동의 사기는 더 앙양될 것이다"라는 말을 함으로써 대한민국 헌법의 개정을 주장함과 동시 동헌법과 대통령 긴급조치를 비방하고,

다. 1974. 1. 9. 14:00경 공소 외 함석헌 가에서 동 함석헌, 동 박재철(법정) 및 동 계훈제 등과 회합하여 《씨알의 소리》 잡지 편집문제를 협의하면서 동인들에게 "1·8 조치는 예상했던 일이기는 하나 정부에서 너무 국민의 기본권을 탄압하는 행위다"라는 말을 함으로써 대통령 긴급조치를 비방하고,

라. 1974. 1. 10. 13:00경 서울시 중구 충무로1가 24의 30호 소재 신영빌딩 305호실인 백범사상연구소 사무실에서 피고인 백기완, 공소 외 김희로 등과 회합하여 동인들에게 "이렇게 탄압하는 법이 어데 있느냐. 개헌이란 '개' 자만 말해도 잡혀가게 되어 있으니 이런 놈의 나라가 어디 있느냐. 정부가 대화하자고 해놓고 이렇게 탄압할 수 있느냐. 나는 이것으로 나의 일생을 장식하겠고 모든 책임은 내가 지겠다"는 말을 함으로써 대통령 긴급조치를 비방하고,

마. 1974. 1. 10. 13:00경 피고인 자가에서 내방한 공소 외 미국 〈크리스

찬 싸이언스 모니타〉지 동경특파원 '폰드'라는 여기자와 동일 18:05분경 내방한 미국 〈뉴욕타임스〉지 동경특파원 '버터필드' 기자 등과 각각 회합하고 동인 등으로부터 개헌청원 서명운동에 대한 1. 8. 조치 이전의 진전과 긴급조치 이후의 전망 또는 서명자수 등에 대하여 질문받고 동인 등에게 전시 '나' 항 공소사실과 같은 말을 함으로써 대한민국 헌법의 개정을 주장함과 동시에 동헌법과 대통령긴급조치를 비방하고,

바. 1974. 1. 12. 14:00경 전시 백범사상연구소 사무실에서 상피고인 백기완, 공소 외 김희로 등과 회합하여 동인들에게 "개헌청원 운동은 국무총리와 대통령이 개입하는 바람에 반사작용으로 더욱 확대되었고 나는 그 청원운동의 대표로서 성명서를 발표하여왔으며, 앞으로도 개헌문제에 대하여 의견표명을 해야겠고, 그렇게 되면 징역을 가야 될 것은 명백한 일이다. 개헌 서명운동은 앞으로도 계속되어야 하며 재야인사들과 만나 구체적인 활동방침을 협의하여야 되겠고 나는 헌법개정을 위하여 계속 노력하겠으나, 현재 언론계의 협조가 없어서 그 운동의 전개가 어려울 것같으며, 그러나 언론계의 침묵도 오래가지는 못할 것이다. 반유신체제 운동은 이미 모든 국민에게 불붙고 있어 이를 강압적으로 저지하려는 것은 큰 오산이며, 내가 구속됨으로써 우리 운동의 사기는 더욱 앙양될 것이다"라는 말을 함으로써 대한민국 헌법의 개정을 주장함과 동시에 대통령 긴급조치를 비방하고,

2. 피고인 백기완은

4 · 19 직후 정치생활을 꿈꾸며 국회의원이 되려고 하였으나, 목적을 달성치 못하자 백범사상연구소라는 간판 아래 백범사상연구소에서 소일하여오던 중 1973. 10. 2. 이후 학생데모에 관심을 가지고 있던 상 피고인 장준하를 중심으로 한 천관우, 함석헌 등과 접촉하면서 반유신체제 운동을 전개할 것을 결의하고 동년 12. 22. 서울시 중구 충무로 1가 24의 30호 신영빌딩 305호 소재 백범사상연구소 사무실에서 동 장준하로부터 "현행 헌법은 평화적 정권교체가 불가능하므로 이 헌법은 반드시 개정되어야 하고 헌법을 개정하기 위하여 개헌청원 운동본부를 구성하여 100만인 개헌청

원 서명운동을 전개할 계획이다. 그 방법은 3단계로 나누어 계획대로 서명운동을 전개하면 금년 3월말까지 100만인 서명을 달성할 수 있고 100만인의 서명자 명단을 국내외 기자들에게 우선 공개한 다음 대통령에게 청원하면 개헌이 가능할 터이니 이 운동에 참여하여 발기인이 되어달라"는 권유를 받고 즉석에서 동의, 개헌청원 서명운동본부 발기인이 되고 동 장준하와 같이 동년 12. 24. '와이. 엠. 씨. 에이'에서 개헌청원 서명운동본부 구성에 대한 취지 성명서를 국내외 기자 30명에게 배포하고 동년 12. 26. 민족학교 명의로 대성빌딩에서 《항일 민족 시집》 출판을 기념하는 '항일 문학의 밤'을 개최 '우리에게 일본이란 무엇인가'라는 제목 아래 정부를 비방하며, 개헌지지를 호소하는 강연을 하는 등 반유신체제 운동을 선동하여오던 중 1974. 1. 8. 대통령 긴급조치로 인하여 개헌청원 서명운동 등 개헌을 요요한 일체의 행위는 하지 못하도록 금지되자 이에 불평불만을 포지하고 동 긴급조치를 부당하다고 비난하며, 대한민국의 헌법개정을 위하여 개헌운동을 계속 추진할 의도 아래,

가. 1974. 1. 8. 21:30경 서울시 종로구 광화문 소재, 동아일보사 후편에 있는 '영보' 다방에서 공소 외 김희로, 김영길 등과 회합하여 동인 등에게 "정부는 약한 우리 백성한테만 용감하고 외국인에게는 무능하며, 이런 조치는 대통령이 더 오래 해먹겠다는 이야기이니 나는 15년 징역을 살고 나면 백옹이 되겠구나"라는 말을 함으로써 대통령 긴급조치를 비방하고,

나. 1974. 1. 8. 22:00경 서울시 남대문로 소재 일요신문사 뒤에서 공소 외 고인한, 김영길 등과 같이 택시를 타고 동 고인한 집으로 가던 중 동 택시 안에서 동인 등에게 "정부는 약한 우리 백성한테는 용감하고 외국사람에게는 관대하다. 1·8 조치는 박대통령이 더 오래 해먹겠다는 얘기며, 나는 앞으로도 개헌청원 서명운동을 계속하고 싶어도 못하게 되었고, 과거 하였던 문제로 징역을 살게 되면 15년 징역을 살 터인데 그때 나는 백기완 옹이 될 것이다. 도대체 개헌이란 '개' 자만 이야기해도 잡아간다니 이런 법이 어디 있느냐"라는 말을 함으로써 대통령 긴급조치를 비방하고,

다. 1974. 1. 9. 12:00경 서울 중구 태평로 1가 소재 조선일보사 주필 사

무실에서 공소 외 선우휘와 회합하여 동인에게 "우리는 민주주의 방식으로 개헌청원 운동을 하려는 것인데 이를 억압할 수가 있느냐. 개헌의 '개' 자만 이야기해도 잡혀가서 15년 징역을 산다는데 이런 법이 어디 있느냐. 아무리 긴급조치가 나왔어도 그대로 있을 수 없으니 장준하와 만나서 상의하여 태도를 정하겠으나, 나로서는 1·8 조치가 나왔다 해도 개헌운동을 하지 않고 가만히 있을 수 없으니 애국자와 민족주의자로 긍지를 가지고 있는 나로서는 차제에 무엇인가 결단을 내려 행동하여 15년의 징역을 살라고 하면 살겠다"라는 말을 함으로써 대통령 긴급조치를 비방하고,

라. 1974. 1. 10. 13:00경 전시 백범사상연구소 사무실에서 상피고인 장준하, 공소 외 김희로 등과 회합하여 동인 등에게 "포악하였던 봉건치하에서도 왕에게 올리는 상소문이라는 형식으로 청원하는 제도가 있었는데, 민주주의 국가에서 청원하겠다는 것을 15년씩이나 징역을 보낸다니 도저히 있을 수 없는 일이며, 개헌청원 발기인 30명 중 내가 제일 젊었는데 나만 남으면 체면이 안되니 나도 장준하 형님을 따라 형무소에 가겠다"라는 말을 함으로써 대통령 긴급조치를 비방하고,

마. 1974. 1. 11. 17:00경 충남 온양읍 수양여인숙에서 공소 외 계훈제, 김승경, 김영길 등과 회합하고 동인 등에게 "1. 8 조치는 정치도의상 있을 수 없는 일이다"라는 말을 함으로써 대통령 긴급조치를 비방하고,

바. 1974. 1. 11. 23:00경 전시 수양여인숙에서 원고지 3매에 자필로 '5·16 후 3권을 한 손에 장악, 국민의 기본권을 파괴, 사실상 1인 집권의 영구화를 굳혔다. '개'라는 말만 해도 영장 없이 즉석에서 구속, 15년형에 처한다는 긴급조치는 국민의 기본권을 말살하고 1인 독재, 1인 집권의 영구화를 꾀하자는 5,000년 역사상 처음 있는 엉뚱한 수작이다'라는 내용의 문안을 작성함으로써 마치 유신헌법이 1인 집권의 영구화를 굳히기 위한 수단인 것처럼 대한민국 헌법을 반대, 비방하는 행위를 하고,

사. 1974. 1. 12. 14:00경 전시 백범사상연구소 사무실에서 상 피고인 장준하와 공소 외 김희로 등과 회합하여 동인 등에게 "1·8 조치는 국민의 의사를 무시한 장기집권의 수단이 분명하며, 나도 장준하 형님을 따라 형무소

에 같이 가겠다"라는 말을 함으로써 대통령 긴급조치를 비방한 것이다.

증거를 살피건대,

피고인 장준하에 대한 판시 사실은,

1. 피고인의 이 법정에서의 판시사실에 부합하는 취지의 진술부분.
2. 법무사 중령 김영범 작성의 증인 김희숙, 같은 장호경, 같은 장호권에 대한 각 증인 신문조서 중 판시사실에 부합하는 각 증언 부분.
3. 검찰관 및 사법경찰관 작성의 피고인에 대한 피의자 신문조서 중 판시사실에 부합하는 진술 기재 부분.
4. 피고인 작성의 자필 진술서 중 판시사실에 부합하는 진술 기재 부분.
5. 검찰관 및 사법경찰관 작성의 상 피고인 백기완에 대한 각 피의자 신문조서 중 판시사실에 조응하는 진술 기재 부분.
6. 검찰관 및 사법경찰관 작성의 참고인 김영길, 김희로, 장호권 등에 대한 각 진술조서 중 판시사실에 들어맞는 진술 기재 부분.
7. 상 피고인 백기완 및 참고인 김희로 작성의 각 자필진술서 중 판시사실에 들어맞는 각 진술 기재 부분.
8. 검찰관 작성의 참고인 계훈제, 함석헌, 김희숙, 장호경, 정선자, 박제철 등에 대한 각 진술조서 중 판시사실에 부합하는 진술 기재 부분.
9. 1974. 1. 13. 자 발행의 〈뉴욕타임스〉지의 기사내용 중 판시사실에 들어맞는 기사 부분(증 제10호).

등을 모두어보면 이를 넉넉히 인정할 수 있고,

피고인 백기완에 대한 판시사실은,

1. 피고인의 당 법정에서의 판시사실에 부합하는 진술 부분.
2. 검찰관 및 사법경찰관 작성의 피고인에 대한 각 피의자 신문 조서 중 판시사실에 들어맞는 진술 기재 부분.
3. 피고인 작성의 자필 진술서 중 판시사실에 들어맞는 진술 기재 부분.
4. 검찰관 및 사법경찰관 작성의 상 피고인 장준하에 대한 각 피의자 신문조서 중 판시사실에 부합하는 각 진술 기재 부분.
5. 상 피고인 장준하 및 참고인 김영길, 김희로, 고인한, 선우휘 작성의

각 자필 진술서 중 판시사실에 들어맞는 각 진술 기재 부분.

6. 검찰관 작성의 참고인 김영길, 김희로, 고인한, 선우휘, 김숭경, 계훈제 등에 대한 각 진술조서 중 판시사실에 부합하는 각 진술기재 부분.

7. 압수되어 있는 원고지 3매(증 제9호)의 현존 사실 등을 종합하여보면 이를 넉넉히 인정할 수 있으므로 위 판시사실들은 모두 그 증명이 충분하다.

법률에 비추건대,

피고인 장준하에 대한 판시 '가' '다' '라' 의 각 소위는 대통령 긴급조치 제1호의 5에, 판시 '나' '마' 의 각 소위는 같은 조치 제1호의 1, 2, 5에, 판시 '바' 의 소위는 같은 조치 제1호의 2, 5에 각 해당하고,

피고인 백기완에 대한 판시 '가' 내지 '마' 및 '사' 의 각 소위는 같은 조치 제1호의 5에, 판시 '바' 소위는 같은 조치 제1호의 1에 각 해당하는 바, 피고인 장준하에 대한 판시 '나' '마' 및 '바' 의 각 소위는 1개의 행위가 수개의 죄에 해당하는 경우이므로 형법 제40조 및 제50조에 의하여 '나' 및 '마' 의 소위에 대하여는 죄질과 범정이 중한 대통령 긴급조치 제1호의 1 위반죄에, '바' 소위에 대하여는 같은 조치 제1호의 2 위반죄에 정한 형으로 각 처단하기로 하고,

위 각 죄와 피고인들의 나머지 각 판시 소위는 각 형법 제37조 전단의 경합범이므로 같은 법 제38조 제1항 제2호 및 같은 법 제50조에 의하여, 피고인 장준하에 대하여는 죄질과 범정이 중한 판시 '마' 사실에, 같은 백기완에 대하여는 판시 '바' 사실에 각 정한 형에 각 경합 가중하기로 하고, 피고인 장준하는 전직 국회의원으로서 같은 백기완은 정당인으로서 활동하던 자들이므로, 북한 공산집단의 빈번한 불법도발에 직면하고 있는 긴박한 국내정세와 돌변하는 국제정세에 능동적으로 대처하고자 하여 마련한 유신헌법과 유신과업을 국민들에게 계몽하고 선도하여야 할 위치에 있음에도 불구하고 판시사실과 같은 범행을 저지른 피고인들의 소위는 일벌백계로서 엄중히 응징함이 마땅하므로 각 그 형기 범위내에서 피고인들을 각 징역 15년에 처하고 대통령 긴급조치 제1호의 5후단에 의하여 각 자

격정지 15년을 병과하며, 형법 제57조에 의하여 이 판결 선고 전 구금일수 중 각 15일을 위 각형에 산입하고 압수된 원고지 3매(증 제9호)는 범죄행위에 제공한 물건이므로 범인 이외의 자의 소유에 속하지 아니하므로 형법 제48조 제1항 제1호에 의하여 이를 피고인 백기완으로부터 몰수한다.

    이에 주문과 같이 판결한다.

1974. 2. 1.

비상보통군법회의 제1심판부
재 판 장 : 육군중장   박희동
심 판 관 : 육군소장   신현수
           판   사   박천식
           검   사   김태원
법 무 사 : 육군중령   김영범

판결문

대 법 원
제 1 부

판 결

사건번호   74도 1123 대통령 긴급조치 위반,
              대통령 선거법 위반,
              국민투표법 위반,
              국회의원선거법 위반,
              명예훼손.

피고인, 상고인
        (1) 장준하
        직업   출판업
        주거   서울 동대문구 면목2동 1004번지
        본적   △△△△△△
        (2) 백기완
        직업   무직(백범사상 연구소 대표)
        주거   서울 중구 장충동 2가 161의 7
        본적   △△△△△△
변 호 인   변호사 김선태 (피고인들에 대한)
원 판 결   비상고등군법회의 1974. 3. 2. 선고, 74비고군형항1 판결

주 문
피고인들의 각 상고를 기각한다.

상고 후의 구금일수 중 피고인 장준하에 대하여는 30일을 그의 대통령긴급조치 위반에 관한 징역형에, 피고인 백기완에 대하여는 155일을 그의 징역형에 각 산입한다.

이　　유

피고인 장준하의 변호인의 상고이유를 판단한다.

원판결이 유지한 1심판결이 채택, 열거하고 있는 증거들을 기록에 대조하여 종합검토하여보면, 그 판시 피고인의 대통령선거법위반, 명예훼손, 국민투표법위반, 국회의원선거법위반 및 대통령긴급조치 위반 사실을 충분 인정할 수 있다 할 것이므로 증거 없이 사실을 오인하였거나 불충분하고 불분명한 증거에 의하여 막연히 사실을 인정한 위법 있다고 할 수 없고, 원심이 명예훼손죄에 있어서 피해자의 명시한 의사에 반하여 논할 수 없다는 규정을 피해자가 적극적으로 피고인에 대한 처벌을 희망하지 아니한다는 명시적인 의사표시를 한 경우에 한하여 논할 수 없다는 것으로 보는데 본건에 있어 피해자가 그러한 의사표시를 한 것으로 보이지 아니하니 명예훼손죄로 처벌할 수 있다고 본 취지에도 잘못이 있다고 볼 수 없고, 위 범죄사실에 대한 원심의 양형이 과중하여 부당하다는 주장은 군법회의법 제432조 각호의 어느 사유에도 해당하지 아니하여 적법한 상고이유가 되지 못하므로 논리는 이유 없다.

피고인 백기완 변호인의 상고이유를 판단한다.

기록을 정사하면서 원판결이 인용한 1심판결이 채택 열거하고 있는 증거들을 종합 검토하여보면, 원판시 피고인의 범죄사실을 인정하기에 충분하다 할 것이고 불충분하고 불분명한 증거에 의하여 사실을 인정한 위법 있다 볼 수 없고 심리미진의 잘못도 없다고 본다. 다음에 원심의 양형이 과중하여 부당하다는 주장은 군법회의법상 적법한 상고이유가 되지 못하여 논지는 어느 것이나 이유 없다.

그러므로 상고를 기각하기로 하고 형법제57조에 의하여 상고 후의 구금일수 중 피고인 장준하에 대하여는 30일을 그의 대통령긴급조치위반에 관한 징역형에, 피고인 백기완에 대하여는 155일을 그의 징역형에 각 산입하기로 하며 관여법관의 일치된 의견으로 주문과 같이 판결한다.

1974. 8. 20.

재 판 장 대법원판사 김은형
　　　　 대법원판사 이영섭
　　　　 대법원판사 양병호
　　　　 대법원판사 한환진
대법원판사 한환진은 해외출장중이므로 서명불능임
재 판 장 대법원판사 김윤행

자료

긴급조치와 비상군법회의

시위와 개헌 요구

앞서와 같이 법원장회의가 개최되고 약 1개월 후인 1973년 5월 7일 신민당의 전당대회가 열려 유진산柳珍山 총재가 선출되었고, 의회 민주정치의 회복과 사법권독립의 보장 및 남북간의 단계적 교류 등을 골자로 하는 정강정책이 채택되었다. 1973년 5월 17일에 개회한 제86회 국회에서는 유진산 총재가 법관의 인사권을 대통령이 가지고 있어 사법권의 변질을 초래할 우려가 있다고 본다는 내용으로 질의하였고, 김종필金種必 국무총리는 사법권의 독립이란 재판에 영향을 받지 않는 독립을 말하는 것이므로 법관을 대통령이 임명한다고 하여 사법권의 독립이 침해된다고 생각할 수는 없다고 답변하였다.

1973년 8월 8일에는 김대중金大中 전 신민당대통령후보가 일본에서 납치되는 사건이 일어났고, 10월 2일에는 서울대학생 250여 명이 자유민주체제를 확립하라는 등의 선언문을 낭독한 뒤 시위에 들어갔으며, 11월에도 학원과 언론의 자유 보장, 구속학생 석방 등을 요구하는 대학생들의 시위가 이어졌다. 1973년 12월 12일 '민주수호 국민협의회'가 시국간담회를 주최하여 함석헌咸錫憲, 윤보선尹潽善 등 15인이 참석하였고, 12월 24일에는 '개헌청원 운동본부'가 결성되어 개헌청원 100만인 서명운동이 시작되었다. 김종필 국무총리와 박정희朴正熙 대통령은 1973년 12월 26일과 29일 유신체제를 부정하는 언행과 개헌서명 운동을 중지할 것을 촉구하였다.

긴급조치 제1호

다음해인 1974년 1월 8일 박정희朴正熙 대통령이 긴급조치 제1호를 선포하였다. 개정 헌법을 부정 · 반대 · 왜곡 · 비방하는 일체의 행위, 개정 헌법의 개정이나 폐지를 주장 · 발의 · 청원하는 일체의 행위를 금지하고, 이러한 금지에 위반한 사람과 긴급조치를 비방한 사람은 법관의 영장 없이 체포 구속하여 15년 이하의 징역에 처한다는 내용이었다.

긴급조치 제1호는 앞서와 같은 위반자를 비상군법회의가 심판 처단한다고 하였고, 1974년 1월 8일 긴급조치 제2호가 선포되어 긴급조치 위반자의 심판을 위하여 국방부 본부에 전국을 관할구역으로 하는 비상보통군법회의와 비상고등군법회의를 설치한다고 하였다. 이러한 비상군법회의는 군법회의법에 의한 군법회의와는 별개의 것이었고, 비상군법회의의 설치에 따라 특정한 형사사건에 관한 심판권한이 법원의 권한에서 제외되었다.

앞서와 같은 긴급조치 제2호는 비상고등군법회의에 1개 심판부를 두고, 심판부는 재판장 1인, 법무사 1인, 심판관 5인 등 7인의 재판관으로 구성하도록 하였다. 또한 비상보통군법회의에는 3개 심판부를 두고, 심판부는 재판장 1인, 법무사 1인, 심판관 3인 등 5인의 재판관으로 구성하도록 하였다. 비상군법회의의 재판관은 대통령이 임명한다고 규정되었는데, 재판장은 국군 현역 장관급 장교로, 법무사는 군법무관으로, 심판관은 국군 현역 장관급 장교와 판사, 검사, 변호사의 자격이 있는 사람으로 임명하게 되었다. 1974년 1월 8일 문영극文永克, 김영준金永駿, 박천식朴天植, 권종근權宗根, 신정철申正澈 판사가 비상군법회의 재판관에 임명되었다.

비상군법회의에 관하여는 특별한 규정이 없는 한 군법회의법을 준용하도록 하여 대법원에의 상고가 가능하였으나, 구속기간의 제한을 받지 않고 중앙정보부장이 비상군법회의 관할사건의 정보, 수사, 보안 업무를 조정 감독한다고 규정되었다. 긴급조치 제1호가 선포된 1974년 1월중에는 개헌청원 100만인 서명운동을 주도한 것으로 알려진 장준하張俊河 전 국회의원, 백기완白基玩 백범사상연구소장 등이 구속되었다.

긴급조치 제4호

한편으로 1973년 10월에는 중동전이 재발하고 아랍 산유국들이 유가를 인상하여 세계적인 석유파동이 일어났고, 박정희 대통령은 1974년 1월 14일 긴급조치 제3호를 선포하였다. 이 긴급조치는 '국민생활의 안정을 위한 대통령 긴급조치'로서 조세의 특례와 근로조건 등에 관하여 규정하였다.

1974년 3월부터는 대학생들의 시위가 재연되었고, 박정희 대통령은 1974년 4월 3일 긴급조치 제4호를 선포하였다. '전국 민주청년학생 총연맹'(약칭 민청학련)과 그 관련 단체를 조직하거나 이에 가입하는 행위, 민청학련 구성원의 활동을 찬양·고무하거나 이에 동조하는 행위, 민청학련 구성원과 회합·통신하거나 구성원에게 편의를 제공하는 행위 등을 금지하고, 이와 같이 금지된 행위를 권유·선동·선전하는 행위도 금지하며, 학생의 정당한 이유 없는 출석·수업·시험의 거부, 학교 내외의 집회·시위·성토·농성 등도 금지하면서 문교부장관이 긴급조치 위반학생에 대하여 퇴학이나 정학의 처분을 할 수 있도록 하는 것이었다.

긴급조치 제4호의 위반자는 사형, 무기징역, 5년 이상의 유기징역에 처한다고 규정되었고, 긴급조치 제1호와 같이 법관의 영장 없이 체포 구속하여 비상군법회의에서 심판 처단한다고 규정되었다. 특정한 형사사건에 관한 심판권한이 법원의 권한에서 또다시 제외된 것이었다.

긴급조치 제4호가 선포되고 약 3주 후인 1974년 4월 25일 신직수申稙秀 중앙정보부장은 긴급조치 제4호가 규제대상으로 삼았던 민청학련에 관한 수사상황을 발표하였다. 행동총책인 이철李哲 학생 등이 1974년 3월경 민청학련을 조직하고 도예종都禮種 전 인민혁명당(약칭 인혁당) 당수 등 공산·용공주의자들의 배후조종을 받아 대한민국 정부를 전복하고 공산계열의 노선에 따르는 노동정권을 수립하기 위하여 유신체제와 정부시책을 비민주적 독재로 단정하고 선전하는 한편, 세계적인 경제적 파동으로 인한 국내 경제의 어려움을 정부의 실책으로 선전하면서 4월 3일을 기하여 일제히 봉기하여 폭력·유혈 데모로 중앙청, 청와대 등 정부기관을 점거할 계획이었다는 발표였다. 민청학련에 관련하여서는 학생들 이외에도 윤보선 전대통령, 박형규朴炯圭 목사, 김동길金東吉, 김찬국金燦國 교수 등이 배후에서 지원하였다는 혐의로 비상군법회의에 기소되었다.

한편으로 1974년 5월 28일 대법원에서는 1971년 제1심 법원에서 무죄가 선고되었던 《다리》지 사건에 관하여 검사의 상고가 기각되어 피고인들의 무죄가 확정되었다(73도 3423), 또한 1974년 6월 11일에는 대법원에서 김낙중金洛中 피고인 등의 상고가 기각되었다(74도 1006). 이 사건은 김낙중 피고인이 1970년 세미나 참석을 빙자하여 서독에 간 다음 동독을 경유하여 북한에 들어갈 것을 기도하고, 노동자 및 농민과 연합전선을 형성하여 민중봉기로 정부를 타도하고 사회주의 국가를 수립해야 한다고 역설하여 내란을 선동하였다는 등의 범죄사실이 인정되어 제1심 법원에서 징역 7년과 자격정지 7년이 선고된 사건이었다.

긴급조치 해제

긴급조치 제4호가 선포되고 약 4개월 후인 1974년 8월 15일 문세광의 총격으로 육영수陸英修 여사가 사망하였고, 8월 23일 박정희 대통령이 긴급조치 제5호를 선포하여 긴급조치 제1호와 제4호를 해제하였다. 이 당시 박정희 대통령은 특별담화를 통하여 국민들이 8월 15일의 저격사건을 통하여 그 동안 정부가 취해온 긴급조치의 참뜻도 이해했으리라 믿으며 이를 계기로 국민총화가 다져졌음을 볼 때 든든한 마음을 금할 길이 없어 긴급조치 제1호와 제4호를 해제한다고 하였다. 긴급조치 제5호는 긴급조치 제1호와 제4호를 해제하였으나, 긴급조치 제1호와 제4호에 규정된 죄를 범하여 사건이 재판 계속중이거나 이미 처벌을 받은 사람에게는 영향을 미치지 못한다고 규정하였다.

긴급조치 제1호와 제4호가 해제된 후에도 1974년 9월부터는 대학생들이 구속학생 석방과 학원의 자유 등을 요구하면서 시위를 계속하여 휴강

조치가 취해졌고, 신민당은 같은 해 8월 전당대회에서 김영삼 총재를 선출하고 개헌추진을 당론으로 정하여 10월 21일 '헌법개정기초심의 특별위원회 구성결의안'을 국회에 제출하였다. 1974년 10월 24일에는 동아일보의 기자 180여 명이 '언론자유 수호 결의문'을 채택하였고, 11월 6일에는 명동성당에서 '인권회복을 위한 기도회'가 열리고 '천주교 정의구현 전국사제단'의 시국선언문이 발표되었다. 1974년 11월 27일에는 '민주회복 국민회의'가 발족되어 개정헌법이 민주헌법으로 대체되어야 한다는 국민선언이 발표되었다.

이 무렵인 1974년 10월 16일 대법원에서는 김대중 피고인이 신청한 법관기피에 관한 결정이 있었다(74모 68). 김윤행金允行(재판장), 이영섭李英燮, 양병호梁炳晧, 한환진韓桓鎭 대법원판사가 한 결정으로서, 법관기피 신청을 기각한 서울고등법원의 결정을 취소한 것이었다. 대법원의 이 결정에서는 金大中 피고인에 대한 대통령선거법과 국회의원선거법 위반사건을 심리하던 재판장이 녹음테이프 검증 후에 '집권공약을 하였으니 사전 선거운동을 한 것이 인정된다'고 말하였다면 미리 법률판단을 가한 경우가 될 수도 있으므로 무슨 의도로 그러한 말을 하였는지에 관하여 좀더 밝혀보아야 한다고 하였다.

한편으로 1974년 11월 5일 육군 보안사령부는 간첩 8명을 검거하였다고 발표하였는데, 검거된 간첩들은 재일거류민단을 이용하여 국내 정계에 진출하거나 학원과 종교계에 민주 수호동지회를 결성하고 군사기밀을 모집할 것 등을 기도하고 성숙된 시기에 반정부 세력을 연결하여 대중봉기를 꾀하다가 검거되었다고 하였다. 또한 1974년 2월과 6월에 우리의 어선과 경비정이 북한의 함정에 의하여 격침되었거나 납치된 이래, 11월 15일 비무장지대 남방한계선 부근에서 수색활동중이던 민정경찰대가 북한이 굴착한 지하터널을 발견하였다.

— 《법원사》 법원행정처 (1995)

15

긴급조치 1호 성직자 등 구속 사건(1)

피고인 김진홍, 이해학, 이규상, 인명진, 박윤수, 김경락

1. 사건개요: 각본대로 나오는 정찰제 판결 ·············· 101
2. 체험기: 개신교 젊은 성직자들의 긴급조치 저항-이해학 ······ 105
3. 판결 (군재 1심; 74비보군형공 제3호) ························· 118

사건개요

각본대로 나오는 정찰제 판결

한승헌 (변호사)

5·16 쿠데타로 불법 집권한 대통령 박정희는 3선개헌까지 감행하면서 장기집권을 하다가 마침내는 소위 '10월 유신'을 선포하고 헌정을 파괴한다. 1972년 10월의 일이었다. 국회를 폐쇄하고 비상국무회의와 국민투표를 통하여 유신헌법을 만들어낸다. 이에 분노한 국민 각계의 저항이 거세어지던 끝에 73년 말경에는 유신헌법 철폐 100만인 서명운동이 전개된다. 이에 호응·참여하는 전국적인 열기가 격렬한 정권퇴진운동으로 번지자 박 정권은 난데없이 '대통령긴급조치'라는 것을 선포한다. 유신헌법 반대·개정운동을 15년 징역으로 다스린다는 대통령의 명령이었다. 법률로도 못할 짓을 대통령 명령으로 막겠다는 이 조치의 처벌대상은 '대한민국의 헌법을 부정, 반대, 왜곡 또는 비방하는 일체의 행위'였다.

그런 '협박'에도 불구하고 개헌서명운동은 멈출 줄을 몰랐다. 그리고 장준하, 백기완 두 분이 '긴급조치 1호 위반사건'의 제1호로 구속되었다. 그들은 전해 성탄절 전날 함석헌, 천관우, 김동길, 계훈제 등 각계 민주인사들과 함께 서울 YMCA회관에서 모임을 갖고 '개헌청원운동본부'를 발족하고 백만인서명운동에 들어갔던 것이다.

그 다음으로 비상보통군법회의에 회부된 피고인은 김진홍(활빈교회 전도사, 32세), 이해학(성남 주민교회 전도사, 29세), 이규상(수도권특수선교위원회 전도사, 34세), 인명진(도시산업선교연합회 목사, 29세), 백윤수(창현교회 전도사 29세), 김경락(도시산업선교연합회 총무 겸 영등포중앙교회 목사, 36세) 등 기독교(개신교)계의 젊은 성직자 6명이었다. 이들은 당시 맡고있던 직분에서 알수 있듯이 도시산업선교에 앞장 선 성직자들이었다.

이들에 대한 공소장 첫머리에는 '……북한공산주의집단의 남침야욕에 대처하여 그 어느 때보다도 국력의 배양과 국민의 총화단결이 요청되고 있어 1972. 10. 27. 10월 유신을 단행하고 유신헌법을 국민총의로 탄생시켜 우리의 생존권을 수호하고 안정과 번영 및 평화통일의 기틀을 굳게 다져가고 있는 이때에, 이를 망각하여 유신체제를 뒤엎고 국력을 약화시키려는 몰지각한 일부 인사들의 행위로 말미암아 1974. 1. 8.…… 대통령긴급조치가 선포되었으므로 동 조치에 위반하는 행위를 하여서는 아니됨에도 불구하고……' 라고 장황한 정치적 넋두리를 늘어놓음으로써 독재정권의 본색을 드러내고 있다.

'피고인들은 위 긴급조치가 국민의 기본권을 제한하는 독재적인 조치라고 그릇 판단한 나머지 동조치에 항거할 것을 기도하고 있던 차……' 라는 대목에선 '그릇' 만 빼면 정확한 표현이라고 할 만했다.

그때부터 기독교계 인사들에 대한 경찰의 연금이 처음으로 시작되었다. 그만큼 교계 안팎의 분위기는 절박하게 변해갔다. 따라서 목사들의 유신반대 성명 또한 기습적으로 행해질 수밖에 없었다.

그 무렵 한국NCC(기독교교회협의회)의 총무로서 기독교의 각종 활동의 중심적 위치에 있던 김관석 목사는 이렇게 회고한다.

(1974년) 1월 17일 NCC총무실에 앉아 있는데 김진홍, 이해학, 이규상, 김경락 등이 우루루 몰려와서 나를 가운데 앉혀놓고 성명서를 읽으라고 하여 완전히 포로가 되어서 읽었다. 그날 오후에 중앙정보부에서 집으로 와 남산으로 끌려갔는데, 녹음테이프를 들려주면서 하나하나 짚어가면서 무슨 뜻이냐고 일일이 묻는 것이다. 하룻밤 꼬박 세웠는데 그날 형무소로 곧장 가는 줄 알았다. 다음날 새벽에 풀려났다.

이들의 긴급조치 위반행위를 주도한 사람은 김진홍·이해학 두 사람으로 공소장에 지목되어 있다. 위 두 사람은 긴급조치가 나온 지 이틀 뒤인 1974년 1월 10일, 긴급조치 철회와 개헌청원서명운동 허용을 요구하는 시국기도회를 개최하기로 합의한다. 이어서 김경락, 인명진, 이규상, 박윤수 등을 순차로 만나 시국기도회 개최의 취지를 설명하고 그들의 동의를 받았다. 그들은 김재준 목사를 시국기도회장으로 추대하고 범교회적으로 고문을 위촉한다. 그러나 명망있는 목사들의 참여를 이끌어내려던 계획은 뜻대로 되지 않았다. 시국기도회 개최장소를 물색하고자 이 교회, 저 교회를 찾아갔으나 모두 거절당했다.

그들은 여러 모로 궁리를 한 끝에 묘안을 찾아냈다.

1월 17일 오전 10시 종로5가 기독교회관 7층에 있는 한국기독교교회협의회(KNCC) 총무실에 위 6인이 예고 없이 들어가 총무인 김관석 목사를 동석시킨 가운데 김경락 전도사 사회로 '1·8긴급조치 철회 및 개헌청원 서명운동을 촉진하기 위한 시국선언 기도회'를 열었다.

이해학 전도사는 "대통령의 1·8긴급조치는 즉시 철회되어야 한다"는 등 3개항의 선언문을 낭독하고, 참가자 모두가 개헌청원서명록에 서명을 했다. 이어서 그 건물내에 있는 기독교의 여러 기관·단체를 찾아가 미리 준비한 선언문을 배포하고 서명을 받았다. 이것이 곧 "대한민국헌법을 반대, 헌법개정을 청원, 이를 권유하고 대통령긴급조치를 비방한 것"으로 단죄되는 판국이었다.

대통령긴급조치를 비방한 것도 '긴급조치 위반'이라는 조항까지 있었으니, 독재정권의 입법하수인들이 보인 치밀한 충성도에 놀라지 않을 수 없었다. 김진홍과 이해학 두 사람은 중앙정보부 조사때에 서로 자기가 주동자라고 우겼다. 이에 조사관들이 당혹스러워 하다가 (달필이라서) 플래카드와 선언문의 글씨를 쓴 김진홍을 주범으로 만들었다고 한다.

비상보통군법회의는 삼각지의 국방부 청사 뒤에 있는 콘셋법정에서 열렸다. 단상에는 재판장 육군중장 박희동, 심판관으로 육군소장 신현수, 판사 박천식, 검사 김태원, 법무사 육군중령 김영범 등 5인이 굳은 표정으로 앉아 있었다.

단하의 피고인들은 오히려 당당한 목소리로 유신통치와 긴급조치의 철폐를 요구하면서 법정분위기를 지배했다.

그해 2월 7일에 열린 선고공판에서 인명진, 박윤수(각 징역 10년)를 제외한 피고인 4명에게 각 징역 15년, 자격정지 15년형이 떨어졌고 대법원까지 가서 그대로 확정되었다. 바로 이런 탄압적 재판까지 경험하면서 한국 교회는 유신정권이 하나님의 정의와 질서에 도전해오고 있다는 것을 직접 확인할 수 있었고, 불의한 권력에 대한 대응을 준비하기 시작했다. 그리하여 정치와 종교는 더 이상 상호불간섭의 영역이 아니었으며 마침내 KNCC를 중심으로 한 진보적 기독교세력은 반독재 민주화 운동의 중추적 역할을 자임하기에 이르렀다.

체험기

개신교 젊은 성직자들의 긴급조치 저항

이해학 (성남주민교회 목사)

절망 속에서 만난 희망의 사도

한승헌 변호사님!
1974년 2월 어느날, 그날 아침은 흰 눈이 얇게 깔린 싸늘한 날씨였습니다. 우리는 정어리 엮이듯 줄줄이 묶여 앰뷸런스를 탔습니다. 우리를 실은 차가 육군본부 안으로 들어가면서부터 우리들 얼굴에는 검은 그림자가 드리워졌습니다. 굳은 얼굴에 백바가지를 쓰고 대검 달린 총을 받쳐 든 헌병들이 둘러싼 법정으로 들어갈 때 우리들의 익살스러운 유머는 뚝 그쳐졌습니다. 힐끗 바라본 방청석에는 친지들 모습은 보이지 않고 아내들 몇몇만 불안한 얼굴로 웅크리고 있었습니다. 얼마 후 일어서라는 헌병의 호령에 벌떡 일어나니 군복에 별을 반짝거리는 재판관들이 들어서셨습니다.
'대통령긴급조치 제1호 위반' 사건으로 두번째 치러지는 재판이었습니다. 그 긴급조치가 1974년 1월 8일에 발포되었는데, 열흘 뒤에 그 조치를 정면에서 치고 들어간 것은 우리가 처음이었습니다. 그러나 우리보다 먼저 체포된 장준하 선생과 백기완 선생이 그 전해에 헌법개정 서명운동을 전개하였기 때문에 사전영장에 의해 구속되고 우리보다 먼저 재판을 받았습니다. 살벌하기 이를 데 없었고, 우리는 그저 주눅들리고 질려 있는 상태였다고밖에 설명할 도리가 없습니다.

그때 들어선 것이 한승헌 변호사님이었습니다. 그 군인들의 굳고 굵은 목에 비해 유난히 가늘어 보이는 목이 눈에 들어왔습니다. 좁은 어깨는 처지고 허리까지 약간 굽은 듯한 몸매는 그 법정에 전혀 어울리지 않았습니다. 한변호사님은 그 딱딱한 인간들의 행렬에는 아랑곳하지 않고 쉽고 편한 모습으로 그들을 응수했습니다. 우리가 더 불안스러운 모습으로 그 분위기에 적응하려고 한 데 비해 마치 국외자의 모습으로 그들이 벌이는 공포 분위기가 연극이라는 것을 우리에게 설명하는 듯했습니다.

그때부터 우리는 조금씩 용기를 내기 시작했습니다. 우리는 불안의 어둠 속에서 빛을 본 것입니다. 환한 희망의 빛을 보았습니다. 당신은 우리 억울하게 갇힌 자의 희망의 빛이었습니다. 그때부터 우리의 주장을 말할 수 있는 용기를 비로소 갖게 된 것입니다.

한변호사님은 검사의 준엄하고도 악의에 찬 논고를 들으면서도 아무런 분노도 없는 무덤덤한 표정이었습니다.

우리나라는 국제정세의 변동과 북한 공산주의집단의 남침야욕에 대처하여 그 어느 때보다도 국력의 배양과 국민의 총화단결이 요청되고 있어 1972년 10월 17일 10월유신을 단행하고 유신헌법을 국민총의로 탄생시켜 우리의 생존권을 수호하고 안정과 번영 및 평화통일의 기틀을 다져가고 있는 이때에 이를 망각하여 유신체제를 뒤엎고 국력을 약화시키려는 몰지각한 일부 인사들의 행위로 말미암아 1974년 1월 8일 국가의 안전보장과 사회의 안녕질서를 유지하고 헌법을 수호하기 위하여 대통령 긴급조치가 선포되었으므로 동 조치에 위반하는 행위를 하여서는 안됨에도 불구하고……(판결문의 일부)

검사는 자신의 주장이 억지인 것을 위장하기 위해서라도 목에 힘을 주었습니다.

한변호사님!

그 숨가쁜 순간에 당신은 눈을 감고 계셔서 주무시지는 않는지 답답했습니다. 저러다가 저들의 음해를 듣지 못하고 변론에서 요점을 놓치면 어쩌나 하고요. 그러나 그것은 저의 기우였습니다. 막상 당신이 변론을 말씀하실 때는 이미 그들의 뻔한 논리를 알고 있다는 듯이 준비된 원고를 갖고 진지하게 읽어나갔습니다. 우리의 단조로운 사건이 한낱 작은 싹과 같은데 비해 당신의 변론은 숨겨진 뿌리를 파헤치고 그 열매를 설명했습니다.

사실 우리가 1월 18일 한국기독교교회협의회(KNCC) 총무인 김관석 목사의 사무실을 점거하고 현수막 몇 개를 책상에 펴고 기자들도 별로 오지 못한 채 외신기자만 와 있는 분위기에서 낭독한 성명서는 ① 긴급조치 철회하라, ② 개헌청원 서명 허용하라, ③ 유신체제 폐지하라는 단조로운 것이었습니다. 그러나 이처럼 단조로운 주장을 성명서로 발표한 것이 뜻밖에도 엄청난 사건이 되었고, 우리는 세상에 가장 무서운 죄인으로 선전되었습니다.

한변호사님, 기억나십니까? 당신의 변론은 물이 흘러가는 것같다고나 할까요? 유연하고 섬세하게 몸에 밴 논리적 변론을 하시다가도 바윗돌을 휘돌아 폭포에 이르면 누가 검사이고 변호사인지 입장이 뒤바뀌어버리는 것입니다. 우리는 그때 검사와 재판장을 바라보았습니다. 그들은 한변호사님의 심판의 매를 맞고 곤혹스럽게 그 자리를 지키고 있는 듯했습니다.

한변호사님은 목회자들의 사회참여, 특히 불의한 정권에 도전한 것을 소신껏 긍정적으로 평가해주었습니다. 그리고 이 사건의 정당성만을 변호해주는 것이 아니라 오히려 그간에 우리가 살아왔던 빈민들을 역사의 주인으로 세워서 민주세상을 만드는 것이 바로 하나님의 사역을 하는 것이라는 신학적 증언을 해주었습니다. 서슬이 퍼런 군사독재하에서 당신의 변론은 예술이요, 설교였습니다.

저는 남다른 피해의식이 있었습니다. 우리의 투쟁이 묻혀버릴지도 모른다는 두려움이 있었습니다. 그런데 변론을 듣는 순간 '아, 이제는 죽어도 여한이 없다'는 생각이 들었습니다. 믿음이 약한 인간인 저는 증인이 없는 투쟁, 증인이 없는 죽음은 외롭고 불안했습니다. 유혹에 흔들리기도 하고요.
변호사님!

당신은 어둠 속에 묻혀버릴 운명에 처한 이들의 산 증인이었습니다. 증인이 된다는 것은 쉬운 일이 아니었습니다. 자신의 생애를 거는 것이 증인인 것을 비로소 깨닫는 순간이었습니다. 법이라는 전문지식을 가지고 적당히 독재정부를 합리화시키거나 가만히만 있어주어도 큰 대접을 받았을 터인데, 분단치하에서 고난당하는 이웃들과 함께 그 고난을 나누어 갖고자 하는 한변호사님은 예수께서 좁은 길을 택하라는 말씀을 생활로 사는 모습이었습니다. 한변호사님! 당신은 우리 시대에 고난당하는 사람들의 증인입니다. 그것이 바로 성직이요, 사목입니다.

빈민선교에서 정치투쟁으로

한변호사님은 우리의 뜻을 간파하고 계셨습니다. 1974년 1월 그해 겨울은 유독 추웠습니다. 이십 몇 년 만의 추위라고 했으니까요. 정국이 혼란스럽기 그지 없던 1973년 말, 헌법개정청원 서명운동이 벌어지고, 집권당의 유력한 중진들이 당을 탈퇴하는 지각변동의 전야였습니다. 김상근·오충일·조승혁·김종희·임인봉 등의 소장목사들이 동대문복음교회에서 단식투쟁을 하며 대통령 면담을 신청하는 등 혼란과 희망이 엇갈리는 세밑이었습니다.

결국 철야 국무회의가 강행된 뒤 정권안보의 비상대책으로 비상시에나 써야 할 처방이 내려졌습니다. 1월 8일 '대통령 긴급조치 1·2호'가 발표되고 그간의 민주화운동에 나섰던 어른들은 모두 자택에 연금되고 말았습니다. 거리거리에는 육중한 탱크가 실탄꾸러미를 건 기관단총으로 시민들 가슴팍을 향한 채 집채처럼 버티고 섰습니다. 사람들은 더욱 어깨를 늘어뜨리고 참담한 표정으로 탱크를 피해 다녔습니다.

우리는 서울제일교회 사무실에 모여 스태프 미팅이라는 직원회의를 열었습니다. 그것은 매주마다 정기적으로 열리는 각 지역활동 보고와 함께

선교전략을 논하는 자리입니다. 유신체제에서 자율적 조직운동의 한계를 느끼던 터에 긴급조치로 인해 더더욱 어려워진 빈민조직운동이 갈 수 있는 길은 정치투쟁밖에는 없다고 결론지었습니다. 긴급조치의 허구를 아무도 폭로하지 않으니 우리가 나서야 한다는 중지가 모였습니다. 이에 따라 역할을 분담했는데, 훈련 실무자로 일하던 이해학이 이 사건을 책임지며 조직해내고 이규상 목사는 보조하도록 합의를 보았습니다. 그때 우리는 김관석 목사를 비롯해서 현영학·오재식 선생 등과도 밀접한 논의구조를 갖고 있었기에 어른들과도 협의했으리라고 믿었습니다.

나약함을 무릅쓴 결단

이 사건을 준비하는 며칠간 나는 남다른 고민을 했습니다. 이길이 마지막이 될지도 모른다는 공포가 저를 사로잡았습니다. 사람들을 만나서는 참여해야 할 당위성을 설명하는 데에 열중하지만, 돌아오는 길에는 피하고 싶은 마음이 굴뚝같이 일어나는 것이었습니다. 아무에게도 털어놓지 못했던 비밀입니다만, 사건이 나던 18일 아침 집을 나서면서 내가 탄 택시가 교통사고라도 내주기를 마음 속으로 간절히 바랐습니다. 그러지 못한 택시 운전수가 원망스럽기까지 했습니다. 나는 지금도 그때의 제 심경을 부끄러움으로 간직하고 있습니다.

그것은 제가 남보다도 더 먼저 중앙정보부 고문 맛을 보았기 때문인지도 모릅니다.

"쥐도 새로 모르게 죽여버릴 수 있다."―이것은 수사관들이 우리에게 수없이 주입시킨 말입니다.

중앙정보부에 들어갈 때마다 눈에 띄는 것은 '우리는 음지에서 양지를 향한다'라는 정원에 새겨진 큰 글씨입니다. 그곳의 방마다에 있는 재떨이에도 씌어 있는 그들의 표어입니다. 저는 이글을 읽을 때마다 그들이 양지를 향하기를 바랐습니다.

저는 1973년 9월 박형규 목사에 대한 기사가 실린 재미교포 신문을 복사하려다 중정에 연행되어 조사를 받은 적이 있습니다. 그때가 김대중 선생을 일본에서 납치했던 사건 직후였고, 또 나중에 안 일이지만 그 교포신문이 김대중 선생을 지원하는 신문이라는 것 때문에 혹독한 수사를 받았습니다. 중정 지하실에서 저는 세 사람에게 벌거벗긴 몸으로 침대목인 듯한 몽둥이로 온 몸이 시퍼렇게 몰매를 맞았을 뿐 아니라 아주 모욕적인 고문을 당한 경험이 있습니다. 그들은 북쪽에 몇 번이나 갔는지, 누구와 연계하고 있는지, 또 남쪽에서는 누구와 비밀조직을 이루는지를 추궁했습니다. 이들은 김대중 선생의 배후인물을 찾는 듯했습니다. 하도 힘들어서 내게 무슨 조직이 있다면 알려주고 싶기까지 했습니다. 그때 그들이 몇 번씩 내게 던졌던 소름끼치는 말을 잊지 못합니다.

"우리는 너를 쥐도 새도 모르게 처치해버릴 수 있다."

이말이 제 뇌에는 각인되어 있습니다. 이말은 그뒤에도 수많은 의문사死를 내는 과정에서 입증되고 있습니다. 나는 때때로 아무도 모르게 사람을 해치우는 암살단에 쫓기는 악몽에 시달리곤 했습니다.

우리는 그곳을 나올 때마다 그곳에서 보고 들은 것을 절대 말하지 않겠다는 각서를 써야만 했습니다. 아마 그후로도 저는 비슷한 각서를 다섯 번은 썼을 것입니다. 그때마다 상하는 자존심을 경험해본 사람은 압니다. 인간의 나약함을 다행으로 생각하면서 그리고 그 약속을 지키기 위해서 오랫동안 노력을 한 것도 사실입니다. 그러나 20여 년이 지난 지금은 참으로 그들이 지향한 양지가 누구의 양지였는가에 문제가 있음을 발견합니다.

주범 논쟁으로 주범 감추는 쾌거

한변호사님!

조사관들의 반복되는 질문과 계속해서 또다시 써야 하는 진술서에서 나는 참으로 불필요한 낭비를 경험했습니다. 왜냐하면 그 많은 조서에서도 아직 이 사건의 진상이 제대로 설명되지 못하고 있었기 때문입니다. 저는 법의 한계를 설명하고자 합니다.

중앙정보부 안에서 저와 김진홍 목사는 이 사건의 주범이라고 서로 우겨서 중정 수사관들을 놀라게 했습니다. 중정 생기고 나서 처음이라나요? 발뺌만 하는 사람들만 보다가 자기가 주범이라니 수사관들이 좋아했습니다. 우리의 소신에 존경한다고도 하고요. 그리고 수사관들은 서로 자기가 맡은 사람을 주범으로 만들기 위해 다투기도 했습니다. 결국 성명서와 현수막을 쓴 김진홍 목사를 주범으로 한다고 결론을 지었습니다.

이것은 내게는 하나의 쾌거였습니다. 왜냐하면 실제 주범을 은폐시키는 데 성공했기 때문입니다. 이 사건은 수도권 특수지역선교위원회에서 모의되었습니다. 박형규 목사가 위원장, 총무는 지금 기독교방송국 사장인 권호경 목사, 그리고 지금 교회협의회 총무인 김동완 목사가 실무자였는데, 주범논쟁으로 저는 박형규·권호경·김동완 이 세 사람의 이름을 감추는 데 성공한 것입니다. 그분들이 몇 달 뒤에는 민청학련과 관련하여 모두 수감되고 말았지만, 사건을 확산시키고 우리의 뒷바라지를 충분히 할 수가 있었습니다.

저는 김진홍 목사를 찾아가서 우리가 이 시대에 하나님의 부름을 받은 것이 이때를 위함이 아닌가고 소신을 말했습니다. 의기있는 김진홍 목사는 모든 선배들이 연금된 지금은 전도사들이라도 나서서 본때를 보여야 한다고 적극적으로 동의해왔습니다.

동지를 규합했습니다. 김진홍 목사가 영등포 도시산업선교회의 인명진·김경락 목사를, 이규상 목사가 박창빈 목사를, 제가 박윤수·김성일 목사를 찾아냈습니다. 그러나 아닙니다. 이미 그전에 그분들 모두가 그 어두운 시대에 분노하고 있었고, 우리는 무언가 하지 않고는 견딜 수 없는 사람들을 단지 엮어내는 일을 한 것이었습니다. 그러기에 여기에는 주범이 따로 없습니다. 있다면 그러한 시대를 만들었던 통치자 박정희 대통령이 주범입니다.

많은 사람을 찾아다니면서 이일에 관여시켰습니다. 시국기도회를 개최한다는 명분으로 개헌청원 서명을 벌이자는 것이었습니다. 조서에 많은 이름을 열거했습니다. 김재준·지학순·강신명·김관석·문동환·오태순·김윤식·이영민·김익선·조지송·김상근·오충일·김종희·손인웅·조승혁·홍길복·임신영·전용환 목사와 신부 등을 연루시켜 많은 사람들이 조사를 받기도 했습니다. 송재천·우정현·유전현·최의팔 등의 기자들까지도 조사를 받은 것을 나중에야 알았습니다.

한변호사님!

그런데도 박형규·권호경·김동완 이 세 사람의 이름은 한번도 나오지 않았다는 것은 법과 수사관들의 체력전만으로는 해결할 수 없는 범주의 문제가 있다는 사실을 말해줍니다.

구치소 안에서 발견한 '나'

서울구치소 생활은 처음에는 힘들었습니다. 들어가자 마자 알몸으로 떨면서 항문까지 까보이는 신체검사를 한 뒤 0.78평의 독방에 유폐되었습니다. 감방과 이부자리, 필경 밥그릇에서까지 오랜 세월 밴 고리타분한 냄새가 머리를 아프게 했습니다. 콩이 몇 개 섞인 것 말고는 순 꽁보리밥인 가다밥은 처음에는 힘들었어도 얼마 지나서는 잘 먹었으나 반찬은 너무도 불량했습니다. 몇 번의 싸움을 통해 많이 개선되기는 했지만 이른바 된장국이라는 것은 소금국이었고, 거기에 넣은 채소는 씻지 않아서 국물을 마시고 나면 법자 식기 바닥은 모래로 덮이기도 했습니다. 교도소는 불의한 세상의 축소판 같았습니다.

무엇보다도 너무 추웠습니다. 온기라고는 아무 곳에도 없는 차가운 벽 안에서는 참으로 체온이 그리웠습니다. 냄새나는 이불을 뒤집어쓰고도 덜덜덜 떨기만 했습니다.

운동도 없는 징역살이 속에서도 하루에 두 번 바깥에 나갈 수 있었습니다. 아침에 세면장에 나가서 줄을 맞추어 서서 목욕탕 탕방기에 물 한 바가지씩을 배급받은 뒤 '지도'가 빠르게 열을 셀 동안에 세수를 마치는 것입니다. 다른 일반수들은 목에다 비누를 메달처럼 달고서 비누칠까지 하지만 저는 항상 모자라는 시간이었습니다. 그리고 오후에는 플라스틱 변기를 들고 나가 비웠습니다. 그러나 면회도 금지되고 일체의 접근이 금지된 채 특별 감시되는 제게는 이 두 번의 시간이 가장 기다려지는 시간이었습니다. 그 시간은 사람냄새를 맡는 시간이었기 때문입니다. 그때는 이방 저방을 넘겨다보며 눈치껏 통방도 했습니다. 눈치빠른 사람들로부터 몇 가지 밖의 소식을 얻어 듣거나 생활필수품을 조달받을 수 있는 유일한 기회였습니다. 누구누구가 또 체포됐다는 소식들이 왜 그렇게 기쁘게(?) 들렸는지 모릅니다.

저는 그때 발에 동상이 박히고 귀까지 얼어서 가렵기 짝이 없었습니다. 매일 영하 20도를 오르내리는 추위 속에서 낮에는 중정에 가서 조사받고 밤에는 구치소로 돌아오곤 했습니다. 내가 가지고 있던 것은 요가책 한 권 외에는 아무 것도 없었습니다. 성경은 물론이고, 나중에 안 사실이지만 가족이 넣어준 침낭도 전해주지 않았습니다. 징역쟁이들이 덧버선이며 귀싸개, 토막연필 등을 구해주어 하나씩 채워갔습니다.

변호사님!

저는 그 징역에서 저 자신의 약함을 발견했습니다. 변화된 환경에 적응하기도 굼떴습니다. 알량한 자존심의 노예임을 발견했습니다. 저는 겸손하게 그들을 배우기로 했습니다.

사회적으로 낮은 사람들 앞에서 반성을

한변호사님!

누구나 징역을 살아보면 비슷한 깨달음을 얻겠지만, 차츰 감옥생활에 익숙해가면서 저는 징역을 살게 된 것을 감사드렸습니다. 제가 얼마나 소중한가에 대한 인식을 새롭게 했습니다. 또한 이웃에 대한 새로운 관심을 갖기 시작했습니다. 아니, 그들이 저를 필요로 하고 그곳에서도 해야 할 일거리가 있다는 데에 신이 났습니다.

먼저 그들은 저보다도 많은 장점이 있었습니다. 담배 한 개비를 여러 토막으로 내어 나누어 피우다가 걸린 사람들이 매일 세면장에 끌려나와 벌거벗은 몸으로 얼음을 깨고 퍼붓는 물세례를 받는 데도 공급자를 대지 않는 것입니다. 당시에는 베로 꼬아서 만든 꽈배기라는 몽둥이가 있었습니다. 때리면 아파도 상처가 나지 않습니다. 그 매로 잡아도 지조를 꺾지 않는 모습을 보았습니다. 약한 사람들의 억울함에 대한 항의는 묻혔습니다. 그래도 그들은 자기의 자존심이나 작은 이익을 지키기 위해서 싸웠습니다. 때로는 방송망을 쓰고 꽁꽁 묶여 개같이 밥을 핥아 먹으면서도 지켜야 할 것은 지켰습니다. 자기 몸에 상처를 내고 자해하는 항거를 통해서도 공격적인 방어를 했습니다. 개인들이 가진 인박힌 습성을 버리지 못한 아쉬움은 있었지만, 그들은 동료에 대한 의리를 마지막까지 지켰습니다. 나는 그들을 바라보며 나의 유약한 삶을 반성했습니다.

긴급조치 사건이 봇물같이 터지는 바람에 감방이, 특히 독방이 모자랐습니다. 1심이 끝난 사람을 일반수들과 합방시켜서 다행스럽게도 일반수들과 함께 지낼 수 있는 행운을 얻었습니다. 내가 첫 번째 항소이유서를 써준 사람은 40살 먹은 총각이었습니다. 노모를 모시고 있는 그는 결혼을 며칠 앞두고 군차량에 교통사고를 당했으나 보상이 안되었습니다. 받아주겠다는 변호사에게 수임료까지 주고서 오랜 후에, 이미 자기의 교통사고 보상금을 변호사가 받은 사실을 확인했습니다. 3년간 졸랐으나 약자를 무서워하지 않는 변호사를 칼로 위협 한 번 한 것이 살인미수가 되어 중형을 받았습니다. 그 사람은 이 더러운 세상 죽겠다며 단식을 해서 강제급식까지 시켰습니다.

그런 사람들의 항소이유서를 대신 써주면서 그들의 표현할 수 없는 아픔을 가슴으로 느꼈습니다. 결혼을 앞둔 친구의 범죄를 대신 둘러쓰고 들어온 징역이 평생 직업이 되어버린 사람들의 이야기를 들으면서 잠을 잤습니다. 옷을 둘둘 뭉쳐 베는 베갯머리를 눈물로 적시며 변화될 세상을 기도했습니다.

같은 하늘 아래에서 같은 사람들이 왜 이렇게 살아야 하는가? 그것은 어떤 한 사람 개인이 처리할 수 있는 문제는 아니었음을 깨달았습니다. 한 사람에게서 시작되어야 하되 함께 풀지 않으면 안되는 문제였습니다. 우리는 잘못된 구조에서 길들여진 비극적 삶을 살아야 하지만, 그 복판에서 생명을 보듬어가야 한다는 각오를 했습니다. 저들은 나를 가두었으나 나는 하나님의 음성을 들었습니다.

모든 것은 그들의 각본대로

우리는 1심에서 최고형인 15년의 징역 및 자격정지를 받았습니다.

피고인들의 판시 소위所爲 중 대한민국 헌법을 반대한 행위는 대통령 긴급조치 제1호의 1과 형법 제30조에, 헌법개정을 청원한 행위는 동 조치 제1호의 2와 형법 제30조에, 헌법에 반대나 개정에 대한 청원을 타인에게 권유하거나 알린 행위는 동 조치 제4호 형법 제30조에, 대통령의 긴급조치를 비방한 행위는 동 조치 제1호의 5와 형법 제30조에 각 해당하는바, 위 수죄는 1개의 행위가 수개의 죄에 해당하는 경우이므로 형법 제40조 및 동법 제50조에 의하여 범정과 죄질이 중한 대한민국 헌법을 반대한 행위에 정한 형으로 처단하기로 하고 정상을 살피건대 앞에 설시한 바와 같이 시국의 중대성과 백척간두에 있는 조국의 현실에 비추어 우리의 생존과 독립과 보다 큰 자유를 수호하기 위하여 그 어느 때보다도 국력의 배양과 조직화가 긴급히 요구되고 있는 이 시점에서 피고인들은 종교인으로서 그 본연의 자세를 가지고 종교를 빙자하여 갖가지 교묘한 수단과 방법으로 동조세력을 국민총화에 의한 국력 배양 그리고 안정과 번영 위에서의 조국의 평화통일을 추구하고자 하는 국민적 염원을 외면하고 사회질서의 혼란과 그리고 국민총화의 저해와 분열을 획책한 것은 추호도 용납할 수 없는 행위이다. 따라서 피고인 김진홍, 동 이해학, 동 이규상, 동 김경락을 각 징역 15년과 자격정지 15년에, 인명진과 동 박윤수를 각 징역과 자격정지 10년에 처한다. (판결문 48쪽)

그들은 비상보통군법회의를 만들어 재판하도록 했습니다. 제1심판부

재판장은 육군중장 박희동, 심판관 육군소장 신현수, 판사 박천식, 검사 김태원, 법무사 육군중령 김영범 등이었습니다.

우리는 고등군재에서도, 대법원에서도 1심대로 형이 확정되었습니다. 우리는 안양교도소로 이감되어 1975년 2월 15일 대부분의 수감자들이 출소할 때 함께 나왔습니다. 2심에서 재판관들이 왜 성직자들이 기도나 하지 정치에 관여하느냐고 호령하던, 서울의 가장 크다는 교회 집사이던 이세호 대장은 얼마 뒤 부정사건에 관련되어 이등병으로 전역되었다는 소식을 들었습니다.

변화된 세상에서도 멋지게 삽시다

저는 출소한 다음해인 1976년 이른바 명동사건에 연루되어 다시 3년형을 받았고 1978년 8월 15일에 형집행정지로 출소했습니다. 1980년에는 통일운동의 복판에 서게 되었는데, 베를린 3자회담으로 인해 이번에는 국가보안법 위반이 되어 1년 6개월의 형을 받았을 때 바쁘신 중에도 변호사님께서 옥에까지 찾아주시고 격려해주신 일들을 잊을 수 없습니다.

그 동안 세상은 많이 변했습니다. 민청학련에 관련되었던 사람들이 국회의원이 되기도 하고, 이른바 '문민정부'가 들어섰으며, 동료들이 여권에도 들어가서 역할을 하기도 하며, 1심 관련 검찰관은 제가 세 번째 국가보안법으로 구속되었을 때 우리를 변호하는 변호사가 되기도 했고, 지금은 야당 국회의원이 되어 민주화의 기치를 들고 있습니다.

한승헌 변호사님.

세상은 분명 변했습니다. 우리를 감시하고 가차없이 감옥으로 집어넣던 사람들이 우리가 찼던 쇠고랑을 하고 감옥에 가기도 합니다. 그러나 번뜩이는 눈빛들이 줄어들고 기쁨이 사라졌습니다. 말 한마디에 목숨들을 걸고 동조해주던 신뢰도 없어졌습니다. 요즈음은 이익이 있고 재미가 있어야 하는 시대입니다. 약한 이들과 억울한 이들을 향해 자기 운명을 연대하려는 사람은 어리석은 사람처럼 보이는 시대입니다. 자기가 변호해주던 사람 때문에 죄수가 되는 일이 다시 있을 수 있을까요? 한변호사님같은 분은 이 영악한 세상에서는 바보같은 사람일 뿐입니다. 이런 바보들이 있기에 오늘 이만한 새벽을 열어왔습니다. 확언하건대, 앞으로도 이런 바보들이 더 밝은 세상을 창조해갈 것입니다.

한승헌 변호사님.

달라진 세상에서도 멋지게 삽시다.

| 판결문 |

비 상 보 통 군 법 회 의

판　결

사건번호　　74년 비보군형공 제3호
사 건 명　　대통령 긴급조치 위반

피 고 인
1) 성명 : 김진홍
생년월일 : 1941. 7. 10.생(32세)
직업 : 활빈교회 전도사
본적 : △△△△△△
주소 : 서울특별시 성동구 송정동 74

2) 성명 : 이해학
생년월일 : 1945. 3. 5.생(29세)
직업 : 주민교회 전도사
본적 : △△△△△△
주소 : 경기도 성남시 수진동 41-85

3) 성명 : 이규상
생년월일 : 1939. 7. 19.생(34세)
직업 : 수도권 특수선교위원회 전도사
본적 : △△△△△△

주소 : 서울특별시 도봉구 미아 7동 837-687

4) 성명 : 인명진
생년월일 : 1946. 6. 1.생(27세)
직업 : 도시산업선교연합회 목사
본적 : △△△△△△
주소 : 경기도 시흥군 서면 완명리

5) 성명 : 박윤수
생년월일 : 1945. 3. 17.생(29세)
직업 : 창현교회 전도사
본적 : △△△△△△
주소 : 서울특별시 종로구 명륜동 3가 99-1

6) 성명 : 김경락
생년월일 : 1937. 5. 5.생(36세)
직업 : 도시산업선교연합회 총무 겸 영등포중앙교회 목사
본적 : △△△△△△
주소 : 서울특별시 영등포구 화곡동 696-15

관여 검찰관 : 검사 강철선
관여 변호사 : 변호사 한승헌 (피고인 김진홍, 이해학, 이규상, 인명진, 박윤수,
　　　　　　　 김경락을 위하여)
변호사 민병국 (피고인 김진홍, 인명진을 위하여)
변호사 이서중 (피고인 박윤수를 위하여)
변호사 김교창 (피고인 김경락을 위하여)

주　문

피고인 김진홍, 동 이해학, 동 이규상, 동 김경락을 각 징역 15년과 자격정지 15년에, 동 인명선과 동 박윤수를 각 징역 10년과 자격정지 10년에 처한다.

이 판결 선고 전 구금일수 중 15일을 위 각 징역형에 산입한다. 압수된 선언문 2매(증 제1호 및 19호), 플래카드 3매(증 제2호 내지 4호), 선언문 사본 1매(증 제5호), 개헌청원서명록 1부(증 제6호), 타자기 1대(증 제9호), 등사기 1대(증 제10호), 붓 1자루(증 제11호), 붉은 잉크 1병(증 제12호), 등사철판 1개(증 제14호)는 피고인 김진홍으로부터 이를 몰수한다.

이　　유

피고인 김진홍은 1966. 2.경 대구 계명대학 철학과를 졸업하고 동년 3.경 동 대학 조교로 취직 근무중 1968. 3.경 대구 청산교회 전도사로 종사하다가 1969. 3.경 서울 소재 대한예수교 장로회 신학대학 석사과정에 입학하여 현재 동 대학 졸업반에 재학중인 자로서 동 대학 재학중인 1971. 10. 3.서울 성동구 송정동 74번지에 활빈교회를 설립하고 동 교회 전도사로 취임, 오늘에 이르고 있는 자.

동 이해학은 1966. 2.경 한국신학대학 신학과에 입학하여 재학중 동년 4.경 육군에 입대, 복무를 마치고 1968. 5. 30.육군 상병으로 제대를 한 후 1969. 2.경 동 대학을 졸업함과 동시에 경기도 성남시 수진동 소재 주민교회의 전도사로 취임하여 오늘에 이르고 있는 자.

동 이규상은 1967. 2.경 한국신학대학을 졸업한 다음 동년 3.경부터 동년 6.경까지 4개월 동안 경기도 인천시 소재 대성목재주식회사에서 노동에 종사하다가 동년 7.경 동인천도시산업선교센타 전도사로 취임 근무하다가 1972. 4.경 수도권 특수선교위원회 전도사로 취임, 오늘에 이르고 있는 자.

동 인명진은 1972. 2.경 대한 예수교 장로회 신학대학을 졸업한 후 동년 4.경 예수교 장로회 전도부 산업선교위원회 소속 서울 영등포구 소재 영등포 도시산업선교연합회 목사로 취임하여 오늘에 이르고 있는 자.

동 박윤수는 1970. 3.경 한국신학대학에 입학하였다가 1972. 3.경 동 대학 2학년을 수료하고 동년 4.경 중앙신학교 3학년에 편입하여 현재 동교 제4학년에 재학중인 자로서 동교 재학시인 1973. 1.경 서울 종로구 명륜동 소재 창현교회 전도사로 취임하여 오늘에 이르고 있는 자.

동 김경락은 1964. 1. 12.경 감리교 신학대학을 졸업하고 1965. 3.경 기독교 대한감리회 고양교회 목사로 재직하다가 1968. 3.경 도시산업선교연합회 총무 겸 감리회 영등포 중앙교회 목사로 취임하여 오늘에 이르고 있는 자 등인바,

우리나라는 국제정세의 변동과 북한 공산주의 집단의 남침 야욕에 대처하여 그 어느 때보다도 국력의 배양과 국민의 총화 단결이 요청되고 있어 1972. 10. 17. 10월 유신을 단행하고 유신헌법을 국민총의로 탄생시켜 우리의 생존권을 수호하고 안정과 번영 및 평화통일의 기틀을 굳게 다져가고 있는 이때에 이를 망각하여 유신체제를 뒤엎고 국력을 약화시키려는 몰지각한 일부인사들의 행위로 말미암아 1974. 1. 8.국가의 안전보장과 사회의 안녕질서를 유지하고 헌법을 수호하기 위하여 대통령 긴급조치가 선포되었으므로 동 조치에 위반하는 행위를 하여서는 아니됨에도 불구하고,

피고인들은 위 긴급조치가 국민의 기본권을 제한하는 독재적인 조치라고 그릇 판단한 나머지 동 조치에 항거할 것을 기도하고 있던 차 피고인 김진홍과 동 이해학 등은 1974. 1. 10. 17:00경 서울 성동구 송정동 74번지 소재 동 김진홍 가에서 젊은 교역자를 규합하여 국민의 기본권을 억압하는 1·8긴급조치를 철회하고 개헌청원 서명운동을 허용하라는 시국기도회를 개최할 것을 결의하고 동월 11. 10:00경 서울 영등포구 영등포동 소재 도시산업선교연합회 사무실을 방문, 동 연합회 총무인 피고인 김경락 목사와 동연합회 목사인 피고인 인명진 등을,

동일 12:00경 시내 서대문구 창천아파트 소재 대현교회 전도사인 공소 외 홍길복 가를 방문, 동인 및 연세대학교 도시문제연구소 간사로 있는 공소 외 박창빈 등을, 동일 23:00경 동구 성산동 123번지 소재 수도권특수선교위원회 전도사인 피고인 이규상 가를 방문, 동인과 경동 중앙교회 부목

사인 공소 외 임신영 등을,

　동월 16. 12:00경 서울 종로구 종로5가 소재 옥호미상의 음식점에서 일산 제일교회 전도사인 공소 외 김성일을,

　동일 13:30경 동구 명륜동 소재 창현교회를 방문, 동 교회 전도사인 피고인 박윤수를,

　각 만나서 1 · 8긴급조치 철회와 개헌청원 서명운동을 추진하는 시국 기도대회를 개최키로 결의한 취지를 설명하고 그 취지에 호응하는 피고인 이규상, 김경락, 인명진, 박윤수 등과 순차적으로 공모하여 그 기도회 개최 준비작업을 위하여 동월 11. 23:00경부터 그 다음날인 12. 01:00경까지 동시 서대문구 성산동 123번지 소재 피고인 이규상 가에서 피고인 김진홍, 이해학, 이규상, 인명진, 공소 외 박창빈 등이 모여 회합을 열고 시국 기도회장에는 김재준 목사를 추대하고 지학순 주교, 강신명 목사, 한기원 목사 등 원로급 인사와 김종필 국무총리와 간담회를 가진 바 있는 소장목사 7명 등을 고문으로 추대하여 범교회적으로 확대시키고 포섭대상 교역자는 3 · 1 독립운동시 민족대표를 33인으로 한 것처럼 예수교 장로회에서 11명, 기독교 장로회에서 11명, 감리교에서 6명, 천주교에서 5명, 도합 33명으로 하고, 예수교 장로회 교역자 11명 포섭책임을 피고인 김진홍이, 기독교 장로회 11명, 감리교 6명, 천주교 5명 등 포섭책임은 피고인 이해학이, 신문기자 동원, 미국 선교사 초청 등 홍보책임은 피고인 이규상이, 사후수습은 피고인 인명진, 공소 외 박창빈, 임신영 등이 각 담당키로 부서를 결정한 다음 피고인 김진홍, 이해학, 이규상 등은 공동으로 개별적으로 목사인 공소 외 문동환, 김상근, 오충일, 김종희, 손인웅, 조승혁, 김윤식, 조지송, 전용한 등과 신부인 오태순 등 기성 교역자들을 포섭코자 방문하여 위와 같은 내용의 시국기도회를 개최하겠으니 참석하여달라고 권유하였으나 거절을 당하고 나서 피고인 김진홍, 이해학, 이규상 등은 다시 동월 14. 21:00경 동시 종로구 광화문 소재 귀거래 다방에서 회합하고 시국 기도회는 젊은 교역자들만이 모여서 하고, 일자는 16, 17 양일 중에 개최하고 장소는 수도교회나 연동교회를 교섭하여보고 여의치 않을 경우에는 한국기독교교

회협의회 총무실을 사용하며, 시국기도대회에서 사용할 선언문, 현수막 등은 피고인 김진홍이 작성키로 합의를 본 다음 피고인 김진홍은 시국기도회를 개최할 장소를 물색코저 수도교회, 연동교회 등지를 찾아갔으나 모두 거절당하고 나서 자신이 이미 초안해두었던 '긴급조치 철회' '개헌청원 서명 허용' '유신체제 폐지' 라 쓴 선언문에 자신이 서명을 하고 그에 이어 공소 외 김성일, 피고인 이해학, 박윤수, 공소 외 홍길복, 피고인 이규상, 김경락 순으로 각 서명을 하게 하여서 시국기도회 개최에 대한 결의를 굳게 하고, 피고인 김진홍, 이해학은 동월 16. 10:00경 동시 종로구 종로5가 소재 '태을' 다방에서 최종적으로 회합, 시국선언 기도회는 동월 17. 10:00 한국기독교교회협의회 총무실에서 개최하고 사회는 상 피고인 김경락 목사가, 선언문 낭독은 피고인 이해학이가 맡기로 하고 각 피고인 등에게 연락을 취하고 피고인 김진홍은 동일 23:00경 활빈교회내에서 창호지에 붉은 잉크로 '1·8조치 철회하라' '개헌논의 허용하라' '민주질서 회복하라' 는 현수막 각 1개씩을 작성하고 유신체제를 반대하는 선언문을 30매(16절갱지) 등사하고 다음날인 17. 시국기도회 개최 전인 06:00 경 개최장소인 기독교회관 건물 3층 크리스챤 신문사를 방문, 동사 기자 공소 외 최의팔에게 선언문 2매를 교부하고, 동 건물 8층 소재 기독공보사를 방문, 동사 기자 공소 외 송재천에게 시국기도회 취재를 부탁하고, 피고인 이규상은 17. 10:00경에 시국기도회를 개최한다는 사실을 전시 미국 선교사인 울터 푸레네리크더스트 선교사와 각 일간 신문사에 알려주어 전시 각 기자들로 하여금 동 시국기도회장에 참석하게 한 다음, 동월 17. 10:00경 동시 종로구 연지동 소재 기독교회관 7층 소재 한국기독교 교회협의회 총무실 앞 복도에서 사전에 약속한 대로 피고인 김진홍, 이해학, 이규상, 박윤수, 김경락, 인명진 등이 집결하여 동 총무실에 예고 없이 들어가 동사무실 총무인 공소 외 김관석 목사를 강제로 입회시키고 피고인 김경락 사회로 1·8 긴급조치 철회 및 개헌청원 서명운동을 촉진하기 위한 시국선언 기도회를 개최하고,

피고인 이해학은 순서에 따라,

1. 금번 대통령의 1·8 긴급조치는 국민을 우롱하는 처사이므로 이는

즉시 철회되어야 한다.

2. 개헌논의는 민의에 따라 자유롭게 전개되어야 한다.

3. 정부는 유신체제를 폐지하고 민주질서를 회복하라.

는 선언문을 낭독하고 피고인 김진홍과 이해학 등은 '개헌논의 허용하라' 는 현수막을 들고 사진을 찍고 '1·8 조치 철회하라', '민주질서 회복하라는 현수막을 동소 책상 위에 펼쳐놓고 개헌청원 서명록에 피고인 김진홍을 필두로 동 박윤수, 이해학, 이규상, 김경락 순으로 서명을 필한 다음, 동 김진홍, 이해학, 이규상, 박윤수 등은 미리 준비한 선언문 80매를 나누어 가지고 동 건물 7층, 3층에 있는 기독교장로회 총무부, 예수교 장로회, 동 서울노회 동 사무실을 전전하며 동소 목사, 공소 외 이영민 외 다수인에게 배포하고 개헌청원 서명록을 제시, 서명을 권유하고,

동소에 모인 조선일보사 유정현 기자 외 7명에게 위 선언문을 배포함으로써 대한민국 헌법을 반대, 헌법개정을 청원, 이를 권유하고 이를 타인에게 알림과 동시에 대통령의 긴급조치를 비방한 것이다.

증거를 살피건대,

피고인들에 대한 판시 사실들은,

1. 피고인들이 당 법정에서의 판시에 부합하는 각 진술 부분.

2. 증인 홍길복, 임신영, 김관석의 각 증언 중 판시사실에 부합하는 각 증언 부분.

3. 검찰관 및 사법경찰관 작성의 각 피고인들에 대한 각 피의자 신문조서 중 판시사실에 부합하는 각 진술 기재 부분.

4. 피고인들이 작성한 각 자필진술서 중 판시사실에 부합하는 진술 기재 부분.

5. 검찰관 작성의 참고인 유정현, 송재천, 최의팔, 김관석, 차옥숭, 김윤식, 조지송, 김상근, 김익선, 이영민, 조승혁, 손인웅 등에 대한 각 진술조서 중 판시 사실에 부합하는 진술 기재 부분. (단, 피고인 인명진에 대한 부분에 대하여는 위 김관석에 대한 것 이외의 것은 제외).

6. 검찰관 및 사법경찰관 작성의 공소 외 홍길복, 김성일, 박창빈, 임신

영에 대한 각 피의자 신문조서 중 각 판시에 부합하는 진술 기재 부분(단, 피고인 인명진 부분에 대하여는 위 김성일, 박창빈에 대한 것은 제외).

7. 참고인 배기철, 장경의, 황병선, 오건환, 이조연, 정구종, 문동환, 오충일, 백윤종 및 김종열 작성의 각 자술서 중 판시사실에 각 부합하는 진술 기재 부분(피고인 인명진에 대한 부분은 제외).

8. 참고인, 정구종, 홍길복, 김성일, 박창빈, 임신영, 배기철, 강성재, 장경의, 황병선, 오긴환, 이조연, 유정현, 송재천, 최의팔, 김관석 및 차옥숭 작성의 각 자필 진술서 중 판시 사실에 각 부합하는 진술 기재 부분(위 홍길복, 임신영, 김관석을 제외한 이외의 부분은 피고인 인명진에 대한 부분에서 제외).

9. 사법경찰관 작성의 참고인 월터 푸레디릭 러스트(미국인), 문동환, 김윤식, 오충일, 조지송, 김상근, 김익선, 오태순, 이영인, 조승혁, 손인웅, 백윤종 및 김종열에 대한 각 진술조서 중 판시사실에 부합하는 각 진술 기재 부분(피고인 인명진에 대한 부분은 제외).

10. 압수된 선언문 2매(증제1 및 19호), 프란카드 3매 (증제2호 내지 4호), 선언문 사본 1매(증제5호), 개헌청원 서명록 1부(증제6호), 녹음테프 1개(증제7호), 타자기 1대(증제9호), 등사기 1대(증 제10호), 붓 1자루(증제11호), 붉은잉크 1병(증제12호) 등사철판 1개(증제14호), 필림 2매(증제15호 및 17호), 사진 7매(증제16호 및 18호)의 각 현존 사실 등을 종합하여보면 그 증명이 충분하다.

법률에 비추건대,

피고인들의 판시 소위 중 대한민국 헌법을 반대한 행위는 대통령 긴급조치 제1호의 1과 형법 제 30조에, 헌법개정을 청원한 행위는 동조치 제 1호의 2와 형법 제30조에, 헌법의 반대나 개정에 대한 청원을 타인에게 이를 권유하거나 알린 행위는 동 조치 제4호 및 형법 제30조에, 대통령의 긴급조치를 비방한 행위는 동 조치 제1호의 5와 형법 제30조에 각 해당하는 바, 위 각 수죄는 1개의 행위가 수개의 죄에 해당하는 경우이므로 형법 제40조 및 동법 제50조에 의하여 범정과 죄질이 중한 대한민국 헌법을 반대한 행위에 정한 형으로 처단하기로 하고, 정상을 살피건대 앞에 설시한 바와 같이 시국의 중대성과 백척간두에 있는 조국의 현실에 비추어 우리의 생존과 독립과 보다 큰 자유를 수호하기 위하여 그 어느 때보다도 국력의 배양과 조직화가 긴급히 요청되고 있는 이 시점에서 피고인들은 종교인으로서 그 본연의 자세를 저버리고 종교를 빙자하여 가지가지 교묘한 수단과 방법으로 동조세력을 규합, 국민총화에 의한 국력배양 그리고 안정과 번영 위에서의 조국의 평화적 통일을 추구하고자 하는 국민적 염원을 외면하고 사회질서의 혼란과 동요 그리고 국민총화의 저해와 분열을 획책한 것은 추호도 용납할 수 없는 행위이다.

 따라서 각 그 형기 범위내에서 피고인 김진홍, 동 이해학, 동 이규상, 동 김경락을 각 징역 15년에, 같은 인명진, 같은 박윤수를 각 징역 10년에 각 처하고, 대통령 긴급조치 제1호의 5의 후단에 의하여 피고인 김진홍, 동 이해학, 동 이규상, 동 김경락에게 각 자격정지 15년을, 동 인명진, 동 박윤수에게 각 자격정지 10년을 병과하고 형법 제57조에 의하여 이 판결 선고 전 구금일수 중 각 15일을 위 각 징역형에 산입하고 압수된 선언문 2매 (증제1호 및 19호), 프랑카드 3매(증제2호 내지 4호), 선언문 사본 1매(증제5호), 개헌청원 서명록 1부(증제6호), 타자기 1대(증제9호), 등사기 1대(증제10호), 붓 1자루(증제11호), 붉은 잉크 1병(증제12호), 등사 철판 1개(증제14호)는 모두 범죄행위에 제공된 물건으로서 범인 이외자의 소유에 속하지 아니하므로 형법 제48조 제1항 1호에 의하여 이를 피고인 김진홍으로부터 몰수한다. 이에 주문과 같이 판결한다.

1974. 2. 7.

비상보통군법회의 제1심판부

재 판 장	육군중장	박희동
심 판 관	육군소장	신현수
심 판 관	판　　사	박천식
심 판 관	검　　사	김태원
법 무 사	육군중령	김영범

16

긴급조치 1호 성직자 등 구속 사건(2)

피고인 김동완, 권호경, 이미경, 차옥숭, 박상희, 김매자, 김용상, 박주환

1. 사건개요: 개헌운동 성직자 구속과 유인물 사건 ················ 129
2. 체험기(1): '내란음모'에 이은 유신헌법 반대투쟁 - 김동완 ··· 133
3. 체험기(2): 긴급조치 구속 자초한 유인물 배포 - 이미경 ········ 139
4. 판결 (군재1심; 74비보군형공 11호) ·· 150

사건개요

개헌운동 성직자 구속과 유인물 사건

한승헌 (변호사)

1972년 12월, 박정희 정권은 국회를 해산한 가운데 헌법절차를 무시한 채 '유신헌법'을 만들어 영구집권의 레일을 깔았다. 이에 분노한 국민 각계의 저항은 거세어져갔고, 유신헌법 반대 · 개헌서명운동이 전국적으로 번지자 박정권은 대통령긴급조치 1호라는 위헌적 명령을 가지고 반유신 · 개헌운동을 처벌했다.

첫 번째로 장준하 · 백기완 두 분에 이어 기독교계의 젊은 성직자 6명이 '개헌서명촉진시국선언기도회'를 열었다가 15년 또는 10년 징역을 선고받은 사실…… 등은 '반유신 싸움 나선 성직자들'에서 살핀 바와 같다.

이처럼 전례 없는 젊은 목사 · 전도사들의 수난은 기독교계에 큰 충격과 파문을 일으켰다. 그때 구속된 성직자들의 고난을 널리 알리기 위한 유인물을 작성, 배포했다가 역시 긴급조치 1호 위반으로 구속된 젊은 크리스찬들이 있었다. 김동완(약수형제교회 전도사, 32세), 권호경(서울제일교회 목사, 32세), 이미경(에큐메니칼현대선교협의회 간사, 23세), 박상희(한국신학대학 기독교교육학과 4년, 29세), 김매자(이화여대 의학과 3년, 22세), 김용상(무직, 24세), 박주환(한국신학대학 신학과 4년, 25세) 등 8명이었다. 이들은 진보적인 교단 또는 그 연합기관에서 일하는 젊은이이거나 신학대학생들로서, 그중 절반인 4명이 여성이어서 주목을 받았다. 이때만 해도 긴급조치사건의 변호인으로 나서는 변호사가 매우 드물 때였는데, 내가 김동완, 권호경, 이미경, 김용상 4명을 맡고, 이건호 변호사가 차옥숭을, 이세중 변호사가 박상희, 김매자, 박주환 3명을 맡아서 변호를 했다.

그중 이미경은 이화여대 영문과 3학년 재학중이던 1972년 10월경부터 대학 졸업 후에까지 줄곧 에큐메니칼현대선교협의회 사무총장을 도와 간사로 일해왔다.

맨 먼저 김동완, 권호경 두 사람이 일을 꾸몄다. 그들은 김진홍 전도사 등 6명이 구속된 후인 어느날, 서울 중구 오장동에 있는 한 다방에서 만난다. 그리고 김진홍 등이 시국기도회를 열게 된 경위와 그로 말미암아 경찰에 연행·구속된 사실을 전국 교회에 널리 알려서 여론을 환기시키기로 합의한다. 그 방법으로 '개헌 청원운동 성직자 구속사건 경위서'를 작성, 배포하자는 것이었다.

그들의 뜻은 이미경·차옥숭·김매자, 박상희·김용상, 박주환 이렇게 릴레이식으로 전달되어 전원의 호응을 얻었다. 각자의 할 일도 분담했다. 김동완은 총괄, 권호경은 비용조달, 이미경·차옥숭은 경위서 문안 작성, 나머지 4인은 경위서를 등사·발송하는 임무를 각기 맡았다.

김동완은 이미경에게 '경위서' 작성에 따른 유의사항을 세밀하게 당부했다. 경위서 작성 명의는 '한국기독교성직자 일동'으로 하고, 수신인은 주요도시의 교회목사를 대상으로 한다. 이런 일반사항 외에 좀 특이한 점으로는, 우편물을 서울에서 전부를 발송하지 말고 수신인 거주지에 가서 분산 발송할 것, 지문이 남지 않도록 장갑을 끼고 작업을 할 것 등이었다. 1월 21일 밤 대현동에 있는 차옥숭의 하숙방에서 이미경, 차옥숭은 문안 작성에 들어갔다. '개헌청원운동 성직자 구속사건의 경위'라는 제목의 글이었다. 그 첫머리에는 '이제 이땅의 국민들은 15년의 징역살이를 각오하지 않고서는 일체 개헌에 대하여 말하지도 듣지도 못하게 되었습니다. (주: 대통령긴급조치 1호에 의하면 유신헌법의 개정을 주장하거나 개정청원만 해도 최고 징역 15년형으로 처단한다고 되어 있었다.) 그러나 이처럼 침묵을 강요당하는 현실 속에서도 예언자적 양심과 순교자적 용기를 가지고 개헌논의는 민의에 따라 자유롭게 허용되어야 한다고 외치면서 분연히 일어난 젊은 성직자들이 있습니다. 그런데 우리 국내의 보도기관을 통해서는 정확한 내용을 알 길이 없을 뿐 아니라 진상이 왜곡되어 전해질 수 있다고 생각되어 여기에 그 내용을 알리고자 합니다.'

그리고 김진홍 전도사 등 6명이 기독교회관내 한국기독교교회협의회 총무실에서 시국선언기도회를 열고 긴급조치 철회, 개헌논의 허용, 유신체제 폐지, 민주질서 회복 등을 촉구하는 선언문을 낭독한 후 개헌청원서명운동을 벌이다가 경찰에 연행되어 구치소에 수감되어 있다는 요지로 초안을 작성했다. 이어서 박상희에게 그 경위서의 타자 발송을 부탁하였고, 박상희는 등사원지에 문안대로 타자를 하고 김용상, 김매자는 등사를 하여 경위서를 봉투에 넣어 서울, 전주, 대구, 부산 등 수신인 거주 현지에 가서 분산 투함하였다. '경위서' 발송 후 이미경을 필두로 8명 전원이 구속되어 비상보통군법회의에 넘겨졌다.

젊은 성직자들이 개헌서명운동을 하다가 잡혀가서 군사재판에 회부된 사실을 서신으로 알린 것이 무슨 죄가 되는가. 당시 긴급조치라는 것은 그런 것까지도 처벌할 수 있도록 주도면밀하게 얽어놓았으니, 긴급조치 제1호의 4항에 유신헌법을 반대, 개정, 청원 등 일체의 행위를 '방송, 보도, 출판, 기타의 방법으로 이를 타인에게 알리는 일체의 언동을 금한다'고 되어 있었고, 만일 이를 어기면 최고 15년 징역까지 과할 수 있게 규정해놓았다.

법정에서 그들은 조금도 약한 빛을 보이지 않았다. 박상희의 회고에 의하면, "방청석에 앉아 있을 가족들에게 우리의 연약한 모습을 보여서는 안 되겠다는 생각이 본능적으로 작용했기 때문이었다"고 한다. 군사재판 법정에서는 기상천외의 문답이 돌출하기도 했다. 단상의 심판관 한 사람이 김동완에게 "이미경이 당신애인 아니냐"고 물었다. 함께 그런 위험한 일을 한 것을 보면 혹시 남녀 애정관계로 얽혀진 것 아니냐는 투였다. 질문을 받은 김동완은 그 순간 천하의 명답을 남겼다. 가로되, "아닙니다. 그러나 저 혼자 그렇게 (되기를) 희망합니다." 살기마저 감돌던 법정엔 때아닌 폭소가 터졌다.

김동완, 권호경에게는 징역 15년, 박상희는 징역 10년(항소심에서는 징역 7년) 떨어졌으니 이것은 형벌이 아니라 광기 그 자체였다. 이미경, 차옥숭, 김매자, 김용상, 박주환은 징역 각 3년에 처한다고 해놓고서 그중 세 여성은 "미성년을 갓 벗어난 미혼여성들로서 사리판별 능력이 미약하다고 인정되는 등 정상을 참작하여" 5년간 형의 집행을 유예한다고 했다. '사리판별능력 미약' 운운은 심판관에게 돌려줄 만한 표현이었다. 네 여성 중 이미경 씨는 그후에도 여성·사회·민주화운동에 헌신해오다가 지금은 국회의원으로 활동중이고, 박상희 씨는 목사가 되어 교회를 담임하면서 여성·환경·인권운동, 특히 성폭력 예방·치료운동에 힘을 기울이고 있다.

체험기 (1)

'내란음모'에 이은 유신헌법 반대투쟁

김동완

내 삶의 전환—전태일의 분신

1979년 12월 23일 국방부장관 주영복으로부터 특별 사면장을 받았습니다.

'성명 김동완, 죄명 대통령긴급조치 1호 위반, 징역 15년에 자격정지 15년, 대통령명에 의하여 사면법 제5조 제1항 제12호의 규정에 따라 그형의 집행을 면제한다.'

내가 가지고 있는 사면장입니다. 이 사면장에 얽힌 사연들을 말해보겠습니다.

삶에는 결코 우연이 없다고 생각합니다. 이 사면장과 한승헌 변호사의 회갑에 글을 기고하게 된 배경에는 필연적인 생의 만남들이 있습니다. 특별히 한 노동자와의 만남이 오늘날 나의 삶을 이렇게 크게 좌우할 줄은 몰랐습니다.

1968년 초겨울 남산 케이블카 승강장 아랫동네에 사는 사람들이 큰 화재를 만났습니다. 속칭 남산동 50번지에 사는 도시빈민 500여 세대가 대화재를 만나 3,000여 명의 이재민이 발생하고 27명이 죽는 끔찍한 일이 있었습니다.

시청은 이재민들을 신림동과 창동으로 집단이주시켰습니다. 제가 알고 있던 교회의 여러분들이 창동으로 이주한 이재민을 위하여 천막을 마련해주고 그들에게 교회를 지어주자는 운동이 일어났습니다. 그래서 그곳의 전도사 겸 교회를 건축하는 책임자로 나를 보냈습니다.

당시 공대를 졸업하고 예수님처럼 살고자 한 나에게는 예수님처럼 노동을 해봐야겠다는 생각 때문에 허락을 하고 판자촌의 천막에 가서 그들과 더불어 교회 짓는 일을 1년여 동안 하였습니다. 그때 함께 노동에 참여했던 화재민 가운데 가장 똑똑하고 나를 잘 도와주었던 사람이 전태일이었습니다. 이일을 마친 뒤에 나는 신학을 하게 되었고 신학교 입학등록금을 만들기 위하여 삼각산 임마누엘기도원 복원공사에 참가했을 때도 전태일이 나와 함께 이일에 참여하였습니다.

그후 그와 헤어졌는데, 1970년 11월 13일 모든 신문에서 평화시장 전태일 씨의 분신을 보는 순간 내 삶에 새로운 변화가 왔습니다. 큰 부흥사가 되어보려고 신학교에 입학했던 나는 내 가장 가까이에서 복음을 전하고 함께 살았던 전태일 씨의 죽음을 보고 이웃을 위해서 목숨을 던진, 그리고 친구를 위해서 생명을 던진 전태일 씨를 다시 생각하게 되었습니다.

삶의 전환은 여기에서부터 시작되었습니다. 노동자들의 문제, 그들의 삶의 터전, 도시빈민 문제에 관심을 갖기 시작했습니다. 이렇게 전태일이 준 충격과 새로운 신앙적인 관점은 가난한 사람들과 함께 살게 하였고, 이것이 계기가 되어 수도권 도시선교를 하는 사람들과 만나게 되었습니다. 수도권 도시선교는 이농한 농민들이 떼지어 사는 판자촌 주민들을 위해서 하나님의 뜻과 정의와 평화를 선언하고 일하는 단체였습니다. 책임자는 박형규 목사님이었고, 조승혁·권호경 목사 등과 함께 이일을 하였습니다. 7개월 동안 지금은 없어진 서울역 앞 시립 남대문합숙소에서 하루에 10원 내고 잠을 자면서 가난한 사람과 더불어 사는 훈련을 받기도 하였습니다.

그러나 군사독재정권이 10월유신을 발표하자 이렇게 모여 있던 빈민선교 실무자들은 여기에 전격적으로 맞서야 한다는 결정을 내렸습니다. 우리의 힘을 모아 남산 야외음악당에서 열릴 예정이던 부활절예배 때 우리의 의사를 발표하고, 교회가 이를 위해 많은 기도를 해주기를 바라는 문서를 만들고 작업을 시작함으로써 속칭 '남산 야외음악당 사건' 또는 '내란예비음모'가 시작되었습니다.

이로 인해 보안사에서 받은 엄청난 고문 끝에 우리들이 드리려 했던 부활절 야외기도의 제목은 내란예비음모로 격상(?)되었고, 그리하여 박형규·권호경 그리고 남삼우 등 3명은 재판정에 서게 되었으며, 나를 포함한 5명은 29일간의 구류처분을 받았습니다.

긴급조치를 짓밟고 감옥으로

이 재판이 바로 한승헌 변호사와의 만남의 시작이었습니다. 회갑을 맞는 한승헌 변호사님, 참으로 그는 어려운 이웃들에게는 좋은 대변자였습니다. 법정에서 한변호사는 이렇게 질문했습니다. "남산 야외음악당 부활절예배를 보러 갈 때 각목을 가지고 가셨나요? 돌을 가지고 가셨나요? 그럼 무엇을 가지고 가셨습니까?" 우리들은 "성경과 찬송가를 가지고 갔다"고 대답했습니다. 즉 성경과 찬송가로 내란을 일으킬 수 있느냐는 것이 그의 질문의 요지였습니다. 이렇게 만난 한승헌 변호사님과의 인간관계는 거기에서 그치지 않았습니다.

이듬해인 1974년, 박정희 군사독재정권은 개헌을 막기 위해 긴급조치 1호를 발표하였고, 이것을 위반하는 사람은 징역 15년과 자격정지 15년에 처한다고 발표했습니다. 한 번 내란예비에 관계된 전과자인 우리들은 또다시 모여서 기도하고 의논하기 시작했습니다.

"이법은 하나님의 법에 어긋나는 악법이라 막아야 한다. 15년의 징역을 무릅쓰고라도 막아야만 한다."

이같은 사명감으로 열심히 산업선교, 도시빈민 선교에 임했고, 의식있는 젊은 목회자들이 모여서 의논했으며, 드디어는 KNCC 총무실에서 15명의 목사와 전도사들이 정면으로 이법을 반대하는 기도회를 열고, 결국 긴급조치법 위반으로 구속되었습니다. 이해학·인명진 등의 목사님 6명이 긴급조치 1호 위반으로 구속되었고, 이 사건을 알리기 위해 남아서 책임을 다하기로 했던 나를 중심으로 한 몇 분들이 활동을 시작했습니다.

긴급조치 1호 위반으로 구속된 6명의 목사님들은 조사를 받기 시작하였고 우리들은 이 사건을 전국 교회에 알리는 문서를 만들었습니다. 유인물 만들 때 우리는 일하는 사람들에게 꼭 장갑을 끼어서 지문이 남지 않도록 하여 전국 교회에 발송할 것 등을 세심하게 주의시키면서 작업했고, 그것이 전국 교회에 퍼지자 수사당국은 경악하면서 이일의 배후자를 찾기 시작했습니다. 훗날에 안 일이지만 경찰은 구속된 6명을 밖에서 돕고자 하는 사람은 천하의 김동완이밖에는 없다고 나를 진범으로 지목했다 합니다.

경찰서에서 열흘간 조사끝에 무혐의로 풀려날 수 있었음에도 불구하고 남산 정보부에서 심한 고문과 생명의 위협을 느끼는 어려움을 만났습니다. 결국 나의 자백을 통해서 함께 일했던 사람들과 더불어 8명이 법정에 서게 되었습니다. 주범으로 몰린 저 외에도 권호경 목사는 돈을 모았다고 해서, 그리고 이미경 선생님은 당시 한 기관에서 일했다는 이유로 법정에 섰습니다. 이것이 긴급조치 1호 위반에 대한 구속사건이었습니다. 이렇게 법정에 서게 된 우리들은 보통군법회의에서 이세중·한승헌 두 분 변호사의 도움 속에 재판을 받고, 뒤이어 고등군법회의 재판도 두 분 변호사의 도움을 받았습니다.

아무도 면회를 할 수 없는 세상이었습니다. 직계가족도 만나지 못하는 때였습니다. 한 달여 동안 경찰과 안기부에서 보안조사를 받고 서대문구치소로 넘어갔는데, 서로 통방조차 되지 않는 가운데 어려운 시절을 보냈습니다. 비상보통군법회의 재판이 시작되자 이세중 변호사님과 한승헌 변호사님 등이 우리를 접견하였습니다. 또한 법정에서 긴급조치 자체의 문제점을 제시했을 뿐만 아니라, 친구 목사와 전도사들이 감옥에 가 있는데 그들의 가정을 돕고 그들이 기도한 내용을 알리는 것이 그렇게 죄일 수 있느냐라는 요지의 변론을 해주셨습니다. 우리는 그분들에게 한없는 감사를 느꼈습니다. 남달리 애정이 도타운 한변호사님은 많은 어려움에도 불구하고 면회를 와주시고 변론요지를 만드시고 우리를 격려해주었습니다.

그분의 수고와는 아무 상관 없이 법정 최고형인 징역 15년과 자격정지

15년이 나와 권호경 목사에게 내려졌습니다. 그러나 한변호사님의 변론은 우리에게 큰 감명을 주었습니다.

이 재판에서 우리는 판결의 부당성을 주장하고 잘못된 군사정권에 대해서 질타했습니다. 무슨 용기가 있었는지 모르지만 지금 기억으로 징역 15년과 자격정지 15년을 검찰이 구형했을 때 우리는 다음과 같은 최후진술을 했습니다.

"교역자로서 목회자로서 하나님을 믿는 사람으로 징역 15년에 자격정지 15년을 준 것을 고맙게 생각한다. 그러나 내 육신과 몸은 가둘 수 있지만 하나님이 주신 영혼과 자유는 결코 가둘 수 없을 것이다. 뿐만 아니라 나는 이 15년을 결코 다 살지 않을 것이다. 평소에 많이 기도하지 않고 성경 보지 않고 열심히 노력하지 않고, 하나님과 더불어 삶의 길을 준비하지 못한 나에게 새로운 신앙의 기회를 주시려고 하나님이 나를 감옥으로 보내는 줄 알고 3년만 공부하겠다. 3년만 기도하고 나는 나오겠다."

한변호사님은 우리들의 입장에 대해서 간곡하고 안타까운 마음으로 변론을 해주셨습니다. 이것이 한승헌 변호사님과의 두 번째 만남이었습니다. 우리는 형이 확정된 뒤 1년여 징역생활을 하고 그 이듬해인 1975년 2월 15일 석방되었습니다.

변호인들에 대한 감사

연행되어 정보부에서 오랜 기간 동안 조사를 받고, 서대문으로 넘어가는 한 달여 동안 소식을 알지 못한 제 아버님과 친척들은 생사라도 확인하고자 가까운 친척 가운데 변호사이신 분의 도움을 얻어 서대문구치소로 면회를 보낸 적이 있었습니다. 두 분은 변호사 선임서를 가지고 저를 만나러 서대문구치소로 찾아왔습니다.

저는 변호사실에서 이들을 만나 아버님의 안부를 묻고 나와 함께 구치소에 온 여러 사람들 가운데는 여자들과 알지 못하는 학생들이 있으며 이들의 조속한 석방을 위해서는 오히려 저보다 더 변호사가 필요하다고 알려주었습니다. 또한 나는 확신을 가지고 이곳에 왔으며 개인적으로도 어려움이 없으니 속히 돌아가시고, 아버님께는 건강하게 잘 있으며 기도 많이 하시라고 전해달라고 부탁드렸습니다. 2, 3분 동안 간략하게 변호사를 거절하는 말씀을 드렸던 것입니다.

  그분은 제게 "오랫동안 고맙네. 나는 가네" 하면서 쉽게 자리를 뜨셨고, 저는 그분의 뒷모습을 보아야 했습니다. 한집안 어른이고 가까운 피붙이인 데도 자기의 변호사로서의 생계와 현실에 급급해서 쉽게 돌아가는 변호사님과는 너무나도 판이한, 어쩌면 정반대로 고통과 고난을 무릅쓰면서 변론에 앞장서주신 이세중·한승헌 변호사님에 대한 감사함을 우리는 잊을 수가 없습니다.

체험기 (2)

긴급조치 구속 자초한 유인물 배포

이미경

이화여대 안의 최초의 학생서클- 새얼

　1974년 1월은 날씨도 유난히 추웠다. 그것은 박정희 군사정권이 영구집권을 위하여 1972년 12월 유신헌법을 선포하고 이어서 유신헌법 반대를 폭압적으로 누르기 위해 1974년 1월 8일 긴급조치 1호를 대령통령으로 발표하고 계속해서 긴급조치 9호까지를 발표하면서 수많은 민주인사들과 노동자들, 시민들, 학생들을 구속하고 고문하고 마침내는 사망에 이르기까지의 무시무시한 폭압을 예고하는 것처럼 보였다.

　박정희 정권은 1972년 10월 위수령을 발동하여, 가장 거센 비판세력인 학생들의 반대를 막기 위해 대학교에 강제휴교령을 내리고, 학교에 군인들을 배치시켰다. 낙엽이 떨어진 학교 운동장에 나와 같은 졸업반인 새얼 친구 장하진, 최영희 그리고 3학년인 김은혜, 강명순, 차옥숭 등이 울분을 터트리면서 고래고래 소리를 질렀다. 우리들은 1970년 이화여대 최초의 학생운동 서클인 새얼을 만들면서 운명적으로 만나 지금까지 30년을 넘게 우정을 변치 않고 만나고 있다. 차옥숭은 새얼 서클 이외의 기독교학과를 중심으로 만들어진 '파워power클럽'의 핵심멤버이지만 우리와 자주 만났다.

우리는 왜 그 당시 그 위험한 학생운동 서클을 만들고, 민주화운동과 노동자와 빈민들의 삶의 현장을 알고자 뛰어다녔을까? 당시 이화여대를 바라보는 사회의 시각은 비난과 질시였다. 대학간판 따가지고 시집이나 잘 가려는 여자들, 공부는 안하고 멋만 내는 여자들, 1960년 4·19 학생운동이 전국 방방곡곡에서 터져나와 중고등학생까지 거리로 나와 마산에서 김주열이라는 고등학생이 사과탄에 눈을 맞아 죽은 시체로 발견되었는 데도 데모를 하지 않은 유일한 대학이 이화여대라나. 나는 이런 비판들이 왜 그리도 따갑게 들렸는지 모르겠다.

경찰이나 안기부(당시 중앙정보부)에 끌려가서 조사를 받을 때도 친구들 모두는 "집안도 괜찮은 여학생들이 왜 이런 짓을 하느냐?"는 질문을 받았고, 이어서 반드시 따르는 질문이 "너 애인이 누구냐?"였다. 아마도 당시의 평균적인 여학생들의 수준이나 조사관들의 시각으로 보아서는 '남학생 애인의 사주 없이는 여학생이 이런 일을 할 수는 없다'고 생각했던 것같다.

그러면 당시 무엇이 우리를 움직였을까? 그것은 지식인으로서의 사회적 역사적 사명에 대한 각성 그리고 개인의 이익추구가 아니라 공동선을 추구하려는 내면으로부터 나오는 정의감과 양심의 소리 때문이었던 것같다. 그러나 무엇보다도 20대의 젊은이다운 순수함을 키워나갈 수 있었던 것은 학생운동에 몸담으면서 만났던 수많은 지식인들, 성직자들 그리고 가난과 억압에 맞서 싸우는 노동자나 농민, 빈민들이었다. 그들은 박정희 군사정권의 폭압에 맞서 싸웠다. 그러면서도 언제나 당당하고 유쾌한 모습이었다. 어디서 그런 힘이 나오는 것일까? "무릎을 꿇고서 사느니보다는 서서 죽기를 원한단다. 우리들은 뿌리파란다. 우리들은 뿌리파란다." 미국의 흑인들이 데모하면서 불렀다는 이 노래를 나는 특히 좋아했다. 이 밖에도 시위나 재판이 열릴 때마다 부르는 찬송가들도 나에게 용기를 주었다. 부당한 힘에 대해 비굴하게 굴복하지 않고 당당하게 자존심을 지킬 수 있는 용기를 달라는 기도를 나도 모르게 하게 되었다.

새얼 서클을 만들고서 우리가 가장 먼저 했던 활동은 성남(그 당시는 광주 대단지라 불렀다)에 아무런 기반시설도 갖추지 않은 채 도심의 빈민들을 집단으로 이주시켜 생계수단이 없어진 이들이 대거폭동을 일으킨 사건이 터졌다. 우리들은 진상조사단을 만들어서 한 번도 가보지 않았던 광주로 가서 사람들을 만났고, 그것을 서클지인 새얼에 르포라는 형식으로 실었다. 새얼의 지도교수를 흔쾌히 맡아 주셨던 이효재 교수님 그리고 윤정옥 교수님은 진정한 우리의 스승이었다. 두 분은 이후 1980년 해직교수가 되었고, 정년퇴직 이후에는 정신대문제대책협의회를 만들어서 우리와 함께 여성운동과 인권운동의 대열에 함께하게 되었다. 1971년 여름방학을 맞이해서 우리들은 민중삶의 현장체험을 하기로 하였다. 급격한 산업화 속에서 이농한 농민들과 그 자녀들은 도시에서 완전히 인간기계처럼 살고 있었다.

나와 장하진(현 여성부장관)은 인천 학익동에 있는 흥남방직에 여공으로 취직하여 일했고, 이옥경(나의 친언니이며 〈내일신문〉 전편집국장)과 최영희(현 청소년위원회 위원장)는 강원도 도계탄광에서 일하게 되었다. 이 계획은 이후 민주화 운동을 하다 해직되신 현영학 기독교학과 교수님의 소개로 가능하였다. 이때 우리는 인천에서 노동자 권익을 위해 일하던 조승혁, 조화순 목사님을 만나게 되었다. 대학생이라는 것을 숨기고, 나이도 속인 채 한 달짜리 위장취업을 하였다. 이 한 달은 나에게 커다란 충격이었다. 나 역시 월급 이외의 아무런 수입도 가지고 오지 않는 공무원 아버지 밑에서 자랐기 때문에, 어머니 얼굴에 기미가 낀 채 동분서주하는 모습을 보아와서 제법 가난을 안다고 생각해왔다. 그러나 내가 공장에서 만난 16세, 17세 소녀들의 가난은 비참한 현실이었다. 하루 12시간 이상의 노동과 야근, 도저히 먹을 수 없는 시래기국과 밥, 똥이 넘치는 화장실, 숨이 턱턱 막히는 작업장, 욕소리……. 이렇게 고통 속에서 번 돈은 꼬박꼬박 고향 부모님께 보내졌다. 장하진과 나는 따로 자취방을 얻어서 지냈지만, 1달이 지나고 집으로 돌아온 이후에 나는 탈진해서 쓰러졌다. 의사의 진단은 영양실조였다. 겨우 1달 고생에 영양실조라니……. 그러면 나보다 더 연약하고 어린 그 아이들은 이미 몸에서 병을 키우고 있는 것이 아닌가. 나는 산업화와 경제발전이라는 국가목표 아래에서 소외되고 희생당하고 더 나아가서는 정당한 권리마저도 억압당하고 있는 이 아이들의 권리를 찾아주는 일이야말로 나의 사명이라고 결심하였다. 그리고 산업화와 경제발전의 양지만을 보여주고, 대다수 민중들의 소외를 철저히 억압하고 외면하고 있는 이 독재정권과 그 하수인이 되고 있는 언론을 민주화시켜야만 한다고 생각했다.

에큐메니칼 사회선교협의체 간사

1972년 10월 졸업반인 우리는 이미 학교가 다시 문을 열지 못한 채 졸업할 것이라는 예측을 하면서, 졸업 후 무슨 일을 할 것인지 궁리하였다. 최영희는 인천산업선교회에 속해서 노동운동을 하겠다고 말했다. 최영희는 정말 훌륭한 조직가이면서 교육자, 선동가였다. 인천산업선교회 실무자로 취직하여 노동자들의 입에 똥물을 쳐넣은 사건으로 악명이 높은 인천 동일방직에서 조화순 목사와 함께 노동조합 결성을 성공적으로 이끌었다. 나는 영문과를 나와 영어를 조금 한다는 이유로 에큐메니칼 사회선교협의체 간사로 일하게 되었다. 이 익숙하지 못한 긴 이름의 단체는 기독교회관 708호 4평짜리 정도의 사무실을 얻어 있었는데 인천산업선교회에서 총무로 일했던 조승혁 목사가 사무총장이었다. 이 단체는 인천산업선교회를 위시하여 전국에 있는 산업선교, 빈민선교, 기독교 농민단체 그리고 카톨릭농민회, 카톨릭노동청년회 등 소위 민중들을 대상으로 선교와 권익운동을 하는 단체의 협의체였다. 또한 세계교회협의회, 아시아도시선교협의회 등 세계적인 네트워크를 가지고 활동하는 조직체였다. 나는 주로 영문 편지, 보고서 작성 등을 주로 했지만, 평화시장 노동자들의 야학지도를 하겠다고 우겨서, 책상에서 하는 일에서 벗어나 조직 활동가가 되는 준비를 하고 있었다. 최영희하고는 같은 조직체에 속하고 있어서 자주 만나게 되었다. 당시 여성활동가들은 소수였지만, 남성 못지 않게 당당하고 꼿꼿했다. 특히 조화순 목사님은 너무나 순수하면서 열정적이고 용기가 대단한 분이었다. 그리고 지금 민주노동당 대표를 맡고 있는 김혜경 선생은 관악구 봉천동에서 빈민선교 활동을 하는 활동가였는데, 온화하면서도 강단을 가지고 있는 멋진 여성이었다.

  나는 당시 기독교인이 아니었다. 그런데 목사님들과 함께 활동하면서 기독교를 접하게 되었다. 이화여대가 기독교계 학교여서 예배에 익숙하기는 했지만, 가난하고 소외된 사람들에 대한 사랑과 그들을 억압상태로부터 해방시키는 일이야말로 진정으로 예수님의 사랑을 실천하고자 하는 기독교인이 해야 할 사명이라는 성서관이 내 맘에 꼭 와닿았다. 그리고 이 성직자들은 교회에서 설교만 하는 것이 아니라 공장에 들어가 노동자와 꼭같이 노동을 했고, 빈민촌 판자촌에 거주하면서 넝마주이를 하기도 하면서 민중의 삶을 같이 살았다. 이들은 가장 헐벗고 굶주리는 사람 속에 예수님이 있다고 생각하였다. 나는 나 자신이 이익만을 간구하는 개인구원의 신앙만을 보다가, 사회구원이라는 이 민중신학에 매료되었다. 그리고 마침 기독교 사회선교 운동의 정신적 지도자인 박형규 목사님이 시무하고 있던 서울제일교회의 신자가 되었다. 서울제일교회와 종로 5가에 있는 기독교회관은 70년대 민주화운동의 심장부였다. 당시 박정희 정권은 자신을 반대하는 세력은 무조건 용공분자로 죄를 뒤집어씌워서 국가보안법으로 처벌하였기 때문에, 그나마 함부로 빨갱이로 몰아붙이기 어려운 기독교운동 쪽으로 많은 운동가들이 합류하였고, 나중에는 나처럼 기독교 신자가 되기도 했다. 이처럼 70년대 민주화운동의 심장부인 기독교회관과 서울제일교회에 뿌리를 내린 내 운명은 언젠가는 감옥을 가는 것이 예고되어 있었다.

긴급조치1호 위반 구속

  1974년 1월 8일 긴급조치 1호가 선포되었다. 유신헌법을 비방, 반대하거나 개정을 주장만 해도 최고 15년의 징역에 처한다는 사상 유례 없는 조치였다. 더욱 가관인 것은 그런 긴급조치를 비방하는 것도 긴급조치 위반이라는 이중자물쇠까지 채워놓았다. 1972년 10월 국회를 폐쇄하고 비상국무회의와 국민투표를 통해 영구집권의 대만식 총통제를 꿈꾸던 박정희 군사정권을 반대하는 저항이 거세어지자 급기야 긴급조치라는 것을 선포하게 된 것이다. 그러나 이 무시무시한 조치를 한 편의 코미디라고 생각하듯이 긴급조치가 나온 지 이틀 뒤인 1974년 1월 10일, 긴급조치 철회와 개헌청원 서명운동 허용을 요구하는 시국기도회를 열자는 계획이 세워졌다. 박형규 목사가 대표를 맡고 있는 수도권도시특수선교회가 중심이 되었다. 당시 배후주동자인 박형규 목사는 끝내 이름이 나오지 않았지만, 이 선교회에 속한 이해학(당시 성남주민교회 목사)·김진홍 목사, 김경락 목사, 인명진·이규상·박윤수 목사 등이 중심이 되었다. 1월 17일 오전 10시 갑자기 바깥이 소란스러워 뛰어나갔더니 706호 한국기독교교회협의회KNCC총무실로 사람들이 몰려갔다. 나는 방안 쪽을 볼 수는 없었지만, 6명의 목사(일부는 당시 목사가 되기 전의 전도사였음)들이 예고없이 KNCC 총무인 김관석 목사 방에 들어가 간단하게 시국선언기도회를 열었다. 이들은 선언문을 낭독하고 참가자 모두가 개헌청원서명록에 서명을 마치고, 기독교회관내의 여러 기관과 단체를 방문하여 선언문을 나누어주고 서명을 받았다. 그리고 출동한 경찰에 의해 끌려갔다. 나는 불과 몇 분 안에 일어난 이 장면들을 보면서 숨이 막힐 지경이었다. 모두가 내가 너무나 잘 아는 목사님들이 이제 감옥에 갇히고, 고문을 당하고 그리고 15년의 징역을 받을 것이다. 그 가족들은 어떻게 되나? 선언문은 격렬한 어투도 아니고 담담했고, 기도회도 간단했다. 그러나 이들의 행동은 잔뜩 무섭게 협박하는 긴급조치 1호, 아니 계속 이어서 나오는 긴급조치 9호까지를 야유하고 저항하는 신호탄이 되었다. 그리고 마침내 그 무시무시한 박정희 정권이 5년 후에 끝나게 되었다. 나는 그 중요한 역사의 현장을 목격한 것이다.

 1월 17일 이해학 목사등 6명의 목사들이 구속되고 난 그날 오후,
김동완 목사는 목사님들의 시국선언기도회 선언문 내용과 구속경위 등을 소상히 알리는 경위서를 작성하여 전국의 교회 성직자들에게 우편 발송할 것을 요청하였다. 알고보니 김동완, 권호경 목사도 역시 이 시국기도회 계획에 참여하여, 이후 이일을 확대해 나가도록 역할분담을 한 것이었다. 나는 두말하지 않고 흔쾌히 그렇게 하겠다고 약속하였다. 내가 하는 일이 징역 15년에 해당할 수 있는 긴급조치 위반이라는 것을 알고 있었지

만, 당연히 해야 할 일이라 생각되었다. 아마도 70년대 민주화 운동의 심장부인 기독교회관과 성루제일교회에서 용기를 키운 것도 있지만, 성직자들이 직접 구속되는 현장을 목도한 나로서 그길을 따르는 것이 당연하다고 생각되었다.

나는 그날로 한국기독교협의회KNCC에 간사로 근무하는 학교후배인 차옥숭에게 이일을 같이 하자고 권유하였다. 차옥숭은 이화여대 1년 후배로 파워 클럽을 통해서 학생운동을 같이 해온 터였다. 차옥숭은 흔쾌히 동조하였다. 차옥숭은 같은 날 저녁 대학 4학년때 학생데모를 같이 주동했던 의과대학생 김매자에게 등사해줄 것을 부탁해놓고, 등사기 등을 구입하였다. 나는 21일 차옥숭의 하숙방에서 '개헌청원운동 성직자 구속사건 경위'라는 제목하에 '이제 이땅의 국민들은 15년의 징역살이를 각오하지 않고서는 일체 개헌에 대해 말하지도 듣지도 못하게 되었습니다. 그러나 이처럼 침묵을 강요당하는 현실 속에서도 예언자적 양심과 순교자적 용기를 가지고 분연히 개헌논의는 민의에 따라 자유롭게 허용되어야 한다고 외치면서 일어난 젊은 성직자들이 있습니다…… 그러나 우리 국내 보도기관을 통해서는 정확한 내용을 알 길이 없을 뿐만 아니라 그 진상이 왜곡되어 전해질 수 있다고 생각되어 여기에 그 내용을 알리고자 합니다'는 내용으로 경위서를 썼다. 당시 성직자들이나 기독교인들은 이땅의 민주주의를 꽃피우기 위해 순교자가 되어야 한다고 생각하고 기도하고 행동했다. 순교자는 아무나 될 수는 없다. 그러나 함께 모여서 같은 뜻을 키워나가면 신념이 자라고 용기가 생겨나는 것같다. 공동체의 선을 위해서 개인의 행복과 이익을 양보할 수 있는 순수한 열정 같은 것이 그 시대에는 살아 있었다.

경위서를 작성하고 나는 그것을 다음날 종로 2가 YMCA 지하다방에서 한국신학대학생인 박상희에게 전했다. 박상희는 나보다 5살이나 많았는데도 소녀같이 야리야리한 얼굴이었다. 그러나 그 외모와는 달리 카리스마가 있는 모습을 본 적이 있었다. 1973년 11월 기독교회관에서 열린 인권확립기도회 이후, "민주주의 수호" "교회사찰 금지" 등을 외치며 가두시위를 벌이다가 동대문경찰서에 연행되어 경찰서 유치장에 갇히게 되었을 때

보았다. 그때 박상희는 겁에 질린 다른 여학생들을 진정시키면서, 성경책을 같이 낭독하게 하였다. 박상희는 이후 박주환, 김용상을 더 끌어들여서 등사를 마치고, 전국교회에 발송하는 역할을 훌륭히 수행하였다.

  우리는 영화에서 본 것처럼 지문이 남지 않도록 장갑을 끼고 작업하였고, 편지발송도 서울, 부산, 광주, 전주, 대전 등 주요도시마다 직접 가서 우체통도 분산해서 넣었다. 우리를 잘 잡지 못할 거라고 믿으면서 지낸 지 1달이 되었다. 그러나 어느날 사무실로 전화가 걸려왔다. 잘 모르는 사람인데 나한테 꼭 물어볼 것이 있다면서 시간을 달라고 기독교회관 옆 태을다방에 있으니까 잠깐 보자고 말했다. 보통때는 이런 일을 상당히 경계하는 편이었는데, 나는 그날따라 아무런 경계 없이 누구한데 말도 않고 다방으로 내려갔더니, 장정 두 사람이 잠깐 조사할 게 있다면서 까만 세단에 나를 싣고 갔다. 창밖이 보이지 않았다. 나중에 알고 보니 악명높은 남산 중앙정보부였다. 나는 무조건 모르는 일이라고 잡아떼었다. 다행히 고문 같은 것 없이 며칠을 지나도록 해주었다. 그러다가 갑자기 언성을 높이면서 차옥숭의 집을 안내하라고 무섭게 다그치기 시작했다. 가슴이 덜컥했다. 이미 김동완 목사가 나와 차옥숭이 함께 했다고 자백했다는 것이다. 그리고 관여했던 모두가 구속되었다. 우리는 서로 릴레이식으로 임무를 수행했기 때문에 재판정에 가서야 공범들이 8명이나 되는 줄 알게 되었다. 박상희, 차옥숭, 김매자 그리고 나. 여성이 4명이나 되는 재판이었다. 우리는 당시로서는 여자감방에서는 매우 희귀한 정치범이 되었다.

  서대문구치소로 이감된 시간은 저녁 6시가 넘어서였다. 음산한 감옥으로 들어서니까 입고 있던 겉옷을 모두 벗게 하고, 달랑 얇은 수의 한 벌을 주었다. 그리고 온기라고는 하나도 없는 독방으로 넣어졌다. 내복도 입지 않고, 반팔 메리야스와 팬티 위에 얇은 수의를 입고 얇은 이불을 뒤집어쓰고 있자니 추워서 이빨이 딱딱 소리가 나고, 뼈마디가 아팠다. 아마 그날 밤이 영하 20도는 내려간 추운 날씨였을 것이다. 그 추위는 고문이었다. 그 다음날 내 발가락은 바로 동상에 걸렸다. 각진 보리밥과 단무지 반찬이 개구멍 같은 문 사이로 밀어넣어졌다. 화장실은 방에 달려 있는데 똥이 보이는데 얼어 있었다.

하루종일 덜덜 떨면서 울면서 이불을 뒤집어쓰고 누워 있었다. 그것은 지옥이었다. 순교자 운운했지만, 추위 속에서 나는 하루 만에 무너져 있었다. 이틀이 지나자 어머니가 내복과 스웨터 그리고 담요를 넣고 사식도 넣었다. 간사스럽게 조금 살 것같았다. 차옥숭은 어떻게 지내고 있는지 궁금했지만 소식을 알 수 없었다.

1달쯤 지나서 재판을 받으러 간다고 봉고차 같은 것에 실려서 용산 국군본부 안에 임시로 설치된 비상보통군법회의로 끌려갔다. 그때 처음으로 김동완, 권호경 목사가 우리의 상부 주모자로 구속되었고 나와 차옥숭, 박상희, 김매자 이외에 박주환(당시 한국신학대학생)과 김용상(요가선생)이라는 두 사람의 남성도 공범임을 알게 되었다.

이제 추위에도 적응이 되었고, 오랜 만에 감옥 밖을 나와 아는 얼굴들을 보니 기분이 조금 좋았다. 가족들은 군사법정이라는 위세에 눌려서 잔뜩 긴장하고 있었는데, 내가 싱글벙글 웃는 얼굴이어서 한편으로 밉기도 하고, 조금 안심되기도 했다고 말했다.

막상 재판이 시작되자 이상하게도 겁이 나지 않았다. 몇 차례 재판구경을 가서, 피고인들이 자신들의 주장을 당당하게 펴는 모습을 보았기 때문일 것이다. 나는 그날 한승헌 변호사님을 처음 보았다. 한승헌, 이세중, 박세경 세 분의 변호사님들이, 재판관들의 위세를 꺾고 있었다. 한승헌 변호사님이 가장 많은 질문을 했던 것으로 기억이 난다. 당시 민주인사들의 변호를 맡은 변호사들은 거의 변호사비도 받지 않고 일했다. 그일 자체가 민주화 운동이었다. 그리고 한승헌 변호사는 학생들 변호를 서다가 그 내용이 문제가 되어 피고인석에 서게 되기도 했다. 당시 나는 24살의 아직 철이 덜 든 나이여서, 석방 이후 변호사님께 감사인사도 안하고 지내다가 20년이 더 지나서 국회의원이 된 이후에 후원회장이 되어달라고 졸라서 허락을 얻게 되었으니 지금 이글을 쓰면서 참 민망한 일이라 부끄러움을 느낀다.

김동완 목사는 당시 나이가 32세인 노총각이었는데, 나와 최영희는 김동완 결혼추진위원회를 만들어서 여자선배들을 소개해준 적이 있었다. 그런데 갑자기 재판관이 김동완 목사에게 "이미경이 당신 애인이냐"고 물었다. 도대체 이것이 무슨 망언인가? 여자들의 정치적 행위 뒤에는 남자들의 사주가 있다는 그 도식적인 사고에서 나온 질문이 또 나온 것이다. 그러자 김동완 목사의 대답이 걸작이었다. "아닙니다. 그러나 나 혼자서 그렇게 되기를 희망하고 있습니다." 갑자기 딱딱했던 재판정에 폭소가 터졌다. 그러한 상황에서도 유머를 잃지 않았던 김동완 목사의 여유는 정말 대단하였다. 물론 그것은 유머였다. 나는 당시 애인이 있었고, 김동완 목사는 우리들의 훌륭하고 재미있는 선배였다.

1심 재판은 두 차례 열리고 판결이 내려졌다. 김동완 · 권호경 목사는 예외 없는 긴급조치 정찰가격에 의해 15년이 선고되었고, 나와 차옥숭, 김매자는 여성이면서 아직 사리판단이 미약한 어린 나이라는 것이 감안되어 3년 징역에 집행유예 5년이 선고되었다. 박주환, 김용상도 주동자가 아니라는 이유로 징역 3년 집행유예 5년이 선고되었다. 박상희에게만 징역 10년(항소심에서 징역 7년)이라는 무거운 형이 선고되었다.

석방되어 나오니 그 동안 부모님의 걱정이 매우 컸다는 것을 알았다. 어찌 그렇지 않았겠는가. 특히 공무원인 아버지는 사의를 표명했는데 다행히 받아지지 않았다는 것이다. 그런 일이 있었는 데도 불구하고, 아버지는 야단치거나, 또 다시 그런 일을 하면 안된다는 식의 훈계를 하지 않았다. 단지 기독교회관을 수호지에 나오는 양산박에 비유하여, 앞으로도 계속 그 양산박에 나갈 것이냐고 웃으면서 물은 것이 다였다. 아버지가 이처럼 내 판단을 존중해서 나오니까 나는 오히려 신중할 수밖에 없었다. 그런데 결국은 나의 결심을 앞당기는 일이 터졌다. 1974년 4월 민청학련 사건이 언론에 대문짝만하게 발표되었다. 학생, 재야인사들이 중심이 된 대대적인 내란음모 사건이라는 것이다. 그런데 그 핵심인물 중에 언니의 약혼자인 조영래 변호사가 들어 있는 것이 아닌가. 평소 좀처럼 흔들리지 않던 아버지도 이때는 상당히 충격을 받으셨고, 이후 7년간 형부와 언니의 도피생활이 어머니에게 미친 심리적 스트레스로 나의 어머니는 골다공증으로 척추뼈가 내려앉아 키가 10센티나 줄어들고 등이 굽은 할머니가 되어 버렸다. 독재정권의 탄압의 고통이 이제 우리 가족들에게도 무거운 현실로서 다가오기 시작했던 것이다.

"미경이도 이제 별을 달았구만, 축하하네."

알고보니 나의 감옥행의 가장 우두머리 사주자는 박형규 목사인 셈이다. 박형규 목사가 대표로 있는 수도권도시특수선교회가 성직자 구국기도회를 계획했고 이어서 성직자 구속경위서를 전국 교회에 발송하는 계획까지를 세웠던 것이니까. 그런데도 내가 감옥을 나와 박형규 목사님을 만났더니 고생했다는 말 대신, 싱긋이 웃으면서 "미경이도 이제 별을 달았구만, 축하하네"라고 말하는 것이 아닌가. 그 순간 나는 마음고생했던 부모님 생각이 나서 울컥 야속한 마음이 들기까지 했다. 이후 박형규 목사님은 별을 4개나 달아서 대장이 되었다.

그러나 세월이 한참 지난 이후에 나는 그말의 뜻을 이해하게 되었다. 질풍노도와 같이 파란만장했던 70년, 80년대의 우리나라 민주주의를 세워나갔던 그 시기에 내가 그 역사의 현장에 함께 있었다는 것은 얼마나 자랑스러운 일인가. 그리고 자신을 아낌없이 던졌던 그 고결하고 순수한 마음을 가진 수많은 사람들과 함께 나눈 그 동지애를 통해서 나 자신이 얼마나 성숙할 수 있었던가 그리고 그 음울하고 지옥 같았던 감옥을 그때가 아니면 언제 볼 수 있었겠는가. 젊어서 고생은 사서라도 하라고 하지 않는가. 박형규 목사님은 그 모든 것을 내다보면서 나에게 별 하나 단 것을 진심으로 축하해주었다고 생각한다. 함께했던 그 시절, 그 사람들에게 무한한 사랑을 보낸다.

| 판결문

비 상 보 통 군 법 회 의
제 1심 판 부

판 결

사건번호　74년 비보군형공 제11호
사 건 명　대통령 긴급조치 위반

피 고 인　1. 성명: 김동완
　　　　　생년월일　1942. 9. 9. 생 (32세)
　　　　　직업　약수 형제교회 전도사
　　　　　주거　서울 성동구 신당동 432-402
　　　　　본적　△△△△△△
　　　　　2. 성명: 권호경
　　　　　생년월일　1942. 4. 20. 생 (32세)
　　　　　직업　서울 제일교회 목사
　　　　　주거　서울 도봉구 월계동 841-2
　　　　　본적　△△△△△△
　　　　　3. 성명: 이미경
　　　　　생년월일　1950. 9. 20. 생 (24세)
　　　　　직업　에큐메니칼 현대선교협의체 사무원
　　　　　주거　서울 서대문구 녹번동 95-9
　　　　　본적　△△△△△△
　　　　　4. 성명: 차옥숭
　　　　　생년월일　1951. 1. 21. 생 (23세)

직업　한국기독교 교회협의체 사무원
주거　서울 서대문구 대현동 56-82
본적　△△△△△△
5. 성명: 박상희
생년월일　1945. 11. 25. 생 (29세)
직업　한국신학대학 기독교교육과 4년
주거　서울 도봉구 수유동 129(신학대학 기숙사)
본적　△△△△△△
6. 성명: 김매자
생년월일: 1952. 1. 6. 생 (22세)
직업　이화여대 의학과 3년
주거　서울 서대문구 창천동 신촌시장 아파트 2호
본적　△△△△△△
7. 성명: 김용상
생년월일　1950. 8. 7. 생 (24세)
직업　무직
주거　전북 전주시 남노송동 171-5
본적　△△△△△△
8. 성명: 박주환
생년월일　1949. 8. 26. 생 (25세)
직업　한국신학대학 신학과 4년
주거　서울 관악구 독산동 415
본적　△△△△△△

관여검찰관　검사 강철선
관여변호인　한승헌 (피고인 김동완, 권호경, 이미경, 김용상을 위하여)
　　　　　　변호사 이건호 (피고인 차옥숭을 위하여)
　　　　　　변호사 이세중 (피고인 박상희, 김매자, 박주환을 위하여)

주   문

피고인 김동완, 동 권호경을 각 징역 15년과 자격정지 15년에, 동 박상희를 징역 10년에,

동 이미경, 동 차옥숭, 동 김매자, 동 김용상, 동 박주환을 각 징역 3년에 처한다.

이 판결 선고 전 구금일수 중 피고인 김동완, 동 이미경에 대하여는 30일을, 동 권호경, 동 박주환에 대하여는 25일을, 동 차옥숭, 동 박상희, 동 김매자, 동 김용상에 대하여는 20일을 위 각 징역형에 산입한다. 다만, 피고인 이미경, 동 차옥숭, 동 김매자에 대하여는 이 판결 확정일로부터 5년간 위 형의 집행을 각 유예한다.

압수된 구속경위서 179매(증제1호 내지 6호)는 피고인들로부터 등사기 1대(증제7호), 등사유 1병(증제8호), 등사로라 1개(증제9호)는 피고인 차옥숭으로부터, 전보발신지 1매(증제10호)는 동 김용상으로부터, 구속경위서 1매(증제11호)는 공소 외 이영찬으로부터, 편지봉투 및 구속경위서 각 1매(증제12호 내지 13호)는 동 심응섭으로부터, 구속경위서 1매(증제15호)는 동 김태호로부터 각 몰수한다.

이   유

피고인 김동완은 1965. 2.경 경기도 인천시 소재 인하공과대학 전기과를 졸업한 후, 감리교 강릉선교부 직원, 서울 창현감리교회 부전도사 등을 역임하다가 1972. 2.경 감리교신학대학을 졸업하고 서울 소재 반석교회 전도사 겸 수도권특수지역 선교위원회 간사로 근무하다가 1974. 1.경 서울 성동구 신당동 소재 약수형제교회의 전도사로 취임, 오늘에 이르고 있는 자로서, 전시 반석교회 전도사 겸 수도권 특수지역 선교위원회 간사로 재직할 당시인 1973. 4. 22. 서울 남산 야외음악당에서 개최한 부활절 연합예배시 상피고인 권호경 등과 같이 '민주주의 부활은 대중의 해방이다'라는 반정부 불온전단을 살포하다가 수사기관에서 내란예비음모 혐의로

내사를 받다가 풀린 일이 있는 자, 동 권호경은 1969. 2.경 한국신학대학을 졸업한 다음 서울 성동구 행당동 소재 새발교회 전도사로 근무하다가 1973. 11. 6. 목사안수를 받고 서울 중구 오장동 소재 제일교회 부목사로 취임하여 오늘에 이르고 있는 자로서, 전시 새발교회 전도사로 재직할 당시인 1973. 4. 22. 서울 남산 야외음악당에서 열린 부활절 연합예배시 상피고인 김동완, 공소 외 박형규 등과 같이 '민주주의 부활은 대중의 해방이다'라는 반정부 불온 전단을 살포하다가 구속되어 1973. 9. 25. 서울형사지방법원에서 내란예비음모죄로 징역 2년의 형을 선고받고 동월 27. 보석으로 석방된 후 항소를 제기하여 현재 서울고등법원에 재판 계속중에 있는 자,

동 이미경은 1969. 3.경 이화여자대학교 문리과대학 영문과에 입학, 동대학 제3학년 재학시절인 1972. 10.경 에큐메니칼 현대선교협의체 사무총장 비서로 취직, 1973. 2.경 동 대학을 졸업한 후 오늘에 이르기까지 동 비서로 있는 자로서, 1973. 11. 28. 기독교 각 교파대표들이 한국기독교협의회 사무실에 모여 개최한 인권확립기도회 종료 후 동 기도회에 참석하였던 한국신학대학생인 공소 외 이광일 등 20여 명과 같이 "민주주의 수호" "교회사찰 금지" 등 반정부 구호를 부르짖다가 동대문경찰서에 연행되어 조사를 받고 훈계방면된 일이 있는 자,

동 차옥숭은 1970. 3.경 이화여자대학교 문리과대학 기독교학과에 입학, 동대학 제4학년 시절인 1973. 12.경 한국기독교 교회협의회 사무원으로 취직, 1974. 2.경 동 대학을 졸업한 후 오늘에 이르기까지 동 사무원으로 재직하고 있는 자로서 동 대학 제4학년 재학당시인 1973. 11. 28. 상피고인 김매자 등 동 학년생 5명과 같이 '학원사찰 중지하라' '언론탄압 중지하라'는 등의 대정부 선언문 5,000매를 작성 그를 동 대학교 학생데모시 배포를 하여 반정부적 학생운동을 주동한 일이 있는 자,

동 박상희는 1968. 3.경 한국 신학대학 기독교교육과에 입학, 현재 동 대학 제4학년에 재학하며, 동 대학 학생총회 부회장 겸 여학생회장으로 있는 자로서, 1973. 11. 28. 한국기독교 교회협의회에서 기독교 각 교파 대표들

이 모여 개최한 인권확립기도회 종료 후 상피고인 이미경 등과 같이 "민주주의 수호", "교회사찰 금지" 등 구호를 부르짖으며, 가두시위를 하다가 동대문 경찰서에 동년 12. 23. 주한 일본대사관 앞에서 동 대학 여학생 15명을 이끌고 '매춘관광 정책 철회하라'는 구호를 부르며 시위를 하다가 종로 경찰서에 각 연행되어 조사를 받은 후 훈계방면된 일이 있는 자,

동 김매자는 1970. 2.경 경기여자고등학교를 졸업하고 동년 3.경 이화여자대학교 의과대학 예과에 입학하여 현재 동 대학 의학과 제3학년에 재학중인 자로서 동 대학 의학과 제2학년 재학시인 1973. 11. 28. 상피고인 차옥숭 등 동 학년생 5명과 같이 '학원사찰 중지 하라' '언론탄압 중지하라' 는 대정부 선언문 5,000매를 작성하는 데 동조하여 동 대학교 학생들의 반정부적 학생시위를 도운 일이 있는 자,

동 김용상은 1968. 1.경 전라북도 전주시 소재 전주고등학교를 졸업하고 일정한 직업 없이 놀고 지내다가 1971. 1.경 요가를 수련한 다음 전국 각지를 돌아다니며 요가를 지도하고 지내던 중 1974. 1. 7.경부터는 서울 영등포구 당산동 4가 2번지 소재 한국신학대학생 산업선교실습 남학생합숙소에서 기거하여 동 실습생들에게 요가를 가르치고 있는 자로서 1971. 11. 24. 전주지방법원에서 병역법 위반으로 징역 8월에 2년간 그형의 집행유예 선고를 받은 일이 있는 자,

동 박주환은 1968. 1.경 용산고등학교를 졸업하고 1970. 3.경 한국신학대학 신학과에 입학하여 현재 동 대학 제4학년에 재학중인 자 등인 바, 1974. 1. 8. 국가의 안전보장과 사회의 안녕질서를 유지하고 유신체제와 유신헌법을 수호하기 위하여 대통령 긴급조치로 유신헌법의 개정 또는 폐지를 주장, 발의, 제안, 청원하는 행위를 일체 금지시키고, 그 금지시킨 행위를 타인에게 알리는 일체의 언동을 금지시켰으므로 동 긴급조치에 위반되는 행위를 하면 위법하다는 사실을 알면서도 동 긴급조치 선포 후 기독교 소장파 교역자인 김진홍 외 5명이 서울 종로5가 소재 한국기독교회관 내 한국기독교교회협의회 총무실에서 1 · 8 긴급조치를 철회하고 헌법개정 청원 서명운동을 허용하라는 시국선언 기도회를 개최하고 동 기도회

종료 후 개헌청원 서명운동을 전개하다가 동 긴급조치 위반으로 입건, 구속이 되자 피고인 등은 동 긴급조치가 국민의 기본권을 제약하는 독재적인 악법이라 그릇 판단하고 동 김진홍 등이 동 긴급조치에 의거, 구속된 데 대하여 불만을 품고 있던 중, 피고인 김동완, 동 권호경 등은 1974. 1. 17. 11:30경 서울시 중구 오장동 소재 '원' 다방에서 회합하고 전시 김진홍 등이 감행한 시국 기도회 경위와 그들이 연행 구속된 사실을 '개헌청원운동 성직자 구속사건 경위서'로 작성, 그것을 전국 교회에 알려서 기독교인들의 여론을 환기시키기로 합의를 보고 그 취지를 피고인 이미경에게, 동 이미경은 동 차옥숭에게, 동 차옥숭은 동 김매자, 동 박상희 등에게, 동 박상희는 동 김용상, 동 박주환 등에게 각 계주경기식으로 전달하여 그 호응을 받아서 전시 김진홍 등의 구속경위를 전국 기독교인들에게 알리기로 공모하고 순차적으로 피고인 김동완은 동 구속경위서를 작성 배포하는 총지휘를, 피고인 권호경은 동 구속경위서 작성 배포에 소요되는 비용을, 피고인 이미경, 동 차옥숭 등은 동 경위서의 문안작성을, 피고인 김매자, 동 박상희, 동 김용상, 동 박주환 등은 문안작성된 구속경위서를 등사하여 발송하는 임무를 담당하기로 각 실행행위를 분담한 다음 피고인 권호경은 1974. 1. 17. 11:30경 동시 중구 오장동 소재 원다방에서 동 구속경위서 작성배포 비용으로 현금 10,000원을 피고인 김동완에게 수교하고, 동 김동완은 동일 14:00경 서울 종로구 종로 5가 '태을' 다방에서 피고인 이미경에게 동 구속경위서 문안을 작성하여 전국 교회에 우송할 것을 부탁하면서 동 문안 중에는 구속자의 성명과 소속교회, 구속된 경위, 시국선언 기도회시 낭독한 선언문 내용 등을 필히 명시하고, 구속경위서의 작성명의는 한국기독교성직자 일동으로 하되 봉투의 발신인 명의는 여러 사람의 이름으로 하고 수신인은 서울, 부산, 인천, 대전, 전주, 광주 등 주요도시의 교회를 대상으로 하고 우송방법은 서울에서 일괄적으로 발송하지 말고 수신인의 주소지에 가서 그곳 우체통에 투입하고 구속경위서 작성, 발송시는 지문이 남지 않도록 장갑을 끼고 작업을 하라고 주의를 환기시키고 피고인 권호경으로부터 받은 현금 10,000원을 그 경비로 전달수교하고 피고인 이미경은 동일 15:00경 한국기독교회관 607호실 소재 피고인 차옥숭의 사무실을 방문하고 동 차옥숭에게 피고인 김동완으로부터 부탁받은 취지와 그 임무수행 방법을 설명하고 구속자 경위서를 등사하여 발송할 것을 부탁하며, 동 김동완으로부터 받은 그 10,000원을 수교하고 동 차옥숭은 동일 19:00경 서울 서대문구 창천동 신촌 아파트 2호 소재 피고인 김매자를 방문, 동 김매자에게 자기 집에 있는 등사기를 운반하여다가 구속경위서를 등사배포하여줄 것을 부탁하고 동 작업에 필요한 등사기 운반비와 지문방지용 장갑 구입비로 현금 1,000원를 수교하여 동 구속경위서를 등사할 만반의 준비를 한 다음 피고인 이미경, 동 차옥숭 등은 동월 21. 20:30경부터 동일 22:30경까지 서울서대문구 대현동 소재 등 차옥숭 하숙방에서 '개헌 청원운동 성직자 구속사건 경위'란 제목하에 '대통령은 1·8긴급조치를 선언하여 모든 개헌논의를 엄단하겠다는 결심을 발표하였습니다.

이제 이땅의 국민들은 5년의 징역살이를 각오하지 않고서는 일체 개헌에 대하여 말하지도 듣지도 못하게 되었습니다.

그러나 이처럼 침묵을 강요당하는 현실 속에서도 예언자적 양심과 순교자적 용기를 가지고 분연히 개헌논의는 민의에 따라 자유롭게 허용되어야 한다고 외치면서 일어난 젊은 성직자들이 있습니다.

그런데 우리 국내의 보도기관을 통해서는 정확한 내용을 알 길이 없을 뿐만 아니라 진상이 왜곡되어 전해질 수 있다고 생각되어 여기에 그 내용을 알리고자 합니다.'

지난 1. 17. 10:00 종로 5가에 위치한 기독교회관내 한국기독교 교회협의회 총무실에서 영등포 도시산업 선교회 실무자 김경락 목사, 새벽의 집 전도사 이규상, 주민교회 전도사 이해학, 활빈교회 전도사 김진홍, 창현교회 전도사 박윤수 등 5인은 '개헌논의 허용하라, 민주질서 회복하라, 1·8조치 철회하라'는 플래카드 3매를 벽에 붙이고 '1·8 긴급조치는 국민을 우롱하는 처사니 철회되어야 한다. 개헌논의는 자유롭게 허용되어야 한다. 정부는 유신체제를 폐지하고 민주질서를 회복할 것을 촉구한다'는 내용의 선언문을 낭독하고 구국기도회를 가진 다음 회관내의 각 기관을 방문, 개헌청원서명운동을 벌이다가 출동한 수사기관에 의해 동대문에서 연행된 후 군사재판에 회부되어 현재는 서대문구치소에 수감되어 있습니다. 라는 요지의 성직자 구속경위서 원안을 한국기독교 성직자 일동 명의로 작성하고, 동월 22. 10:00경 종로구 종로 2가 소재 YMCA 지하다방에서 피고인 박상희를 만나 동 박상희에게 구속경위서 작성 배포 취지를 설명하고 상피고인 김동완으로부터 지시받은 대로 자기들이 작성한 경위서 원안을 타자 후 등사하여 배포하여줄 것을 부탁하고 동 유인물 작성상의 주의사항을 지시하고 동 경위서 원안을 수교한 다음 피고인 차옥숭은 동 박상희를 동 김매자에게 소개하면서 위 두 사람에게 구속경위서를 등사하여 동 김매자는 대구, 부산지방에 가서 동 박상희는 전라도 및 충청도 지방에 가서 배포하도록 지시를 하고 교통비조로 동 김매자에게 현금 3,000원, 동 박상희에게 현금 5,000원을 각 수교하고 피고인 박상희는 동월 23. 12:00경 구속경위서 등사배포에 협조하여주도록 포섭한 피고인 김용상을 대동하고 피고인 김매자가에 가서 동 김용상, 동 김매자 등과 같이 동 김매자가에 준비해둔 등사기, 우표, 봉투, 백지 등을 한국신학대학 강사휴게실로 이전하여 동소에서 지문이 남지 않게 각자 장갑을 끼고 피고인 박상희는 타자기로 타자용 원지 3매에다 피고인 이미경으로부터 받은 경위서 원안대로 타자를 하고 피고인 김매자 동 김용상 등은 봉투에 우표 첨부 및 수신인 발신인 주소를 기재하다가 동일 19:00경 서울 영등포구 당산동 4가 2번지 소재 한국신학대학 등 기 방학학생산업 선교실습 남학생 합숙소로 장소를 옮겨 피고인 김용상과 동 김매자 등은 동소에서 전시 박상희가 찍은 타자원지를 사용, 470매의 구속경위서를 등사하고 동일 22:30경 피고인 박상희는 피고인 박주환을 포섭, 동인으로 하여금 등사한 구속경위서를 봉투에 넣는 작업을 행한 바, 동인은 등사된 구속경위서 중 '순교자적 각오'로 써야 할 것이 '숙교적 강요'로 잘못된 오자를 발견하고 그를 일일이 정정하여 그것을 우표가 붙은 봉투에 접어넣고 그 봉투에 동 박상희는 전국 교회와 목사의 주소, 성명이 수록되어 있는 교회주소록을 보고 수신인란에 이미 체크해둔 서울 종로구 신교동 6-28번지 경북교회 이종영 목사 외 292명의 교회목사 이름을 기재하고 그를 김용상에 넘겨주면 동인은 전화번호부를 보고 동 번호부에 적힌 이름을 발신인란에 기입을 하여서 구속경위서 발송준비를 완료한 다음 피고인 박상희의 지시에 따라 피고인 김용상은 동월 24. 11:30경 수신인이 서울로 된 동 구속경위서 27통을 동시 영등포구 영등포극장 부근 우체통 6개에 분산투함을 하고 동월 25. 08:00 동양고속버스 편으로 전라북도 전주에 가서 전주시내 10개 우체통에 수신인이 전주로 된 구속경위서 50통을 분할 투함하고, 동월 26. 전주시내 10개 우체통에 수신인이 광주로 된 구속경위서 50통을 분할 투함하고, 피고인 김매자는 동월 24. 10:00경 동양고속버스 편으로 부산에 가서 동 시내 우체함 10여 개에 수신인이 부산으로 된 구속경위서 50통을 분산 투함하고 동월 25. 09:00경 대구에 가서 동 시내 우체통 10여 개소에 동일한 방법으로 50여 통을 투함하고 피고인 박상희는 동월 25. 10:00경 대전시에 가서 동 시내 30개소의 우체통에 85통의 구속경위서를 분할 투함하여 동월 25.경 서울 성북구 삼선동 5가 411번지 상암교회 목사 이영찬 외 6명에게 배달 수령케 함으로써 전시 김진홍 등이 대한민국 헌법의 개정을 청원하였던 사실을 위 이영찬 등에게 알린 것이다.

증거를 살피건대, 위 판시 각 사실들은,

1. 피고인들의 당법정에서의 판시사실에 부합하는 각 진술 부분

2. 검찰관 및 사법경찰관 작성의 피고인들에 대한 각 피의자 신문조서 중 판시사실에 부합하는 각 진술기재 부분(단, 피고인 김용상 및 박주환에 대한 사법경찰관 작성의 각 피의자 신문조서는 제외)

3. 검찰관 작성의 참고인 이규상, 전용환에 대한 진술조서 중 판시사실에 부합하는 각 진술기재 부분.

4. 피고인 김동완, 권호경, 이미경, 차옥숭, 박상희, 김매자, 김용상, 박주환 작성의 자필진술서 중 판시사실에 부합하는 각 진술기재 부분.

5. 참고인 노창식, 강덕수, 조생구, 김명희, 한은숙, 문화령, 이규상, 정용환, 김명희, 김준석, 장성용, 한세홍, 심응섭, 이영엽, 김태호, 김상수 등

작성 외 자필진술서 중 판시사실에 부합하는 각 진술기재 부분.

6. 사법 경찰관 작성의 참고인 김명희, 장성용, 심응섭, 이영엽, 김태호, 김상수 등에 대한 진술조서 중 판시사실에 부합하는 각 진술기재 부분.

7. 국립과학수사연구소 감정인 이익주 및 육군과학수사연구소 필적감정관 한광호 작성의 필적감정서 중 판시사실에 부합하는 각 기재 부분.

8. 압수된 구속경위서 182매(증제1호 내지 6호, 11호, 13호 및 15호), 등사기 1대(증제7호), 등사유 1병(증제8호), 등사로라 1개(증제9호), 전보발신지 1매(증제10호), 봉투 1매(증제12호), 구속경위서 및 봉투 각 1매(증제14호)의 현존사실 등을 종합하면 이를 인정할 수 있으므로 판시사실은 그 증명이 충분하다.

법률에 비추건대,

피고인들의 각 판시 소위는, 대통령긴급조치 제1호의 5·4에 각 해당하는 바, 정상을 살피건대 우리나라는 그 어느 때보다도 국력의 배양과 조직화가 시급히 요청되고 있는 이 시점에서 피고인들은 종교를 빙자하여 가지가지의 교묘한 수단과 방법으로 동조인을 규합, 사회질서의 혼란과 동요 그리고 국민총화의 저해와 분열을 획책한 것은 용납할 수 없는 행위이므로

소정형기 범위내에서 피고인 김동완, 동 권호경을 각 징역 15년에, 동 박상희를 징역 10년에, 동 이미경, 동 차옥숭, 동 김매자, 동 김용상, 동 박주환을 각 징역 3년에 각 처하고 대통령긴급조치 제1호의 5 후단에 의하여 피고인 김동완, 동 권호경에 대하여는 자격정지 15년을 병과하기로 하고, 형법 제57조에 따라 이 판결 선고 전 구금일수 중 피고인 김동완, 이미경에 대하여는 각 30일을, 동 권호경, 박주환에 대하여는 각 25일을, 동 차옥숭, 박상희, 김매자, 김용상에 대하여는 각 20일을, 위 각 징역형에 각 산입하며, 피고인 이미경, 동 차옥숭, 동 김매자는 미성년을 갓 벗어난 미혼여성들로서 사리판별 능력이 미약하다고 인정되는 점, 상 피고인들의 부탁을 받고 일시 인정에 못 이겨 이건 범행에 소극적으로 가담한 것인 점 및 잘못을 깊이 뉘우치는 점 등 그 정상에 참작할 바 있으므로 형법 62조

에 의하여 이 판결 확정일로부터 5년간 위 각 형의 집행을 각 유예하며, 압수한 구속경위서 182매(증제1호 내지 6호, 11호, 13호 및 15호), 등사기 1대(증제7호), 등사유 1병(증제8호), 등사로라 1개(증제9호), 전보발신지 1매(증제10호), 봉투 1매(증제12호), 구속경위서 및 봉투 각 1매(증제14호)는 이건 범행에 제공한 물건으로서 범인 이외의 자의 소유에 속하지 아니하거나 또는 범인 이외의 자가 그정을 알고 취득한 것이므로 형법 제48조 1항 1호에 의하여 구속경위서 179매(증제1호 내지 6호)는 피고인들로부터, 등사기 1대(증제7호), 등사유 1병(증제8호), 등사로라 1개 (증제9호)는 피고인 차옥숭으로부터, 전보발신지 1매(증제10호)는 동 김용상으로부터, 구속경위서 1매(증제11호)는 공소 외 이영찬으로부터, 편지봉투 및 구속경위서 각 1매(증제12호 내지 13호)는 동 심응섭으로부터, 구속경위서 1매(증제14호)는 동 이영엽으로부터, 구속경위서 1매(증제15호)는 같은 김태호로부터, 이를 각 몰수하는 것이다.

이에 주문과 같이 판결한다.

비상보통군법회의 제1심판부

재 판 장 육군중장 박희동
심 판 관 육군소장 신현수
심 판 관 판   사 박천식
심 판 관 검   사 김태원
법 무 사 육군중령 김영범

17

《한양》지 관련 문인 사건

피고인   이호철, 임준열[필명 헌영], 김우종, 장병희[필명 백일], 정을병

1. 사건개요: 문인 개헌성명 후에 나온 '간첩단' 발표 ················ 163
2. 체험기: 허황된 '문인간첩단' 사건의 누명—임헌영 ············· 166
3. 문인 '간첩단' 사건 제3회 공판—방청기록 ······························ 181
4. 공소장 ·· 200
5. 변론요지서—한승헌 ··· 218

사건개요

문인 개헌성명 후에 나온 '간첩단' 발표

한승헌 (변호사)

긴급조치 1호가 불쑥 터져나오기 하루 전날(1월 7일) 문학인 61명의 이름으로 개헌지지 성명이 나왔다. 그로부터 20일 만인 1월 26일, 이호철李浩哲, 임헌영任軒永, 김우종金宇鍾, 정을병鄭乙炳, 장백일張伯逸 씨 등 5명의 문인이 구속되어 세상사람들을 놀라게 했다.

피고인들에 대한 공소사실의 줄거리는 피고인들이 국제회의나 세미나 등에 참석하고자 일본에 갔을 때 한양사의 김기심 씨나 김인재 씨를 만나 그들로부터 향응과 돈을 받고 그때를 전후하여《한양》지에 기고를 함으로써 반국가단체를 이롭게 했다는 것이었다.

그러나 위의 두 김씨가 일본에서 발행하는《한양》이라는 월간지는 국문(한글) 종합지로서 피고인들뿐 아니라 국내의 이름난 문인 논객들이 전부터 많이 기고를 해온 터였다.

그 잡지는 조국의 당면문제를 민족주의적 관점에서 다루어왔는가 하면 창간기념호마다 국내의 이름난 학자·문인들이 대거 축사를 보내기도 했다.

1972년 3월 창간 10주년 기념호에는 국내 학계·문화계의 내로라하는 명사들의 축사가 실려 있었다. 박종화, 백낙준, 백철, 황수영, 모윤숙, 조연현, 정비석, 안수길, 유주현······. 그야말로 일일이 열거하기 힘들 정도로 많은 사람들이 거기에 참여했다. 여러 국내 인사들이 일본을 왕래하면서

《한양》지측으로부터 접대도 받고 고료도 받았건만 아무런 일도 없었다.

《한양》지는 1973년까지도 주일 한국공보관에 전시되어 있었는가 하면 국내에도 정식으로 수입·배포되어왔다. 그럼에도 정부기관이나 민단측에서 한번도 '불온'으로 문제삼은 일이 없었다.

검찰은 자금의 출처가 조총련쪽이라고 주장했지만 그렇게 볼 만한 증거는 없었다. 오히려 김기심 씨가 경영하는 '한양원'이라는 음식점에서 나오는 수익과 민단계의 협찬광고 등이 그 재원이었다.

《한양》지가 남한의 사회상과 정부시책을 비판적으로 보는 일면이 있기는 했으나 그것이 곧 반국가단체의 위장출판물이라고 단정할 근거가 될 수는 없었다.

그런데도 당국이 이처럼 무리한 기소를 감행한 이유는 피고인들이 1973년 11월 문인 60여 명의 연명으로 된 개헌요구 성명에 참여했기 때문이며 문단 내지 지식인 사회에 그런 개헌운동의 확산을 저지할 필요가 절실했기 때문이었다. 또한 이들 다섯 사람만 문제삼은 것은 그들 중 이호철, 임헌영 씨가 반유신 문학인 선언에 서명했기 때문이라고 보았다.

검찰수사 결과, 당초 보안사의 어마어마한 발표내용과는 달리 간첩죄 항목은 빠지고 국가보안법과 반공법상의 금품수수, 찬양·고무, 회합·통신 등으로만 기소되어 '문인간첩단'이라는 당국의 호칭 자체의 허구를 드러내기도 하였다.

구속자 중 어떤 이는 검찰 조사과정에서 혐의사실을 부인했다고 해서 서너 차례나 서빙고(보안사 분실)로 되실려가서 곤욕을 치르기도 했다.

나는 이 사건으로 구속된 문인들과 문단 교우로 잘 아는 사이여서 그중 두 분의 변호를 맡았다.

법정에는 시인 구상, 양명문, 평론가 백철, 조연현, 소설가 손소희, 정치인 김상현, 영화감독 문여송 등 문화예술계의 쟁쟁한 인물들이 증인으로 나와 《한양》지가 용공적이 아니며 그 발행인 등이 결코 공산주의자가 아님을 역설했다.

이쯤 되자 검찰은 "어느 간첩이 '내가 간첩이다'라고 정체를 드러내겠느냐"는 논법을 내세웠다.

이에 대해서 나는 "그렇다고 해서 '나는 간첩이 아니다'라고 하는 사람은 모두 간첩이라는 논법이 성립될 수는 없지 않은가"라고 맞받았다.

이 사건에 대해서는 국내와 일본에서뿐만 아니라 영국 런던에 본부를 둔 국제앰네스티에서 구원 캠페인을 벌였는가 하면 일본, 서독, 노르웨이, 미국 등 해외에서 석방운동이 전개되었다.

국내에서는 서정주, 최정희, 김소운, 황순원, 여석기 씨를 비롯한 많은 문인들이 법원에 진정서를 내는 등 구명운동이 확산되었다.

그때는 피고인측에서 원하는 증인이 법정에 나오는 데도 상당한 용기가 필요했다. 당국의 제지나 위협도 드문 일이 아니었다.

구상 선생은 법원으로부터 증인 출석요구를 받고도 나가지 않겠다는 뜻을 밝혀 한때 섭섭하다는 반응이 나오기도 했다. 그분은 공교롭게도 박정희 대통령과 절친한 사이로 알려져 있었기에 '역시…그렇구나'라고 생각해버리는 사람도 있었다.

그런데 공판기일에 한창 재판이 진행중일 때 아무 예고도 없이 그분이 나타났다. 그러고는 바쁜 일이 있으니 지금 곧 증언하게 해달라고 재판부에 요청해서 무사히 증언을 마쳤다. 만일 증언하러 가겠다는 말을 미리 했더라면 여기저기서 만류, 제지가 있을 것같아서 그처럼 이중플레이(?)를 했다는 것이다.

창간호에 '5·16혁명 공약'을 실었고 국내에 수입배포가 허용되었던 그 잡지에 원고를 쓰고 고료를 받은 것을 국가보안법, 반공법으로 다스릴 정도로 당시 정권은 미쳐 있었다. 그 난리 속에서도 작가 정을병 씨만은 용하게도 무죄판결을 받았다.

체험기

허황된 '문인간첩단' 사건의 누명

임헌영 (문학평론가)

1974년 1월 7일, 문학인 61인의 개헌지지 성명이 있었던 바로 이튿날 1·8긴급조치가 선포되었다. 유신헌법에 대한 국민들의 비판여론을 탄압하기 위하여 이미 지난 연말부터 모종의 조치설이 나돌다가 문학인의 성명이 나오자 더이상의 확산을 막기 위해 발빠르게 탄압책을 강구한 것이라고들 쑥덕댈 때였다.

'잠깐'으로 시작된 서막

1974년 1월 10일 관할서 담당이 다녀가더니 이틀 후 또 왔다. 정보·대공 두 과에서 다 나온 셈인데 이틀 뒤에는 전화로 여러가지를 물었다. 이미 이호철 선생은 어디론가 연행되었다는 소식이었고 문단에는 슬슬 찬바람이 몰아치기 시작했다. 이미 함석헌·천관우·안병무·문동환·김동길·법정·계훈제 제씨를 연행 심문하고 장준하·백기완 선생을 긴급조치 위반 제1호로 구속했다.

한 번쯤 연행조사는 받겠구나 생각하고 있었는데, 17일 밤 보안사로부터 손님이 왔다. 개헌청원이라면 정보부일 텐데 좀 이상하다 싶어 왜 그러냐고 묻자(이 고전적 어리석음이라니!) 보안사에서 어떤 분을 조사하는데 내 이름이 나와 잠깐 가서 확인만 하면 된다는 공식적인 해명이었다. 언제나 그랬다. 항상 '잠깐'이었다. 옷을 갈아입거나 가족들에게 인사를 할 필요도 없이 그저 잠깐이다.

나를 가운데 앉힌 채 양쪽에서 조이면서 자동차는 퇴계로의 어느 호텔에 들렀다가 빙고동으로 향했다. 남산 3호터널이 없었던 시절이라 차는 서울역, 삼각지를 지나 이태원으로 달리다가 콜트 장군 동상자리에서 내리막길을 치달았다. 지금 크라운호텔 앞을 지나는 길은 당시 매우 좁은 도로에 불과했다. 눈도 가리지 않은 채 빙고동 대공분실로 옮겨진 나는 이내 김병진이 쓴 《보안사》에서 읽을 수 있는 희귀한 체험의 세계로 침잠했다.

누구나 마찬가지로 처음엔 주제가 뭔지도 모른다. 일본엘 간 적이 있느냐에서, 가서 누굴 만났느냐를 거쳐 구체적인 윤곽이 잡혀지기까지는 많은 곡절을 겪어야 했다. ……아하, 이건 개헌서명이 아니고 일본과의 관계이구나. 그렇다면 그 끔찍한 '간첩조작'인가…… 하고 긴장하는 가운데 문제의 초점이 재일동포 월간지 《한양》으로 잡혔다. 마음 한구석에서 그거라면 자신있다는 용기가 솟았다.

《한양》의 사모곡

이 잡지는 1962년 3월에 창간호를 냈는데 속표지에 '5·16혁명공약' 전문을 반듯한 선 안에 싣고 있다. 이어 '창간사'는 이렇게 말한다.

사람들은 흔히 헤어져보아야 그리움의 참맛과 그 깊이를 안다고 말한다. 정이 깊은 사람들 사이에만 그런 것이 아니라 고향이며 조국에 대한 생각도 마찬가지이다.

청석령 지나거나 혁하구 어디메뇨
호풍은 참도 찰사 궂은비는 무삼일고

뉘라서 내 행색 그려다가 님 계신 데 드릴꼬

병자호란 당시 남한산성에서 성하지맹城下之盟을 맺은 후 인질로 끌려가던 풍림대군(효종)의 시조 한 수다. 가고 싶지 않은 길, 기약 없는 길, 황한한 이국의 광야에서 조국을 그리는 절절한 회포가 역연하다.

이국만리 낯선 땅을 방황해본 사람이 아니면 조국의 연연한 정을 다는 알 수 없다.

하물며 조국을 잃고 호구의 길을 찾아 이국땅을 헤매는 사람들의 가슴에 서리는 한없는 심정이랴! 하늘을 우러러 호소할 곳 없고 땅을 굽어보아 몸둘 곳 없으니 돌이켜보면 우리나라에 암운이 뒤덮고 있던 기나긴 세월 우리 한민족이 겪은 고초는 실로 헤아릴 수 없다.

바로 그 쓰라린 고통의 연륜과 더불어 우리 재일교포들의 운명이 시작되었고 허다한 비분의 역사를 안은 채 오늘에 이르렀다. 조국 없는 설움보다 더 큰 설움을 알지 못하고 만 가지 불행의 근원이 이에 있음을 체험한 우리가 날이 가고 달이 바뀔수록 안타까이 조국을 불러 몸부림치는 그 뜨거운 일편단심을 무엇으로 다 표현할 것인가!

우리의 몸이 여기 이역에 있음으로 하여 우리의 마음은 더욱더 조국의 품으로 줄달음쳤고 항상 조국과 함께 숨쉬기를 잊지 않았다. 그처럼 귀중한 조국이 이제 광복 후 17년의 새 봄을 맞았다. 삼가 옷깃을 여미고 머리 숙여 우리 민족의 앞길에 길이 영광이 있고 조국의 번영이 무궁하기를 기원하는 우리의 마음은 경건하다.(중략)

미군정과 이승만 정권, 장면 정권 그리고 오늘의 혁명정부―이렇게 한국의 오늘은 다난하였다. 6·25동란의 참혹한 전화, 4·19의 절규 그리고 5·16의 무혈군사혁명, 이렇게 한국은 아우성치며 달려가고 있다. 그 많은 역사의 장마다 갈피갈피 숨은 이야기는 끝이 없고 그 많은 이야기 속에 조국은 고동치고 있다.

잡지 《한양》은 이에 무심할 수 없는 우리 겨레의 양식이 될 것이며, 고동치는 조국의 넋을 담은 국민들의 공기公器로 될 것이다. 우리는 고담준론高談峻論을 즐겨하지 않으며 허장성세에 끌리지 않고 조국의 번영에 이바지하는 하나의 과업들로 자기의 사명을 다할 것이다. 우리는 한국의 정원에 한 그루 과실나무를 심는 말 없는 원예사를 본받을 것이다. 한국사람의 고유한 문화, 한국사람의 고유한 기질, 한국사람의 고유한 윤리, 여기에 마르지 않는 샘물이 있고 깨끗한 심령의 세계가 있다. 이것을 다듬고 가꾸어나가는 원예사의 심경을 우리는 지닐 것이다.

잡지 《한양》은 옆을 보지 않고 꾸준하게 자기의 길을 가려고 한다. 독자 제현은 잡지 《한양》을 아끼고 사랑하며 그가 지닌 사명을 다하게 하며, 아직은 갓 낳은 이 어린 것을 가꾸고 다듬어 키워주시기를 진심으로 바라마지 않는다. 아울러 재일교포 형제들에게 임인년 새해의 축복을 드리면서, 특히 조국에 계신 동포 여러분에게 우리의 인사를 드리는 바이다.

월간 《다리》 고문이었던 김상현 의원이 해외교포문제연구소 이사장이었을 뿐만 아니라 1969년에 《재일 한국인》이라는 책까지 냈기에 나도 어깨너머로 익힌 덕에 일본의 동포세계에 대해서는 백지가 아니었다. 《한양》의 당시 발행인은 원산 출신으로 구상 선생과 막역한 관계인 김기심 씨, 편집장은 남해 출신의 김인재 씨로, 이미 한국의 지식인으로 일본을 여행한 사람들은 예외없이 그들로부터 융숭한 접대를 받아왔음은 널리 알려진 사실이었다. 1972년 3월 창간 10주년 기념호에는 다음과 같은 한국의 저명인사들이 《한양》지의 업적을 찬양하는 축사를 써주고 있었다.

예술원 회장 박종화, 연세대 명예총장 백낙준, 한국펜본부 회장 백철, 국회의원 유봉영, 국립박물관장 황수영, 국회의원 이해랑, 건국대 총장 곽종원, 국회의원 모윤숙·김상현, 문인협회 회장 김동리, 국회도서관장 강주진, 현대문학사 사장 김광수, 한국예술문화윤리위원회 위원장 조연현, 대한출판문화협회장 정진숙, 건국대 대학원장 김두헌, 한국라이온구락부 회장 정비석, 작가 안수길·박화성, 한국수필가협회장 조경희, 작가 유주현, 삼중당 주간 노양환, 《지성》지 주간 노종호, 《신동아》 편집장 이준우,

시인 낭승만, 《샘터》 편집장 임정남.

이렇게 많은 사람들이 축사를 보냈는데, 더구나 이 가운데 상당수는 다른 호에 시·소설·수필·평론·논문 등 뭔가를 계속 써준 적이 있다. 당연히 직·간접적인 교류를 통하여 원고료와 향응도 받았다는 것은 이미 다 알고 있었던 터이다.

악몽 같은 심문·고문

밀실에서 고문과 심문을 번갈아 받으면서도 인간이란 묘해서 증오와 정이 함께 드는 것일까. 잠은 아예 없는 거나 마찬가지다. 강전무專務라는 자가 우리 사건 전체를 총괄하고 있다는 낌새를 잡았고, 실제로 그로부터 육체적인 고통도 당했다.

밤도 낮도 모른 채 며칠인가 지났다. 틈틈이 징집당해온 근무병들에게 경비를 맡긴 채 있을 때는 그들이 노골적으로 나를 동정하고 있음을 알았다. 어떤 병사는 "망해라!"라고 소리질렀다. 가끔씩 외출이 허용되는 그들은 자진해서 집으로 전화연락을 해주겠다고 제의해왔으나 처음에는 믿어야 할지 망설여졌다. 이내 그게 진심임이 밝혀졌을 뿐만 아니라 심지어는 어떤 수사담당자도 쉴 시간에 와서는 은근히 동정해주곤 했다. 천장의 텔레비전과 녹음장치를 가리키며 말은 않고 글씨로 '반공법은 문제가 많다'고 쓰면서 걱정 말고 먼지 털고 나가는 셈 치라는 충고를 주기도 했다.

그러나 사건은 항상 당대의 정치상황에 따라 좌우된다. 풀려날 것같던 분위기가 갑자기 얼어붙으면서 담당이 사법경찰관으로 교체되었다. "젊은 사람들이 매로 다스렸으면 이제 늙은이가 슬슬 엮어서 징역을 보내야지" 하면서 본격적인 서류작성에 들어갔다. 그런데 뭔가 뜻대로 안되자 사법경찰관이 또 바뀌었다. 수사기관에서의 매 한 대가 늘어날수록 징역은 줄어든다거나 오리발이 청와대 '빽' 보다 낫다는 속어는 무척 유효한지 모른다. 며칠을 지내는 사이에 저절로 조연현·신상웅·홍기삼·이복숙 제씨가 조사를 받고 나갔고, 최종적으로는 이호철·김우종·정을병·장백일 그리고 나 이렇게 다섯이 남았다는 것을 눈치채게 되었다. 그리곤 틈만 나면 왜 이런 사건이 터졌을까라는, 모든 갇힌 사람들이 제일 궁금하게 여기는 사건의 발단에 대해서도 상상하게 되었다.

개헌서명 때문인가 아니면 순수한 대공사건인가에 대한 궁금증은 조바심을 더해주었다. 왜냐하면 자칫하면 계엄 아래인지라 군사재판으로 넘어갈 수 있으며 그럴 경우는 엄청나게 과장될 수 있는 것이다. 수사관들과 사법경찰관의 눈치를 살피며 낌새를 잡으려 했으나 반공법 위반조서가 어느날 돌연 국가보안법으로 표변했다. 사법경찰관도 미안한 듯 넌지시 그 사실을 알려주었다.

나중에 종합해서 주워맞춘 일이지만, 당시 문학인 연행사건이 터지자 각의에서는 문공부장관이 이의를 제기했으며 연행당해 조사를 받고 나온 문학인들이 억울함을 관계기관에 호소하여 사건이 축소될 소지가 있었던 듯하다. 그러자 보안사 상층부는 연행조사 사실을 기정사실화해야 할 필요성이 도리어 높아졌고, 정치권에서는 긴급조치의 위하력威嚇力을 높이기 위한 전략이 서로 맞아떨어져 강경선회한 것으로 풀이된다. 어느 여류문인이 청와대에서 넌지시 이 사건의 부당함을 지적했다 하나 '분명한 증거가 있다'는 묵살로 뒤바뀌게 되기까지에는 군부독재정권이 지닌 위하력의 필수성이 작용했을 것이다.

보안사는 또한 이 심문 및 재판기간에 가족들의 대對사회 구출활동을 막고자 거의 매일 별 일도 없이 다방으로 다섯 피의자들의 부인을 나오게 해서 시간을 빼앗았음이 나중에 밝혀졌다. 한편 주요 문학예술인들에게 이 사건을 개관해주면서 직간접적인 동의를 얻어내기도 했을 것이다. 짜여진 각본대로 진행되는데 그 배역을 거절할 수 있는 위력을 지닌 사람은 그리 흔하지 않았다. 김근태 씨와 같은 용기를 당시로서는 상상도 할 수 없었고, 서승 씨의 비극을 낳은 현장이라는 걸 알고 있었던 게 도리어 공포감으로 역작용했다.

사건의 내막이 보이다

대체 어디서, 왜 사건이 터졌을까? 이호철 선생의 공소장에는 다음과 같은 사실이 나온다.

동년(1972년) 11월 29일 18시경 아시아회관에서 북한대남공작원인 김 명불상자 35세 가량과 접선하여 동인으로부터 원산중학교 졸업증명서를 제공받는 한편 재북가족 소식을 알아봐주겠다고 하며……..

그때는 일본여행에서 가장 조심해야 될 시기로, 조총련과 민단의 세력 분포나 활동상황이 비교할 수도 없었는 데다 군사통치의 나쁜 여론 때문에 외국여행자들에게 조국의 수치를 느끼게 하는 일이 종종 있었다.
이호철 선생은 어쨌건 그 사람으로부터 졸업증서와 성적표까지 받았으나 찢어버렸다는 이야기를 귀국해서 털어놓았다. 불광동 이웃에 살면서 가장 내왕이 많았던 천관우 선생을 비롯한 문단의 상당수가 이런 내막을 알았는데 이 소문이 보안사에 잡혔다는 설이 유력했다. 천선생께서는 관계기관에 미리 알리는 게 좋겠다는 의견까지 개진했다고 하나, 그 당시는 일본여행자에게 이런 일이 흔했고 떳떳했던 이호철 선생의 입장에서는 아무렇지도 않게 비쳤다.
개헌서명선언 직후 이선생이 먼저 연행된 것은 바로 이런 배경에서였는데, 조사가 진행되는 동안 자연히 일본방문자가 또 누가 있느냐는 등의 확대과정에서 문단 중심의 이름들이 거론된 것이다. 《한양》지 발행인·편집인의 불순성을 부각시키고자 직접 관련이 없는 이 '김 명불상자' 사건을 삽입시켜 사건의 범죄 상징성을 유발시키고 있다.
개헌서명자인 이호철과 나 둘은 간첩으로 만들고, 비서명자였던 김우종·정을병·장백일은 국가보안법위반 선에서 조여갔다. 연행 8일 만인 1월 25일 다섯 명은 따로따로 서대문구치소에 수감되었다. 잠 한숨 제대로 잘 수 없던 그 지긋지긋함에서 풀려나 그 강추위의 감방에서 모처럼 단잠을 잘 수 있겠거니 했는데 그렇지도 못했다. 검찰취조과정에서 뜻대로 안 되자 주로 한밤중에 끌어내어 다시 서빙고동으로 데려가곤 했다. 통금이 있던 시절이라 한밤에 한적한 거리를 질주하는 기분은 구속상태에서도 묘한 쾌감을 느끼게 했다.

서너 차례 빙고동으로의 연행과 위협·회유 뒤에도 구치소 보안과장실이나 검취하는 곳으로 요원들이 찾아와 위협을 거듭했다. 그러면서도 정이 든 사법경찰관은 슬그머니 틈을 보아 '잘했어. 하지만 1심은 받을 생각을 해야지, 깡그리 부정하면 빙고동으로 가서 병신 될 수도 있으니 조심하라'고 위협 겸 충고를 해주었다. 당시 우리 다섯은 거의 비슷한 처지로, 몸을 상하기보다는 차라리 징역이라도 살아야겠다는 쪽이었다. 지금 생각하면 부끄러운 일이다.

2월 25일 서울지검 공안부 정명래 부장검사 명의로 '문인·지식인 간첩단 적발'이라는 보도가 발표되고 언론매체들은 이를 대서특필했다. 8일 구치소장실 옆에서 검취중 한승헌·권순영 변호사가 기습적으로 나타나 연행 후 처음으로 믿을 수 있는 사람을 만났다. 접견권·변호권 같은 단어는 사전에만 있던 시절이었다. 책도 차입되지 않았고 가족면회는 상상조차 할 수 없었다. 다행이었던 점은 5사에 이미 터를 잡고 있던 고려대 간첩단사건의 노중선, 반공법사건의 이재오 씨로부터 많은 도움을 받을 수 있었다는 점이다. 검취중 〈동아일보〉 법조계 출입기자 김재곤 씨가 검사실에 들러 내 안부를 집에 알려준 것도 하나의 위안이 되었다.

너무도 뻔한 '간첩'조작

2월 25일 검찰은 간첩죄목은 뺀 채 기소했고 신문들은 이를 조그맣게 다뤘다. 간첩이 아닌 게 마치 유감이라는 투인지라 한 개인의 명예에 대해서는 아랑곳 않는다. 이해 2월은 유난히 추워 서울지방은 1925년 이래 처음이라고 했다. 그리곤 3월 6일에야 공소장이 내 손에 들어왔고 18일에야 처음으로 책이 들어왔다.

구속자의 면면이 순수·참여문학인을 두루 포함한 점은 문단과 세인들에게 정권의 불신감을 더욱 심화시켜줄 여지를 지닌다. 마침 소련당국은 2월 15일 솔제니친을 추방하는 조치를 취함으로써 한국군사정권의 독재수준을 국제화하는 데 이 사건이 거론되게끔 되었다. 나중에 알려진 사실이지만, 보안사의 구도대로 잘 안 돌아가게 된 데에는 검찰의 입김도 적잖게 작용한 것같다. 적어도 이 사건만 두고 말한다면 당시 검찰은 '간첩'자를 벗기는 데서 대단한 용기와 호의를 보였으며, 반대로 반공법 4조 1항 부분에서는 양보가 없었다.

나에게 씌워진 법조항은 국가보안법 5조 2항(반국가단체의 구성원 또는 그 지령을 받은 자로부터 그점을 알고 금품을 수수한 자는 7년 이하의 징역에 처한다), 11조(자격정지 병행), 12조(금품 수수액 또는 보수의 몰수 및 압수물품의 국고 귀속), 반공법 4조 1항(반국가단체나 그 구성원 또는 국외 공산계열의 활동을 찬양, 고무 또는 이에 동조하거나 기타 방법으로 반국가단체를 이롭게 하는 행위를 한 자는 7년 이하의 징역에 처한다. 이러한 행위를 목적으로 하는 단체를 구성하거나 이에 가입한 자도 같다), 5조 1항(반국가단체 구성원과 회합 통신죄), 7조(편의제공죄) 등이었다.

당시 상황으로는 정보의 내용이 국가기밀에 속하지 않은 사항, 예컨대 〈스포츠 한국〉 10월호에 게재된 내용을 말해도 위법이 된다는 판례가 있을 지경이었다(대법 1969년 7월 29일, 1968년 7월 30일, 1973년 10월 23일 등 판례 참고). 심지어는 상대방의 의견을 떠보기 위한 거짓말도 그 내용이 비난쪽이면 위법이라는 판례(1967년 12월 26일)가 나올 정도였다. 만약 내가 검사라면 삼천만 국민 누구나 잡아다 족치면 반공법 위반사항은 찾을 수 있지 않을까 하는 상상마저 들 지경이었다.

독재자들이 가장 두려워하는 국제적인 여론 때문인지 재판은 비교적 빨리 진행되었다(첫 공판은 3월 12일). 요지는 김기심·김인재 씨가 북한 공작원이라는 사실을 알았느냐는 점과, 나의 경우는 글 '7·4성명과 한국문학의 과제'의 내용이었다. 부제로 붙인 'K선생에게 드리는 글'에서 K가 누구냐라는 문제를 보안사에서 끈덕지게 물고 늘어져 혼이 났다. 이글의 앞

머리는 이렇게 시작된다.

K선생님. 소식 늦었음을 용서하십시오. 제가 그곳 일본여행에서 돌아온 지 꼭 6개월이 지났습니다. 귀국 즉시 소식 드리고 싶었으나 한반도의 유난히 차가운 1972년의 '정신적 동절' 때문에 엄두가 나지 않았답니다.

귀국 후 6개월—그간 헐벗은 우리의 산천엔 쌓였던 눈이 녹았고, 꽃이 피었다가 떨어졌으며, 지금은 무더위가 한창입니다. 무더위, 그렇습니다. 몇십 년 이래의 무더위라고들 합니다. 마치 이땅에 있는 모든 철조망을 녹여버리기나 하려는 것처럼 금년 더위는 맹렬합니다. 게다가 오늘은 태풍 리타호가 한반도를 어루만지고 있습니다. 태풍 역시 이땅의 필요없는 철조망을 날려버리겠다는 식으로 열심입니다.

K선생님. 그러나 슬기로운 우리 겨레는 태양과 바람에게 우리 땅에 있는 철조망을 걷어가달라고 애원만 할 정도로 비겁하지 않았습니다. 7월 4일은 저 태평양 너머 어느 나라의 독립기념일로만 알고 있었습니다. 그러나 1972년 7월 4일은 그게 아니었습니다. 만약 제가 국회의원이라도 되었다면 이날을 '통일절'로 제정하자고 주장하고 싶군요(웃어주십시오).

이래서 '7·4공동성명'으로 높아진 민족적 긍지에 며칠간 으스대다가 지금은 다시 차분히 앉았습니다. 그리고 생각해봅니다. 이제부터의 문학이란 무엇인가? 우리의 새 세대가 지금 하고 있는 문학은 어떤 것이며, 이것은 과연 옳은 것인가? 저 자신을 향해 이렇게 물어봅니다.

당시 한국문학의 과제를 리얼리즘의 창조로 보면서 그 소재와 주제로 ① 정치권력에 대한 비판정신, ② 농민과 근로자에 대한 관심, ③ 민족주체성과 외세배격, ④ 분단문제의 접근, ⑤ 소시민계층의 생활묘사 등 다섯 가지를 들었다. 결론에서 '우리는 빨리 오늘의 문학을 휴지로 만들 그날을 앞당기기 위해 보다 열심히 글을 써야 하는 시지프스의 도로徒勞를 해야 할 임무'를 갖고 있다고 썼는데, 이 부분이 두고두고 말썽을 부렸다.

역사는 언제나 정의의 편

　우리 다섯 당사자보다도 더 열성을 낸 한승헌·권순영·강신옥 변호사의 명변론과 백철·조연현·손소희 제씨와 특히 구상 선생과 김상현 의원의 증언은 재판 분위기를 바꿔놓았다.
　원산 출신으로 알려진 김기심 사장은 구상 선생에게 맨 먼저 《한양》지의 한국 반입과 영업문제를 상의했고 우리들과는 비교도 안될 정도로 밀접한 관계를 유지하고 있었다. 선생은 또한 공교롭게도 박정희 대통령과 우정관계를 유지하고 있는 것으로 알려져 재판부는 아예 구상 선생을 증인으로 채택할 뜻이 없었으나 부득이 소환하게 되었다. 소문으로는 안 나오겠다는 뜻을 밝혔다고 해서 무척 섭섭하게 생각하고 있었는데 예고도 없이 갑자기 재판 도중에 와서 바쁜 일이 있으니 꼭 지금 증언할 수 있게 해달라고 재판부에 간청해서 증언대에 서게 되었다. 나중에 들은 바로는 만약 선생이 증언대에 나가겠다고 하면 여러 곳에서 만류할 것같아 고의로 우회작전을 썼다는 것이었다.
　조연현 선생에 대해서도 매우 호의를 가지고 있다. 나를 문단에 추천해준 분이었으나 문학관 문제로 초기의 애정과는 달리 1971년쯤부터 멀어졌다. 특히 문단의 파벌문제로 서먹서먹했는데, 증언대에서 선생은 어떤 주저도 없이 확고하고 단호하게 《한양》지를 옹호해주었다. 문학활동을 하면서 문학관 못지않게 인간됨의 중요성을 새삼 느끼게 해주었다.
　김상현 의원의 재일동포 세계에 대한 개략적인 증언과 재판정에서의 떳떳한 자세는 분위기를 바꾸는 계기를 만들었다. 김의원은 이미 형이 확정되어 안양교도소에서 징역을 살던 중 증인으로 나온 것이었다.
　여론은 우리 편이었고 변호인들은 너무나 명백한 무죄임을 확신했으며, 문인 297명이 진정서를 제출했고, 국제앰네스티 명의로 일본의 나카다히라 겐기치中平健吉 변호사가 거의 모든 재판과정을 지켜봤다. 《남한의 솔제니친》이라는 책자가 앰네스티에서 만들어져 세계의 문학계로 뿌려지자 여론은 더욱 정부에 불리하게 돌아갔다. 일본의 〈아사히신문〉은 국내 배포금지를 당하기도 했다(2월 4일).

길고도 짧은 수형생활

피신중인 것으로 알고 있던 김지하가 무슨 재주로인지 영치금을 넣어주어서 깜짝 놀랐는데, 아니나 다를까, 4·3(제주 4·3을 연상이라도 하는지?) 긴급조치 4호 선포로 이내 서대문구치소는 노란 딱지와 빨간 딱지(긴급조치 위반자에게는 노란 딱지를 붙이게 해서 일명 진달래라고 불렀고, 좌익사범에게는 빨간 딱지를 달아 봉숭아라 부르기도 했다)로 울긋불긋했다. 나는 몇 번의 전방조치를 받아 전전하는 가운데 제법 고참이 되어가면서 5사에 들어온 많은 사람들을 만날 수 있었다. 일반인으로는 방배추라는 별명으로 더 유명한 방동규, 학생으로는 유홍준, 윤한봉 그리고 재일교포 하야가와(早川) 씨 등이 5사의 식구였다. 교도관 전병용의 방문은 가장 큰 위안이자 정보선이었다.

우리는 일반법정으로 가는데 진달래들은 군사법정으로 가곤 하면서 먼 발치로 낯익은 얼굴들을 쳐다보며 눈인사를 나누곤 했다. 인혁당 관련자들 가운데 몇몇은 그때 본 것이 마지막이었다.

6월 28일 금요일, 8회에 걸친 지루한 형식논리적 입씨름의 재판이 끝나고 9회째 재판을 맞는 언도날이 왔다. 김성만 판사는 나에게는 유죄를 인정하면서 사회적 공로를 감안한다면서 집행유예 3년을 선고했다. 이호철(징역 1년 6월), 장백일(징역 1년)에게는 실형이었고, 정을병은 무죄, 김우종은 집행유예 2년이었다. 밖에서는 아예 다 풀려날 줄 알고 리영희 선생의 《전환시대의 논리》 출판기념회를 이날 저녁으로 잡아두고 있을 정도였다.

밖은 도리어 추웠다. 항소절차를 밟으며 어영부영하는 가운데 8·15사건(육영수 여사 피살)이 터졌다. 감방에서 이호철 선생이 잠을 설치고 있다는 소식 속에 2심재판(재판장 배석 부장판사, 배석판사 황우려·송기홍)은 지극히 간략하게 진행되었다. 누가 봐도 풀어줄 것이 명백한 진행이었고 결국 10월 31일 나머지 두 사람도 집행유예로 석방되었다.

몸은 풀려났으나 다섯 문학인은 그뒤 박정희 유신헌법 아래에서 결국 복권되지 못한 채 야인생활을 강요당했다. 작가 둘은 당시로서는 희귀한 체험이었던 수형생활을 소재로 많은 작품을 썼고 비평가는 옥중기를 썼다.

그렇게 징역 살았으면서도 아직 정신을 못 차렸는지 우리는 대법원이 무죄를 선고해줄 것이라는 기대 속에 살았다. 1976년 7월 28일 대법원 판결이 있으니 출두해도 좋고 출두하지 않아도 된다는 요지의 통고가 왔다. 우리는 숫사슴떼처럼 몰려갔다. 통고된 법정에 들어서면서 우리는 '아차' 했다. 작은 법정에 수십 명이 우글거렸다. 설마하니 우리 사건에 대한 관심이나 취재로 몰린 인파인가 하는 착각은 정말 자유였고 그들 모두가 모종의 사건관련자거나 변호사 사무실의 직원들이었음을 알고는 씁쓰레해졌다.

아니나 다르까, 예정시간을 훨씬 넘긴 뒤에야 등장한 대법관은 사건번호와 피고인 이름을 부르면서 아예 출석도 않았거니 하고 '상고기각'을 연발했다. 가끔씩 아주 드물게 뭐라고 알아들을 수도 없게 '원심파기'라는 술어가 등장하기도 했다. 한참 뒤에야 우리 이름들이 불려져 응답을 하자 의외라는 표정을 지으며 고개를 잠시 들었다가는 이내 서류로 시선을 옮기며 간단히 '기각' 이었다.

그 한참 뒤 악몽을 잊을 즈음에 느닷없이 파출소에서 요란한 오토바이를 타고 온 경찰이 검찰출두요청을 요구해왔다. 마침 집에 없어서 그냥 돌아간 뒤 계속 전화질이었다. 알고 보니 국가보안법 제12조에 의거해 압수물품의 국가귀속동의서에 서명하라는 것이었다. 아내는 가끔씩 빼앗긴 일제 라디오를 돌려달라고 보안사에다 떼를 서서 수사관들이 이판에 라디오 찾을 생각을 하는 '이상한 여자'라는 말을 한 것을 나도 들은 적이 있다. 이제 와서 그걸 포기하란다. 신문에는 간첩 소지품으로 압수된 불순물인양 사진이 난 명물이다.

여담이지만 서승 사건 때 연류되었던 시인 김소영 선생은 통일을 주제로 한 장시를 보안사에 압수당했는데, 나는 그걸 《다리》지에 근무하면서 먼저 읽은 적이 있다. 선생은 조사를 받고 풀려난 이후 끈질기게 찾아다니며 졸라서 결국 그시를 찾았고, 얼마 전에 시집으로 묶어냈다. 그러나 나는 깨끗이 포기했다.

우리 시대의 '간첩'은 누구인가

대체 이 사건, 어마어마한 '간첩단' 사건은 우리 현대사에서 무슨 의미가 있는가. 적어도 '문인간첩단' 사건 이후 '간첩'이라는 단어의 끔찍함이 희석화되어버렸음은 숨길 수 없을 것이다. 그러나 이러한 역사적 교훈이 관계기관에도 통용되는지는 의문이다. 여전히 지금도 '간첩'은 속출하고 있는데, 발표 때와는 달리 재판과정을 지켜보면 허망한 경우가 많기 때문이다. 그러나 아무리 허망해도 일단 국가보안법 위반자가 되고 나면 긴급조치나 다른 정치범과는 달리 '색깔' 보유자로 찍혀 민주화운동권에서조차도 편견을 씻어내기가 쉽지 않음을 느낄 수 있다. 70년대는 더욱 그랬다. 80년대 후반기에 와서야 이런 풍토는 간신히 바뀐 셈이다.

우리들 중 몇몇은 복직을 위해 전심전력했고 나도 다시 대학강단에 서려고 근신도 많이 했다. 그러나 결과는 너무나 뻔했다. 나는 1976년경부터 박정권에 대한 일체의 기대를 버리게 되었고, 그 결과 세칭 '남민전사건'에 참여하게 되었다. 흔히들 70년대 후반기에 민주화운동이 드세었던 것처럼 기록하는 예를 보나 그때 내 기억으로는 유신독재를 타도할 어떤 뚜렷한 세력도 부상되지 않았고 민주화운동은 하향곡선을 그리고 있었다. 한 맺힌 인간상들이 비합법적 조직운동에 투신할 수밖에 없었던 사회적 여건이었다.

대체 역사에서 진리와 정의는 있는가. 지금 우리는 과연 진리와 정의의 편에 서 있다고 자신있게 말할 수 있는가. 그래서 저 수많은 희생자들을 위로하고 보답하며 떳떳하게 그들 앞에 나설 수 있는가. 15년 전 이 사건은 내 운명을 바꿔놓고 말았다. 그뒤 세월의 풍화 속에서 사건 당시의 직간접적인 관련인사들도 존경과 지조를 지탱하는 분과 그렇지 못한 분으로 많이 변했다. 이유야 어쨌건 모두가 제 운명대로인 것같지는 않다.

인간의 운명이 다른 한 특정인의 어떤 특별한 욕망의 충족 때문에 희생당하는 예는 허다하다. 민주주의란 결국 자신의 운명과 능력대로 살 수 있는 조건을 충족시켜주는 상태일 것이다. 그러기에 유신독재는 너무 많은 희생자를 냈고, 박정희는 그의 개인적인 권력욕을 위하여 다른 사람들의 사주팔자를 뒤헝클어놓았다. 대통령으로서 박정희는 이렇게 말했다.

우리가 직면하고 있는 오늘의 상황은 '준전시상태'가 아니라 '전쟁을 하고 있는 상태'라고 해야 할 것이다(1974년 7월 16일).

유신독재는 전쟁 같았다. 전쟁상태에서 정치는 없었고, 결국 그는 그 5년 후 시해당한 것이 아니라 '전사'한 것인가?

방청기록

문인 '간첩단' 사건 제3회 공판

4월 16일 서울지방법원 제 214호 법정

이호철 씨 등 5명의 문인에 대한 제3회 공판은 4월 16일 서울지방법원 제214호 법정에서 열렸다. 이번 공판은 변호인측 5명에 대한 반대심문이 었는데 이중에는 기소장의 내용이 보안사령부에 의한 조작이며 보안사령부에서 정신적, 육체적인 고문을 포함한 심한 조사로 인해 거짓자백을 강요당했다는 진술이 있었고, 또한 문제가 된 잡지 《한양》이 북측의 위장잡지라고는 생각할 수 없다는 것이 밝혀지는 등, 많은 점에서 중요한 공판이었다.

개정은 10시 28분이었고 이호철 씨가 최초로 반대심문을 받고, 이어서 김우종 씨에 대한 신문이 12시 40분경에 끝나고 나서 일단 휴식에 들어갔다. 3시 40분에 재개되어 장승희 씨, 임헌영 씨, 정을병 씨의 순으로 남은 3명에 대한 반대심문이 이루어졌고 5시 53분에 폐정하였다.

전회공판과 마찬가지로 이번에도 방청석에는 지식인, 문인, 저널리스트 등 100여 명 정도가 찾아와 재판의 진행을 열심히 지켜보았다. 특히 지난 4월 11일 294명의 연서로 진정서를 재판장에게 제출한 현역작가 수명이 방청을 한 점이 주목된다. 피고석의 5명은 여위고 안색도 좋지 못했으며 얼굴에 붓기가 있는 것처럼 보였으며 한눈에도 건강상태가 좋지 못하다는 것을 알 수 있었는데, 가끔 방청석 쪽을 보며 우리 앰네스티 일본지부 회원 및 다른 문인에게 인사를 하는 등 정신적으로 건강한 것같았다. 이하는 반대신문과정의 중요사항을 정리한 것이다.

1. 이호철 씨에 대한 반대심문

(한승헌 변호사)

문 : 기소장에 의하면 1950년 10월 인민군에 참가했다고 하는데 정말입니까?
답 : 인민군에게 억지로 끌려간 곳에 아는 형이 있어 운 좋게 집에 돌아갈 수 있었습니다.
그후 단신으로 남쪽으로 도망쳤습니다. 가족전체가 같이 가려고 했지만 정세가 긴박했으므로 혼자 도망쳤습니다.

문 : '한국어잡지를 내고 있는 김기심은 비밀노동당원으로 위장전향하여 민단에 가입한 사실을 알면서도' 라고 기소장에 되어있는데요…….
답 : 김기심에 대해서는 전혀 몰랐습니다. 더구나 위장전향한 사람이라는 점에 대해서도 전혀 알 수 없었습니다. 일본에 가서 그와 만났을 때도 그러한 의심은 도저히 실감할 수 없었습니다. 김인재 씨에 대해서도 북한공작원이라고는 생각하지 못했고 지금도 믿지 않습니다. 그는 한국을 위해 대단한 공헌을 하였고 순수하고 소박한 신사라고 믿고 있습니다.

문 : 71년에 교토세미나로 일본에 가기 전에 일본에 간 적은 없었습니까?
답 : 간 적 없습니다.

문 : 어떻게 《한양》을 알게 되었습니까?
답 : 70년경 우연히 서점에서 보게 되었고 그때까지 그런 잡지가 있다는

것도 몰랐습니다. 강상구 씨는 작가인 하씨를 통해 알게 되었습니다. 그에게서 《한양》에 대해 들었습니다. 그는 한국의 시단에 데뷔한 자로 전혀 의심스런 자는 아닙니다. 문여송 씨는 잘 알지 못하지만 북한과 관계있는 사람이라고는 전혀 상상도 못했습니다. 기소장에 있는 것처럼 수입금지 사실에 대해서도 전혀 알지 못했습니다.

문 : 《한양》에 실린 원고는 어떤 것입니까? 기소장에는 '역사는 특정인의 힘만으로는 움직이지 않는다' 라는 내용이라고 되어 있는데 어떻습니까?
답 : 강상구 씨의 의뢰로 《한양》에 원고를 썼습니다. 이는 '역사 속의 인물' 이라는 제명하에 이왕조 말의 박규수의 언행을 테마로 한 작품인데 그 속에 쓰인 '역사는 특정인의 힘만으로는 움직이질 않는다' 란 상식적인 이야기로 당연한 일이며 공산주의 사회라면 몰라도 우리나라와 같은 민주주의 사회에서는 당연한 일이라고 생각합니다. 단지 전 이 원고에서 특히 이 점을 강조한 것은 아닙니다.

문 : 72년의 펜클럽대회의 교토세미나로 일본에 갔을 때 하네다에 김기심 씨가 마중나온 이유는 무엇입니까?
답 : 저는 아무런 연락도 하지 않았습니다. 상대방이 우리들의 스케줄을 알고 마중나온 것입니다.

문 : 해외여행 전의 보안교육시 《한양》이 북한의 위장잡지라는 것은 듣지 못했습니까?
답 : 그런 말은 전혀 듣지 못했습니다.

문 : 《한양》의 관계자는 불온분자이니까 만나지 말라고 듣지 못했습니까?
답 : 만약 정말로 불온분자라면 이야기가 나왔겠지만 그때에는 그런 이야기는 전혀 듣지 못했습니다. 그리고 일본에 가서도 민단측이나 대사관을 통해서도 그들에게 의심을 품은 사람은 없었습니다.

대사관 오찬때도 김공사에게 오늘밤 김기심과 만나기로 되어 있다고 말했는데 아무런 주의나 경고를 받지 못했고 기꺼이 만나보라는 말을 들었습니다.
또한 《한양》이 불온하지 않다는 또 하나의 증거로서 한국공보관의 전시대에 정부간행물과 함께 《한양》이 진열되어 있었다는 것입니다. 이러한 상황에서는 사실 의심을 할 여지가 없었습니다.

문 : 아시아회관은 어떤 곳입니까?
답 : 아시아회관은 숙소이고 어떤 모의를 할 장소는 아닙니다.

문 : 기소장에는 11월 26일 아시아회관에서 김인재 씨로부터 "남북공동성명은 북한이 이미 주장한 바이다"라는 말을 들은 적이 있는데 정말입니까?
답 : 전혀 그런 이야기는 듣지 못했습니다. 또한 문학자가 단결하여 저항해야 한다는 말도 듣지 못했습니다. 단지 문인협회의 분열이 있기 때문에 분열하지 말고 단결하라는 말밖에는 들은 적이 없습니다.

문 : 《한양》이 공보관에서 유신체제의 계발활동에 대하여 실어달라는 기사를 거절했다는 말은 들었습니까?
답 : 네.

문 : 유지체제에 비판적인 것은 공산주의입니까?
답 : 게재를 거부한 것은 국내이기 때문이었고 그런 이유로 빨갱이로 단정하는 것은 얼토당토않습니다.

문 : 72년 2월 29일의 하코네 관광때에 차 안에서 어떤 이야기를 하였습니까?
답 : 김인재 씨 등은 모국의 작가 근황에 대하여 잘 알고 있었고 문인협회의 선거를 앞두고 다소의 파벌투쟁이 일어나고 있는데 국내문인협회는 분열하지 말고 결속해야 한다며 걱정스럽게 강조하였습니다. 특별히 신중

한 토론이라 할 정도는 아니었습니다.

문 : 10만 엔을 받았습니까?
답 : 10만 엔은 원고선불로 받은 것으로 이는 국내에서도 관행이며 특별히 여비보조로 받은 것은 아닙니다. 선불에 대해서는 강상구 씨나 박현숙 씨에게도 이야기하였습니다. 만약 이상한 돈이었다면 모두에게 공언하지 않았을 겁니다.

문 : 김기심 씨가 자택으로 초청하여 식사를 한 것에 대하여 이상하게는 생각하지 않았습니까?
답 : 저와 김기심 씨는 고향이 같은 원산이므로 당연하다고 생각하였습니다. 그의 대접이 정중하다는 것은 한국의 문인들 사이에도 유명한 일입니다.

문 : 10만 엔 중 남은 2만 5천 엔은 어떻게 했습니까?
답 : 한국에 돌아와서 압수당했습니다. 외환위반이 될 줄은 전혀 몰랐습니다. 다음 기회에 일본에 갈 경우에 대비해 갖고 온 것입니다.

문 : 국내에서 발행된 잡지에 《한양》의 광고가 실린 것을 본 적은 있습니까?
답 : 네. 저는 문예지를 보고 있는데요. 작년 8월에 《현대문학》에 실린 것을 본 적이 있습니다. 그외에도 광고는 많이 게재되어 있었습니다.

문 : 김기심 씨가 남반부라는 용어를 사용하는 것을 들은 적이 있습니까?
답 : 그건 틀린 이야기입니다. 일본내에서 평소에 호칭하는 '남조선'이라고 말했으며 이는 사상적인 문제는 아닙니다.

(강신옥 변호가 추가 반대심문)

문 : 북한에 갔을 때 재산을 몰수당했습니까?
답 : 48년에 북한공산당에게 집 재산을 몰수당했습니다.

문 : 한국생활에 만족합니까?
답 : 네. 62년에 문화공보부에 근무했을 때 5·16 2주년 기념으로 박대통령으로부터 반공활동표창을 받은 적이 있습니다.

문 : 현재 김기심 씨와 김인재 씨 두 사람이 북한공작원이라고 생각합니까?
답 : 지금도 그렇게 생각하지 않습니다. 일본에 갈 때는 그들과 만나라고 권합니다.

문 : 이 사건에 대해서 지금 어떻게 생각하십니까?
답 : 한 마디로 "어안이 벙벙합니다"라고 말하고 싶습니다.

(검사 재심문)
문 : 김공사에게 김인재와 만나도 좋은지 물어본 것은 이상하게 생각했기 때문이 아닙니까?
답 : 그렇지 않습니다. 김공사의 말로는 그와 만나는 것은 괜찮지만 김기심 주위에 수상한 사람도 있다는 것이었습니다.

2. 김우종 씨에 대한 반대신문

(권순영 변호사)

문 : 《한양》에 원고를 게재하게 된 이유는 무엇 때문입니까?

답 : 1964년에 정종 교수를 통해서 의뢰를 받은 수필을 보내고 그 다음부터는 김인재 씨로부터 우편으로 의뢰가 있어 작품을 보냈습니다.

문 : 원고료는 어떻게 보냈습니까?
답 : 일본에 유학하려고 생각했기 때문에 일본에 저축해놓도록 부탁했습니다.

문 : 《한양》지가 북한을 비판하지 않고 대한민국만을 비판한다고 생각하십니까?
답 : 그렇게 생각하지 않습니다.

문 : 한국정부에 대하여 비판이 실린 잡지는 국내에도 있습니까?
답 : 네, 있습니다. 저도 국내잡지에 그러한 원고를 쓴 적이 있습니다.

문 : 65년에 장승희 씨가 《한양》의 관계로 수사를 받은 적이 있다는 말을 듣고 불안한 생각이 들어 원고를 삼가게 되었다고 하던데 맞습니까?
답 : 누군가가 제 작품으로 조사를 받은 적이 있다고는 들었지만 장선생님이었는지 확실하지 않습니다.
저는 66년 이후 위장병으로 인해 작품활동을 하지 못했습니다. 왜냐하면 의사로부터 경고를 받았기 때문입니다. 《한양》지가 수상해서 보내지 않은 것은 아닙니다.

문 : 일본에서 아시아회관을 이용한 이유는 무엇입니까?
답 : 경제적으로 싸기 때문에 숙박한 것뿐입니다.

문 : 김인재 씨로부터 향응을 받고 현금 5만 엔을 민단계로 위장하고 있음을 알고 있으면서도…… 라고 기소장에는 되어 있는데 맞습니까?
답 : 저는 술도 마시지 못하고 향응을 받았다고는 볼 수 없습니다. 5만

엔은 원고료로서 받았을 뿐입니다. 김인재 씨는 이야기중에 단지 "빨리 통일이 되었으면 좋겠습니다"라고 말했을 뿐입니다. 그가 위장공작원이라고는 전혀 생각지도 못했습니다. 제 앨범에 김인재 씨와 와세다 교수와 함께 직은 사진을 붙였는데 만약 그가 위장공작원이라는 것을 알았더라면 그렇게 하지 않았을 것입니다.

문 : 《한양》지의 경영에 대해서 무언가 이야기를 들었습니까?
답 : 아주 힘들고 민단의 원조를 받아 운영하고 있다는 말을 들었습니다.

문 : 김인재 씨는 정부에 비판적인 작품을 보내달라고 했습니까?
답 : 단지 좋은 작품을 써달라는 말을 했을 뿐입니다.

문 : 현재 김인재 씨는 북한의 공작원이라고 생각합니까?
답 : 지금도 그가 공작원이라고는 생각하지 않습니다.

문 : 김인재 씨와 만났을 때 국내의 문인협회의 분열에 대해서 이야기를 했습니까?
답 : 신문 및 잡지에 다 실려 있고 문단에 있는 모든 이들이 알고 있는 사실이며 그점이 화제가 되었을 뿐이며 특별히 정보를 제공한 것은 아닙니다.

문 : 《월간문학》에 정부가 원조를 했다는 이야기를 했습니까?
답 : 정부가 《월간문학》에 원조금을 내었다는 것은 귀국 후에 들은 이야기이며 재일중에는 전혀 알지 못했기 때문에 이야기하지 않았습니다.

문 : 보안사령부 조서에는 이야기했다고 되어 있는데 왜 그렇습니까?
답 : 무엇이든 알고 있는 사실은 털어놓으라고 강요당했기 때문에 나중에 알게 된 것도 이미 "알고 있었다"라는 식이 되었습니다. 10일간을 연속

으로 조사를 받았기 때문에 모든 것을 이야기하게 되었고 시킨 대로 조서를 쓰게 된 것입니다.

(검사 재심문)

문 : 검사 앞에서는 《한양》은 수상하다고 말하지 않았습니까?
답 : 무엇이든 "네"라고 대답하였습니다. 유도심문에서 상대방이 수상한 잡지라고 말했기 때문에 그럴지도 모른다고 말했습니다.

문 : 65년부터 71년까지 《한양》에 기고하지 않은 이유는 수사가 있었기 때문에 불안하게 생각되어 그만둔 것은 아닙니까?
답 : 아닙니다. 병 때문에 쓰질 못한 것뿐입니다.

문 : 조서에는 "잡지의 논조를 보고 수상하다고 생각되었다"라고 되어 있지 않습니까?
답 : 보안사령부 조서에는 그렇게 썼지만 검사조사 때는 전부 부정하였습니다. 최초의 조서는 전부 거짓입니다.

3. 장승희 씨에 대한 재심문

(강신옥 변호사)

문 : 《한양》이란 잡지에 대해 알고 있습니까?
답 : 네.

문 : 민간계의 잡지입니까?
답 : 네.

문 : 왜 이 잡지에 기고를 하게 되었습니까?

답 : 정교수로부터 소개를 받았기 때문입니다. 65년 12월에 근무하고 있던 회사에서 과장이 되고 나서는 바빠서 쓰질 못했습니다. 《한양》으로부터 직접 의뢰가 오는 경우도 있고 또는 정선생님을 통해서 간접적으로 오는 경우도 있었습니다.

문 : 정교수로부터 소개를 받았을 때 《한양》이 어떤 잡지인지에 대해 설명을 들었습니까?

답 : 네. 민간계의 사람이 발행하는 훌륭한 잡지라고 들었습니다. 타이베이에서 아시아·아프리카작가회의에 참석도중 일본에 들렀습니다. 그전에 《한양》에서 원고의뢰를 받았는데 바빠서 쓰지를 못했습니다. 김남석이라는 친구와 만났을 때 제가 "여권은 나오지만 여비가 없다"라고 말하자 원고를 《한양》에 보내면 원고료를 줄 테니까 그걸로 여비를 충당하면 어떻겠느냐고 해서 겨우 쓰게 되었습니다.

문 : 어떤 내용이었습니까?

답 : 고향을 떠난 자일수록 고향을 그리워한다. 시인도 인간이기 때문에 역시 고향을 그리워한다는 내용으로 정치적인 것은 아닙니다.

문 : 정교수로부터 《한양》은 불온한 내용이 많으므로 수입금지가 되었다고 듣지 않았습니까? 기소장에는 그렇게 되어 있던데.

답 : 그런 사실은 없습니다.

문 : 선전부장을 하고 있어 바쁘기 때문에 쓰질 못했군요.

답 : 네. 65년 12월에 과장이 된 후부터는 국내잡지에도 거의 쓰질 못했습니다.

문 : 김수종 씨 등이 《한양》에 원고를 쓴 일로 조사를 받았다는 이야기를 들었

다고 기소장에 되어 있던데 정말입니까?

답 : 그런 이야기는 듣지 못했습니다. 국내잡지에 실린 《한양》의 광고를 본 적 있고 전혀 의심한 적은 없었습니다.

문 : 69년 9월부터 이것이 수입금지된 사실을 몰랐습니까?

답 : 검사로부터 듣고 처음 알았습니다. 많은 선배문학자들도 《한양》의 관계자와 만나 잡지를 칭찬하였기 때문에 의심할 여지가 없었습니다. 문인협회이사장인 연선생님으로부터도 그렇게 들었습니다.

문 : 《한양》의 편집자와 처음 만난 것은 언제입니까?

답 : 70년에 도쿄에 갔을 때 유교주라는 사람이 마중을 나와 김인재 씨를 소개해서 거기서 처음 김인재 씨를 알게 되었습니다. 갖고 있던 원고를 거기서 그에게 전했습니다.

문 : 기소장에는 김인재의 향응을 받았을 때 그에게 대표단의 명단정보를 제공했다고 되어 있던데 어떻습니까?

답 : 저는 대표단 중 제일 마지막으로 도착했기 때문에 그전에 도착한 사람들과 만나고 있던 김인재 씨에게 제가 특별히 명단을 넘길 필요는 없었고 그런 이야기는 한 번도 한 적이 없습니다.

문 : 원고료로서 돈을 받았습니까?

답 : 네. 오사카에서 타이베이로 갔을 때 3만 원 받았습니다. 원고 90매로서는 적다는 느낌조차 들었습니다.

문 : 70년 9월에 카메라를 받았다고 하던데 무엇 때문입니까?

답 : 김인재 씨가 보내왔습니다. 원고료가 적기 때문에 보낸 것이 아닐까 생각했습니다. 《한양》지에 투고한 다른 작가들도 원고료 이외에 보내고 있습니다.

문 : 71년 11월 일본 펜클럽 주최 세미나에 참가했을 때 김인재 씨에게 책을 한 권 건네주었다고 기소장에 씌어 있는데요.
답 : 고인증해설서를 한 권 갖고 갔는데 이는 요시다 세이치 선생에게 보내기 위한 것으로 책표지에 그렇게 씌어 있습니다. 수사기관 조사중에 고문 등으로 강요당해 허위자백을 하였기 때문에 기소장에는 김인재 씨에게 넘겼다고 되어 있는 것입니다.

문 : 김인재 씨와는 그때 만나지 않았습니까?
답 : 요시다 선생과는 김사 씨를 통해 만날 생각으로 호텔에서 기다렸습니다. 거기에 김인재 씨도 와 있었습니다.

문 : 그때 박정권을 비난하는 이야기를 하였습니까?
답 : 전혀 없었습니다.

문 : 당신은 지금 생활에 만족하십니까?
답 : 네. 현체제에 불만은 없습니다.

문 : 이 사건이 왜 일어났다고 생각하십니까? 왜 당신은 기소되었다고 생각하십니까?
답 : 무슨 영문인지 모르겠습니다. 전혀 알지도 못하는 일입니다. 이전부터 김인재 씨에게 원고를 보내는 사람, 돈을 받은 사람이 많이 있는데 왜 제가 무슨 이유로 기소되었는지 모르겠습니다.

(검사 재심문)

문 : 정교수가 《한양》은 내용이 불온하다고 충고한 적이 있는 것을 들었다고 검사 앞에서 이야기하지 않았습니까?
답 : 네. 그렇게 말했습니다. 그러나 실제로는 정교수와 그런 이야기는

하지 않았습니다. 말하지 않는다는 진술서를 쓰니까 당신은 그래서는 안 된다고 들었습니다.

문 : 당신은 분명히 정교수가 말했다고 이야기하였다. 변호사 질문에는 바빠서 《한양》에는 원고를 쓰지 못했다고 했는데 실은 정교수에게 충고를 받았기 때문이 아닌지?
답 : 아닙니다. 그런 이야기는 정교수로부터 전혀 들은 바가 없습니다.

문 : 검사에 대한 진술서에 있어 보안사령부 조서부분 중 일부 제외된 부분이 있는데 이는 자유로운 분위기 속에서 피고가 진술을 한 증거라고 볼 수 있는데 그런 진술을 또 부정하는가?
답 : 검사는 하나라도 죄를 늘리려고 합니다. 제가 아무리 부정해도 인정하지 않기 때문에 지난번 조서를 일부러 부정하지 않은 것입니다.

4. 임헌영 씨에 대한 반대심문

(한승헌 변호사)

문 : 경력에는 잡지 《타리》에서 일한 적이 있군요?
답 : 네.

문 : 《다리》가 그 내용에 관해 기소된 적이 있다는 것을 알고 있는지요?
답 : 네. 《다리》의 기소는 제가 근무하기 전의 일이었는데 무죄였습니다. 수사기관이 판단을 잘못했다고 생각합니다.

문 : 《한양》이 수입금지가 된 것은 알고 있었습니까?
답 : 몰랐습니다. 처음부터 저는 그점을 부정하였습니다. 기소장에 어떻

게 되어있는지 모르겠지만 검사 앞에서도 몰랐다고 말씀드렸습니다.

　문 : 《한양》에 대해서 어떻게 알게 되었습니까?
　답 : 71년 1월 구상 씨(시인)가 《한양》의 사장과 친하다는 것을 알고 있는 정도였습니다. 구상 씨는 철저한 반공시인입니다.

　문 : 《한양》에 부탁받은 문학평론 좌담회는 어떤 내용이었습니까?
　답 : 좌담회는 절대로 정치적인 것은 아니었고 '71년의 한국문학 과제와 반성'이라는 주제하에 문학비평을 서로 이야기한 것으로 그 원고가 처음이었습니다.

　문 : 일본에 간 이유는 무엇입니까?
　답 : 김상현 씨와 수행하여 간 것이 처음이었습니다. 그때 김인재 씨와 만났습니다.

　문 : 그때 김인재 씨가 조선총련은 훌륭하다고 말한 것을 들었습니까?
　답 : 그런 말은 듣지 못했습니다. 별도로 도쿄대 에토 교수댁에서 자민당의 우에키 씨와 만났을 때 그가 그런 이야기를 한 것은 들었지만, 김인재 씨로부터는 그런 이야기를 듣지 못했습니다. 그리고 에토 씨 및 우에키 씨와 만났을 때도 김씨의 수행원으로 옆에서 들었던 것뿐이고 제가 대화에 참여하지는 않았습니다.

　문 : 김상현 씨로부터 김인재 씨 등의 정체가 의심스럽다는 말을 들었습니까?
　답 : 그런 말은 듣지 못했습니다.

　문 : 《한양》의 10주년 기념호에 김상현 씨 명의로 축사를 써서 주었습니까?
　답 : 김인재 씨가 김상현 씨에게 의뢰한 것으로 김상현 씨가 저에게 대필을 부탁한 것이었고, 제가 김인재 씨에게 원고를 건네주었습니다.

문 : 혹시 김상현 씨가 《한양》관계자와 만나지 말라고 말했더라면 자신의 명의로 그와 같은 의심스런 《한양》에 축사를 게재한 것은 이상하다고 생각하지 않습니까?

답 : 말씀대로이고 정말 이상한 이야기입니다.

문 : (축사가 실려 있는 《한양》10주년 기념호를 보이며 축사를 보낸 사람의 명단을 읽는다.) 이상 37명의 사람이 기고를 하였는데 어떻게 생각하십니까?

답 : 백낙청 씨 등 저명한 인사가 쓴 《한양》에 대해서 처음으로 일본을 간 제가 의심할 이유가 없었다고 생각합니다.

문 : 《현대문학》을 읽고 계십니까. 거기에 《한양》의 광고가 실린 것을 알고 있습니까?

답 : 《현대문학》은 읽고 있습니다. 거기에 《한양》의 광고가 실린 것을 기억하고 있습니다. 따라서 《한양》을 의심할 여지가 전혀 없었습니다. 만약 불온한 잡지였다면 국내잡지에 광고가 실릴 이유가 없었다고 생각합니다.

문 : 김인재, 김기심 씨와 만났을 때 한국문단의 상황에 대한 이야기가 있었습니까?

답 : 그들이 어떤 사람의 소식을 물었기 때문에 건강상의 문제에 대한 이야기를 하던 중, 한국문단에 대한 이야기가 화제가 된 것뿐입니다. 세계문학자의 생활에 대한 이야기 도중에 한국문학자의 생활에 대하여 비교하여 화제가 된 것이었는데, 이는 문필업 성질상 당연한 일이며 원고료에 대해서도 이야기가 나왔습니다. 또한 편집자와 작가와의 인사치레로 좋은 원고를 써달라고 부탁받은 것뿐입니다.

문 : 당신의 평론이 실린 《한양》을 받아보았습니까?

답 : 제 평론이 실린 《한양》의 72년 8, 9월 합병호가 우송되어왔기에 받아보았습니다.

문 : 문여송 씨에게서 원고료를 받았는데 그의 정체에 대해서 무언가 의심을 느끼지 못했습니까?
답 : 그는 신용할 수 있는 사람으로 전혀 의심할 바가 없습니다. 문여송 씨로부터 원고료를 받았지만 이는 특정인으로부터 받은 것이 아니라 《한양》으로부터 받은 것으로 생각합니다.

문 : 기소장에 의하면 평론에 의해 반국가체제에 이익을 준 것으로 되어 있는데.
답 : 문학평론의 내용을 보고 곧바로 정치적 의견으로 보는 것은 잘못이라고 생각합니다. 또한 비판과 비방은 전혀 별개입니다. 《한양》은 정부에 비판적인 면도 있지만 정부를 비방하고 있지는 않다고 생각합니다. 그리고 정부가 왜 민단을 신용하지 않는지 모르겠습니다.

(검사 재심문)

문 : 김상현이 《한양》은 의심스러우니까 만나지 않는 것이 좋다고 충고한 사실은 없는지?
답 : 정말로 그런 사실은 없습니다.

문 : 축사 중에 '장래에 많은 사람들이 읽었으면 바란다'라고 되어 있는데 당신은 그때 수입금지를 알고 있었기 때문에 '장래…'라고 쓰질 않았나?
답 : 아닙니다. 수입금지는 전혀 몰랐습니다. 단지 많은 사람이 읽기를 바랐을 뿐입니다.

5. 정을병 씨에 대한 반대심문

(한승헌 변호사)

문 : 65년 6월에 《한양》이 불온서적으로 수입금지가 된 것을 알고 있었습니까?
답 : 아니오. 저는 조사가 처음 시작됐을 때부터 모른다고 말씀드렸습니다.

문 : 정교수를 알고 있습니까?
답 : 아니오. 모릅니다.

문 : 정교수가 《한양》의 한국 책임자로 정보기관에 불려가 조사를 받은 적이 있다는 사실을 알고 있었습니까?
답 : 아니오, 조사 도중에 처음으로 알았습니다.

문 : 김인재 씨와 만났을 때 한국 언론과 정치문제에 대한 과격하고 선동적인 비판을 들었습니까?
답 : 조사를 받을 때 "그랬지……"라고 추궁을 당해 저는 부인을 했지만, 자유롭게 이야기하고 그대로 써주는 분위기가 아니었습니다. 부인을 해도 그대로 조서가 작성되지 않았습니다.

문 : 《한양》을 읽고서 불온한 잡지라고 느끼지 못했습니까?
답 : 아니오.

문 : 《한양》에 투고한 단편은 어떤 것입니까?
답 : 1965년에 쓴 '남해 이도의 전설'이라는 제명으로 1969년에 국내잡지에 발표한 것을 《한양》에 투고한 것뿐이고 《한양》의 내용에 맞춰 쓴 것은 아닙니다.

문 : 받은 돈이 공작금이라고는 생각하지 않았습니까?
답 : 15,000원 받았는데 이는 원고료로 받은 것으로 더구나 국내 원고료보다 쌌기 때문에 공작금이라고는 생각하지 않습니다.

문 : 당신이 기고한 《한양》의 같은 호에 이장 씨가 기고를 하였는데 그가 어떤 사람인지 알고 있습니까?
답 : 그는 철저한 반공시인입니다.

문 : 김인재 씨와 만났을 때, 한국에는 언론의 자유가 별로 없다는 이야기가 있었다던데…….
답 : 국내의 술집에서도 그런 정도의 이야기는 들을 수 있는 것이기 때문에 저는 특별히 그가 불온한 사람이라고는 생각하지 않습니다.

문 : 73년 6월에 일본에 갔을 때 김인재 등과 만났을 때 '한국의 독재정권'에 대해서 비판적인 이야기를 들었습니까?
답 : 그런 이야기는 전혀 듣지 못했습니다.

문 : 김인재 씨가 오랫동안 한국을 떠난 이유는 그의 사상이 불온하여 귀국하지 않고 있다고 생각하지 않습니까?
답 : 아니오. 그렇게 생각하지는 않습니다. 저는 다소 정부에 비판적이라 하더라도 반국가적이지는 않기 때문에 국가를 위해 귀국하는 편이 좋다고 권한 적은 있습니다.

문 : 김인재 씨가 "미국 주재 한국공보관원이 한국정부의 독재에 반항하여 미국에 망명하였지만, 그는 훌륭한 지식인이다. 일본인들이 기생파티를 하는 것을 허락하는 것은 국가의 수치다"라는 말을 했다고 기소장에 되어 있는데?
답 : 정치망명의 이야기는 없었습니다. 다만, 기생관광의 이야기는 있었고 지금 저는 이것을 소설로 쓰려고 메모하고 있는 중입니다.

문 : 문단의 내정에 대하여 김인재 씨에게 이야기하였습니까?
답 : 문단의 소식에 대하여 이야기를 하였지만 국가기밀과 관련된 내용을 이야기한 적은 없습니다.

문 : 국내에서 불만을 표시하는 사람들도 외국에 나가면 여당이 되고 국가에 대하여 좋은 말을 하는 것이 일반적이라고 생각하지 않습니까?
답 : 네.

문 : 레코드를 김인재 씨로부터 받았습니까?
답 : 한국출신 바이올리니스트인 정경화 씨의 레코드를 김인재 씨가 골라 선물해주었습니다. 한국인 음악가의 레코드는 좀처럼 구하기 어려운데 김인재 씨가 찾아주었기 때문에 애국적인 사람이라고 생각했습니다.

문 : 일본에서 레코드를 선물받고 김인재 씨와 술을 마신 사실을 비밀로 하였습니까?
답 : 만나는 모든 사람에게 그 이야기를 하였습니다.

(검사 재심문)

답 : 제가 하와이 대학에 있었을 때 구선생의 강좌에 들어가 《한양》을 보았는데 경제관계의 논문은 비판적이었습니다. 그러나 비판적이라는 것은 건설적이라고도 볼 수 있습니다. 결코, 비방하고 있다고는 생각하지 않습니다.

문 : 신동관이 동석하였을 때 신이 김인재를 한국에 데리고 구경을 시켜주면 김인재의 생각도 바뀔 것이라고 말하지 않았었나?
답 : 아니오. 신동관 씨는 재일동포라면 아무나 한국여행을 권했습니다. 그래서 김인재 씨에게도 권한 것으로, '생각이 바뀌기 때문에' 권한 것은 아닙니다.

—국제 앰네스티 일본지부 제 6그룹에서 기록

공소장

서 울 지 방 검 찰 청

1974형 4407 호 　　　　　　　　1974 . 2. 23.
수 신　서울형사지방법원　　　　발 신　서울지방검찰청
　　　　　　　　　　　　　　　　검 사

제 목　공소장

　　　아래와 같이 공소를 제기합니다.

피 고 인	① 본　　　적 ② 주　　　거 ③ 직　　　업 ④ 주민등록번호 ⑤ 성　　　명 ⑥ 생 년 월 일	별지와 같음
죄　　명	가. 국가보안법 위반 나. 반공법위반 다. 외국환관리법위반	
적용법조	각 국가보안법 제5조 2항 반공법 제4조 1항, 동법 제5조 1항, 동법 제7조 형법 제40조, 동 제37조, 동 제38조, 국가보안법 제12조, 동 제11조, 반공법 제16조. 단 1에는 외국환관리법 제35조, 동 제17조1항, 동 제36조의 2 (4에 대하여는 반공법 제4조 1항은 제외)	
신　　병	1974 . 1 . 25 . 구속	
변 호 인	1, 2, 5는　한승헌 3　　은　권순영 4　　는　최광언	
첨부　:	1. 구속영장 5통 2. 구속기간 연장결정서 10통 3. 변호인 선임계 5통	

별지 (피고인)

본적 △△△△△△
주소 서울특별시 서대문구 불광동 221-45
1. 소설가 가. 나. 다. 이호철 1926. 2. 27.생(47년)

본적 △△△△△△
주소 서울특별시 서대문구 진관외동 기자촌 298호
중앙대학교 강사
2. 대학강사 가. 나. 임준열(필명 헌영) 1941. 1. 15.생(33년)

본적 △△△△△△
주소 서울특별시 동대문구 회기동 60-80
경희대학교 문리과대학 국문학과장
3. 대학교수 가. 나. 김우종 1930. 2. 4.생(44년)

본적 △△△△△△
주소 서울특별시 동대문구 답십리동 81의 103
4. 대학강사 가. 나. 장병희(필명 백일) 1933. 1. 15.생(41년)

본적 △△△△△△
주소 서울특별시 서대문구 북가좌동 3의 25
대한가족계획협회 지도부장
5. 가. 나. 정을병 1934. 7. 5.생(40년)

공 소 사 실

피고인 이호철은

함경남도 원산시 현동 81에서 부 이찬용의 장남으로 출생하여 원산 갈마국민학교를 거쳐 원산고급중학교 제3학년에 재학중 6·25사변으로 인하여 동교를 중퇴하고 1950. 7. 중순경 북한 인민군에 입대, 울진전선에 참가하였다가 국군의 진격으로 낙오되어 국군에 피포된 후 아군의 노무자로 북진대열과 같이 북상 도중 1950. 10. 경 원산지역에서 도주, 본가로 귀가하였다가 1950. 12. 9. 원산에서 월남피난민과 같이 아군 엘.에스.티.편으로 단신월남하여 1951. 7.경 주한미군 잭크부대에 취직한 후 그시경부터 1955. 9.경까지 경비원으로 종사하고 동년 10월 서울시 중구 초동에 있는 출판사인 광문사 사원으로 취직종사하다가 1957. 8.경 중앙청 공보실 4급대우 촉탁으로 임명되어 시사잡지 편집을 담당하는 일방 단편소설 '판문점'을 발표케 됨으로서 문단에 투신하여 1963. 8. 동 공보실 근무를 사직한 이래 '서울은 만원이다', '재미있는 세상' 등 여러 편의 소설을 발표하는 한편 한국문인협회 이사, 국제펜클럽 한국지부 이사 등 문학계의 중진으로 활동하던 자이고,

동 임준열은

본적지에서 망부 임우빈의 2남으로 출생하여 소문국민학교, 의성중학교, 안동사범학교를 거쳐 1964. 3. 중앙대학교 문리과대학을 졸업과 동시 동대학원에 진학. 1968. 2. 동대학 석사과정을 이수한 후 약업신문사 및 경향신문사 기자, 월간《다리》지 기획실장 겸 주간직 등으로 전전하면서 문학평론을 발표하는 등 문단생활을 하여오다가 1972. 3.경부터 중앙대학교 문리과대학 국문학과 시간강사로 근무하는 자이고,

동 김우종은

원적지인 황해도 연백군 연안읍 봉남리에서 김재환의 3남으로 출생하여 연백공립국민학교, 개성 송도중학교를 거쳐 서울대학교 문리과대학 국문학과에 진학하자 6·25사변으로 중퇴하고 1950. 12. 30. 육군에 입대하여 각 부대를 전전하다가 1955. 2. 1. 제대하는 동시 전기 대학에 복교하여 1958. 2. 동교를 졸업한 후 월간 여원사 편집부 기자로 입사하였다가 1959. 3.경 동직을 사임하고, 진명여자고등학교, 배화여자고등학교, 보성고등학교 교사, 충남대학교 국문학과 강사, 동 조교수 등으로 전전 근무하던 중 1967. 4. 경희대학교 조교수로 피명된 후 부교수, 교수로 승진하여 동교 국문학과장으로 근무하는 자이고

동 장병희는

본적지에서 부 장훈張勳의 장남으로 출생하여 광주서석국민학교를 졸업하고 광주고등학교를 거쳐 1953. 4. 전남대학교 문리과대학 철학과에 입학, 1957. 2. 동 대학 4년을 졸업한 후 동대학 대학원에 진학하여 수학중 1958. 1. 조선일보사에서 실시한 신춘문예 현상모집에 '현대문학론'이라는 제목의 문학평론을 투고하여 당선된 것을 계기로 문학평론을 집필, 발표하는 한편, 진상사(신문의 신문사), 자유신문사, 의사시보사 등의 기자로 전전 종사타가 1961. 2. 한일약품주식회사에 입사하여 선전과장 및 출판과장으로 종사하면서 1964. 4. 건국대학교 대학원 국어국문학과에 입학하여 1966. 2. 동대학원을 수료하고 1970. 1. 동 회사를 사직하는 동시 상명여자사범대학 강사로 전직하였다가 1972. 3.경부터 국민대학 국문학과 전임강사 겸 〈국민대학보〉 주간으로 재직하면서 장백일이라는 필명으로 문학평론을 집필 발표하는 한편, 한국문인협회 평론분과위원장직을 맡고 있는 자이고,

동 정을병은

원적지인 경남 남해군 이동면 신전리에서 부 정창원鄭昌元의 차남으로 출생하여 그곳에 있는 이동국민학교를 졸업하고, 남해농업고등학교를 거쳐 1954. 4. 한국신학대학에 입학하였다가 1955. 4. 동대학 2년을 중퇴하

고, 1955. 5.경부터 국도신문사 및 월간 사조사의 기자로 종사하다가 1961. 5.경부터 문학창작활동을 시작하여 '개새끼들', '아데나이의 비명', '유의촌' 등의 장편소설을 발표하는 한편 1964. 5. 의사시보사 기자로 입사하여 1968. 4.까지 종사하고 동년 5월경 사단법인 대한가족계획협회에 입사한 후 홍보부장을 거쳐 1973. 6.경부터 지도부장으로 재직하면서 현재 한국문인협회 소설분과위원장 및 국제펜클럽 한국본부 중앙위원직을 맡고 있는 자 등인바,

　재일조선인총연맹(이하 조총련이라 약칭함)은 정부를 참칭하고 국가를 변란할 목적으로 불법조직된 북한 공산집단의 국외 산하단체로서 북한 공산집단은 대남 적화통일을 기본목표로 설정하고 그 목적수행을 위하여 조총련에 지하조직으로 조선인 지도부를 설치하여 직접 대남공작을 전개하고 있을 뿐 아니라 조총련은 북한 공산집단의 동조 지지세력을 규합하여 재일거류민단의(이하 민단이라고 약칭함) 분열을 획책하는 한편 조직 확대와 대남공작 지원을 위하여 조선인 지도부의 지령과 조종에 따라 여행자, 유학생, 밀항자 등을 포섭 입북시켜 간첩으로 침투시키는 한편, 이른바 반미구국통일민주전선 형성을 기도하고 민단을 위장한 대남공작원으로 하여금 소위 중립을 표방케 한 후 북한공산집단의 활동을 지지찬양하는 반면, 대한민국을 비방 선동하는 위장기관지를 발행하고 있을 뿐 아니라 아래 기재의 회합, 금품 수수행위는 반국가단체의 이익이 된다는 점을 알면서

　제1피고인 이호철은

　1964. 3, 4월경 비밀노동당원으로서 재북 조국통일민주주의 선전에서 재일조선통일민주전선으로 밀파되어 동전선 중앙특수전문부 정보국원, 동경남부지구 조국방위대원으로 활동하다가 민단으로 위장 전향한 공소외 김기심金基深이 한글로 종합지를 발행하고 있다는 것을 지득하고 있던 차, 1969. 5.경부터 재일교포 시인인 강상구姜尙求 및 영화감독인 동 문여송文如松 등으로부터 동《한양》지를 전달받고 동《한양》지는 북한 공산집단의 위장통일방안을 지지찬양하고 있다는 정을 알게 되었을 뿐 아니라 1970. 3, 4월경 그 논조의 불온성으로 인하여 정부로부터 수입금지조치가

되었다는 것을 인지하였음에도 불구하고 전기 강상구로 부터 동 김기심의 원고청탁을 전달받고 '역사 속의 인물들'이라는 제목으로 이조말의 선각자 박규수朴珪壽의 행적을 주제로 역사는 어느 특정인의 힘으로는 이루어질 수 없다는 내용의 원고를 작성, 이를 송고하고 동년 4.경 동 강상구로부터 전기 원고가 게재된 《한양》지 1권과 원고료 명목으로 금 4,000원을 제공받은 후 1972. 11. 17.부터 동년 12. 2.까지 일본 경도에서 개최된 국제펜클럽대회 '일본학 세미나'에 한국대표단의 일원으로 동 대회에 참석차 동년 11. 17.경 항공편으로 도일하여 하네다(羽田) 공항에서 동소에 마중나온 동 김기심, 동사 발행인 김인재 등을 상면한 후 동년 11. 26. 동경도 이하불상에 있는 아세아회관 식당에서 전기 김인재로부터 7·4 남북공동성명은 국제정세가 화해무드를 조성하고 미국과 중공의 관계개선으로 인하여 이루어진 것이다. 그것은 남북이 평화적으로 통일하자는 것으로 우리 민족의 과제인 동시 우리 민족끼리 해결하여야 할 문제로서 이것은 북한에서 이미 주장하였던 것이다. 이에 반하여, 남한의 유신체제는 장기집권을 위한 것이고 또 남북공동성명에 역행하는 조치이므로 국내 문인들은 분열하지 말고 합심, 협실에 참여하여 유신체제에 저항하여야 한다는 내용의 선전선동을 듣고, 전기 김기심, 김인재 등은 민단계를 위장한 대남공작원으로서 위장기관지로 전기 《한양》지를 발행하고 있다는 정을 알면서

1. 1972. 11. 27. 18:00 전기 아세아회관에서 전기 김기심으로부터 저녁식사를 대접하겠다는 전화연락을 받고, 그 익일 18:30경 동소에서 전기 김인재와 접선하여 동인의 안내로 동경도東京都 (문본목文本目) 이하불상에 있는 화식집에서 동소에 대기중이던 동 김기심 등과 접선하고 동인 등과 같이 식사도중 동 김기심으로부터 주일공보관으로부터 《한양》지에 유신체제를 계몽하는 원고를 게재하여달라는 요청을 받고, 이를 거부하였다는 《한양》지 논조에 대하여 교양받고 동 김인재로부터 7·4 공동성명으로 남북대화가 개시되었으나 이것은 과거 북한이 주장해온 평화통일 방안으로서 남한에서 늦게 수락한 것임에도 불구하고 남한에서는 마치 남북적십자회담을 먼저 제의한 것같이 주장하나 사실은 8·5 북한에서 이미 성명한

것으로서 남북대화는 북한에서 주도권을 갖고 있다. 남한의 유신체제는 장기집권을 위한 것이기 때문에 통일에 역행하는 조치이므로 남한의 문인들은 민주체제 회복을 위하여 저항해야 된다는 내용의 선전 선동을 듣고 동 김기심으로 민주수호국민협의회는 남한에서의 유일한 민주세력이니 민주회복을 위하여 양심적으로 활동하라는 내용의 선전선동을 듣고 이에 동조함으로써 반국가단체의 구성원과 회합하고,

    2. 동년 11. 28. 22:00경 동소 부근 주점에서 동 김기심 및 김인재로부터 향연을 대접받는 한편 동 김기심으로부터 여비보조금 명목으로 일화 100,000엔을 교부받음으로써 반국가단체의 구성원으로부터 금품을 제공받는 한편 이를 수수하고,

    3. 동년 11. 29. 18:00경 전기 아세아회관에서 북한 대남공작원인 김 명 불상자 35년 가량과 접선하여 동인으로부터 원산중학교 졸업증명서를 제공받는 한편 재북가족 소식을 알아봐주겠다고 하며 민주수호국민협의회의 활동상황에 대한 질문을 받고, "별 활동이 없다"고 대답한 후 그 익일 11:00경 동소에서 전기 김인재와 접선하여 동인의 안내로 하코네箱根를 관광하며 동인이 운전하던 차내에서 동인으로부터 전기 2항 기재와 같은 내용의 선전선동을 듣는 한편 남북대화의 주도권은 북한에서 갖고 있으며 7·4 공동성명으로 인하여 평화통일의 길이 열려 남북대화가 진행되고 있으나 이를 적극 추진하기 위하여 국내 문인들은 이를 긍정하고 참여하여 뒷받침을 해야 할 것이다. 남북통일은 북한이 주장하는 통일노선에 의하여 통일되어야 하며, 남한의 유신체제는 장기집권을 위한 조치이고 평화통일에 역행하는 체제이므로 이를 타도해야 할 것이다. 그러므로 국내문인들은 김동리 파와 조연현 파로 분열, 반목하고 있으나 이러한 때 합심하여 필봉으로 국민을 계몽하는 사명을 다하여야 할 것이다. 또한 귀국하면 해외교포들을 계몽할 수 있는 남한의 부정부패, 부조리에 대한 비판적인 원고를 송고하는 동시 다른 문인들에게도 그와 같은 원고를 많이 보내게 해달라는 내용의 선동을 듣는 한편, 상피고인 정을병, 동 김우종, 동 임준열, 공소 외 심상웅에 대한 근황에 대하여 질문을 받고 동 정을병은 가족

계획협회의 부장으로, 동 김우종은 경희대학교 교수로, 동 임준열은 대학 강사로, 동 심상웅은 펜클럽 사무국에 각 근무하고 있다는 내용을 제보함으로써 반국가단체의 구성원과 회합하는 한편 조총련의 활동에 동조하여 반국가단체를 이롭게 하고,

4. 동년 12. 2. 07:00 경 전기 아세아회관에서 동 김인재의 전화연락을 받고, 그시경 동인과 접선하여 동인으로부터 한양사가 발행한 선전용 책자인 《초연곡招燕曲》 2권, 시집 《메아리》 1권 등을 교부받음으로써 반국가단체의 구성원으로부터 금품을 제공받는 동시 이를 수수하고, 그시경 동인의 안내로 동경도 지곡구 발산정 3번지에 있는 전기 김기심 가에서 동인과 접선하여 동인 등과 같이 식사하던 중 동 김기심으로부터 귀국하면 북한의 통일방안에 의한 남북통일을 위하여 국내 문인들의 좋은 작품을 송고하는 한편, 민족적 양심을 갖고 문학 및 사회활동을 하라는 내용의 선동을 받고, 이에 동조함으로써 반국가단체의 구성원과 회합하고,

5. 동년 12. 2. 김포공항으로 귀국하며 전기 김기심으로부터 제공받은 일화 100,000엔 중 25,330엔을 휴대 반입한 후 당국의 인허 없이 이를 보관함으로써 소정기일내에 이를 외환은행에 매각하지 아니하고,

6. 그시경부터 1973. 10. 하순경까지의 사이에 3회에 걸쳐 전기 문여송으로부터 동 김기심 등이 제공하는 《한양》지 3권을 전달받음으로써 반국가단체의 구성원으로부터 금품을 제공받는 한편, 이를 수수하고,

7. 1972. 12. 하순 일자불상경 동시 종로구 청진동 이하 불상에 있는 주점인 돼지집에서 소설가인 공소 외 방영웅方榮雄에게 전기 김기심 등의 활동을 찬양하는 한편, 동인에게 제공하기 위하여 동 방영웅의 소설인 《분례기糞禮記》 2권을 구해달라고 요청하고,

1973. 3. 20.경 동소에서 동인으로부터 한양사의 원고청탁서를 우송받았다는 말을 듣고 동인에게 원고료를 많이 받을 수 있으니 빨리 원고를 작성하라고 권유한 후 동년 6. 초순경 전기 청진동 귀향다방에서 동인으로부터 동인이 작성한 단편소설 '농촌아이'의 원고 50매를 교부받아 그시경 전기 강상구로 하여금 이를 전기 김기심 등에게 전달케 하고, 동년 8. 말경

동 청진동 노상에서 동 방영웅에게 그시경 전기 강상구로부터 교부받아 보관하고 있던 원고료조로 전기 김기심이가 제공하는 금 15,000원을 전달함으로써 동인 등에게 편의를 제공하고,

제2피고인 임준열은

1971. 12.경 전기 《한양》지가 그 내용의 불온성으로 인하여 이미 수입금지조치가 되었다는 것을 알고 있었음에도 불구하고 그시경 상피고인 김우종으로부터 전에 한양사로부터 1971년도 한국문학에 대한 좌담회를 개최하여 그 원고를 송고해달라는 내용의 원고청탁이 있었다는 말을 듣고 동인 및 공소 외 윤병노尹炳魯, 동 김병걸金炳傑, 동 구중서具仲書 등과 같이 좌담회를 개최하고 전기 《한양》지에 동조하는 원고를 작성하여 동 김우종으로 하여금 이를 송고케 한 후

1972. 1. 15. 동 김상현 의원을 수행하여 도일하게 됨을 기화로 전기 김인재 등과 접촉하게 되자 동인으로부터 조총련의 우월성, 민단의 부패상을 선전하며, 남한에서는 남북적십자회담을 제의한 후 이에 역행하는 비상사태를 선포하였으며 남한의 경제는 파탄 직전에 직면해 있다는 등 대한민국을 비방하는 내용의 선동을 들었을 뿐 아니라 전기 김상현으로부터 동 김인재 등은 조총련 자금으로 한양사를 운영하고 있으며 접촉하지 말라는 충고를 받고 전기 김기심 등은 민단계를 위장한 대남공작원으로 활동하고 있다는 정을 알면서

1. 1972. 2. 4.경 동경도 이하불상지에 있는 뉴재팬 호텔에서 전기 김인재와 접선하여 동인의 요청으로 전기 김상현의 명의로 한양지 발행 10주년을 기념하는 축사원고를 작성하여 이를 동 김인재에게 제공하는 한편 동인으로부터 원고료 명목으로 일화 10,000엔과 한양사에서 발행한 선전지인 《민족의 존엄》 1권, 《한양》지 5권을 교부받음으로써 반국가단체의 구성원으로부터 금품을 제공받은 한편 이를 수수하고,

2. 동년 10. 21:00 경 동소에서 전기 김인재와 재접선하여 동인의 안내로 주일 중화민국대사관 부근의 중화요리점에 도착하여 동소에서 동 김기심 등과 접선한 후 동인으로부터 한국문단의 활동상에 대한 질문을 받고,

한국문인협회는 학벌, 지연 등으로 인하여 문학평론가인 조연현 파와 소설가인 김동리 파로 양분되어 회장단 선거때 자파세력의 확대를 위하여 금력과 권력을 동원, 대립투쟁하다가 김동리 파가 승리하여 더욱 분열이 조성되었으며 한국문인의 생활실태에 대한 질문을 받고 1류작가는 월 1,000,000원 정도, 2류작가는 월 100,000원에서 200,000원 정도, 3류작가는 월 기만원 정도의 수입이 있으나, 시인들은 별 수입이 없으며 원고료는 매당 150원 내지 500원 정도인데 하류문인들의 생활은 형편이 없어 부업을 갖는다는 등 한국문단 및 문인의 생활실태를 제보하고 동 김기심으로부터 귀국하면 국내문인에게 《한양》지를 선전하고 원고를 많이 송고하라는 권유를 받고, 이에 동조함으로써 반국가단체의 구성원과 회합하는 한편, 조총련의 활동에 동조하여 반국가단체를 이롭게 하고

3. 동년 7. 하순 주거지에서 '7·4 성명과 한국문학의 과제' 제목과 'K선생에게' 보내는 편지형식으로 한국문인을 3세대로 구성된다고 전제하고, 남한의 단독선거와 이승만 정권의 수립으로 권력에 의하여 정치는 반공, 경제는 외원, 문화는 모방으로 획일화되었으며 반일문학, 역사문학, 사회비판문학은 권력의 유지를 위해 반공의 구실하에 탄압을 받아 지하화되었으며 남북분단과 외세에 의한 식민의식으로 문학의 발전은 기대할 수 없으며 분단은 반공일변도의 문화를 양산하였고 외세는 식민문화를 낳게 하였으므로 통일을 앞당겨 이러한 것을 휴지로 만들어야 한다는 내용의 문학평론 원고를 작성하여 그시경 동시 종로구 세종로에 있는 예총회관 사무실에서 전기 문여송에게 이를 교부하여 동인으로 하여금 이를 동 김기심 등에게 전달케 함으로써 동인에게 편의를 제공하고,

동년 10. 초순경 동회관 사무실에서 동 문여송으로부터 원고료 명목으로 동 김기심이가 제공하는 금 10,000원을 전달받음으로써 반국가단체의 구성원으로부터 금품을 제공받는 한편, 이를 수수하고,

4. 1973. 1. 중순경 주거지에서 '한국문학의 경제·정치적 의의'라는 제목으로 한국문학을 3국시대, 고려시대, 이조시대의 문학작품을 대상으로 하여 3국시대의 문학은 왕권옹호와 그 비판문학이, 고려시대에는 비판문

학이, 이조시대에는 계층의식의 탄생으로 인간평등의 문학이 점철되었다는 내용의 원고를 작성하여 숙명여자대학교에서 개최된 문인협회총회에 참석한 전기 문여송에게 교부하여 동인으로 하여금 이를 전기 김기심 등에게 전달케 함으로써 동인에게 편의를 제공하고,

동년 8. 중순경 전기 예총회관 다방에서 동 문여송으로부터 원고료 명목으로 전기 김기심이가 제공하는 금 20,000원을 전달받음으로써 반국가단체의 구성원으로부터 금품을 제공받는 한편, 이를 수수하고,

5. 1973. 6. 초순경 주거지에서 전기 문여송으로부터 동 김기심 등이 제공하는 《한양》지 1권을 전달받음으로써 반국가단체의 구성원으로부터 금품을 제공받는 한편 이를 수수하고,

제3피고인 김우종은

1964. 6.경부터 전기 김인재로부터 《한양》지의 원고청탁을 받고 '작가와 현실', '문학과 부업', '어이 잊힐 그날인가', '농촌과 문학', '순수의 자기기만' 등의 원고를 작성 송고하다가 동인 등으로부터 우송된 한양지는 북한을 비판하지 않는 반면, 대한민국을 비판비방하는 등 북한 공산집단의 대남 선전선동과 같은 논조임을 인지하였을 뿐 아니라, 1965. 11.경 상피고인 장병희로부터 《한양》지에 대한 집필관계로 정부수사기관에서 신문을 받았다는 말을 듣고 불안한 나머지 기고를 기피하다가 1972. 1. 7. 일본와세다대학교 총장초청을 받아 도일하게 됨을 기화로 전기 김인재와 접촉하며 동인으로부터 향연과 일화 50,000엔을 제공받고, 동년 1. 11.경 동인으로부터 평화통일이 되면 남북이 다같이 잘 살 수 있으며, 그때는 귀국하겠다는 선전을 듣고, 동인 등은 민단계를 가장한 대남공작으로 활동하고 있다는 정을 알면서

1. 1972. 1. 11. 전기 아세아회관에서 동 김인재와 접선하고 동인으로부터 일본잡지인 《문학계》, 《세계》, 《중앙공론》, 《조潮문예지》 등 5권을 제공받는 한편 일본과 미국에 있는 교포의 계몽을 위하여 《한양》지를 5,000부 정도 발행하고 있으니 비판적인 원고를 많이 보내달라는 요청을 받고 이에 동조함으로써 반국가단체의 구성원으로부터 금품을 제공받는 한편 동

구성원과 회합하고,

2. 동월 19. 18:00경 전기 재일중화민국대사관 부근에 있는 중화요리점에서 동 김기심 및 김인재 등과 접선하고 동인 등으로 부터 대한민국을 비방하는 사회상 및 특권층의 부패상 등에 대한 선전과 주일대사관으로부터 헌법을 준수하고 정부를 비방하지 아니하고 지지하는 내용의 각서를 제출하는 권유를 거부함으로써 《한양》지의 국내반입과 보급에 실패하였다는 내용의 《한양》지 운영에 대한 교양을 받는 한편 동인 등으로부터 한국문단의 현황에 대한 질문을 받고, 한국문인협회는 김동리 파와 조연현 파로 양분되어 전자는 《월간문학》을, 후자는 《현대문학》을 각 발행하고 있으며, 국내문인은 작품발표 기회를 얻기 위하여 각파에 가담하고 있다. 《월간문학》이 창간될 때 청와대에서 기금조로 3,000,000원을 보조하였으며 청와대와 문화공보부에서 각 300,000원씩 보조하고 있다는 등 한국문단의 실태를 제보함으로써 반국가단체의 구성원과 회합하는 한편 조총련의 활동에 동조하여 반국가단체를 이롭게 하고

3. 동월 20. 10:00경 전기 아세아회관에서 동 김인재와 접선하고 전기 김기심이가 여비조로 제공하는 일화 50,000엔을 전달받음으로써 반국가단체의 구성원으로부터 금품을 제공받는 한편 이를 수수하고,

4. 동월 22. 10:00경 동소에서 동 김인재와 접선하여 동인의 안내로 하코네를 관광하며 동인이 운전하던 차내에서 동인으로부터 대학교수들의 생활실태에 대한 질문을 받고, 대학강사는 시간당 700원 정도의, 전임강사는 월 60,000원 정도의, 조교수는 월 70,000원 정도의, 부교수는 월 80,000원 정도의, 교수는 월 90,000원 내지 120,000원 정도의 보수를 받고 있으나 연구비가 부족하며 방송원고료는 매당 200원 내지 300원을, 생방송은 매회 3,000원 정도를 받고 있고, 중앙정보부에서는 사회 일반대중에게 영향을 미치는 신문, 영화, 연극 등에 대하여는 검열을 실시하고 있으나 순수문학에 대하여는 별 관심이 없는지 검열을 하지 않는다는 내용으로, 대학교수의 생활상 등을 제보하여서 반국가단체의 구성원과 회합하는 한편, 조총련의 활동에 동조하여 반국가단체를 이롭게 하고,

5. 동년 1. 26. 10:00경 전기 아세아회관에서 동 김인재와 접선하고 동인으로 부터 녹음기 1대, 만년필 1본 등을 교부받는 한편, 상피고인 정을병에게 전달하라는 요청을 받고, 일화 12,000엔을 교부받음으로써 반국가단체의 구성원으로 부터 금품을 제공받는 한편 이를 수수하고,

6. 동년 2. 초순경 동시 종로구 낙원동 이하불상에 있는 대한가족계획협회 사무실에서 동 정을병에게 전기 김기심 등이 원고료조로 제공하는 전기 일화를 한화로 환전한 금 15,000원을 전달함으로써 동인에게 편의를 제공하고,

7. 그시경부터 1973. 8. 초순경까지 사이에 11회에 걸쳐 주거지 등지에서 전기 문여송으로부터 동 김기심 등이 제공하는 《한양》지 9권과 전기 《민족의 존엄》, 시집 《메아리》 각 1권을 우송받음으로써 반국가단체의 구성원으로 부터 금품을 제공받는 한편 이를 수수하고

8. 1972. 6. 초순경 주거지에서 '한국문학의 근황'이라는 제목으로 계급투쟁을 선동한 공소 외 김지하金芝河작품인 '오적' 시를 주제로 하여 동시는 특정인을 비방한 작품이기 때문에 문학작품이 아니라는 내용의 원고를 작성, 그시경 동시 동대문구 청량리동에 있는 청량리우체국에서 이를 전기 김기심에게 우송함으로써 동인 등에게 편의를 제공하고,

9. 1973. 7. 초순경 주거지에서 '한국문단의 근황'이라는 제목으로 국내에서 발표된 소설작품을 주제로 하여 천승세千勝世의 '낙월도', 김문수金文洙의 '번역사', 방영웅方榮雄의 '모녀', 최해군崔海君의 '파문' 등의 작품은 그때의 역사의식, 어두운 경제상, 빈부의 격차 및 지배, 피지배의 사회의식을 잘 표현한 민족문학에 속하는 것이라는 내용의 원고를 작성하여 그시경 전기 우체국에서 이를 전기 김기심에게 우송함으로써 동인에게 편의를 제공하고,

제4 피고인 장병희는

1962. 10.경 동국대학교 불교대학 철학과 교수 공소 외 정종의 권유로 전기 《한양》지에 '귀향의 설계'라는 제목의 문학평론 1편을 기고하여 동 잡지 1963. 1월호에 게재케 한 것을 비롯하여 "동인지와 그 비평", "오늘

의 빈곤", "문학혁신", "얌체", "통속소설의 반성", "잘못된 접목", "해도 없는 항로" 등 9편의 문학평론과 수필을 기고하고 동 잡지사로부터 원고료 명목으로 금품을 수수하여오던 중 동 정종으로부터 1965. 10.경과 1967. 3.초경 등 2회에 걸쳐 전기 김기심과 김인재는 민단계를 가장한 대남공작원이고 동《한양》지는 위장기관지이니 일체 관계를 끊도록 하라는 취지의 충고를 듣고 동인 등이 반국가단체의 구성원이라는 점을 인식하였음에도 불구하고

1. 1970. 6. 13. 자유중국 대북에서 개최되는 제3회 아세아 작가대회에 참석키 위하여 자유중국으로 가던 중 일본에 기착한 기회를 이용하여 동일 15:30경 일본 동경역에서 선발대로 먼저 일본에 도착해 있던 문인 '공소 외 유근주柳根周의 소개로 동 김인재와 접선한 후 동역 지하식당에서 맥주대접을 받고, 동인의 안내로 '시바 파크호텔'에 투숙하여 고향을 그리는 시를 대상으로 시인들의 향수애를 문학적으로 분석 논술한 '조국으로 가는 눈'이라는 제목의 문학평론원고 약 90매를 제공하여서 편의를 제공하고,

동일 18:00경 동인의 안내로 동 유근수 및 수필가 공소 외 이일동李一東 등과 함께 동경 긴자銀座 번지불상 소재 옥호불상의 주점에서 술대접을 받으면서 동 김인재의 질문에 따라 "제3회 아세아 작가대회에 참석하는 한국대표는 조연현, 유근수, 양명문, 이석봉, 박종화, 이일동, 장호, 김자림, 안수길, 주요섭 피고인 등 11명이고, 회의일정은 1970. 6. 17.부터 1주일"이라고 말하는 한편 동 김인재로부터 "한국은 부정부패가 성행하고 있고 일본에 쩔쩔매는 저자세 외교를 하고 있으며, 왜색음반과 일어강습소가 범람하고 있다. 3선개헌은 독재체제를 구축하여 종신집권을 하려는 것이다. 한국의 지식인들은 역사적, 시대적 사명감을 망각하고 있다"는 내용의 대남 비방선전을 들음으로써 반국가단체의 구성원과 회합하고,

2. 1970. 6. 14. 12:00경 동경 궁성부근에 있는 옥호불상의 화식집에서 동 유근수, 동 이일동, 동 안수길, 동 장호, 동 이석봉, 동 조연현 등과 함께 동 김인재의 소개로 동 김기심을 접선하여 점심대접을 받고, 동년 6.

15. 10:00경 동 김인재와 함께 열차편으로 동경을 출발, 동일 13:00경 대판에 도착하여 대판공항에서 출국절차를 끝마친 후 동 김인재로부터 일화 30,000엔을 교부받음으로써 반국가단체의 구성원과 회합하여 금품을 제공받는 동시 이를 수수하고,

3. 1971. 9. 일자불상 15:00경 서울 종로구 효제동 번지불상에 있는 현대문학사 사무실에서 동 잡지사 편집장 공소 외 김수명으로부터 동 김인재가 제공한 일제 사진기 1대, 시가 금 15,000원 상당을 교부받음으로써 반국가단체의 구성원으로부터 금품을 제공받는 동시 이를 수수하고,

4. 1972. 11. 17. 일본 경도에서 개최되는 국제 펜클럽 일본본부 주최 일본문화학술회의에 옵서버로 참석차 도일하여 일본에 체재하고 있던 중 동년 11. 19. 12:00경 시인 공소 외 문덕수文德洙와 함께 경도 이하불상 소재 명 불상의 호텔에서 동 김인재와 접선하여 동인에게 《인장해설집》1권, 시가 금 7,000원 상당을 제공하여서 편의를 제공하고, 동인으로부터 일화 20,000엔을 교부받은 후 동일 12:30경 동인의 안내로 경도역전 소재 옥호 불상의 한식집에 가서 점심대접을 받으면서, 동인으로부터 "한국작가들의 현실참여가 아쉽다. 평론가는 좀 더 과감하게 비평을 해야 한다"는 내용의 선동을 들음으로써 반국가단체의 구성원과 회합하여 금품을 제공받는 동시 이를 수수하고,

5. 1972. 11. 26. 20:00경 동경 이하불상 소재 아세아회관 식당에서 동 김인재와 접선하여 상피고인 이호철, 교포시인 공소 외 강상구, 동 문덕수 등과 함께 술을 마시면서 동 김인재로부터 "한국의 유신은 장기집권을 위한 것이다. 남북대화는 우리 민족이 자주적으로 해야 한다. 남북대화는 과거부터 북한에서 주장해오던 것을 남한이 응한 것이며 남북대화의 주도권은 북한에 있다. 북한은 전국토가 요새화되고 부정부패가 없는데 남한은 부정부패가 성행하고 정신무장이 되어 있지 않다. 한국작가들의 현실참여 정신이 아쉽다. 한국 작가들의 원고료가 너무 싸다"는 내용의 대남 비방 선전을 들음으로써 반국가단체의 구성원과 회합하고,

제5피고인 정을병은

1965. 2.경 전기 현대문학사 사무실에서 발행년월 미상의 전기 《한양》지를 보고 동 잡지가 일본에서 발행되고 있다는 사실을 안 후, 동년 9월경 동 잡지의 내용이 불온하다는 이유로 관계기관에 의해 동 잡지의 국내반입이 금지되고, 동 잡지의 국내반입관계를 취급하였던 전기 정종이 중앙정보부에 연행되어 조사를 받았다는 사실이 문인들에게 널리 알려져 있었을 뿐만 아니라 1969. 9. 25.경 일본 동경에서 개최되는 국제가족계획 서태평양지역 세미나에 참석코자 도일하여 체일중 동년 10. 9. 09:00경 동경 이하불상 소재 '헤아몬트' 호텔에서 전기 현대문학사 동경지사장인 공소외 김윤金潤의 소개로 동 김인재를 상면하여 동인으로부터 국내언론과 정치문제에 대한 과격하고도 선동적인 비판을 듣는 한편, 동향인으로 고향에 부모형제들이 거주하고 있음에도 불구하고 모국여행을 일체 기피하고 있다는 사실을 지실하였고, 또한 동 《한양》지를 통하여 동 잡지의 논조가 북합공산집단 내지 조총련의 상투적인 대남비방선전, 선동과 동일하다는 것을 알았으므로 전기 김기심과 김인재는 민단계를 가장한 대남공작원이고, 동 《한양》지는 위장기관지라는 정을 인식하였음에도 불구하고

1. 1971. 12. 말 일자불상경 동 김인재로부터 단편소설의 원고를 송부하라는 원고청탁서를 받고, 분녀라는 이름의 주인공이 문둥이라는 이유로 동리 앞 모랫섬에 격리수용되었다가 흉어가 계속되자 동리 사람들이 흉어의 원인이 신성한 제단이 있는 모랫섬에 문둥이가 살고 있기 때문이라고 단정하고 분녀를 그 모랫섬에서 추방한다는 내용으로 된 '남해 그 모랫섬 전설'이라는 제목의 단편소설 원고 약 70매를 우송하여서 편의를 제공하고

2. 1972. 2. 초순 일자불상 15:00 경 서울 종로구 낙원동 번지불상 소재 피고인 사무실에서 상피고인 김우종으로부터 동 김인재가 원고료조로 제공한 금 12,000원을 교부받아서 반국가단체의 구성원으로부터 금품을 제공받는 동시 이를 수수하고

3. 1972. 2. 3. 평론가 공소 외 홍기삼 및 소설가 동 신상용 등과 함께 인파전쟁 취재차 출국하여 인도, 방글라데시, 태국 등지를 여행하고 귀국하

던 도중 동년 3. 1. 12:00 경 일본 동경에 도착하여 전기 아세아회관에 투숙한 다음 동일 19:00경 동 회관에서 전기 김윤을 대동하고 내방한 동 김인재와 접선하여 동 홍기삼과 신상웅을 소개하고 동 김인재의 안내로 전기 긴자에 있는 '에도깅江戶銀'이라는 주점에서 술대접을 받으면서 동인으로부터 "한국에는 언론의 자유가 없을 뿐 아니라 국민의 여론을 듣지 않고 정책결정을 한 다음 국민들을 무조건 따라오게 하니 부조리와 부작용이 생기게 마련이다. 또한 언론의 자유가 없기 때문에 부정이 늘어나고 부정을 은폐하기 위하여 언론을 탄압하는 악순환이 거듭되고 있다"는 등의 대남 비방선전을 들음으로써 반국가단체의 구성원과 회합하고,

4. 1972. 3. 3. 19:00경 동 아세아회관에서 동 김인재 및 김기심과 접선하여 동 김인재로부터 《한양》지 4권, 동 한양사 발행의 평론집, 《민족의 존엄》 1권, 《시대정신과 한국문학》 1권, 동 수필집 《초연곡招燕曲》 3권 등을 교부받은 후 동 김기심의 권유로 부근에 있는 옥호불상의 중국음식점에 가서 저녁식사 대접을 받으면서 "한양지에 좋은 글을 많이 기고해주고 귀국하면 동 잡지를 많이 소개해달라"는 동잡지 선전요청을 받고, 동일 21:00경 동 김인재의 안내로 부근에 있는 옥호불상의 주점에 가서 술대접을 받으면서 동인으로부터 "문학에 있어 중요한 것은 문학적 형식보다는 그 작품이 내포하는 정신과 역사의식이다. 한국사람은 민족관념이 약하다. 문학하는 사람은 문학적인 차원에서 작품을 다루어야 한다. 한국에는 언론의 자유가 없기 때문에 공정한 여론이 은폐되고, 공정한 여론이 은폐되기 때문에 사회적 혼란이 심각하다"는 등의 대남 비방선전, 선동을 들음으로써 반국가단체의 구성원과 회합하여 금품을 제공받는 동시 이를 수수하고,

5. 1973. 6. 4. 국제가족계획연맹 태평양지역 사무국 주최 가족계획회의에 참석코자 도일하여 일본에 체재하고 있던 중 동년 6. 9. 21:00 경 전기 '에도깅' 이라는 주점에서 동 김인재와 접선하여 전기 김윤이 참석한 가운데 술대접을 받으면서 동 김인재로부터 "지식인과 문인은 민족적 가치관과 사명감에 헌신적인 역할을 해야 하며, 한국의 독재정권을 타도해야 한

다. 한국은 독재정권을 연장하기 위하여 언론 및 문인들을 무자비하게 탄압하고 있다. 주미한국공보관원이 한국정부의 독재에 항거하여 미국에 망명하였는데 용기있는 지식인이다. 일본인들이 한국관광중 기생파티를 하도록 허용한 것은 국가의 수치이며, 일어강습소가 범람하는 현상은 민족주체성이 결여되어 있기 때문이다. 이런 것은 좋지 않은 현상이므로 시정해야 한다"는 내용의 대남비방 선전, 선동을 듣는 한편, 동인의 질문에 따라 동인에게 "전국회의원 김상현 씨는 현재 복역중이며 평론가 백철 씨는 국제펜클럽 한국본부위원장으로 있고, 평론가 조연현 씨는 현대문학사 주간으로 있으며, 소설가 김동리 씨는 한국문인협회 이사장으로 있고, 소설가 박종화 씨와 이호철 씨는 서울에서 창작활동을 하고 있다. 문인협회는 박종화 씨가 주도권을 잃고, 김동리 씨가 주도권을 장악했다가 1973. 3. 문인협회 이사장 선거때 박종화 씨 파인 조연현 씨가 김동리 씨와의 대결에서 다수표로 당선됨으로써 한국문인들은 양파로 분열되어 있다. 한국문인들은 언론의 탄압으로 불만을 품고 있으며 한국 국민들은 7·4 공동성명시와는 달리 남북대화에 대하여 기대감을 상실하고 있다"는 등으로 국내 문인 및 야당 정치인들의 동태와 문단의 내분상황 등을 제보함으로써 반국가단체의 구성원과 회합하는 동시 북한공산집단 내지 조총련의 활동에 동조하여 반국가단체를 이롭게 하고

6. 1973. 6. 10. 10:00경 투숙하고 있던 동경 이하불상 소재 '도-뀨'호텔에서 동 김인재와 접선하여 동인으로부터 일제음반 2매와 《한양》지 6권을 교부받음으로써 반국가단체의 구성원으로 부터 금품을 제공받는 동시 이를 수수한 것이다.

변론요지서

74고단 1656호

변 론 요 지 서

피고인 이호철
임헌영
정을병

위 사람들에 대한 반공법위반 등 피고사건에 관하여 별첨 요지와 같이 변론합니다.

1974. 6.

위 피고인들의 변호인
변호사 한승헌

서울형사지방법원 귀중

(별첨) 변론 요지

서언

1. 피고인들에 대한 공소사실의 줄거리인즉, 피고인들이 국제회의나 세

미나 참석차 방일하였을 때에 한양사의 김기심 및 김인재를 만나 그들로부터 향응과 돈을 받고 그때를 전후하여 원고를 써보낸 행위가 반국가단체의 구성원과의 회합, 금품수수, 편의제공 등에 해당된다는 점에 있다.

2. 그러므로 이 사건에서의 쟁점은
 (1) 김기심, 김인재 등이 반국가단체의 구성원인가
 (2) 그들이 발행하는 《한양》 잡지가 반국가단체의 위장출판물인가
 (3) 피고인들은 위 김기심, 김인재 등이 반국가단체의 구성원이며 《한양》지가 그들의 위장출판물이라는 점을 알면서 본건 소위를 행하였는가
 (4) 피고인들은 자기들의 본건 소위가 반국가단체에 이익이 된다는 것을 인식하였으며, 그들의 행위가 객관적으로 보아 반국가단체를 이롭게 한 것으로 볼 수 있는가 등으로 요약될 수 있겠다.

3. 위와 같은 법률상의 쟁점을 심리상에 나타난 사실과 증거에 비추어 구체적으로 검토한다면 다음과 같다.

一, 김기심, 김인재 등을 반국가단체의 구성원이라고 볼 근거는 없다.

1. 공소사실에 따르더라도 김기심이 재일조선통일민주전선에 활약하다가 민단으로 위장전향을 하였다고만 하였을 뿐, 김인재를 포함한 양인이 재일한국거류민단에 가입된 사람임을 부정하지는 않았고, 전향 후에도 의연히 그들이 만국가단체인 조총련이나 노동당의 구성원이라고는 주장조차 한 일이 없다. 위장전향이라고 하지만 그들이 아직도 반국가단체의 구성원이라고 볼 증거는 없다.

2. 그들이 피고인들과 만났을 때에 한국정부의 시책이나 한국사회의 현실에 대한 비판적 언동을 취한 일이 있다 하더라도, 일본과 같은 자유사회에서 그 정도의 비판적 발언을 하였다는 점을 이유로 그들을 곧 반국가단

체의 구성원이라고 추단할 수는 없는 것이다.

3. 한양사의 운영자금과 《한양》지의 논조에 불온성이 있다고 하나,
① 동지同誌는 일본 동경에서 민단계의 국문종합지로서 창간된 이래 한국내의 많은 지식인과 문인들의 글을 위주로 실어왔고,
② 창간호에 '혁명공약'을 실은 점과 창간사에서 천명한 동지의 성격, 민족주의적 관점에서 조국의 당면문제를 다룬 논조, 국내의 학자 문인 등이 창간기념 때마다 대거 축사를 보낸 점 그리고 민단계의 여러 단체와 기업의 광고가 게재揭載되어온 점 등을 종합하여 생각하는 한편,
③ 동 잡지가 작년까지도 주일한국공보관에 전시되어 있었고, 근년까지도 국내에 반포된 바 있으며, 본건 이전에 우리의 정부기관이나 민단계열에서 한번도 불온으로 문제삼은 일이 없음을 아울러 생각한다면
동 지는 어디까지나 민단계의 민족지라고는 할지언정 반국가단체의 위장출판물로 볼 증거는 조금도 없는 것이다.
④ 검찰이 지적하는 자금의 출처는 김기심 경영의 한양원漢陽苑의 수익과 민단계의 협찬, 광고 등으로 밝혀져 있으며, 조총련계의 공작금으로 운영되고 있다고 볼 적법한 증거는 찾아볼 수 없는 것이다.
⑤ 또한 검찰은 《한양》지의 논조가 의아스럽다고 주장하나, 그 가운데 한국의 사회상과 정부시책에 비판적인 경향이 엿보인다고 해도 그것은 우리 국내법의 차원에서도 보장된 언론·출판의 자유의 범위를 벗어나지 않는 터이고 비판적 경향, 그것을 곧 반국가적인 논조로 보는 것은 논리의 비약에 빠진 견해라 할 것이며
⑥ 동지가 반공법 폐지를 주장하는 글을 실었다고 하지만, 남북대화가 열리던 초기에는 한국내에서도 그와 같은 주장이 신문·잡지 등 출판물을 통하여 대두된 바 있었고, 동지에 실린 글 가운데 유엔군을 '외세'로 보는 부분이 있어서 부당하다고 하나 '외세'에 관한 견해차는 국내외를 막론하고 얼마든지 논란될 수 있는 것임에 비추어 조금도 불온시할 구실이 되지 못하는 것이다.

결국 어느 점으로 보나 동지는 반국가단체의 위장출판물로 볼 수는 없는 것이다.

4. 전기한 양인은 본건 피고인들에 대한 형사사건이 알려진 뒤 일본에서 기자회견과 성명을 통하여 자기들이 결코 조총련의 공작원이 아님을 단호하게 밝혔으며, 현지의 민단 쪽에서도 그들을 조련계라고 규탄하거나 제명한 사실이 아직 없었다.

5. 그런 데도 검찰은 구체성 없는 논리로서 새삼스럽게 이제 와서 그들이 위장전향자인 양 주장하고 있으나 그를 뒷받침할 만한 자료(적법한 증거)는 하나도 현출顯出되어 있지 않다.

그렇다면 위 양인을 반국가단체의 구성원으로 보거나 《한양》지를 그 위장출판물로 전제삼고 있는 본건 공소는 출발부터 허구성을 내포하고 있는 것으로 볼 수밖에 없다.

二, 피고인들은 위 김기심이나 김인재가 반국가단체의 구성원이라는 정을 알지 못하였다.

1. 전항 (一)에서 열거한 제 사실에 비추어 피고인들로서는 동인들이 반국가단체 구성원이라고 의심해볼 여지가 없었고,
2. 피고인들이 일본에 가기 전에도 여러 해 동안 수많은 문인, 학자, 지식인들이 일본에서 김인재 등을 만나 호의적인 대접을 받고 돌아와 원고를 보내는 등 친면을 두터히 해왔고, 그러는 과정에서 하등의 문제도 야기된 바 없으며,
3. 《한양》지의 국내 배포가 근년에 중단되었다고 하나, 피고인들로서는 그 이유가 반국가단체의 위장출판물이었기 때문이라고 들은 일이 없고, 단지 현 정부에 비판적이기 때문으로 알고 있었을 뿐이며,

4. 국내의 이름 있는 문학지상에 한양사의 광고가 수차 실렸음으로 그것만으로도 '반국가' 운운은 생각할 수도 없었고,

　5. 피고인 이호철, 정을병 등이 도일 전에 받은 해외여행자 보안교육에서도 《한양》지 관계자들에 대한 경고나 주의를 환기받은 바가 없고,

　6. 동 이호철이 김기심을 만나겠다는 예정을 주일대사관 김모 공사에게 말했을 적에도 아무런 제지나 금지를 받은 바가 없으며, 오히려 주일 한국 공보관에 《한양》지가 전시·진열되어 있는 것을 보고 동지가 민단계의 잡지라는 데 의심할 여지가 없었고,

　7. 피고인 임헌영이 현지에서 김상현으로부터 김인재 등이 조련계 불온인물이라는 경고를 받았다고 하나, 김상현이 임헌영에게 그렇게 말한 일이 없음은 동인의 법정 증언에서 밝혀졌으며, 오히려 《한양》지 창간 10주년 기념호의 축사를 대필하도록 부탁한 일이 있음을 알 수 있고,

　8. 피고인들이 김기심이나 김인재와 만났을 때 오고 간 대화 중에 '북괴'의 우위성을 찬양하는 이야기는 나온 바가 없고, 오직 한국의 국내사정에 관한 이야기가 다소 비판적으로 나왔을 뿐인데, 그 정도의 이야기는 국내에서도 흔히 거론되어온 내용인지라 조금도 수상쩍게 생각할 만한 것이 못되고,

　9. 피고인들은 이본에서 김인재 등을 만나 주식酒食을 함께 하고 고료조(條)의 돈을 받은 사실을 그후 귀국하여 공개적으로 여러 사람에게 말하고 다녔으며, (만일 그들이 조련계 공작원인 줄 알면서도 만났다면 결코 그렇게 하지 못하였을 것이다.)

　10. 일본에 가는 한국 문인들에 대한 김인재 등의 후대厚待는 이미 그전에도 많은 일본왕래자들로부터 들은 바 있었으므로 초면의 호의에 대하여 조금도 불순하게 볼 이유가 없었던 것이다.

　이상의 여러 점을 살펴본다면, 피고인들은 김인재 등이 반국가단체의 구성원이라는 의심조차 갖지 않았으며, 오직 민단계의 출판물을 간행하는 지식인이라고 믿고 접촉하였음을 알기에 족한 것이다.

三, 따라서 김인재 등이 반국가단체의 구성원이란 사실을 알았다는 것을 전제로 한 나머지 행위에 대하여는 새삼스럽게 언급할 필요도 없다고 본다.

四, 본건 심리에 나타난 증거에 대하여 고찰하건대 ;

1. 수사기관에서 작성한 참고인 진술서나 진술조서 중,
가. 박상용, 박창근, 이봉래, 김세현, 성기두, 김영호, 김봉열, 유근주, 박신옥 등의 진술조서는 변호인 측에서 증거로 함에 동의하지 않았고, 원진술자에 의하여 그 성립과 내용의 진정이 법정에서 확인된 바도 없으므로 당연히 증거능력이 없는 것이며,
나. 문여송, 손소희, 김상현, 조연현, 양명문 등에 대한 수사기관에서의 진술서나 진술조서에 대하여는, 그들의 법정 증언과 배치되는 내용은 본건의 증거로 삼을 수 없다 할 것이며, 증인구상, 백철을 비롯한 전시前示 증인들의 법정진술은 모두 피고인들의 무죄의 변소弁疎에 부합하는 것이고,
다. 그밖에 참고인의 진술과 문서 등은 그 진술자나 작성자들의 특수한 입장에 비추어 증명력이 약하다 할 것이고, 설령 그렇지 않다 하더라도 본건 공소에 관한 유죄의 자료가 될 만한 내용은 되지 못한다고 할 것이다.

2. 피고인들에 대한 사법경찰 단계에서의 피의자신문조서는 그 임의성과 내용의 진정을 부인하였으므로 증거능력이 없음이 명백하고, 검사 작성의 피의자신문조서는 그 내용 중 당심當審 법정에서의 진술과 어긋나는 부분은 증명력의 제한을 받는 것으로 보아야 할 것이다.

이렇게 본다면 피고인들에 대한 본건 공소사실은 이를 인정할 적법한 증거가 없음에 귀착되는 것이라 아니할 수 없다.

五, 본건을 둘러싼 정황에 대하여

1. 검찰은 위 《한양》지나 김기심 등이 불온한 듯이 기재된 정보관계자의 문서 사본을 기록에 편철해놓고 있으나, 그것들은 결코 증거능력이 없는 자료일 뿐 아니라

  2. 설령 그 내용에 따른다 하더라도, 한국의 정보수사기관에서도 74년 1월 말경에 (사실조사보고에 의하여) 비로소 《한양》지나 김기심 등의 불온성을 확인했다고 볼 것인즉, 하물며 그보다 훨씬 전에 처음 도일한 피고인들이 동인의 정체에 의심을 갖지 않았다고 하는 것은 오히려 당연하다 볼 것이며,

  3. 검찰은, 어느 간첩이 "내가 간첩이다"라고 정체를 드러내겠느냐는 논법을 내세우고 있으나, 그렇다고 하여 수사기관에 의하여 혐의를 받고 있는 사람 중 "나는 간첩이 아니다"라고 하는 모든 사람이 곧 간첩이라고 볼 수는 없는 것이며, 만일 김기심 등이 위장공작원이었다고 하면 (10여 년 동안 친면을 가진 교포 인사나 국내 인사들도 의심을 갖지 않을 만큼) 처음 인사 대면을 한 데 불과한 피고인들에게 그 '위장'이 간파될 리도 없는 것이다.

  4. 나아가 피고인들의 신상을 보더라도 그들은 우리나라의 중견작가 또는 평론가로서 문학활동을 통하여 대한민국을 사랑해온 사람들이며 작품이나 행적 등으로 보아 결코 용공적인 혐의를 받을 만한 면이 호무豪無한 것이다.

18

울릉도 간첩단 사건

피고인　전영관, 김용득, 전영봉, 김용희, 손두익, 박인조,
　　　　서화수, 전원술, 전국술, 전서봉, 김장곤, 전석봉,
　　　　구자현, 이을영, 이사영, 이지영, 이성희, 최규식,
　　　　김영권, 유창열, 이한식, 이태영, 홍봉훈, 하석순

1. 사건개요: 고문으로 날조된 친북지하조직의 '두목' ············ 227
2. 체험기: 분단극복 의지에 무기징역으로 – 이성희 ············· 231
3. 판결 (대법 75도 279) ·· 244

사건개요

고문으로 날조된 친북지하조직의 '두목'

한승헌 (변호사)

이성희 교수(수의학)는 전북대학교 재직중 일본에 건너가 동경대학에서 박사과정을 마치고 돌아온 바 있었다.

그는 1974년 2월 15일, 자택(전주)에서 건장한 청년 3명에게 연행되어 서울 중앙정보부로 압송되었다. 얼마 후 중정은 '울릉도 간첩단 사건'의 일당을 검거했다고 발표했다. 이성희 교수는 ① 일본 유학중 재일교포 실업가 이좌영에게 포섭되어 이북에 다녀왔고 ② 귀국 후에는 군 장성인 동생한테서 미군철수 문제 등에 대한 군사기밀을 탐지했다는 혐의를 받았다.

이교수는 처음엔 혐의사실을 부인했으나, 안기부의 수사과정에서 참혹한 고문에다 온갖 가혹행위가 되풀이되어 사실대로 진술을 관철할 수가 없어서 막판에는 부르는 대로 받아쓰고 말았다.

이교수를 포섭했다는 이좌영 씨는 이교수의 중학교 2년 후배인 재일동포 사업가였다. 해방 후 일본에 건너가 사업에 성공하여 상당한 재산을 모은 사람이었다. 한국거류민단 전북지부 총무도 맡아보는 등 재일동포 사회의 유지로서 일본을 찾는 고국의 동포들에게 매우 후하게 대했다.

이교수가 일본에 유학을 간 1964년은 아직 한일국교가 정상화되기 전이어서 어려움이 많았다. 그래서 동경대학 유학기간 4년 중, 첫 해를 뺀 3년 동안은 이좌영 씨의 경제적인 도움을 받았다. 두 사람 사이가 남달리 깊은 정으로 맺어진 것은 당연했다. 그런 관계인 이좌영 씨가 한국거류민단 안에서 본국 정부(박정희 정권)의 유신독재에 비판적 입장을 취하는 그룹에 속해 있었으므로 유신정권의 미움을 사고 있었다. 중정은 그들을 친북용공세력으로 몰기 시작했다.

이씨를 울릉도간첩단 사건의 '총두목'으로 설정한 데는 그런 사정도 작용을 했을 것이다. 그 사건의 용의자로 묶여온 사람은 자그마치 32명이나 되었다. 한 마디로 말해서, 북의 지령에 의하여 남한내에서 지하조직을 만들어 박정희 정권을 타도하려 했다는 것이었다. 이교수도 그런 도표 중의 한 축에 이름이 올라 있었다. 중정은 이교수가 이좌영 씨로부터 정치적으로 무슨 지령을 받지 않았느냐며 다그쳤다. 이교수는 온갖 가혹행위에도 굴복하지 않고 그렇지 않다고 부인하자, 이씨가 직접 하지는 않았더라도 다른 공작원이 개입하여 지령을 내린 것이 확실하다고 수사관은 말을 바꾸었다.

이교수가 북한을 방문하고 돌아온 것은 사실이었다. 1967년 가을 일본에서 박사과정을 마치고 귀국하기 전 북한을 방문하여 3박4일 동안 체류했던 것이다. 이교수의 말에 의하면, 내각초대소에서 김일 제1부수상과 만나 면담하고 식사도 함께 했다. 조국의 통일에 관한 피차의 의견을 주고받은 것은 물론이었다. 이교수로서는 자신이 그렇게 한대서 당장 통일이 되는 것이 아니란 것쯤 알지만, 그렇다고 외세나 집권자만 쳐다보고 있을 수는 없다는 생각에서 북행을 결심했던 것이다. 그것은 이교수 스스로의 결단에 의한 것이지, 이좌영 씨가 시켜서 한 일은 아니었다. 그러나 중정 수사관들은 막무가내로 이좌영의 지령입북과 간첩행위를 자백하라며 온갖 고문과 고통을 가했다. 잠 안 재우기나 구타는 기본이고, 술도 주고 담배도 권하는 심리적 수법과 회유책도 동원되었다. 그래도 굽히지 않고 부인하다가 각목으로 얼마나 얻어맞았던지, 죽여달라는 애원을 몇 번이고 했다. 북에서 받아온 무전기와 난수표를 내놓으라는 데는 참으로 어이가 없었다. 바닥에 장작을 깔고 그 위에 무릎을 꿇어앉히더니 너댓 명의 건장한 젊은이들이 둘러싸고 침대각목 세례를 무수히 반복했다. 매 앞에 장사 없다고 마침내 그들이 시키는 대로 "예, 그렇습니다"라는 식의 문답식 조서가 꾸며졌다. 심지어 육군 장성으로 있는 동생네 집에 가서 일박할 때, 미군철수에 관한 기밀을 탐지했다는 것과 입북했을 때 남한사람들의 생활상을 그쪽에 말한 것을 묶어서 '간첩행위'로 엮어내는 데도 속수무책이었다.

검찰(서울지검 공안부)에 넘어와서도 검사의 친절과 신경질을 순차 겪으면서 만일 혐의를 부인하면 다시금 중정으로 불러들이겠다는 중정측의 협박도 떠올라서, "공소장은 검사님 일하기 좋게 마음대로 꾸미십시오"라고 말해버렸다. 체념의 독백이 되어버린 그말에 검사의 표정이 금방 환해지더라고 했다. 한때 "어차피 살아남지 못할 바에야 모욕적인 교수형보다는 자결을 하기로 마음먹기도 했으나 아내와의 접견에서 마음을 바꾸었다"고 그는 회고했다.

필자는 범세계적 양심수 석방 지원기구인 국제앰네스티의 의뢰에 따라 이교수의 변호를 맡았는데, 통일에 대한 그의 일념과 선비다운 품성에 적지 않은 감명을 받았다.

1974년 봄·여름은 유신정권의 명맥이 걸려 있던 대통령긴급조치의 돌풍이 거세었고, 민청학련 사건과 인혁당 사건 등의 재판이 막바지를 달리고 있어서 정권의 독기가 드세어져 있을 때였다. 그런 영향도 있고 해서 그해 7월 3일에 있었던 결심공판에서 검찰은 엄청나게 무거운 구형을 쏟아냈다. 1심 판사는 주범격으로 기소된 전영관 등 3인과 이성희, 최규식 등 5명에게 사형을, 나머지 27명에게 징역 1년 내지 무기징역을 선고했다. 그리고 그해 12월 9일 항소심 판결에서 이성희 교수는 최규식 씨와 함께 무기징역으로 감형되었다. (그밖의 5명에게 형집행유예가 내려지고 나머지 피고인들의 항소는 기각되었다.)

무기수가 된 이교수는 그후 20년 징역으로 감형되었다가 1991년 2월, 이례적인 가석방으로 수감생활 15년 10개월 만에 감옥에서 풀려나왔다. 그는 교도소 안에서 환자를 돌보는 간병看病으로 일하며 많은 시국사범들과 만나기도 했는데, 국제앰네스티를 비롯한 국내외의 인권단체들의 석방

압력에 따라 가석방된 것으로 알려졌다. 특히 일본에서는 '울릉도사건 관련자 구원회'를 중심으로 집요한 구명운동을 전개해온 터였다.

이교수가 옥살이하는 동안 그의 부인은 3평밖에 안되는 구멍가게에서 한 그릇 150원 하는 국수를 팔기도 했다. 무허가라고 해서 경찰의 시달림을 받아가면서…….

체험기

분단극복 의지에 무기징역으로

이성희 (전 전북대 농대 교수)

울릉도 간첩단사건의 진실

1974년 2월 15일 전날 밤에는 유난히도 강풍과 폭우 그리고 심한 번개 때문에 잠을 설쳤다. 새벽이 되면서 강풍과 폭우는 시들어지고 이른 봄의 새 소식을 알리듯 가랑비가 부슬부슬 내리던 이른 아침, 낯모를 건장한 청장년 3명이 집안에 들이닥치면서 신분증을 내보이며 중앙정보부 서울본부에서 왔다고 한다. 그리고는 내실로 들어가 방안을 샅샅이 뒤졌다. 그러나 그들이 찾아낸 것은 아무 것도 없었다.

그날은 마침 광주 미국문화원에서 주최하는 '지구촌의 환경문제'를 주제로 한 세미나 참석차 아침 일찍 광주로 갈 예정이어서 전날 버스표를 예매해놓고 있던 중이었다. 그러나 그날의 광주행은 당연히 무산되었다. 중정 전주분실로 연행된 나는 그날 해가 지면서 서울로 이송됐는데, 수갑을 채우는 등 어마어마한 공포분위기였다. 이처럼 서울 중정본부에 도착한 직후부터 심문이 시작되었다.

무조건 구타부터 시작하면서 재일교포인 이좌영과의 관계를 말하라는 것이었으며, 진술서를 쓰라고 종이를 준다. 이좌영 씨는 중학교 2년후배로 해방 후 일본으로 건너가 상당한 자산을 모았다. 내가 도쿄 유학 당시인 1964년 2월에는 도쿄도내에서 부동산업을 경영하고 있었으며, 직원도

7~8명이나 되었다. 어쩌다 회사에 들렀을 때 보면 당시로서도 상당한 거액(몇천만 원 단위)이 오가며 일본인 상대로 상거래를 하고 있는 것을 목격할 수 있었다. 또 민단 전북지부의 총무직을 맡고 있던 관계로 전북의 인사가 일본에 들르면 이좌영 씨가 으레 접대를 하였다. 이좌영 씨와는 그런 관계로 내가 도쿄대학에 재학한 4년 가운데 첫 해인 1년을 제외하고 나머지 3년간은 이좌영 씨로부터 생활비·학비 등 많은 경제적인 도움을 받았다.

첫 1년간은 도쿄에 있는 학예협회에서 지급해주는 장학금으로 학비를 충당할 수 있었다. 이 협회는 일본인을 위한 장학재단으로, 중학교의 일본인 선배인 다우라 마코토(田浦至) 씨가 이사장이어서 그와 같은 배려가 가능했다. 나는 전북대학교 재직중에 유학을 갔기 때문에, 2차년부터는 휴직처리가 되어 가족들의 생계에도 지장이 생기게 되었다. 그런 관계로 사비유학은 불가능한 형편이었다.

1964년은 아직 한일협정이 이루어지지도 못한 때였고, 공식적인 일본 유학은 불가능한 시기였다. 이런 사정 때문에 학비를 현지조달할 수밖에 다른 좋은 방법이 없었다. 내가 학적을 둔 곳은 도쿄대학 대학원 박사과정 수의학 전공과정이었으며, 매일과 같이 실험실에서 실험동물과 함께 생활해야 하는 연구과제를 택했기 때문에 야간에도 밤을 새워가며 실험을 해야 했다. 따라서 아르바이트는 할 수 없었고, 자연히 학비조달을 중학 후배인 이좌영 씨에게 의존해야 했다.

그리하여 이좌영 씨와 나 사이에는 육친과 같은 인간관계가 형성되었던 것이다. 연구실이 쉬는 날이면 이좌영 씨 댁을 찾았고 가족들과도 친숙하게 지냈다. 내가 학업을 마치고 귀국한 뒤에는 이좌영 씨가 일시귀국할 때마다 꼭 우리집을 찾아주었다. 이와 같은 인간관계를 말하면서 이좌영 씨의 국내친구 가운데 가장 친숙하게 지내는 사이라고 자랑삼아 이야기해주었다. 이것은 모두 진실이었으니까.

이좌영 씨와의 관계를 이렇게 솔직히 밝혔더니 그때부터 본격적으로 이좌영 씨와의 사이에 정치적으로 맺어진 무엇인가 있을 것 아닌가, 이렇게 추정하고 잠 안 재우기, 구타, 음주, 끽연 등 모든 방법을 총동원해서 이좌영 씨와의 관계를 어거지로 짜맞추기하려고 했다.

내가 입북한 것이 이좌영의 지령에 의해서 이루어졌다는 것이다. 아무리 그래도 그네들의 요구대로 응할 수는 없었다. 그들은 무슨 짓을 해서라도 이좌영 씨의 지령에 따라 입북했다는 각본을 미리 만들어놓고 그 각본에 따르도록 하자는 것이었다. 울릉도 대간첩단사건에 대학교수가 가담이 되고 육군장성이 관여됐다고 해야 그네들이 미리 꾸며놓은 각본대로 되는 모양이었다. 끝까지 이좌영 씨와 나하고는 입북에 관한 한 아무런 관계가 없다고 부인하자, 결국은 이좌영 씨가 중학선배에게 직접 입북을 권할 수가 없어서 다른 공작원을 시켜 입북하도록 시켰다고 자기들 멋대로 결정해버렸다.

그러나 매스컴에는 울릉도 간첩사건의 총두목은 이좌영 씨이고, 그에게 포섭된 내가 입북한 뒤 다시 남파, 간첩질도 하고 내 동생인 장군도 포섭하려고 기도했다고 보도되었다. 나중에 들었지만 당시 중앙정보부장인 신직수 씨가 TV에서 장시간에 걸쳐 위와 같은 사실을 발표했다고 한다. 그러나 내 공소장에는 이좌영 씨가 주범이라는 말도 없고 내가 울릉도사건에 관여했다는 구절은 전연 찾아볼 수가 없었다. 단독행위로 처리되어 있었던 것이다. 너무나 어처구니없는 일로 장시간 고통받은 일, 그리고 국민들에게 거짓 홍보한 것을 생각하면 정말로 분노가 치밀어오른다.

중앙정보부의 간첩 만들기

중정 본부에서 약 3일간 잠을 못 자게 하고 5~6명이 교대로 들락거리면서 자기네들 각본대로 진술서를 쓰도록 갖은 수단과 방법을 총동원한다. 옆방에서는 여자의 울음소리가 들려온다. 우리집 사람이 끌려와서 고문당하고 있는 것처럼 상황을 전개시킨다. 모든 것을 시인해야 가족들이 무사하다는 것이다. 본인 혼자서 책임을 져야 유리하다고 설득한다. 아들 같기도 하고 제자 같기도 한 아주 인상이 좋은 젊은이이다. 이 젊은이를 시켜서 모든 것을 시인해야 교수님이 유리하게 풀릴 수 있다고 권한다. 그리고 진술서를 다시 쓰게 한다. 다음에는 인상이 나쁘고 우락부락한 사람이 들어와 다른 이야기를 꺼내놓고 시인하라고 한다. 거절하면 욕설을 퍼붓고 구타하고 진술서를 다시 쓰라고 한다. 그후로는 권총을 차고 또 다른 사람이 들어와서 공포분위기를 조성한다. 진술서를 9회나 작성했다. 가운데손가락에 물집이 생길 정도였다.

이렇게 하여 4~5평짜리 방에서 간첩이 만들어진 것이다. 9회째는 "선생님께서 부르십시오. 제가 받아쓰겠습니다" 하여 마지막 진술서가 작성되었고, 거기에 무인을 찍었다. 이와 같은 방법으로 그네들이 원하는 각본대로 진술서는 작성되었다. 간첩죄가 아니면 형량이 많지 않기 때문에 수단과 방법을 가리지 않고 간첩 만들기에 몰두하는 것같았다.

약 일 주일 정도 중정 본부에서 고통을 당하다가 남산분실로 넘어와서는 마지막 진술서를 토대로 끝손질을 하는 것같았다. 높은 층에 자리잡은 방으로, 아주 고급스럽게 꾸며져 있었다. 집기도 고급이고 바닥에 깐 융단도, 침대도 모두 일류호텔의 특실 같았다. 거기에서도 내가 하지 않은 일은 모두 부인했다. 그때마다 고 김규남과 고 박노수를 예로 든다.

"당신 사건은 그 두 사람의 사건내용과 똑같다. 당신이 지금 앉아 있는 그 의자에서 그 두 사람은 모두 처음에는 부인했지만, 마지막에는 시인하고 구치소로 넘어갔다. 그러니 북에서 받아온 난수표와 무전기를 내놓아라."

그러면서 고통을 준다.

입북한 사람들은 예외없이 난수표와 무전기를 갖고 오는 것이 상식인데, 왜 당신만 예외일 수가 있느냐고 강력하게 요구한다. 그것을 내놓으면 풀어준다고까지 한다. 중정 본부에서는 이좌영 씨의 지령에 따라 행동했다는 것을 시인하라고 요구하더니 이곳에서는 난수표와 무전기를 강력하게 요구한다. 내 사건이 그네들 말대로 고 김씨와 고 박씨와 같다면 앞으로 살아남을 수 있는 방법은 없지 않은가? 그 두 분은 모두 처형당한 지 오래이다. 두 분 모두 공범이 없었다. 나도 공범은 없다. 나는 결코 간첩질을 한 적이 없다. 절대로 나 자신을 믿고 있다. 그네들 말대로라면 나도 간첩으로 몰려서 처형당할 수밖에 별 도리가 없지 않겠는가? 정말로 억울하지만 현재의 내 재간으로는 해결할 수 있는 방법은 아무 것도 없다. 나는 침대에 재우고 그네들은 바닥에서 자면서 무엇 때문에 당신을 이렇게 모시는지 아느냐고 생색을 낸다. 그방에 있는 며칠 동안은 고문같은 가혹행위는 별로 없었다.

그후 지하실로 옮겼다. 이곳이 정보부로서는 마지막 코스였다. 바닥에는 군대의 야전침대가 4~5개 있었고 수사관 책상이 하나. 살벌한 분위기이다. 물론 수사관도 좀 나이가 들고 글씨도 잘 쓰고 그 방면에 익숙한 사람처럼 보였다. 그자가 하는 말이 앞으로 시키는 대로 하지 않으면 죽여버린다고 으름장을 놓는다. 젊은 의사와 간호사가 와서 혈압을 재고 청진도 하고 무슨 약인가 먹는다. 그리고 나서는 아무 이유도 없이 무조건 야전침대의 각목으로 전신을 무지하게 구타한다. 그자도 제 정신이 아닌 듯했다. 구타당하면서 몇 번이고 죽여달라고 애원했다. 얼마나 못 견디겠으면 죽여달라고 했을까? 거의 무의식중에 나온 말이다. 여기에서도 문제가 된 것은 이좌영 씨가 주범이라는 사실을 시인하라는 것과 난수표와 무전기를 내놓으라는 것이었다. 훗날 들은 말인데 전주에 있는 우리집에 가서 증거물을 찾기 위해 집안을 샅샅이 뒤졌다고 한다. 물론 얻은 것은 하나도 없었다.

그렇게 정신없이 고문당하고 나서 그자가 시키는 대로 '예, 그렇습니다' 하는 식의 문답서류가 작성되었다. 이곳에서는 자필진술서는 요구하지 않았다. 그후 나이가 들어 보이는 4~5명의 건장한 자들이 들어와 자기네끼리 이야기를 주고받고 하는데, 서북청년단 이야기, 월남했다는 이야기 등을 하고 있었다. 지식수준이 낮다는 인상을 받았다. 바닥에 장작을 깔고 나를 그 위에 무릎 꿇게 하여 앉히고 나서 내 주위를 빙 둘러싸더니 야전침대 각목으로 무수히 구타한다. 몇 번이고 죽여달라고 또 애원했다. 그래도 기절은 하지 않았다. 특수한 고문기구는 없었다. 이유는 난수표와 무전기를 내놓으라는 것이었다. 있으면 골백번이라도 내놓지…….

도저히 견딜 수가 없었다. 매에는 장사가 없다는 옛말이 생각났다. 매에는 어떻게 해볼 재간이 없었다. 자살할 수만 있다면 망설이지 않고 자살을 택했을 것이다. 그렇게 많이 당하고 나서 생각나는 일이 있었다. 몇 달 전 서울대 최종길 교수가 중정에서 분노통에 빠져 죽었다는 보도가 있었다.

그런 일이 있었기에 의사의 진단과 투약 그리고 고문기구를 쓰지 않는 이유를 짐작할 수 있었다. 고 최교수의 명복을 빌었다.

문답형식의 심문이 진행되는 도중 중정 간부로 보이는 건장한 자가 수사관을 불러내어 내가 눈치채지 못하게 문밖 복도에서 무엇인가를 지시하고 간 뒤 한 가지를 추가한다. 그것은 내가 경북대학교 수의과에 강의차 대구에 갔을 때 내 동생 숙소에서 하룻밤을 지낸 일이었다. 내 동생은 육군 준장으로 2군사령부 정보참모직을 맡고 있었다. 그때 내가 동생으로부터 미군철수에 대한 기밀을 탐지했다는 것이다. 나는 극심한 고문으로 제정신이 아니었다. 다만 "동생 집에서 신문을 본 적이 있지? 거기에 미군철수 문제가 실려 있었지?" "예" 하고 대답한 기억만 있다. 이렇게 하여 군사기밀을 탐지했다는 간첩행위가 조작된 것이다. 지금도 왼쪽 정강이에는 그때 입은 상처의 반흔이 남아 있다.

그날 밤 그렇게 많이 당하고 야전침대에 퍼져 누워 있으려니 과장이라는 사람이 찾아와 모포를 덮어주면서 몸의 여기저기를 만져주었다. 그리고는 직원에게 물어본다—"오늘 물리적 방법은 끝났나?" 여기에서는 고문이 공식화된 하나의 과정인 듯 싶었다. 이런 과정을 거친 뒤에야 지긋지긋한 지옥 같은 중정을 떠났다. 얼마나 많이 구타당했는지 구치소로 넘어온 후 내의와 전신의 피부가 엉겨붙어 떨어지지 않아 여러 날을 고통스럽게 보냈다.

중정에 대해 한 가지만 더 얘기하겠다. 서대문구치소로 넘어온 뒤 일주일이나 되었을까. 중정에서 어느 자가 찾아왔다. 내 제자 가운데 진아무개라는 사람이 있었는데, 내가 도쿄에 있을 때 내 하숙방에 찾아온 적이 있다는데 기억하겠느냐고 묻는다. 얼굴도 이름도 기억이 나질 않는다. 보안과장 입회하에 조사를 받고 있었는데, 그 제자의 사진이라도 보면 기억할 수 있을지 모르겠다고 했더니, 이 자식 무엇을 처먹었길래 이렇게 화색이 좋으냐면서 의자에 앉혀놓고 얼굴, 머리, 가슴 등 무수히 발길질을 한다. 그러고는 너같은 자식은 죽어 마땅하다고 퍼붓고 과장실을 나간다. 그자의 얼굴색은 폐결핵환자의 말기적인 증후를 나타내는 듯 극도로 나빴다.

자기 얼굴색과 대조가 되어 그렇게 발작했는지도 모른다. 얼마 못 가서 죽게 될 것이라는 예감이 들었고, 틀림없이 병을 앓고 있는 환자로 보였다. 또 어떤 자는 찾아와서, 만약 검사 앞에서 중정에서 한 말을 번복하면 중정으로 다시 불러가겠다고 협박도 한다. 이렇게 해서 검찰로 넘어갔다.

검찰, 그리고 법정에서

담당검사는 이창우 검사. 구치소로 와서 신병확인 등 간단한 심문을 하고는 변호사를 선임할 것을 권하면서, 특히 한승헌 변호사님을 선임하라고 권한다. 당시 나는 그 이상 살 생각도 없었고 어차피 고인이 된 김규남 씨, 박노수 씨처럼 될 것이 뻔해서 변호사 선임을 그 자리에서 거절했다. 그후 계속 접견이 금지됐고 검취가 시작되었다. 이창우 검사가 중정에서 넘어온 서류를 보면서 이것저것 물어본다. 그 중 '예'와 '아니오'를 분명히 했다. 이검사는 나에게 최고의 인간대접을 해주어 지금도 감사하게 생각하고 있다. 검취때마다 점심, 과일, 커피까지 대접해주었으며 최고의 경어를 써주었다. 3회를 검취받았지만 전연 서류작성을 못하고 대접만 해서 그냥 돌려보냈다.

4회째 검취때였다. 그날은 아침부터 신경질적으로 대하면서 "이교수님은 어째서 중정에서는 시인하고 여기 와서는 부인하느냐"고 얼굴색을 붉힌다. 그러면서 오늘 점심은 비둘기통에서 먹고 오후에 다시 나오라고 내보낸다. 그러자 교도관이 한마디 귀띔을 해준다. 날짜는 임박하고 자꾸 부인하니까 서류작성도 뜻대로 안되고 하여 신경질을 부린다는 것이다. 몇 차례의 검취에서 중정으로부터 넘어온 서류 표지에 씌어진 제목을 알 수 있었다. '일본을 거점으로 한 간첩 이성희'였다. 이 제목을 알고 나서는 모든 것을 포기할 수밖에 없었다. 그런 죄명으로 살아남을 수 있겠는가.

오후에 검사실로 들어가자 마자 이검사에게 솔직한 심정을 털어놓았다.

"내 나이 49세, 농촌에서 태어나 국립대학 교수, 교무처장, 명문 도쿄대학에서 학위취득, 입북해서 그곳 고위층과 조국의 통일을 논했고, 이것이 조국통일에 조금이라도 도움이 됐다면 나는 이 세상에 태어나서 내 본분을 다한 것입니다. 오래 살아야만 하는 것도 아닌데, 이제 죽어도 여한이 없소. 공소장은 검사님 일하기 좋게 마음대로 꾸미시오. 그 내용이 어떻게 되었든 아무 이유를 달지 않겠습니다."

이검사는 당장 안색이 좋아지면서 감사하다고 인사한다. 그러면서 하는 말이 검찰과 피고를 떠나서 인간 이창우와 인간 이성희간의 약속이다, 무슨 일이 있어도 극형만은 면할 수 있도록 최선을 다하겠다, 그러나 혼자서 하는 일이 아니니 절대적이지는 않다…… 라고 하면서, 법정투쟁 운운, 기타 여러가지로 인간적인 위로를 해주었다. 그러고는 바로 그 자리에서 손수 타이프를 치기 시작하더니 순식간에 서류작성을 끝내고, 무인을 찍어 달라고 요구했다. 이로써 이창우 검사와의 모든 것은 끝난 것이다.

그러고 나서 며칠인가 지났다. 검취도 끝나고 다시는 검사와 만나야 할 일이 없었는데, 검사가 불렀다고 한다. 검사실로 들어가니 뜻밖에도 우리 집사람이 보따리를 옆에 놓고 앉아 있는 것 아닌가(실은 얼마 전에 검사실에서 접견시키려고 했는데, 내가 거절해서 무산된 적이 있었다). 연행된 이후 처음 만남이다. 나중에 들으니 이검사가 집에 전화를 걸어 내가 생을 포기한 것같으니 만나서 위로를 하라고 했다는 것이다.

옆의 대기실로 가서 가져온 점심을 먹이면서 우리 집사람이 하는 말이 "만약 당신이 딴 생각을 한다면, 큰애(당시 연대 재학중)랑 둘째(서울대 재학중)는 공부도 잘하고, 사회적응력도 있으니 그대로 두고, 셋째(고등학교 재학중)를 데리고 당신 뒤를 따를 테니 알아서 처신하세요"라고 하는 것 아닌가. 그때 나는 정신이 바짝 들었다. 내가 자결한다는 것은 나 혼자만의 일로 끝나는 것이 아니구나 하고 다시 마음을 고쳐먹게 됐다. 그때까지만 해도 어차피 살아남지 못할 바에야 모욕적인 교수형보다는 자결을 택하기로 결심하고 있었던 것이다.

1심때 집에서는 나하고 아무런 상의도 없이 최광률 변호사를 선임했다. 최변호사 하는 말이 공소사실이 너무나 어마어마해서 자기로서는 어찌할 수 없으니, 변호사 반대신문 때 이교수의 인격이 재판부에 반영될 수 있도록 해볼 수밖에 다른 방법이 없다는 것이다. 그 대신 시간은 두 시간도 좋고 그 이상도 좋다는 양해를 얻었으니, 그때 잘해보자고 했다. 내용도 이야기해주지 않고 20항목 정도 질문할 예정이라고만 한다. 일이 이쯤 됐으니 앞으로 2주 후에 있을 변호사 반대신문이 나로서는 가족 앞에 마지막으로 남기는 유언이 될 수도 있게 된 것이다. 모든 것을 속임 없는 진실로 대하기로 결심하고 사건의 전모를 머리 속에 정리했다.

당일 반대신문은 약 2시간 정도 걸렸다. 답변 중 중요한 것을 요약하면, 무슨 대가를 치러서라도 통일은 이루어져야 한다는 것, 그러지 않으면 제2의 6·25를 우리 후손들이 또 맞이한다는 것, 내가 입북한 것은 전적으로 자의에 의해 이루어졌다는 것, 내가 도쿄대학에서 만학으로 공부하게 된 것도, 눈물을 흘려가며 학위취득을 위해 고생한 것도 모두 선친들의 잘못 때문이라는 것, 우리 세대가 다시는 선친들의 전철을 밟지 말아야 한다는 것, 중학 재학때 일인 학생, 일인 교사로부터 차별대우를 너무나 많이 받은 생각을 하면 모두 선친들 잘못 때문에 후손들이 고통을 받고 있다는 것, 입북해서 그들을 만나보니 피는 물보다 진하다는 것을 실감했다는 것, 내 입북사실이 남북통일에 백만분의 1이라도 도움이 되었다면 죽어도 여한이 없다는 것, 남북이 합치면 우수한 민족이니 세계로 진출할 수 있다는 것 등등으로 기억된다. 그후 최변호사로부터는 재판부에서 자기들도 피고와 같은 입장이었다면 입북하게 됐을 것이라는 말을 전해달라고 한다는 말을 전해들었다. 이와 같이 하여 1심에서 사형이 선고되었다.

2심으로 넘어가서 공소사실의 일부, 즉 국보법 3조 1항 간첩죄가 철회되었다. 적용법 가운데 가장 형량이 높은 것으로, 그 조항의 형량은 사형과 무기뿐이다. 입북해서 남한사람들의 생활상을 그네들에게 말한 것이 간첩으로 몰린 것이다. 이것은 이창우 검사의 특별한 배려라고 믿고 있다. 2심에서 무기로 떨어졌다. 이창우 검사의 말이 최변호사를 통해 곧바로 전해졌다. 자기는 검사 상고를 포기하니까 현행법이 변경되지 않는 한 형량이 더 높아지는 일은 없을 것이라고.

2심중 한승헌 변호사님이 국제사면위원회의 선임으로 내 변론을 맡아주었다. 한변호사님의 변론내용은 외국에서 연구하던 중 이런 사고가 났다면 얼마든지 유기형도 줄 수 있는데 종신형을 주는 것은 부당하다, 우리가 아껴야 할 석학에 대해서 너무나 가혹한 형벌을 준 것이라고 주장하였다. 1심부터 선임한 최변호사는 1심, 2심 모두 서면변론으로 대신했다. 법정에서 당당하게 구두변론을 해준 분은 한변호사님뿐이었다. 그 무렵의 상황(육영수 여사 피살, 민청학련·인혁당사건 등으로 사회가 극도로 불안했다)으로 보아 어쩌면 서면변론이 격에 맞았는지도 모른다. 그때부터 나는 한변호사님을 용기있고 정의감에 불타는, 부정과 타협할 줄 모르는 훌륭한 분이라고 존경해왔다.

3심에서 기각…… 이리하여 무기로 확정됨으로써 수형생활이 시작되었다.

16년간의 광주 수형생활

1975년 5월 대전을 잠시 거쳐서 광주로 이감, 출소할 때까지 15년 10개월을 이곳에서 보내게 된다. 광주로 이감된 후 심한 부정맥에 시달렸으며, 공안사범이라는 이유 때문에 외부 병원으로의 이송이 불허되어 외부 의사를 왕진시켜 치료를 받았다.

이런 일로 의무과와 인연이 닿아 출소때까지 의무과에서 간병부로 일하게 되었다. 이곳 광주를 거쳐가는 수많은 동지들을 만나볼 수 있었으며, 되풀이되는 단식투쟁때는 꼭 내가 나서서 뒷바라지를 하게 된다. 특별사도 단식때는 거의 자유롭게 출입이 가능했다. 동지들이 나만의 접근을 원했기 때문이다. 죽기 위해서 하는 단식이 아니기 때문에 너무나 심한 탈진이 왔을 때는 수액 등의 처치를 받아들이는 것이 통례였다. 야간, 휴일 등에는 소내에 의사가 없기 때문에 대부분 내가 처치에 임해야 했다.

광주 5·18항쟁 때 학생대표로 알려진 박관현 동지는 단식중 일요일에 발병했기 때문에 내가 전적으로 돌보다가 혈압강하, 부정맥, 안면창백 등 심장병의 특징이 나타나 서둘러 외부 병원으로 이송하게 했다. 본인은 한사코 거부했지만 적극적으로 타일러 내보냈다. 전남대 부속병원으로 떠나면서 마지막으로 한 말이 유언이 될 줄은 몰랐다.

"이박사님, 정말로 감사합니다. 최건식 소장은 정말 나쁜 사람입니다."
그러고 떠났는데, 그날 밤 자정이 넘어 심장발작을 일으켜 그대로 타계한 것이다. 사인은 심근경색.

광주 5·18항쟁 이후 많은 동지들이 그곳을 거쳐갔다. 특히 광주의 대학생들, 그속에서 기죽지 않은 씩씩한 생활모습에 많은 감동을 받았다. 광주 5·18항쟁이 없었던들, 어디라고 미문화원에 쳐들어가고, 미국의 대한정책을 비판하고, 남북통일을 부르짖고, 민주화를 외칠 수 있었겠는가? 내가 의무과에서 징역살이하는 동안 마음 단단히 먹고 동지들 가운데 불쌍한 자, 못 가진 자, 병자를 위해 힘껏 도우려고 애썼다. 밖에서 해보지 못한 봉사, 이곳에서나마 헌신적으로 해보려고 애썼다. 옛날부터 '약 본 전중이 물 본 기러기'라는 말이 있다. 담 안에서 병이 나면 그렇게도 불안할 수가 없다. 무료봉사라는 것이 그렇게도 보람을 느끼게 해줄 수가 없었다.

내가 광주에서 수형생활하는 동안 국외에서 나에 대한 구명운동을 펴고 있다는 사실은 눈치채고 있었다. 가끔 중정요원들이 찾아와서 일본 유학생들에 대해 의심이 생기면 나에게 이것저것 물어본다. 물론 내가 아는 것은 아무 것도 없었다. 한번은 이좌영 씨의 재력조사를 나에게 물어본 적이 있었다. "그자가 울릉도 간첩단사건이 조작이라는 내용의 영화를 만들어 일본에서 상영중인데, 그자에게 그런 거액의 재력이 있느냐"는 질문이었다. 물론 나는 모르는 일이다. 그자들의 언동으로 보아 일본에서 구명운동을 하고 있다는 것을 추측할 수 있었다. 그리고 천주교 광주교구 윤공희 대주교가 유럽여행중 네덜란드에 들렀을 때 그곳의 국제사면위원회에서 광주교도소에 수감중인 이성희 교수를 보살펴달라는 부탁을 받았다고 한다. 그분이 유럽에서 돌아온 후 내가 출소할 때까지 많이 돌봐주셨다.

1988년 민주화선언 이후로는 국내 국외를 막론하고 조건 없이 서신을 받아주었다. 그전까지는 직계가족 외에는 전적으로 불허했던 것이다. 88년부터 연말이면 네덜란드, 일본 등지에서 매년 약 800통의 카드를 보내왔다. 대부분 안부와 격려 편지였다. 국민학교 어린이로부터 가정주부, 중·고등학생, 대학교수 등 각층으로부터 보내온 편지였다.

그중에서도 특히 인상에 남는 것은 국민학교 어린이가 손수 그린 것으로, 철창 속에 사람을 그리고 그위에 붉은색으로 ×표를 크게 한 그림이다. 철창 속에 가두어놓지 말라는 뜻이었을 것이다. 어린애가 그렸기 때문에 더욱 뜻있게 느껴졌다. 또 어떤 주부는 자기네 단체와 당신네 정부 간에 약속이 되어 있는데, 명년에는 당신이 석방될 것이라는 그런 내용의 편지를 보내왔다. 1990년 초에 받은 연하장이었는데, 그분 말대로 1991년 2월 석방되었다.

공안사범으로서는 파격적인 가석방인 셈이다. 무기에서 20년으로 감형되고 16년 복역했으니 잔여형기 4년의 가석방으로, 전례가 없던 일이다. 내가 석방된 후 도쿄 소재의 '울릉도사건 관련자를 구원하는 회'는 해산되었다고 한다. 해외에서 펼쳐진 그분들의 구명운동이 있었기에 오늘의 내가 있게 되었다고 생각하며, 진심으로 그분들에게 거듭 감사를 드린다. 그러나 아직도 여권이 불허되어 그분들에게 진배 답례도 못하고 있는 형편이다. 정말로 안타깝다.

반드시 이루어야 할 통일

나는 1967년 10월 말쯤 도쿄대학에서 학업을 마치고 귀국하기 전 3박 4일의 일정으로 입북했다. 이제는 고인이 되어버린 김일성 주석과의 면담이 약속되어 있었는데, 그분의 갑작스런 지병 악화로 김일 제1부수상과 만나 내각초대소에서 약 1시간 반 동안 단독면담했으며, 저녁식사를 함께 했다. 그분은 김주석이 못 나온 데 대해서 정중히 사과했다. 그분들의 통일관을 직접 들을 수 있었고 나의 소견도 충분히 반영시킬 수 있었다.

물론 내가 입북해서 고위층과 면담, 서로의 의견을 주고 받았다고 해서 당장에 통일이 성취되는 것은 아니라는 것쯤은 잘 알고 있다. 그렇다고 외세에만 의존하고 집권자들에게만 의존한다면 어느 세월에 통일이 될 것인가. 통일을 반대한다는 사람은 집권층을 위시해서 잡상인에 이르기까지 한 사람도 없다.

우리 대에 통일을 못 이루고 후대에 남북이 갈라진 채로 그대로 넘겨준다면…… 생각만 해도 몸서리쳐진다. 남북이 대치한 상태에서 언제 제2의 6·25가 터질지 불안한 상태는 영속될 것이다. 그런 책임감을 통감하고 실천한 것뿐이다. 통일에 백만분의 일이라도 도움이 되었다면, 중정에서의 그렇게도 심한 고문과 인간으로서는 도저히 참을 수 없었던 굴욕과 신체의 골병, 뿐만 아니라 16년간의 옥살이도 아깝게 생각지 않겠다.

나는 지금 사회적인 지위, 명예와 부, 인간으로서 갖추어야 할 많은 것을 상실했다. 그러나 절대로 후회는 해본 적이 없으며, 앞으로도 하지 않을 것이다. 긴 안목으로 생각해보자. 우리 겨레의 숙원인 자주통일을 언제까지나 외세에게만 의존할 수는 없다. 반드시 우리 겨레의 힘으로 통일은 성취될 것이다. 얼마 후가 될 지 그것은 모르지만 반드시 그날은 온다. 사필귀정이다. 그때의 내 모습은 정정당당하고 후세들에게 한점 부끄러움이 없을 것이다.

내가 광주에서 옥살이를 하는 동안 내가 그렇게 사랑하고 나를 그렇게 좋아하던 우리 둘째 재호가 서울대학교 해양학과 4학년 재학중 간암으로 요절했다. 변호사 반대신문때 방청석에서 내가 답변하는 것을 시종 듣고만 있다가 집에 돌아와서 아내에게 했다는 말.

"엄마, 제가 아버지 입장이었다 해도 평양에 다녀왔겠어요."

만날 수만 있다면 저승에서 꼭 만나고 싶다. 간절하다. 재호의 명복을 빈다.

내가 끌려간 후 우리 집사람은 세 아들의 교육과 내 옥바라지를 위해 상경, 3평짜리 구멍가게에서 한 그릇에 150원 하는 국수장사를 했다고 한다. 그것도 무허가라고 경찰에서 많은 수모도 당했다고 한다. 하루아침에 사모님에서 국수가게 아줌마로 전락한 것이다. 남편 옥살이도 억울한데, 설상가상으로 둘째를 잃고 그 사실을 나에게 1년 동안이나 숨겨왔다. 그때의 고통은 내가 중정이나 옥살이에서 당한 것과 비교할 수 없을 만큼 컸을 것으로 안다. 아내의 그 인내와 용기에 대해서도 감사하고 자랑스럽게 생각한다.

| 판결문 |

대 법 원
제 3부

판　결

사　　건　　75도 279 국가보안법위반, 반공법위반, 간첩, 간첩방조, 간첩미수, 간첩방조미수.

피고인, 상고인 (1)전영관田永寬 어업
　　　　　　　가명 : 최영구崔永九
　　　　　　　1930. 1. 31.생
　　　　　　　주거　경북 울릉군 남면 도동 733의 8
　　　　　　　본적　△△△△△△

피고인, 상고인 (2)김용득金容得 무직
　　　　　　　가명 : 용 2
　　　　　　　1921. 2. 29.생
　　　　　　　주거　서울 관악구 봉천동 645의 33
　　　　　　　본적　△△△△△△

피고인, 상고인 (3)전영봉田永鳳 무직
　　　　　　　가명 : 영 3
　　　　　　　1931. 8. 4.생
　　　　　　　주거　서울 관악구 봉천동 8의 6
　　　　　　　본적　△△△△△△

피고인, 상고인 (4)김용희金容姬 무직
　　　　1936. 2. 7.생
　　　　주거　경북 울릉군 남면 도동 773의 8
　　　　본적　△△△△△△

피고인, 상고인 (5)손두익孫斗翼 어업
　　　　1930. 10. 14.생
　　　　주거　경북 울릉군 남면 저동 53의 10
　　　　본적　△△△△△△

피고인, 상고인 (6)박인조朴仁祚 농업
　　　　1935. 12. 15.생
　　　　주거　경북 울릉군 북면 헌조동 7
　　　　본적　△△△△△△

피고인, 상고인 (7)서화수徐化洙 선원
　　　　1933. 6. 2.생
　　　　주거　경북 울릉군 남면 도동 2동 113
　　　　본적　△△△△△△

피고인, 상고인 (8)전원술田元述 교사
　　　　1935. 1. 3.생
　　　　주거　대구시 대봉동 169의 20
　　　　본적　△△△△△△

피고인, 상고인 (9)전국술田國述 은행원
　　　　1941. 5. 5.생
　　　　주거　부산시 서구 대신동 3가 66

본적   △△△△△△

피고인, 상고인 (10)전서봉田瑞鳳 양조업
　　　　1925. 9. 9.생
　　　　주거　경북 울릉군 남면 사동 236의 7
　　　　본적　△△△△△△

피고인, 상고인 (11)김장곤金莊坤 대학조교
　　　　1945. 7. 28.생
　　　　주거 서울 도봉구 미아동 938의 6
　　　　본적　△△△△△△

피고인, 상고인 (12)전석봉田石鳳 의사
　　　　1915. 5. 5.생
　　　　주거 경북 달성군 상서면 장기리 160
　　　　본적　△△△△△△

피고인, 상고인 (13)구자현具滋賢 상업
　　　　1934. 12. 5.생
　　　　주거　서울 동대문구 면목동 564의 6
　　　　본적　△△△△△△

피고인, 상고인 (14)이을영李乙永 상업
　　　　1929. 5. 24.생
　　　　주거　서울 서대문구 대현동 40의 18
　　　　본적　△△△△△△

피고인, 상고인 (15)이사영李士永 회사원

1940. 3. 1.생
주거 서울 성동구 능동 451의 290
본적 △△△△△△

피고인, 상고인 (16)이지영李智永 농업
1925. 5. 10.생
주거 전북 익산군 삼기면 기산리 364
본적 △△△△△△

피고인, 상고인 (17)이성희李聖熙 대학교수
1926. 8. 17.생
주거 전주시 남노송동 175의 101
본적 △△△△△△

피고인, 상고인 (18)최규식崔奎植 수의사
1937. 2. 9.생
주거 전북 부안읍 동종리 176
본적 △△△△△△

피고인, 상고인 (19)김영권金永權 농업
1934. 6. 13.생
주거 전북 고창군 실원면 두어리 344
본적 △△△△△△

피고인, 상고인 (20)유창열柳暢烈 농업
1931. 6. 9.생
주거 전북 장수군 장수면 동촌리 442
본적 △△△△△△

피고인, 상고인 (21)이한식李漢植 농업
   1932. 12. 17.생
   주거 전북 진안군 아령면 평지리 242
   본적 △△△△△△

피고인, 상고인 (22)이태영李泰永 교수
   1932. 7. 28.생
   주거 서울 도봉구 번동 461의 73
   본적 △△△△△△

피고인, 상고인 (23)홍봉훈洪奉燻 농업
   1926. 3. 1.생
   주거 전북 익산군 삼기면 오용리 812
   본적 △△△△△△

피고인, 상고인 (24)하석순河石順 한국해원양성소 총무
   1932. 10. 9.생
   주거 부산시 동구 민락동 548
   본적 △△△△△△

변 호 인 변호사(국선), 이광석 (피고인 전영관, 김용득, 전영봉, 김용희, 박인조, 서화수, 김장곤, 구자현, 이성희, 최규식, 유창열 들에 대하여)
   변호사 김종길 (피고인 전영관, 김용희, 서화수 들에 대하여)
   변호사 차형근 (피고인 손두익, 전원술, 전국술, 전서봉 들에 대하여)
   변호사 이병우 (피고인 박인조에 대하여)
   변호사 오제도 (피고인 김장곤에 대하여)
   변호사 태륜기 (피고인 구자현, 이을영, 이사영, 이지영 들에 대하여)
   변호사 신오철 (피고인 이을영, 하석순 들에 대하여)

변호사 나석호 (피고인 이사영, 이지영 들에 대하여)
변호사 한승헌 (피고인 이성희, 최규식, 김영권, 유창열, 이태영 들에 대하여)
변호사 최광율 (피고인 이성희에 대하여)
변호사 김상형 (피고인 김영권에 대하여)

상 고 인　검사 (피고인 전석봉, 구자현, 이을영 들에 대하여)
원 판 결　서울고등법원 1974. 12. 9.선고, 74노 1112 판결

주　문　피고인 전석봉, 구자현, 이을영에 대한 검사의 상고와 피고인 전석봉을 제외한 나머지 피고인들의 각 상고는 모두 이를 기각한다.
피고인 김용희, 손두익, 박인조, 전원술, 전국술, 전서봉, 김장곤, 이사영, 이지영, 유창열, 이한식, 홍봉훈, 하석순에 대하여는 그 각 상고 후의 구금일수 중 각 100일씩을 같은 피고인들의 징역형(피고인 손두익에 대하여는 원심판시 제1의 죄에 대한 징역형)에 각 산입한다.

이　유　1.검사의 상고이유에 대한 판단.

가) 피고인 전석봉에 대한 상고이유에 관하여
기록을 살펴보아도, 피고인에 대한 공소사실 중 원판결이 무죄를 선고한 부분에 관하여, 원심이 그 판시와 같은 이유로 피고인에 대하여 무죄를 선고한 조치에는 사실오인이나 법리오해의 위법사유가 있다고 할 수 없다.
나) 피고인 구자현, 이을영에 대한 원판시 간첩죄에 관한 부분에 대한 상고이유에 관하여
원판결은, 일건기록을 살펴보아도 위 피고인들이 공소 외 이좌영(재일본 대한민국 거류민단원을 가장한 조총련 공작원)으로부터 국가기밀을 탐지 수집하라는 지령을 받은 사실은 이를 인정할 자료가 없고, 다만 그 각 설시증거

에 의하면, 피고인 구자현은 주거지에서 위 이좌영으로부터 농사개량구락부를 조직하고 매일 밤 12시경 북괴의 대남방송을 청취할 것과 위 조직사업의 결과를 보고하라는 지령을 받고, 위 구락부를 조직하였으며, 피고인 이을영은 1968. 6.초순경 위 이좌영과 만나 동인으로부터 사회주의 혁명에 의한 남북통일을 위하여 동조세력 규합 등 조직사업을 시행하라는 지령을 받고 주거지에서 그전부터 조직하려고 했던 10여 명을 구성원으로 하는 위친계를 조직한 사실을 인정할 수 있으나, 그러나 피고인들이 위와 같은 지령을 받은 사실만 가지고는 국가기밀을 탐지 수집하라는 지령을 받은 것이라고는 볼 수 없으므로, 피고인들의 위 소위를 국가보안법상의 간첩죄로는 논죄할 수 없다고 판시한 1심판결을 그대로 유지하고 있는 바, 이와 같은 원심의 판단에는 간첩죄의 법리를 오해한 위법이 있다 할 수 없다. 이리하여 검사의 상고논지는 모두 이유 없음에 돌아간다.

  2. 피고인들(피고인 전석봉은 제외)의 상고이유에 대한 판단(피고인 전영관, 김용득, 전영봉, 김용희, 박인조, 서화수, 김장곤, 구자현, 이성희, 최규식, 유창열 들의 변호인 이광석은 위 피고인들과 그 원심변호인들의 각 항소이유를 상고이유로 원용한다고 하였으나 이는 형사소송법 제379조 제2항에 비추어 적법한 상고이유서의 제출이라 볼 수 없으므로 이에 대하여는 판단하지 아니한다).
  가) 원판결에 사실오인, 채증법칙위반, 심리미진의 위법사유가 있다는 논지부분에 관하여
  피고인 전영관, 김용득, 전영봉, 김용희, 손두익, 박인조, 최규식, 김영권, 유창열 들 본인과 피고인 전영관, 김용희, 서화수 들의 변호인 김종길, 피고인 구자현, 이을영, 이사영 들의 변호인 태륜기 및 피고인 이사영의 변호인 나석호의 각 상고이유 중 사실오인의 점, 피고인 전원술, 전국술, 전서봉, 김장곤, 이한식, 이태영, 홍봉훈, 하석순 들 본인과 피고인 전영관, 서화수 들의 변호인 김종길, 피고인 김장곤의 변호인 오재도, 피고인 이을영, 이지영 들의 변호인 태륜기, 피고인 이성희, 최규식, 김영권, 이태영 들의 변

호인 한승헌, 피고인 이을영, 하서순 들의 변호인 신오철 및 피고인 이지영의 변호인 나석호의 각 상고이유 중 채증법칙위반의 점, 피고인 전영관, 서화수 들의 변호인 김종길, 피고인 손두익, 전원술, 전국술, 전서봉 들의 변호인 차형근 및 피고인 하석순의 변호인 신오철의 각 상고이유 중 심리미진의 점 등에 관하여 살피건대, 일건기록을 검토하여도 원심이 그 각 거시의 증거에 의하여 위 피고인들에 대한 원판결 각 해당판시사실을 인정한 조치는 정당하고, 거기에 채증법칙을 어기거나 심리미진으로 인하여 사실을 오인한 위법사유가 있다고 할 수 없으니, 논지들은 모두 이유 없다.

나) 원판결에 양형과중의 위법사유가 있다는 논지부분에 관하여

(1) 피고인 전영관, 김용득, 전영봉, 김용희, 박인조, 서화수 들 본인과 피고인 전영관, 김용희, 서화수 들의 변호인 김종길, 피고인 구자현, 이을영, 이사영 들의 변호인 태륜기, 피고인 이을영의 변호인 신오철, 피고인 이성희, 최규식, 김영권, 유창열 들의 변호인 한승헌 및 피고인 김영권의 변호인 김상형 들의 각 상고이유 중 양형부당의 점에 관하여 살피건대, 원심이 적법하게 조사한 양형의 조건이 되는 제반사정을 자세히 살펴보고 또 논지들이 지적하고 있는 정상을 고려에 넣는다 하더라도 피고인들에 대하여 선고한 원심의 양형은 부당하다고 인정할 수 없다.

(2) 피고인 전국술의 상고이유 중 양형부당의 점에 관하여 살피건대, 원심에서 위 피고인에게 징역 10년 미만의 형이 선고되었음이 명백한 이 사건에 있어서는 형사소송법 제383조 제4호의 규정의 취지에 비추어 양형부당의 사유를 내세워서는 적법한 상고이유로 삼을 수 없는 것이다. 논지는 모두 이유 없다.

다) 원판결에 법리오해의 위법사유가 있다는 논지 부분에 관하여

(1) 피고인 손두익, 전원술, 전국술, 전서봉 들의 변호인 차형근, 피고인 김장곤의 변호인 오제도, 피고인 이을영, 하석순 들의 변호인 신오철, 피고인 이사영, 이지영 들의 변호인 나석호 및 피고인 이성희, 최규식, 김영권, 유창열, 이태영 들의 변호인 한승헌 등의 각 상고이유 중 법리오해의 점에 관하여 살피건대, 원판결이 위 피고인들에 대하여 각 해당 판시와 같

이 인정한 사실에 각각 그 판시와 같은 법조를 적용, 처단하였음은 정당하고, 거기에 논지가 지적하는 바와 같은 법리오해 있음을 발견할 수 없다.

(2) 피고인 구자현, 이을영, 이사영 들의 변호인 태륜기의 각 상고이유 중 공소시효의 점에 관하여 살피건대, 논지는 반공법 제4조, 5조 각 제 1항의 위반행위는 5년의 공소시효에 해당하므로 1969. 3. 27.이전의 위 법조 위반사실은 모두 면소되어야 한다는 취지인바, 위 법조 위반행위의 공소시효가 5년이고 1974. 3. 27.공소를 제기한 이 사건에서 논지가 지적하는 일자 이전의 위 법조위반 행위가 공소시효에 해당됨은 그 주장과 같다 할 것이나, 돌아와 이 사건에 관하여 살펴볼 때, 원판결에 의하면, 원심이 피고인 구자현과 이을영에게 유죄로 인정한 판시사실은 모두 논지가 지적하는 위 일자 이후의 행위들이고, 피고인 이사영에 대한 판시사실 중 제1 소위는 1967. 7.중순경부터 72. 9.말일까지 매주 4회씩 계속하여 북괴방송을 청취함으로써 반국가단체나 그 구성원의 활동에 동조하였다는 것으로서, 원판결은 이를 반공법 제4조 제1항의 포괄일죄로 적법하게 논죄하고 있는 바, 이와 같은 포괄일죄의 경우는 그 최후의 행위시로부터 공소시효가 진행된다 할 것이므로 논지가 지적하는 일자 이전의 행위도 공소시효가 완성되었다 할 수 없으며, 여타 판시 위 법조위반 소위는 그 이후의 범죄행위이므로, 논지 모두 이유 없음에 돌아간다.

라) 원판결에 판단유탈, 이유불비의 위법사유가 있다는 논지부분에 관하여

피고인 이을영, 하석순 들의 변호인 신오철과 피고인 이성희, 최규식, 김영권, 유창열 들의 변호인 한승헌의 각 상고이유 중 판단유탈의 점과 피고인 하석순의 변호인 신오철의 상고이유 중 이유불비의 점에 관하여 살피건대, 원판결을 기록에 비추어 검토할지라도, 원심이 피고인들의 항소이유를 판단함에 있어 소론이 지적하고 있는 바와 같은 판단유탈을 한 허물 있음을 발견할 수 없고 반공법 제7조 단서 소정의 친족관계에 의한 형의 감경은 임의감경의 경우이므로 원심이 그 주장에 대한 판단을 명시하지 않았다 하더라도 위법하다 할 수 없으며, 또한 피고인 하석순에 대한

원심판단에 어떤 이유불비 있음을 발견할 수 없다. 논지는 이유 없다.

과연이면, 위 검사의 상고와 피고인들(피고인 전석봉은 제외)의 상고는 모두 그 이유 없다 하여 이를 기각하기로 하고, 피고인 김용희, 손두익, 박인조, 전원술, 전국술, 전서봉, 김장곤, 이사영, 이지영, 유창열, 이한식, 홍봉훈, 하석순에 대하여는 형법 제57조를 각 적용하여 각 주문과 같이 판결한다.

이 판결에는 관여법관의 의견이 일치하다.

1975. 4. 8.

재 판 장 대법원판사 이병호
　　　　　대법원판사 주재황
　　　　　대법원판사 김영세
　　　　　대법원판사 이일규

19

긴급조치 4호 민청학련 사건

피고인 이 철, 유인태, 여정남, 정문화, 김병곤, 황인성, 라병식, 서중석, 안양로, 이근성, 정윤광, 강구철, 구충서, 이강철, 정화영, 임규영, 김정길, 이 강, 윤한봉, 김영준, 송무호, 김수길, 김영일, 김효순, 유근일, 이현배, 정상복, 이직형, 안재웅, 나상기, 서경석, 이광일

1. 사건개요(1): 민청학련 사건의 진실과 허구 ·················· 257
2. 사건개요(2): 법정에 선 180명, 청년, 학생, 전직 대통령까지 ··· 262
3. 체험기(1): 유신정권의 극약처방, 사건 날조에서 극형까지-정상복 ··· 266
4. 체험기(2): "피고인 이 철, 사형!"-이 철 ·················· 280
5. 체험기(3): 민청학련사건의 진실-이직형 ·················· 298
6. 체험기(4): 민청학련 사건, 나의 체험-김지하 ·················· 310
7. 체험기(5): 내가 겪은 민청학련 사건-유인태 ·················· 319
8. 유신체제 수호와 민청학련 사건-서중석 ·················· 347
9. 민청학련사건-강준만 ·················· 355
10. 타는 목마름으로 부른 민주주의 만세-김지하 ·················· 362
11. 양심선언 그후 다른 사건으로 구속되어-김지하 ·················· 394

사건개요 (1)

민청학련 사건의 진실과 허구

한승헌 (변호사)

1995년 봄, 서울의 한 여론조사기관에서 서울·부산 등 전국 5대 도시에 근무하는 법관 3백57명을 상대로 '현직 판사들이 가장 부끄럽게 생각하는 사법부 관련 사건'을 조사한 바 있다.

그 결과, 유신치하에서 나왔던 민청학련사건 등 긴급조치사건 판결들이 수치스러운 판결 제1위로 나타났다. (2위는 행정부에 의한 법관의 인사조치, 3위는 1980년 봄의 세칭 '김대중내란음모사건'의 순서였다.—1995년 4월 11일자 〈경향신문〉) 현직 법관들이 보기에도 그럴 만큼 민청학련사건을 포함한 긴급조치사건 재판은 엉터리였던 것이었다.

박정희 정권은 1974년 4월 3일 밤 10시를 기해서 긴급조치 4호를 선포한다. 대통령 긴급조치 1호만 가지고는 국민의 반유신 항쟁을 막을 수 없게 되자 학생세력을 일망타진하기 위한 특단의 조치로 긴급조치 4호를 발동한 것이다.

내용인즉 '전국민주청년학생총연맹'(약칭 민청학련)과 이에 관련되는 단체를 조직하거나 이에 가입, 고무 찬양하는 일체의 행위를 최고 사형에까지 처하겠다는 것이었다. 비단 민청학련에 관련된 행위가 아니더라도 학생의 '정당한 사유 없는 결석이나 시험거부 행위'에 대해서도 5년 이상의 징역에 최고 사형까지 선고할 수 있게 되어 있었다.

유신체제에 대한 저항과 민주화를 향한 뜨거운 열망은 당시 학원가를 중심으로 고조되었으며, 학생시위가 전국적으로 번질 조짐을 보이자 이에 당황한 박정권은 긴급조치 4호라는 극약처방을 내린 것이다. 곧이어 일대 검거선풍이 일었다.

긴급조치 4호가 나오기 직전(같은 날인 1974년 4월 3일) 전국민주청년학생연맹의 이름으로 된 '민중·민족·민주 선언'이 발표된다. 그 성명은 '바야흐로 민권승리의 새 날이 밝아오고 있다. 공포와 착취, 결핍과 빈곤에 허덕이던 민중은 이제 절망과 압제의 사슬을 끊고 또다시 거리로 나섰다'로 시작된다. 그리고 '이에 우리는 반민주적·반민중적·반민족적 집단을 분쇄하기 위하여 숭고한 민족·민주 전열의 선두에 서서 우리의 육신을 바치려 한다'로 끝맺고 있다.

같은 달 25일 중앙정보부는 소위 '민청학련 사건'이라는 겁나는 내용을 발표한다. 즉 "민청학련은 공산계 불법단체인 인혁당재건위와 재일 조총련계 및 일본공산당, 국내 좌파, 혁신계 인사가 복합적으로 작용, 1974년 4월 3일을 기해 현정부를 전복하려 한 불순세력으로, 이들은 북괴의 통일전선 형성공작과 동일한 4단계 혁명을 통해 노동자·농민에 의한 정권수립을 목표로 하고 과도적 정치기구로 민족지도부의 결성을 획책하였다"고 했다.

앞서 보았듯이 본시 민청학련은 학생들이 유인물(4월 3일 발표한 '민중·민족·민주선언')에 편의상 붙인 호칭이었는 데도 중앙정보부는 이를 폭력으로 정부전복을 노린 전국적인 불순학생조직인 양 거창하게 부풀려서 발표한 것이다.

중앙정보부는 관련자 1천2백4명을 조사한 끝에 그중 7백45명을 훈방하고 2백53명을 비상군법회의에 송치하였으며, 군검찰부는 그중 1백80명을 기소하였다. 이들의 죄명도 다양하여 긴급조치 4호 위반 외에도 국가보안법 위반, 반공법 위반에 내란예비음모, 내란선동, 긴급조치 1호 위반 등으로 그들을 겹겹이 얽어놓았다. 그리고 사형 14명, 무기징역 15명이라는 엄청난 중형이 떨어졌다. 배후인물로 기소된 지학순 주교, 박형규 목사, 김동길 교수. 김찬국 교수 등에게도 1심에서 15년형이 선고되었다.

　검거선풍에 휘말린 많은 사람들이 수사기관에 끌려가 허위자백을 강요받는 가운데 심한 고문과 가혹행위를 당했다. 삼각지 언덕배기의 군용 콘셋내에서 열린 군법회의는 한낱 요식행위에 지나지 않았다. "맨 앞줄은 사형, 그 다음줄은 무기, 셋째 줄은 20년, 마지막 줄 15년……." 이렇게 앉은 순서(줄)에 따라 형이 정해진다고 비아냥거릴 정도의 각본놀음이었다.

　엄청난 수의 피고인들을 불과 몇 사람의 변호사가 분담하다보니 변호사 한 사람이 여러 피고인들을 맡게 되어 구치소 접견과 사건파악에만도 시간이 모자랐다.

　나는 학생 및 기독청년 그룹 34명을 한 건으로 묶은 사건을 다른 변호사 몇 분과 분담해서 맡았다. 그때 군법회의 법정에 섰던 피고인들 중에는 이철李哲 유인태柳寅泰 여정남呂正男 나병식羅炳湜 윤한봉尹漢奉 정상복鄭相福 안양로安亮老 이근성李根成 김영일金英一(김지하) 유근일柳根一 김병곤金秉坤 등 기독청년 및 학생운동권의 핵심인물들이 망라되어 있었다. 이들은 그 후에도 이 나라의 반독재 민주화투쟁에 큰 몫을 해냈으며 지금도 시민단체와 정계, 학계, 언론계에서 활동하는 사람들이 많다.

　나는 군법회의 특유의 억압적 분위기에 아랑곳하지 않고 긴급조치 4호가 그 1호나 마찬가지로 유신헌법에도 위반되는 것이라고 일단 법률론을 편 다음 국가보안법 위반, 내란예비·음모, 내란선동, 반공법 위반 따위의 공소사실이 허구이자 날조라는 점을 역설하였다.

　그 당시 재판은 심지어 피고인들의 수갑도 풀지 않은 채 인정신문이 시작되었는 데도 심판관 중에 끼여 있는 현직 판사조차 이에 대해 아무 말도 하지 않았다. 변호인석에서 "법대로 수갑을 풀고 재판해달라"고 요구했더니 그때서야 마지 못해 수갑을 풀어주었다.

　긴급조치사건 재판은 개벽두에는 집권자측의 독기가 단연 '우세' 했지만 얼마 지나지 않아 피고인들이 분위기를 압도하기 시작했다. 단하의 젊은이들은 주어진 질문에 대답이나 하는 수동적 입장에 머무르지 않았다. 오히려 박정권의 무도함을 통렬히 규탄하는 대담한 역습을 파상적으로 감행했다. 누가 누구를 심판하는 것인지 분간할 수 없는 일대 접전이었다. 공판 때마다 법정에서는 발언제지, 경고, 휴정, 퇴정명령, 항의소동이 되풀이되었는가 하면 피고인들이 모두 일어서서 애국가를 부르는 엄숙한 장면도 있었다.

심판부는 당황한 나머지 피고인 전원을 퇴정시키고 나서 변호인석을 향하여 변론을 하라고 요청했다. 그때 나는 법정 안의 텅 빈 의자를 바라보며 자리에 서 일어섰다. 그리고 이렇게 말했다.

"본변호인은 피고인을 변호하기 위해서 이 자리에 나온 것이지 저 텅 빈 의자를 변호하러 나온 것이 아니다. 애국 청년 학생들을 다시 입장시키기 전에는 결코 변론을 할 생각이 없다."

구형량은 어이가 없을 정도로 엄청났다. 폭력혁명으로 공산국가를 건설하려고 했다는 논고에 걸맞게 이철 등 7명에게 사형, 황인성 등 7명에게 무기징역이 구형되었다.

사형이 구형된 김병곤은 최후진술에서 "사형 구형을 받아 영광입니다"라고 외쳐 듣는 사람을 숙연케 했다. 같이 재판을 받던 김지하는 그 순간 "이게 도대체 무슨 말인가"하고 엄청난 충격 속에 휘말려들었다고 훗날 회상기에 썼다.

'판결'은 국화빵처럼 공소장을 글자 하나 틀리지 않게 옮겨놓았으며 구형한 그대로 형량이 선고되는 '정찰제 판결'이 계속 나왔다. 학원 및 종교계 젊은이들 34명 중 29명이 구형량과 똑같은 중형을 받았다. 사형과 무기징역을 제외한 18명의 형기만을 합쳐도 2백40년이나 되었는가 하면 긴급조치 1호와 4호 위반자 중 사형 무기징역이 아닌 징역형을 받은 2백3명의 형량을 합치면 2천 년이 넘는다는 계산도 나왔다.

민청학련사건 피고인 중 경북대학생 여정남 군은 인혁당사건과의 '연결고리'로 꾸며져 기소되었다. 그의 변호를 맡고 있던 변호사가 도중에 나더러 대신 좀 맡아달라고 간청해서 나는 뒤늦게 그의 변호에 나서게 되었다.

그는 인혁당과의 관련을 정면 부인했으나 결국 대법원에서 사형이 확정된 지 하루 만에 인혁당사건 피고인들과 함께 처형되고 말았다. 변호를 맡았던 피고인 중 유일하게 그가 사형을 당할 때, 나 역시 서울구치소에 갇혀 있었다. 1975년 4월 9일 새벽 그가 형장으로 끌려가던 그 시각에 그의 변호인이던 나는 같은 감옥의 감방에서 잠을 자고 있었던 것이다.

사건개요 (2)

법정에 선 180명, 청년, 학생, 전직 대통령까지

한승헌 (변호사)

　박정희 대통령의 영구집권을 노린 유신헌법, 이것을 반대하거나 개정만 주장해도 15년 징역에 처한다는 대통령긴급조치 1호, 그 황당무계한 강권으로도 유신독재 반대의 불길은 잡을 수가 없었다. 이때 출현한 또 하나의 초강수가 바로 '긴급조치 4호' 였다. 1974년 4월 3일 밤에 발표된 이 조치는 '전국민주청년학생총연맹(약칭 '민청학련')의 관련자를 처벌대상으로 하여 급조된 것이었다. 정당한 이유 없는 결석, 시험거부, 집단행동을 하는 학생에 대해서도 5년 이상의 징역에 최고 사형까지 과할 수 있다는 기막힌 내용이었다. 청년·학생들에 대한 대량검거 선풍이 전국을 휩쓸더니 나중엔 '자금지원'을 이유로 윤보선 전대통령, 박형규 목사, 이우정 교수까지도 피고인이 되었다.

　4월 25일 신직수 중앙정보부장은 '민청학련사건 수사상황'을 발표했는데, 그 내용이 어마어마했다. 관련자 240여 명이 당국의 조사를 받고 있으며, 민청학련의 배후에 과거 공산계 불법단체인 인혁당 조직과 재일 조총련계와 일본 공산당, 국내좌파 혁신계가 복합적으로 작용했다는 것이었다. 그러면서 학생 주모자들은 이른바 노동자, 농민에 의한 정부를 세울 것을 목표로 과도적 통치기구로 '민족지도부'의 결성까지 계획했다고 말했다.

　5월 27일 일본인 2명을 포함하여 민청학련 관련자 55명이 1차로 기소된 것을 비롯하여 모두 180명이 재판에 회부되었다. 6월 15일 국방부 비상보통군법회의 법정에 끌려나온 학생운동 지도자급 34명 중에는 이철, 유인태, 여정남, 황인성, 라병식, 윤한봉, 안재웅, 나상기, 서경석 등과 함께 한국기독학생총연맹(KSCF) 총무인 이직형 씨의 얼굴도 보였다.

공소장에 의하면 이총무는 '평소부터 유신헌법은 국민의 자유를 억압하는 악법이며, 정부는 유신체제를 반대하는 국민의 의사를 1·8긴급조치라는 강제수단으로 억압하여 기독교를 탄압하는 등 부당한 처사를 감행한다고 단정하여 이에 불만을 표시하여오던 중⋯⋯' 이었다고 한다. 공소장 중에서 이 대목만은 매우 정확했다.

공소사실의 첫째는 '유신헌법을 반대, 정부전복을 목적으로 한 라병식 등의 폭력혁명계획을 격려했다는 것. 라병식 씨는 서울대생 이철, 유인태 등과 폭력혁명의 수단으로 정부전복을 목적으로 반국가단체를 구성하여 교회계통과의 연계책임을 담당한 사람' 이라고 되어 있었다.

이총무는 라씨로부터 자금지원 요청을 받고 정상복을 통하여 5만 원을 줌으로써 폭력혁명계획을 격려했다는 것인데, 이 부분은 전혀 사실이 아니며 고문에 의한 조작이었다. 유신헌법 반대는 맞지만 '정부전복' 이나 '폭력혁명' 은 말조차 나온 적이 없었다. 앞서의 5만 원은 무슨 혁명 거사 자금이 아니라 일상적 비용이었던 것이다.

이상의 혐의는 대통령긴급조치 1호, 같은 긴급조치 4호 위반에 형법상의 내란예비음모라는 엄청난 죄명에 걸리는 것이었다. 그런데 여기에다 뇌물죄까지 얹혀 있었으니, 그 사연은 이러했다.

이씨는 서울구치소에 수감된 첫날 저녁에 임 아무개라는 담당 교도관이 주는 종이와 볼펜을 가지고 '아내에게 학생들이 집에 온 사실이 없다고 알려주라. 메모전달인에게 돈 1만 원을 주라' 는 편지(속칭 비둘기)를 조 아무개라는 KSCF간부에게 전해달라고 부탁을 하고, 조 아무개로 하여금 돈 1만 원을 교도관에게 뇌물로 주게 하였다는 것. 구치소에서는 흔히 '비둘기를 날린다' 고 해서 교도관이 수감자의 가족이나 친지에게 쪽지(편지) 심부름을 해주고 돈을 받는 일이 더러 있었다.

공소사실 세 번째는 민청학련 구성원인 라병식과 만난 사실 등을 숨김없이 고지하지 아니하였다는 '불고지죄'였다. 이건 법 이론상으로는 도저히 죄라고 할 수가 없는 것이었다.

이총무를 비롯한 거의 모든 피고인들은 법정에서 고문 등 가혹행위에 의하여 허위자백을 했다고 호소하였는가 하면, 수명受命법무사가 피고인이나 변호인의 참여를 배제한 채 증인신문을 하였고, 그밖에 유죄로 볼 만한 적법 증거가 없음에도 불구하고 비상군법회의는 1, 2심을 막론하고 유죄판결이었다.

내란음모 사실을 인정할 만한 증거도 물론 없었다.

나는 변호인으로서 심혈을 기울여 상고이유서를 썼다. 대법원이라고 해서 별 수가 없다는 걸 알면서도 법정에 선 청년·학생들이 결코 범죄자가 아니라 단상의 심판관들과 그들 상부의 군부집권자들이 범죄인임을 밝혀두어야겠다고 생각했기 때문이다.

피고인들은 한결같이 부정·불법을 규탄하고 사회정의와 민주정부 수립을 추구하는 가운데 유신체제를 반대했던 것이지, 무슨 내란을 할 의도는 전혀 없었다고 맞섰다. '민청학련'이란 단체가 실재했던 것도 아니고, 단지 성명서 유인물에 편의상 붙인 명칭이었다.

7월 13일, 용산 삼각지에 있는 군법회의 막사에서는 저들의 각본대로 1심 판결이 나왔다. 사형 7명, 무기징역 7명, 징역 20년 12명, 징역 15년 6명. 사형과 무기징역을 면한 18명의 형기 합산연수가 340년이나 되었다. 구형량과 똑같은 선고형이 32명의 피고인 중에서 29명이나 되었다. 나는 이처럼 구형량에서 한푼도 깎아주지 않는 판결에 '정찰제 판결'이라는 호칭을 붙였다.

민청학련의 배후조종으로 조작·기소된 동예종 씨 등 인혁당 관련자 22명은 대부분 사형이나 무기징역이란 중형을 받고 다음해 4월 8일 대법원 상고기각 직후, 만 하루도 되기 전에 그중 8명에게 사형을 집행하였다. 박 정권의 최대의 죄과였다.

이직형 총무는 서빙고의 보안사에서 군홧발로 짓이김을 당하고 의식을 잃기도 하였으며, C모 검사한테 조사를 받다가 갑자기 이유도 없이 얼굴에 주먹세례를 받기도 하였다.

이총무에게 1심에서 징역 20년이 선고되었다. 항소심에서는 피고인 전원이 모두 일어나 애국가를 부르다가 퇴장당하기도 했고, 단상의 심판관들에 대해서 단하의 피고인들이 역습공세를 취하자 발언제지, 퇴장명령 등으로 법정내에 소란이 벌어지기도 하였다. 심판부는 피고인을 전원 퇴장시킨 뒤, 나보고 변론을 하라고 하기에, 나는 입을 열었다.

"나는 피고인들을 변호하러 여기 왔지, 빈 의자를 변호하러 온 사람이 아닙니다."

체험기 (1)

유신정권의 극약처방, 사건날조에서 극형까지

정상복 (목사)

유신시대 민주화 연대운동의 시작

광학빌딩. 법조인들에게는 익히 알려진 이름이지만 일반인들에게는 퍽 생소한 이름이다. 덕수궁 대한문 왼쪽에 아담하게 세워진 이 빌딩은 변호사 사무실이 즐비하게 입주해 있는 법률사무소 전용빌딩이다. 여기에 한승헌 법률사무소가 있다.

1972년 10월 17일, 박정희 군사정권은 장기집권을 목적으로 이른바 유신헌법을 만들어 영구집권을 획책하였다. 이로부터 채 1년이 못되어 학생들이 최초로 이 유신헌법에 반대하면서 데모를 강행한 것이 바로 1973년 10월 2일 서울 문리대 학생시위 사건이다. 이 사건은 당시 얼어붙은 학생운동에 처음으로 불을 댕겼다는 의미 외에도 유신선포 후 최초의 조직적 시위·저항으로 유신체제를 반대했다는 점에서 학생운동사에 큰 의미가 있고, 이 운동을 시발로 하여 유신체제의 저항운동이 연이어 일어났다는 사실에서도 그 중요한 의미를 찾아볼 수 있다.

이 사건으로 많은 학생들이 제적, 무기정학, 구류, 구속의 과정을 거쳐 최종적으로 도종수·나병식·강연원·정문화·김병곤 군 등이 구속 기소되었다. 이중 나병식·강영원·정문화 군이 내가 간사로 일했던 한국기독학생회총연맹(Korea Student Christian Federation, 약칭 KSCF) 회원들이었다. 그

전까지는 대개 학생시위를 주동한 학생들은 재판 이전에 풀려나는 것이 관행이었는데 이 사건은 예외적으로 기소를 했던 것이다.

이에 대한 대책을 숙의하던 중에 우선 변호인을 선임해야겠다고 생각하고 변호인을 물색하게 되었다. 그런데 여기에 문제가 생겼다. 사실 당시에는 이런 사건을 맡아줄 변호사들이 그리 많지 않았다. 또 어떤 변호사들이 있는지도 몰랐다. 그래서 나는 유일하게 이름만 알고 있던 한승헌 변호사를 찾아가기로 하였다. 한승헌 변호사는 1973년 4월 남산 부활절 유인물 배포사건으로 구속되었던 박형규 목사의 변호인으로 활약한 적이 있어 익히 이름을 알고 있었다. 수소문하여 광학빌딩을 알고 1973년 11월 19일 한승헌 변호사를 만나게 되었다. 이것이 아마 법조인과 학생운동이 연결을 갖게 되는 최초의 만남이 아닌가 생각한다.

이 자리에서 기독교인으로서 좋은 분을 한 분 소개해주셨는데, 그분이 바로 이세중 변호사이다. 이세중 변호사는 창현교회 교인이었는데, 창현교회에는 우리 회원들이 많이 있어서 얼마나 반가웠는지 모른다. 나는 기독교인 중에는 변호사가 별로 없고, 있다 해도 이런 사건과는 거리가 먼 분들인 줄 알았다(당시 한승헌 변호사는 교인이 아니었다). 한변호사님은 또 황인철 변호사도 소개해주었다. 그리하여 10월 2일 서울문리대 학생시위 사건의 변호인으로 한승헌·이세중·황인철 세 분 변호인을 공동으로 선임하게 되었다.

이제 금방이라도 학생들이 풀려날 것만 같은 기분으로, 그리고 이 어려운 시기에 처음으로 법조인들이 학생운동에 고난을 함께해주었다는 고마움으로 어찌할 바 모르는 감격을 갖고 돌아왔다. 여기서 또한 좋은 힌트를 얻었는데, 공동으로 변호인을 선임하려면 부모들이 공동으로 나서서 그 대표를 선임해야 한다고 하여 즉석에서 '구속학생가족대책협의회'를 구성하고 회장에 강승택 씨(강영원 학생의 아버지)를 뽑았다.

이렇게 시작된 한승헌 변호사와의 만남은 누구도 기억해주지 않는 작은 만남이었지만 이것이 계기가 되어 기독교와 학생운동, 학생운동과 법조인, 법조인과 기독교 그리고 가족운동으로 발전해가는 연결고리가 되었다는 점에서 의미있게 생각한다. 이러한 경험이 바로 민청학련사건이 일어났을 때 모두가 하나로 뭉칠 수 있는 계기가 되었고, 가족들이 결집되어 오늘의 민가협운동으로 발전할 수 있었던 계기라고 본다.

흔히들 해외에서는 70년대 한국 민주화운동을 특색있는 운동으로, ① 모든 세력이 하나의 목적으로 연대한 운동, ② 가족이 전면에 나서서 극렬하게 투쟁한 운동, ③ 종교세력이 비종교세력을 강하게 지원한 운동이라고 지적하고 있다. 이러한 운동은 세계 어느 곳에서도 그예를 찾아보기가 쉽지 않다고 한다.

한 가지 잊혀지지 않는 일은, 변호사 선임료가 얼마인지도 모르고 20만원을 가지고 가 쑥스럽게 내놓으면서 어물쩡댔는데, 그후 이들이 대통령의 특별지시로 공소취소되어 석방되자 한승헌 변호사께서 그돈을 도로 돌려주어서 또 한번 신선한 충격을 받았던 것이다. 대개 변호사들은 수임료에 대해서는 정확하다고 생각했던 내 선입견이 허물어지고 말았다.

이 만남으로 인해 내가 1983년 한국기독학생회총연맹을 떠나 미국 유학길에 오르면서 학생운동 일선에서 떠날 때까지 10여 년 동안 광학빌딩을 수도 셀 수 없이 드나들게 되었고, 기독교회관과 광학빌딩은 구속학생들의 부모들에게는 격려와 희망을 안겨주는 중심이 되기도 하였다.

민청학련사건과 KSCF
사건의 배경

70년대 이전의 기독학생운동은 학내에서 주도적인 위치에서 학생운동을 전개하지 못했다. 4월학생혁명 때나 그후 한일회담 반대운동 때에도 조직적·집단적으로 대응하지 못했다. 늘 기독학생운동은 개인적으로 운동의 주도세력에 참여하거나, 아니면 일반운동을 지원하고 공백을 메워줌으로써 일반운동이 활성화되도록 하는 데 목적을 두고 있었다.

그러나 60년대 일반학생운동을 지켜보면서 학생운동의 중요한 한계를 깨닫게 되었는데, 그것은 지식인운동으로서의 학생운동의 한계였다. 시위운동의 한계를 벗고 사회변혁의 단초를 마련해야겠다는 반성이 내부에서 일어났다. 당시 근대화의 물결을 타고 사회내부의 모순과 빈부격차가 심화되면서 많은 사회의 모순이 드러나기 시작했는데, 1969년도에 학생사회개발단이 발족되어 학생들이 사회문제에 구체적으로 관심을 갖기 시작했고, 서서히 행동으로 접근하기 시작했다. 도시빈민지역, 공장 노동자에 대한 관심 등 기독학생운동이 사회문제에 깊숙이 관여하면서 사회적 모순을 아주 극명하게 보게 되었고, 결국 정치적 모순으로 파고들게 되었다.

이러한 경험을 하고 있는 기독학생들에게 충격을 안겨준 사건이 바로 전태일 분신자살사건이다. 1970년 11월 13일 서울 청계천 6가 피복제조상인 동화시장 종업원이었던 전태일 씨가 열악한 작업환경의 개선과 노동조건 개선을 외치면서 분신자살하였다. 한 젊은 기독청년이 분신자살했다는 것은 곧 기독학생들로 하여금 다시 한번 이 사회의 모순을 들여다보게 한 충격적인 사건이었다. 이제 기독학생들은 주저하지 않고 보다 과감하게 학생운동의 전면에 나서게 되었다. 반면에 학사단운동이 당국의 철저한 감시와 차단으로 어렵게 되자 유신체제에 정면 도전해야 되겠다고 생각하였다. 이미 10월 2일 서울 문리대 시위사건을 경험했던 주동급 학생들은 1974년 새 학기에는 대대적인 학생데모를 계획하게 되었다.

기독학생운동은 비교적 좋은 장점을 가지고 있다. 첫째, 전국조직을 가지고 있다는 사실이다. 지금은 학생운동이 전국조직으로 뭉쳐 있지만 70년대에는 전혀 그렇게 할 여지가 없었으며 또한 용납되지도 않았다. 그러나 기독학생조직은 상설로 전국조직을 가지고 있었기 때문에 아주 좋은 여건이었다. 둘째, 교회라는 지원세력이 있었다. 물론 일반적으로는 교회가 기독학생들을 위험시하면서 지원하지 않았지만, 그래도 기독교 6개 교단이 공식적으로 지원해서 이사회를 구성하고 있었고 한국기독교교회협의회(KNCC)가 강력하게 뒷받침해주고 있어서 힘이 되었다. 마지막으로는 국제기구와 연결되어 있어서 국제적 연대감을 가지고 많은 국제기구로부터 도덕적·재정적 지원을 받을 수 있었다. 실제로 70년대 한국의 민주화운동에서 국제적 지원이 얼마나 큰 몫을 했는가를 우리는 잘 알고 있다.

이러한 상황에서 백만인 청원 개헌서명운동이 일어났다. 이 운동은 요원의 불길처럼 전국적으로 번져갔다. 1973년 12월 26일부터 29일까지 광주 피정센터에서 열린 KSCF 동계대학에서는 이 운동에 적극적으로 참여하기로 결정하고 모든 준비를 완료하였다.

동계대학은 주로 총회와 함께 겸하는데, 전년도 학생운동을 분석 검토하고 새 학기 학생운동을 전망하면서 활동을 확정짓는 전국적인 모임이다. 그러나 공식적으로 어떤 결정을 하는가가 중요한 것이 아니라 토론을 통해 비공식적으로 학생운동을 어떻게 전개해가느냐 하는 문제가 학생들에게는 더욱 중요했다. 당시 새 학기 학생운동 전망으로는, ① 유신헌법 반대를 위한 전국적인 학생데모 전개, ② 이런 상황이 발생했을 때 기독학생들의 운동전략, ③ 백만인 서명운동 적극참가 전략 등이 논의되었다.

이에 대해 기독학생들은, 학내 데모에 적극적으로 참여할 학생들은 적극 참여하되 가급적 KSCF 회원으로서가 아닌 학내 일원으로 참여하고, KSCF 공식기구는 관계하지 않도록 하며, 일반학생운동이 당국으로부터 검거되고 차단당하면 그 공백을 메워주는 운동 및 구속학생들을 지원하면서 다시 학생들을 결집하는 후속운동을 할 것을 원칙으로 하되 가급적 조직은 최대한으로 활용하자는 묵시적 합의를 하고 있었다.

윤보선 전대통령의 자금 지원

민청학련사건의 KSCF 주동자들은 주로 황인성·나병식 군이 중심이 되어 활동했다. 아마 조직적으로 가장 활발하게 준비작업을 한 사람은 황인성 군이었을 것이다. 황인성 군은 서울문리대 독문학과에 재학중이었고, 이미 10·2 데모때 기소유예로 풀려났으며, KSCF 학사단 단장으로 있어서 그의 활동은 아주 독보적이었다.

그러나 우리는 서로의 활동에 대해 별로 아는 척을 하지 않았다. 그것이 불문율처럼 되어 있었던 것이다. 그 동안의 수사기관의 조사경험으로 보아 모르고 있는 것이 훨씬 편하기 때문이다. 지도자는 가능하면 일반 학생들에게 피해를 주지 않으려 하고, 일반 학생들은 지도자에게 피해를 주지 않으려 하는 게 관행이었다.

학생들이 데모를 하는 데는 자금이 가장 어려운 문제였다. 가끔 그들은 나에게 와서 등록금이 없어 등록을 못하게 되었다면서 도와달라고 했다. 그럴 때는 눈치를 채고 자금을 마련해준다. 물론 어떤 때는 잘 구분이 안 될 때도 있었다. 그래서 학생들이 데모에 연루되면 학생지도자는 늘 불안할 때가 많다. 민청학련사건에서 내가 자금책으로 지목받은 것도 아마 이런 연유에서였을 것이다.

이렇게 새 학기 데모준비가 진행되어가는 중에 나병식 군으로부터 자금 지원을 요청받았다. 당시로서는 상당히 큰 액수였기 때문에 나 혼자 해결할 수가 없어 함께 간사로 일하던 안재웅 간사에게 부탁했다. 안재웅 간사가 마련해보겠다면서 기다려달라고 하였다. 이미 나는 5만 원을 나병식에게 지원했고, 이대 약학과 박혜숙 양 등 KSCF 회원들에게 작은 돈을 넘겨주었기 때문에 큰 돈을 마련하기는 어려웠다. 안재웅 간사는 30만 원을 마련하여 나에게 주었다.

물론 그돈이 어디서 왔는지 정확히 몰랐다. 그러나 대충 김작은 하였다. 나중에 문제가 되면 그때 안재웅 간사는 갓 결혼을 한 신혼때여서 결혼 부조금으로 들어온 돈이라고 하기로 서로 말을 맞추었다. 그돈은 즉시 남영동에 있는 메아리다방에서 나병식에게 전달되었다. 이돈은 바로 윤보선 전대통령에게서 나온 것으로, 이우정 교수를 통해 박형규 목사에게 전달되어 안재웅 간사를 거쳐 내가 나병식에게 전달하였다. 민청학련 데모자금 가운데서는 가장 액수가 큰 돈이었다.

KSCF의 일반활동

당시 나는 서울을 중심으로 한 중부지역 담당 간사로 일했다. 따라서 서울에 있는 주요대학들이 내가 관장하는 활동영역이었다. 수시로 학생들을 만나고, 또 모여서 수련회 등을 연다든지, 또 언제나 모이면 정세분석을 하고 학생운동의 전략을 수립하기도 했다. 이 모든 활동들이 모두 내란음모죄로 기소되고 판결된 내용이었다. 유신헌법을 반대했으니 긴급조치 위반이야 악법도 법이니만큼 위반했다 하더라도 내란을 음모했다고 하는 사실은 전혀 근거가 없다. 내가 상대한 학생수가 얼마나 많은데 그 학생들을 만나 이야기한 것이 전부 내란선동이고, 이 학생 저 학생들이 활동하는 자금이나 그냥 용돈 얼마 얻어가는 전부가 내란을 모의하고 자금을 지원했다는 것이다.

나를 포함한 KSCF 회원들은 분명히 유신헌법은 반대했고, 4월 3일을 기한 데모에는 직·간접으로 참여하기도 했으며 자금지원도 했지만 내란음모, 내란선동 등의 어마어마한 일들은 하지 않았다. 더구나 국가보안법 등에서 명시한 반국가단체 결성이란 전혀 근거가 없었다. 당시 유인물에 붙였던 전국민주청년학생총연맹이라는 이름은 유인물 밑에 통상적으로 붙일 이름이 필요해 황인성 군의 제안으로 붙인 것뿐이다. 그와 같은 이름은 후에나 알게 되었다.

이른바 인혁당사건

민청학련사건은 이철·유인태를 중심으로 하여 서울대 학생운동권 중심의 일반학생들 그리고 KSCF와 인혁당 관계자들이 얽힌 사건이다. 물론 교수들, 전직대통령, 변호사 등의 일반인사들도 관련되어 있지만 큰 세력은 세 부류였다. 그런데 인혁당사건은 아무리 살펴보아도 억울하기 짝이 없는 사건이다. 물론 아직도 인혁당의 실체가 정확히 드러난 것은 아니다. 언젠가 그 정확한 실체가 있다면 드러나야 되리라고 본다. 그러나 지금까지 접촉하고 함께 사건에 관계하면서 아무리 자세히 살펴보아도 거의 대부분이 조작된 것이라는 점만이 확실하다. 인혁당 관계자들을 보면 송구스럽고 미안할 때가 많다. 박정희 유신독재정권은 인혁당을 빌미로 민청학련사건 관계자들을 때려잡았지만 인혁당은 민청 때문에 희생되지 않았나 하는 생각이 늘 들곤 한다.

사실 나는 인혁당 관계자들을 사전에는 한 사람도 몰랐다. 1심에서는 같이 재판을 받을 기회가 없어 오직 여정남 씨하고만 같이 재판을 받았는데, 나는 여정남 씨를 아주 대단한 인물로 보았다. 재판받는 의연한 자세라든지, 학생운동에 대한 논리정연한 이론이라든지, 남자다운 기상 등에서 사람을 압도하는 면이 남달리 강했다. 지금도 그의 그 모습이 선하게 다가서곤 한다. 사법살인을 당한 인혁당 8명의 동지들이 다 그렇지만 특별히 여정남 씨는 아까운 인물이었다. 이들에 대한 누명은 반드시 벗겨져야 한다. 이것이 우리 모두의 역사에 대한 참회이다.

중앙정보부의 조작수사

3월 말부터 검거선풍이 불기 시작하였다. 나는 만약을 대비하고 있었기 때문에 하루하루를 긴장 속에서 지냈다. 이미 이직형 총무대리가 연행되었다는 소식을 듣고 당분간 피해 있을 채비를 하였다. 3월 30일 마침 둔촌동 뒤편의 베다니학원에서 수련회를 마친 나는 안재웅 간사와 함께 피해 보자고 했으나 안재웅 간사는 당시 결혼한 지 얼마 되지 않아 집에 들어가겠다고 했다. 그러나 독신인 나는 집에 갈 필요가 없었다. 안재웅 간사는 그날 집에 가서 연행되었다. 나는 평소에 가본 적이 있는 경부고속도로 톨게이트 건너편의 기도원에 가 있었다. 내가 그 기도원에 있는 동안 고영근 목사가 그곳을 다녀갔다. 물론 우리는 서로 안면은 있었지만 모른 척하고 지냈다.

신문도, 라디오도 보도 듣도 못하니 도저히 궁금해서 견딜 수가 없었다. 그런데 기도원에 사건이 생겼다. 총무로 일하던 분이 사실은 전에 어떤 사기행각을 벌여 이곳에 숨어 지내다가 피해자가 알고 찾아오는 바람에 그 총무는 도망가고 경찰이 와서 조사를 하느라고 법석을 떨었다. 그만 지레 겁을 먹은 나는 4월 7일 일요일 아침 일찍 기도원을 내려와 신당동 어느 이발관에 들러 이발을 하는데, 마침 경찰관들이 같이 와 이발하면서 서로 주고받는 이야기가 내가 아는 사람들을 거론하는 것이었다. "한 놈만 붙잡으면 팔자 펼 텐데……" 하는 소리에 사건이 심각한 것을 알고는 숨도 제대로 못 쉬고 누워만 있었다.

그 경찰관들이 다 나간 후에 가까스로 나와서 신문을 구해보려고 했으나 여의치 않아 이화여대 뒤편 대신동에 있는 대신교회에 갔다. 그 교회에는 같은 사무실에서 일하는 조운섭 군이 출석하고 있었다. 예배중에 무조건 들어가서 둘러보니 조군이 한쪽에 앉아 예배를 보고 있었다. 그옆에 갔더니 힐끗 쳐다보고는 깜짝 놀라면서 어찌할 바를 모른다. 지금 이 교회를 사방으로 철통같이 감시하고 있는데 어떻게 여기를 들어왔느냐고, 그야말로 어찌할 바를 모른다. 기도하는 중에 목사가 있는 강대상으로 가서 목사만 출입하는 문을 통해 목사 사택에 가서 예배가 끝나고 모두 가기를 기다렸다. 가끔 목사관 문을 두드리는 사람들이 있었지만 열어주지 않았다. 아마 눈치를 챈 것같았다. 그러나 어떻게 해볼 도리가 없었다.

얼마를 기다려 오후 2시쯤 목사님 부인과 함께 시장 가는 것처럼 위장해서 그곳을 무사히 벗어나기는 했지만, 결국 그날 아현동에서 붙잡히고 말았다. 처음에는 마포서로 연행되었다가 밤 12시가 지나 중앙정보부로 이송되었다. 경찰서에 가서야 처음으로 공개수배가 된 줄 알았고, 내가 중요한 수배인물 중의 하나인 줄도 알았다.

사실 그때까지만 해도 나는 별로 한 일도 없고, 그 동안의 경험으로 보아 대수롭지 않게 생각했다. 그런데 경찰서로 가보니 그게 아니었다. 정보과장 책상 위에는 수배인물들 명단이 사진과 함께 있고 그속에는 내 사진도 있었다. 주로 각 경찰서의 수배담당 책임자들이 달려와서 학생들의 소재를 묻거나 했지만 신통한 대답을 듣지 못하자 두들겨 패기나 하고 돌아갔다. 경찰서에서도 신병을 어떻게 해야 할지 무슨 혐의인지도 모르고 상부의 지시만 기다리고 있는 것같았다.

밤 12시가 지나 검은 승용차에 태워진 나는 중앙정보부 제6국 수사국 남산분실로 이송되었다. 중앙정보부에서의 수사의 내용은, ① 4월 3일 학생데모에 대해서와 자금지원 사항, ② KSCF 활동을 통한 반정부활동 내용, ③ 주로 접촉한 인사들과 그 접촉내용, ④ 북한방송 청취 및 간첩접선 관계 등이었다.

그들은 내 방에서 라디오를 압수하여 그 라디오로 북한방송을 들었다고 추궁했다. 당시 대부분의 의식있는 사람들은 몰래 북한방송을 들었던 것이 사실이다. 모든 매스컴이 차단된 상태에서 북한방송은 소식을 빨리 전해주고 있었기 때문이다. 그러나 나는 의도적으로 북한방송을 듣지 않았다. 왜냐하면 그 동안의 경험으로 보아, 알고 있으면 벗어날 도리가 없기 때문에 듣고 싶어도 듣지 않았던 것이다.

그런데 그것이 주효했다. 그날부터 이제 고문이 시작되었는데, 손가락 사이에 볼펜을 끼워 계속 누르고, 눕혀놓은 채로 의자를 가슴에 올려놓고 누르고, 두들겨 패고, 물 먹이고, 볼펜으로 찌르고 하는 반복된 고문이 계속되었다. 지금도 내 손에는 그때의 상처가 흉터로 남아 있다.

결국 나중에는 북한방송을 들었다고 허위자백을 하고, 그 내용을 상상해서 진술했더니 모두가 시간과 맞지 않는 것같아 나중에는 그들이 말하는 것을 그대로 반복할 수밖에 없었다. 나는 자금출처 때문에 제일 불안했는데 며칠 추궁하다가 내가 완강하게 버티자 그냥 넘어갔다. 그런데 생각지도 않은 북한방송 청취가 나를 괴롭혔다. 그래서 대체로 그들의 수사방향이 어떤 것인지를 짐작하게 되었다. 처음에는 상투적으로 빨갱이로 모는구나 생각했지만 조사를 받으면서 점점 그들의 의도를 간파하게 되었다.

이제 어느 정도 수사가 끝나갈 무렵 학생데모의 내용에 대해 조사하면서 학생들로부터 들었던 내용을 말하라는 것이었다. 학생운동 경험이 있는 사람이나, 더구나 학생운동 지도자 가운데 학생데모로 정부가 뒤집어진다고 생각하는 사람은 아무도 없다. 특히 학생들의 데모대가 거리에도 한번 나오기 힘든 유신시대에 학생데모로 정부가 뒤집어진다는 것은 말도 안된다. 그러나 끈질기게 학생들을 조사한 내용을 말해주면서 그만한 자금을 지원할 정도면 그런 구체적인 내용을 듣지 않고 어떻게 지원하겠느냐고 하여 결국 그런 사실을 학생들에게서 들었다고 시인해주었다. 한 학생이 새로 붙잡혀오면 또 한 건이 생기고, 또 한 학생이 오면 또 한 건이 생기는 대기공범이 되고 말았다.

보안사—비상군법회의—안양교도소

그러던 어느날 갑자기 조사서류를 챙기며 바쁘게 움직이더니 보안사 대공분실로 이송하였다. 이른바 빙고호텔이라는 곳이다. 이제 거의 조사가 끝났는데 또 새로운 곳으로 이송하니 더욱 불안하고 초조했다. 이제 몸도 완전 탈진되어 거의 제 정신이 아니었다.

보안사에 도착하여 제법 좋은 방으로 안내되었다. 침대도 있고 시설도 깨끗했다. 조사실치고는 특급실인 것같았다. 음식도 좋게 나왔다. 처음으로 불고기를 대접받았다. 반장이 와서 위로를 했다. 은근히 정보부 조사관들을 비방하면서 별 것도 아닌 것을 크게 만들어 사람만 고생시켰다며, 우리는 신사적이기 때문에 그런 고문 같은 것은 하지 않는다면서 의사도 보내 간단한 검진도 받게 해주었다.

빙고호텔에서는 비교적 편하게 지냈다. 한 가지 잊을 수 없는 일은 박아무개 수사관과의 관계이다.

이송한 날 어떤 수사관이 나에게 오더니 박형규 목사를 아느냐고 물었다. 나는 가슴이 철렁 내려앉았지만 침착하게 사실대로 잘 안다고 했다. 그러자 그 수사관은 "그 목사 사이비 목사지?" 하면서 박형규 목사를 마구 헐뜯어댔다. 나도 은근히 화가 나서 그런 목사 10명만 있으면 보안사가 없어도 된다고 그 수사관을 약올렸다. 그는 또한 이번 사건에는 박형규 목사가 관련 안되었느냐고 물었다. 나는 작년에 감옥에서 나온 분이 또 관련되었겠느냐면서 관계없을 것이라고 하자 그는 정말 관련 안되었느냐고 재차 물었다. 틀림없이 관련되지 않았을 것이라고 했더니 나가고 말았다. 나중에 알고 보니 이분은 바로 박형규 목사의 사촌동생으로, 우리들에게 많은 도움을 주었다.

드디어 나는 서울구치소에 수감되었다. 수번 201번, 4사 하下 7방. 내 평생 처음으로 구치소 밥을 먹게 되었다. 내 방 옆에는 인혁당의 송상진 씨와 강창덕 씨가 있었고, 앞동에는 김찬국 교수가 있었으며, 윗방에는 소설가 이호철 선생이 있었다. 이들이 모두 통방 상대들이었다.

서울구치소에서 처음으로 변호인을 접견했다. 한승헌 · 이세중 · 강신옥 변호사가 공동변호인으로 선임되었다. 변호인 접견실에서 접견하게 되었는데 나는 강신옥 변호사가 접견을 했다. 처음으로 만나는 분이었다. 누가 나의 변호인인 줄도 모르는 상태였지만 변호인 접견은 우리 모두에게 얼마나 큰 용기를 주었는지 모른다. 4월 7일 연행된 후 한번도 우리 편 사람들을 만나보지도 못했고, 가족도 면회가 안되는 상황에서 변호인의 접견은 정말 큰 힘이 되었다. 그러나 사건내용에 대한 의논은 별로 없었다.

뜨거운 태양이 내리쬐는 그 무더운 여름에 재판이 시작되었고, 이때부터 사건 관계자들이 모두 한 차에 타고 다닐 수 있었다. 이 기간이 우리들 민청학련 관계자들에게는 가장 즐겁고 상처를 치유할 수 있는 시기였다. 처음 만나는 사람도 있었고, 궁금했던 얼굴들을 만나는 것도 이때였다. 역시 좌중을 사로잡은 대화의 주인공은 김지하 시인과 여정남 씨였다. 늘 우리를 웃기고 담대하고 용기있게 해주었다. 이철 씨는 그때 머리를 박박 깎고 다녀서 그 이유를 몰랐는데, 나중에 알고 보니 수배당할 때 고등학생으로 위장하느라고 그렇게 되었다고 해서 모두들 웃음바다가 된 적도 있었다.

삼각지 언덕에 있는 국방부 청사 뒤 콘세트 건물로 된 육군본부 비상보통군법회의!

나는 군 복무시절에 제3군단 보통군법회의에서 3년을 보냈기 때문에 군법회의의 생리를 어느 정도는 안다. 검찰부장이던 김기형 대령은 내가 3군단에 있으면서 법무참모로 모셨던 분이다. 검찰관이던 다수의 군법무관들도 내가 잘 아는 사람들이었다. 그렇기 때문에 처음부터 재판에 기대를 걸지 않았다. 군법회의는 요식행위에 불과했다. 사전에 형량을 정하는 것은 물론 중요사건은 이미 사전에 다 조정하기 때문이다. 더구나 당시와 같은 사건을 군법회의가 어떻게 한다는 것은 기대할 수 없는 일이었다. 그러나 아는 사람이 많이 있다는 것은 나에게 다소의 힘이 되었고, 생소하지 않은 군법회의의 분위기는 나를 두려움에서 안정되게 해주었다.

나를 조사한 최명부 검사는 조사 첫날 김기형 대령을 잘 아느냐고 질문하면서 군법회의에서 일해 좀 안다고 서툰 짓 하지 말라고 협박했다. 우리는 법정에 나가는 것이 즐거웠고, 서로를 만나는 것이 힘이 되었다. 특히 법정에서 가족을 보고, 변호인들을 만나 눈인사를 하면서 위로를 받았다. 나는 가족이 시골에 있어서 방청석에는 늘 가족이 없었다. 그럴 때마다 나를 위해 선임된 변호인들, 특히 얼굴이 친숙해진 한승헌·이세중 변호사님들 얼굴을 보는 것만으로도 위로가 되었다. 재판이 진행되면서 우리는 그 동안 당해왔던 울분을 토해냈고, 변호인들의 대담한 공방으로 더욱 용기를 가질 수 있었다. 특히 내 담당 변호인이던 강신옥 변호사가 변론하던 날, 나는 세상에 저런 변호사도 있는가 경탄을 했다. 강변호사가 구속되면서 내 변호는 한승헌 변호사에게 넘어가게 되었다.

재판의 결과는 좀 의외였지만, 앞줄 사형, 그 다음줄 무기, 셋째 줄 20년, 마지막 줄 15년 이런 식으로 법정에 앉은 순서대로 선고되는 것을 보고 희극적인 씁스레함을 금치 못했다. 그러나 20년을 받은 나는 사형을 선고받은 사람을 위로하느라 정신이 없었고 그 누구도 심각하게 생각하지 않았다.

선고가 끝나자 나는 동료들과 함께 안양교도소로 이감되었다. 우리는 마치 소풍이라도 가는 듯한 마음이었다. 처음으로 함께 한 방에 수용되기도 했다. 안양교도소에는 병동이 있었는데, 그 병동에는 국회의원이던 김상현·조연하·김한수 씨 등이, 그 병동 아래에는 장준하 선생, 이해학 목사 그리고 윤필용·원충연 씨 등이 있었다. 국회의원들 방에는 라디오가 있어서 밖의 소식을 전해들을 수 있었다. 우리 가운데 누군가 병동으로 가서 그 뉴스를 전달해줄 필요가 있어서 당시 몸이 좋지 않았던 내가 선정되었다.

보안과장 면회를 신청하여 병동으로 이송해줄 것을 요구했지만 거절당했다. 이제 우리는 교도소 안에서 어떻게 해야 우리의 요구가 관철되는지를 잘 알고 있었다. 온 사방에서 고함을 치고 난동(?)을 부렸다. 멀쩡한 특권층 사람들은 병동에 넣고, 아픈 사람은 넣지 않는다고 야단을 친 것이다 (이것은 모두 서경석 씨의 계획으로 진행되었다). 효과는 금세 나타났다. 그러는 즉시 나는 병동으로 옮겨졌던 것이다.

병동에서의 내 역할은 국회의원이 있는 방에서 뉴스를 듣고 이를 종이에 써서 운동시간을 통해 황인성 군에게 전하는 일이었다. 이것이 또 다른 방으로 전해졌다. 이들 덕택에 나는 병동에서 편하게 지냈고, 간병으로 일했던 이인수 대령의 극진한 간호 덕분에 몸도 많이 좋아졌다. 특히 20여 년을 징역으로 고생하고 있던 이인수 대령은 모든 긴급조치 위반자들에게는 잊을 수 없는 분이었다. 아래층에 있던 장준하 선생은 몸이 좋지 않아 때로는 의식불명이 오래 지속되었다가 깨어나기도 해서 우리 모두를 안타깝게 하였다.

맺는 말

이제 민청학련사건 20주년을 맞이했다. 당시의 사건 관계자들이 모여 민청학련운동계승사업회를 결성하고 그 운동정신을 계승하려고 한다. 아직도 그 사건의 정확한 실체가 분명하게 드러나지 못하고 있는 실정이 안타깝고, 그때의 유신잔당과 가해자들이 아무런 역사의 응징도 받지 않고 활개치고 있는 현실을 보면서 가슴이 답답해진다. 우리의 역사는 언제나 이런 식으로 파묻혀버리고 마는가?

그러나 우리는 쉬지 않고 그 역사적 조명작업과 함께 정신을 계승해나가리라 다짐해본다. 지난 4월 9일 서울구치소 자리였던 독립공원에서 민청학련 20주년 기념식을 갖고 이러한 우리의 다짐을 천명했다. 처음으로 8명의 동지들이 처형당한 사형장 안을 둘러보았다. 이것은 단순한 기념이 아니라 이 운동의 의미가 반드시 오늘에 정확히 평가되어야 한다는 의지의 표명이다. 유신헌법, 긴급조치, 법을 반대해서 시작된 학생운동에 법조인들이 깊게 뿌리를 내리게 되었다. 그중의 중요한 몫을 한승헌 변호사가 담당하셨다.

체험기 (2)

"피고인 이철, 사형!"

이 철

"이철, 사형!"

1974년 7월 13일, 검사의 사형 구형이 있은 지 꼭 일 주일 만에 비상보통군법회의 제1재판부 공판정에서 나는 마침내 사람으로부터 죽음을 명받았다.

죽음. 신도 염라대왕도 부르지 않은 나의 죽음이 내가 인정할 수 없는 자들에 의하여 내 심장으로 파고들었다.

1974년 6월 15일 오전.

국방부 건물에 인접해 있는 비상보통군법회의 법정에서 첫 번째 공판이 열렸다. 나를 비롯해 학생운동의 주모자급 32명에 대한 공판이 시작되었다. 중앙정보부는 이 사건과 관련해 1,024명을 연행해 조사했고 그중 742명을 훈방했으며 253명을 비상군법회의에 회부했다고 발표했다. 아울러 공산계 불법단체와 재일 조총련계 및 국내좌파 혁신계 인사가 복합적으로 관계하여 4월 3일을 기해 현정부를 전복하려고 도모한 불순 반정부 세력이라고 우리에게 못박았다.

이런 발표가 나가자 나라 전체는 큰 충격을 받았다. 체포된 학생들 대부분이 각 대학의 대표들이었으며 배후세력이라고 하는 재야인사와 인혁당 관계자들도 널리 알려진 인물들이었다. 또한 체포된 학생들과 재야인사

중에는 기독교 단체 소속이거나 지도급 인물들이 많았기 때문에 한국 교회는 초비상 사태에 들어갔다. 그래서 사건의 성격이 박정권과 한국 기독교계와의 일대 공방전으로 기울기도 했다.

중앙정보부는 실제로는 수천 명에 달하는 관련자를 조사하고는 일부를 훈방이라는 이름으로 풀어준 뒤 253명을 구속했다. 비상군법회의 검찰부는 이들을 거의 대부분 기소했다. 1975년 1월 15일 관련자들이 석방될 당시, 학생들만 해도 200명 이상이었고 인혁당 관계자들은 이에 포함되지도 않았으니 그 규모를 짐작하고도 남음이 있다.

5월 27일 1차로 기소된 사람은 일본인 기자 두 명을 포함해 모두 182명이었다. 나도 물론 여기에 포함되었다. 우리의 죄목에는 대통령긴급조치 4호 위반은 말할 것도 없고 국가보안법, 반공법, 내란예비음모, 내란선동 그리고 긴급조치 1호 위반까지 있었다. 듣기만 해도 무시무시한 죄였다. 당시 대한민국에서 적용할 수 있는 가장 강력한 법규는 모조리 갖다붙인 것이다. 내 경우는 그중에서도 가장 형량이 무거운 조항만 골라 적용시켰다. 그때 김일성을 잡아다 재판을 했다고 해도 그 이상의 죄목은 더 달지 못했으리라.

재판은 사건 관련자를 공동심리하지 않고 몇 개의 그룹으로 나누어 분리심리했다. 일본인 기자들은 그들대로 별도의 비공개 심리를 거쳤고 인혁당 관련자들도 여정남만 제외하고 또 그들대로 심리했다. 여정남은 우리와 함께 재판을 받았다.

배후세력으로 분류된 윤보선 전대통령, 함석헌 선생 등도 별도로 재판을 받았다. 피고인들이 워낙 방대한 숫자이기도 했지만 각각의 진행과정의 내용을 알 수 없게 하기 위해서였다. 자기들이 억지로 짜맞춘 각본이 탄로날까봐 그들은 전전긍긍하고 있었다. 법정 출입문 부근에는 헌병이 일렬로 늘어서 있었다. 살풍경한 정경이었다. 우리는 손과 허리를 밧줄에 칭칭 동여매인 채 굴비 엮이듯 엮여 한 줄로 길게 늘어선 채 법정으로 들어갔다. 넓지도 않은 법정은 말 그대로 초만원이었다.

그러나 그 사람들은 피고인의 식구와 일반 방청객들이 결코 아니었다.

피고인 식구의 방청은 1인당 한 명으로 제한되었다. 언론은 마음대로 취재할 수조차 없었다. 일반 방청객의 참석도 마찬가지였다. 게다가 방청석의 대부분은 경찰이나 중앙정보부 요원들이 차지하고 있었다.

우선 피고인만 해도 32명이나 되었다. 그리고 피고인석에는 우리만 앉은 것이 아니라 한 사람 건너마다 헌병이 한 명씩 끼어 앉았다.

그러니 50명이 넘는 기관원들이 피고인석을 점령한 셈이었다. 따라서 방청석은 불과 몇 줄도 남지 않았다. 그나마 아무나 방청을 할 수 있는 것도 아니었다. 피고인 직계가족에 한해 한 명씩만 방청이 가능했다. 그것도 증명서를 지참하고 신분대조를 한 뒤에나 법정에 입장할 수 있었다. 언론인의 출입도 극히 통제되었다. 국내언론의 경우는 국방부 출입기자에 한해서만 방청이 허락되었다. 몇 사람을 뽑아 공동취재하게끔 했다. 그들이 공판 진행중에 취재를 위한 메모를 하는 모습은 한번도 눈에 띄지 않았다. 그들은 국방부의 발표문을 언론에 갖다 싣는 일밖에는 할 일이 없는 듯했다.

공개재판이라면서 방청도 자유롭지 않고 취재기자들 또한 입에 재갈이 물린 채 그저 들러리 노릇밖에 할 수가 없었다. 그나마 빈 공간에는 정보기관원들이 잔뜩 진을 치고 있었다. 따라서 이 재판을 두고 일종의 비밀재판이라는 비판이 국내외적으로 거세게 제기되었다. 그러나 박정권은 그런 정도의 비난과 항의에 조금도 흔들리지 않았다. 가능하면 빠른 시일에 자신들이 의도한 대로 재판을 종결짓는 데만 관심을 가졌다.

사정이야 어떻든 사람들이 꽉 들어찬 여름의 재판정은 한마디로 찜통 속을 방불케 했다. 헌병의 호위로 꼼짝도 못하고 앉아 있는 우리뿐만 아니라 모두가 땀을 비오듯 흘렸다.

그 와중에서 검찰부 담당검사는 공소장을 낭독해야만 했다. 천 수백 페이지에 이르는 엄청난 분량을 읽어내려가는 송종의 검사의 몰골은 가히 구경거리였다. 그는 연신 땀을 닦아가며 사병들이 갖다바치는 물을 받아 마셨다. 한 편의 희극을 보는 듯했다.

힘들게 공소장 낭독이 끝난 다음에는 지리한 공방전이 계속되었다. 거의 날마다 진행된 공판은 검찰부의 공소사실 낭독이 있고부터 속도를 더해갔다. 재판장은 박희동 중장이었고, 소장계급의 두 사람이 배석을 했다. 대령계급을 단 법무사가 있었는데 재판장과 배석 재판관들은 몇 가지 간단한 사항만 심문했을 뿐이다. 주로 대령인 법무사가 재판을 이끌었다. 그러니까 재판장과 배석 재판관들은 사건의 개요 정도만 파악하고 있었을 뿐 구체적인 내용에 대해서는 물어보고 싶어도 아는 것이 없는 형편이었다. 그러다보니 재판장으로서도 정부의 의도대로 하루빨리 재판을 끝마치는 게 상책이었다.

그러나 우리로서는 그들의 생각대로 움직여줄 수는 없는 일이었다. 게다가 우리는 참으로 오랜 만에 우리들이 하고 싶었던 얘기를 할 수 있는 기회를 얻은 거나 다름없었다.

유월 중순의 초여름 날씨는 재판정의 열띤 설전과 공방으로 한여름의 폭염으로 변해갔다. 공판이 진행될수록 우리의 투쟁에 대한 정당성 주장과 검찰관의 유신정권 옹호론이 맞부딪쳐 점입가경이었다.

그러자 재판장과 검찰관들은 우리에게 여러 가지 제약을 가하기 시작했다. 분명한 합법행위였음에도 불구하고 그들은 초법적 권한으로 우리의 발언과 주장을 제지했다. 검찰의 공소사실에 대한 시인을 가로막고 나섰다.

"피고, 단순히 예, 아니오로만 대답하시오!"

따라서 재판은 발언제지, 경고, 휴정, 퇴정명령, 항의소동으로 아수라장이 되었다.

공판의 진행 그 자체가 유례를 찾아볼 수 없는 희극이었다. 재판도중에 재판장이나 검찰관이 어디에선가 전달되어온 쪽지를 받아들고는 황급히 들락거리는 모습도 수없이 목격되었다. 그런가 하면 갑자기 분위기가 바뀌어 재판과정이 뒤집어져버리는 경우도 허다했다.

나는 거의 모든 공소사실에 관련되어 있었기 때문에 열띤 공방전에 항상 참여해야 했다. 공소장에는 내 이름이 수천 번이나 거론되었다. 심문 순서도 항상 이철, 유인태, 여정남, 정문화, 황인성, 김병곤, 나병식 등의 순서였다. 때문에 나는 자연히 주된 관심의 대상일 수밖에 없었다.

그중에서도 특히 사상성, 일본인 기자와의 관련성, 인혁당과의 연계 여부, 배후지원 세력과의 접촉사실, 그리고 화염병 관련 문제 등이 주요 심문사항이었다. 나는 이미 수사과정에서 그것들에 대해 수없이 진술했기 때문에 더욱 명쾌하게 설명할 수 있었다. 그러나 그들이 상투적으로 갖다 붙인 북한의 통일전선전략에 대해서는 다시 한번 격렬한 공방전을 치러야만 했다.

수사기관에서는 우리의 학생운동이다 북한과 통혁당이 내세우는 4단계 통일전선론을 연결시켜 매도하려는 수법을 썼다. 그 4단계란 1단계 반정부연합세력 형성, 2단계 정권타도, 3단계 연합정부 구성, 4단계 공산주의 혁명 실현이다. 이 시나리오에 따라 우리가 활동했고 4월 3일의 총궐기가 성공하면 바로 2단계인 정권타도의 목표를 실현하는 것이라고 그들은 주장했다. 그리고 우리가 민족지도부 구성을 논의한 것은 이른바 3단계의 혁명목표에 해당한다는 것이었다.

그것은 말도 안되는 일이었다. 우리는 북한의 통일전선전략에 따른 것이 결코 아니었다. 박정희 유신정권을 무너뜨리고 민주정부를 세워야 한다는 것은 시대적 소명이고 국민적 요청이었다. 우리가 유신독재에 저항해 각계각층의 힘을 모으려고 한 것은 정당하고 자연스러운 역사적 행위였다.

우리는 법정에서 그 사실을 당당하게 역설했다. 불꽃 튀는 설전과 공방전으로 검사가 오히려 궁지에 몰린 적이 한두 번이 아니었다. 그러나 재판 자체는 그들의 의도에 따라 빠르고 신속하게 진행되었다. 군사정권이 잘 사용하던 '속전속결'이라는 구호를 그대로 실천하는 듯했다.

게다가 그들은 내 '사상을 증명하는 공판 증거물'로 학기중에 제출한 과제물을 불쑥 들이밀었다. 2학년 2학기 '비교정치론' 강좌에 제출했던 그 리포트가 재판정에서 중요한 증거물로 둔갑해 나타난 것이다.

사건 당시 우리집은 머리카락 하나도 숨길 수 없을 만큼 철저히 수색을 당했다. 천장과 구들장까지 들쑤셔 집이 남아나지 못할 정도였다. 나와 조금이라도 관계된 것은 모조리 압수해갔다. 일기장, 편지, 메모지, 노트 등 하나도 남김없이 챙겨갔다. 그래서 나는 늘 나 자신을 두고 '과거기록이 없는 인생'이라고 말하곤 한다. 중학교 시절의 노트마저 빼앗겨버렸기 때문이다.

바로 그 압수물 중에 '테러리즘의 평가'라는 리포트 사본이 있었다. 그들로서는 쾌재를 부를 일이었다. 제목만 봐도 나를 공산주의자로 몰기에 충분했다. 그들은 곧바로 학교에 제출한 리포트 원본을 압수했다.

재판에 앞서 박정권은 이 리포트를 결정적인 증거자료로 삼기 위해 여러 명의 정치학자와 사회학자에게 검토를 의뢰했다. 재판기록에 그 모두가 첨부되어 있어서 나중에 내용을 자세히 알 수 있었다. 의뢰받은 교수들 대부분은 적당한 선에서 얼버무리는 식이었다.

"보기에 따라서는 위험한 생각일 수도 있지만, 또 한편으로는 그리 대수롭지 않은 조잡한 논문이다."

그 가운데서 내 입장을 적극적으로 옹호하고 나선 사람이 있었다. 사회학과의 고영복 교수였다. 고영복 교수는 내 리포트를 이렇게 평가했다.

"아무런 사상성도 포함하고 있지 않다. 그냥 일반론을 서술했을 뿐이다. 더구나 대학교 저학년생이 점수를 받기 위해 제출한 단순한 과제물 그 이상도 이하도 아니다. 앞뒤의 논리가 맞지 않는 등 평가할 만한 대상이 결코 아니다."

사실 고교수가 그런 식의 답변서를 내는 데는 큰 용기가 필요했다. 왜냐하면 그때 정보기관에서는 그 논문이 학생의 과제물로 제출한 것이니 평가해달라고 하지 않고 말을 슬쩍 바꾸었던 것이다.

"국가 중요사건에 관련된 주범이 쓴 논문이오. 그러니 이 내용에 들어 있는 사상성을 평가해주시오."

리포트의 껍질은 걷어내버리고 '국가 반란사범의 사상적 문건'이라고 한 뒤 자기들이 원하는 쪽으로 평가를 강요했던 것이다. 그럼에도 불구하고 고교수가 냉정하게 객관적 평가를 내렸으니 그것은 대단한 용기가 아닐 수 없었다. 어떤 불이익을 당할지 모르는 그런 상황에도 고교수는 흔들림이 없었다.

가장 악의적인 평가는 신상초 교수(사망)가 했다. 내 리포트의 내용을 극찬(?)한 것이다.

"이 논문은 논리적 무장을 철저히 하고 있는 혁명주의자의 논문으로 추정된다. 공산주의 사상을 갖고 이론과 실제에서 다년간 경험을 갖고 있는 혁명주의자의 탁월한 논문이다."

그리하여 내 리포트는 단숨에 '세계적 공산혁명 이론가의 나무랄 데 없는 논문'으로 둔갑했다. 수사관들과 군법회의에서 요구하고 기대한 정답이었다. 검찰의 공소장에도 그 평가가 기록되고 언론에도 대서특필되었.

신상초 교수는 그후 유신정권하에서 '유정회' 의원을 역임했다. 그리고 1985년 국회에서 나와 만나야만 했다. 그가 '반공연맹'(지금은 '자유총연맹'으로 이름이 바뀌었다) 이사장으로 재직할 때였는데 국회 문공위원으로서 내가 기어이 국회출석을 요구했다. 그에게 개인적 원한을 가진 것은 아니었다.

다만 그에게 묻고 싶었다.

"그렇게 열심히 옹호하던 유신체제가 몰락했고 그 체제가 반민주적인 체계로 판결이 났으면 응당 공직에서 물러나야 하는 게 옳지 않은가?"

유신체제에 협조하던 사람이 10·26 이후 또 다른 변신을 해 여전히 공직에 남아 있다는 것은 스스로가 옹호하고 전파하던 체제의 이념에도 맞지 않는 것이다. 나는 그에게 차라리 공직을 떠나 한 개인으로서의 삶을 살아가라고 충고했다.

그후 그는 결국 그 자리에서 물러나고 말았다. 그가 투병생활을 한다는 소식을 듣고 나는 화분을 들고 문병을 간 적이 있다. 서로 긴 얘기를 나누지는 못했지만 어두운 역사가 만든 기이한 인연에 두 사람은 말을 잊은 채 얼굴만 바라보았다.

문제의 그 리포트는 1986년에 배성동 교수가 놀랍게도 원본을 보내주었다. 일부러 간직하고 있었던 것은 아닌데 뒤늦게 짐꾸러미를 정리하다가 찾아냈다면서 '주인에게 돌려드린다'는 쪽지와 함께 나에게 건네주었다. 색이 바랜 그 리포트 표지에는 배교수가 적어 놓은 'A-'라는 평점 표시가 아직도 선명했다. 그것을 받아든 순간 나는 자신도 모르게 손이 떨렸다. 감회에 젖어 그것을 들춰보던 나는 창가로 걸어가 추억에 잠기게 되지만 그것은 훨씬 뒤의 일이다.

공판이 시작된 지 채 한 달도 안된 7월 9일 결심공판이 열렸다. 드디어 우리에게 검사의 구형이 떨어졌다. 송종의 검사는 또 다시 숨가쁘게 긴 공소장을 읽어 논고를 마치고 우리에 대한 형량을 말했다.

"피고인 이철, 유인태, 여정남…… 각각 사형!"

검사의 긴장된 음성이 계속 이어졌다. 무기형도 있었고 20년, 15년도 있었다. 선심을 쓰듯 나와 동지들의 머리 위로 무더기 형량이 마구 떨어졌다. 나를 비롯한 8명에게 사형이 구형되었다. 설마 하던 일이 현실로 나타난 것이다.

검사는 우리들 32명에 대해 사형과 무기징역을 제외하고도 모두 합쳐 수백 년에 달하는 형량을 구형했다. 곧바로 우리의 최후진술이 이어졌다. 우리는 사형구형에도 굴하지 않고 유신독재 정권과 그 하수인들에 대해 매서운 질타를 가했다.

나는 그날의 법정최후진술에서 이렇게 말했다.

"내 목숨을 바치는 것은 결코 아깝지 않습니다. 이 나라의 민주주의를 위해서라면 나는 기꺼이 목숨을 바칠 것입니다. 나는 유신체제는 끝까지 반대할 것입니다. 반민족적인 유신체제의 철폐를 위해서는 언제까지라도 싸우겠습니다. 하지만 반유신을 이유로 나에게 빨갱이라는 누명을 씌우지는 마십시오. 만약에 공산주의자로 터무니없이 몰아붙이지만 않는다면 나는 떳떳하게 죽음을 맞겠습니다."

다른 사람들도 비슷한 내용의 최후진술을 했다. 모두들 비장한 각오가 되어 있었다. 작고한 김병곤은 사형구형을 받고 '영광'이라고까지 표현했다. 살아남은 자의 슬픔을 느끼기보다는 동지들과 함께 죽겠다는 표현이었다.

그러나 여정남의 경우는 조금 달랐다. 그는 사형집행을 예상했는지 아주 절박한 심정으로 자신의 주장을 피력했다. 길고도 많은 이야기를 했지만 미처 정리되지 못한 부분이 많았다. 재판장이 중간에 연거푸 발언을 막는 바람에 여정남은 자기가 하고 싶은 말을 다하지도 못했다. 정부가 인혁당 관련자들을 기어이 사형에 처하리라는 것을 그는 예감하고 있었다.

우리에 대한 변론은 20명에 이르는 변호인단이 구성되어 전담했다. 역사상 처음으로 변호인단이 조직적으로 구성되어 많은 역할을 했다. 이는 오늘날의 인권변호사 또는 민권변호사들이 모이는 하나의 계기가 되었다.

변호인단이 구성된 것은 기독교측의 노력도 컸지만 내 개인적으로는 친구의 도움이 컸다. 현재 부장판사로 일하고 있는 이우근이라는 친구였다. 그는 나의 고교동창생으로 당시 황인철 변호사 사무실에서 변호사 시보로 연수과정을 밟고 있었다. 이우근은 나와 친한 친구였을 뿐만 아니라 마침 집이 서교동이어서 우리집과도 왕래가 잦았다. 그는 형님 내외와 함께 할머니를 모시고 살았다. 집이 우리 어머니의 가게 근처로, 그집 할머니가 자주 마실을 나와 이런저런 한담을 나누곤 했다.

이우근은 사건이 터지자 우리집에 찾아와 부모님을 위로하면서 변호인 문제를 제기했다. 마침 아버지께서 그 문제 때문에 고심하고 있는 중이라고 말씀하시자 이우근은 자기가 알아서 처리해보겠다고 대답했다.

그 친구는 곧장 황인철 변호사에게 사정을 말하고 변호를 부탁했다. 황인철 변호사는 판사로 재직하던 70년대 초반 사법부 독립을 외치면서 소장법관들의 항의를 주도했고 그일로 인해 법복을 벗은 분이었다.

이우근의 이야기를 들은 황변호사는 흔쾌히 승낙했다. 나아가 혼자 하는 것보다는 여럿이 힘을 합쳐 대응하는 편이 나을 것이라며 홍성우 변호사에게 부탁했다. 거기에 다시 강신옥 변호사가 참여했다. 그후 이돈명, 한승헌 변호사까지 동참해 변호인단이 구성되었다. 워낙 피고인 숫자가 많다보니 변호인들이 분담해 처리할 수밖에 없었다. 내 경우는 주로 홍성우 변호사가 맡았다. 하지만 전체사건에 대한 처리방향 등은 황인철, 홍성우 변호사 두 분이 실무를 맡았다.

이렇게 해서 구성된 변호인단은 결심공판에서 우리에 대한 변론을 펼쳐나갔다. 이것은 훗날 '역사적인 명변론'으로 기록되었다.

그러나 변호인들은 또 한편으로는 사법사상 유례 없는 '변호인단의 법정구속'이라는 희한한 사건을 겪기도 했다. 결심 공판정에서 황인철 변호사는 특유의 냉철한 논리와 해박한 법지식으로 검찰측의 공소사실을 반박했다. 홍성우 변호사는 강경하면서도 이론을 근거로 한 치밀한 변론을 펼쳤다.

문제의 주인공이 된 강신옥 변호사는 유신정권을 러시아의 짜르시대와 독일의 나치정권과 비교하며 우리의 투쟁을 정당한 국민 저항운동으로 변호했다. 그는 이렇게 울분을 토하기도 했다.

"지금 나의 심정은 피고인석에 있는 저들과 함께 서서 재판을 받고 싶을 정도다."

그렇게 한창 변호인단의 변론이 진행되던 도중에 재판관 중 하나가 전달된 쪽지를 받아 읽더니 갑자기 재판을 중지시켰다. 곧이어 휴정이 선포되고 모두들 부리나케 밖으로 나갔다. 한참이 지나서야 재판이 재개되었다. 그런데 변호인석에 있던 홍성우, 강신옥 두 변호사의 모습이 보이지 않았다.

두 사람은 그길로 중앙정보부로 연행되어 갔다. 며칠간의 곤욕을 치루고 홍변호사는 겨우 풀려 나왔지만 강신옥 변호사는 끝내 구속되었다. 긴급조치 4호 위반과 법정모독이라는 죄를 덮어쓰고 그는 우리와 함께 10년형을 선고받았다. 변호인의 변론을 문제삼아 구속한것은 곧바로 해외토픽으로 전세계에 알려졌다. 박정권은 또 한번 국제적인 망신을 당해야 했다.

또 한 가지 기이한 인연이 있었다. 당시 군 검찰부에도 경기고 동기동창생으로 서울 법대를 졸업하고 고시에 합격해 군 법무관으로 근무하던 친구가 있었다. 그는 직접 재판에 관여하지는 않았지만 검찰부의 공판 관련 서류를 정리하는 등 실무를 맡아보고 있었다.

그러니까 경기고등학교 63회 동창생들이 한 법정에 모인 셈이었다. 피고인 이철과 유인태 그리고 검찰측 실무자인 그 친구, 변호인측 실무자 이우근. 이렇게 서로 얼굴을 잘 아는 동창생끼리 피고, 변호인, 검찰이라는 삼각의 끈으로 맺어져 있었다. 그후 우리는 가끔 동창회 등에서 서로 어울리게 되었다. 그럴 때마다 우리는 그 시절에 대한 이야기를 나누며 추억에 잠기곤 했다. 아픔으로 가득 찼던 한 시대가 만든 기이한 인연이었다.

검사의 구형이 있고 나서 1주일 뒤 다시 법정이 열리고 최종적으로 선고공판이 열렸다.

"이철, 사형!"

그 순간 서른 평 남짓한 비상보통군법회의 법정 안의 공기가 좀 흔들리는 듯하더니 이내 깊은 늪과 같은 적막 속으로 빠져들었다. 침 삼키는 소리 하나 들리지 않는 침묵, 끝없이 긴 침묵. 열어젖힌 창문으로 한여름의 열기와 함께 쏟아져들어온 매미 울음소리만 내 귀를 때리고 있었다.

1974년 7월 13일. 섭씨 30도를 오르내리는 무더위 속의 보통군법회의 제1재판부 공판정. 번쩍이는 헌병들의 혁대 버클, 무거워 보이는 견장들이 죽 늘어서 있는 삼엄한 분위기 속에 공개재판의 흉내라도 낸답시고 피고인 가족을 한 명씩만 방청시켰다.

중앙 정면 단상에는 붉게 상기된 얼굴에 근엄함으로 분장한 심판부가 늘어앉았다. 재판장 중장 박희동, 심판관 소장 신현두, 법무사 중령 김영범, 심판관 부장검사 김태원, 심판관 부장판사 박천식, 그 왼편의 검찰관 석에는 검찰관 송종의, 최명부, 강철선, 문호철, 이규명 등이 앉아 있었다. 재판장 박희동의 판결문 낭독소리가 굳어버린 공판정의 공기를 뚫고 낮게 깔렸다.

"유인태, 사형! 김병곤, 사형! 나병식, 사형! 여정남, 사형! 김지하, 사형! 이현배, 사형!"

잠시 숨을 멈춘 재판장은 손수건을 꺼내 터질 것처럼 붉게 상기된 얼굴을 타고 내리는 땀을 훔쳤다. 손수건을 꽉 움켜쥔 그의 손이 파들파들 떨렸다. 허둥지둥 판결문 낭독을 마친 재판장은 황급히 서류를 챙겨 뒷문으로 몸을 숨겼다. 폐정선언도 하지 않은 채. 검찰부도 꼬리 잘린 도마뱀처럼 옆문으로 황급히 사라졌다.

다시 침묵. 얼마나 지났을까? 한참 만에야 뒷줄에서 '흑' 하고 여자가 흐느끼는 소리를 듣고 나는 천천히 고개를 돌렸다. 청회색 제복의 교도관 사이사이에 포승으로 묶인 채 끼여 앉아 있는 친구들. 그 뒤쪽 몇 줄은 사복의 기관원들. 그리고 그 뒤쪽이 가족석이었다.

고개를 숙이고 흐느끼는 어머니들, 벌떡 일어나 아들을 부르는 아버지들……. 나는 그 가운데서 가만히 앉아 있는 반백의 머리를 발견했다.

아버지…….

나는 마음 속으로 불렀다. 아버지는 미동도 않고 나를 바라보고 계셨다. 당신의 굵은 눈썹 아래 깊게 패인 눈은 맑은 호수처럼 잔잔했다. 포승으로 온 몸을 결박당한 아들이 공판정을 나갈 때까지 아버지는 꼼짝도 않고 그대로 앉아 있었다.

불쌍한 나의 아버지…….

돌아오는 호송차 안, 우리 일행은 사형선고를 받았으면서도 오히려 킥킥대며 웃고 있었다. 유인태, 김병곤, 여정남, 김지하 시인 등이 한 차를 타고 쭉 둘러앉아 있었다.

누군가 말문을 열었다.

"이 자식들 재수없이 흉칙한 농담을 하고 있네. 형편없는 놈들이야."

내가 말을 받았다.

"사형이라니, 농담이 지나쳐도 아주 지나쳐."

모두들 픽픽 웃으며 사형선고를 화제 삼아 몇 마디씩 우스갯소리를 주고 받았다. 민청학련 사건에 관련돼 형을 선고받은 사람의 총형량은 사형과 무기징역을 제외하고도 1,800년에 이르는 엄청난 형량이었다.

김지하 시인도 한마디 했다.

"내가 나가서 '속 오적'을 쓸 때 저자들도 한 자리씩 끼워줘야겠어."

그러자 웃음이 더 크게 일었다.

그러나 여정남 선배는 웃지 않고 여전히 심각한 표정을 짓고 있었다. 그는 우리와는 다른 막다른 상황으로 몰려가고 있다는 것을 더욱 절감하는 듯했다. 얼마 후, 여정남은 결국 풀려나지 못하고 다른 인혁당 관련자들과 함께 형장의 이슬로 사라졌다. 어처구니없는 죽음이었다. 나는 분노로 가슴이 터질 것만 같았다. 한동안 그 슬픔이 내 온 존재를 눌렀다.

여정남이 사형당하기 서너 해 전인 1971년도에 노벨문학상을 받은 칠

레의 시인 파블로 네루다는 스페인 감옥에서 살해당한 에르난데스에게 바치는 시를 썼다. '에르난데스의 죽음에 바치는 노래'라는 제목의 그시는 여정남의 죽음에 바치는 나의 시이기도 했다.

자네는 죽었어도
나는 홀로 있지 않지.
자네가 누워 있는 곳에 이미
빛이 찾아들고 있군.
나 결코 자네를 잊지 않으리.

자네의 죽음으로 인해 나는 인생을 배웠지.
내 두 눈이 활짝 떠 있으니
나에 대해 기대를 해주게!

구치소로 돌아오니 이미 방이 바뀌어 있었다. 첫째는 구치소측의 업무 편의와 효과적인 행동감시를 위한 조치였고, 둘째로는 나에 대한 일종의 배려였다. 조용히 방에서 지내면서 마음의 준비를 하라는 그런 뜻이었다.

나는 사형수를 취급하는 규칙에 따라 수갑을 찬 채 방으로 들어갔다. 처음에는 방이 바뀐 사실만 알았는데 밤에 눈을 떠보니 감시인 두 명이 계속해서 안을 들여다보고 있었다. 그렇다면 이들이 정말로 나를 죽일 작정이구나, 하는 생각이 들었다. 수갑을 차고 생활하는 것도 힘든데 감시인을 고정배치받는다는 것은 심상치 않은 일이었다.

서서히 내 삶에 죽음의 그림자가 드리워지고 있었다. 나는 마음을 정리하기 시작했다. 어느 순간 갑자기 사형이 집행될지도 모를 일이었다. 지금까지는 삶에 대한 준비를 해왔지만 이제 죽음에 대한 준비를 해야만 했다.

사형선고를 받자 오히려 마음이 차분하고 진지해졌다. 나는 다시금 그동안 해온 일과 살아온 과정을 돌이켜보고 내 사색을 정해나갔다. 특별히 세상에 남겨놓을 만한 것이 없었으므로 마음의 정리만으로 충분했다. 무엇보다 부모님이 받았을 충격과 슬픔이 나를 아프게 했다.

나는 내가 살아오는 동안 나로 인해 마음의 상처나 고통을 받은 사람이 없는가 생각했다. 그 당시 나는 종교인이 아니었기 때문에 특정한 신앙의 대상을 향해 기도할 수는 없었지만, 무릎을 꿇고 앉아 어떤 신적인 존재를 향해 기원했다. 나는 그렇게 하루에 한 번씩 몇 시간에 걸쳐 혼자서 눈을 감고 묵상했다.

신을 향한 기원과 묵상의 주된 내용은 나에게 사형선고를 내린 가해자들에 대해 용서를 구하는 일이었다. 나는 그들이 이제라도 회개하기를, 그리하여 진정으로 나라와 국민을 위해 일하는 사람들이 되기를 기원했다. 그리고 나 스스로가 그들을 인간적으로 미워하지 않게 되기를 소망했다.

나는 박정희 씨에 대해서도 기도했다.

"그가 날 죽이고자 하는데, 그것은 아무래도 좋습니다. 그러나 나의 죽음으로 그가 생각을 바꿀 수 있도록 해주십시오. 그가 지금이라도 뉘우치고 국민에게 마지막으로 봉사할 수 있도록 해주십시오. 그렇게만 된다면 그를 용서하고 따뜻하게 보호해주십시오."

나는 또한 친구인 K를 용서해달라고 빌었다. 그때까지도 나는 K가 나를 신고했다고 잘못 알고 있었다.

"그는 어쩔 수 없이 그런 행동을 했을 것입니다. 그러니 그를 용서하고 그가 그것 때문에 마음 상하는 일이 없도록 도와주십시오. 다시는 친구 사이에 이런 불행한 일이 없도록, 다시는 이런 시대가 오지 않도록 해주십시오."

그리고 중앙정보부의 수사관들이 저지른 온갖 고문행위와 군 검찰관, 담당 재판부에게도 용서와 따뜻한 사랑을 베풀어주기를 나는 소망했다.

나는 성인군자도, 깨달은 사람도 아니었지만 사형집행을 눈앞에 두고 많은 것을 초월할 수 있었다. 그것은 누구나 마찬가지일 것이다. 죽음을 눈앞에 두자 마음이 한결 편해지고 애증이 사라졌다. 그것은 나에게는 놀라운 경험이었다. 나는 최초로 나 자신의 본질과 맞닿을 수 있었고, 거울처럼 맑고 평온한 마음을 가질 수 있었다. 그것은 '마음을 비운다'고 하면서 사실은 더 큰 욕심을 내는 그런 것과는 다른 것이었다.

군법회의 재판절차는 판결이 내려질 때마다 최종적인 선고형량에 대해 국방부장관의 확인을 받도록 되어 있다. 나 역시 사형선고를 받고 20일 정도 지난 다음에 국방부장관의 확인을 거쳤다. 이 과정에서 나는 사형에서 무기징역으로 감형되었다.

여정남을 제외한 여섯 명의 사형 선고자에게 똑같은 감형조치가 내려졌다. 그러고는 곧바로 고등군법회의 공판이 열렸다. 재판은 일사천리로 진행되었다. 군사재판의 사실상 최종심인 이 고등군법회의는 재판장이 이세호 대장이었다. 이 재판에서는 심문절차마저 거의 생략되었다. 나는 무기징역을 선고한 원심대로 확정판결을 받았다.

그 와중에서 우리는 문세광에 의한 '육영수 여사 저격사건' 소식을 들었다. 박정희 씨 개인에게 서서히 불행이 다가오고 있음을 알리는 일종의 전주곡이었다.

2심 재판장인 이세호 대장은 뒷날 1979년 10·26 사건 직후 합수부에 의해 부정 축재자로 몰려 이등병으로 강등되었다.

2심 재판까지 끝나자 이제 남은 것은 무기징역수로 감옥살이를 하는 일이었다. 가을이 오고 겨울이 찾아왔다. 계절이 바뀌는 것도 미처 깨닫지 못한 사이에 바람에 날리는 나뭇잎들처럼 세월이 흘러가고 있었다. 징역살이의 겨울나기는 유난히 고달프다. 우선 찬 바람을 가릴 수 없기 때문에 병을 얻기가 쉬웠다. 가장 고통스러운 것은 동상이었다. 나는 하루종일 방 안에 앉아서 기회 있을 때마다 손발을 비벼서 열을 내야만 했다.

겨울의 옥살이는 또다른 것을 깨닫게 해주었다. 그것을 신영복 선생은 《감옥으로부터의 사색》에서 가장 잘 표현하고 있다.

'없는 사람이 살기는 겨울보다 여름이 낫다고 하지만 교도소의 우리들은 없이 살기는 더합니다만 차라리 겨울을 택합니다. 왜냐하면 여름 징역의 열 가지 스무 가지 장점을 일시에 무색케 해버리는 결정적인 사실―여름 징역은 자기의 바로 옆사람을 증오하게 한다는 사실 때문입니다. 모로 누워 칼잠을 자야 하는 좁은 잠자리는 옆사람을 단지 삼십칠 도의 열덩이로만 느끼게 합니다. 이것은 옆사람의 체온으로 추위를 이겨나가는 겨울철의 원시적 우정과는 극명한 대조를 이루는 형벌 중의 형벌입니다. 자기의 가장 가까이에 있는 사람을 미워한다는 사실, 자기의 가장 가까이에 있는 사람으로부터 미움받는다는 사실은 매우 불행한 일입니다. 더욱이 그 미움의 원인이 자기의 고의적인 소행에서 연유된 것이 아니고 자신의 존재 그 자체 때문이라는 사실은 그 불행을 매우 절망적인 것으로 만듭니다. 그러나 무엇보다도 우리 자신을 불행하게 하는 것은 우리가 미워하는 대상이 이성적으로 옳게 파악되지 못하고 말초감각에 의해 그릇되게 파악되고 있다는 것 그리고 그것을 알면서도 증오의 감정과 대상을 바로잡지 못하고 있다는 자기혐오에 있습니다.'

유인태와 김지하 시인이 위장장애와 호흡기질환으로 고생을 겪고 있다는 소식이 전해졌다. 마음이 아팠다. 그러나 이런 차가운 세월의 흐름 속에서도 우리에게 희망을 준 것은 어렵게 얻어듣는 바깥소식이었다. 가을학기가 시작되면서 학생들은 물론이고 사회 각 분야에서 유신철폐와 구속인사 석방을 요구하는 시위와 항의가 잇따르고 있다는 소식이었다. 가끔씩 교도관을 통해서 알게 되는 경우도 있었고 면회가 허용된 친구들로부터 전해듣기도 했다.

국제사면위원회를 비롯한 국제인권기구에서도 우리를 석방하라는 항의문이 빗발쳤다. 나중에야 안 사실이지만 내게 보내진 편지만 해도 수천 통에 이르렀다.

국내외 여론은 차츰 박정권을 압박하기 시작했다. 해외에 거주하는 교포들까지 가세했다. 미 하원에서는 한국의 인권문제에 관한 청문회가 열려 군사원조를 삭감하도록 행정부에 압력을 가했다. 심지어 삭감액수를 정해서 구체적으로 한국정부와 협상을 시작했다는 소식도 들렸다. 구속학생들과 재야인사를 전원석방하는 조건으로 미국이 수천만 달러의 군사원조를 하겠다는 제안을 했다는 것이었다.

이러한 분위기에 자극을 받아 구속자 가족들도 행동에 나섰다. 그들은 다음과 같은 결의를 발표했다.

"우리들은 있지도 않은 인혁당 및 민청학련 관련자 가족들로서의 외부적 강압에 의해 이제서야 서로의 인연을 맺었으나 우리들의 남편, 아들, 딸의 진정한 뜻을 명확히 알게 된 지금, 우리 가족들은 스스로 단결해 동지적 입장에서 이땅에 민주주의가 세워지고 정의와 평화가 가득 찬 사회를 이룩할 때까지 한 걸음도 투쟁의 대열을 늦추지 않을 것을 다짐한다."

11월 27일에는 함석헌, 김재준 씨 등 각계 대표 71명이 모여 '민주회복국민회의'를 결성하고 선언문을 발표했다. 이들은 민주헌법 제정, 복역중인 구속인사의 석방과 정치적 권리 회복, 언론자유 보장 등을 요구했다. 이처럼 유신철폐와 민주화를 요구하는 목소리는 갈수록 높아만 갔다. 박정권으로서도 다른 방법을 찾을 수밖에 없었다.

석방설이 나돌기 시작했고, 마침내 정부는 우리를 석방하려는 방침을, 해가 바뀌어 1975년 1월 중순에 접어들면서 구체적인 소식이 전해졌다. 이런저런 소식이 오가던 중 구치소측에서 '전향서'를 요구했다. 물론 구치소의 독자적인 판단은 아니었다. 나는 단호히 거부했다.

"도대체 어디서 어디로 전향하는 말이오. 당신들 말대로라면 이제 와서 나 스스로 공산주의자임을 시인하라는 말인데?"

나는 끝까지 버텼다. 몇 차례 설득과 회유가 계속되었다. 그들은 결코 내 고집을 꺾지 못했다. 그러자 나중에는 석방이 임박했다며, 이런 식으로 고집을 피우면 석방할 수 없다고 협박을 하기도 했다. 마침내 중앙정보부에서 타협선을 제시했다. 2월 13일이었다. 교도관들이 배석한 가운데 전향서와 각서를 쓰는 대신 질의응답서를 작성하기로 했다.

"지금 심정이 어떤가?"

"석방되면 어떻게 살아갈 것인가?"

그런 질문은 별 문제가 없었다.

"그때 한 행동에 대해서는 어떻게 생각하는가? 과격했다고 생각하지 않는가?"

이 질문만은 적당히 넘어갈 수가 없었다. 나는 분명하게 대답했다.

"우리의 행동을 두고 과격하다는 인상을 가질 수도 있다. 그리고 그렇게 보였다면 그것도 인정할 수 있다. 그러나 우리가 추구한 목표와 방향에 대해서는 조금도 잘못되지 않았다. 나는 그 확신에는 변함이 없고 앞으로도 없을 것이다."

그들로서도 어쩔 수가 없었다. 그들은 이 정도면 됐다는 표정이었다. 아마도 그들은 나와의 타협점을 찾으려고 노력했던 것같다. 나는 전향서와 각서를 작성하지 않는 대신 질의응답에 응했고, 그들은 그런 식으로나마 뭔가 문건을 얻었다는 선에서 타협이 이루어진 것이다.

2월 15일, 마침내 박정권은 200명이 넘는 민청학련 관련 구속자들을 형집행정지라는 명목으로 석방했다. 나도 석방 대상자였지만 이틀 뒤인 2월 17일에야 구치소 문을 나설 수 있었다. 그러나 인혁당 관련자 21명과 민청학련 관련자였음에도 무슨 이유에서인지 4명은 여전히 서대문구치소에 수감된 상태였다.

체험기 (3)

민청학련사건의 진실

이직형

가. 대구에서 앞산요원에 체포

1) KSCF 영남지역 이사회 출장길

1974년에 들어서 전국교계와 학원가에 긴장과 불안이 가득하였다.

한국기독교교회협의회(KNCC), 한국기독학생회총연맹(KSCF)이 있는 종로5가와 서울대학을 비롯한 시내 각 대학가의 학생들의 동태이다. 그래서 종로5가에는 경찰치안, 대공 및 정보기관 요원들이 득실거리며, 위장 산재하여 감시의 촉수들이 시민들 눈에도 선하였다. KSCF는 73년 12월 광주 피정센터에서 겨울연구회와 정기총회가 모여 새 임원(회장 서창석 · 연세대)을 선출하고 특히 함석헌, 장준하, 교계 재야인사들의 유신철폐 100인 청원운동에 적극 참여하기로 결의문을 채택하였다.

당시 나는 통합 후 2년 동안 KSCF의 고등학생 기독교운동을 위해서 '겨레의 꿈을 잉태하는 무리들, 저 낮은 곳을 향하여, 강산순례단(울산 태화강 순례 등 72년, 73년 여름 연구주제)' 활동의 실무부장을 맡아오다가 74년에 들어서 사무총장(총무)의 공석으로, KSCF 사무국 행정집행책임과 총무(대리)에 임명됨으로써 이사회가 결의한 KSCF기구운영 정상화와 활동전략의 3대지역 정책 구축(중부 · 영남 · 호남지역총무, 이사회 구성)이 우선 급선무였다.

그렇기에 4월 위기설, 교계 총회로 분주하고 긴장 가운데 KSCF의 정책실행을 위하여 영남지역의 첫 출장길에 나섰다.

'74년 3월 28일 대구 YMCA에서 이창우 교수(영남대), 김재진 교수(경북대), 전호영(대구 YMCA총무), 여해룡 선배, 신진수 선배 등 지도자 학생들이 모여, 영남지역이사회 구성과 지역총무소개 인사, 저녁회식 후 숙소로 돌아오는 길에 숨바꼭질 미행당한 끝에 밤 11시경 택시 합승한 여해룡(총무이사), 차선각(지역총무), 본인 3인은 불심검문으로 체포되어 대구 앞산(중앙정보부 대구지부)에 끌려가 불안한 하룻밤을 새우고, 차선각과 본인 두 사람만 고속버스에 실려 압송되었다.

2) 서울구치소 입감과 비둘기사건

'74년 3월 29일 오후 2시경 2명의 감시조 엄호하에 서울 동대문고속터미널에 도착하였다. 사람들은 아무 것도 모르는 듯 제 갈 길이 분주한 듯 흩어진다. 그길로 남산지하실에서 건장한 사나이가 인적사항을 확인하고 간단한 대구행적 친구들을 진술서 한 장으로 끝내고, 황급하게 나간다. 간부급 수사관인 듯 예리한 눈길로 살피고 나간다. 또 얼마나 지났을까, 둔탁한 문 여닫는 소리가 들리더니 셔터문밑 사이로 햇빛이 새어나온다. 나는 답답해서 셔터밑에 눈을 대려는데 건너편 셔터밑으로 차선배 기침소리가 들리더니 "이형 어떻게 된 거요? 별 일 없지······. 힘냅시다" 인사로 확인한다. 어느새 밖은 어둠이 깔린 듯 쥐죽은 듯 고요하다. 정신이 멍하니 혼돈하고 심연에 떨어지는 듯 기운이 허했다. 이 시간때에 전국 곳곳에 뒤지고 학생들을 쫓느라 정신없기에, 우릴 우선 감금부터 해놓고 보자 한 듯 하였다. 한밤중 "나와" 하더니 다른 통로를 통해서 나오는 차선배를 만나고, 함께 밖으로 나와서 대기 지프차에 실려 시내로 빠진 듯 내려서니 서울시청 시계탑이 보인다. 자정을 넘어서 새벽 1시경 우린 석방되는 줄 착각하였다. "이형, 나가면 여관에서 목욕이나 하고 들어갑시다" 하는 시간에 지프차는 서소문입구로 들어서 회현동 서울구치소 정문을 통과, 심야 대기한 교도소 팀에 넘겨졌다. 소지품은 빼앗기고 대신 일방적으로 던져진 푸른 죄수복을 받았다. 차선배 이상한 웃음에 "더러버서." 캄캄한 동굴 속 역겨운 냄새, 이상한 신음소리를 들으며 차선배와 헤어져 쿵쿵 내딛는 목조복도를 따라 독방 4사상20방에 수감되었다. 석방되리라는 어리석음에 동물처럼 우리에 갇힌 신세가 되었다. 불안과 공포, 긴장으로 며칠밤 뜬 눈으로 지샜기에 녹초가 된 눈길에 첫날 아침, 문쪽 관찰통에 몇 개의 눈알이 두리번거리기에 가까이 다가서니 "무릎꿇고 앉아" 억센 명령이다. 아무 것도 모르는 듯하니까 "다음" 소리 한마디에 보안과장 순시가 지나간 것을 나중에 교도관의 주의로 알게 되었다. 소란한 교도소 아침순서, 콩보리밥 한 덩어리와 썩음썩음한 오공찬(무짠지), 식후에는 독방 구석구석 낙서 벽구멍 탐색(1호 긴급조치 김동완 전도사 등 흔적), 밖의 정보에 안타까워 온 몸으로 신경안테나를 가동하는 일들이 시급한 일들이었다. 담당 교도관이 교체됐다. 임교도관이 관찰통에 기대면서 뭐 애로사항이 없느냐고 동정하는 듯했다. 나는 시급한 애로가 있어서, 죄수복채로 몸통 궁뎅이를 한바퀴 돌렸더니 조금후 바늘과 실꾸리를 넣어주어서 길게 타진 가랭이 찢어진 곳을 긴급조치(?) 꿰맬 수 있는 가벼운 행복이 있었다. 또 이튿날 임교도관이 관찰통으로 와서 인사를 하기에 종이 볼펜을 부탁한 일이(비둘기) 나의 공소내용 2항이 되었다. 이 사건은 잠복한 기관원의 덫이 아니었나 지금도 생각하고 있으며, 또한 사건 공소내용이 얼마나 거짓이고, 억지로 얽어매고 조작되었는가 짐작할 수 있다.

나. 내란선동의 공소장

1) 보안사 서빙고 동분실 수사와 기독학생운동

서울구치소는 한때 조용한 듯하였다. 유신헌법 반대 제1기라 할, 긴급조치 제1호 위반자 장준하, 백기완 선생, 김진홍, 이해학, 김동완 전도사 등 29명이 재판에서 징역 10년, 15년을 언도받고 지방교도소로 이감되어 갔기 때문이다. 이들의 흔적이 벽 여기저기에 낙서로 보였다. 4월 들어 소내에는 긴급조치 제4호위반 대학생, 지도자 교수, 목사들이 무더기로 구속되어 노랑딱지 바람으로 뜨거워졌다. 나는 7사상19방으로 전방되고 잡범들과 합방되었다. 4월 중순경부터 미군헬리콥터장 건너편 서빙고동 분실에 이첩되었다. 중앙정보부의 방대한 일망타진이(1,023명 조사 중 740명 훈계방면, 203명 구속. 이중 1회 기소 54명-인혁당 22명, 민청 32명) 무리였는지 보안사에 기독교 사람들을 수사하게 하였다. 우리들은 더욱 긴장했고, 가능한 말을 아끼고 담당 수사관의 인상파악에 촉수를 세웠다. 첫날은 여러 수사요원들이 번갈아 사건행적 찔러보기로 험악한 인상, 수사용어로 강압적인 분위기였다. 지하수사실 공중에 매달린 고문장치를 쳐다보며 속결해서 끝내자, 시체가 되어 한강으로 쥐도 새도 모르게 수장되겠냐는 협박, 긴장과 인내, 기도로 중심을 잡았다. 여기는 간첩 잡는 곳인데 무엇 때문에 여기 왔지? 사건 이첩에 불만 같기도 하며 당황스러워하고 기피하는 인상이었다. 두 번째 날에는 조금 안정된 분위기에 허수사관이 담당한 듯하였다. 교회 나간다는 박수사관이 위로하고, 분위기를 살피었다. 허수사관은 기본수사로 행적과 기독학생운동이 왜 정치적 사건에 가담하는가에 대한 질문이었다. 본적, 6·25 이후 행적, 국민학교에서 부산수산대학 졸업, 해병소위로 임관, 예편까지, SCM 운동에 참여동기를 질문하였다. 부산에서 계동춘 목사(재미중), 손명걸 목사(KSCM총무)에게 받은 연구훈련, 연세연합신학대학원 대학목회자 코스, 연세대 도시문제연구소 연수훈련, 기독자 교수협의회 참가 프로그램을 생각나는 대로 설명 답변하였다. 다음은 기독학생운동이 왜 교회를 떠나 대학문제에 관여하는가였다. 교회의 파송으로, 그리스도의 증인, 사명자로 대학에서 생활하는 것이라고 하였다. 나는 지금 복음선교의 현장에 서 있다고도 생각했다. 기독학생운동의 약사를 보면, 1945년 8월 15일 해방 후 서울시내, 각 지방기독학생회가 연합한(서울, 진관사) 기독학생회 전국하기대회, 48년 4월 25일 대한기독학생회 전국연합회(KSCF회장 남병헌·연희대)로 창립, 6·25 전쟁중에도 부산 다대포에 '조국을 그리스도에게'의 주제로 모였다. 그후 오늘까지 연중 여름·겨울연구회 및 총회는 기독학생운동의 기본프로그램 학문세계에서 기독자현존(presence) '68년도 한국을 새롭게 라는 주제로 사회를 새롭게, 대학을 새롭게, 교회를 새롭게 하는 운동으로 세계기독학생연맹(WSCF)에 가맹하여, 전교회가 지원하는 운동체라는 것이었다. 부산에서 서울로 올라온 목적도 질문하였다. 1968년 한국학생기독교운동협의회(KSCC)가 주최한 학생단체 통합 여름대회(대학 YMCA, 학생YWCA, KSCM) 주제 '한국을 새롭게'에 810여 명의 대학생, 교수,지도자들이 서울농대(수원)에서 통합선언을 하였다. 또한 기독학생운동은 연구활동뿐만 아니라 학생사회개발단을 조직하여 소외되고 버림받은 민중 속으로 들어가 봉사하는 것이 행동신앙으로 표출되었다. 이 대회에 나는 부산지역 총무를 맡아 대학생, 교수, 선배들과 참가하고 8월 부산 다대포 해변에서 평가연수회가 열렸다. 정권섭 선배 등 부산에서 에큐메니칼 운동, 기독학생운동을 정리하면서 최기영 선배가 제안한 대 프로젝트 구상에 잠겨 있었다. 이때 서울에서 양우석, 오재식 선배들이 긴급하게 부산으로 내려와 학생기독교운동의 역사적인 통합과제 실현을 위해서 상경하도록 설득하여 징발당한 셈이라고 답변했다. 이후 1969년 11월 23일 대학 YMCA와 한국기독학생회는 통합하여 KSCF로 새로 출발하게 되고 오재식 선배는 사무총장, 나는 대학부장 겸 학사단 부장으로 부지런히 뛰었다는 답변이었다. 허수사관은 민청학련 사건과 관련된 문제로 본격적으로 집중하였다. 수사면담시 신중하고 가능한 예의있게 처신하였다. 여유를 갖고 부드러운 수사를 하려고 노력하는 것같았다. 내란선동죄에 해당하는 총무취임 인사말에서 설명하는 마태복음(4:1-11) 해설을 들어도 별 신경을 쓰지 않고 수사기획이 있는 낌새를 보였다. 여러 번 반복했으나 평행선의 수사대화였다. 다음날 서빙고동에 불려갔을 때는 웬일인지 긴장되고 지루한 날이었다. 취조하던 허수사관이 밀려나듯 나가고, 축 늘어진 라병식을 메고, 험악한 수사기동팀이 들이닥쳐 라병식과의 대질신문이었다. 라병식은 힘빠진 소리로 다 말했다고 한다. 나를 쏘아보고 지금까지 만나지도 안했다고? 학생지도자로 내가 먼저 실토할 순 없지요 했더니, 말 떨어지기도 전에 그 자리에서 떠밀어 군홧발로 짓이겨 한동안 의식을 잃은 듯 찬물을 끼얹는 것으로 의식이 회복되어 구치소로 돌아왔다. 구치소로 돌아오는 길은 안심이라고 즐거운 기분이었다. 돌아온 나는 우리 방 기율 마귀할매(잡범대장)의 도움으로 밤새도록 더운 물을 구해서 주무르고 심부하여 그 이튿날 기적적으로 일어났다. 또 다른 날은 최명부 검사의 검취로 불려가서 신문중 갑자기 이유도 없이 얼굴에 주먹폭행을 당했다. "너 전과자지" 하는 말과 함께…… 항거하는 자세로 그대로 서 있다가, 신문을 끝내고 구치소로 가는 길에 대법원 비둘기 구치실에서 뜻밖에 박형규 목사님하고 교대하는 일에 만나, 너무도 반가웠다. 미소로 답하고 헤어졌다. 기도하면서 서울제일교회를 생각했다. 그 이튿날인가, 한승헌 변호사의 방문을 받고 모처럼 기쁜 마음이었다. 더욱 교도소 입감 후 처음으로 외부인을 만난 셈이다. 깊은 위로와 건강당부만 해주셨다. 2차 검취때 만난 최검사는 "전과는 없더구만……" 하는 말이 지난 일을 사과하는 말인 것같았다. 검취도 끝나는 것같아 마음이 안정되고 가족영치물도 들어오기 시작해서 성서나 장공 전집들을 독서하며, 가까운 가족(잡범)들과 함께 생활하며 때로 개인상담하는 일이 보람있고 가장 소중한 일이었다.

다. 안양교도소에서 대법원 출정 투쟁

1) 대법원(궐석재판) 정상 출정을 위한 투쟁

6월 15일 첫 공판은 초여름 더위 속에, 용산 국방부 인접한 비상보통군법회의에서 있었다. 삼엄한 헌병들의 경비 속에서 가족을 찾는 눈길과 아들 남편을 찾는 눈길이 마주치고 있었다. 너무도 오랜 만에 웃음 띤 얼굴, 아내의 눈길과 마주쳤다. 한 번의 면회도 없었기 때문에 노부모님 소식도 캄캄하다. 7월 9일 결심공판에서 사형에서 무기징역 최하징역 15년이 구형되었다. 7월 13일 선고공판에서 거의 구형대로 언도되고 나는 징역 20년에 자격정지 15년이 뒤에 추가되었다. 당당한 자세들이었다. 믿음직스러웠다. 나는 학생운동 지도자로 여기 현장까지 따라오게 된 것을 하나님께 감사하며, 부디 이 사건으로 사회악법이 철폐되고, 국민총화가 이루어지기를 소망한다는 최후진술이 지금도 생생하게 기억된다. 10월 9일 안양교도소로 이감되었으며, 안양교도소 2동상 1방에 학생들과 소위 인혁당 사람(김종대 선생 외)을 만나 인혁당 사건에 관해 소상하게 들었는데 역시나 한 거짓 조작들이 실감났다. 우리를 반갑게 맞이하던 장준하 선생, 이해학 전도사들 긴급조치 위반 1호들을 서로 환영하며 만났다. 이튿날 2심공판에서 기립 애국가를 부르던 서창석(KSCF회장), 김학민 등 대부대가 술렁이며 들어올 때는 함성을 지르고 박수로 환영하고 반갑게 학생들은 서로 이름을 연호하였다. 교도소측은 어찌할 도리가 없었던 듯하였다. 하룻밤을 지나고 상고 포기자들이 운동시간에 몰려와서 "나한테도 총무님 포기하고 가족면회하고 운동하세요"하고 야단들이다. 그러나 우리 방과 2동 상에서는 이철 등 사형수와 인혁당 사형수들을 위하여 대법원 정상 출정투쟁으로, 2심판결문 청구 등 출정투쟁을 하자는 데 하나도 반대자가 없다. 3일 동안 단식, 창문열고 구호투쟁 하는데 가끔 유근일 선생도 내가 상고포기하지 않토록 연락이 계속 왔다. 나는 2심판결문을 청구해놓고, 한편으로는 노모님의 건강소식이 안타깝고 막막하였다.

2) 비상고등군법회의 판결(11월 13일 접수, 한승헌 변호인 항소이유서 외 생략 총65쪽)
  -사건번호 : 74 비고군형 제14호
  -사건명 : 가)대통령 긴급조치 위반 나)국가보안법 위반 다)내란예비음모 라)내란선동 마)반공법위반 바)뇌물공여 사)국회의원선거법 위반 아) 집회 및 시위에 관한 법률위반
  -주   문 : 2. 피고인 이직형을 각 징역 12년과 자격정지 12년에 처한다. 원심판결 선고 전 구금일수 중 피고인 이직형에 대하여는 100일을, 원심 징역형에 삽입한다
        3. 74비고군형항 제14호 사건으로 압수된 증 78호 내지 81호는 피고인 이직형으로부터 몰수한다.
  -몰수한 압수품 목록 : 증제78, 79호 예금통장 2건. 증제 80, 81호 현금 출납부 2건

― 이 유 : 항소이유 17) 피고인 나병식 동 유근일 동 이직형 동 서경석 동 여정남의 변호인 변호사 한승헌의 항소이유의 요지는 (32쪽)

첫째 검찰관 작성의 피고인들에 대한 각 피의자 신문조서는 강요에 의하여 임의로 진술한 것이 아니므로 증거능력이 없는 것이고,

둘째 위와 같이 임의성 없는 자백은 유죄의 증거로 할 수 없는 것임에도 불구하고 증거로 한 것은 채증법칙에 위배한 잘못일 뿐만 아니라 대법원의 판례에도 어긋나는 것이며.

셋째 검찰관 작성의 상피고인들에 대한 각 피의자 신문조서, 공소 외 다른 피의자들에 대한 각 피의자의 신문조서, 기타 사람들에 대한 참고인 진술서 등은 증거로 함에 동의하지 아니하였을 뿐만 아니라 원진술자들의 원심법정에서의 진술에 의하여도 위 조서들은 임의로 작성된 것이 아니므로 모두 증거능력이 없으며,

넷째 원심 수명법무사가 행한 증인신문 절차는 피고인은 물론 변호인의 참여 없이 진행하였으므로 그 증인 신문조서는 증거능력이 없을 뿐만 아니라 그 증인신문에 근거한 원진술자들에 대하여 수사기관에서 작성한 진술조서 등도 증거능력이 부여될 수 없으므로 이를 유죄의 증거로 한 것은 채증법칙에 위배한 잘못이 있고,

다섯째 이와 같이 증거능력이 부여되지 아니한 증거물을 제외하고는 원심판시 사실을 인정할 아무런 증거 없으므로 원심판결은 증거 없이 사실을 인정한 잘못이 있으며,

여섯째 국가보안법상의 반국가단체라 함은 정부를 참칭하거나 국가를 변란할 목적으로 만든 결사나 집단을 말하고 내란이라 함은 국토를 참절하거나 국헌을 문란할 목적으로 폭동을 일으키는 것을 말하는바, 피고인들은 현사회의 부정 부패에 대한 시정과 각성을 촉구하기 위한 의사표현방법으로 과감한 정부비판 시위를 하려고 한 것이지 결코 국가변란이거나 국헌변란 또는 국헌문란의 목적과 동일시한 것은 잘못일 뿐만 아니라 대규모적인 학생데모를 곧 내란죄의 폭동과 동격의 물리적인 사태라고 한 것 또한 폭동의 법리를 오해한 잘못인지, 그리고 국헌변란의 목적은 직접

적이어야 하므로 설사 학생데모시 민중의 호응을 받아 폭동화된다 하더라도 이는 내란죄를 구성하는 것이 아니므로 원심은 어느 점으로 보나 내란죄의 법리를 오해한 것이고,

일곱째 국가보안법상의 반국가단체 구성죄에 있어서의 단체의 구성이라 하려면 적어도 단체로서의 조직 및 운영에 관한 최소한의 기본적인 골격이 갖추어져야 할 것인데 이건에 구성하였다는 민청학련은 학생 몇 사람이 모여서 학생운동에 관한 논의를 한 것에 불과하므로 이를 반국가단체의 구성이라고 인정한 원심판결은 동죄의 법리를 오해하였고,

여덟째 반공법 제4조 1항의 반국가단체의 찬양, 동조 등 행위는 반국가단체를 이롭게 한다는 인식이 있어야 할 것인바 피고인들은 우리나라 현실의 잘못된 점을 시정해야 되겠다는 생각에서 비판적인 대화와 문구를 쓴 것이라고 따라서 이는 언론의 자유, 표현의 자유의 행위이므로 원심판결은 반공법 제4조 1항의 법리를 오해하였고,

아홉째 원심판결은 그 증거설시에 있어서 누구에 대한 어느 사실을 어느 증거에 의하여 인정하였는가를 분명히 구분도 하지 아니하였을 뿐 아니라, 어느 피고인에게 대한 범죄사실을 어느 법령에 적용하였는지조차 불분명하므로 원심판결은 이유불비의 잘못을 범하였다고 함에 있다.

3) 안양교도소 석방 전후

안양교도소 수감생활도 지긋지긋한 검취 같은 출정도 없기에 대법원 출정투쟁 말고는 한가했다. 우리들도 제한된 운동시간에 특권을 누리던 윤필용 장군은 운동장에서 학생들과 잡범들한테 망신을 당하고 보이지 아니했다.

사자 붙은 방(사기꾼방)에 전방되어 70노령에 가족도 면회가 끊긴 낙천적인 노인(강원도 피나무 목재상)과의 장난기 서린 얘기도 생각난다. 다시 2동 상 1방에 전방으로 돌아와 최교도관의 서비스, 아침 일찍 계란우유 한 잔, 문을 따주어 긴 복도 오른편 방에 있는 동지들과 통방도 즐거웠다. 겨울 들어 새벽이면 더 춥고 잠이 안 온다. 일어나 식사발로 천장서리를 몇 사

발씩 걷어냈다.

이인수 대령(5·16반혁명사건)의 간병 서비스. 큰 뉴스 소식을 기다리던 때 새해 들어 좋은 소식이 오려나 아침마다 까치가 가까이 와서 짖어댄다. 드디어 2월 15일 석방 대뉴스로 술렁댄다. 김종대 선생, 이강철 학생 등과 밤새 짐을 꾸리고 새벽의 출소호명을 기다렸지만 끝내 소식이 없다. 김종대 선생이 나이깨나 먹은 우리가 너무 철이 없는 것같소 하고 실소해져서 짐보따리를 풀었다. 그후 우리는 2월 17일 2차 석방되었으나 하룻밤을 보내고 마포경찰서 유치장에서 또다시 유근일 선생을 만나서 웃으며 서로 위로하고 안양교도소에 다시 수감되어, 머리까지 깎는 수모를 당했다. 정보부 박과장, 보안과장과 대판 고성으로 막싸움을 한판 벌였다 며칠후 우리 둘만 다시 석방되어, 남아 있는 동지 학생들에게 죄지은 것처럼 부끄럽고 미안한 생각으로 나왔다.

라. NCC 인권위원회와 한국인권운동협의회

1) 70년대 교회 인권운동 확장

재석방된 나는 이문동 자택에서 하룻밤을 자고 오후 2시경 정보부 검은 지프차에 태워 판문점쪽으로 향하다 문산에서 되돌아와(강제연금 반발) 정읍 내장산 여관에서 연금이 풀릴 때까지 있었다. 당시 국제 앰네스티 로벨 박사 일행의 면담을 방해하기 위한 연금이었다. 2월말부터 풀려난 후 NCC인권문제대책협의, KSCF관계, 구속자석방 환영예배(새문안교회) 참석 등 눈코뜰새없이 바쁘게 돌아갔다. 또 사건이 터졌다. 반공법으로 3월 22일 한승헌 변호사가 구속되고, 수도권 선교자금 관계로 4월 9일 NCC총무 김관석 목사가 전격 구속되었다. NCC선교대책협의회가 긴급대책을 협의하고, 인권위원회의 전담실무자가 절실한 때였다. 그 동안 NCC인권위원회는 73년 10월 2일 서울문리대 시위사태 이후 기독학생들의 구속 등 시국사태들로 '신앙과 인권' 협의회(73. 11. 23-24)로 출발하여 74년 4월 11일 창립, 교계 이해영 목사(위원장) 법조계 이태영 변호사(부위원장) 중심으로 활동하여왔다. 또한 긴급조치 9호 이전과 이후 이어진 엄청난 시국사건들로 인권문제 대책과 조직적인 활동이 절실한 때였기 때문이다. 시급한 대책을 놓고 교계 내부 추천한 요청, 구속된 김관석 총무의 연락, 내정요청에도 나는 피할 수 없는 시국사태, 교계의 생리, 절실한 휴식 때문에 피하였고 거부한 처지에 있었다. 어느날 수유리 화계사 병상에 계시는 이해영 목사님의 긴급요청 면담 후에 양심과 현실 사이에 더욱 고민했다.

"당신들이 공산당과 연계됐다고 구속되었을 때 NCC선교대책협의에서 난감했지. 김종대 목사(예장중경 총회장)와 나, 노인들밖에 나설 사람이 없어…… 정보부 2국장을 만나서 어떻게 교회집사가 공산당일 수 있느냐고 항의했더니 이 사람 말에서 이직형…… 행적수사를 했더니 전라도(전북)놈이고, 김대중 사람이더라 했어……. 우리 깜짝 놀라고 나오면서 더욱 용기가 나고 기뻤어…… 참으로 기뻤어……. 그래서 우리는 나와서 박세경 변호사, 한승헌 변호사를 자신있게 만났지……" 하는 흥분과 숨넘어가는 병상의 원로의 호소에 꼼짝없이 잡혔다. 그후로 나의 3대 요구조건이 NCC선교대책협의와 NCC실행위원회 결의로 전격 수용되었다. 강원용 목사의 설득이 주효했다는 후문을 들었다. 그후 조남기 위원장, 새로 임명된 사무국장팀이 가동되어 교회인권운동은 확장되었다.

기본활동으로 ① 인권대책 법률구조 및 사건현장 대책 강구 ② 인권선교 후원활동(인권문제협의회, 지역인권선교후원회 조직, 인권주간행사 주관) ③ 인권문제 홍보자료 활동(현장 리포트 작성 및 자료수집·교환) ④ 구속자 가족 및 목요(금요)기도회 조성지원 ⑤ 교회 및 사회인권단체 조성 등 열심히 정리하고 확장활동이 활발하였지만 개인생활은 헌신, 희생도 모자랐다고 생각했다. 특히 여직원인 김간사, 성양은 너무도 고생하여 잊을 수가 없다. 3·1민주구국사건이 일어나 법률구조 활동(박세경 변호사 외 27명) 구속자 가족활동사건 지원과 조직활동은 평생 잊을 수가 없다. 더욱 후속사건으로 광주 제2 3·1민주구국선언사건(윤기석 목사 외 3인, 변호인 홍남순 변호사 외 3인)으로 광주 지산 재야모임 (은명기 목사, 이성학 장로, 조아라 장로, 홍남순 변호사, 김천배 선생 등)은 광주사태까지 지속하여갔다고 생각한다. 이러한 민주화운동

현장의 방대한 자료가 NCC발간의 《1970년대 인권운동》 5권으로 이름 없이 빛도 없이 투쟁했던 민주화 인사들의 기록으로 회고하니 필름처럼 풀어진다.

2) 붙들린 자는 이름 없이 빛도 없이

이쯤 해서 민청사건과 진실이라는 족적을 맺고자 한다. 미국 카터 대통령의 인권정책, 한국민주화는 78년부터 싹이 트는 봄으로 가는 것같았다. 섬기고 일하던 곳이 어느새 쓸 만한 자리로 나타난다. 원주 카톨릭 평신자 이창복 선생과 한국인권운동협의회로 거듭남의 작업을 했다. 지학순 주교와 김관석의 충무동 회동도 말할 때가 온 것같다. 이때 나는 또 한번 서울제일교회 장로로 붙잡혀 사회선교를 위해 교도소를 드나드는 목회자와 교회를 광야의 고난으로 십자가 행진을 했다. 화해와 용서, 하나됨의 오랜 시험에서 살아났다. 학생운동과 인권운동의 땀흘리는 여울에서 이름 없이 빛도 없이 살아온 게 감사할 뿐이다. 요즘 섬기는 자를 바라보며 무명자로 뜻가림에 날아가고 싶다.

아미산 선약원에서!

체험기 (4)

민청학련사건, 나의 체험

김지하 (시인)

문 : 민청학련 당시의 선생님의 생각과 유신시대에 대한 생각은?

답 : 유신체제란 민주주의를 압수하겠다는 것, 그나마 그 이전에는 군사독재였으나 형식적 민주주의는 하고 있었는데 그거나마 압수한다는 얘기고, 장기집권한다는 얘기고, 더군다나 삼권을 한 손에 쥐자는 총통제, 군주제의 발상이다. 민주주의에 대한 정면도전이고, 모든 국민이 반대할 수 밖에 없는 형편이다. 다만 고양이 목에 누가 방울을 달 것인가가 남은 것이다. 그때 유일하게 움직일 수 있는 것이 학생, 종교계라고 하고 종교계가 받쳐주는…… 그래서 전국민의 저항으로 확대되어나갈 수 있다고 생각했다.

문 : 긴급조치가 계속 발포되면서 그런 움직임이 있지 않았나?

답 : 1월에 YMCA 커피숍에서 함석헌, 장준하 선생, 김재준 목사, 지학순 주교, 법정 스님 그리고 나, 소설가 이호철이 모여 유신반대 시국선언이 있었고, 그 무렵 문리대 학생들의 유신반대 시위가 있었다. 곧이어 장준하가 주도하는 전국민 개헌청원 서명운동이 있었고, 그후 긴급조치 제1호가 발포되어 나는 수배가 되어서 피신했는데, 그런 상황에서 학생, 종교계가 연결을 하여 한 세력을 형성해서 시위운동을 전개할 움직임이 있자 긴조 4호로 포고한 거다.

문 : 긴조4호는 민청학련만이 아니라 각계의 심각한 저항을 돌파하기 위한 것이 아닌가?

답 : 전국민적 반대가 밑에 깔려 있었고, 그것이 학생운동으로 표출되니까, 그것을 돌파하기 위해 박정희가 학원에 공산세력이 잠복했다고 용공으로 몰아 싹 뿌리를 뽑으려고 한 거다. 강타함으로써 국민을 잠재우려고 한 거다.

문 : 민청학련과 선생님은 어떤 관련이 있었나?

답 : 73년부터 움직임이 있었다. 이철, 유인태, 서중석 등과 여러 차례 회합이 있었고, 종교계쪽, 천관우 선생, 함석헌, 지학순, 김추기경과 여러 얘기가 있었다. 그런 움직임 속에서 나온 것이지 갑자기 돌출한 것은 아니다.

문 : 선생님의 역할은?

답 : 학생층에게는 시위의 필요성, 전국적 학생조직의 필요성을 얘기했고, 특히 기독교 학생, 민족주의 학생, 자유민주주의 학생의 경향을 결집할 것, 그리고 민족·민주·민생 체제에 대해 얘기했고, 한 축은 고인이 된 조영래를 통해 지학순에게 받은 백 몇십만 원을 전달했다. 자금조달도 내 역할이다. 또 그것을 종교세력과 연합시키는 중간연락이 내 역할이었다.

문 : 당시 그 역할은 지학순 주교가 부여한 것인가?

답 : 그렇다.

문 : 활동할 당시의 생각은 무엇이었나?

답 : 유신이란 민주주의에 대한 정면도전이고, 민생에 대한 전면파괴이고, 민족에 대한 완전배신이고, 국제적으로 봐도 파괴이다. 그것은 반대할 수밖에 없었고, 전민중적인 저항이 잠복되어 있었으므로 저항운동을 하면 박정희도 굴복하리라 봤다. 국내여론이 아주 좋지 않았다. 그리고 남북공동 7·4 성명 이후 유신이 있었는데, 민족적 분위기도 좋지 않고, 해외동포 속에서도 아주 좋지 않았다. 더군다나 김대중 납치사건으로 추문이 연달아 있었고 일본, 미국 등에서 민주화운동 교포단체들이 속속 조직되는 국제정세 속에서 미국도 유신정권을 반대하리라 나는 낙관했다. 우리가

저항만 한다면, 그리고 저항을 조직할 수 있다면 쉽게는 아니라도 박정희를 포위할 수 있다고 봤다.

문 : 4월 3일 민청학련 발표를 들으면서 느낀 것은?

답 : 특별한 느낌은 없었다. 이미 박정희의 체질은 환히 아는 거고, 나만 아는 게 아니라 전국민이 아니까 뻔한, 총통제란 얘기가 유신 전부터 많이 돌았다. 종신집권을 한다, 선거로는 이제 가능성이 없다고 판단하니까, 김대중 납치가 그런 것 아니겠는가. 그러니까 특별한 느낌은 없었고, 저항을 어떻게 끈질기게 지속적으로 할 것인가만 생각했다.

문 : 선생께서는 4월 25일 잡힌 것으로 나오는데, 취조당하면서 받은 느낌은 어땠나요?

답 : 처음 들어가니 소위 인혁당이 배후라고 자꾸 얘기했다. 그런데 취조과정에서 나의 자금 루트가 드러나기 시작했다. 그래서 나중에 내 생각으로 인혁당이 배후조종했다면 학생운동도 망치고 운동세력 전체가 망치게 되는 것이다. 소위 공산주의 세력이 사주했다고 하면, 그래서 며칠 고민한 끝에 내 역할을 얘기했다. 내가 주도했고, 자금도 내가 줬고, 물론 자금줄이 드러나서 어쩔 수도 없었지만, 하여튼 내가 책임지는 걸로 얘기했다. 인혁당이 배후선이 아니라는 것, 그때 지학순 주교 자금, 나, 이렇게 해서 백 몇십만 원 들어가고, 한편에서는 박형규 목사를 통해서 윤보선 씨 자금이 기독교 학생 쪽으로 들어갔다. 이 두 선이 합쳐지면서 주도세력을 형성했기 때문에 그뒤 발표가 뒤집혔다. 원래 종교세력과 민주세력이 중심에 있는데 중간에 인혁당이 끼어들었다고 발표되었다. 자금의 양이 비교가 안되니까, 모든 조직운동에는 자금이 가장 중요하다. 수사를 할 때 자금원이 어디인가가 중요하다. 그리고 지도명제가 무엇인가도 문제다. 그러나 인혁당의 자금은 2천 원이던가, 죽은 여정남 씨가 유인태 씨든가 이철이든가 막걸리값 하라고 준 것이 조직자금, 공작금으로 되었다. 그러니까 비교가 안되지 않느냐. 그래서 발표가 나중에 뒤집어졌다.

문 : 나중에는 결국 인혁당으로 몰아가지 않았나요?

답 : 인혁당이라고 그랬는데, 발표는 재야세력과 인혁당 양쪽 조종으로

돼 있다. 그러니까 복잡한 사건이다. 이것은 분명한 거다. 재야민주세력이 지원한 거고, 배후가 있다면 나나 지학순, 박형규, 윤보선 씨가 배후세력이고, 인혁당은 조작하기 위해 끌어댄 거다. 무고한 사람 붙잡아다가 완전히 날조한 거다. 2천 원 막걸리값이 공작금이라고 된 것이다.

문 : 선생님이 준 돈은 백만 원이 넘는데?

답 : 그렇다. 그리고 박형규 목사가 준 게 20만 원인가 40만 원일 거다. 그러니까 비교가 안된다.

문 : 취조받을 때 인혁당의 배후라고 취조받았나?

답 : 아니다. 난 인혁당과 거리가 없다.

문 : 민청학련의 배후라고는 취조받았나?

답 : 그렇다.

문 : 그땐 인혁당 얘기는 못 들었나?

답 : 취조과정에서 처음 들었다.

문 : 처음엔 인혁당 얘기가 없다가 나중에 인혁당이 지시한 걸로 바뀌었다는데?

답 : 그렇게 조작을 했을 거다. 유인태가 민청학련을 조직하기 위해 대구에 내려가서 여정남을 포섭한 거다. 여정남이 경북대학교 정심회라는 서클활동을 위해 포섭한 건데, 정보부에서 오히려 거꾸로 유인태가 포섭된 걸로 조작한 것이다.

문 : 1차 발표와 2차 발표 사이에서 인혁당으로 몰아가는 것같던데?

답 : 나는 늦게 잡혔다. 내가 들어갔을 때는 어느 정도 조작이 진행되어 있었다.

문 : 취조하면서 어떤 방향으로 몰고 가려는 느낌은 안 받았나?

답 : 조작하려고 한 것이다.

문 : 민주세력이 힘을 모아 한 활동인데, 어떤 세력의 조종을 들씌워 다른 데로 몰아가려는 건가?

답 : 유신정권에 대한 전국적인 반대로 박정희를 포위해서 국내외적으로 고립시킴으로써 유신정권을 붕괴시키려는 것이 우리들의 생각이었고,

그렇게 해서 추진한 일인데, 들어가보니 공산주의 세력이 배후에서 사주하고 있다는 식으로 날조를 하고 있더라. 그래서 이건 안된다고 생각해서 내가 배후지원자라는 걸 드러냈다.

 문 : 취조과정에서 뒤집으려고 했는가?

 답 : 반대로 뒤집었지만, 그 결과는 국민들이 다 납득하게 되어 있었다. 그러니까 배후세력이 지학순, 나, 박형규, 윤보선으로 되어 있는데, 공산주의 세력이 조종하고 있다고 발표하니 이건 조작이라는 느낌을 전국민이 받게 된 것이다. 그러니까 게임이 안되는 싸움이었다.

 문 : 교도소 안에서의 통방 얘기는?

 답 : 하재완 씨가 같은 사동 아래층에 있었다. 나는 위층에 있었고, 아래층에서 나를 불러 누구냐니까 하재완이라고 해서 "내 생각엔 조작인데 어떻게 된 거냐"하니까 조작이다, 허구라고 했다. "고문을 많이 당했다. 저들도 정치적 사건이니 좀 참아달라고 하더라"고 했다. 고문을 어떻게 당했냐니까 내장이 파열되고 굉장히 심한 고문이었다고. 고문의 초점이 뭐냐니까, 민청학련 배후조종 사실, 당을 만들었다는 사실을 시인하라는 얘기였다. 그후 집단검진을 받을 때 복도에서 잠깐 만나서 똑같은 얘기를 들었고, 그뒤에 출정하다가 이수병 씨를 만났다. 이수병 씨는 유명한 사람이다. 《만적론》을 쓴 아주 출중한 사람이다. 어떻게 된 거냐니까 "미안합니다"그러더라. 아무 것도 한 것 없이 배후조종이라고 해가지고 학생운동 망쳐먹는 일에 동원됐다고, 아주 기탄없는 사람이다. 서글서글하고, 나는 취조과정에서 이미 눈치를 챘는데, 개인적으로 그들이 사회주의 사상을 가졌는지는 잘 모르겠다. 왜냐하면 그 이전에 6·3때 그러니까 64년도. 64년도에도 학생운동 배후세력으로 인혁당이 있다고 해서 재판소동을 벌였다. 그때 1차에서 모두 유죄판결 난 것을 2심에서 증거 없다고 해서 무죄판결을 냈다. 그때는 광주에 내려가 있는 박현채 등 여럿이 관련되어 있었다. 그 사건을 내가 기억하고 있기 때문에 가짜라고 생각했다. 그때도 무슨 당 만들었다고 발표했는데 나중에 무죄가 됐다. 그리고 도예종 씨는 사상이 공산주의라고 하여 반공법으로 조금 복역을 했다. 반공법이야 그때

막걸리 반공법이라고 했으니까, 사상을 가지고 있으면 머릿속 재판을 하는 것이다. 불온사상 가지면 법에 저촉되고 말 잘못 해도 걸려들어가는 그런 정도로 나는 생각했다. 그 정도에 불과한 것이다. 당을 만든다거나 학생운동을 조종한다는 건 있을 수 없는 일이다. 나는 감을 잡고 있었다. 그런데 직접 얘기를 들으니까 확실해진 거다.

문 : 그안에서 다른 사람을 본 일은 있는가?

답 : 민청학련 사람과는 늘 통방하고 그랬다. 예컨대, 우스운 얘기지만, 피해범위를 확대시키자! 자기 관련된 사람은 다 불어라. 그래서 피해대중이 몇천 명이 되면 그게 저항세력이 아니냐는 얘기도 있었고, 그때는 상당히 축제 분위기였다. 그리고 나가면 야학을 시작하는 게 좋겠다. 근로대중, 소외대중들과의 관계가 중요하다는 얘기도 있었고, 앞으로 이 운동을 어떻게 확산시킬 것인가 하는 얘기도 있었다. 이론적인 얘기도 있었고, 그런 얘기로 늘 통방했다. 워낙 숫자가 많아서 교도관이 어떻게 할 수가 없었다. 한 방 건너 하나씩이었거든.

문 : 통방과정에서 인혁당쪽으로 갈라져가는 걸 느끼지 못했나?

답 : 그런 느낌은 별로 없었고, 워낙 그들은 조작하는 거고, 우리는 저항하는 거고 공식이 단순했다. 다만 인혁당 사람들이 어떻게 피해받을까가 걱정되는 상황이고, 학생들은 쉬쉬했다. 법정에서 김병곤같은 사람은 사형선고 받으니까 "영광입니다" 그리고, 20대에 반국가단체의 수괴로 취급해줘서 감사하다고 했고, 노래 부르고 그랬으니까. 다만 인혁당 계통 사람은 안됐죠. 조작을 하려고 해도 이미 조작이 안됐다. 싸움에선 박정희가 진 것이다. 졌기 때문에 사형집행을 한 것이다.

문 : 무기로 감형되고 안심이 됐겠네요?

답 : 안심이라기보다는 출옥하면 인혁당을 구해야 한다는 생각이 들었다. 주도선이 어디냐 하는 것은 분명히 지도명제의 문제고, 그런 것이 이제 분명히 드러났다. 공판과정에서 분명해졌으니까 자꾸 분리시키려는 거였다.

문 : 분리가 가능한가요?

답 : 박정희식 통치방식이라는 게 뭐는 못하는가. 그들도 뒤죽박죽이었으니까.

문 : 선생께선 사형선고를 받았을 때 어떠했는지?

답 : 별 충격 없었다. 사형 못하리라는 거 알았고, 종이호랑이죠. 종이호랑이, 군사재판이라는 게 그렇지 않은가. 맨 앞줄 사형, 그 뒷줄 무기, 뭐 이런 식이니까. 감형이 있다니까 겁도 안 났고, 별 충격도 없었고, 그러고 나서 일 주일 만에 감형됐다. 국제여론이 나쁘니까. 난 감형하리라고 예견했다. 국제여론, 국민의 반대, 이런 것이 사실은 점화만 안됐지 쫙 깔려 있었다. 박정희 혼자 싸운 거다. 박정희 캠프내에서도 반대자가 많았다. 사실은 회의적인 사람들이 이래가지고 되겠느냐, 충성파들이나 아첨배들이, 공화당 창당했던 멤버들 중 반대한 사람이 많았다. 예를 들어서 김용태, 정구영, 김성곤 이런 사람들은 상당히 반대하고 있었다. 박정희 혼자 싸운 거다. 그러니까 사실은 싸움이 안됐다. 물리력으로 폭력으로 버틴 거지, 여론에서는 이미 진 싸움이다.

문 : 인혁당은 계속 사형인데 어떤 느낌을 받았나요?

답 : 하재완 씨가 정치적 사건이니까 조금만 참아달라고 그랬다 하더라. 신직수가. 그러니까 적당한 선에서 감형을 시키리라 이렇게 생각했는데, 그렇게 하지 않고 계속 버티더라. 그래서 불길한 예감은 들었다. 그러니까 저 사람들이 고립된다는 거, 불길한 예감이 있었다.

문 : 풀려나시면서 어땠습니까?

답: 인혁당을 구해야 한다는 여론이 지배적이었다. 그리고 남아 있는 사람들, 이현배, 유인태, 이강철 그 사람들도 다 구해야 한다. 인혁당과 함께, 그래서 내가 〈동아일보〉에 썼던 거고, 사제단에서도 강하게 리포트까지 내면서 그렇게 됐던 거다.

문 : '고행…1974'를 쓰실 때는 어땠나요?

답 : 잡혀들어간다는 거 알고 있었다. 그 즈음 내가 쉬러 하동을 내려가고 있었는데, 차 안에서 박형규 목사를 만났다. 박목사 가라사대, 장준하 선생이 누구한테 들었는데, 나하고 박목사는 다시 잡아넣겠다고 한다. 그

러니까 배후 주동자들 아닌가. 한쪽은 윤보선 씨하고 관련 있고, 나는 가톨릭하고 관련 있고. 이 두 사람은 잡아넣겠다고 한다. 그런 얘기를 들었죠. 그래서 다시 잡혀들어갈지도 모르겠다 생각을 했고, 인혁당 관계도 관계지만 그때 민주회복국민회의라고 있었다. 함세웅 씨가 대변인이었는데, 함세웅 씨가 나한테 대변인을 하라고 해서 대변인을 하기로 결정된 바로 그 이튿날 잡혀갔다. 인혁당 관계로 투쟁을 계속하려고 했던 증거다. 국민회의를 통해서.

문 : '고행⋯1974'를 쓰신 동기는?

답 : 들어가 있는 사람을 다시 풀려나게 해야 되고, 인혁당도 감싸서 풀려나게 해야 되고, 그렇게 폭압적으로 나왔던 유신정권에 대해서 폭로도 해야 되고…… 폭로라는 건 중요한 민주주의의 원리다. 어둠에 감춰 있던 억압된 것을 드러낸다는 의미에서, 그런 심정에서 썼다.

문 : 여정남 씨는 어땠나요?

답 : 민청학련과의 고리라고 생각했다. 민청학련은 이철, 유인태, 김병곤, 서중석 이렇게 나간다. 나는 이철 팀인데 거기 여정남은 없었다.

문 : 사형당한 사실은 어떻게 들으셨는지?

답 : 그날 감방에 있었다. 사형집행할 때는 모두 고개 숙이라고 그런다. 내다보지 못하게, 소제하는 기결수가 와서 인혁당 집행한다 해서 알았다. 그날 버드나무 하얀 가루가 많이 날리던 날이었다. 난 그날을 기억한다. 내 방이 사형장 가까이 있는 4동에 있었다. 참혹하다. 대중과 고립된 운동이라는 건 성공하기 힘들다. 그런 느낌을 받았고. 역사의 모순이다. 남북관계, 분단의 희생물이다. 참혹한 거다.

문 : 지금도 인혁당이 조작된 거라고 믿는가요?

답 : 그렇다. 그건 다시 밝혀져야 된다. 인혁당 관계는 다시 밝혀져야 된다. 장준하 씨 사건, 거창학살사건 많이들 얘기한다. 인혁당 관계도 다시 다루어야 될 거다. 촘촘히, 억울한 거죠. 그 가족들이 참 안됐다. 그뒤로 나와선 가족들을 만나고 그랬는데 안됐다.

문 : 민청학련과 인혁당 사건을 지금 돌이켜본다면?

답 : 박정희 정권의 전가의 보도 아닌가. 조작이라는 건. 이전에도 그런 사건 많았다. 전가의 보도다. 전가의 보도를 뽑을 것이다. 그리고 분명한 것은 여정남 씨가 소위 공작선상에서 보면 유인태의 하부선이지 상부선은 아니다. 포섭대상이었지 유인태가 포섭된 게 아니라는 건 분명한 거 아닌가. 운동을 해본 사람은 금방 느낀다. 그것만 보면 가짜다 진짜다 구별되는 거 아닌가. 안에서 유인태 씨와도 통방했다. 하부선이냐 상부선이냐 그건 명백한 거니까.

문 : 결국 용공조작으로 전체를 매도했다는 거죠?

답 : 그렇다. 박정희가 수많은 조작을 했지 않은가? 그중 하나다.

문 : 긴조시대에 전반적으로 느끼신 점은?

답 : 그건 내 시에 다 나와 있다. 죽음의 세월이었다. 폭압 그리고 광기, 그런 것이 판치던 때였다. '1974년을 죽음이라고 부르자' 그런 시도 있다.

— 천주교인권위 편 《사법살인-1975년 4월의 학살》 학민사(2001)

체험기 (5)

내가 겪은 민청학련 사건

유인태 (전 국회의원)

1974년 4월 3일은 나와 나의 친구 동지들, 선후배 동지들에게는 잊을 수 없는 날이다. 이른바 민청학련사건이 터진 이날은 어쩌면 유신시기의 어두운 역사에 가장 중요한 날로 기록될지도 모른다. 영구독재의 천년아성을 쌓으려는 유신체제에 정면으로 맞서 73년 12월 하순경부터 약 1백일 동안 밤낮없이 작업해온 전국 대학의 4·3일제시위계획이 무지막지한 강권에 참혹하게 강타당한 날이었기 때문이다.

이날 박정희 대통령은 민청학련에 가입하였거나 이를 찬양하는 사람은 물론 학생들이 시험을 거부하거나 시위 농성에만 참여하여도 사형까지 처한다는 긴급조치 4호를 발동하였다

더욱이 긴급조치 4호에 따르면 이 조치를 비방만 해도 사형에 처할 수 있게 되어 있었다. 또 이 조치 위반자가 소속된 학교는 폐교처분을 할 수 있게 되어 있다.

하늘 아래 이처럼 폭압적인 법령이 있을까. '반국가 불순활동 발본색원'이라는 주먹 만한 제목 아래 발표된 전대미문의 긴급조치 4호의 12개 항 중 제1항과 제2항은 다음과 같다.

1. 전국민주청년학생총연맹과 이에 관련되는 제단체(이하 단체라고 한다)

를 조직하거나 또는 이에 가입하거나 단체나 그 구성원의 활동을 찬양, 고무 또는 이에 동조하거나 그 구성원과 회합 또는 통신, 기타방법으로 연락하거나 그 구성원의 잠복, 회합, 연락, 그밖의 활동을 위하여 장소, 물건, 금품, 기타의 편의를 제공하거나 기타방법으로 단체나 구성원의 활동에 직접 또는 간접으로 관여하는 일체의 행위를 금한다.

2. 단체나 그 구성원의 활동에 관한 문서, 도서, 음반, 기타 표현물을 출판, 제작, 소지, 배포, 전시 또는 판매하는 일체의 행위를 금한다.

그리고 이러한 사항을 위반하거나 이 조치를 비방하는 자는 사형 또는 5년 이상의 유기징역에 처하며, 유기징역에 처하는 경우에는 15년 이하의 자격정지를 병과할 수 있다고 규정했다. 그위에 '이 조치를 위반한 자는 법관의 영장 없이 체포·구속·압수·수색하며, 비상군법회의에서 심판 처단하며, 군 지역사령관은 서울특별시장, 부산시장 또는 도지사로부터 치안질서 유지를 위한 병력출동의 요청을 받은 때에는 이에 응하여 지원하여야 한다'는 으스스한 규정이 첨가되었다.

긴급조치 1호가 유신헌법에 반대하는 모든 국민들을 대상으로 한 것이라면, 문명세계를 비웃듯 수치스러운 긴급조치 4호는 유신체제에 가장 강력히 도전할 수 있는 학생세력들에게 철퇴를 내린 것이었다. 그리고 그것은 어느날 갑자기 발동된 것이 아니라, 그간 학생운동계를 예의 감시해오다가 일거에 강타하여 완전 뿌리를 뽑아 독재정권을 반석같이 하겠다는 하나의 작전이었다.

긴급조치 4호의 발동과 반박성명

4월 3일 규모는 작았지만 서울대·성균관대·이화여대 등에서 시위와 저항이 일어났다. 서울대 문리대의 경우 이미 며칠째 교문 안에 들어와 감시하던 사복경찰과 학생들 사이에 처절한 소규모의 각목전이 벌어졌다. 이미 사세는 기울어졌지만 학생들은 감옥행을 마다 않고 있는 힘을 다해

싸웠다. 분노를 이기지 못해 형사의 팔을 문 학생도 있었다.

4·3시위를 준비해왔던 학생들은 한편으로 긴급조치 4호의 어마어마한 내용에 기가 죽기도 하였지만, 조금도 투쟁의 고삐를 늦추지 않고 싸우기로 다짐하였다. 이철(69학번, 서울대 사회학과), 여정남(44년생, 경북대 제적)과 나는 4월 3일 밤과 그 다음날 연달아 만나 긴급조치 4호에 대한 단계적 투쟁방법을 강구하기로 하고, 우선 그것에 대한 반박성명을 내기로 하였다. 그 요지는 다음과 같았다.

긴급조치 4호란 명목의 최후발악을 규탄한다. 반민중·반민주·반민족적 집단을 규탄하는 학생들의 의기에 혼비백산한 자들은 이제 마지막 광태를 노출하고 있다. 허위사실을 발표, 학생들의 떳떳한 구국운동을 왜곡 선전하고, 또 하나의 학원간첩단 사건을 조작 발표하려는 음모를 꾸미고 있다. 민중수탈을 일삼는 저들이야말로 불순집단이 아니고 무엇인가…….

정윤광(66학번, 서울대 철학과)과 나병식(70학번, 서울대 국사학과), 정문화(70학번, 서울대 외교학과), 이근성(70학번, 서울대 동양사학과), 황인성(71학번, 서울대 독문과) 등도 계속 모여 반박 선언문을 작성하고, 유인물 살포팀을 구성하였다. 유인물의 등사와 살포에는 정찬용(70학번, 서울대 문리대), 권오걸(72학번, 서울대 문리대) 등이 활약하였다.

경계가 삼엄하여 인쇄장소를 물색하기에는 쉬운 일이 아니었다. 더구나 꽤 고가로 구입한 등사기는 덩치가 큰 편이어서 옮기기가 용이치 않았다. 피신을 하면서 등사기를 안전한 곳에 옮겨 인쇄를 하는 데 정말 애를 먹지 않을 수 없었다.

정찬용과 권오걸을 명동과 신촌 등지에 4·3조치 반박전단을 살포하였고, 현상금이 걸린 강구철(72학번, 서울대 정치학과)은 권오걸·최권행(72학번, 서울대 문리대)과 함께 당시는 명동에 있었던 국립극장 앞의 맥주홀 2층에서 노상으로 약 2백 장을 공중 살포하고, 각각 흩어져 을지로1가 전 내무부 건물 앞 횡단보도에서 150장쯤을 또 뿌렸다.

나는 4월 9일 동대문구 휘경동에 있는 술집에서 비밀리에 김지하(61학번, 서울대 미학과)와 만나 재야인사들이 긴급조치 4호를 반박하는 성명을 내도록 해달라고 요구했다. 그러나 김선배는 노인들한테 기대할 수 없다며 장기적 투쟁을 할 것을 권유하였다.

우리들은 서울은 너무 경계가 삼엄하여 불가능하므로 부산·대구·광주의 지방대학에서 새로 시위를 조직하기로 의견을 모으고, 체포될 것에 대비하여 2선을 강화하기로 하였다. 그러나 4월 10일이 넘으면서 우리의 활동은 엄청난 벽에 부닥쳤다. 거리 구석구석에 이철과 강구철과 나를 현상수배하는 사진이 나붙었던 것이다. 이제는 친구들 집에도 마음놓고 드나들 수 없었다.

4월 14일, 나와 이철은 여정남의 신설동 하숙집에서 점심을 먹고 있었다. 그때 정오 뉴스를 듣던 나는 숟가락을 놓으며 중얼거렸다.

"아니, 2백만 원이라니!"

얼마 전까지 현상금이 50만 원인 줄 알고 있었는데 라디오에서 2백만 원이라는 것이었다. 말이 2백만 원이지, 그돈을 지금 시세로 환산하면 대충 4천만 원은 될 것이다.

"셋(이철, 강구철, 나)이 합쳐 2백만 원이겠지! 간첩 현상금이 30만 원인데"

이철이 대답하였다.

"아니야, 네가 잘못 들었어, 아무러면 우리가 무슨 죄를 지었다고 간첩 몇에 해당하는 현상금을 걸겠냐."

이 다툼은 1시 뉴스에서 해결되었다. 각각 2백만 원의 현상금이 붙었던 것이다. 이철은 나보다 태평한 것같았다. 그는 어차피 잡힐 것이니까 아는 사람에게 신고케 해서 그 현상금의 절반만이라도 어려운 가정에 보탬이 되게 했으면 좋겠다고 농담반 진담반으로 말했다. 어쨌든 더욱 불안을 느낀 우리는 밖에 나간 여정남이 돌아오기만 기다렸다. 어둑어둑해질 무렵에야 밖에서 돌아온 여선배는 숨찬 목소리로 대뜸 말을 꺼냈다.

"우리 셋이 같이 있는 것은 자멸행위인 것같소. 일단 헤어집시다."

"지금 이 마당에 갈 데가 막연한데요."

내가 불안스레 말했으나 여선배는 도저히 같이 있어서는 안된다는 것이었다.

"그렇더라도 헤어지는 게 위험이 분산될 것이오. 잡히지 않으면 모레 저녁 6시 어린이 대공원 후문에서 만납시다."

4월 12일경부터는 같이 일하던 다른 친구들과의 연락도 두절된 상태였다. 여정남의 하숙집에서 나오니 전신주와 담벼락마다 현상수배 전단이 수없이 붙어 있었다. 예상대로 정부는 우리가 북괴의 사주를 받아 공산주의 활동을 한 것으로 몰아붙였고, 언론은 그것을 해설까지 곁들여 보도하였다. 당국이 발표한 민청학련 사건의 소위 사상적 배경과 투쟁목표를 보자.

이른바 전국민주청년학생총연맹의 행동총책인 이철을 비롯한 정문화 · 유인태 · 김병곤 · 황인성 · 이근성 · 나병식 · 정윤광 · 서중석 · 안양로 등 주동자들은 정치 사회 사상연구를 빙자하여 각종 공산주의 서적을 탐독하고 배후인물로부터 수시 공산주의에 대한 교양을 받았을 뿐만 아니라, 북괴 대남방송을 꾸준히 청취함으로써 마르크스 레닌주의 사상에 물들어 그들이 염원하는 이상적인 사회를 건설하기 위하여는 우리나라의 자유민주주의 정치체제를 정면으로 부정하고 이른바 노동정권을 수립하는 길밖에 없다고 결론짓고 본격적인 폭력혁명에 의한 우리 정부 타도를 기도하였습니다…….

이들은…… 본래의 의도를 은폐하고 학원내 각종 학생서클을 통해 우선 유신체제와 정부의 시책을 비민주적 독재로 단정하는 일방, 자원파동에 따른 세계적 경제파동으로 인한 국내경제의 어려움을 전적으로 정부의 실책에만 있는 양 과장함으로써 민주회복, 민생고 해결, 매판 배격 등의 명분을 내세워 모의, 반정부 세력을 규합하는 것으로 제1단계 전략을 삼고, 다음으로…… 4월 3일을 기하여 일제히 봉기하여 시위를 전개한 후 이를 저지하는 경찰 등에게 미리 준비한 화염병을 투척하고 각목 등으로 대항하여 유혈사태를 유발함으로써…… 정부를 타도하고 정권을 인수하여, 제3단계에서는 반제·반식민지·반매판을 표방하여 노동계급과 통일전선이 형성된 여타계급과의 이른바 민주연합정부를 수립하고, 마지막 단계에 이르러 노동자, 농민에 의한 정부를 수립할 것을 목적으로 하였습니다.

경찰의 추적, 그리고 체포

나는 지금도 4월 6일 저녁의 불심검문을 잊지 못한다. 그날 저녁 장승배기에 사는 친구집에 가다 장승배기 파출소 앞에서 불심검문을 받았다. 태연히 내미는 주민등록증을 플래시로 비춰보던 형사는 아무 말 없이 도로 내주었다. 아, 나는 아직 크게 노출되지는 않았는가 보구나. 나는 얼마 만큼 안심되었다. 30분쯤 뒤였다. 그 파출소의 건너편 버스정류장에서 다시 주민증을 보자고 하기에 쳐다보니 아까 그 사복형사였다.

"조금 전에 보여드렸잖아요?"

"아, 죄송합니다."

내친 김에 나는 한마디 더 보탰다.

"무슨 강력사건이라도 났나요?"

"아, 그놈의 학생들 때문에 이 고생이오."

조금 있다 등산복 차림의 한잔 걸친 두 청년과 사복형사간에 언쟁이 붙었다. 당신이 뭔데 주민등록증을 내라 마라 하냐는 항의에 그 사복형사는 주머니에서 수배자 명단이 적힌 종이쪽지를 꺼내 보였다. 그 순간 나는 유인태란 이름 석 자를 똑똑히 볼 수 있었다. 조금 친숙해진 그 사복형사에게 한마디 더 건넸다.

"그 몇 놈들 때문에 고생 많이 하시는구먼요."

"전국적으로 수만 명 고생시키지요. 빨리 잡혀야 할 텐데."

그날 나는 장승배기에서 안양로(68학번, 서울대 정치학과)의 하숙집으로 향했다. 삼선동 한성여고 앞의 산동네였는데, 그 집 아들이 경동고 3학년이어서 안양로가 영어 등을 가르쳐준 덕택에 친구가 찾아가도 대우가 퍽 후

했던 것이다. 4월 14일 밤, 신설동의 여정남 씨 하숙집에서 나온 나는 다시 안양로의 하숙집으로 가기로 했다.

그곳밖에 떠오르는 곳이 없었다. 안양로가 묵는 문간방 유리창을 두드리자 한참 후 그 고등학생이 내다보았다. 나는 살았다 싶어 무척 반가웠지만, 나를 힐끗 본 그 학생은 좀 놀라는 기색이었다. 대문을 따주나 했더니 조금 지나 그 학생과 누이가 마음씨 좋은 아주머니와 같이 나왔다. 아주머니는 "양로 학생 요앞에 나갔으니 들어와 잠시 기다려요"하고 자식들을 향해 "나 요 앞에 마실갔다 올게"하는 것이었다.

이상한 예감이 좀 들어 그 학생에게 "자네, 나 수배된 것 아냐?"했더니 겁먹은 얼굴로 고개를 끄덕였다. 나는 바로 "신고했지!"하고 물으니까 그 학생은 역시 고개를 끄덕거렸다. 아주머니는 "그럴 리가 있어요? 들어가 기다리시라니까"하고 말했다.

아차 싶어 얼른 발길을 돌려 10m 쯤 갔을까, 바로 앞 계단에서 앞에 총한 정복경찰 6명이 사복에 인솔되어 나타났다. 순간 주머니에서 며칠 전 샀던 도수없는 싸구려 안경을 꺼내 쓰고는 앞으로 걸었다. 뒤에서 "바로 저 사람이에요"하고 소리칠 것같았다. 무사히 스쳐 지나 계단에 접어들자 꼬불꼬불한 계단을 정신없이 내리뛰었다. 바바리 주머니의 동전소리가 퍽 거추장스러웠다.

나는 경기중·고 다닐 때 단거리 선수였다. 왕년에 1백m를 12초 5에 주파하던 실력을 유감없이 발휘하여 계단을 다 내려와 제법 큰 도로로 접어들었을 때 "저놈 잡아라"하는 고함소리가 들렸다. 오른쪽으로 한성여고쪽으로 올라가는 계단이 보이기에 그리로 꺾어져서 정신없이 한참을 뛰어 동도극장 뒤쪽에 왔을 때 빈 택시를 잡게 되었다. 택시에 오르는 순간 앞이 노래지고 구역질이 나 그대로 뒷자리에 누워버렸다.

"손님 어디 가시나요?"

"중랑교요, 어휴, 그놈의 깡패새끼들 때문에 큰일날 뻔했네."

운전기사가 꼭 파출소로 데려갈 것만 같아 묻지도 않는 말까지 했지만 믿음직스럽지 못해 기본요금 거리만 가서 일단 내려 택시를 갈아타고 중

랑교 유홍준(68학번, 서울대 미학과) 집에 갔다.
　유홍준 부모는, 바로 조금 전까지 형사들이 잠복하다 나갔는데 어떻게 무사히 왔냐고 하시면서, 어차피 무사히 나가기는 어려울 것같으니 홍준이 아버지와 같이 나가다가 잡히면 자수하러 가는 길이라고 하기로 하였다. 다행히 잡히지는 않아 택시를 타고 피할 만한 데를 골똘히 생각했지만 떠오르지를 않았다. 마지막으로 미아리 우리집에서 한 정거장 전 부근에 있는 빵집에 와서 성북동 절에서 고시공부하던 친구에게 전화를 했더니 귀향했다는 얘기였다. 수화기를 놓는 순간 밖에서 건장한 사내가 들어왔다.
　"당신 유인태지"하며 그는 수갑을 채웠다.
　1분도 안되어 검은 지프에 실려가는 도중 "어이 김형사, 우리 공동체포야"하고 한 형사가 말했다. 3명이 특진할 수 있다는 얘기도 나왔다.
　북부경찰서 3층의 정보과로 올라가는 계단 벽마다 내 사진이 붙어 있었다. 현물을 인도받은 정보과장은 "만세!"하고 소리를 질렀다. 나는 일단 남산 중앙정보부 분실로 실려갔다. 이로부터 나는 1심에서 사형을 선고받고 4년 4개월간 옥살이를 하게 되었다.

반유신 투쟁의 첫 봉화 10·2 시위

　전국대학의 4·3 일제시위 계획은 73년의 10·2시위로부터 출발했다고 볼 수 있다. 9월 초부터 서울대 문리대의 나병식·정문화·이근성·정찬용 등이 계획을 세운 10·2 시위는 유신체제가 성립한 뒤 거의 1년이 다 되어 일어난 최초의 규모가 큰 반유신투쟁이었다. 10·2시위 이전에도 73년의 부활절 남산 야외음악당에서 반유신운동이 일어나, 이 때문에 박형규 목사 등이 구속된 바 있었다.
　10·2 시위는 그 해 8월에 있었던 김대중 납치사건으로부터도 영향을 받았다. 또 10·2 시위 주동자는 서울대 법과대·상과대 학생들과도 긴밀한 관계를 맺고 있었다.
　10월 2일 오전 11시 서울대 문리대의 각 강의실 복도에서는 "도서관에 불이 났다"고 외치는 소리와 함께 학생들이 강의실에서 몰려나와 4·19탑 앞에서 비상총회를 열었다. 그들은 선언문에서 "오늘 우리는 너무도 비통하고 참담한 조국의 현실을 직시하며, 사회에 만연된 무기력과 좌절감, 불의의 권력에 비굴하게 목숨을 구걸한 모든 패배주의·투항주의·무사안일주의와 모든 굴종의 자기기만을 단호히 걷어치우고 의연하게 악과 불의에 항거하여 이땅에 정의, 자유 그리고 진리를 기어코 실현하려는 역사적인 민주투쟁의 첫 봉화에 불을 붙인다. 절대로 굴복하지 않고, 절대로 타협하지 않고, 절대로 주저하지 않고 과감히 항거하는 우리의 투쟁은 더없이 뜨거운 정의의 불꽃이며, 더없이 힘찬 민중의 아우성이며, 더없이 고귀한 민족생존의 활로이다"라고 외쳤다.

학생들은 삽시간에 6~7백 명으로 불어나 스크럼을 짜고 독재타도를 외쳤다. 이날의 시위는 선배들이 보기에는 더없이 감격적이었다. 6·3시위 이래 일순간에 이렇게 많은 학생들이 모이기는 드문 일이었다. 과거에는 4·19탑 앞에서 며칠간 분위기를 만들어놓아야 학생들이 불어나기 시작했던 것이다. 또 과거에는 이과계 학생들은 구경하거나 방관하는 것이 예사였는데, 이날은 전혀 달랐다. 그야말로 혼연일체였다.

여학생들도 다수가 물동이 등을 들고 학생시위에 가담하거나 거드는 것도 과거에 볼 수 없는 현상이었다. 윤혜영(71학번, 동양사학과) 등 몇몇 여학생들은 조직적으로 움직이고 있었다. 부활절 시위 이래 황인성 등 기독교학생단체 소속 학생들이 열심히 일하는 것도 과거에는 보기 힘든 일이었다. 유신체제가 들어서고 난 이후 학생운동은 크게 달라진 것이 역력하였다.

12시 30분경, 교문밖에서 대치하던 경찰이 교내로 진입하여 학생들을 마구잡이로 연행하였다. 잠깐 사이에 180명의 학생들이 경찰서로 연행되었다.

이중 20명이 집회 및 시위에 관한 법률위반 혐의로 구속되었고, 안양로 등 23명이 제명, 18명이 자퇴, 56명이 무기정학 처분을 받았다. 단일사건으로는 보기 드문 대탄압으로, 이후 유신정권의 강권정치를 내다보게 하는 조치였다.

10월 4일에는 서울대 법과대에서 두 번째 시위가 벌어졌다. 이날 오전 11시, 법과대는 독재정치에 저항하는 결의를 한 다음 교문을 나와 문리대 앞까지 행진하였다.

다음날에는 상과대학생 3백여 명이 궐기하였다. 이날 김병곤(71학번, 경제학과) 등 3명이 연행되었다.

서울대 문리대생들의 대량구속, 대량제적은 훨씬 더 큰 파문을 불러일으켰다. 10월 하순부터 서울대 등 전국 각 대학에서 이들 학생들의 석방과 처벌 백지화를 요구하는 움직임이 요원의 불길처럼 번져간 것이다.

학생들은 최후에는 동맹휴학이라는 방법을 많이 썼다. 주로 학과단위로 모여 토론을 열띠게 벌이고 투표에 의해 동맹휴학을 결의하는, 그야말로 민주적인 방식이었다. 소수학생의 선동은 찾아보기 힘들었다. 어떻게 보면 동맹휴학은 시위보다 더 어려운 것이었으나 서울대 문리대 등 여러 대학에서 거의 1백%에 달하는 동맹휴학 성공률을 보였다. 1947년에 있었던 국대안 반대 동맹휴학 이후 처음 보는 규모였다.

이화여대나 연세대 등 기독교 계통 대학에서는 채플시간을 최대한 활용하였다. 이화여대의 김은혜 등은 채플시간에 4천 명 이상의 학생들과 함께 민주체제 확립, 구속학생 즉시석방 등의 주장이 담긴 결의문을 채택하고, 이 요구가 관철될 때까지 검은 리본을 왼편 가슴에 달기로 하였다.

11월 하순부터 동맹휴학·수업거부에서 나아가 시험거부운동이 전개되었다. 11월 21일 서울대의 교양학부생 1천 200명은 기말시험을 거부하고 가두로 나갔으며, 다음날에는 서울대 문리대가 방학에 들어갔고, 한국외국어대와 춘천 성심여대도 방학 아니면 종강에 들어갔다. 11월 26일에는 숭전대·서울여대·연세대·고려대 학생들이 시위 또는 농성을 하였고, 서강대 총학생회는 학기말시험 거부를 결의하였다.

11월 하순부터 12월 초순에 이르기까지 서울시내의 거의 모든 대학과 지방의 주요 대학들이 시험거부 또는 시위를 하였다. 일파만파로 확대되는 학생들의 시위는 유신의 강권철퇴로도 어떻게 할 수 없었다. 12월 7일

박대통령은 민관식 문교장관을 불러 10월 2일 이후 있었던 구속학생들을 전원석방하고 모든 처벌도 백지화하라고 지시하였다. 백기를 든 것이었다. 어쩌면 5·17쿠데타로 정권을 잡은 후 이렇게 굴복한 것은 처음 있는 일인지도 모른다.

학생들의 시위가 일단 동면으로 들어가자 지식인과 사회원로 등의 움직임이 뒤를 이었다. 특히 73년 말과 74년 초의 지식인 운동은 71년 이후 처음 있는 규모가 큰 움직임이었다. 73년 12월 24일에는 함석헌, 장준하, 백기완 등 30명이 헌법개정청원운동본부를 발족시켰고, 여기에 통일당 등 정당과 학생회, 기독교 성직자들이 뒤따랐다. 1월 7일에는 이희승, 이호철, 백낙청 등 61명의 문인이 서명하고 20명이 참석한 가운데 개헌지지 의사를 표명하였다.

73년 12월 31일에는 윤보선, 김수환 등 각계 지도급 인사 15명이 민주화를 촉구하는 건의서를 박대통령에게 제시했다. 이제 유신세력은 유신체제를 포기하고 민주화의 길로 나아가느냐, 유신권력을 움켜쥐기 위해 철면피한 강권을 휘두르냐의 기로에 놓이게 되었다. 박대통령은 물론 후자를 택했다. 1월 8일 긴급조치 1호가 선포되었고, 이로부터 79년 10월 26일 박대통령이 궁정동에서 살해될 때까지 암울한 긴급조치시대가 전개되었다.

학생운동의 조직화

새로운 차원의 학생운동의 필요성은 73년 11월 말부터 여러가지 형태로 구체화되었다. 69년 또는 71년 제명, 제적되었다가 재입학한 선배 또는 제대한 선배들은 10월 1일 이후 학생들의 반독재운동에 깊은 감명을 받고 무언가 자신들도 일을 해야 한다고 느끼고 있었다.

이철, 서중석(67학번, 서울대 국사학과)은 10월 2일부터 후배들과 보다 긴밀히 접촉하였다. 서중석, 유인태(여기서부터는 객관성을 갖기 위해 직접 이름을 쓰겠다), 안양로, 제정구(66학번, 서울대 정치학과), 김효순(70학번, 서울대 정치학과) 등은 11월말 경 돈암동의 석굴암주점 등에서 만나 장차 학생운동의 방향에 대해 논의하였다.

12월 초 서중석은 원주에 있는 김지하를 찾아갔다. 67년 대학에 들어와 김지하와 인연을 맺고 3선개헌 때 선후배로 활동하였던 바, 10·2 시위 이후 학생운동을 종합 검토해보기 위해서였다. 이미 이철도 김지하를 찾아와 조력을 구하였다. 원주는 지학순 주교와 박재일 등 농민운동 종사 선배들이 여럿 있어 아주 중요한 곳이었다.

학생운동의 조직화 필요성은 12월 하순에 접어들면서 구체화되었다. 서중석과 유인태, 유인태와 이철, 이철과 서중석은 서로 만나 지금까지 자신들이 만나본 후배관계 등을 얘기하면서 보다 조직적으로 일을 해야 한다는 데 의견을 같이하였다. 서중석은 정윤광도 만나보았던 바, 정윤광은 이미 동국대와 성균관대, 서울대 의대 후배들과 긴밀히 접촉하고 있어 적극 환영하였다.

한편 10·2 시위의 주동자인 나병식, 정문화, 황인성 등도 자주 만나 작업을 구체화해가고 있었다. 김효순은 서울대 단과대 동기 친구들과 접촉 중이었다. 서중석 등은 장준하, 백기완, 김윤수 등과도 접촉하여 어른들의 상황을 탐문하였다.

이철과 유인태는 12월 25일 전날 제일교회에서 만난 일본인 기자 하야카와 요시하루와 다치카와 마사키를 만나 정릉에 있는 요시하루의 집에서 학생운동에 관해 얘기를 나누었는데, 이것이 후에 우리가 국외 공산계열로부터 지시를 받은 것으로 발표되었다. 이들 일본인들은 꽤 낭만적이기도 하여 무장의 필요성을 얘기하기도 하였다.

그러나 이들에게서 우리가 영향을 받거나 지원받은 것은 전무하다고 말해도 과언이 아니다. 우리의 모임에서도 이 문제가 제기되어 잘못 일본인을 만나면 정부에 의해 공산주의자로 조작될 가능성이 높으니 만나서는 안된다는 주의가 주어졌다.

12월 하순에는 대구에서 과거 경북대의 정진회에서 주최한 4·19 제11주년 기념 전국대학생서클대항 학술토론에서 낯을 익히고 71년 교련반대

투쟁에서도 만났던 여정남이 서울에 올라와 유인태와 이철을 만났다. 여정남은 이밖에도 서울대의 신금호(65학번, 서울대 정치학과), 서중석, 연세대의 이상문(69학번, 연대 국문과) 등과도 만나 정세를 논의하였다. 그뒤 여정남은 유인태와 주로 관계를 갖게 되었는데, 이것이 우리 사건을 또 빨갛게 만들었다. 우리가 국내 공산계열의 사주를 받았다는 것이었다.

그러나 여선배와 우리는 순수한 입장에서 학생운동을 상의하였을 뿐이다. 이때 3, 4월 위기설이 나돌기 시작하고, 미국이 유신체제를 반대한다는 소문이 광범위하게 떠돌아 유신반대 운동을 고무한 것은 적어도 부분적으로는 사실일 것이다.

74년 1월 8일 오후 5시를 기해 선포된 긴급조치 1, 2호는 조금도 우리의 활동을 멈추게 하지 않았다. 대한민국 헌법(유신헌법)을 부정, 반대, 왜곡 또는 비방하는 일체의 행위와 헌법의 개정 또는 폐지를 주장, 발의, 제안 또는 청원하는 일체의 행위 등을 금하면서, 이를 위반하거나 이 조치를 비방하는 자는 영장 없이 체포, 구속, 압수, 수색하며 15년 이하의 징역에 처하고 15년 이하의 자격정지를 병과할 수 있다는 긴급조치 1호는 우리들로 하여금 한층 비밀스럽게 그리고 한층 조직적으로 하도록 부추겼을 뿐이었다.

1974년 1월 10일 경 유인태 집에서의 모임은 최초의 중요한 모임이었다고 할 수 있을 것이다. 조직연결 문제와 상황파악, 방법 등을 집중적으로 논의하기 위해 서중석, 유인태, 이철, 나병식 등 4명이 일정한 간격으로 만나기로 한 첫 번째 만남이었다. 이 자리에 생각지도 않게 박순식(68학번, 서울대 사회사업학과)이 들러 조금 난처하게 되었으나, 박순식도 끼어서 함께 얘기하였다.

이틀 전에 내려진 긴급조치 1호에도 불구하고, 반유신시위를 준비하는 것은 계속해야 한다는 데 누구 하나 반대하지 않았다. 긴급조치 1호가 떨어진 이상 여기에 과감히 맞서 싸울 수 있는 세력은 학생밖에 없을 것같았다. 뿐만 아니라 전국적으로 여러 대학이 한꺼번에 시위를 벌이지 않으면 효과가 없을 것이라는 판단이 들었다.

3·3·3 원칙의 채택

여기서 당시 대학간의 연결관계를 좀 자세히 얘기할 필요가 있을 것같다. 민청학련 사건으로는 허술한 대로 최초로 소개되는 것이므로 역사적인 자료나 참고가 될 수도 있을 것이다.

유인태는 정문화, 황인성, 전홍표 등과 함께 서울의 각 대학과 지방대학을 연결하는 일에 치중하기로 하였다. 이미 유인태는 연세대와 이화여대와 접촉하고 있었을 뿐만 아니라 정윤광의 소개로 동국대 등 몇 대학과 긴밀히 연결을 취하면서 경북대, 강원대 등 지방대학과도 관련을 맺고 있었다. 전남대는 나병식, 이철 등이 많이 접촉해왔으나, 유인태와 연결하기로 하였고, 서강대는 이철이 계속 연락관계를 갖고 있었다.

서울대내의 단과대를 조직하는 일은 이철이 김효순 등과 함께 맡기로 하였다. 서울대 의대의 연락은 정윤광을 매개로 다시 연결짓기로 하였다.

한편 전국적인 유신반대 시위에는 반드시 기독교, 천주교 등 종교세력과 선배들을 포함한 사회세력을 적극 끌어들이기로 하였다. 이미 종교계에서는 적극적으로 유신반대 운동을 전개하고 있었기 때문에 사회 저명인사들을 끌어들이는 것은 정부가 우리를 공산주의 활동으로 몰거나 탄압하는 데 방패막이가 될 수 있을 것이란 생각도 없지 않았다. 기독교세력 접촉은 나병식이 주로 전담하고, 다른 부분은 서중석, 나병식 등이 서로 협조하여 맡기로 하였다. 또 서중석은 유인태, 이철의 연결활동에 필요한 부분을 계속 맡기로 하였다.

전국적인 대학의 시위 준비는 3·3·3 원칙을 중시하기로 하였다. 다시 말해서 유신반대투쟁의 열기는 당시의 냉혹한 상황 아래서는 서울대가 가장 높았으므로 서울대를 중심으로 하기로 하였다.

그래서 문리대와 법대, 상대의 셋을 주축으로 묶고, 투쟁열이 강한 의대도 중시하면서 공대, 사대 등과도 연결을 갖는 것이 첫 번째 핵이었다.

두 번째의 핵은 서울대와 연세대, 고려대를 삼각의 축으로 하고, 여기에 73년 가을 투쟁에서 크게 두각을 나타낸 이화여대를 별도의 동맹세력으로

하고, 그위에 서강대, 성균관대, 동국대 등과도 긴밀한 관계를 맺기로 하였다.

세 번째 핵은 전국의 조직은 서울대와 경북대, 전남대를 주축으로 하였거나, 부산대, 강원대 등은 경우에 따라서는 서울대와 직접 관계를 갖거나 경북대, 전남대 등에서 연락을 갖기로 하였다. 나중에 합의를 본 것이지만 서울대, 경북대, 전남대의 만남은 대전 등 중부지역에서 주로 갖기로 하였다.

이와 같은 연결은 2월 하순까지 일단락되었고, 나중에는 고등학교 연결도 이철이 구충서(단국대)와 함께 진행했으나, 가장 안되는 곳은 고려대였다. 고려대는 71년 위수령 때에도 탄압을 많이 받았지만, 그뒤 이른바 민우지 사건과 검은 10월단 사건 등으로 큰 타격을 받았던 것이다. 따라서 고대 전체를 묶어낼 역량이 있는 인물을 찾아내기가 힘들었다. 서울시내 중요 대학모임에 고려대에서는 임시로 대타가 나오는 일까지 벌어졌다.

여기서 한 가지 짚고 넘어갈 사항이 있다. 정보부는 민청학련이 마치 배후조종을 받아서 된 것처럼 근사하게 도표를 그리고, 그것을 단풍잎처럼 빨갛게 물들였지만 실제 배후란 있을 수 없었다. 자신이 주체적으로 판단할 수 있는 역전의 베테랑들이 중형을 받을 일을 하면서 남의 사주를 받는다는 것은 상식을 벗어난 억지조작에 지나지 않는다.

우리들은 1월 10일의 모임에서도, 그뒤의 모임에서도 거듭 확인하였지만 선배들이나 사회인사들의 간섭을 일체 받아들이지 않기로 결정하고 그 책임은 주로 서중석이 맡았다. 모든 결정은 우리들 스스로가 했다. 유인태가 잡혀들어갔을 때 배후를 대라고 윽박지르기에 처음에는 없다고 하다가 없으면 안된다고 하여 서중석을 얘기하였더니 들은 체도 않았던 일도 있었다. 사실 이미 정보부에서는 유인태가 잡히기 전에 도표를 그려놓고 있었던 것이다. 더욱 재미있는 것은 동갑이지만 1년 선배인 서중석이나 2년 선배인 정윤광 등이 이철과 아윤태의 지시를 받고 움직인 것으로 되어 있었다.

사실 번득이는 감시망 속에서 일을 해야 했기 때문에 우리 일들은 이중

삼중으로 연결되고 검토 분석되면서 진행되어갔다. 서울지역 대학과 지방 대학 연결을 맡은 유인태나 서울대내 단과대와 서울대 여학생 조직 등을 맡은 이철도 그밖의 일에 많이 관여하고 있었지만, 정윤광, 서중석, 나병식 등도 이중 삼중으로 일을 하고 있었다. 이른바 민청학련 사건 관계자들의 활동도 드러나려면 수십 명의 주요 관계자가 모여 기억을 되살려야 할 것이다.

한 가지 예만 들어보자. 서중석은 한편으로는 유인태, 이철, 나병식과 모임을 가지면서 같은 성격의 모임을 정윤광과도 갖고 있었다. 선배들로는 윤무한, 이현배(63학번, 서울대 사학과), 조영래(65학번, 서울대 법과대), 손학규(65학번, 서울대 정치학과) 등과 계속 관계를 가지고 있었는데, 이현배는 이현배대로 사회 저명인사들과 접촉하면서 선후배 관계를 따로 가지고 있었다. 조영래는 김지하, 지학순으로 연결되는 원주와의 연결 외에도 선후배 관계가 있었다.

기독교와의 연결은 기독학생운동에 영향력이 큰 서경석(66학번, 서울대 공과대)과 서중석 사이에 정기적으로 진행되었다. 어른들과의 관계는 김윤수 교수 등과 만나 검토하였다. 서중석은 유근일 등 선배들과도 일정한 간격으로 접촉하였다.

비용은 철저한 '자력갱생'을 원칙으로 하였으나 3월부터 합숙과 각종 자료구입 등으로 비용이 늘어남에 따라 두어 군데 돈만은 받아 쓰기로 했다. 지학순 주교-김지하-조영래-서중석의 라인과 윤보선 전대통령-박형규 목사-나병식의 라인이 그것이었다.

4·3 시위의 태동

고려대의 경우를 제외하고는 2월 하순에 불철주야로 뛰어다닌 결과, 전국적인 대학간의 연결이 거의 완료되었다. 이제 3월부터는 시위에 들어가야 했다. 그러려면 일의 체계를 새로이 정비해야 했다. 또 유인태는 2월에 졸업하였기 때문에 현장제일의 원칙에 따라 상부연락망만 쥐고, 일선의 일은 후배에게 넘겨줘야 했다. 새로운 담당자로 개편하는 일도 시급하였다.

3월 7일의 모임은 그런 점에서 중요한 것이었다. 검찰의 공소장은 이날을 소위 민청학련을 조직한 날로 하여 국가보안법 제1조 1항 및 2항 위반자로 되어 있는 모든 사람들에게 이 부분을 요란하게 채색하여 기재했는데, 이날 모임에서 역할분담을 새로 한 것은 틀림없었다.

역할분담을 하는 데 논란이 많아 이 때문에 시간을 많이 끌었다. 현장을 이철, 정문화, 김병곤, 황인성이 맡는다는 데는 쉽게 동의했지만, 구역정리에 이견이 나왔던 것이다. 결국 이철이 현장전체를 책임지고, 정문화가 서울대내 각 단과대학의 연결을, 황인성이 지방대학과 이화여대의 연결을 각각 맡았다. 이들은 다음날부터 일제히 합숙으로 들어갔고 일일점검 체계를 갖추었다.

공소장에 의하면, 3월 7일 유인태 집에서의 서중석, 유인태, 이철, 나병식, 정문화 등 5인 모임에서 공산폭력혁명 과정을 통해 정부를 전복하기 위한 조직을 완수하였다고 하였으나, 지금 이말을 믿을 사람은 아무도 없을 것이다.

오히려 이 모임에서 우리는 정부가 전의 보도처럼 우리의 시위준비 활동을 폭력혁명으로 몰 가능성이 크므로 그것에 대한 대비를 철저히 하기로 하였다. 우선 어떤 경우에도 명칭을 사용하지 않기로 하였다. 명칭이 있으면 반국가단체를 조직하였다고 할 것이기 때문이었다. 3월 28일 이후, 일부 유인물에 전국민주청년학생총연맹 이름이 붙은 것은 유인물 아래 아무 이름도 없어서는 안되겠기에 그냥 붙인 것이었다.

이철은 이날 모임에서 화염병 사용의 필요성을 제기하였으나 이것도 하지 않기로 결정했다. 화염병 한두 개 만들어 사용하면 정부는 좋아라 하고 폭력혁명으로 몰아붙일 것이 명약관화하였던 것이다.

새벽 2시경 정식논의가 끝나고 몇 사람 사이에서 대학끼리 연락을 잘하여 명동이나 동대문 등 몇 군데 집결하여 시위를 벌이는 것이 효과적일 것이라는 주장이 나왔다. 이현배, 조영래 등도 이런 얘기를 서중석한테 한 적이 있었다. 이것이 공소장과 판결문에서는 학생들이 종로 5가, 신촌로

터리, 청량리 대왕코너 로터리 등에 각각 집결하여 '그 부근 노동자 및 영세상인의 호응을 받아 광화문·시청 앞으로 돌진, 중요 국가기관을 점거하는 등 폭동화함으로써 유신헌법을 반대, 정부를 전복코자……'로 둔갑하였다.

 1974년 3월 당시의 우리들의 심정을 뭐라고 표현하면 좋을까. 정부에서는, 자세한 실정은 몰랐지만, 3·4월 위기설과 함께 학생들이 아무리 혹독한 탄압이 있다고 하더라도 들고 나올 것은 예상하고 있었던 것같다. 이철은 다시 수배되어 있었고, 유인태 등도 찾고 있었다. 나중에 정보부에 들어가 안 일이지만 당국은 이철 등에 대해 그 동정을 1일 체크하고 있었다. 서중석이 당시 말한 대로 당국은 이를 키워서 잡으려고 하고 있는 것이 분명했고, 우리는 우리대로 중형을 받을 것이 틀림없었지만 필사의 각오로 싸우지 않을 수 없었다.

 언제 규모가 큰 시위를 일으킬 것인가가 논의되었다. 대체로 3월 말에서 4월 초가 좋겠다는 의견이 지배적이었다. 그리고 전국대학의 일제시위가 있기 전에 학생대중들의 반응과 당국의 조처를 살필 겸 몇개 대학에서 유신헌법 반대투쟁을 하자는 데 의견이 모아졌다.

 최초의 선도투쟁은 한신대에서 하기로 하였다. 3월 10일 경이었다. 그러나 한신대의 시위는 성공하지 못했다. 그 대신 3월 11일부터 13일까지 한신대에서는 음성적인 반유신 투쟁이 전개되었다.

 3월 중순경 지방에서 먼저 시위를 일으켜보는 것이 어떻겠느냐는 의견이 제시되었고, 이에 대해 이강철 등 경북대측에서 자진해서 자기들이 앞장서겠다고 제의해왔다. 날짜는 3월 21일, 유인물은 3월 20일 전후해서 만들어졌다. 이날 경북대에서는 2백여 명이 시위에 참가하였지만, 예상보다 적었다. 탄압이 너무 강경하였던 것이다.

 서울에서의 시위는 서강대가 먼저 하고, 그뒤를 연대가 이은 다음, 4월 3일 서울과 지방에서 일제히 시위를 벌이기로 하였다.

 3월 28일 서강대생 3백여 명이 학교 구내식당에서 13개 항의 대정부 건의문을 낭독하였다. 4월 1일에는 연세대 강당에서 채플이 진행되는 도중 송무호 군이 단 위에 뛰어올라가 선전물을 읽다가 연행되었다.

서강대생의 시위를 신호로 정부에서는 대대적인 검거선풍을 벌였다. 이미 3월 29일까지 서중석 등 수십 명을 기습적으로 일제 검거하였고, 3월 30, 31일, 4월 1, 2일에도 끊임없이 서울대생들을 검거해갔다.

계속 검거되는 속에서도 4월 1, 2일에 서울대 문리대 등에서는 잇달아 소규모 시위가 있었고, 4월 3일 서울대, 성균관대, 이화여대, 고려대, 서울여대 등에서 일제히 데모가 터졌다. 이날 오전 11시쯤 서울대 의대생 약 5백여 명은 흰 가운을 입고 시위에 들어가 교문 밖으로 진출하려 했으나 경찰제지로 봉쇄되었다. 같은 시각, 길 건너편 문리대 4·19탑 앞에서는 1백여 명의 학생들이 반정부 유인물을 살포했고, 성균관대생 4백여 명은 캠퍼스 안에서 성토를 벌였다.

이화여대생 3천여 명은 대강당에서 있은 채플시간에 선언문을 낭독하였다. 이대생들은 저녁 무렵 40여 명이 청계천에서 시위를 벌였다. 대규모 학생시위를 예상했던 시청 앞에는 경찰, 기관원, 향토예비군 등이 동원되었고, 오후 10시를 기해 앞서 말한 긴급조치 4호가 선포되었다.

'민중·민족·민주선언'

4월 3일을 전후로 하여 뿌려진 유인물로 '민중·민족·민주선언' 외에도 '결의문', '행동사항', '지식인·언론인·종교인에게 드리는 글'과 제목이 없이 '근로 대중이여, 궐기하라! 압박받는 민중이여, 궐기하라! 지식인, 언론인, 종교인이여, 궐기하라!'는 문구와 함께 '굶어 죽을 자유 말고 먹고 살 권리 찾자 / 배고파서 못 살겠다 기아임금 인상하라 / 유신이란 간판 걸고 국민자유 박탈 말라 / 남북통일 사탕발림 영구집권 최후수단 / 재벌 위한 경제성장 정권 위한 국민총화 / 왜놈 위한 공업화에 민중들만 죽어난다'는 4·4조의 노래(?)가 실린 전단도 있었다.

장기표(66학번, 서울대 법과대)가 김병곤을 통하여 전달, 다량으로 인쇄한 장문의 이 '민중의 소리'는 크게 화제가 되었는데, 당국은 몇 가지 문구를 가지고 체제를 전복하려 한 것이라고 몰았다.

이중 전국민주청년학생총연맹의 이름으로 발표된 '민중·민족·민주 선언'은 80년대에 전개된 민중·민족·민주운동의 선구격으로 의의가 있는 것으로, 당시 학생운동의 성격을 엿보는 데 중요한 것이므로 그 요지를 소개한다.

바야흐로 민족승리의 새 날이 밝아오고 있다. 공포와 착취, 결핍과 빈곤에 허덕이던 민중은 이제 절망과 압제의 쇠사슬을 끊고 또 다시 거리로 나섰다. 작년의 역사적인 10월 투쟁에 대한 저들 권력배들의 응답은 오로지 기만적 회유와 폭압정치의 증대뿐…….

이러한 국민경제의 전면적 파탄은 자원과 노동력을 헐값에 팔아넘기고 외국독점자본을 이땅의 경제종주로 뿌리박게 한 패망 특권체제와 부정부패의 여파가 확대재생산되는 창부경제 구조의 산물이라는 명백한 사실이다. 기아수출 입국, GNP 신앙을 교리로 내걸고 민족자본의 압살과 매판화를 종용하여 수십억 불의 외채를 국민에게 전가시키며, 혈세를 가렴하여 절대권력과 폭압정치의 밑천으로 삼고, 기간산업을 포함한 주요 경제부문의 족벌 사유화를 획책해온 저들 매판족벌들이야말로 오늘의 돌이킬 수 없는 참상을 초래케 한 장본인이다…….

기아임금으로 혹사당하는 근로대중과 봉건적 착취 아래 신음하는 농민 그리고 또 하나의 격리된 세계에서 확대되어가는 판자촌, 이것이 23년에 걸친 조국 근대화의 업적인가? 오늘의 물가고와 경제파탄을 초래케 한 부패 특권족벌들은 이러한 서민생활의 위기에서도 거대한 이윤을 취하면서 민족적 불만을 무마하려는 등 막바지에 다다른 그들의 잔명을 보존하고자 최후의 발악을 하고 있다……. 이러한 농민수탈 체제의 수호신은 바로 1인독재 체제와 정보 촉압정치이다.

5년 전의 3선개헌으로부터 노골화된 영구집권의 야욕은 국민의 기본권을 유린하는 한편, 이에 항의하는 학생, 지식인, 종교인 등 수많은 애국인사를 체포, 구금, 고문, 투옥하는 만행을 서슴지 않고 있다. 소위 유신이란 해괴한 쿠데타, 국가비상사태와 1·8조치 등으로 폭압체제를 완비하여 언론을 탄압하고 학원과 교회에 대한 억압을 더욱 가중시킴으로써 비판을 원천적으로 봉쇄하고 있다. 비판할 수 없는 정치, 이것이 과연 한국적 민주주의인가?

조국의 평화적 통일을 내걸고 시작된 남북대화로써 그 동안 우리는 통일의 문앞에 다가서기는커녕 오히려 민족의 영구분단으로 치닫고 있으며, 남북대화는 영구집권을 위한 장식물 이상의 아무 것도 아니었다.…… 남북통일이 오로지 그들의 점유물인 양 떠들면서 폭력정치와 민중수탈 체제를 더욱 공고하게 할 때 통일의 길은 더욱 멀어지고 있다. 자유와 평등이 보장되는 진정한 민주주의 승리만이 통일의 지름길임을 모르는가?

보라! 자유를 박탈하여 노예상태를 강요하는 저들 깡패집단들! 보라! 호화 방탕을 일삼으며 민중의 살과 **뼈**를 삼켜 살찐 저 도둑무리들을! 보라! 이땅을 신식민주의자들에게 제물로 바친 저 매국노들을!

우리는 부패 특권족벌들이 저지르는 이러한 파멸상태를 더이상 좌시할 수 없다……. 이에 우리는 반민주적, 반민중적, 반민족적 집단을 분쇄하기 위한 숭고한 민족·민주 진열의 선두에 서서 우리의 육신을 살라 바치려 한다.

용공조작과 고문

4월 3일 긴급조치 4호가 선포된 후 정부는, 수사당국이 조사한 인원은 총 1천 24명으로, 그중 자진고지자가 266명, 검거자가 732명(27명은 수배중)인데, 이중 자진고지자 전원과 부화뇌동했던 학생 등 740명은 훈계방면하였다고 발표하였다. 그때까지 단일사건으로는 사상최대의 사건이었다고 한다. 윤보선 전대통령, 지학순 주교, 박형규 목사, 김찬국 교수, 김동길 교수 등 모두 공범이었다. 이 사건으로 구속된 사람은 모두 203명, 이중 55명이 1차로 기소되었다.

붙잡혀온 학생들은 간담이 서늘하였다. 사형에까지 처한다는 긴급조치

4호가 상상조차 못한 초강경조치였기 때문이기도 했지만, 배후에 공산주의자들이 있는 것이 확인되었고, 북괴의 조종을 받아서 했다는 수사관들의 엄포에, 뭔지 잘 모르고 오로지 유신체제와 긴급조치에 반대한 '죄' 밖에 없다고 생각한 대다수 순진한 학생들은 저절로 오금이 떨리고 선배들을 원망하지 않을 수 없었다. 이들은 수사관들의 공갈과 고문에 선배들이 공산주의 폭동을 일으키도록 '지시' 했다는 내용의 진술서를 강제로 쓰기도 하였다.

사실 정보부는 이미 국민들한테 대문짝 만하게 발표한 것도 있고 해서 배후를 만들어 도표를 그려내려고 혈안이 되었으나 4월 초순까지 이렇다 할 인물이 나타나지 않았다. 4월 중순이 되어서야 유근일, 김지하, 이현배 등이 배후로 부각되었다. 그러나 이들은 누가 봐도 공산주의자들이 아니었고, 유근일은 격려의 얘기와 약간의 푼돈을 준 것을 제외하고는 한 일이 아무 것도 없었다.

그런데도 당국은 계속 민청학련 사건을 빨갛게 물들여 폭력혁명을 일으키려 했다고 매스컴에 크게 보도하게 했다.

소위 인혁당 사건은 4월말부터서야 요란하게 붙여졌다. 박정희 대통령은 4·3 사건을 기회로 자신의 권력을 반석같이 굳히고, 앞으로 어떤 반유신 세력도 나타나지 않게 하기 위해서 미증유의 초강권 폭압으로 나왔다. 이 때문에 잡혀온 학생들이 겪은 고초는 이루 말할 수 없었다.

3월 28, 29일 등 최초로 검거된 학생들은 특히 많은 고문을 당해야 했다. 수배자들도 체포하고 배후도 만들기 위해서였다. 밤낮으로 신발을 벗겨 얼굴과 머리를 때리거나 몽둥이 찜질과 볼펜을 손가락 사이에 끼우기, 몽둥이를 다리 사이에 끼우고 뭉개대는 고문을 해댔다. 몇날 며칠이고 잠을 못 자게 하고 흰 벽을 쳐다보게 하는 고문도 있었다.

물론 물고문도 있었다. 발가벗긴 뒤 나무 사이에 묶어 대롱대롱 매달리게 한 다음 수건을 얼굴에 씌우고 주전자로 물을 붓는 것이었다. 숨이 콱콱 막혀 오두발광을 할 때면 "너 군대에 있을 때 북한에 갔다왔지?" 하는 것이었다. 견디다 못해 그렇다고 끄덕이면 물붓기를 중단하고 진술서를 쓰라고 했다. 거부하면 또 물고문…….

지하실에서 로프로 사정없이 등짝을 후려갈기기도 하고 사정없는 몽둥이 찜질에 손이 살갗에 조금만 닿아도 소스라칠 듯 아파 맞을 때보다 더 고통이었다. 며칠 지나면 친절하게 안티프라민 같은 것을 발라주고 위로도 해주었다.

수사관들은 공포심을 불어넣기 위한 방법도 많이 썼다. 어떤 수사관은 소리를 엄청나게 크게 지르는 역할을 주로 맡은 것같다. 밤새 내내 고문으로 신음하는 소리가 들리는데, 실제 고문당하는 상황인지 녹음기 소리인지 구별이 어려웠다.

이렇게 하루도 빠짐없이 고문당하던 몇몇이 4월 15일 경에야 서대문구치소에 넘겨졌을 때, 그래서 서대문구치소의 솜이 여기저기 삐져나온 푸르딩딩한 이불을 둘러쓰고 잠을 잘 수 있게 되었을 때, 정말 천국이나 특급호텔의 특실에 온 기분이었다는 것이다.

4월 15일부터 정보부로 끌려온 나는 좀 특이한 고문을 당했다. 이미 나에 관한 조서는 거의 다 만들어져 있었다. 때문에 과거에 한 행위 자체로는 먼저 잡힌 사람들에 비해 고문이 아주 적은 편이었다. 그 대신 아직 붙잡히지 않고 있는 이철을 찾아내라는 것 때문에 고통을 많이 맛봤다.

4월 15일 새벽1시쯤 남산 정보부에 도착하자 마자 6국장 이용택을 필두로 수사관들이 나와 이철과 마지막 헤어진 여정남의 신설동 하숙집으로 득달같이 끌고 갔다. 그 난리에 잠자던 고대생 등 하숙생들이 닥달당했고, 새벽 2시쯤 끌려나온 신설동의 동장과 파출소장도 곤욕을 치렀다. 이용택은 조그마한 권총을 파출소장의 이마에 대더니 "너 죽고 싶냐?"고 외쳤다. 왜 이철을 못 잡았느냐는 것이었다. 파출소장은 겁에 질려 후들후들 떨었다.

이철의 소재를 물었지만 나는 알 턱이 없었다. 수사관들이 패기도 하고 얼르기도 해 얼떨결에 "부산으로 간다고 했다" 하자, 경부선 차와 고속버스에 비상에 걸리는 해프닝도 벌어졌다.

16일에는 여정남이 잡혔는데, 그는 마지막 헤어질 때 이철과 여정남, 나 셋이서 어린이 대공원 후문에서 16일 만나기로 약속한 것을 나의 체포사실이 보도되었기에 무효라고 생각하고 불렀던 것같았다. 과장인가가 내 방에 와 "이 새끼, 엎드려!"하더니 왜 그 약속을 불지 않았느냐고 매타작이었다. 16일 오후 4시부터 어린이 대공원 일대에는 이색적인 작전이 펼쳐졌다. 개인택시 수십 대에 남녀 수사관이 아베크 차림으로 진을 쳤다. 공원으로 통하는 모든 버스노선은 이미 몇 시간 전부터 체크에 들어간 모습이었다.

작전 개시 1시간여 만에 허탕임을 확인한 수사관들은 바로 남산의 정보부 지하실로 나를 끌고 갔다. 예의 배후와 이북방송 들었느냐는 것, 일본인 기자와의 인터뷰 건이었다.

"다이얼 이리저리 돌리다보면 어쩌다 이북방송이 들리는 수도 있잖아?"

"서울에서 도대체 이북방송이 나옵니까?"

"이 새끼, 아직 정신 못 차렸군!"

발가벗기고 무릎 꿇리운 채 지겨운 문답이 반복되었다.

이미 김대중, 장준하, 천관우 등과 김지하를 취재하면서 마지막으로 학생운동 리더를 만나보고 싶다고 하여, 김지하의 소개로 인진택을 통하여 나와 이철을 만난 12월 하순의 일본인 기자와의 인터뷰는 앞서 말한 대로 별 내용이 있을 리 없었다. 그러나 그때 통역을 맡았던 후배 조직휘가, 왜 그렇게 쓰게 되었는지도 몰라서, 그가 쓴 자술서에는 온갖 희한한 것들이 다 들어 있었다. 그것을 자인하라는 협박과 고문이었는데, 결국 나와 이철은 엄지손가락을 내밀 수밖에 없었다. 수사관들은 억센 손으로 나의 엄지를 잡고 그들이 필요한 곳에 열심히 눌러댔다.

나에게는 최후로 인혁당 작품이 기다리고 있었다. 소위 인혁당의 민청학련 배후조종건이었다. 처음 수사관들이 여정남에게 내가 모든 것을 지령했다고 쓰라고 하기에 "이분은 선배인데 어떻게 내가 지시를 합니까?" 했더니 "임마, 선배 좋아하지 마. 너희 서울대 애들은 지방대 애들을 우습게 알잖아"하며 막무가내로 요구했던 것이다.

그러더니 얼마 지나면서 거꾸로 내가 여정남으로부터 모든 것을 지시,

지령받았다고 바꿔쓰라고 윽박질렀다. 왜 그러는지 그때는 전혀 알 수가 없었다. 나는 항의를 하였다.

"그 사람이 나이는 많지만 서울의 학생운동 사정에 어두운데 무슨 지시를 받는단 말입니까?"

"이 새끼야, 잔말 말아, 그래도 선배잖아!"

이렇게 해서 소위 인혁당과의 관계가 생긴 것이다. 정말 인혁당 관계자들이 우리 학생들로서는 상상도 할 수 없는 엄청난 고문을 당했다는, 그래서 전기고문에 탈장현상 같은 것까지 일어났다는 사실은 나중에 재판받을 때에 비로소 알 수 있었다.

허위조작된 인혁당 배후

1차 기소된 54명 가운데 22명은 인혁당 사건으로 재판받았고, 32명은 민청학련 사건으로 재판받았다. 재판은 한창 더위가 기승을 부리기 시작한 6월 15일부터 용산의 국방부에 인접한 비상보통군법회의 법정에서 열렸다. 그때까지 그리고 그 이후에도 75년 4월 8일 확정판결이 날 때까지 가족들을 면회할 수 없었다.

법정 방청은 가족 중 한 사람에게만 허용되었다. 그것도 제대로 지켜지지 않았다. 미처 재판기일을 몰랐거나 군인이 지키는 정문에서의 증명서 대조에 걸려 들어오지 못한 가족이 많았다.

7월 9일 결심공판에서 검찰관은 이철과 나, 김병곤, 나병식, 여정남, 김지하, 이현배에게 사형을, 황인성, 정문화, 이근성, 서중석, 안양로, 김효순, 유근일 등에게 무기징역을 구형하였다. 정윤광, 강구철, 이강철, 정화영, 임규영, 김영준, 송무호, 정상복, 이광일은 징역 20년에 자격정지 15년을 구형받았다. 구형이 떨어질 때 몇 사람이 피식 웃다가 옆을 지키고 있는 헌병한테 주의를 받았다.

엄청난 형량에 변호인들은 굉장히 당황하고 흥분하였다. 그래도 황인철 변호사는 차분하게 따져나갔지만, 홍성우 변호사의 목소리는 격앙되어 떨렸다. 세 번째로 등단한 강신옥 변호사는 대뜸 고문당했느냐고 물었다. 좀 떨렸지만 그의 어조는 단호하였다.

강변호사는 "과연 법은 정치나 권력의 시녀가 아닌가 느끼게 되었다"고 말하고 "지금 검찰관들은 나라일을 걱정하는 애국학생들을 내란죄, 국가보안법 위반, 반공법 위반 등을 걸어 빨갱이로 몰고 사형이니 무기니 구형하고 있어, 이는 법을 악용하여 저지르는 사법살인 행위가 될 수가 있고……" 하면서 말을 이었다. 무서운 발언이었다. 법정은 아연 긴장 속으로 빠져들었다.

강변호사는 강경변론을 계속했다. 그는 "본변호인은 기성세대이기 때문에 그리고 직업상 이 자리에서 변호를 하고 있으나, 그렇지 않다면 차라리 피고인들과 뜻을 같이하여 피고인석에 앉아 있겠다"고 말했다. 폭탄선언을 한 것이다. 그의 변론은 중지당했고 재판장은 휴정을 선언하였다.

조금 있다가 재판이 진행되었으나 강신옥 변호사는 밤까지 계속된 결심공판을 다 지켜볼 수 없었다. 그와 홍성우 변호사는 법정 옆방으로 연행되었고, 1주일이 지나 구속되었다. 변호사가 변론 때문에 구속된 전세계적으로 지극히 희귀한 사건이 일어난 것이다. 강변호사는 88년 3월에야 대법원으로부터 무죄판결을 받았다. 14년 만이었다.

우리는 그날 호송차에 실려오면서 별다른 얘기를 하지는 않았다. 그렇다고 풀죽은 것도 아니었다. 서대문구치소 문을 들어설 때 여정남에게 아무리 독살스러운 사람이지만 설마 사형이야 시키겠느냐고 말했다. 그러나 여선배는 허탈한 듯한 목소리로 "박정희는 지금 몇 명을 죽이려고 하는 것 같애" 하고 대답하였다.

이날부터 나는 절도범들과 합방되었다. 구치소내에서도 수갑을 차고 생활했으며 식사때만 풀어줬다.

7월 13일 법정에서 여러 재판관 중 유일하게 마음씨가 좋은 것처럼 보였던 재판장 박희동 중장이 입을 열었다. 모두 구형량 그대로였고, 나상기, 이직형, 서경석은 자격정지 15년을 추가받았다. 나는 다른 6명의 친구, 선후배와 함께 사형수가 된 것이다.

그후 7월 20일 국방부 장관 판결 확인과정에서 이철과 나, 김병곤, 나병식, 김지하 등 5명은 무기징역으로 감형되었고, 이현배는 2심에 가서야 무기로 감형되었다. 여정남은 다른 7명의 인혁당 사건 관계자들과 함께 교수형에 처해지며 강신옥 변호사가 말한 '사법살인'이 실제로 나타난 것이다.

이듬해 2월 15일과 17일 긴급조치에 관련된 피고들은 대통령특별조치에 의해 모두 석방되었으나 이현배, 이강철, 김효순과 인혁당 사건 관계자들, 그리고 나는 석방대상에서 제외되었다. 이철을 포함해 모두 석방되고서 우리 몇 사람만 묶어두었다는 것은 도저히 설명할 수 없는 일이었다. 이유는 간단했다. 우리는 대학생이 아닌 졸업자라는 것이었다.

그것도 말이 안되었다. 학생 아닌 김지하나 유근일과 기독교 관계자들도 같은 죄목인 데도 모두 석방되었던 것이다. 박정희의 특유한 인질극이 우리 몇 사람을 희생양으로 삼은 것이었다.

나는 이현배 선배 등과 함께 광주교도소 특별감사로 이감되었다. 1.1평짜리 감방 71개로 이루어진 특별사는 뒤로 난 변소 옆의 창마저 나무로 엇비슷이 막아놓아 완전 밀폐된 곳이었다. 말로만 듣던 간첩수용사로 6·25 직후 들어온 사람들은 25년째 수형생활을 하고 있었다. 비극적인 역사의 한 현장이었다.

긴급조치 9호 후배들이 들어오고 목사, 신부 등 다수가 이감되면서 가족같은 분위기가 감돌 때도 있었다. 윤보선 전대통령, 김옥길 총장도 몇 차례 찾아왔지만 면회는 할 수 없었다. 한 분은 공범(?)이었고, 한분은 공범(김동길)의 누나였다.

77년부터 석방설이 무성하더니만 78년 7월 말 우리에게도 각서를 쓰라고 하였다. 완강히 거부하였으나 박형규 목사가 특별접견하여 설득하였다. 몇 번 항의하였으나 나를 믿으라고 '협조'를 요청하셨다. 중앙정보부 직원과 각서 문구로 밤새 옥신각신하다가 새벽녘에 거의 실신상태에 이르렀다.

겨우 교도관이 대필한 각서에 지장을 찍고 들 것에 실려 방에 들어왔다. 그리고 그해 8월 15일 석방되었다. 꼭 4년 4개월 만이었다. 이강철, 임구호, 서광태 등과 소위 인혁계의 어른들을 뒤에 두고 먼저 나오니 어둡고 안타깝기만 하였다.

　석방되고도 곧 재구속될 뻔하였다. 종로 5가 기독교회관 강당에서의 석방 환영회에서 억울하게 옥살이를 하였다고 항변하였다가 다시 중앙정보부에 연행된 것이다. 민청협 등이 항의시위를 해서 그런지 재구속으로 결정이 되는 것같더니만 1주일 만에 석방시켰다. 우리집에서는 재야단체인 민청협, 구속자가족협의회, NCC 인권위원회 관계자들이 몰려와 농성을 하였다.

인혁당 관련자들의 명복을 빌며

　현재의 시점에서 민청학련 사건을 평가하기에는 역사적으로 빠를지도 모르고 내가 객관적인 입장이라고 하기도 어렵다. 또한 이 기록 자체가 황망중에 이루어졌고 여러 친구, 선후배 동지들의 이야기를 취재(?)하여 종합적으로 쓰지 못하였기 때문에 죄송스럽기만 하다. 마치 우리 몇 사람이 다 한 것처럼 씌어진 면이 있으나 민청학련 사건에는 주동적으로 일한 사람들만도 수십 명이 넘는다. 언젠가 상세한 기록이 만들어질 것을 기다리며 우선 내가 알고 있고 들은 것 일부만 기록하였다.

　특히 이강철 등 경북대학, 윤한봉 등 전남대의 독자적 활동에 대해서는 전혀 언급하지 못했다. 거듭 사죄한다. 그리고 1975년 4월 8일 대법원 사형판결 다음날 포악한 권력의 희생양으로 전격적으로 사형을 당한 여정남 선배와 소위 인혁당 관련자 7명에 대해서 삼가 명복을 빈다.

자료

유신체제의 수호와 민청학련 사건

서중석 (성균관대 사학과 교수)

1.

박정희 정권은 1974년 4월 9일 서도원, 도예종 등 이른바 인혁당 사건 관련자 7명과 민청학련 사건의 여정남 등 8명을 새벽에 처형하였다. 법의 이름을 빌린 집단학살이었다.

서도원 등 8명을 4월 9일 새벽에 처형한 것은 박정희가 부도덕한 독재권력을 영속시키기 위해서 저지른 그야말로 특단의 조치로서, 군국주의 일본 군인정신을 가진 자가 아니라면 상상도 할 수 없는 반문명적 만행이자 법치주의를 철저히 유린한 폭거였다.

8명에 대한 사형은 그들이 사형을 받을 만한 행위를 하였느냐를 묻기 이전에 처형 행태를 통해서 그것의 성격을 명백히 드러냈다. 곧 4월 8일 대법원에서 판결이 있자 마자 바로 다음날 새벽에 처형이 일어난 것은 전시하에서도 있어서는 안되는 행태로, 이 처형이 대단히 비정상적인 것임을 말해준다. 그것은 단적으로 정치적 필요에 의해서 저질러진 사건이었다.

서도원 등 8명의 법살法殺은 헌정을 유린하고 친위 쿠데타를 일으켜 불법으로 계엄령을 선포하고 과도 국무회의라는 초헌법적 기구에서 '유신헌법'이라는 것을 통과시켜 만들어낸 유신체제가 없었더라면 발생할 수 없는 사건이라는 점을 각별히 주목하지 않으면 안된다. 유신체제를 사수하겠다는 더러운 정권욕만 없었더라면 민청학련 사건 같은 일도 일어나지 않았겠지만, 설령 그러한 사건이 있었다 하더라도 8명에 대한 사형과 같은 학살극이 일어날 리는 만무하였다.

박정희가 1972년 10월 유신 쿠데타를 일으켰을 때부터 유신 반대자들에 대하여 극단적인 생각을 가졌는지는 불확실하다. 물론 그는 일본 군인들이 보여준 바대로 유신 반대자에 대해서는 본때를 보여주어야 한다고 생각하고 있었다. 그러나 내심으로 자신의 추악한 정권욕에 대하여 양심세력이 좌시하지 않을 것이라고 짐작은 하였겠지만, 유신 반대운동이 그렇게 치열하게 일어날 것이라고 판단하지는 않았을 가능성이 크다. 왜냐하면 유신권력에 반대할 소지를 깨끗이 청소해놓았다고 믿고 있었는데, 그것은 근거가 없는 것이 아니었다.

박정희는 이미 1961년 5·16 쿠데타를 일으켰을 때부터 때때로 영구집권에 대한 흑심을 드러냈지만, 그것을 구체적으로 옮긴 것은 3선개헌의 정지작업으로 1968년 5월 경제복지회사건을 일으켜 김종필 직계를 제거하면서부터였다. 그렇지만 총통제와 같이 자유민주주의를 짓밟고 1인 파쇼권력을 획책한 것은 1971년 대통령선거 전후부터로 알려졌다.

특히 민심을 그대로 반영한 야당후보의 돌풍에 놀라 장충단 유세 등에서 "이번이 마지막 선거이니 제발 찍어달라"고 호소하면서 영호남 지역갈등을 극대화시켜 간신히 당선되었을 때, 그것도 오로지 영남의 몰표에 의지하여 간신히 당선되었을 때 권력을 잃어서는 절대로 안된다고 다짐하고 있었던 박정희와 그의 추종자들이 어떠한 심리상태였을까는 충분히 짐작하고도 남는다.

박정희가 1인 절대권력체제를 기도하여 1971년에 비상사태령을 선포하고 3선개헌 때와 똑같이 국회 제4별관에서 여당 단독으로 국가 보위에 관한 특별조치법을 전격 통과시켰을 때에는 총통제로 갈 수 있는 여건이 조성되어 있었다. 여당의 경우 김종필계를 숙청하고 박정희 친정체제를 만들어놓았다. 야당은 이미 상당수가 '사쿠라'였지만, 1971년 총선 직후에는 김대중계와 유진산계 사이에 혈투가 벌어졌던 바, 중앙정보부가 깊숙이 개입된 것은 두말할 나위가 없었다.

　국회는 일찍부터 통법부이자 거수기였는데, 법원 또한 1971년의 사법부 파동 이후 더욱 무력한 존재가 되었다. 언론에 대한 대대적인 억압조치로 신문은 1969년의 3선개헌에 대해서조차 침묵을 지켰다.

　박정희의 가장 두려운 적수는 뭐니뭐니해도 학생들이었다. 1971년에는 학원병영화를 반대하면서 시위가 끊이지 않았다. 박정희는 1971년 10월 15일 위수령을 발동하여 학생운동세력을 뿌리뽑고자 하였다. 1,889명의 학생이 연행되었고, 23개 대학에서 177명의 학생이 제적되어 그들의 대다수가 '딱지'가 붙여져 전방 소총수부대로 배치되었다.

　유신쿠데타를 일으켰을 때, 아무리 그것이 양심에 반하는 파렴치한 행위라 하더라도 그것에 반대할 세력은 존재하기가 어려웠다.

　반유신 세력이 미약하였지만 박정희는 만심하지 않고 유신 쿠데타 후 자신의 반대자들 제거에 다시 나섰다. 우선 국회와 법원을 무력하게 해놓고 자신은 우스꽝스러운 선거이기는 하지만 통일주체국민회의, 일명 통대에 의해서 자동적으로 선출된 후 전권을 휘두를 수 있는 유신헌법을 만들었다.

　유신체제 보위의 첨병인 중앙정보부의 위세는 하늘을 찌를 듯했다. 박정권을 비판해온 야당 의원들은 정보부에 끌려가 지독한 고문에 시달렸다. 1973년 6월을 전후해서 소위 '민우지 사건' '검은 10월단 사건' '함성지 사건' 등이 일어나 학생들을 또다시 위축시켰다.

　이만하면 박정희는 유신체제를 철벽같이 다졌다고 판단하지 않았을까.

2.

　박정희가 유신 반대론자에 대하여 공식적으로 '죽일 수 있다'는 결의를 표명한 것은 1974년 4월 3일 긴급조치 4호가 발동되면서였다.

　그런데 박정희의 극단적인 반유신세력 말살 책동은 오히려 반대효과를 가져오는 경우가 많았다는 점에 우선 유의할 필요가 있다. 1973년 8월에 발생한 김대중 납치사건도 그러한 예에 속한다. 국내에서 반유신세력을 청소하였다고 생각한 박정희는 해외 반유신 세력의 중심축인 김대중을 제거하고자 하였다. 그렇지만 김대중 납치사건은 역효과를 가져왔다. 일본과 미국에서 특히 그러하였지만, 전세계에 유신체제의 악랄함을 적나라하게 알려주는 계기가 된 것이다.

뿐만 아니라 그 사건은 국내에서 반유신 투쟁에 불을 지폈다. 김대중은 여러 면에서 박정희의 콤플렉스를 자극하였는데, 특히 1971년의 대선에서 김대중 후보한테 혼쭐이 난 것이 유신체제를 만든 가장 직접적인 외인外因을 이루었다는 점은, 다시 말해서 김대중 후보와의 경쟁에서 실질적으로 패배하자 비겁하게도 선거가 없는 유신권력을 조작했다는 점은 유아기부터 콤플렉스로 응어리져 있었던 박정희의 심사心思를 몹시 괴롭히는 문제가 아닐 수 없었다.

1973년 10월 2일, 드디어 서울대 문리대에서 반유신의 봉화가 올랐다. 당국은 문리대생 180명을 경찰서로 연행하여 20명을 구속하였다. 23명이 제명되고 18명이 자퇴, 56명이 무기정학처분을 받았다. 반유신투쟁을 용납하지 않겠다는 초강경 처벌이었다. 하지만 10·2 투쟁은 일파만파로 번졌다. 우선 서울대 각 단과대학에서 계속 시위가 있었고, 이어 전대학으로 퍼져갔는데, 동맹휴학, 시험거부 등의 투쟁방법이 큰 효과를 냈다. 이렇게 반유신투쟁이 학원가를 휩쓴 것은 유신권력과 중앙정보부의 포악함에 대한 반감이 기본적으로 작용했지만, 10·2 처벌이 과도하였던 것도 한 요인이었다. 12월 7일 박정희는 백기를 들었다. 구속학생 전원을 석방하고 모든 처벌을 백지화한 것이었다.

박정희 집권 이래 보기 드문 패배로도 볼 수 있는 12·7 조치는 학원가를 넘어서서 반유신투쟁의 물꼬를 트는 역할을 하였다. 이미 11월에도 재야인사들이 시국선언문을 발표하였지만, 12월에 그러한 움직임은 확대되었고, 12월 24일에는 장준하 등 각계인사 30명이 헌법개정청원운동본부를 설치하고 백만인 서명운동을 벌였다.

국무총리 김종필의 '경고'에 이어 29일 박정희는 유신체제를 전복하려는 불순분자의 행위를 용납하지 않겠다는 담화를 발표하였다. 그런 데도 불구하고 반유신 투쟁이 멈추지 않자 드디어 1974년 1월 8일 긴급조치 제1호를 선포하였다. 유신헌법을 반대하면 15년형을 때리겠다는 상식과 양심을 초월한 공갈이었다.

박정희가 '죽일 수 있다'는 의사를 분명히 표명한 것은 1974년 4월 3일 선포한 긴급조치 4호에서였다. 그는 이 조치에서 데모 주동자는 최고 사형에 처하겠다고 공표하였다. 긴급조치 1호로 구속된 장준하, 백기완 등이 너무나 당당한 태도를 보였을 뿐만 아니라, 반유신 투쟁이 더 큰 규모로 일어나려고 하자 자신의 1인 권력을 수호하기 위하여 '단호한 조치'를 취하겠다는, 곧 사형에 처하는 것도 불사하겠다는 결의를 표명한 것이 긴급조치 4호였다.

3.

긴급조치 4호로 표출된 박정희의 살기등등한 태도의 본질을 더 명료히 이해하기 위해서는 다음의 몇 가지를 검토할 필요가 있다.

첫째, 유신권력은 1973년 12월 경부터 다음해 4월에 이르기까지 학생들이 규모가 큰 시위를 조직하기 위한 활동을 하고 있다는 점을 알고 있었으면서도 잡는 시늉만 하고는 방임했다는 점이다. 당시 주동적 학생들은 자신들의 활동을 방임하고 있는 것은 큰 사건을 터뜨리기 위해서일 것이라고 짐작하고 있었지만, 그렇다고 해서 반유신 투쟁을 중지할 수는 없었다. 박정권은 계속 흔들리는 유신체제를 반석 위에 놓기 위해서 큰 사건을 조작하여 단호히 조치하겠다는 복안을 가지고 있었음이 틀림없다.

둘째, 박정권의 4·3조치와 그것에 이은 민청학련사건 발표는 주동적 학생들이 예기했던 것보다도 훨씬 강도가 높았다. 박정희는 주동학생에 대하여 사형을 불사하고 대학교를 폐쇄시킬 수 있다고 공언하였다. 또한 유신권력은 학생들이 전국 대학에서 일제히 봉기하고, 광화문 등 시내 요지에서 시위와 함께 방화 등 파괴행위를 하고, 청와대 등 정부기관을 점거하여 정권을 인수하고, 과도정권을 거쳐 노동자·농민정권을 세우려고 기도하였다고 발표하였다.

한 가지 더 알아둘 것은 당국이 발표한 전국민주청년학생총연맹(민청학련)이라는 조직은 '인혁당'과 마찬가지로 존재하지 않았다는 점이다. 주동적 학생들은 단체를 만들면 박정권이 틀림없이 큰 사건으로 엮어낼 터이니 만들지 말고 다만 전국 여러 대학을 연결하여 가급적이면 한꺼번에 시위를 하도록 하자고 합의하였다. 그런데 일부 주동적 학생 몇이 선언문(민중·민족·민주선언)을 만들 때 아무 이름도 없으면 곤란하지 않겠느냐고 하여 임의로 위의 이름을 붙였던 것이다.

셋째, 민청학련 관련자들이 정보부에서 온갖 고문을 당하며 수사를 받을 때, 처음에는 나중에 인혁당 관련자들로 알려진 재야인사들이 자신들의 '지시'를 받는 '하부선'으로 되어 있었는데, 얼마 후 정반대로 자신들이 하부선이 되어버렸고 인혁당 관계자들이 지시하는 위치를 '승격'하는 사건이 발생하고 말았다는 점이다.

바로 이때 유신권력은 죽일 대상을 새롭게 분명히 정한 것으로 보인다. 학생들을 처형한다는 것은 사회통념으로 볼 때 너무나도 인륜에 어긋난다고 생각하였기 때문일까.

세 번째 구도에 따라 민청학련·인혁당 사건이 발표되었을 때에는 유신권력 영속을 위한 희생양으로 서도원 등 8명이 '확정'되었을 가능성이 있다. 왜냐하면 비상보통군법회의에서 민청학련 관계자들이 7명 사형선고를 받았지만, 이중 2명만 국방부장관 확인 절차에서도 사형으로 되어 있었다. 그리고 1974년 9월에 있었던 고등군법회의에서는 여정남 1명만 사형이었는데, 인혁당 관계자들은 1심에서 사형선고를 받은 7명이 2심에서도 모두 다 사형이었던 것이다. 곧 이들 8명에 대한 보통군법회의, 고등군법회의 선고를 볼 때, 민청학련·인혁당사건 발표시 의중에 두고 있었던 것을 재판이라는 절차를 밟아 확인한 것으로 판단되기 때문이다.

4.
서도원 등 8명을 유신권력에 대한 희생양으로 의중에 둔 것은 민청학련·인혁당사건 발표때였을 가능성이 있지만, 사법살인의 시점은 1975년

2, 3월에 결정되지 않았을까.

　박정권은 긴급조치 4호 선포, 민청학련·인혁당사건 발표, 보통군법회의와 고등군법회의에서 줄줄이 있었던 사형, 무기, 20년형 등의 중형 선고라는 단계를 통하여 반유신운동을 뿌리뽑으려고 하였지만 역사는 박정권의 의도와는 다른 방향으로 갔다. 유신체제가 너무나 명백히 역사에 거슬리는 폭거였기 때문이었다.

　박정권은 학생들의 시위 조직 활동을 큰 사건으로 만들어서 '소탕'하려고 했을 뿐만 아니라, 사건을 최대한 확대하여 본때를 보여주려고 하였다. 그리하여 윤보선 전대통령, 지학순 주교, 박형규 목사, 김한국·김동길 교수 등을 구속(윤보선은 불구속)하고 대개 15년형이라는 중형을 때렸다(윤보선은 집행유예). 용기있게 학생들을 변호하였던 강신옥 변호사도 법정구속하여 15년형을 선고하였다. 또 일본인 2명도 20년형을 때렸다.

　그러나 지학순, 박형규 등에 대한 중형은 국내외의 거센 반발을 불러일으켰고, 일본인에 대한 중형도 그러하였다. 주동적 학생들은 엉성하게나마 민주주의를 열망하는 사회 저명인사들과 최대한 연계함으로써 유신체제에 압박을 가하려고 노력하였는데, 그것을 훨씬 더 크고 탄탄한 상태로 실현시켜준 것은 아이러니컬하게도 박정희와 그 추종자들이었다.

　1974년 2학기에 접어들면서 학생들은 다시 반유신 투쟁을 전개하기 시작하였다. 종교계의 반유신 투쟁은 긴급조치 4호 이전과는 비교도 안되게 커졌다. 특히 카톨릭에서는 정의구현사제단이 조직되어 반유신 투쟁의 선봉에 나섰다. 변호사들도 더 능동적으로 움직였다. 기자들은 언론자유 수호에 앞장섰다.

　1975년 2, 3월의 분위기는 박정희로 하여금 극단적으로 황국 일본군인 특유의 단기短氣를 발휘하게끔 하였다. 1974년에 보여준 반유신 민주주의 활동가들에 대한 극단적인 대응은 전세계 여론을 악화시켰는데, 소련 지도자와 회담하러 가기 직전, 포드 미대통령은 박정희를 만나 미국의 난처한 입장을 설명하였다. 거센 국내외의 압력에 박정희는 유신체제에 대한 국민투표의 절차를 밟아 1975년 2월 15, 17일에 걸쳐 인혁당 관계자 등 소수만 남기고 석방하지 않을 수 없었다.

더욱이 김지하가 인혁당 관계자 하재완에 대한 정보부의 참혹한 고문을 〈동아일보〉지상에 폭로하고, 〈워싱턴 포스트〉 등이 민청학련·인혁당 관계자들에 대한 혹독한 고문을 대대적으로 보도한 것은 박정희의 협량한 단기를 예리하게 자극하였을 것이다. 그런데 이때 석방된 학생, 사회인사들이 열렬한 지지를 받으며 무등을 타고 민주주의의 수호자로 개선장군이 되어 당당하게 옥문을 나섰고, 그것이 자유언론운동과 결합되어 신문에 크게 보도되었을 때 박정희의 심사는 어떠하였을까. 또 3월 하순부터는 대규모 반유신 데모가 벌어졌다.

유신체제하의 청와대는 셰익스피어의 '맥베드'에 나오는 귀기鬼氣 어린 궁전처럼 음산하기 짝이 없었다. 그곳은 한 사람의 우두머리와 그의 1인 권력 영속을 통해서 자신들의 기득권을 영속시키려는 추종자들의 음모의 산실이었다.

1975년 4월 8일 대법원에서 형 확정 절차를 밟은 서도원 등 8명은 다음 날 새벽 형장의 이슬로 비명에 갔다. 음모자들의 권력에 대한 광기에 희생된 것이었다.

자료

민청학련 사건

강준만 (전북대 교수)

비밀이 새나간 '4·3총궐기' 계획

1974년 1월은 긴급조치 1호로 얼어붙었지만, 봄이 오고 3월 신학기가 되자 민주화운동은 다시 대학에서부터 불붙기 시작했다. 3월 하순 어느날 서울 원서동 창경궁 앞길에서 이화여대 학생 한 명이 치마 밑에 전단 한 뭉치를 숨기고 가다 그만 아래로 떨어뜨렸는데, 그 전단의 내용은 '4월 3일 전국적으로 대학생 총궐기'였다. 때마침 종로경찰서 정보과 형사 한 명이 발견하고 그 여학생을 붙잡아 추궁한 끝에 '4·3총궐기' 계획을 파악하였고. 이에 따라 박정권은 비상태세에 돌입하였다.

그러나 그 여학생이 붙잡히지 않았다 하더라도 박정권은 이미 그 계획을 입수했을지도 모른다. 당시 중앙정보부원이었던 최종선은 서울대를 담당했던 정보부 요원들의 활동에 대해 다음과 같이 증언한다.

"이들은 정보를 수집하는 것보다는 정보를 스스로 생산하는 일, 즉 자신들의 프락치를 제거해야 할 목표 대상 학생들, 반독재 반유신 성향의 의식 있는 민주 학생들에게 의도적으로 접근시켜 그들과 함께 서클을 조성하게 하거나 반정부 반유신 데모를 함께 모의하도록 유도하여 조직을 키우다가 거사 바로 직전에 일망타진하는 식의 공작에 주력하고 있었는데, 그 대표적 케이스가 바로 민청학련 사건이고 그때의 공작원은 K.B.S., 그야말로 어떻게 이런 인생을 사는 젊은이가, 어떻게 이런 인생을 사는 서울 대생이 있을 수 있을까, 증오스럽기 이전에 가련하다는 생각이 먼저 드는 그런 서울대생이 있었습니다."

4 · 3시위와 긴급조치 4호

4 · 3시위의 1선 지도부로 활동하던 이철, 정문화, 김병곤, 황인성 등은 비밀이 새나갔으며 상황이 비관적이라는 걸 잘 알고 있었다. 그러나 이미 내친 걸음인지라 결행 이외에 그 어떤 선택도 가능하지 않다는 결론을 내렸다.

4월 3일, 규모는 작았지만 예정대로 서울대, 성균관대, 이화여대, 고려대, 서울여대, 감신대, 명지대 등에서 오전 10시, 11시에 시위가 벌어진 가운데 '전국민주청년학생총연맹(민청학련)'의 명의로 여러 선언문들이 발표되었다. 이들의 '결의문'에는 다음과 같은 6개항의 요구사항이 제시되어 있었다.

'첫째, 부패특권 족벌의 치부를 위한 경제정책을 시정하고 부정부패 특권의 원흉을 즉각 처단하라. 둘째, 서민의 세금을 대폭 감면하고 국민경제의 밑받침인 근로대중의 최저생활을 보장하라. 셋째, 제 노동악법을 철폐함으로써 노동운동의 자유를 보장하라. 넷째, 국가비상사태, 1 · 8조치 등으로 구속된 모든 애국지사들을 즉각 석방하고, 유신체제를 폐기하여 진정한 민주주의 체제를 확립하라. 다섯째, 모든 정보 · 폭압정치의 원천인 중앙정보부를 즉각 해체하라. 여섯째, 반민족적 대외의존 경제를 청산하고 자립경제 체제를 확립하라.'

4월 3일 밤 10시, 이미 만반의 준비를 해온 박정권은 긴급조치 4호를 발표했는데, 이는 민청학련 관련자 처벌을 주목적으로 삼은 것이었다. 긴급조치 4호는 문교부 장관에게 학생들이 반체제운동을 계속하면 대학을 폐교시킬 수 있는 권한마저 부여했으며, 심지어 학생의 '정당한 사유 없는 결석이나 시험거부 행위'에 대해서도 5년 이상의 징역에 최고 사형까지도 선고할 수 있게 되어 있었다.

대학 폐교는 괜히 겁주려는 게 아니었다. 박정희는 그걸 거듭 강조했다. 박정희는 중앙정보부장 신직수에게 호통을 치면서 "오늘 이후 맨 먼저 데모하는 대학부터 본보기로 폐교시켜버리라"라는 엄명을 내렸다.

도피중인 주모자들에 대한 현상금 액수도 놀라웠다. 이철은 다음과 같이 말한다.

"초기에 나와 유인태, 강구철 등의 현상금은 50만 원이었는데, 그 50만 원이 100만 원으로, 4월 12일에는 유인태와 내 사진이 붙은 전국적 지명수배가 내려지면서 현상금 액수가 200만 원까지 껑충 뛰었다. 현상금이 200만 원이라는 4월 13일자 뉴스는 여정남의 하숙집에서 들었다. 유인태가 라디오를 통해 들은 이 소식을 전했을 때 우리 모두는 설마(!) 했다. 간첩 현상금이 30만 원이던 시절이었으니 실로 상상도 못할 액수였다. 그리고 내가 붙잡히던 4월 24일 당시에는 현상금이 자그마치 300만 원으로 뛰어 있었다."

박정권의 인간성 파괴 공작

민청학련 사건에서 가장 가슴 아픈 이야기는 아마도 주모자들이 도피하다가 체포된 경위일 것이다. 사람들을 공포에 질리게 만들어 서로 못 믿게 하고 미워하게까지 만드는 인간성 파괴 공작이야말로 긴급조치, 아니 박정권이 저지른 최악의 죄가 아닐까? 도피중이었던 유인태가 4월 16일에 겪은 이야기를 들어보자.

그날 밤 유柳는 삼선교 한성여고 앞의 안양로가 가정교사를 겸하던 하숙집으로 갔다. 그때만 해도 안安은 수배되지 않았다. 갈 데라곤 거기뿐이었다. 하숙집 아주머니는 "양로 학생이 이앞에 갔으니 들어와요. 기다려요"라고 마음씨 좋게 말했다. 그리고 "나 잠시 마실 나갔다 올게"라며 나섰다. 유는 여우굴에 들어선 예감이 들었다. 안이 가르치는 학생(경동고)에게 "내가 수배된 걸 아나?"라고 물었더니 겁에 질린 채 고개를 끄덕였다. 유는 순간 발길을 돌렸다. 10m쯤 걸어가자 벌써 사복형사 인솔하에 '앞에총' 자세로 정복경찰 6명이 나타났다.

이철은 고교생 복장을 하고 경기고 시절의 절친했던 친구 K를 찾아가 돈을 얻기로 마음먹었다.

K는 이철을 몰라보았다. 그러다 고교생 모자 깊숙이 감춰진 이철의 얼굴을 알아보고는 질린 표정으로 뒷걸음질쳤다. "야, 가라 가." 만나고 신고 안해도, 감춰주어도 '사형'까지 한다는 판이므로 K의 심정도 이해는 갔다. K는 허둥지둥 대문 안으로 사라져버렸다. 샛노랗게 질린 K를 본 부모들은 까닭을 물었다. "철이가 고등학생 옷을 입고 집 앞에서 서성거렸다"고 말했다. "이철이 고교생 복장으로 다닌다." 신직수 정보부는 긴급전통을 전국 수사정보망에 때렸다. K의 부모 제보를 바탕으로 한 것이었다.

이철은 결국 그 제보 때문에 4월 24일 경찰에 체포되고 말았다.

고문으로 조작한 인혁당 재건위 사건

핵심 주동자인 이철이 체포된 다음날인 4월 25일 중앙정보부장 신직수는 "공산주의자의 배후조종을 받은 민청학련을 적발하였다"라고 주장했다. 민청학련은 학생들이 유인물에 편의상 붙인 호칭이었는 데도, 중앙정보부는 이를 폭력으로 정부전복을 노린 전국적인 불순 학생조직인 양 거창하게 부풀려서 발표했던 것이다.

박정권은 민청학련을 배후조종한 혐의로 인혁당 재건위 사건을 발표했다. 박정권은 민청학련에 대해 용공조작이라는 그 낯익은 수법으로 대대적인 탄압을 가한 것이다. 물론 민청학련과 인혁그룹(이것도 중앙정보부가 붙인 이름이었을 뿐이다)을 하나로 묶기 위해 검거한 사람들에겐 모진 고문이 가해졌다. 예컨대, 당시 서울 문리대생 유인태의 증언을 들어보자.

"밤낮으로 신발을 벗겨 얼굴 머리를 때리거나 몽둥이 찜질, 볼펜을 손가락 사이에 끼우기. 몽둥이를 다리 사이에 끼우고 뭉개는 고문을 했다. 몇 날 며칠이고 잠을 못 자게 하고 흰 벽을 쳐다보게 하는 고문도 있었다. 물고문도 했다. 발가벗긴 몸을 나무 사이에 묶어 대롱대롱 매달리게 한 뒤 수건을 얼굴에 씌우고 주전자로 물을 붓는 것이었다. 숨이 막혀 발광하면 '너, 군대에 있을 때 이북 갔다 왔지?' 하는 것이었다. 견디다 못해 고개를 끄덕이면 물붓기를 중단하고 진술서를 쓰라고 했다. 거부하면 또 물고문……. 지하실에서 사정없이 로프로 등을 후려갈기기도 했다."

그런가 하면 경북대생 이강철은 "나는 인혁당의 인자도 들어보지 못했는데 그걸 잘 아는 것을 시인하지 않는다고 검사 입회하에 전기고문을 수차례나 받았습니다"라고 증언하였다. 과거 독립투사들을 상대로 일제가 저질렀던 모든 잔학한 고문이 박정권하에서 총동원되었는데 그 주범은 물론 일본군 장교 출신 박정희였다. 박정희는 4월 5일 군포 야산에서 식목일을 기념해 오동나무를 심으면서 이렇게 말했다.

"민청학련 대학생놈들은 보고를 들어보니 순 빨갱이들이야. 잡히기만 하면 모두 총살이야."

대통령이라는 사람의 인권의식이 그 모양이었으니 말단 수사관들은 대통령의 뜻을 받들기 위해서라도 모두 고문 전문가가 되지 많으면 안되는 그런 시절이었던 것이다. 민청학련 사건 관련자들의 대대적인 고문폭로는 나중에 자세히 살펴보기로 하자.

세 가지 세계기록을 남긴 민청학련 사건

중앙정보부의 발표에 의하면 민청학련 사건 관련자로서 관계기관의 조사를 받은 사람만도 1천2백4명에 달했으며, 피고인들 중에는 이철, 유인태, 여정남, 나병식, 윤한봉, 정상복, 안양로, 이근성, 김영일(김지하), 유근일. 김병곤 등 기독청년 및 학생운동권 핵심인물들이 망라되어 있었다. 약 3개월 후 군법회의는 1백80명의 피고인 중에서 14명에 사형, 13명에는 무기징역, 그리고 28명에는 15년에서 20년을 구형했다. 당시 선고는 구형한 그대로 떨어졌기 때문에 이를 가리켜 변호사 한승헌은 그러한 재판에 대해서 '자판기 판결' 또는 '정찰제 판결'이라는 이름을 붙였다.

피고인들 중에는 재야 지도자들과 교수들도 포함되어 있었다. 전대통령 윤보선과 목사 박형규는 학생들의 반정부 데모를 선동, 민중봉기를 일으켜 정권을 장악할 목적으로 학생들을 격려하고 거사자금을 주는 등 내란을 선동했다는 혐의였다. 윤보선은 징역 3년에 5년간 집행유예라는 판결을 받았고, 박형규는 징역 15년 판결을 받다. 또 연세대 교수 김동길과 김찬국은 학생들을 선동하였다는 혐의로 징역 15년을 선고받았다.

'정찰제 판결'도 세계적인 기록이었겠지만, 이 사건은 '기소자들의 선고형량 합계가 1천6백50년이나 되어 단일사건으로는 세계 사법사에도 전무후무한 기록적 사건'이라는 점에서 많은 사람들을 경악시켰다.

이 사건은 또 하나의 세계적인 기록을 세웠다. 변호사가 법정에서 변론 도중 끌려나가는 기록을 세운 것이다. 7월 9일, 법을 유린하는 민청학련 재판의 어이없는 작태에 대해 변호인 강신옥은 변론 도중 다음과 같이 말했다.

"나는 오늘 과연 법은 정치나 권력의 시녀가 아닌가 생각한다. 지금 검찰관들은 나라일을 걱정하는 애국학생들을 내란죄, 국가보안법, 반공법 위반 등을 걸어 빨갱이로 몰고 사형이니 무기니 하는 형을 구형하고 있다. 이것은 법을 악용하는 '사법살인' 행위가 될 수 있다."

강신옥의 말이 끝나기도 전에 재판장이 제지했고, 법정 안에 있던 중앙정보부 요원들이 강신옥을 끌고 나갔다. 그는 그날로 풀려났지만 박정희의 지시로 며칠 후인 7월 15일에 법정모독죄 및 긴급조치 4호 위반이라는 이유로 구속되었다. 다른 변호사들에게 본때를 보여야 한다는 게 구속사유였다고 한다. 그러나 강신옥 구속은 신문에 단 한 줄도 보도되지 않았다. 긴급조치 위반 사실을 허가 없이 보도하는 것 자체가 긴급조치 위반이었기 때문이다. 이에 대해 이상우는 다음과 같이 말한다.

"법정에서의 변론이 문제가 되어 변호사가 구속된 일은 사법사상 초유의 일이었다. 이러한 일은 일반적으로 통용되는 변호사의 법정 면책특권에 대한 도전일 뿐만 아니라 '변호인은 재판에 관한 직무상의 행위로 인하여 어떠한 처분도 받지 아니한다'는 군법회의법 제28조의 명문 조항에도 위배된다는 의견이 유력했다."

강신옥은 9월 20일 1심인 비상보통군법회의에서 징역 10년에 자격정지 10년을 선고받았고, 2심인 비상고등군법회의에서 항소 기각 판결을 받았다.

구속자가족협의회 탄생

민청학련 사건이 계기가 되어 9월에는 구속자가족협의회가 탄생하였다. 초대회장에는 전대통령 윤보선의 부인 공덕귀, 총무에 김한림이 선출되었다. 이후 공덕귀를 비롯하여 이소선(전태일 모친), 전금성(김지하 모친) 등은 '반유신투쟁의 여걸 3총사'로 불리며 박용길, 이희호, 이종옥, 박영숙 등 구속된 재야인사들의 부인들과 함께 '때로는 치마부대로 때로는 박수부대로 집회장이나 시위현장마다 찾아다니며 제 몫을 해냈다.'

이 협의회 결성 이후 구속자 가족들의 의식에 큰 변화가 일어났다. 예컨대, 6월 26일에 '구속자 가족 일동'이 낸 '박정희 대통령께 드리는 진정서'는 다만 인정에 호소하여 선처를 바라는 내용임에 비하여, 11월 21일에 나온 두 번째 결의문은 '탄압자의 정치도구로 갇힌 자식과 남편들의 뜻을 이어받아 투쟁하는 길'만이 그들을 구할 수 있음을 깨달았다고 밝히고 있다.

12월 6일자 신문은 정부의 '구속자 석방 검토설'을 보도하였는데, 이튿날 즉각 발표된 가족들의 성명서는 '석방이 정부의 은사일 수 없으며 구속자 석방은 민주회복의 선행과제로서만 의미를 갖는다'라고 전제한 후 무조건 전원석방을 주장하였다.

자료

타는 목마름으로 부른 민주주의 만세

김지하 (시인)

절두산

내 외로운 삶에서, 내 괴로운 감옥살이에서 떠나지 않고 내내 거기 그렇게 우뚝 서 있던 산봉우리 하나 있으니 한강가의 저 시커먼 절두산切頭山이다.

예부터 나라의 역적을 목쳐 죽였고, 천주교 박해때는 김대건金大建 신부의 목이 버려졌으며 상하이에서 돌아온 김옥균金玉均의 시체가 부관참시剖棺斬屍, 능지처참당한 모래밭도 절두산 아래 강변이다. 지금은 그 꼭대기에 성당과 기념관이 있으나, 그 무렵 아무 것도 없었고, 아무 표지도 없었다.

2월 바람이 몹시 불던 날, 햇살은 한강물 위에 번뜩번뜩 빛날 때 한 오후 나는 문화패 아우들과 함께 절두산 바로 아래 김옥균의 시체가 토막나고 수급이 효수되었던 모래밭 그 자리에 앉아 이별의 술잔을 나누었다.

절두산 너머 어딘가에서 아슬아슬하게 아코디언 켜는 소리가 들려왔다. 나는 소주잔을 고균古筠의 반역의 자리 위에 한 번, 대건의 반역의 자리 검은 바위 밑에 또 한 번 붓고 나서 나와 우리의 반역의 자리인 내 몸 안에도 한 번 부었다.

"나는 아무래도 감옥에 갈 것같다. 그러나 너희들은 따라오지 말아라.

감옥에는 나 혼자 가는 것으로 만족해라. 너희들이 이제부터 할 일은 내가 하려다 못한 일, 하고 싶지만 성공시키지 못한 일을 하고 또 성공시키는 것이다. 그것은 민중민족문화운동이며, 그중에도 특히 탈춤이나 마당굿·풍물같은 연행예술이다. 또 판소리나 시나위, 정악正樂이나 민화民畵 등이다. 힘을 모아라. 그리고 대본을 쓰는 데서 힘이 부치거든 황석영 씨에게 도움을 청해라. 문체에서 제일 너희들 느낌을 잘 표현할 수 있는 것이 황석영이다.

다시 부탁한다. 정치를 작품 안에서 표현은 하되 정치에 직접 뛰어들지 말아라. 정치에 기울면 예술을 할 수 없다. 이말을 내내 명심해다오. 부탁한다. 정치는 나 한 사람으로 그치자. 너희들은 내가 이루지 못한 꿈을, 그 예술을, 그 전통의 현대화를, 민족적 형식 속에 보편적이고 변혁적인 사상을 담아 수많은 씨알들을 키워내야 한다. 마당에서, 판에서 그리고 극장이나 공회당에 들어가더라도 그 극장, 그 공회당을 마당과 판의 원리로 역동화시켜서.

나는 이제 그만 이별해야겠다. 금방 가지 않더라도 나는 틀림없이 수배될 것이다. 잡혀가거나, 잡히지 않으면 계속 지하에서 활동한다. 정치조직은 다른 사람이 할 것이다. 나는 그와는 또 다른 일을 할 것이다. 그러나 알려고 하지 말라. 시간이 가면 자연히 알게 된다. 우리 부모님 가끔 들여다 봐다오. 우리 집사람과 아기 부탁한다. 우리 아버지 가끔 술 좀 사드려다오. 부디 내가 아끼던 것들을 아껴다오. 사랑했던 사람들을 사랑해다오. 너희들은 내 후배라기보다 나의 친동생들이다. 부디 잘 있거라."

바람은 풍덩풍덩 불고 차디 찬 물 위에서는 햇살이 부서지고 있었다. 나는 전혀 새로운 길을 예비하고 있었다.

민청학련

문리대 아우들은 나와의 약속을 지켰고, 조영래 아우는 자기 일을 착실히 진행했다. 전국 대도시 대학생들 사이에 전국민주청년학생총연맹이 탄생하여 어떤 대학은 시위에 돌입하고, 어떤 대학은 사전에 봉쇄돼 주동자가 체포되기도 했다. 그러나 수년 전 조영래·장기표 등이 전학련을 시도했고, 멀리는 민통民統과 민비民比가 있었지만 6·25 이후의 현대사에서 전학련이 성공한 것은 이번 민청학련이 처음이었다.

밖으로는 이철이 지도자였으나 실제의 조직책은 유인태였고, 그 뒤엔 서중석이 서 있었으며 서중석은 조영래와 연결되었다. 활발했던 기독학생들의 시위조직 리더는 역시 나병식이었고, 그뒤엔 또한 조영래가 있었다.

나는 나의 구상이 성공했음을 느꼈다. 나는 극비리에 유인태 아우를 만났다. 앞으로 계속 시위 등을 지속할 것인데, 특히 지방대학으로 확산시킬 예정이므로 종교나 기타 학원의 세력이 움직여주기를 기대한다는 유인태 아우의 얘기였다. 내 부탁은 삼민三民 테제는 불변이고, 일본 등 외국과의 관계는 도리어 적극적으로 나가야 하며, 구속 체포될 때는 강력하게 자기주장을 하라! 그리고 건강 조심!

그길로 나는 원주의 장선생님께 사람을 보내 자세한 보고를 하고 지주교님과의 약속을 알렸으며, 국내 국외 세력과의 광활한 전선의 그물짜기, 지주교님의 '슬라이딩 태클', 가톨릭의 전면적 반격을 조직해달라고 부탁했다.

윤배 형님을 통해 리선생과 이종찬 선배에게도 그와 비슷한 사정을 알렸다. 나는 이제 전혀 예상하지 못할 다른 일을 하면서 조영래 아우 등을 통해 조율해나가다 적절한 때 붙잡히면 붙잡히는 대로, 안 붙잡히면 안 붙잡히는 대로 응전하려 했다. 우선 나는 아내에게 "잘 참아달라! 좋은 날이 올 것이다!"라고만 말하고 헤어진 뒤, 서울 안에서 주거이동을 단행했다. 순식간에 자취없이!

모래내였다. 내가 옮겨간 거점은 그 무렵만 해도 휑언한 벌판이 많았던 미개발 지역 모래내였다. 그 모래내 거리에서 어느 구멍가게 문짝에 나붙은 이철·유인태·강구철 등의 현상 포스터를 본 것은 그 직후였다. 틀림없이 나도 수배될 것이다. 그리고 수많은 젊은이들이 잡혀갈 것이다. 일단은 됐다!

박정희의 코

죽음을 선택해 죽음을 이겨낸 촛불신비의 고행 1974년.

그 방들 속에서의 매 순간 순간들은 한 마디로 죽음이었다. 죽음과의 대면! 죽음과의 싸움! 그것을 이겨 끝끝내 투사의 내적 자유로 돌아가느냐, 아니면 굴복하여 수치에 덮여 덧없이 스러져가느냐? 1974년은 한 마디로 죽음이었고 우리들 사건 전체의 이름은 죽음과의 싸움이었다. 죽음을 스스로 선택함으로써 비로소 죽음을 이겨내는 촛불신비의 고행, 바로 그것이 우리의 일이었다.

긴급조치 4호가 발동되면서 신문·라디오·텔레비전 등에 박정희가 나타나 한 말씀 거룩하게 지껄였다.

"학원 주변에 고의적인 장기 학적 보유자들이 배회하며 직업적 학생운동가를 양성하고 있는데 나는 그들이 공산주의자임을 잘 알고 있다."

그는 자기 코를 가리키면서, "내 코는 못 속인다. 나는 냄새를 맡고 있다. 직업적 혁명가들이 배후에 있다. 이자들을 소탕해야겠다."

나는 박정희의 코에서 무엇을 느꼈을까?

츠루미, 즉 일본 쿄토京都대 철학교수요, 김지하 구명위원회 위원장인 츠루미 순스케(鶴見俊輔) 선생이 내게 선물한 두 권의 책 《전향轉向》에서 그 '전향의 안테나'를 본 것이다. 박정희의 코는 그가 과거 친일파였다가 거기에서 전향했고, 좌익이었다가 거기에서 또 전향한 뒤로는 바로 그 일에 대한 컴플렉스를 지닌 채 좌익을 때려잡는 정보업무의 참모장을 지내면서 더욱 예민해진 사정을 압축한다.

그코에 붙잡힌 존재가 바로 나였다. 그들은 나를 찾고 있었다. 그러나 그것은 틀렸다. 나는 지하조직에 속하고 프롤레타리아 독재를 통해 혁명을 하려는 골수 마르크스주의자가 아니며, 마르크스를 인정하는 사회주의자라 하더라도 그것은 민족주의나 가톨릭·불교·동학·신좌익 등으로 혼합된 아직은 구도求道 중의 방황하는 시인에 불과했던 것이다. 질긴 행동은 이념 때문이 아니라 정열 때문인 것이었다.

그러나 그코는 바로 나의 냄새, 즉 '적극성'의 냄새를 맡았고, 그 전향의 안테나는 나를 전향시키는 쪽으로 움직였다. 전혀 뜻밖이었다. 왜냐하면 비록 사회주의·공산주의가 붕괴된다 하더라도 이미 그것을 부분적으로 포함한, 그것의 대안을 찾고 있던 나에게는 하나의 정보이지 사형선고도 전향의 메시지도 아무 것도 아니었기 때문이다.

일본에서 20여 년 전 '김지하가 전향했다'고 소문이 돌았다는데 그말 자체가 우스운 것이고, 그뒤 나를 향한 극좌들의 비난 역시 오해의 산물에 불과한 것이었다. 감옥에 있는 동안, 나를 지독한 빨갱이로 우상화시킨 결과인 것이었다.

그러나 그렇다 하더라도 나는 위험을 느꼈으며, 동시에 역설적이게도 이 운동의 대성공, 한국현대사에 하나의 분기점을 형성하는 새로운 주체들의 탄생으로 이어지리라는 예감을 느꼈다. 그렇지만 무척 견디기 힘들고 피곤했다. 그 무렵 문득 환청처럼 갓난아기의 울음소리를 들은 적이 있다.

목숨
이리 긴 것을
가도가도 끝없는 것을 내 몰라
흘러 흘러서
예까지 왔나 에헤라
철길에 누워
철길에 누워

한없이 머릿속으로 얼굴들이 흐르네
막막한 귓속으로 애울음소리 가득 차 흘러
내 애기
피 속으로 넋 속으로 눈물 속으로 퍼지다가
문득 가위소리에 놀라
몸을 떠는 모래내
철길에 누워

한번은 끊어버리랴
이리 긴 목숨 끊어 에헤라 기어이 끊어
어허 내 못한다 모래내
차디 찬 하늘

흘러와 다시는 내 못 가누나 어허
내 못 돌아가 에헤라
별빛 시린 교외선
철길에 누워
철길에 누워

'모래내'라는 시다. 충격은 난데없는 애기 울음소리로부터 왔다. 술 때문이었을까. 잠은 오지 않고 내내 울음소리의 기억에 시달렸다. 아내가 걱정되었던 것이다.

나는 전화를 걸어 김수환 추기경님과 시간약속을 하고, 밤에 서울교구청을 조심조심 찾아가 만나뵈었다. 내 부탁은 내 아내를 추기경님 보호 아래 성모병원에 입원시키고 추기경님께서 좀 돌봐달라는 것이었다. 추기경님은 그 부탁을 받아들이셨다. 고맙다는 인사와 함께 나는 또 그곳을 떠나 조심조심 모래내로 돌아왔다.

모래내

모래내는 영화판의 내 친구 고 김원두의 집이었다. 나는 원두와 한 방에 앉아 조용히 술을 마시며 옆방에서 눈먼 그의 동생 고 김윤두가 부는 하모니카 소리나 그애가 켜는 기타소리를 듣고 있었다. 이상한 것은 원두의 처가 윤두를 마치 자기 애인이나 되는 듯이 거두고 돌봐주는 정경이었다. 원두의 처는 그 얼굴모습마저 윤두를 닮아가고 있었다. 조금 병적이었다.

연민! 그것은 참으로 무서운 힘을 가지고 있었다. 그 연민은 시도 때도 없었다. 한밤중이건 꼭두새벽이건 윤두가 나직이 발음하는 "형수" 한마디에 벌떡 깨어 일어나 윤두의 침대곁으로 달려가는 것이다.

원두도 이상했다. 원두는 그러는 두 사람 모두를 때로는 눈물을 뚝뚝 흘리며 연민했다. 그리고 원두의 딸아이. 그 아이도 조금은 병적이었다. 엄마와 삼촌을 똑같이 불쌍해 했으니까. 나는 이상한 그집 분위기에 질려 빨리 다른 곳으로 옮기고 싶어했다.

마침 기회가 왔다. 고 이만희李晩熙 감독이 수십 명의 뒷 스태프를 그리고 문정숙文貞淑·남궁원南宮遠 두 스타와 젊은 남녀주인공 배우 등을 데리고 전남 흑산의 홍도로 야외촬영을 떠나는데, 거기 원두와 내가 조연출로 붙어가기로 결정된 것이었다.

영화 '청녀靑女'의 전원이 먼저 목포로 떠나고 이감독과 원두와 나 세 사람은 그 뒤를 따라 기차로 목포까지 가는 길이었다. 기차에서 셋이 술을 마시고 마구 떠들어대며 거의 세 편의 시나리오를 말로 완성했다. 그중 한 가지 시나리오의 몇 신이 기억에 남는다.

겨울의 설악을 배경으로 한 영화인데, 경찰에 쫓긴 주인공이 달아나다 얼어붙은 폭포 앞에 문득 막혀 서서 이를 깨물며 가지고 있던 소총으로 폭포를 터뜨리는 장면이다. 폭포가 터지면서 천지사방에 물덩어리들이 덮칠 때 그 파노라마 속에 묻혀 흩어지며 경찰과 함께 와 있던 제 애인을 향해 열쇠와 같은 마지막 한 마디.

"그집은 빈 집이었어. 토방에 식칼 하나만 떨어져 있고는 텅 빈 빈 집이었어. 빈 집이었어…."

에코, 에코. 그러고는 빙긋 미소 한 번. 내설악 산장의 실제인물인 한 산잽이를 모델로 한 것이었다.

그때 이감독과 원두는 나에게 운동이니 뭐니 그만두고 함께 영화를 하자고 청했고, 바로 그것은 내가 내심 바라던 바였다. 나는 그때 영화판에 들어가 몸을 숨기고 일하면서 조영래 아우와 원주 장선생과만 연락하며 배후에서 일하다 어떤 단계에서 붙잡히면 그런 대로 대응하고 안 붙잡히면 또 그대로 새 차원에서 응전할 작정이었다.

그리고 첫 번째의 경우, 필요하다면 내가 스스로 나아가 구속될 수도 있음을 이미 각오하고 있었다. 좌우간 그때의 수배 정도로는 첫 단계로서 만족스럽지 못했고 민청학련의 전조직이 가동된 것도 아니었다.

그런데 그뒤 얼마 안돼 민청학련 배후에 인혁당人革黨 조직이 있는 것같다는 발표가 나오면서 나는 나의 조기복귀와 조기구속이 불가피하고, 헌병사령부나 보안사령부 등에 의한 초기단계의 살벌함만 잠깐 지나서는 구속되어서 선線을 바로 세워놓아야 한다는 사실을 절감하고 있었다.

홍도

목포의 사촌누이 집에 들렀던 게 화근이었다. 아니, 화근이라기보다 별로 두려워하지도 않았으니 반쯤은 이미 화를 자초한 셈이었다. 마음 약한 매형이 혹시 자기 가족에게 화가 미칠까 걱정해서 일찌감치 경찰에 신고해버린 것이다. 우리가 대흑산大黑山에 묵지 않고 바로 홍도紅島로 직행한 때였다.

산더미 같은 물결들을 헤치며 큰 바다를 질러갔다. 홍도의 흰 동백숲이 첫 목표였기 때문이다. 흰 동백숲은 꽃들이 이제 막 지기 시작하고 있었다. 노을녘에 검은 돌무더기들과 축축한 검은 흙 위에 떨어져 누운 흰 동백들은 마치 불행한 한 여인의 갖가지 표정의 얼굴들 같고, 또 흰 미륵부처들 같기도 했다. 그리고 기일게, 길게 울리는 뱃고동에 몸을 뒤척이는 한 청년의 갖가지 정감의 상징들 같았다. 노을녘 그 숲속에서 촬영이 시작되자 마자 시詩 한 토막이 문득 떠올랐다.

꽃지는 사월
동백숲 외딴 돌무더기에
너를 묻고 떠난다
길었던 기다림
짧았던 만남

그날 밤 원두는 이 토막시에 곡을 붙여 기타를 동당거리기 시작했고, 눈먼 여주인공 역을 하던 '하나'라는 이름의 젊은 여배우는 너무 슬프다고 조용히 눈물바람을 했다.

영화 '청녀'는 앙드레 지드의 소설 '전원교향악'을 번안·각색한 것이다. 어렸을 적 데려다 기른 눈먼 소녀를 부자가 함께 사랑한다는 삼각 드라마였다. 홍도 뒤편 절벽 위에서 사그라드는 노을 무렵에 먼 곳으로부터 오고 있는 그 집 아들을 기다리는 눈먼 소녀의 슬픔을 그린 그 이튿날 밤, 달도 별도 없는 그 새카만 밤, 술을 사러 잠깐 밖에 나갔다 돌아오던 나는 짐승을 잡기 위해 땅을 파놓고 그 위에 살짝 나뭇가지와 가마니를 덮어놓은 깊은 구덩이에 푹 빠져버렸다.

캄캄했다. 그리고 암담했다. 도무지 혼자서는 기어나올 수 없어 원두를 부르기 시작했다. 꼭 짐승 같았다. 구덩이에 빠지고 덫에 걸린 산짐승과 다를 것이 하나도 없었다. 울부짖음! 원두를 부르는 나의 외침은 거의 짐승의 울부짖음이었다.

나를 아랫목에 눕히고 무릎과 팔꿈치 등에 머큐로크롬을 발라 주던 원두가 큰 눈을 껌벅이며 왈, "너 여기 안 왔으면 죽었다."

촬영이 끝나고 홍도를 떠날 때다. 대흑산 예리에서 그 이튿날 목포로 떠나는 배에 대려고 밤에 홍도를 떠나는데 횃불을 잡고 미끄러운 돌짝지에서 작은 배로 옮겨타려고 펄쩍 뛰다가 갑자기 미끄러지며 앞으로 확 고꾸라져 노를 거는 쇠붙이 위에 가슴을 몹시 찧었다. 끙끙 앓으면서 뱃전에 누워 있는 나에게 횃불이 번뜩번뜩 스쳐 지나는 두 눈을 껌뻑이며 원두가 또 가라사대, "너 여기 안 왔으면 죽었다."

그래. 아마도 헌병대나 보안사에 처음 걸려들었으면 고문에 맞아 죽었을 것이 틀림없었다. 고비를 넘겼으니 이젠 잡혀가도 된다는 것일까.

그날 밤 대흑산 예리 관광여관의 큰 방에 모여앉아 노래들을 부르고 노는데 엉망으로 취한 내가 배우 남궁원 씨에게 시비를 걸기 시작했다고 한다. 얼마나 심하게 시비가 붙었는가 하니 내가 남씨더러, "야 이 똥배우! 그렇게 연기할 바에는 차라리 배우 관둬! 배우라는 게 신비스러운 데가 있어야지, 넌 뭐야, 임마! 그게 얼굴이야? 떡판이지!"

남궁원 씨가 독한 소주를 벌컥벌컥 마시기 시작하고 나는 귀퉁이 방에 가서 고꾸라졌는데, 술에 몹시 취한 남궁원 씨가 악을 악을 쓰며 나를 죽이겠다고 난리를 쳐 문정숙 씨와 이감독이 말려 겨우 안정시켰다고 한다.
 이튿날 아침 눈을 뜨니 나를 내려다보던 원두가 또 그 큰 두 눈을 껌벅이며 왈, "너 정말 여기 안 왔으면 죽었다."
 이말이 끝나자마자 방문이 열리고 웬 사내가 머리를 들이밀었다.
 "실례합니다. 김지하 시인이지요?"
 그는 흑산경찰서의 민경사였다.
 마침내 배가 떠났다. 나는 배 맨 위층에 있는 선장실 쇠창살에 수갑을 나눠 한 손목에 걸고 민경사와 함께 목포까지 그 먼 바다를 내내 술을 마시면서 왔다. 그 선장실에서 처음에는 조금씩, 그리고 차츰 잦아지면서 심한 기침이, 오래 전 가라앉았던 그 천식이 시작되었다.
 혼자 웃었다. 속으로 지껄였다.
 '제기랄! 내가 무슨 체 게바라야, 뭐야? 웃기네!'
 그렇게 나는 내 운명을 웃으면서 왔다. 비극도 희극도 아니었다. 멀리 검은 유달산의 바위끝들이 보이기 시작할 때 그것이야말로 나의 운명이자 숙명이요, 또 그렇게 말하는 게 용납된다면 나의 천명이기도 했다.
 훗날 들으니 바다 위에서 아래쪽 객실에서는 원두가 술에 취해 남궁원 씨에게 마구 퍼부어대며 경찰에 밀고했다고 욕을 욕을……. 아! 그러는 게 아닌데…. 전혀 허물 없는 사람이 욕을 봤구나. 그러는 게 아니었는데…….

부두에서
 배가 부두에 닿고, 내리기 위해 수갑을 차고 갑판으로 나오니 이감독이 브리지를 잡고 고개를 숙인 채 오열하고 있었다.
 그 뒷모습에 꾸벅 절하며, "형님, 죄송합니다. 안녕히 계십시오."
 그런데 그곁에 서 있던 문정숙 씨가 손을 내밀어 악수를 청했다. 꼭 어디서 본 듯한 느낌이었다. 그 무렵의 그 흔한 독립운동 영화에서 일제에 끌려가는 투사에 대한 한 여인의 전별의 신 같았다. 배우는 역시 배우였다. 아주 숙연한 분위기였으니까. 원두와 제작진 및 아는 스태프들과 작별하고 부두로 올라서는데, 그곳에 몰려섰던 군중들 속에서 여러 소리가 쏟아졌다.

"옴메, 못 보던 얼굴인디…."

"신인배우랑게! 신인이여!"

"먼 배우가 저렇게 꾀죄죄하다냐?"

"독립투사여! 독립투사!"

웃을 수도 울 수도 없었다. 잘난 체하고 미소를 보낼 수도, 그렇다고 잘못한 체하고 고개를 숙일 수도 없었다. 어물쩡해서 속히 빠져나와 대기하고 있던 경찰차를 타고 목포경찰서로 향했다.

떠오르기 시작한 아버지의 영상! 그리고 그 숱한 민중들의 이미지! 아, 나는 혹시 잘못 가고 있는 것은 아닌가. 영웅주의는 아닌가. 잘 가고 있는 것인가. 기침, 끊임없이 기침이 터져나왔다.

목포서 정보과장은 흐뭇이 웃으며, "귀향을 축하합니다. 그 수갑 좀 얼른 끌르랑게!"

가까스로 미소짓는 나에게, "어디 잘 아시는 음식점 있는가요? 우리가 밥 한끼는 대접해야 예의인께잉."

"상해식당 자장면이오."

정보과장은 또 흐뭇이 웃으며, "입맛은 변함없지라우, 잉."

그렇게 심한 기침 속에서 자장면 한 그릇을 마저 다 못 먹고 출발하여 그 무렵에 운행되기 시작한 고속버스를 탔다. 호송하는 두 사람의 경관은 권총을 찼고 내 손의 수갑은 소매 속으로 감추어졌다. 그 경관이 호의를 베풀어 서비스했다. 고향의 인사였다.

그날 신문이었다. 신문에는 수십 명의 민청 지도부와 인혁당 관계자들의 얼굴이 계보를 만들어 나와 있었다. 그중에 얼른 눈에 띄는 게 조영래 아우의 얼굴이었다. 아아! 만사 다 끝났다!

그 순간부터 깊은 잠에 빠져들었다. 깊고 깊은 지옥의 잠! 눈을 떴을 때는 서울이었다. 나는 그날로 정보부 6국으로 들어갔다.

제6국

1975년 2월 17일자 〈동아일보〉 지상의 글 '고행苦行 … 1974' 그러니까 민청학련 사건에 연루되어 구속되고 사형선고, 무기감형되었다 10여 개월 만에 석방된 직후, 기고한 이글은 제6국에서의 체험을 이렇게 표현하고 있다.

정보부 6국의 저 기이한 빛깔의 방들, 악몽에서 막 깨어나 눈부신 흰 벽을 바라봤을 때의 그 기이한 느낌을 언제나 느끼고 있도록 만드는 저 음산하고 무뚝뚝한 빛깔의 방들. 그 어떤 감미로운 추억도, 빛 밝은 희망도 불가능하게 만드는 그 무서운 빛깔의 방들. 아득한 옛날 잔혹한 고문에 의해 입을 벌리고 죽은 메마른 시체가 그대로 벽에 걸린 채 수백 년을 부패해가고 있는 듯한 환각을 일으켜주는 그 소름끼치는 빛깔의 방들. 낮인지 밤인지를 분간할 수 없는, 언제나 흐린 전등이 켜져 있는, 똑같은 크기로 된, 아무 장식도 없는 그 네모난 방들. 그 방들 속에 갇힌 채 우리는 열흘, 보름 그리고 한 달 동안을 내내 매순간 순간마다 끝없이 몸부림치며 생사를 결단하고 있었다.

못 돌아가리
한번 딛어 여기 잠들면
육신 깊이 내린 잠
저 잠의 하얀 방 저 밑 모를 어지러움

못 돌아가리
일어섰다도
벽 위의 붉은 피 옛 비명들처럼
소스라쳐 소스라쳐 일어섰다도 한번

잠들고 나면 끝끝내
아아 거친 길
나그네로 두 번 다시는

굽 높은 발자욱 소리 밤새워
천장 위를 거니는 곳
보이지 않는 얼굴들 손들 몸짓들
소리쳐 웃어대는 저 방
저 하얀 방 저 밑 모를 어지러움

뽑혀 나가는 손톱의 아픔으로 눈을 홉뜨고
찢어지는 살덩이로나 외쳐 행여는
여윈 넋 홀로 살아
길 위에 설까

덧없이
덧없이 스러져 간 벗들
잠들어 수치에 덮여 잠들어서 덧없이
매질 아래 발길 아래 비웃음 아래 덧없이
스러져 간 벗들
한때는 미소짓던
한때는 울부짖던
좋았던 벗들

아아 못 돌아가리 못 돌아가리
저 방에 잠이 들면
시퍼렇게 시퍼렇게
미쳐 몸부림치지 않으면 다시는

바람부는 거친 길
내 형제와
나그네로 두 번 다시는.

'불귀不歸'라는 시다.

그 방들 속에서의 매순간 순간들은 한마디로 죽음이었다. 죽음과의 대면! 죽음과의 싸움! 그것을 이겨 끝끝내 투사의 내적 자유로 돌아가느냐, 아니면 굴복하여 수치에 덮여 덧없이 스러져가느냐? 1974년은 한마디로 죽음이었고 우리들 사건 전체의 이름은 이 죽음과의 싸움이었다.

죽음을 스스로 선택함으로써 비로소 죽음을 이겨내는 촛불신비의 고행, 바로 그것이 우리의 일이었다. 이 죽음의 방, 이 죽음과의 대면의 방 속에서 나는 내 아들의 탄생을 알았다. 아아, 신이여! 당신의 뜻을 이제야 비로소 알겠나이다.

잠을 재우지 않는 그 흰빛 방에서, 끝없는 기침 속에서 침묵, 거부, 침묵, 거부의 닷새가 지난 뒤 나병식이 조영래로부터 돈 받은 것을 고백한 것과 조영래가 체포되지 않은 것을 드디어 알아채고, 그러나 그 무엇보다 민청학련의 상부선인 이철·유인태에게 2천여 원의 교통비를 준 대구 경북대학교 정심회正心會의 여정남呂正男이요, 여정남은 하재완河在玩 등 인혁당의 한 멤버로 민청학련의 진보세력이 반국가단체인 인혁당인 것으로 조작되고 있음을 닷새 만에 알아채고, 엿새째 되는 날 새벽부터 나는 상부의 지학순 주교로부터 받은 120만 원을 유신철폐를 목적으로 한 시위자금으로 받아 하부의 조영래에게 전달했고, 그 자금은 조영래로부터 삼민三民 테제와 함께 민청학련 지도부에 전달된 것으로 안다는 진술을 하기 시작했다. 처음 취조를 시작했을 때의 '민중의 소리' 집필 여부 따위는 다 날아가버렸다.

수사 전체가 뒤집혔다. 나는 온몸의 감각으로 그것을 일일이 파악하고 있었다. 6국장 이용택李龍澤은 취조관을 통해 지주교의 자금액수를 삭감하자고 제의해왔다. 나는 코웃음으로 받아넘겼다. 사건과 진실을 빼고 나면 당신들이 나를 괴롭힐 이유, 내가 당신들에게 조사받을 까닭이 하등 없다고 대답했다. 세 차례나 그 일은 반복되었다. 심지어 지주교에게 신세지면서 너무 하지 않느냐는 따위의 너절한 타령까지 나왔다.

그러나 나는 못을 딱 박아버리고 말았다. 당신들 정 이러면 변호사를 통해 돈 깎자고 흥정한 내역을 모조리 공개하겠다고 으름장을 놓았다.

드디어 상부선, 주도선이 바뀌었다. 120만 원의 지주교가 주도선이고, 30여만 원의 윤보선 전대통령과 박형규 목사님이 부주도선副主導線으로, 인혁당은 중간과정에 개입한 것으로 바뀌었다. 심지어 최소한도의 통일전선 구축혐의조차 성립시키지 못한 6국의 완전 실패작이었다. 가슴아픈 일이지만 복수는 인혁당에게 행해졌고, 이것이 가슴아파 나는 다시금 글을 쓰고 입을 열다 재구속되어 7년을 장기수형하게 된다.

나는 잠을 잘 수 있었고, 곁에 배석한 헌병의 군홧발에서 비로소 벗어날 수 있었다. 끊임없는 기침, 기침 속에서 내 첫아들 원보圓普의 탄생도 알았다. 나는 내가 왜 죽음을 각오했는지, 그 이상한 까닭을 알 듯했다. 그것은 죽어갈 때가 되면 유난히 큰 솔방울을 내미는 소나무의 비밀이었고, 그것은 바로 생명의 신비였다. 생명! 그러나 아직은 생명의 뜻을 확실히는 알 수 없었다.

슬라이딩 태클

구치소로 넘어갔다. 구치소 안으로 비밀전갈이 들어왔다. 지주교님이 입국, 공항에서 연행되었다가 박정희의 특명으로 석방되었으나 며칠 후 200여 명의 원주교구 청년신도들과 함께 상경하여 성모병원에 입원한 뒤 병실에서 내외신 기자회견을 열고 그 자리에서 양심선언을 하셨다고. 그 내용은 유신철폐를 위한 학생시위 자금으로 김지하에게 120여 만 원을 준 것이 사실이며, 자신은 유신철폐를 위해 끝까지 투쟁하겠다고 선언해버리셨다고. 그길로 정보부를 거쳐 서대문구치소로 입감되셨다고.

됐다! 그러나 주교님께는 죄송한 마음이었다. 가까운 교도관들을 통해 그날 밤부터 시작하여 나는 이른바 '슬라이딩 태클' 전술을 전구치소 전사방에 속속들이 알리도록 신신당부했다.

혐의사실 전부를 시인하고 조직관계를 모두 다 불어버려라. 현정부의 파렴치성과 10월유신의 반민주성을 당당히 고발하며 접촉범위를 최대한 확대진술함으로써 피해범위를 거듭 확대하라! 피해자들은 이후 전원이 반유신 활동가로 변모할 것인즉 인간적 죄스러움을 떨쳐버려라! 등이다.

지금도 가끔 회고하며 쓴웃음을 짓는 것은 몇몇 아우들의 고답적 태도이다. 전술을 이해하지 못하고 계속 거부만 지속하는 아우들의 '기미를 알아차리지 못하는 그 무병법無兵法 상태' 가 답답했던 기억이 난다.

반대로 다른 그 어떤 역할과 공헌을 다 제쳐놓고도 바로 이 슬라이딩 태클을 파문처럼 순식간에 전역에 확산시킨 민청학련 사건 최대의 공로자를 잊을 수 없다. 아마도 지금쯤은 도리어 이것을 밝히는 쪽이 본인에게 예의가 될 것같다.

전병용. 이 사람, 이 사람의 용기와 헌신, 희생을 잊은 사람이 있다면 그는 민주화운동의 정당성을 훼손하는 사람이 될 것이다. 그이의 미래에 밝은 빛이 쏟아지기를!

그 결과 소환, 연행, 구금, 피해의 범위가 수천 명에 달하고 단 한 대의 뺨이라도 맞았던 사람은 실제에 있어 모두 반유신反維新 분자로 변모하여 민청학련사건을 분기점으로 국내의 반유신투쟁이 대중운동으로 전환하고, 국내외 각계각층의 효력있는 전선을 결성하게 되었으니 훗날의 민주회복국민회의 등은 다 이같은 대중성과 전선당적 성격을 반영한 것들이었다.

그 모든 전변轉變이 민청학련 전술의 '슬라이딩 태클' 에서 비롯되었고, 박정희는 확실하게 패배를 인정했으니 이미 기왕에 선포한 유신헌법을 다시금 조작적 국민투표에 부치는 코미디를 연출할 수밖에 없는 수동성(passive)에 빠져든 것이었다.

그러나 이 역시 '솔라 페시브' (solar passive)였으니 햇빛의 이동에 따라 대세의 방향을 따라 기획하는 것. 바로 이미 그런 모습으로 되어가고 있었으니 꼭 나와 우리의 공로라고만 할 수는 없는 일이었다.

그러나 여하튼 두 사람의 공로는 막대했으니 어찌하랴! 이로 인해 우리의 보석인 지주교님이 당뇨를 얻으시어 결국 돌아가시게 되고, 우리의 진주였던 조영래 아우가 장장 7년간의 피신생활로 고초를 당하게 되었으니 오늘날에 와 되돌아보건대 그 또한 다름 아닌, "헛되고 헛되고 또한 헛되도다"라고 말할 수밖에 없음을 통감한다.

슬라이딩 태클! 그러나 그 지렛목인 지학순 주교님과 조영래 아우가 없었다면 그 전술은 결코 성공할 수 없었던 것이다.

솔라 페시브! 그렇다. 이 역시 겸허할 수밖에 없는 일이다.

인혁당

1975년 2월 〈동아일보〉에 발표된 '고행… 1974'에는 다음과 같이 써 있다.

어둠 속에서
누가 나를 부른다
건너편 옥사 철창 너머에 녹슨
시뻘건 어둠
어둠 속에 웅크린 부릅뜬 두 눈
아 저 침묵이 부른다
가래 끓는 숨소리가 나를 부른다
잿빛 하늘 나직이 비 뿌리는 날
지붕 위 비둘기 울음에 몇 번이고 끊기며
몇 번이고 몇 번이고
열쇠소리 나팔소리 발자국소리에 끊기며
끝없이 부른다
철창에 걸린 피 묻은
낡은 속옷이, 숱한 밤 지하실의
몸부림치던 하얀 넋
찢어진 육신의 모든 외침이

고개를 저어
아아 고개를 저어
저 잔잔한 침묵이 나를 부른다
내 피를 부른다
거절하라고
잿빛하늘 나직이 비 뿌리는 날
저 시뻘건 시뻘건 육신의 어둠 속에서
부릅뜬 저 두 눈이.

잿빛 하늘 나직이 비 뿌리는 어느 날 누군가 가래 끓는 목소리가 내 이름을 부르더군요. 나는 뺑끼통(감방 속의 변소)으로 들어가 창에 붙어서서 나를 부르는 사람이 누구냐고 큰 소리로 물었죠. 목소리는 대답하더군요.
"하재완입니더."
"하재완이 누굽니까" 하고 나는 물었죠.
"인혁당입니더" 하고 목소리는 대답하더군요.
"아항, 그래요!"
4상 15방에 있던 나와 4하 17방에 있던 하재완 씨 사이의 '통방' 通房(재소자들이 창을 통해 서로 큰소리로 교도관 몰래 대화하는 짓)이 시작되었죠. "인혁당 그것 진짜입니까" 하고 나는 물었죠. "물론 가짜입니더" 하고 하씨는 대답하더군요. "그런데 왜 거기 갇혀 계슈" 하고 나는 물었죠. "고문 때문이지러" 하고 하씨는 대답하더군요. "고문을 많이 당했습니까" 하고 나는 물었죠. "말 마이소! 창자가 다 빠져나와버리고 부서져버리고 엉망진창입니더" 하고 하씨는 대답하더군요. "저런 쯧쯧" 하고 내가 혀를 차는데, "즈그들도 나보고 정치문제니께로 쬐끔만 참아달라고 합디더" 하고 하씨는 덧붙이더군요.
"아항, 그래요!"
그 뒤 7월 언젠가 '진찰'(구치소내의 의무과 의사가 재소자들을 감방에서 꺼내어 줄줄이 관구실 앞에 앉혀놓고 진찰하는 일과) 받으러 나가 차례를 기다리며 쭈그리고 앉았는데, 근처 딴 줄에 앉아 있던 키가 작고 양 다리 사이가 벌어지고, 약간 고수머리에 얼굴에 칼자국이 나 있고, 왕년에 주먹깨나 썼을 것같은 사람이 나를 툭 치며 "김지하 씨지예" 하고 묻더군요. "그렇소만 댁은 뉘시유" 하고 내가 묻자, 그 사람은 "지가 하재완입니더" 하고 오른손 엄지로 자기 가슴을 가리키지 않겠어요.

"아항, 그래요!"

이렇게 해서 잠깐 만난 실물 하재완 씨는 지난번 통방때와 똑같은 내용의 얘기를 교도관 눈치 열심히 보아가며 낮고 빠른 소리로 내게 말해주더군요.

마치 지옥에서 백년지기를 만난 듯 내 어깨를 꽉 끌어안고. 그러나 내 귀에는 마치 한이 맺힌 귀곡성鬼哭聲처럼 무시무시하게 들리는 그 가래 끓는 숨소리와 함께 열심히, 열심히.

또 그 무렵 어느날인가 출정하다 한 사람이 나에게 "김지하씨지요" 하고 묻더군요. "네, 그렇습니다만…" 하고 대답하자 "나 이수병이오" 하고 말합디다.

"아하, 그 '만적론'을 쓰신 이수병 씨요?"

"네."

"어떻게 된 겁입니까."

"정말 창피하군요. 이거 아무 일도 나라 위해 해보지도 못한 채 이리 끌려들어와 슬기로운 학생운동 똥칠하는 데 어거지 부역이나 하고 있으니…. 정말 미안합니다."

"아항, 그래요!"

나는 법정에서 경북대학교 학생 이강철의 그 또릿또릿한 목소리로 분명하게 "나는 인혁당의 '인' 자도 들어보지 못했는데 그것을 잘 아는 것으로 시인하지 않는다고 검사 입회하에 전기고문을 수 차례나 받았습니다"라는 말을 듣고 소위 인혁당이라는 것이 조작극이며 고문으로 이루어지는 저들의 전가비도傳家秘刀의 결과였다는 것을 확인할 수 있었죠.

그뒤 어느날, 나는 감방벽에 기대 앉았어요. 한없는 괴로움에 시달리고 있었어요. 끝없는 분노에 몸을 떨고 있었어요.

내 피를 부른다
거절하라고
그 어떤 거짓도 거절하라고.

거절하라고? 그래요. 거절이죠. 어둠 속에 감추어진 진실을 빛 속에 드러내라고? 거짓을 거절하라고? 그래요. 힐덜린의 시에 있어서의 그 빛의 수수께끼. 그것은 바로 이 거절이었어요. 정말 그래요.

군사재판

별들이 앉아 구형과 판결을 내리고 있었다. '고행… 1974'에는 다음과 같은 구절이 보인다.

사형이 구형되었다. 내 뒷자리의 서경석이 한마디 했다.
"웃기네." 나도 웃었다. 김병곤의 최후진술이 시작되었다. 그 첫마디가, "영광입니다!" 아아, 이게 무슨 말인가. 이게 무슨 말인가. '영광입니다!'
사형을 구형받자 마자 '영광입니다'가 도대체 무슨 말인가. 나는 엄청난 충격 속에 휘말려들기 시작했다. 이게 도무지 무슨 말인가. 분명히 사형은 죽인다는 말이다. 죽인다는데, 죽는다는데, 목숨이 끝난다는데, 일체의 것이 종말이라는데, 꽃도 바람도 눈매 서글한 작은 연인도, 어여쁜 놀 가득히 타는 저 산마을의 푸르스름한 저녁 연기의 아름다움도, 늙으신 어머니의 주름살 많은 저 인자한 얼굴 모습도, 흙에 거칠어진 아버지의 저 마디 굵은 두 손의 훈훈함도, 일체가, 모든 것이 갑자기 자취 없이 사라져 버린다는데, 그런데 '영광입니다.'
성자聖者의 말이다, 그것은. 우리가 성자인가. 사형을 집행하지는 못할 것이라고 생각하고 비꼬는 말이다, 그것은. 무슨 일이든 저지를 수 있는 저들의 그 독살스러움을 잘 알고 있는 우리가 다만 집행하지는 못하리라고 생각하여 여유있게 비꼬고 있을 그런 처지인가. 아니다.
　그러면 무슨 말인가. 그렇다. 확실히 그렇다. 우리는 드디어 죽음을 이긴 것이다.

　그 지옥의 나날, 피투성이로 몸부림치며 순간순간을 내내 죽음과 싸워 드디어 그것의 공포를 이겨내버린 것이다. 경석이 한 사람, 병곤이 한 사람, 또 나 한 사람이 이긴 것이 아니라 우리 모두가 집단적으로 이긴 것이다. 이기고 나아가 그 죽음 위에 한없이 거룩한 성총의 봉인을 씌운 것이다.
　죽음을 받아들임으로써 죽음을 이겼고, 죽음을 스스로 선택함으로써 우리들, 이 집단의 영생을 얻은 것이다. 우리는 우리들 이 집단의 사슬에 묶인 가슴 속에서 비로소 타오르기 시작하는 참된 삶의 저 휘황한 불꽃을 감격에 차서 바라보고 있었다. 역사적인 순간이었다. 아니 역사적인 것만이 아니다. 종교적인 천상의 예감이었다. 아니, 종교적인 것만도 아니다. 예술적인 감동의 극치이기도 하였다. 그렇다. 그 순간은 무어라고 차마 이름 붙일 수조차 없는, 모든 인간적인 가치와 모든 고상한 것들이 통일되는 빛나는 절정이었다.
　그때 어떤 이상한 영감에 접하고 있는 듯한 느낌이 일어났다. 그리고 언뜻 단 한 마디, '정치적 상상력'이라는 어휘가 내 머리와, 이상스럽게도 그와 동시에 바로 내 가슴 속에 불에 달군 시뻘건 낙인처럼 아프게 아프게, 깊이 깊이 아로새겨지고 있음을 느꼈다.
　그렇다. '정치적 상상력!' 탁월한 의미에서의 정치와 예술의 통일. 어줍잖은 절충이 전혀 아니다. 통일! 바로 그것이다.
　나는 드디어 그처럼 오랜 세월 나를 괴롭혀온 나의 민중적 운동, 정치행동과 예술적 창조 사이의 저 미칠 것만 같던 간극을 일시에 극복해버리고만 것이다. 숙제해결의 결정적 해답을 선사받은 것이다. 엄청난, 엄청난 순간이었다. 나는 그때 혼잣소리로 중얼거렸다.
　'감사하나이다.'
　그리고 또한 말할 수 없이 '영광입니다.'

물론 지금에 와 다시 생각해보면 과장되어 있다. 그러나 '정치적 상상력'은 새로운 문화와 상상력(유희)을 통해 전혀 새로운 정치(도덕)와 경제(자연)를 찾아야 하는 전인류의 요청이기도 한 것이다.

정치적 상상력! 이미 그것은 6·8혁명 때, 또는 마르코스의 멕시코 농민혁명을 통해서마저 신선한 빛으로 빛나기 시작했다. 그러면 과연 그것은 무엇일까? 알 수 없다. 이제부터 우리가 특히 젊은이들이 찾아 헤매야 하는 것 아닐까? '호혜시장'이라는 신사나 '전원일치제 민주주의'라는 화백 안에 그 새로움이 숨어 있는 것은 아닐까?

통방

감방의 뒤편 변기 바깥쪽 창문으로 다른 감방의 벗들과 소통하는 것이 통방이다. 감방에서의 유일한 낙은 면회, 즉 접견과 통방일 터이다. 아직 선고가 나오지 않았을 때, 왼쪽으로 한 방 건너 지금은 목사님이 된 서울대 법대의 김경남 아우, 그곁에 기독교사회운동의 맹장 황인성 아우, 오른쪽으로 한 방 건너 한때 지하철노조위원장을 하다 지금은 녹색교통을 시작한 정윤광 아우, 그곁에 지금 국회의원인 장영달 아우, 아래층 왼쪽으로 두 방 건너 지금 〈조선일보〉 주필인 유근일 선배, 오른쪽으로 두 방 건너 인혁당 하재완 씨 등이 살고 있어 좋은 통방이웃을 이루었으니 매일같이 통방, 통방, 통방이었다.

혹간 가다 구치소 간부에게라도 걸리면 다시는 안하겠다고 약속한 뒤 돌아서자 마자 그일을 가지고 또 통방! 그렇다. 통방으로 해가 떠서 통방으로 해가 지는 통방징역이었다. 통방! 그것은 유신시절의 매스컴이었던 '유비통신' 流蜚通信(유언비어를 그렇게 불렀다)처럼 우리의 '서대문통신'이었다. 각자의 집안소식, 친구소식에서부터 정세분석과 철학강좌까지 별의별 섹션이 다 갖추어진 거의 완벽한 매스컴이었으니 누가 이것을 녹음이라도 했다가 풀어 CD로 내거나 출판했다면 틀림없는 떼돈감이었다.

그러나 그 통방도 사형을 선고받자 마자 그날로 잡범들과 합방시켜버려 자취를 감췄다. 1.75평의 좁은 공간, 더운 초여름 날씨에 8명씩 들어앉아 있자니 그보다 더한 지옥은 없는 성싶었다.

　내 생전 '생태학적 필요공간'이라는 말을 처음 실감했을 때다. 사람과 사람 사이가 전선줄에 늘어앉은 참새와 참새 사이보다 더 좁아서 맨살이라도 살짝 닿는 날이면 "개새끼! 소새끼!" 하며 말싸움이 벌어지기 일쑤고, 서로 눈길이 마주치기라도 하는 날이면 "씹할 놈아! 뼉할 놈아!" 하고 대판 주먹질이 오가기 십상이었다.

　나는 어엿한 감방장으로서 치국평천하治國平天下의 책임을 져야 했다. 참으로 궁리에 궁리를 거듭하다 하도 안 풀려 천하태평의 도를 공모했다. 세 사람 입에서 한 마디가 동시에 터져나왔다. "강아지!"

　그렇다. 강아지만이 태평의 도였다. 강아지란 담배의 은어이다. 나는 그 날로 청소담당 기결수와 담배거래를 시작했다. 내 영치금에서 그 값을 빼내가는 순 왕도둑 장사, 엄청나게 비싼 장사였다. 그러나 강아지가 한 모금씩 돌고 나면 8명의 나팔들이 일시에 빙긋이 미소지으며 눈을 게슴츠레하니 뜨고 일대 평화와 정적의 낙원으로 들어갔던 것이니, 범법임을 뻔히 알면서도 강아지 거래를 끊을 수 없었다.

　그러다 한번은 간부에게 걸려 보안과까지 가서 시말서를 썼다. 그러나 돌아오자 마자 계속되었으니 아아! 평화란 얼마나 값지고 고귀한 것인가! 체호프의 '담배의 해독에 관하여'를 압도하는 '담배의 미덕에 관하여'를 언젠가는 집필하리라는 꿈마저 꿀 정도였다.

　그러는 중에도 외부에 메시지를 내보낸 것이 도움이 되었는지는 모르겠으나 〈동아일보〉 기자들이 이부영李富榮 형을 중심으로 자유실천선언을 하여 사내에 상주하는 정보부원을 내쫓는 데 힘을 모으고, 신문편집에 관한 간섭을 배제하는 등 자유언론 운동을 벌이기 시작하여 다른 신문에까지 번질 기세요, 야당이 국회에서 한판 떠들썩하게 벌이는 등 정국의 조짐이 심상치 않았고, 그 무엇보다 가톨릭이 지속적으로 구국미사를 올리며 정의구현전국사제단이라는 암흑 속의 횃불이 타오르는 등 그야말로 야단법석, 기독교와 일반 지식인들 그리고 대학생들이 대거 궐기하기 시작하였다.

　그러나 그 무엇보다 충격적인 것은 일본과 미국 여론의 악화였으니, 미국의회는 사형 등 중형과 반민주 행태에 항의하여 한국에 대한 군사원조 중단 논의에까지 반反박정희 바람이 불어대고, 일본에서는 좌익과 중도계는 물론 우익단체까지 반박反朴운동을 서슴지 않았다.

유럽에서도 정도의 차이가 있을 뿐 같은 정세가 반복되었고, 유학생들의 반박활동은 유명한 것이었다.

거기에다 8·15기념식 때는 재일교포 문세광文世光이 박정희를 저격하다 실패하고 부인 육영수 여사만 죽었다. 온 나라가 장례를 치르느라 시끄러웠다. 박정희는 그야말로 사면초가였다. 이럴 때를 일러 수즉부족守則不足, 공즉유여攻則有餘 하는 것이니 우리가 되레 공세를 틀어줘게 된 것이다.

나는 느긋한 마음으로 책을 읽다가도 문득문득 지주교님의 영상이 떠올라 괴로워하기도 했다. 한번은 복도에서 뵈었는데 '푸른 옷'을 입고, 양손 열 손가락에 검은 칠을 한 채 지장, 즉 '피아노'를 치고 계셨다. 눈이 서로 마주쳤는데 주교님은 싱긋 웃었다.

그때 나는 처음으로 푸른 옷을 입은 사제의 모습을 보았다. 뒷날 함세웅咸世雄 신부님과 문정현文正鉉 신부님을 푸른 옷의 모습으로 뵌 적이 있지만, 아마 이 세상에서 가장 고귀한 사제의 모습은 죄인의 수의를 입은 성직자의 고통받는 그것일 듯 짜릿한 감동을 느낀 적이 있다.

우리는 한 번 단식파동을 겪은 적이 있으나 나는 만류하였으니, 이기는 싸움을 하는 사람답게 고요할 것, 겸손할 것, 그리고 모두 항소를 포기하고 징역 살러 갈 것. 불과 몇 개월 안에 상황은 끝날 것이라는 연락을 몇 군데 보내며 곁으로 전하라고 일렀다. 불과 1주일 만에 인혁당 외에는 사형은 무기로, 무기는 20년 등으로 감형되었고, 우리는 곧 집단적인 항소 포기를 하였으며, 이어 형이 확정되자 이감하기 시작했다.

나는 무기징역에 영등포감옥으로 이감이 확정되어 한 날 다른 감옥으로 이감하는 김동길 교수님과 같은 호송차를 탔다.

징역

영등포교도소에서 나의 무기징역이 시작되었다. 머리를 박박 깎았고 맨 처음 먹방에 배방되었다. 먹방이란 글자 그대로 새카만 방이니 밥그릇 들어오는 식구통만 열려 있고, 나머지는 0.78평의 폐쇄된 방, 징벌방이었다.

왜 징벌방인 먹방에 집어넣었을까. 의문이 앞섰으나 나는 일체의 권익투쟁을 포기하기로 했다. 바로 옆방에는 박형규 목사님이 계셨다. 아항! 가장 미움받는 두 사람이로구나! 그런 생각은 했지만 나도 목사님도 아무 말 안 했다. 온종일 식구통만 바라보는 나날이 계속되었다. 식구통만은 늘 열려 있어서 새카만 속에 네모난 하얀 외줄기 빛이 쏟아져 들어오고 있었다.

그 무렵, 하루는 문득 '우주에로 뻗어가는 외줄기 하얀 길, 나의 운명'이라는 말이 떠오르고 10여 년 전 4월혁명 직후 한밤중 수원농대 앞길에서 체험한 그 끝없는 흰 길의 환영이 다시금 떠올랐다.

그것이 무엇을 의미하는지 나는 알 수 없었다. 그러나 그것이 무언가 나의 피할 수 없는 운명에 직결되는 것임에는 틀림없는 것같았다. 그후 천주교 교리방에서 자고 제본공장에서 징역을 살 때 그 흔해빠진 종이로 스스로 만든 수첩에 그 환영을 그대로 써놓은 것, 나중에 문제가 되어 7년간 수형생활을 하게 만든 두 권의 수첩 속에 바로 그 흰 길의 운명이 그대로 있다. 뒷날 서대문감옥에서 참선하던 중에도 보았고, 또 훗날 그 훗날에 '흰 그늘'의 체험에서도 되풀이된 이상한 환상이었다.

나머지 일들은 모두 그렇고 그렇다. 다만 교리방에서 잘 때 내 바로 곁에 김원영이라는 독특한 아이가 나를 형님! 형님! 하고 따랐다. 베트남에서의 양민학살범이었다. 나를 형님으로 모시고 싶다고 했다. 우울한, 그러나 가슴에 한이 깊은 주먹 출신이었다.

나는 그 무렵 처음으로 가족접견이 허락되었다. 아내는 초췌한 모습이었다. 말이 없는 대신 속으로 심한 고통을 받고 있음이 역력했다.

그러나, 아기! 우리 아기! 재판때 잠든 모습을 한 번 보고 두 번째가 바로 영등포감옥에서의 접견때였다. 이번에는 눈을 뜨고 있었는데, 한마디로 표현하라면 '묘하다'였다. 물론 어느 애비치고 첫아들을 특별하게 생겼다고 생각하지 않는 이 없겠으나 이 아이는 특별하게 생긴 것같았다. 허허허, 불출不出이 따로 없구먼!

생각해보니 죽어가는 소나무에 솔방울이, 그것도 크고 덩실한 솔방울이 많이 달리는 이치였다. 나는 죽어가고 있었을까. 그럴지도 몰랐다. 아마 그때쯤, 그리고 조금 지나 국민투표를 할 때쯤, 민주회복국민회의가 태동할 무렵쯤은, 그리고 김재규 정보부장의 시해사건 직전에나 김대중씨 등을 포함한 총살대상 1천여 명의 리스트까지 작성한 것 등 박정희가 나를 죽일 생각을 한 자취가 분명한 것을 보면……. 그럴지도 몰랐다.

좌우간 나는 상당히 평안한 마음으로 징역을 살았다. 죽은 듯이 고요하게……. 그때 영등포감옥에는 박형규 목사님, NCC 총무인 김동완 목사님, 미술사학자 유홍준 아우, 연세대 김학민 아우, 중국학자 백영서 아우 등이 있었다. 그리고 긴급조치 1호로 장준하 선생과 함께 구속된 백기완 선생이 살고 있었다.

그러던 중 유신헌법의 가부를 묻는 국민투표가 있었으니 우리는 모두 석방이 머지 않음을 알고 있었다. 매우 추운 어느 겨울날 밤, 우리는 마침내 석방되었다.

석방

인혁당과 이현배·유인태 아우 등을 제외한 전원이 석방되었다. 영등포감옥 문앞에는 거의 모든 내외신이 집결했다. 문을 열고 나오자 마자 여기저기서 플래시가 터지고 가까운 문우들에 의해 나는 갑자기 공중으로 높이 헹가래쳐졌다. 그리고는 끝없는 끝없는 질문의 홍수.

"소감은?"
"느낌은?"
"얼굴이 수척하다. 갑자기 밖으로 나온 느낌은?"
"이제부터는?"
"현정부에 대해서는?"
"앞으로도 유신철폐운동을 계속할 것인가."
"심한 고문을 당했는가."
"이번에 태어난 아들에 대해서는?"

"솔직한 지금 심경은?"

끊임없이 쏟아지는 질문들에 대해 내가 한 대답은 두 세 가지밖에 생각 안난다.

"내가 미쳤든지 세월이 미쳤든지, 둘다 미쳤든지 하여간 알 수 없다. 사형에 무기징역 등을 선고하고 10개월 만에 석방하는 것은 미쳤다고밖에 볼 수 없다. 누구겠는가. 미친 쪽은…."

"이제부터 서서히 어둠 속에 갇혔던 잔혹한 사실들이 모두 터져나올 것이다. 그 터져나오는 순서에 따라 현정권도 서서히 붕괴해가기 시작할 것이다. 서서히!"

김상현 씨가 보였다. 김상현씨 및 내 가족과 함께 천주교 서울교구청으로 김추기경님께 인사갔다. 방에 들어서자 추기경께서 한 잔의 위스키를 주셨다. 그것을 마시니 머리 속과 온 몸이 후끈하게 달아오르며 한결 개운해졌다.

나는 조금 들떠 있었다. 가라앉히지 않으면 실수할 것같았다. 인사를 끝내고 재빨리 정릉에 있는 처가로 돌아갔다. 아내와 아기와 장모님과 아기의 고할매가 모두 잠들었다. 추운 겨울날 영등포감옥 앞에서 진종일 떨며 견뎠으니 지칠 만도 했다. 나는 전등 아래 오도카니 앉아 새벽을 기다리고 있었다.

새벽 네 시. 통금해제 사이렌이 불자 나는 일어나 아직도 캄캄한 거리를 걷기 시작했다. 아득한 곳에서 먼동이 터오는, 그러나 아직은 밤이 가시지 않은 거리에서 보고 싶은 사람이 있었으니, 윤배 형님. 돈암동까지 걸어나가 홍대 앞 극동방송쪽으로 가는 택시를 잡아탔다. 차에 앉아 스쳐가는 밤거리를 내다보며 생각에 잠겼다.

오늘 나는 옥문을 나온 작은, 피묻은 손가락이다. 그 길고 긴, 넋과 육신이 함께 해방되는 그날에의 기다림이 꾀많은 마귀의 간지奸智에 의해 장난질당하고, 그 장난덕으로 옥문 밖에 내동댕이쳐진 잘린 손가락이다. 껍질이다. 넋 잃은 육신일 뿐이다. 내 넋, 그토록 일치된 내 넋은 어디에 있나?

밤거리에는 바람만 분다. 내 넋은 어디에 두고 와 이 빈 밤거리를 내 텅 텅 빈 육신만이 바람에 불려다니나? 아아 아직도 해방되지 않은 나의 벗들, 장腸이 부서지고 빠져나간 채 어둠 속에 두 눈을 부릅뜨고 웅크리고 있는 그 가래 끓는 목소리들, 나의 정다운 '도둑놈들.'

헤어질 때 울던 그 베트남에서의 양민학살범. 나는 바로 그들이었다. 그들이 바로 나였다. 그래! 그렇다. 내 넋은 그 감옥에 두고 왔다. 빈 껍질만이 왔다. 내 넋이 거기서 울고 있다. 통곡하며, 해방시켜 달라고, 다시금 다시금 일치되자고 통일되자고 미친 듯이 내 육신을 부르고 있다. 서로 만나자고 외치고 있다. 내 넋이 나를 오라고 손짓하고 있다. 바람 찬 잿빛거리에 텅 빈 내 육신만 홀로 바람에 이리저리 굴러다닌다.

가자! 내 넋을 찾으러 가자! 가서 옥문을 열고 내 넋을 해방시키자! 해방시켜 울며 부둥켜 안자! 일치하자! 일치하자! 통일하자! 통일하자! 내 넋을 만날 때까지 내 육신은 싸우리라. 그것이 매질 아래 산산조각나 흩어져 저 바람결에 사라져 없어져버릴 때까지.

〈동아일보〉의 '고행… 1974' 의 마지막 부분이다.

사제단

새벽 부우옇게 동이 터올 무렵 극동방송 앞에 있는 댁에서 윤배 형님을 만났다. 정좌하고 앉은 형님 뒤편 벽에 기인 일본도가 한 자루 얹혀 있었다. 삼엄했다. 형님 눈과 생각에 비친 그간의 세상에 대해 알고 싶었다. 형님은 세 가지를 말했다.

첫째는 사제단이었다.

"거, 사제단 말이야! 거 참, 멋있어. 그러나 너무 유럽냄새가 나! 조선 냄새가 날 수 없냐? 민족적 사제단 말이야. 그래야 통일주체도 되지."

둘째는 원주였다.

"앞으로 리영희 선생이 원주 장선생을 만나러 자주 걸음할 텐데 양쪽 입장을 조율할 수 없냐? 국민회의의 실제적인 지도력을 형성할 수 없냐 이

거야!"
 셋째는 이종찬 선배의 군부였다.
 "괜찮아! 믿고 잊어버려! 잊지 않으면 건강에 해로워! 괜찮을 테니 두고 보자고!"
 그리고는 그밖에 가장 걱정되는 것을 말했다.
 "네가 제일 걱정이다. 너를 굉장히 노릴 거야! 이제 너 자유롭지 못할 거다."
 "각오하고 있습니다."
 "오늘이라도 사제단부터 만나라. 그뜻 알겠지?"
 "네."
 내 발은 명동성당의 아침미사를 목표로 가고 있었다. 눈부신 아침, 창으로 흘러드는 햇빛과 조명에 빛나는 새하얀 미사. 그 미사는 만원이었다. 입구쪽에서 뒷전에 서서 바라본 성당 내부는, 그리고 미사는 참으로 숭고하고 장엄했다. 그러나 바로 그때 내 생전 처음으로 시커멓고 불길한 어떤 것이 거룩한 흰 자리 위에 서려 있음을 보았다. 충격이었다. 환영?
 사제단과의 약속을 밤시간으로 정해놓고 나는 걷고 또 걸었다. 시커먼 불길한 것, 흉칙한 것이 새하얀 자리, 그 거룩한 형상 위에 덮여 있었다. 그것! 그것은 여러 가지 함의를 갖고 있었다. 나는 치를 떨었다. 무슨 뜻일까.
 나는 몹시 지쳐 있었다. 그러나 잠들 수 없었고 쉴 수도 없었다. 그 시커멓고 흉칙한 것도 일단 제쳐두었다. 응암동 성당에서 함세웅 신부를 처음 만났다.
 우리는 함께 보신탕집에 가 보신탕을 한 그릇씩 먹고 몇 잔의 소주를 하며 아주 간결하게 중요한 의견만 교환했다. 먼저 토착화. 토착화 노력은 장기적으로 진행될 것이다. 근로대중에 관한 것. 중요하지만 아직은 잘 모르겠다. 민주회복국민회의. 함신부가 대변인이었다. 그런데 아마도 "이제부터는 김시인이 대변인을 맡아줄 수는 없을는지?"
 그날 밤 명동 전진상眞常교육관에서 사제단 신부 10여 명과의 상견례가 있었다. 날짜와 얘기내용들이 헷갈린다. 그날에도 그랬으나 지금까지도 그 시커먼 불길한 어떤 것이 자꾸 개입했고, 지금도 간섭하는 것같아 정확한 기억이 아닌 듯도 하다. 그러나 대충 있었던 일만 요약한다.

그날 밤 그 자리에서 지속적인 반유신 민주화운동은 국민회의를 지도부로 하여 진행할 것. 그 과정에서 농민·노동자·여성·실업자·저소득층과 정치적으로 불만이 있는 중산층의 이익과 견해를 대변하는 여러 기구들을 사제단의 노력으로 교회 안팎에 구성할 것. 그리고 지금부터라도 남북간 화해와 연합을 주도적으로 추진할 수 있는 민족적 주체를 국민회의 안에 성립시킬 것 등을 강조했던 것같다.

그때 그 자리. 기억은 섬세해진다. 두 사람의 신부. 문정현 신부님은 "그렇게 하지, 뭘!"이었고, 정호경 신부님은 "하하하 좋은데……"였다. 그리고 나는 몇 번이고 몇 번이고 감사하다는 인사를 하고 물러나 정릉으로 돌아왔다.

깊이 깊이 잠들었다. 그러나 악몽으로 끊임없는 잠꼬대였다고 한다. 시커먼 그 어떤 것? 내가 가톨릭을 그만두게 된 몇 가지 동기 중의 첫 번째 동기이다. 그러나 이것만은 지주교님께도 얘기하지 않았다. 아마 내 짐작으로는 이 시커먼 불길한 것과 흰 길은 그후 아득한 뒷날 '흰 그늘'에서 그 분열이 통합되는 건 아닐는지….

여론

나는 재판 도중 이철·유인태 부분에서 재일교포 조직위와 일본인 다치가와·하야카와 두 사람의 진술녹음을 들었다. 민청학련의 두 사람에게 결정적으로 불리한 발언을 늘어놓고 있었다. 그때 나는 세 사람의 일본 관계자들에게 몹시 분개해 있었다.

그 분노가 일본언론과의 회견에서 터져나왔다. 쓸데없이 끼어들어 한국 내부문제를 더 어렵게 만들었다고 강하게 비난한 것이다. 아마 일본인들은 상처를 받았던 것같고, 준비중에 있던 다치가와·하야카와 두 사람을 환영하는 하네다 공항에서 긴자까지의 국민행진도 취소되었다. 일본인 친구들의 나에 대한 비난이 연일 쏟아졌다. 나는 거듭되는 일본언론과의 회견에서 그들과 그들을 대하는 일본국민들의 엉터리 영웅숭배를 비판하는 내용을 더욱 더 강화했다.

하루는 요미우리신문의 한국특파원이 찾아왔다. 그 이름이 단도丹藤. 그는 그 무렵 내가 만난 어느 일본인 기자보다 일본적 민족감정에서 자유로운 사람이었다. 그는 일본인 두 사람의 실수와 신의부족을 시인하고 나서, 그럼에도 불구하고 진보적 세계주의자로서의 의무를 수행하려 했던, 유치하나마 가상스러운 행태에 대해 너그럽게 이해해줄 수 없느냐고 부드럽게 말해왔다.

나는 그를 유심히 바라보았다. 그렇다. 내가 바라던 것은 바로 그런 태도였다. 나는 곧 그들의 선한 의도를 인정하고 그들이 캄캄한 지하실에서 겪었을 고통에 대해 한민족을 대표해 사과했다. 그리고 일본국민과 나의 벗들에게 그 두 사람을 따뜻이 맞이해달라고 부탁했다. 요미우리신문 특파원은 웃으며 돌아갔고, 그것으로 일본과 나의 갈등은 끝났다.

훗날 방일중 그를 만났고, 그는 그후 10년 가까이 중국 특파원을 지냈으며, 그가 쓴 중국에 관한 비판적인 책을 선사받았다. 그러나 그는 중국의 부패를 지적하면서도 상승하는 중국의 잠재력을 인정하고, 겉은 화려하나 실제에 있어 가라앉고 있는 일본에 대한 비판을 서슴지 않았다.

우익의 요미우리 신문의 오랜 기자임에도 불구하고. 나는 일본인들의 이런 태도가 좋다. 긍정과 부정, 이것과 저것이 함께 공존하는 살아 있는 사람! 이것이 양심적인 일본지식인의 진짜얼굴이었다.

기독교회관

기독교회관 1층 홀이 가득 차 있었다. 그날 함석헌 선생님을 비롯해 기독교 신자들과 목회자들이 민청학련과 긴급조치 위반 구속자 전원을 초대하고 환영하는 자리였다. 한마디씩 하라는 자리인데, 내가 한 말은 대강 이런 것으로 기억된다.

"그들은 내게 이런 말을 했습니다. '우리는 이미 독을 삼켰다. 소화하면 살고 소화 못하면 우리는 죽는다. 우리가 못할 일은 없다. 그런데 너희들은 뭐냐?' 이말을 잘 생각해보십시오. 잘 생각하면 답변이 나올 것입니다."

그뒤의 기독교회관과 기독교. 그것은 참으로 눈부신 운동과정이었으니 걸음걸음이 그들의 용기있는 사랑과 믿음과 희망으로 빛나는 우리의 현대사다. 나는 말할 수 있다. 그들 기독교인들은 약을 삼켰고 또한 그것을 소화시켰다. 단 하나 그들에 대한 더 큰 희망이 내게 있다면 그것은 초보적인 '원리주의,' 그 '펀디멘털리즘'을 하루빨리 넘어서서 동양 및 한국사상과의 보다 깊고 넓은 화해를 모색하라는 것뿐이다.

자료

양심선언 그후 다른 사건으로 구속되어,

김지하 (시인)

[편집자 주註]
　김지하는 1975년 4월 3일 반공법 위반혐의로 구속 기소되었다. 재판부는 〈동아일보〉에 연재한 '옥중기' 중에 인혁당은 조작되었다는 내용의 글이 북괴의 선전활동에 동조하였다는 것과 '옥중 메모' 가운데 '말뚝' 과 '장일담' 이 공산혁명 사상을 고취하였다고 주장하였다.
　1975년 5월 19일 제1회 공판이 개정되었다. 그러나 김지하는 재판장이 과거 인혁당 문제를 기정사실화하였으므로 공정한 재판을 기대할 수 없다는 이유로 재판부를 기피하였다. 그러나 김지하의 재판부 기피 신청은 기각되고 말았다.
　8월 4일 김지하의 '양심선언' 이 일본가톨릭정의평화위원회에 의해서 발표되었다. 이 양심선언은 제1회 공판에 나왔던 김지하가 돌아가 쓴 것으로 5월 22일 만기 출소하는 사람 편으로 윤형중 신부에게 전달되었고 이것이 다시 시노트 신부에게 전달되어 영어, 불어, 일본어 등 6개국어로 번역되었다.
　이때 '천주교 정의구현 전국사제단에게 보내는 편지' 와 '벗에게 보내는 편지' 도 발표되었다.
　다음은 양심선언의 전문이다.

양심선언

정의와 진리를 사랑하는 모든 이들에게 이글을 보낸다.

참으로 어처구니없는 모략이 지금 나에게 들씌워지고 있다. 박정권의 억압자들은 나를 가톨릭에 침투한 마르크스 레닌주의자로, 민주주의자를 위장한 공산주의 음모가로 몰아 투옥하였다. 이제 곧 나를 교활 음험한 공산주의자로 영원히 그리고 합법적으로 낙인 찍기 위한 재판놀음이 벌어질 것이며, 그 결과 나는 이땅에서 만들어진 그 숱한 관제 공산주의자의 대열에 끼게 될 것이다.

분명히 말해 두거니와, 이것은 나 개인에 대한 모략만이 아니라 우리들의 민주회복운동 전체와 사회정의구현을 위해 투쟁하는 신·구교에 대한 중상모략 소동의 일환이며, 특히 천주교정의구현전국사제단의 활동과 민주회복국민회의 및 일체의 청년학생운동을 용공으로 몰아 암살하려는 대탄압의 예비작업인 것이다.

현재의 내 솔직한 심정으로는 내 자신에게 지난 4년 이래 가해지고 있는 박정권의 이 더러운 상투적 모략에 대하여 한마디 변명도 하고 싶지 아니하며 또 이번 사건에 관한 최소한의 진실도 정보부원들의 "일체의 주장과 변명은 법정에서"라는 말대로 법정에서 밝히려 하였다.

그러나 사건이 나 자신의 근본적인 사상과 사회적 근기를 왜곡, 파괴하고 나아가 민주역량 전체와 내 소속교회 그리고 후배학생들에 대한 막심한 피해로 확대될 수 있는 이 시점에서 양심에 따라 나의 사상과 진실을 명백히 밝히는 것이 역사와 민중에 대한 나의 의무라고 생각한다.

① 내가 공산주의자인가

한마디로 잘라 말해서 지금껏 나는 자신을 공산주의자라고 생각해 본 적이 한 번도 없으며 현재에도 나는 결코 공산주의자가 아니다.

나를 가리켜 공산주의자라고 한 중앙정보부의 발표는 실로 가소로운 것이다. 변호인들로부터 듣건대, 그들은 정보부 5국 지하실에서 쓴 나의 이른바 자필진술서란 것을 온 세상에 공포하고 마치 그것이 내가 공산주의자임을 증명하는 결정적 증거나 되는 듯이 선전하고 있다 한다. 그 진술서('제3회'를 '제2회'로 고치고 제2회 조서는 파기처분한 문제의 그 문건)가 내 육체의 한 부분에 의해 씌어진 것은 사실이다.

그러나 그것은 전혀 나의 임의에 의한 것이 아니다. 한 무력한 개인이 대한민국의 대중앙정보부에서 쓴 종이 쪽지를 여러분은 얼마나 믿을 수 있다고 생각하는가.

정보부에 끌려가서 나는 처음부터 내가 가톨릭에 침투한 공산주의자임을 시인하라는 강요를 받았다. 5~6일간 나는 그 '틀'에 끼어들어 적색 오징어포가 되기를 거부하며 버티었다.

나는 정보부에 가기 전부터 극도로 쇠약, 빈혈로 졸도하거나 지독한 불면증으로 시달리고 있었는데, 5~6일간을 버티는 동안 극도로 정신적 시련과 육체적 피로를 겪어야 했고 내 체력은 한계에 도달, 의식마저 혼란상태에 빠졌다.

나는 박정권이 나를 공산주의자로 몰아 처단하려는 기본방침을 굳히고 있는 한 정보부에서 진실을 밝히려고 노력한다는 것이 얼마나 어리석은 것인가 하는 것을 깨닫게 되었고, 뿐더러 나를 어떤 일이 있더라도 공산주의자로 만들어내라는 상전의 절대적인 명령을 받고 며칠 밤을 밤샘하여 양심에 위배되는 짓을 하고 있는 불쌍한 말단 수사관들과 피차의 신경만 소모하여 다툴 필요가 없다고 느껴졌기 때문에 6일째에는 그들이 미리 작성해 가지고 온 소위 자필진술서 내용을 그들이 부르는 대로 낙서처럼 받아 써가지고 내던져버렸던 것이다. 문제의 자필진술서라는 것이 만들어진 경위는 실로 이러하였던 것이다. 그러므로 그 진술서의 내용은 당연히 허구와 자기 모순으로 가득 찬 것이 되었다.

"빈곤과 질병으로 인한 열등감과 좌절감 때문에 공산주의자가 되었다"는 대사는 그들이 즐겨 사용하는 상투문구로서 내가 지극히 혐오하는 부분이다.

그들은 '오적' 사건에서도 '비어' 사건에서도 그리고 민청학련사건에서도 똑같은 소리를 공소장이나 그밖의 문건에서 되풀이 쓰곤 했다. 가난한 자, 병든 자는 모두 다 공산주의 우범이란 말인가. 여러분은 자존심 있는 한 인간이 과연 그와 같은 비굴한 진술을 임의로 할 수 있다고 생각하는가. (그들이 나에게 쓰도록 강요한) 진술서에 의하면 나의 모든 행위, 심지어 시 '오적'과 '비어'를 집필한 것까지도 공산주의 사상에 의한 것이라고 되어 있다.

그렇다면 전세계가 나에게 속았단 말인가.

세계의 모든 평론가들은 '오적', '비어'를 잘못 평가한 죄로 문책받아야 할 것인가. 문학작품이란 스스로 그 자신의 주제와 사상을 말하는 것이다. '오적'이 공산주의 문학이라면 어째서 그에 관한 재판은 4년 이상이나 지연되었는가. '비어'는 어찌하여 기소조차 되지 않았는가. 또한 진술서는 내가 공산주의자인 동시에 가톨릭신자라고 한다. 가톨릭을 믿는 공산주의자란 뜨거운 얼음이란 말과 마찬가지로 형용 모순의 표현이다. 공산주의자들이 종교, 특히 가톨릭을 백해무익한 이른바 '인민의 아편'으로 보고 있다는 것은 삼척동자도 아는 사실이다.

위와 같은 엉터리 진술서—그들이 임의로 부르고 내가 자필로 받아 적은 그들의 각본—이외에도 그들은 또 내가 읽은 몇 권의 서적과 나의 옥중수첩을 가지고 내가 공산주의자임을 입증하는 증거라고 선전한다. 과연 이것이 그들이 제시하는 증거의 전부인 것이다. 여러분은 냉철하게 생각해주시기 바란다. 아무리 사상의 자유, 학문연구의 자유가 없는 우리 사회라 할지라도 칼 마르크스의 고전 따위 몇 개를 읽은 것이 어째서 그가 공산주의자라는 증거가 된단 말인가. 어째서 검열관리는 좌경서적을 읽어도 되고 지식인을 포함한 일반시민은 읽어서 안된다는 말인가. 내가 읽은 수백 권의 책 중 좌경서적은 그들이 나를 공산주의자로 몰기 위한 증거로 압수한 모택동의 《모순론》한 권을 포함하여 모두 10권에 미달하며, 그것도 외국에서는 지식인 필독의 책으로 되어 있는 고전적 저작들뿐이다. 또 옥중에서의 정념과 사색의 단초端初, 작품의 영상 따위를 편편이 기록한 나의 수첩들 어디를 뜯어보아도(만약 그들이 증거인 수첩들 전부를 공개한다면 이것은 더욱 분명해질 것이다) 내가 억압과 수탈을 철저히 혐오하고 그것을 제거하기 위한 길을 찾아 사상적 모색을 거듭하며 자신을 채찍질해온 자취는 있을망정, 내가 공산주의자로서 하나의 확립된 기존 사상체계를 가진 사람이라는 증거는 전혀 없는 것이다.

그렇다면 나는 나 자신의 사상을 정확히 무엇이라고 말할 수 있을 것인가. 거기에 대한 해명을 시도하기 전에 나는 우선 두 가지 점이 전제되어야 한다고 본다.

첫째, 나는 나 자신을 자유사상가라고 생각한다. 나의 사상은 어떠한 개인적인 야욕에 유혹되거나 위협 따위에 굴복하지 않을 뿐더러 어떠한 독단이나 교조에 얽매이지 않는 것이 되기를 원한다. 따라서 나는 나 자신을 한번도 무슨 '주의자'로 규정해본 일이 없다. 자유의 혼란 속에서 조성되는 창조적 긴장 가운데로 부단히 자신을 던짐으로써 참된 인식에 도달하려는 것, 이것이 현재의 나의 모습이다.

둘째 나는 아직 사상적으로 미숙한 사람이다. 나는 어떤 기존의 이데올로기를 선택하기로 결단한 일도 없었음은 물론이고 내 나름대로 하나의 정연한 확립된 사상체계를 갖지 못하고 있다. 다시 말하면 나는 아직도 방황과 모색을 거듭하고 있을 뿐인 것이다. 이러한 사실은 어떤 의미에서는 매우 부끄러운 일이나, 그렇다고 해서 반드시 전적으로 폄하(貶下)받을 일이라거나 또 나 혼자만의 책임은 아니라고 생각한다. 생각건대, 인간 내심의 사상과 양심은 절대로 자유이어야 하며, 그 형성의 과정도 절대로 자유로워야 한다. 이것은 인간의 천부적 권리이며 유신헌법에서까지도 보장하고 있는 바이다. 그럼에도 불구하고, 우리 사회에서는 사상의 자유(그 형성과정의 자유를 포함)는 사실상 극도로 제약되어 있고, 통제된 획일적인 사상과 편견만이 지배한다. 이것은 우리가 우리 자신의 정신적인 성장과정을 돌이켜보면 누구에게나 명백한 일이다. 극도록 통제된 정보입수, 극도로 제약된 독서범위, 그밖에도 각종의 불합리한 편견과 타부가 난무하는 불모의 정신풍토─. 이속에서 우리의 그리고 나의 사상은 회의와 회오 속에 표류에 가까운 방황을 거듭하지 않을 수 없었던 것이다. 이러한 점을 염두에

둔다면, 나는 우리 사회에서 이른바 '자생적 공산주의자'라는 것은 사실상 존재할 수 없다고 생각한다. 공산주의자라고 하면 우리는 거의 조건반사적으로 뿔 달린 붉은 얼굴에 피가 뚝뚝 흐르는 긴 손톱을 가진 악마를 연상하게 된다. 이것이 오늘날 남한에 살고 있는 30대 이하 세대의 공통된 정서적 토양인 것이다. 뿐더러, 우리는 공산주의 이론에 대하여 지극히 감정적인 태도 이외에는 아무것도 배울 수가 없었다. 이러한 풍토에서 호기심으로 남몰래 숨을 죽이고 읽은 몇 권의 좌경서적만으로 어떻게 확고한 공산주의의 이론과 신념을 갖춘 공산주의자가 형성될 수 있겠는가.

이것이 내가 이땅의 젊은이 중에 자생적 공산주의가 절대로 있을 수 없다고 단언하는 근거이다. 나 역시 예외는 아니다. 다시 말해서, 나는 공산주의자이기는커녕 공산주의가 무엇인지, 공산주의 국가에서의 생활이란 어떠한 것인지조차 거의 제대로 알고 있지 못한 사람인 것이다. 내가 공산주의자라니, 그것은 천만의 말씀이다.

② 민주주의와 혁명과 폭력에 관하여

나는 이웃인 인간을, 억압받고 수탈되어 고통과 모멸 속에서 인간적인 모든 것을 박탈당하고 있는 구체적인 인간들을 온 몸으로 뜨겁게 실천적으로 사랑하는 사람이 되기를 원한다. 이것이 스스로 설정한 나의 인간적인 과제의 전부이다. 이것이 나의 모든 사상적인 모색의 출발점이고 귀착점이다. 따라서 나의 사상적인 모색의 전과정은 인간에 대한 사랑이라는 관점에서 해석되기를 나는 바란다.

나는 형제들을 사랑하기 위하여 나는 그들을 비인간화하고 있는 따위의 모든 억압과 수탈을 증오한다. 그것은 억압받는 자만이 아니라 억압하는 자까지도 철저하게 비인간화하는 것이다. 그러므로 억압과 수탈을 반대하여 싸우는 것, 그것이 나의 사상적 실천적 관심의 전부이다. 내가 가톨릭에 입교하게 된 것은 가톨릭이 정신적 질곡과 물질적 질곡의 동시적 극복, 억압자와 피억압자의 동시적 구원을 통한 억압 그 자체의 절멸絶滅이라는 사상을 보편적 정신으로 제시하였기 때문이다. 그 신앙은 구체적이고 서로 모순되고 충돌하는 다양한 사상 이론, 판단 등을 섭취 용해하여 보편적인 진리로서의 어떤 것을 제시하여주기 때문이다. 내가 박정권과 오적에 반대하여 싸워온 것은 그들이야말로 우리 사회에 있어서의 억압과 수탈의 범인이기 때문이다.

나의 사상은 민중에 대한 사랑과, 동시에 그들에 대한 신뢰 가운데에서 싹텄다. 나 자신이 그 일원으로서 억압받는 민중들 가운데에서 자라나면서 나는 억압자들이 사회에 강요해온, 민중에 대한 모든 선입관, 즉 비천, 추악, 도덕적인 타락, 천성적인 게으름, 비열한 성품, 무지, 무기력 등의 일종의 열등, 인종적 비하가 실은 아무런 근거가 없는 짓이며 오히려 억압자들 자신에게 돌려져야 할 성질의 것임을 확인하였다. 내가 체험한 민중들의 모습은 정직 근면하고, 어리석은 것같으나 하늘의 지혜로 풍성하고, 힘 없고 무기력한 것같으나 실은 위대한 힘과 강인한 의지를 갖추고 거칠면서도 이웃에 대한 인간다운 짙은 애정을 가진 떳떳하며 싱싱한 모습이었다. 민중을 신뢰하므로 나는 이들이 스스로의 운명의 열쇠를 가질 때 모든 문제가 올바른 해결로 이끌어질 것이라는 확신과 동시에 그러한 위대한 민중의 날이 반드시 오고야 말리라는 움직일 수 없는 신념을 갖게 되었다. (민중을 신뢰하지 못하고 억압자들이 주입한 거꾸로 된 가치관을 갖는 자들은 일관성 있는 철저한 민주주의자로 될 수 없고 종국에 있어서는 압제의 편에 서게 마련이다)

민주주의란 무엇인가.

그것은 침묵에 반대되는 것이며, 자유로운 말을 뜻하는 것이며, 다라서 모든 감춰진 진실이 가차없이 폭로되는 것을 뜻하는 것이다. 나는 진리가 그리고 오로지 진리만이 인간을 해방한다고 믿는 사람이다. 폭로된 진실의 업압자들의 주술에 걸려 침묵의 문화 속에서 얽매어 있던 민중의 의식을 뒤흔들어 해방하고 그들은 자유로운 비판정신의 폭풍이 휘몰아치는 광야로 인도할 때에야말로 민중의 날이 오고 민중의 역사는 창조주에 의해 약속된 정의와 자유의 가나안으로 향하게 될 것이다. 이것이 나의 꿈이며 나의 신앙이다. 나는 그 가나안의 모습이 어떤 것인지를 정확하게 그릴 수 없다. 그것은 어느 한 개인에 의해 그려질 것이 아니라 민중의 손으로 창조되어야 할 성질의 것이다.

　민중이 스스로의 운명의 열쇠를 스스로의 손에 쥐도록 싸우는 것—여기까지가 나의 과제이다.

　이러한 의미에서 내가 요구하고 내가 쟁취하려고 싸우는 것은 철저한 민주주의, 철저한 말의 자유—그 이하도 그 이상도 아니다. 또한 이러한 의미에서 나는 기본적으로 민주주의자, 자유주의자이다. 내가 가톨릭신자이며 억압받는 한국민중의 하나이며 특권, 부패, 독재권력을 철저히 증오하는 한 젊은이라는 사실 이외에 나 자신을 굳이 무슨 주의자로 규정하라고 한다면 나는 이 대답밖에 할 수 없다.

　민주주의는 백성을 사랑하는 위정자를 바라는 것이 아니라 시민의 피와 시민의 칼을 두려워하는 권력을 바란다.

　민주주의는 궁극적으로 압제에 대한 끝없는 거부를 뜻하는 것이다. 민중이 원하지 아니하는 정치권력을 폐지할 권리 없이는 민주주의는 없다. 그러므로 민주주의는 민중의 혁명권을 거부하는 것이 아니라 도리어 그것을 최종적인 담보로 하여 존립하는 것이다. 이 자명한 진리를 우리는 외면해서는 안된다.

　혁명의 보장, 어떤 의미에서 항구적, 상식적인 혁명 가능성의 존재는 민중이 지배자를 길들이고 억압과 수탈을 배제해 나아가는 근본적인 동력이다. 이와 반대로 혁명의 금압禁壓, 혁명의 타부화는 지배자가 민중을 길들이고 억압과 수탈을 영구화하는 수단이다. 그러므로 나는 반항과 혁명의 신봉자가 된다. 나는 우리 민족의 연연한 혁명전통을 사랑하고 거기에 무한한 민족적 자부심을 느낀다. 민중의 자기 존립을 위한 비판과 항의를 압살하고 끝내 회개할 줄 모르는 권력에 대하여 혁명 이외의 무슨 방법으로 대처할 수 있을 것인가.

　토마스 아퀴나스 이후의 가톨릭 정치사상에서는 민중의 생존을 유린하고 공동선을 침해하는 명백한 폭군적 압제를 타도할 자연법적 권리와 의무가 민중 자신에게 명백히 주어진 것으로 인정되어왔다. 이것은 압제에 의해 상실된 민중 자신의 인간성을 민중 스스로가 회복하는 폭발적 전환

점을 마련함으로써 민중의 급격한 보편적 각성, 즉 역사가 비약하는 기적을 일으키는 것이다.

반항과 혁명은 그 과정에 있어 많건 적건간에 폭력적인 현상을 수반한다.

권력의 억압적 폭력의 지속은 민중의 의지를 마멸함으로써 이른바 '침묵의 질서'를 만들어낸다. 때문에 이 죽음과 같은 질서를 깨뜨리는 폭력이 불가피하게 되는 경우가 생긴다. 나는 일단은 이러한 폭력적인 현상을 긍정한다. 아니 긍정할 수밖에 없다. 그러나 이 경우, 내가 긍정하는 폭력은 억압하는 폭력이 아니라 저항하는 폭력이며 인간성을 박탈하는 것이 아니라 그것을 회복하는 폭력이다. 그것은 '사랑의 폭력'이라고 불러 마땅할 것이다. 성전을 더럽히는 장사치들의 머리 위에 내리치는 예수 그리스도의 회초리는 바로 이러한 '사랑의 폭력'이었다. 그것은 억압받고 수탈되는 민중만이 아니라 억압하고 수탈하는 압제적 지배까지도 인간으로 거듭나게 하는 사랑하는 폭력인 것이다.

기본적으로 폭력은 고뇌스러운 것이며 그로 인한 파괴는 쓰라린 것이다. 그러나 지상에 사는 우리로서는 이 고뇌를 딛고 넘어서야 할 때가 있는 것이다.

특히 민중의 침묵과 굴종 속에 잠들어 깨어나지 않았을 때 민중에게 '비폭력'을 요구하는 것은 황야의 이리 앞에서 민중을 벌거벗기는 짓이다. 그때 민중을 각성, 격렬한 투쟁에 동원하기 위한 폭력의 계기가 불가피한 것이다. 간디도, 프란츠 파농도 이 때문에 괴로워했고 카밀로 토레스 신부는 이 때문에 총을 든 모습으로 발사하지 않은 채 민중 앞에서 사살당하였다.

총을 든 신부의 모습은 성스럽다. 그의 이념이나 그의 방법이 옳은 것인지 아닌지를 나는 알지 못한다.

그럼에도 불구하고 떨리는 걸음으로 골고다로 가는 길을 찾아 헤매는, 인간을 사랑하기 위하여 자신의 죄악까지도 각오하는, 그리하여 지옥 끝까지라도 가려 하는 그 처절한 사랑의 모습이 눈물겹도록 성스럽게 느껴진다.

비겁한 비폭력이 잔인한 폭력과 통하는 듯 사랑의 폭력은 '용기 있는 비폭력'과 본질적으로 같은 것이라고 나는 믿는다.

　사랑의 폭력을 긍정하는 나는 동시에 비폭력주의자인 것이다. 참된 비폭력주의는 억압자에 대한 한치의 양보도 없는 타협, 철저한 불복종을 전제로 한다. 이 원칙에 벗어나는 허울 좋은 모든 '비폭력주의'는 압제에 대한 협력 이외의 아무것도 아닌 것이다.

　내가 지지하는 혁명은 이와 같은 철저한 비타협, 불복종의 비폭력주의와 고뇌스러운 사랑의 폭력을 결합, 통일하는 가운데에서 이루어지는 것이다. (이것이 '장일담'의 세계이다) 거기에 이르기 위하여 다시 말하면 비폭력이 비굴로 흐르지 않고, 폭력이 사랑으로부터 벗어나지 않기 위하여 나는 인간의 부당한 내적, 영신적 쇄신이 필요하고 민중의 보편적인 자기 각성 과정이 필요하다고 본다.

　나는 (비록 불랑키즘 같은 것이 심리적으로 혁명의 단초적 계기가 되는 점은 인정하지만) 소수의 조직적 폭력 음모에 의하여 요행으로 얻어지는 그러한 혁명은 꿈꾸지 아니하며 신뢰하지도 아니한다. 이것이 내가 어떠한 음모자의 조직을 구성하거나 거기에 소속되려 하지 아니하고 민주주의를 위한 발언, 집회 또는 기도회에 참여하는 이유이다.

　또한 내가 꿈꾸는 혁명은 자유, 민주, 자주, 평화, 통일의 조국을 건설하기 위한 것이지만 본질적으로는 우리 민중이 스스로의 운명을 스스로의 손으로 결정하기 위한 보장을 전취하려는 것이다. 그것이 내가 확신을 가지고 지지하는 혁명의 모습이다.

　또 그것은 외래의 이데올로기에 의해 스테레오 타입이 된 모습이 아니라 우리 민족 특유의 혁명전통을 계승, 발전시킨 것이 될 것이다. 동학혁명과 3·1 운동 그리고 4월혁명의 전통은 그러한 혁명의 모습을 예시해 주는 것이다.

　③ 혁명적 종교에의 꿈 — '장일담'의 세계
　나는 J. B. 메츠의 고백처럼 내 속에 혼재混在하는 여러 사상들의 상대적 다양성 그 자체 때문에 더욱 유일 절대적 존재에의 신앙이 요구되고 또

가능해진다고 믿는다.

혁명은 종교를 거부하여야 하며 종교는 혁명을 거부하여야 하는가.

"아니다"라고 나는 말한다. 이 점에서 나는 이미 마르크스 레닌주의자가 아니다. 마르크스주의적인 아편종교관은 역사적인 종교의 한 측면에서만 타당하는 일면의 진리일 뿐이다.

보름달이 구름에 가려 흐려지듯 가열苛烈하고 오랜 억압에 찌든 민중의 가슴 속에는 정의에의 열정과 이웃에의 사랑이 이기적, 개체 보존적인 도생주의圖生主義, 보신주의保身主義에 압도되어 잠들어버리고 그들의 미칠 듯한 한과 분노는 좌절과 자학自虐 속에서 방향을 잃은 채 분산, 고립되어 무조직적 발산을 거듭하게 된다. (이것이 지배자들이 침 뱉으며 형무소에 처넣은 수많은 '천민범죄賤民犯罪'—(절도, 강도, 폭력, 살인, 자살, 탈영, 인질극 등) 모든 참담한 비극의 원인이다.

이 때 제사장의 종교, 바리세의 종교는 민중의 이기적 도생주의, 보신주의를 내세來世의 환상으로 영구히 타락시키고 그들의 한恨과 분노를 감상적인 자선주의로 길들여 거세去勢해버린다. 민중을 걸인화乞人化하는 구호물자의 신神은 결국 억압자의 신인 것이다. 이것이 바로 내가 슈바이처에게 찬동할 수 없는 이유이다.

그러나 똑같은 시간에 예언자의 종교, 사랑의 종교는 광야에서 일어나 억압받고, 그리하여 소외되고 비인간화된 민중의 가슴속에서 잠자는 모든 인간적인 것, 모든 하늘의 것을 폭풍처럼 뒤흔들어 일깨워낸다. 그것은 부활의 신비—혁명이다. 그것은 민중들로 하여금 신의 형상대로 창조된 자신의 존엄성에 눈뜨게 하여 그들의 좌절과 자학을 종말론적인 희망으로 바꾸어놓는다.

그리하여 그것은 민중의 이기적, 개체보존적, 환상적인 도생주의를 연대적, 집단적, 현실적인 도생주의로—만인의 인간다운 삶과 존엄을 쟁취하기 위한 투쟁으로 전변轉變시킨다. 그것은 민중의 한과 분노는 그 자학적인 발산으로부터 해방하여 그것을 하느님의 공의公義를 요구하는 강인하고 열렬하고 우렁찬 아우성으로, 나아가서 필요한 경우에는 그 결정적이고 조직적인 폭발에로 발전시킨다. 그것은 혁명적 종교이다.

이 기적과 같은 전환, 이 부활의 신비를 잉태하는 계기는 삶과 죽음을 꿰뚫는 인간의 종교적인 결단, 인간의 내적 영신적 쇄신에 있다. (이것이 장일담이 노래하는 '단斷'의 철학이다.) 대학시절 특히 결핵으로 오랫동안 요양할 때부터 나는 죽음에 대한 공포와 우리 사회에 만연한 정신적 비인간화가 물질적 빈곤과 더불어 동시에 극복되는 길에 대한 갈증을 느끼고 있었다. 그때 '사람이 곧 하늘이다(人乃天)'라는 동학의 속삭임이 내게 들려왔다. 그리고 그것은 곧 '제폭구민除暴救民'의 깃발을 높이 들고 생존의 권리를 쟁취하기 위한 투쟁의 대열에 나서는 저 참혹한 농민전쟁의 처절한 기아행진의 영상과 결합되어 천지를 뒤흔드는 우렁찬 함성으로 울려왔다.

그 순간 이래 10여 년을 나는 이 영상을 줄기차게 추구해왔다. 그러는 사이, 나는 어느덧 이 영상에 신과 혁명의 통일이라는 이름을 붙이게 되었다. 또한 나는 '사람이 하늘이다'라는 말을 '밥이 하늘이다'라는 시어詩語로 번역하게 되었다. '신과 혁명의 통일'이라는 이 어렴풋한 영상을 끌어안고 피투성이의 고뇌로 가득 찬 오랜 사색과정을 거치는 동안 나는 현대의 진보적 기독교 사상과 그 운동에 이끌리게 되었다.

그 사상은 트릴쥐, 오자남, 마르크스 등을 포함한 구라파의 사회개혁 사상을 전통적인 기독교사상의 거대한 건축 속에 흡수, 새로운 것을 발전시키려는 것이었다.

1972년 기독교사회주의 샌디애고 선언에서 제시된 바와 같은 마르크시즘의 사회개혁 원리와 기독교사상과의 통일에 관하여 나도 같은 관심을 갖게 되었는 바, 그것은 예컨대 마르크스와 예수가 결합하는 경우, 마르크스에서는 사회적 억압이 인간의 구원을 방해한다는 구조적 인식론이 선택되고, 예수에서는 만인에 대한 사랑과 인간의 존엄을 주장하는 휴머니즘, 인간의 구원의 계기로서의 '거듭남'의 강조 그리고 역사 속에서 심판하며 공평하게 하며 해방하는 소망의 신—나자렛 예수의 활동모범이 선택되어 통일되는 것에 대한 관심이다. 적어도 나에게 있어서는 이 통일은 물론 역사적인 마르크시즘과 역사적인 기독교의 기계적인 결합이 아닌 완전히 새로운 어떤 것이다. (이 새로운 것—아니, 이 강조되어가고 있는 도중의 미확정물에 대하여 나는 어떠한 기존의 명칭도 사양한다. 남북분단의 비통, 그리고 그것을 빌미로 한 가혹한 억압과 지배의 현실 아래서 경직될 대로 경직되어버린 우리 사회의 불모적 不毛的 정신풍토는 나의 이 사상적 미완물未完物에 관하여 성급하게 어떤 기존 이데올로기의 낙인을 찍기를 강요할지 모른다. 그러나 나는 이것을 창조하는 인간의 권리로서 거부한다. 단호히 절대로 거부한다. 인간의 모든 창조적 사상은 대량생산 과정에 의해 만들어지는 획일적 규격품이 아니다.)

나의 경우, 신과 혁명의 통일의 영상은 요한 23세의 '어머니와 교사'가 '지상양식의 기적을 통해 천상양식의 마련을 예고'하던 예수의 빵의 신비를 지적함으로써 한층 분명하여지고, 현대의 해방신학(Frederick Herzok, James Cone, Richard Shaull, Paül Lehmann, Jugen Moltmann, J.B. Metz, Toät Hugo Assman, Reinhold Niebur, Bon Hoffer)의 보고들 그리고 제2차 바티칸공의회 이후의 교황들의 칙서 및 그 이전의 '레룸·노바룸' '콰드라게시모 안노' 등의 회칙 등으로 인하여 더욱 구체화되어왔다. 그러나 무엇보다도 나는 1971년 이래 지금까지 줄기차게 전개되어오고 있는 한국기독교의 민권운동의 실천에 스스로 참여한 과정을 통하여 한국과 같은 가장 깊은 모순을 품은 복잡한 조건과 풍토 속에서 독특한 생명력을 발휘해온 우리 민중의 끈덕진 저항과 혁명의 전통 속에야말로 신과 혁명의 통일이라는 새로운 인간해방의 원리를 창출하여 세계에 특히 제3세계에 제시할 소재素材의 금광맥金鑛脈이 있다는 확신을 갖게 되었다. 이 소재를 현대의 해방신학의 끌로 다듬어낼 때 하느님의 선교(Missio Dei)는 투박한 한국적 민중투쟁의 전통 속에서 새로운 모습으로 기적을 일으킬 것이다. 바로 위와 같은 주제들, 한 종교가의 가르침과 사상적 편력遍歷의 일생을 통하여 복음서 형식으로 표현하려 한 것이 '장일담'이며 소위 '반국가적 표현물 제작 예비음모'에 저촉되었다고 박정권이 주장하는 시작구상詩作構想인 것이다.

장일담은 원래 백정과 창녀의 아들로 태어난 '도둑놈'이다. 그는 자기의 처지에 고통받다가 어느날 득도得道, 해방의 설교자가 된다. 그는 임꺽정처럼 '부자가 훔쳐간 돈을 가난뱅이가 도둑질'하여 나눠야 한다고 생각하고 그것을 실행하다가 감옥에 들어와서도 도둑들에게 혁명을 가르친다. 감옥 안에서 어느날 그는 운동시간을 빼앗기고 분통이 터진 나머지 "해방은 가차없이 필요한 것, 원수인 부르주아를 타도하자"고 외친다.(이 시작구상 메모는 장일담의 초기행동, 과격행동 사상에 따라 감옥에서의 가르침의 일부인데, 저들은 이것을 내 사상 그대로인 듯 발췌, 클로즈업하여 내가 공산주의자라는 움직일 수 없는 증거라고 몰아대고 있다.)

장일담은 탈옥하여 수배되고 창녀들이 있는 뒷골목에 숨는다. 그는 창녀들에게 "오 나의 어머니여!" 하며 그발에 입맞추고 거기서 "밑바닥이 하늘이다" "하느님은 바로 당신들의 썩은 자궁 속에 있다. 하느님은 밑바닥에 있다"고 선언한다. 그후 그는 계룡산으로 들어가 '해동극락교海東極樂敎'를 선포, '시천주侍天主, 양천주養天主, 행천주行天主, 생천주生天主'의 네 단계의 수행修行과 '공동소유' 및 혁명행동 등을 설교하고 기도와 행동을 통일할 것을 강조하며, '흐름에의 거역', '밑바닥을 하늘로 전복할 것'과 지상에서 천상에로 이르는 나그네길이 혁명이며, 인간 속에 있는 짐승을 죽이는 것—'백정' 짓—이 수행의 핵심이라는 것을 가르치고 이 세상은 말세이며 곧 새 세상이 온다, 해동에 극락이 온다는 것을 약속한다.

이후 그는 노동자, 농민들을 향하여 전도를 하며 황야에 이르러 제사를 올려 모든 옛것을 불태우고 폭력은 불가피하나 '단斷'이 바람직하다고 가르친다. 그는 무리와 더불어 마귀가 있는 서울을 향하여 모두 깡통을 들고 진군한다. 이때 그는 극락이란 '밥을 나눠먹는 것'이며 '밥이 하늘이다' 라고 선포하다. '밥이 있는 서울로 가서 거기를 또 지나 밥을 나눠먹는 천국에로 이르는 영원한 나그네길로 간다' (이 길은 극에 이르면 다시 밥이 있는 곳으로 되돌아오는 영원한 수행修行을 암시한다.)

그는 진군하고 패배하고 현상수배되어 배신자 유다스의 밀고로 잡혀 죽는다. 그는 한마디 변명도 없이 반공법, 국가보안법, 내란죄 등의 죄명을 쓰고 목 잘린다. 이때 그는 '밥이 하늘'이라는 노래를 부른다.

밥이 하늘입니다. 하늘을 혼자 못 가지듯이 밥은 서로 나눠먹는 것

밥이 하늘입니다. 하늘의 별을 함께 보듯이 밥은 여럿이 갈라 먹는 것

밥이 하늘입니다. 밥이 입으로 들어갈 때에 하늘을 몸 속에 모시는 것
밥이 하늘입니다. 아아, 밥은 모두 서로 나눠먹는 것

처형된 장일담은 사흘 만에 부활하여 그 모가지가 배신자의 모가지를 떼고 배신자의 몸통에 붙는다. 배신자의 몸뚱이는 성자聖者의 머리와 결합한다. 간지奸智를 우반자로 하고 성聖, 선善, 진리眞理를 내용으로 하는 이 기이한 결합은, 복수이면서 동시에 악인까지도 구원하는 기이한 장일담의 사상을 표현한다.

장시長詩 '장일담'은 다음과 같이 끝날 예정이다. '밥을 나눠먹는다는 노래를 부르는 소리, 폭동이 되어 전국 각처를 휘몰아친다고 전한다'

이와 같은 것이 '장일담'의 윤곽이다. 그것은 아직도 어렴풋한 윤곽이다. 거듭 말하거니와 '장일담'의 세계는 아직 미완성의 세계이다. 그속에는 종교적 고행과 혁명적 행동이, 예수의 행적과 최수운, 전봉준의 투쟁이, 초기 기독교의 공동체적 생활양식에의 동경과 우리 민족의 오래고 강인한 민중운동에의 애착이, 파울로 프레이비의 피압박자의 교육 테제, 프란츠 파농의 폭력론, 불랑키스트적인 급진폭력, 기독교의 원죄론적인 인간관, 가톨릭의 '행천주' 사상 등과 불교의 윤회설輪廻說, 임꺽정, 홍길동의 활빈活貧사상, 동학의 시천주, 양천주 사상들이 혹은 결합하고 혹은 용해되고 혹은 서로 모순하고 부딪치면서 어지럽게 교차하고 있다.

현재로서는 내가 구상하고 있는 이러한 '장일담'의 세계에 대하여 나는 어떤 일관된 이론적 해명을 하려 하지 아니한다. 그것은 불가능한 것이다. 내가 그것을 할 수 있는 것은 '장일담'을 완성한 후의 일이 될 것이다.

④ 나는 반공법을 위반하였는가?

나를 공산주의자로 '만들어내라'는 박정권은 내가 옥중수첩에 '장일담' 등의 시작, 극작구상을 메모한 것을 가지고 반국가단체를 찬양하는 표현물 제작행위로, 나의 소위 인혁당사건 관계 발언들을 반국가단체 찬양, 고무, 동조 행위로, 내가 내 방에다가 몇 권의 서적을 놓아두고 있었던 것을 반국가단체를 찬양, 고무, 동조할 목적의 표현물을 은닉, 보관하여 반

국가단체를 이롭게 한 행위로 몰고 있다. 어제 오늘에 시작된 것이 아닌 이 지긋지긋한 반공법 제4조의 상투적, 견강부회적, 무차별적, 모략적 적응이야말로 우리 사회의 사상적, 정신적 성장과 발전을 가로막아온 최대의 질곡이며 우리 민중으로부터 '말의 자유'를 빼앗아 숨막히는 암흑한 침묵의 문화를 보급함으로써 민주주의를 압살하고 부패특권의 압제권력을 유지해온 최대의 억압의 무기이다. 나는 이에 대하여 자유의 이름으로 머리끝부터 발끝까지 치떨리는 분노로 항의한다. 나는 또다시 나에게 들씌워진 이 더러운 질곡을 단호히 거부한다. 인간을 인간답게 하는 개성의 허용, 사상의 자유, 표현의 자유를 온 몸으로 요구한다.

(가) 첫째로, 중앙정보부와 경찰의 수사과정을 통하여 저들은 내 시작 구상 '장일담'에 관한 메모에 대하여 그것이 모택동 상사에 의해 씌어진 것이라고 나를 강박하였다. '장일담'의 메모에는 앞에서 언급한 바와 같이 동서고금의 수많은 사상, 입론, 행적 등에 관한 메모가 있다. 그중 하나로서 모택동의 모순론도 있다. 이것을 빌미로 저들은 내가 모사상에 입각한 공산주의자이며 모순론의 대립물의 전화, 통일의 법칙에 따라 가톨릭에 입교했으며, '장일담' 메모 중 '신과 혁명, 빵과 자유, 지상과 천상의 통일' 등의 기록은 모순의 전화론에 해당하는 것이며 심지어는 '부활'까지도 모택동사상이라고, 즉 죽음의 부활로 '전화'된 것은 모순의 전화라고 실로 어처구니없는 억지를 부리고 있다. ('부활'을 모사상에 입각한 '모순의 전화'로 보는 검사의 그 놀라운 상상력에 대하여 우리는 경탄만 하고 있을 것인가!)

유물론과 형이상학을 동일시하고 변증법 비슷한 것만 있으면 모두 공산주의자로 모는 대한민국의 '민주경찰' 앞에서는 노자도, 공자도, 예수도, 석가도, 아니 그 누구도 모두 공산주의자가 될 수밖에 없을 것이다.

앞서 나는 '장일담'이 아직 미완성의 세계이며 그런 고로 아직 그에 대한 이론적 해명을 할 수 없다고 하였지마는 적어도 그것이 마르크스주의 사상을 표현하기 위하여 일관된 사회주의 리얼리즘에 입각하여 씌어진 것이 아니라는 것은 단언할 수 있다. '장일담'의 내용은 묵시록적 예언자적이며 우화, 괴기상징, 비유와 엉뚱한 초자연적 사건 그리고 농민적, 자유

노동자적 감수성이나 상상력으로 가득 차고 그 색채는 기교화미技巧華美하여 표현주의적이고 죽음, 동요, 불안, 공포, 혁명, 절망, 음모, 학살, 처형, 퇴폐 등이 주된 분위기를 이루어, 강렬한 언어와 폭력적인 사건으로 피투성이와 같은 과도시대의 특징을 보여주는 것이다. 따라서 그것은 사회주의 리얼리즘의 회색 분위기나 자연주의적 묘사, 현실적 사건 전개, 철과 용광로 등 노동자적인 것과는 무관한 것이다.

이러한 작품세계에 관하여 그것도 아직 미완성인 것을 가지고 '북괴를 이롭게 할 목적'으로 씌어진 것이라고 강변하는 데에 이르러서는 할 말을 잃을 수밖에 없다. 이것이 '문예중흥 5개년 계획'을 내세우고 있는 저들의 진면목인 것이다.

다음 부르주아에 저항하는 '말뚝'을 주제로 한 나의 극작구상 메모에 관한 저들의 주장을 보자. 저들 검찰과 정보부는 이것이 자본주의와 부르주아를 타도하고 노동자, 농민이 승리하는 마르크스주의적 작품이라고 몰아붙이고 있다. '공산주의자'를 만들어내기에 여념이 없는 저들은 '부르조아'라는 한 마디에 거의 조건반사적으로 반공법을 들이대는 신경질적인 반응을 보인다. 그러나 마르크스가 꽃을 꽃이라고 부른다고 해서 내가 왜 꽃을 보고 꽃이라고 불러서는 안되는가? 오늘날 '부르주아'란 이미 전세계에 걸쳐서 보편적으로 인정되어 있는 역사적인 개념이다. 또한 '부르주아'라는 말을 사용하거나 '부르주아'를 증오한다고 해서 공산주의자라고 한다면 '부르주아'를 증오한다고 외쳤던 불란서 가톨릭의 오자남, 베르나노스는 어떻게 설명할 것인가? 뿐더러, 우리 사회에서는 일반적으로 '잘 사는 사람, 있는 사람'을 가리켜 반半농담으로 부르주아라고 지칭하는 관용어법이 통용되고 있다. 내가 극작구상 메모에서 쓴 '부르주아'란 용어는 바로 이러한 의미, 더욱 구체적으로 말하자면 우리 사회의 억압자인 '부패특권층'을 지칭하는 한정된 의미를 지닌 것으로서 이는 곧 5적과 동일한 내용이다.

또한 이 극작의 주제는 반부패, 반특권의 민생운동 테제에서 시작되는 것이며 주인공을 자유노동자로 설정함으로써('말뚝'이란 원래 탈춤 속의 반항적 종놈이다) 공업노동자 계급의 계급독재를 전제로 한 혁명 따위와는 전혀 무관한 '천민적 저항 인간상'을 창조하여 보여주려 하는 것이 목적이다. 즉, 인륜을 상실한 정신, 육체적으로 소외된 '밑바닥 천민'을 주인공으로 하여 현대 한국 민중 정신, 육체적으로 인간성을 박탈당한 비인간의 전형을 창조 ① 그의 좌절과 ② 그 좌절을 '미사', 즉 하늘로부터의 계시에 의해 극복하게 하고 ③ 저항케 함으로써 민중의 좌절—인간회복에 이르는 '행동과 기도의 상호작용'—을 '한국적인 투박한 저항적 천민'인 말뚝 속에 투사投射하여 '희망'을 강조하고 그 결과로 도래할 종말론적 환각으로서의 어떤 '친교(성서의 KOINONIA)'의 세상을 그리려 하였는 바, 이는 참된 예술의 영원한 주제인 억압 없는 사회에의 환각의 표현이며 기독교적, 종말주의적 상상력에 의거한 것이지 그 어떤 이데올로기에 입각한 것이 아님은 물론, 북괴를 이롭게 할 목적으로 씌어진 것은 더욱 아닌 것이다.

여기서 나는 왜 내가 '오적' '비어' '장일담' '말뚝' 등의 문학작품을 쓰느냐는 동기를 분명하게 밝혀두려 한다. 나는 그것을 누구를 이롭게 할 목적으로 쓰는 것은 아니다. 쓰고 싶어서 쓴다. 쓰지 않고는 도저히 배길 수 없는, 속으로부터의 억누를 수 없는 충동 때문에 쓴다. 쓰지 않을 수 없어 쓴다. 그것뿐이다.

(나) 나의, 소위 인혁당 관계 발언들

하재완의 고문설, 인혁당 석방요구, 기자회견 등에 관하여 저들은 내가 '북괴의 선전활동에 동조' 하였으며 '반국가단체인 인혁당을 이롭게' 한 것이라고 주장하고 있다.

인혁당 고문설에 관한 나의 발언과 북괴의 선전활동의 내용이 같았다고 하자. 그러면 내가 북괴의 선전활동에 동조한 것인가? 북괴가 나의 선전활동에 동조한 것인가? 그들은 하재완을 만나지 못하였으나 나는 직접 하재완을 만나 내 귀로 그 이야기를 들었다. 그것을 그대로 세상에 전한 것뿐이다. 나는 결코 북괴의 선전활동을 듣고 그것을 근거로 하여 하재완이 고문받았다고 선전한 것이 아니다. 만약 내용만 같다고 모두 '동조' 라고 한다면 민주인사 석방을 요구해온 수많은 시민, 지식인, 종교인, 학생,

정당인들은 역시 '민주인사 석방'을 틀림없이 주장하였을 '북괴의 선전활동에 동조'한 죄로 반공법의 적용을 받아야 한단 말인가. 이 얼마나 지나친 넌센스인가?

　나의 발언은 '반국가단체인 인혁당'을 이롭게 하기 위한 것이었던가? 아니다. 나는 내가 아는 사실을 세상사람들이 마땅히 알아야 할 저 끔찍한 진실을 이 나라의 인권과 민주주의를 위하여 폭로하였을 뿐이다. 나는 많은 할 일을 제쳐두고 나와 아무런 관계도 지면도 없었던 '인혁당'을 특별히 이롭게 하기 위하여 박정권의 탄압을 무릅쓰고 애쓸 아무런 이유가 없다. 저들은 내가 나의 '용공성'을 감추기 위해서 '인혁당 조작설'을 퍼뜨렸다고 주장하나 세상이 나를 용공분자로 알지 아니하고 국무총리란 사람까지도 김지하는 공산주의자가 아니라고 국회에서 공언한 처지에 내가 '용공성'을 감추기 위하여 그런 발언을 할 무슨 이유가 있었겠는가? 오히려 그런 발언을 하는 것은 박정권에 의해 '용공분자'로 몰릴 명백한 위협이 존재하고 있었을 것이다.

　인혁당 사람들이 고문을 받았다는 것은 나의 확신이다. 중앙정보부란 어떤 곳인가? 학생들, 야당국회의원들은 물론이요, 최근에는 공화당 원내총무란 사람까지도 고문을 받은 일이 있노라고 폭로한 그런 곳이다. 그러한 중앙정보부에서 공산주의자로 몰아 처형하려 한 '인혁당' 사람들이 고문을 받지 않았으리라고 하는 '논리적' 심증을 가질 수 있는 사람이 대체 몇 사람이 되겠는가?

　그러나 나의 확신을 나는 그것도 내가 귀로 듣고 눈으로 본 사실에만 국한하여 표현한 것뿐이다. '인혁당'이 과연 반국가단체인가, 아닌가? '인혁당'이라는 것은 과연 실체가 있었던 것인가, 도깨비인가? 나는 아직도 이 의문에 관한 박정권의 선전을 절대로 그대로는 믿지 않는다. 만약 나로 하여금 그것을 믿게 하려면, 그리고 내가 거짓으로 고문설을 퍼뜨렸다고 국민들에게 납득시키려면, 박정권은 이미 처형된 8명을 되살려놓든가, 하재완, 이수병의 혼을 불러와야 할 것이다. 이 문제에 관한 재판은 어떻게 가능한 것인가?

(다) 나에게 씌워진 가장 기막힌 죄목을 이야기하자. 1964년도 내가 읽은 잡지 《한양漢陽》과 《청맥靑脈》 그리고 1969년에 읽은 《실천론》, 《모순론》 등의 서적은 내 집 골방에 내버려놓은 것이 반국가단체를 이롭게 하기 위하여 반국가적 표현물을 은닉, 보관한 것이라는 것이다.

10여 년 전에 읽고 버려둔, 골방 속에서 먼지를 뒤집어쓰고 잠자는 책이 무엇이 어째서 어떻게 적을 이롭게 한단 말인가?

⑤ 자유와 정의를 사랑하는 모든 이들에게

억압과 독재에 반대하고 자유와 정의 그리고 양심을 지키려는 모든 사람들은 지금도 부패특권의 독재정권에 대하여 치떨리는 분노로 맞서고 있을 것이다.

나는 지난 2월 15일 무기수로서 출감할 때 분명히 약속한 바대로 내 생명이 붙어 있는 한까지 독재정권에 대항하여 투쟁할 것이다.

위에서 나는 나의 반공법 위반사건의 진상을 밝혔다. 나는 나를 기억하는 모든 이들이 위의 양심선언의 내용에 반하는 어떠한 형태의 나에 대한 모략도 신뢰하지 않을 것을 확신하면서 밀폐된 방 속에서나마 나는 나의 평화를 누리고 있다.

나의 옥중수첩에는 나의 위의 선언의 진실을 입증할 많은 기록들이 있고 또 나로서는 옥중에서의 고통스럽던 시절에 밑바닥의 버림받은 이웃들과의 교우에서 얻은 귀중한 체험과 진실과 영감들이 그 수첩에는 기록되어 있다. 그 속에는 나의 것만이 아닌 우리 시대의 진실이 있다고 말하고 싶다. 그 4, 5권의 수첩들이 인멸되지 않도록 노력해주기 바란다.

우리는 무엇 때문에 싸워왔는가? 인간을 위하여서이다. 자유롭고 해방된 인간, 신이 창조한 본래의 모습으로 회복하기 위하여서이다. 우리의 이 과제는 그 무엇보다도 우선하는 것이며, 잠시도 늦출 수도 멈출 수도 없는 것이다.

부패와 특권, 독재야말로 적화赤化에의 황금교黃金橋이다. 독재와 억압을 유지시키는 것은 안보가 아니다. 독재와 억압을 물리치고 자유와 민주주의를 지키는 일이 참다운 안보임을 직시하자. 자유와 민주주의를 잃고 나면 우리는 도대체 무엇을 지킬 것인가?

저 지루한 기아와 질병, 암흑과 모멸의 끝없는 굴레를 지키기 위하여 우리는 목숨을 걸어야 할 것인가. "아니다"라고 우리는 다 같이 말하자.

자유와 평화를 사랑하는 전세계의 양심 있는 이웃들은 우리의 외롭고 고난에 찬 투쟁에 아낌없는 지원을 보낼 것이다. 이 시대에 가장 필요한 것은 진실 그리고 그것을 사랑하기 때문에 당해야 하는 수난에 대한 정열이다. 인간의 자유와 해방을 위하여 온 민중이 애타게 기다리는 민주주의의 승리를 위하여 우리의 모든 것을 던지자고 말하고 싶다.

우리 모두의 건투를 위하여 나는 오늘도 기도하고 있다.

추신. 나는 내가 체포될 때에 내가 살고 있던 시골집과 내 아들이 살고 있던 집(妻家)이 시간을 같이하여 수색당하고, 그 결과 나의 내밀(內密)한 사적 기록인 메모첩 4, 5권이 압수되었는 바 그들이 나를 체포하고 집을 수색한 목적이 당초에 어디에 있었던가에 의문을 갖고 있다. 그들은 처음 "김대중 씨 납치사건의 진상을 시로 써달라는 부탁을 받지 않았는가?" "원고는 어디에 있는가?"를 매우 신랄히 추궁했으니까.

나는 지금 접견도, 통신도, 집필도 금지되고 운동과 기타 모든 권리가 제약된 채로 심지어 서적까지, 성경까지도 금지된 상태에서 1.27평의 어두움 속에 밀폐되어 있다. 이 어둠 속에서 나는 또한 끈질긴 추억의 유혹과 싸워야 하며 부단히 저 불길하고 잿빛뿐인 미래와 눈을 부릅뜨고 맞서고 있다.

이 고통만이 나를 적 앞에서 각성케 하고 잠들게 하지 않는다. 지금 내 마음은 물처럼 맑다. 다만 이글이 나가 발표될 때에 연관된 선의의 사람들에게 가해질 그 쓰라린 피해만이 걱정이다. 벗들, 부디 그들의 고통에 관심을 기울여달라! 나를 슬픈 눈빛으로 보지 말아다오. 우리는 곧 만나게 될 것이다.

〈1975. 5. 4〉

20

민청학련 사건 연계 인민혁명당 사건

피고인 여정남

1. 사건개요: 인혁당과 민청학련의 연결고리로 몰린 사형수 417
2. 항소이유서-여정남 421
3. 항소이유서-한승헌 431
4. 판결 (군재 2심; 74비고군형항 14, 15, 16호) 438
5. 상고이유서-여정남 489
6. 상고이유서-한승헌 492
7. 인혁당 사건 및 민청학련 사건 대법원판결 요지 510
8. 인혁당 재건위 사건 추적기-유봉인 520

사건개요

인혁당과 민청학련의 연결고리로 몰린 사형수

한승헌 (변호사)

박정희 정권은 1인영구집권용 유신체제에 대한 반대운동을 탄압하기 위해 1974년 4월 대통령긴급조치 4호를 선포하고 민청학련사건을 꾸며 군법회의에 걸었다. 그리고 그 배후에 소위 '인혁당 재건위'라는 조종세력이 있다고 발표했다. 민청학련사건과 인혁당재건위사건은 모두 군법회의에서 중형을 받았는데, 그중에서도 인혁당사건에서 7명과 민청학련사건에서 1명은 끝내 사형대에서 목숨을 빼앗겼다. 고문에 의한 용공조작이라는 항의가 빗발쳤음에도 불구하고 대법원에서 상고가 기각된 지 하루도 채 안되는 20시간 만에 교수형이 집행되어 의문과 분노는 더욱 커졌다. 1975년 4월 9일 새벽의 일이었다.

그로부터 28년이 지난 2002년 9월 12일 의문사진상규명위원회는 "인혁당 재건위 사건이 당시 중앙정보부(현 국가정보원의 전신)에 의해 조작된 것이었다"고 발표했다.

그렇다면, 북한의 지령을 받아 학생시위를 배후조종하고 국가전복을 꾀했다는 혐의로 사형이 확정되어 형장의 이슬로 사라진 8명의 고귀한 목숨과 명예는 어떻게 되는 것인가. 국가기관이 공식으로 조작사건임을 인정한 인혁당사건은 독재자의 장기집권을 위한 '사법살인'의 본보기가 되었다.

사형수 8명 중 민청학련그룹에 속한 피고인은 단 한 사람, 경북대학교 학생회장이던 여정남 씨였다. 그는 민청학련과 인혁당 사이의 연결고리 역할을 하는 존재로 조작되어 사형까지 당했다. 바로 이 비운의 젊은이를 내가 변호했다. 박정권하에서 시국사건들이 흔히 그러하듯 검거발표때 거창하게 떠들고 나서 적당한 시기에 감형이나 석방을 해주는 또 하나의 이벤트쯤으로 알았다. 그러나 일반의 짐작과 달리 박정권의 독기는 의외로 사나웠다. 무거운 죄가 있어서가 아니라 저들의 고문조작을 묻어버리기 위해 사형이 필요했던 것이 아닐까.

1974년 새해가 밝자 마자 박정희 정권은 대통령긴급조치를 발동하여 유신반대에 나선 종교인, 지식인, 청년학생들을 잡아들이기 시작했다.

1월 8일의 긴급조치 1호에 이어 4월 3일에는 긴급조치 4호를 선포하고 민주청년학생총연맹(민청학련)사건 관련자의 대량검거에 나섰다. 그리고 그 달 25일 중앙정보부는 소위 인혁당재건위사건이란 것을 발표했는데, 체포된 사람들은 주로 대구·경북지역을 중심으로 활동해온 혁신계 인물들이었다. 그들은 10년 전인 1964년 중앙정보부에 검거되어 이른바 '인민혁명당사건'으로 처벌된 바 있는데, 바로 그 인혁당을 재건해가지고 민청학련의 유신반대 운동을 배후조종하고 북한의 지령에 따라 정부전복을 꾀했다는 것이었다. 나는 그때 민청학련사건으로 구속된 피고인 중 정상복, 이직형, 나상기, 서경석, 안재웅, 황인성 등 기독청년그룹과 유근일의 변호를 맡아 바쁘게 움직이고 있었다. 그런데 비상보통군법회의 법정 변론이 문제되어 강신옥 변호사가 구속되는 바람에 그가 맡았던 여정남의 변론을 내가 이어받게 되었다.

그는 '인혁당 재건위' 쪽의 도예종(50, 삼화건설 회장), 서도원(52, 무직), 하재완(43, 무직), 이수병(37, 삼락일어학원 강사), 김용원(39, 경기여고 교사), 우홍선(45, 한국골든스탬프사 상무), 송상진(46, 양봉업) 등과 함께 1심(1974. 7. 13.)에서 이미 사형을 선고받고 난 뒤였다.

여정남은 경북고 출신으로 경북대학교 정외과 재학중 1965년에는 한일회담 반대시위를 주도하였고, 1971년의 '정진회' 필화사건, 다음해의 포고령위반 등으로 연달아 구속된 바 있었다.

그에 대한 1974년 사건의 혐의사실도 완전한 조작이었다. '북괴노동당 사업총화보고문'은 본 일조차 없는데, 이것을 다른 사람에게 주어 읽게 했다든가, 이철, 유인태에게 화염병 제조나 각목사용을 지시했다든가, 민족지도부 구성을 논의했다느니 하는 것은 전혀 사실무근이었다. 하재완과의 자금 수수관계, 인민혁명당 재건을 위한 지도부 구성과 학원조직책 담당 등 모두가 터무니없는 날조였다.

상상을 초월하는 고문에 의해서 진술서나 각종조서는 사전 시나리오대로 조작되었다. 여정남은 항소이유서에서 몸서리치는 고문 협박의 일면을 이렇게 폭로하고 있다.

"긴급조치하인데, 법이 무슨 필요가 있나. 정보부에서 불가능한 일은 없다. 어느 정도는 시인해야지, 안 그러면 재판 도중이라도 끌어내다 박살을 내겠다"는 협박을 거듭 당했다. 조사때 잠을 재우지 않는 것은 기본이었고 전기고문, 물고문, 심한 매질 등으로 몸이 극도로 피폐해져서 주사를 맞아가며 겨우 재판에 나왔다. 거기에다 법정 방청석을 차지하고 있는 중앙정보부원의 감시를 받으면서 재판을 받게 되어 공포와 위축감은 말할 수가 없었다. 아무리 비상군법회의라 하지만 재판진행이 법절차를 정면으로 무시한 채 위법하게 진행되었다. 조작사건이 아니라면 그렇게 막무가내로 억누르고 입을 막고 재판절차를 무시하는 짓을 했을 리가 없다. 피고인이 진술을 하려고 입을 열면 법무사는 시간관계상 하고 싶은 말은 변호인 반대신문때에 하라면서, 묻는 말에 '예', '아니오'라고만 답변하라고 입을 막았다. 피고인측이 신청하는 증인은 모조리 기각하는가 하면, 재판장은 "긴급조치 1호에 따라 당 법정에서는 변호인들의 발언도 예의주시하고 있다"는 위협을 공공연히 자행했다. 검찰측의 증인도 피고인이나 변호인에게는 알리지도 않은 채 비밀리에 신문을 해버리고, 이에 대한 변호인의 이의제기도 묵살했다. 군법회의법에 정면으로 위배되는 처사를 밥먹듯이 되풀이했다.

오죽하면 이 사건이 나중에 대법원에 올라가서 어이없이 기각되는 와중에서도, 이일규 대법원판사는 다음과 같은 의견을 판결문에다 밝혔을까. '기록에 의하면 이 사건의 항소심인 원심판결은 제1심에서의 신문과 중복된다 하여 피고인의 신문을 생략하여 항소이유에 관한 변론만을 시행하여 결심하였는바, 이는 공소사실에 대한 사실심리를 아니하고 재판을 한 절차상의 위법이 있다고 아니할 수 없고, 따라서 원심판결은 파기를 면할 수 없다고 본다' 참으로 소신과 용기가 있는 법관다운 의견이었다.

나는 이 사건 상고중인 1975년 3월 반공법 필화사건으로 구속되어, 내가 상고심을 맡은 여정남 씨가 갇혀 있는 서울구치소 한 지붕 밑에서 수감 생활을 하게 되었다. 그리고 저 원한의 1975년 4월 9일 새벽, 그가 형장으로 끌려가는 줄도 모르고 0.75평짜리 감방에서 잠을 자고 있었던 것이다. 아, 여정남 군!

항 소 이 유 서

성명 여정남

항소 요지

상기명 피고인은 1974년 7월 13일 비상보통군법회의에서 대통령긴급조치 위반 등 죄로 사형을 언도받고 불복 항소한 바 그 이유를 다음과 같이 개진합니다.

항소 내용

Ⅰ. 1심재판 과정에서의 부당성 불공정성

1. 불과 한 달 미만의 기간에 무려 32명이나 되는 피고인들의 방대한 기록을 심리하여 언도했다는 사실에 대해 경악을 금치 못하며 짧은 기간에 방대한 기록을 처리한 관계로 충분한 심리가 되었다고 볼 수 없습니다. 인간의 능력이란 한계가 있는 법이라 짧은 기간중에 기록열람도 옳게 되지 않았을 것입니다. 충분한 심리 없는 정확한 판단이란 불가능하다고 생각되며, 더군다나 귀중한 한 생명을 사형에까지 언도하면서 충분한 심리조차 하지 않았다는 오점은 법의 근본정신을 무시하는 행위입니다.

2. 군법회의법 345조 ②항에 의해 피고인, 변호인에게 충분히 진술할 기회가 주어져야 함에도 진술할 기회를 옳게 가지지 못했습니다. 검찰관 직접심문에서 "너같은 놈 이력서 내봐도 취직시켜주는 사람 없지"라는 등 흥분과 인신공격 일변도의 고함소리 위주의 심문에 대해 제기된 공소사실의 각 항목을 설명하려고 하면 법무사가 시간관계상 하고 싶은 말은 변호인 반대심문에 하라고 하며 단지 한 마디, 묻는 말에 "예, 아니오" 답변만 하라고 주의를 주었으며,

공판의 진행상태에 따라 공판일자가 정해지는 것이 상식임에도 오늘은 누구누구까지 몇 명 반대심문을 마쳐야 되니 간단히 해달라는 재판장과 법무사의 재촉하에 미리 정해진 일정을 준수하느라고 변호인 반대심문도 형식적으로 끝났고, 장황한 검찰관 의견 진술과 구형 후 시간이 없다 하여 변호인 변론시간조차도 제한되고, 특히 본피고인의 경우 변호인 변론 도중 휴정 후 개정할 때 재판장께서 긴급조치 1호 선포 후 당 법정에서는 변호인들의 발언도 예의주시하고 있다는 이해할 수 없는 발언까지 한 상태였습니다.

피고인들의 최후진술도 시간관계상 간단히 해달라는 수차의 당부가 있은 관계로 각 피고인 공히 제한당했고, 더군다나 본피고인의 경우 1971년 대구지법에 사건 계류중이던 반공법 위반 사건이 군법회의로 이관, 병합심리된 관계로 할 말이 많았음에도 진술도중 제지당해 할 말을 다하지 못한 불공정한 일을 당했던 것입니다.

3. 정보부에서 시종일관 1심재판에 관여했기 때문에 각 피고인 공히 심리적으로 위축된 상태에서 재판을 받았고, 특히 본피고인의 경우 "긴급조치하인데 법이 무슨 필요냐? 정보부에서는 불가능한 없다. 어느 정도는 시인해야지, 안 그러면 재판도중이라도 끌어내다 박살낸다"는 협박을 수차 당한 일이 있는 데다 정보부 차량의 에스코트 아래 출정하여 녹음기가 장치된 법정에서 방청석을 가득 메운 정보부 직원의 주시를 받으며 재판을 받은 관계로 그 당시 장기간에 걸친 취조과정중 잠을 재우지 않으면서 계속되는 전기, 물고문, 심한 매질 등으로 인한 극도의 쇠약한 몸으로 주

사를 맞아가며 재판에 임했으므로 고문에 대한 공포감과 법정 분위기의 위압감에 위축되어 상 피고인 서도원, 하재완 등과 실제로 만난 일이 없는 날짜에 만났다고 되어 있는 공소사실조차도 극도의 위축감 속에서 엉겁결에 시인한 허위진술도 있었습니다.

4. 군법회의법 340조에 의하면 피고인에게나 변호인에게 반증의 조사신청 기타의 방법으로 증거의 설명력을 다툼에 필요한 기회를 주어야 함에도 변호인이 신청한 증인심문을 무조건 기각한 부당한 결정을 내렸습니다. 더구나 본피고인을 위하여 변호인이 신청한 증인들은 멀리 떨어져서 소환하기 어려운 처지도 아니고 같은 구치소의 지붕 밑에서 기거하고 있어 소환에 용이하였으며, 더구나 검찰관이 신청한 증인신청은 많은 인원이 기각되지 않고 전원 채택되었다는 불공평한 결정을 내렸음은 이해되지 않는 부당한 처사라 아니할 수 없습니다.

5. 검찰관이 신청한 증인심문을 피고인의 출정 없이 하는 데 대한 변호인단의 이의신청이 무조건 기각되고, 변호인 반대심문 없이 끝낸 증인심문을 군법회의법 341조의 권리에 의해 변호인단에서 다시 이의를 제기한 것도 무조건 기각했음은 군법회의법 자체를 부정한 처사라고 할 수 있습니다.

Ⅱ. 신문, 방송 등 각종 매스콤을 통해 앞당겨 대대적으로 발표한 사건 내용을 합리화시키기 위해 시종일관 조작 강제진술케 한 각종 기록의 허위성이 명백하게 드러났음에도 이를 유죄의 증거로 인정한 것은 헌법 10조 ②항에 명시된 국민기본권의 유린은 물론이고 증거재판주의, 의제자백의 유죄증거 불인정, 진술의 임의성이 없을 때의 증거 불인정, 당사자의 동의가 있더라도 서류 또는 진술이 진정한 것이어야 증거능력이 인정된다는 점을 명시한 군법회의법 350, 352, 361조 ①②항, 362조 ①항 등에 위배된 위법판결이라 아니할 수 없습니다.

허위조작된 기록의 양이 원체 많으므로 여기서는 일일이 열거할 수 없어 간단한 실제 예만을 들고 2심 공판에서 공소장의 항목별로 구체적으로 진술하겠습니다.

1. 1심 공판정에서 비로소 밝혀졌지만 나이가 30이 넘어 일어를 '가다가나', '히라가나'부터 배운다는 생각에 동심으로 돌아가 수강신청할 때 장난삼아 기재한 여익환이란 본피고인의 아명까지도 그 동안 시종일관 가명으로 둔갑되어 범죄구성의 줄거리가 되어야 했고, 어디 있는지 구경조차 못한 중부경찰서나 자유로운 분위기에서 취조받은 것으로 만들기 위해 서울구치소에서 취조를 했다고 쓰라고 해도 부르는 대로 혼미한 정신상태 속에서 써야만 했던 이 한 가지 사실만 해도 정보부에서의 각종 진술서나 심문조서, 진술조서 등의 허위성이 드러나고도 남음이 있다고 생각됩니다.

2. 5월 16일부터 시작된 검찰 진술도 결코 자유로운 분위기하에서 진행된 것이 아니었습니다. 당일 아침 일찍부터 정보부에서 이때까지 쓴 진술서가 복잡해서 정리하기가 힘들어 다시 하나 종합해서 써야 한다는 명분으로 미리 요지를 정리해놓았다면서 불러준 것을 받아쓰는 형식이 되었고, 이때까지의 조작진술에 또 다시 본피고인조차도 보지도 못한 것을 보았다고 진술해야만 했던 북괴 노동당 사업총화보고문을 하재완의 집에서 정만진, 임구호에게 각각 제공 탐독케 했다는 조작사실이 "당자들이 시인하고 있는데 너만 부인해서 너만 욕보지, 무슨 소용 있느냐"는 공갈협박과 심한 매질에 시인해야만 했고,

오후 5시경이 되자 어디로 가는지 시간이 됐다면서 정보부 6국 6계장 윤종원이 직접 진술서 작성하는 것을 중간부분에서 매듭짓고 무인케 한 후 지참하고 본인을 데리고 서울구치소에 도착 검찰관 앞으로 인도, 본피고인이 당일 쓴 진술서가 검찰관에게 제공되고 둘이서 "이 진술서는 너의 글씨가 틀림없고 내용도 맞지"하며 윽박대는 바람에 연일 계속된 취조에 기진맥진한 본피고인은 부인할 기력조차 없어 시인하지 않을 수 없었고,

윤종원이 잠깐 있다 돌아간 후, 이 진술서는 사실과는 전혀 다르다고 말했으나 대뜸 무슨 개수작이냐 그렇게 부인하려면 다시 정보부로 보낼 테니 정신을 개조해가지고 오라면서 욕설, 공갈, 협박을 하여 피로에 지쳐

의자에 기대어 말도 하기 귀찮고 어이가 없어 하는 본피고인의 의사와는 무관하게 정보부의 의견서(본인의 진술서와 내용이 꼭 같음)를 보며 검찰관이 질의 답변하는 형태로 부르면 서기가 받아쓰는 형태로 했고, 정보부의 의견서에 의해 조서가 작성되었기 때문에 조작된 사실이 그대로 인정되고, 또한 다른 피고인의 의견서 중 본인과 관련되는 부분을 무조건 종합해서 조서에 기록했기 때문에 정보부에서의 조작보다 더욱 엄청난 조작이 검찰 취조에서 이루어졌던 것입니다.

예를 들면, 이철, 유인태 등과의 관련 사실에서 화염병 제조, 각목사용 지시라느니 민족지도부 구성, 능력 만큼 일하고 일한 만큼 분배받는 사회건설 등 얼토당토 않은 말을 관련 피고들이 시인했으니 너도 시인해야 한다면서 조서상에 추가로 나열했으며, 하재완과의 관련사실에서도 있지도 않은 자금제공 등이 새로 삽입되는 넌센스를 빚었던 것입니다. 형식상의 취조, 일방적인 조서작성도 밤 10시가 되자 내일 계속하자면서 조서에 무인을 요구하기에 거절했더니, 정보부에 가면 안 찍을 수 없겠지 하며 정보부에 본피고인을 보내려고 하기에 본피고인의 힘으로는 불가항력이라고 허탈한 심정으로 무인을 해주었습니다.

3. 정해진 일정에 따라 강행된 3회 심문조서를 5월 18일 밤 끝내며 "그동안 고생 많았소. 이제 취조는 완전히 끝났으니 푹 쉬며 건강이나 회복하시오"하며 마지막으로 인간적인 위로를 해주던 말과는 달리 계획이 바뀌어졌는지 5월 25일부터 정보부 지하실에서 인민혁명당 재건을 위한 지도부 구성이란 말이 처음으로 등장되고, 본인에게는 학원담당책, 학원조직책 등의 벼락감투가 뒤집어 씌워졌습니다.

심지어 5월 28일의 진술서는 날짜까지도 5월 24일로 바꾸어 쓰게 했으며, 5월 30일에는 미리 마련된 진술조서에 의거, 진술서를 강제 작성케 했고, 날짜는 역시 5월 25일로 쓰게 했습니다. 나중에야 알았지만 5월 27일 공소제기를 했기 때문에 날짜의 조작도 필요했던 것으로 생각됩니다.

4. 정해진 일정과 시간에 허겁지겁 쫓기어 공소장대로 진술서를 쓰게 하고 공소장 내용대로 심문조서를 만든, 삼척동자가 보아도 조작사실이

당장 드러날 어리석은 행위도 연출되었습니다. 기록상으로는 6월 7일부터 6월 8일에 걸쳐 검찰에서의 진술서로 첨부되어 있는 것을 쓰게 했는 바, 진술서가 중복된 것이 많고, 종합적으로 정리된 것이 없어 총정리해서 하나로 만든다는 명목하에 다른 사람들이 다 시인했으니 사실이 아니냐 하며 5월 하순경 윤곽만을 조작해놓았던 인혁당 지도부 문제를 구체적으로 각색한 공소장 3, 4, 5항의 사실과 10, 11, 12, 13, 22, 30, 31항 등의 허위사실이 등장된 진술서를 고문과 강요에 못 이겨 밤을 새워가며 불러주는 대로 받아쓴 작업이 끝난 즉시 정보부 3층에 임시로 마련된 검찰관 취조실로 가서 조사관에 의해 진술서가 검찰관에게 제공되고, 형식적인 검찰심문을 받은 일이 있습니다.

① 본피고인의 진술서에 의거, 검찰에서의 4, 5회 심문조서가 작성되고 있을 때, 본피고인의 공소장 부본이 서울구치소에 도착(공소장 부본의 구치소 접수인이 6월 8일자임)되었고, 1심 판결시 유죄증거로 인정한 6월 8일자 진술서와 인쇄하여 두툼한 책자로 만들어진 본피고인의 공소장 부본 내용이 1항부터 62항까지의 사실이 항목 하나 틀리지 않고 같았으며, 진술서에는 모두사실과 범죄사실에 대한 법률적용 부분, 전시 공소사실, 상 피고인 등 공소장 기술상 필요한 용어만 빠졌을 뿐 문장내용까지 꼭 같다는 귀신이 곡할 사태가 생겼던 것입니다.

단지 내용 중 틀리는 부분이라고는 4항 30항의 사실이 약간 틀릴 뿐인데 4항은 '동 송상진, 동 이재문, 동 하재완 등 3인으로 하여금'이 '송상진, 이재문, 하재완 등 3인과 같이' 경북지도부를 구성한 것으로 표현되고, 그외 문장내용은 꼭 같은데, 그 까닭은 공소장 4항을 주의해 읽지 않으면 본 피고인도 같이 참석한 것같이 오인될 수도 있는 난해한 문장구성이라서 부르는 사람이 잘못 부른 것으로 생각됩니다.

30항도 1974년 3월 7일 21시경…… 이철, 유인태, 정문화, 나병식, 서중석 등으로 하여금 여기까지 불러주다가 "참 너는 이철, 유인태 외 딴 학생들은 모르지" 하며 "이건 이상한데" 하다가 한참 읽어보더니 본인이 사전에 이철, 유인태에게 지시하여 3월 7일 모임을 가지게 한 것으로 내용을 바꾸었을 뿐 그외 딴 내용은 꼭 같습니다.

② 6월 8일자 검찰 심문조서는 3, 4, 5항과 10, 11, 12, 13항만이 진술서와 약간 다르게 기록되었을 뿐 딴 사실은 진술서대로 기록되었는데, 그 이유는 진술서가 본인의 자의로 쓴 것이 아님을 말하고, 이 진술서상에 당장 거짓말이 드러나지 않느냐, 송상진은 그 당시 본인과 알지도 못하는데 같이 지도부를 구성한 것으로 되었고, 서도원, 하재완과는 이렇게 자주 만난 일도 없는데 만났다고 되었고, 진술서 내용대로 이러한 사실이 있었다고 가정하더라도 서도원, 하재완은 서로 잘 아는 사이로 그 동안 왕래가 있었을 것인데, 하필이면 8월에 있었던 일을 1월달에 말한다는 것은 상식적으로 있을 수 없다. 조작을 해도 좀 똑똑히 하라고 하니 순간 낭패한 기색으로 진술서를 보더니 무심결에 하는 말이 "좋다. 잘못 불렀다. 공소사실과 틀리게 돼 있군 그래"하더니 갑자기 험악한 표정으로 안색을 바꾸며 하재완이가 이재문, 송상진과 셋이서 결정하고, 그 당시 불참한 너에게 나중에 통고하고 너도 그것을 승락했다고 하던데, 너도 승락했으니 같이 한 것이나 마찬가지 아니냐고 호통을 치며, 조작을 해도 좀 똑똑히 하라는 본인의 말이 납득이 되던지 지도부 구성은 본인이 시인하면서도 1월달에 그러한 이야기는 없었다는 식으로 본인의 반박하는 말을 인용하여 그것을 그럴 듯하게 조작조서에 기록케 했으며,

10, 11, 12, 13항의 사실에서는 이 부분은 진술서 조서를 쓸 때마다 조작이 제일 많이 가해진 부분임을 지적하면서 혁신계 인사들과 친분이 있다는 이유로 빨갱이가 되어 있는 것만 해도 억울해 죽겠는데, 나이 어린 후배들까지 억울한 누명을 씌워서야 되겠느냐고 항의하니, 검찰관도 양심의 가책을 느꼈던지 임구호는 노동당 전당대회 보고문이 적힌 노트를 보았다고 되어 있는 것이 치명적인 약점으로 되어 조직의 일원으로 단정되는 것이고, 딴 애들은 너와 수차 만난 사실이 있어 반공법에 위반된 대화가 있었을 것이라고 수사관의 입장에서는 볼 수 있다는 말과 함께, 후배들을 걱정하는 마음을 갸륵히 여겨 좀 봐준다고 하면서 5월달에 한 검찰에서의 심문조서를 참고하면서 그와 비슷하게 하는 듯 하면서도 범죄사실이

성립되도록 조작해 부르면 서기가 기록했습니다.

마지막으로 할 말 없느냐고 묻기에 불교 집안에서 태어나 절밥을 먹으며 성장한 내가 갑자기 공산주의자가 되어 있으니 꿈만 같고 정말 억울하기 짝이 없다고 하니, 그 최후진술조차도 본피고인이 정말 죄를 짓고 참회하는 형태로 조작 기록케 했고, 이렇게 해야 군법회의 재판장이 참회 반성한 줄 알고 잘 봐줄 것이다라는 등 시종일관 분통 터지는 언동으로 일관했고, 천편일률적인 공갈 협박 속에서 심문조서에 무인을 찍어주지 않을 수 없었습니다.

Ⅲ. 1971년도의 반공법 위반 사건을 유죄로 인정함은 부당하다고 생각합니다. 헌법상 국민 누구에게나 엄연히 비판의 자유가 보장되어 있으며, 유죄판결은 이 기본권을 근본적으로 침해하는 부당한 판결이라 아니할 수 없습니다.

1. 1971년도 당시 이 사건을 수사 기소한 대구지검 이승빈 부장검사께서 공판정에서의 심문중 반독재구국선언문 중 반외세란 문구만 없었다면 기소하지 않았을 것이라고 말했습니다.

그러나 여기에 적힌 반외세는 공소장에서 주장하는 미군철수를 주장하며 반국가단체의 주장에 동조, 이를 이롭게 했다는 뜻이 아님은 선언문 내용 중 그러한 문구나 의미가 한마디도 없고, 선언문 전체의 구성논리로 보아 군국주의화되어가는 일본의 경제침략을 막아내자는 뜻임이 분명히 나타나고 있습니다.

당시 공판 중 변호인이 증거물로 제출한 1970년도 4·19 때 전국학생연맹에서 발표한 백서 형식으로 된 '학생운동의 나아갈 길'(당시 일간신문들이 요지를 기사화, 《사상계》 5월호, '민주전선'에는 전재됨)에 앞으로 학생운동의 방향은 반외세 반매판 운동으로 집약된다는 표현이 있고, 그외 그 당시 학생운동에서 흘러나온 수많은 문헌들과, 각종 토론대회나 잡지 등에 기고된 수많은 논문들의 경향에 거의 일본의 군국주의화 경계와 경제침략을 주제로 했는데, 유독 반독재선언문만이 유죄로 된다는 것은 있을 수 없는 부당한 위법행위입니다.

2. 월남전에 대해 말한 부분은 공소사실과 같이 월남파병을 근본적으로 반대하는 것이 아니고, 미군이나 월남군보다도 용감하게 전공을 세우면서도 몇 배나 적은 보수를 받고 있는 차별대우에 분격하여 그런 대우를 받으려면 차라리 가지 않는 것이 낫다는 심정으로 비판한 것이고, 당시 국내에서는 윤보선 전대통령과 고 서민호 선생이 월남파병을 반대하며 청부전쟁, 젊은이들의 피를 팔아 정권명맥 유지한다는 등의 발언을 한 바 있었고, 지식인층에서도 민족적 차별대우를 받으면서도 파병을 계속한 것은 정부가 경제적으로 궁핍하여 그 타개책으로 할 수 없이 수치를 무릅쓰고 파병하고 있다는 여론이 지배적이었습니다.

또한 미국, 서구라파 등 우방 제국에서도 월남 파병 문제는 비판적인 여론도 많았습니다. 또한 검찰조서에서 북괴나 월맹을 외국이라고 한 것은 사회학적인 면에서 국외의 통치집단을 지칭할 때 흔히 상식적으로 쓰이고 있는 다른 나라란 뜻에서 말한 것이지 결코 법적으로 우리나라가 주권을 인정한 정당한 법치국가란 뜻과는 거리가 먼 것이며, 이점은 검찰조서에서도 불법집단임을 명백히 한 것으로 알고 있습니다.

어떤 사람이든 중고등학교 다닐 때 지리시간에 세계에서 땅이 제일 넓은 나라는 소련, 인구가 가장 많은 나라는 중공이라는 강의를 들은 일이 있었을 것이고, 외국의 예와 비교해보자든지 다른 나라와 비교해보자든지 해서 미국을 비롯한 자유우방이나 소련, 중공, 동구라파 등의 기후, 풍물 등을 배운 일도 있을 것입니다.

3. 평화통일 문제는 이미 평화통일을 위하여 정부에서는 능동적으로 남북조절위원회, 적십자회담 등을 통하여 적극적으로 임하고 있음에 범죄사실이 될 수 없고, 북괴와의 대결에서 민주적 통일을 이룩하려면 민주정치가 실시되는 길만이 민주적 통일을 성취하는 첩경임은 그 누구도 부인 못할 사실입니다.

4. 교련, 예비군 문제는 근본적으로 그 자체를 비판한 것이 아니고, 교련, 예비군 등을 이용, 학원의 자유를 억압하고 국민 탄압에 수단으로 한

것을 비판했던 것입니다.

5. 노동자, 농민, 소시민, 양심적인 지식인, 중소기업가, 종교인에게 요구한다는 문구는 본피고인이 집필할 때 전국민으로 썼다가 그렇게 쓰면 너무 일반적으로 많이 쓰이는 선언문의 형식이라 글을 쓰는 사람의 욕심으로 멋을 내고 싶었고, 또한 글을 한번 검토해보니 무기력하고 곡학아세하는 지식인들에게 경각심을 주고, 구국운동을 위해 지식인들에게 특별히 분발하자는 내용을 넣고 싶은 생각도 있었는데, 그 내용도 빠지고 해서 사회의 전계층을 나열하여 짧은 글로서 여러가지 의미를 충족시켜보고 싶었습니다.

사회과학 용어상으로나 각종 문헌으로는 사회계층을 나타낼 때 노동자, 농민, 소시민 순으로 쓰는 것이 상식화되어 있고, 그외 양심적인 지식인, 중소기업가, 종교인 등 전사회계층을 생각나는 대로 망라한 것입니다.

6. 선언문의 일반적인 특징상 과격하며 선동적이고 풍자적인 용어가 반독재구국선언문에도 많은 것은 사실이나, 그것이 반국가단체를 찬양 고무 동조했다는 유죄의 증거로 될 수 없는 것임은 명백한 사실입니다.

존경하는 재판장님.

법은 존엄하고 만인 앞에 평등해야 할 것입니다. 억울한 누명 아래 사형언도를 받은 본피고인의 항소이유를 위와 같이 밝혔사오니 현명하신 판단으로 공정한 판결을 내려주시기를 기대합니다.

1974년 8월 13일

위 무인은 본인의 것임을 증명함

교도보 김성용

비상고등군법회의 재판장 귀하

항 소 이 유 서

피고인 나병식 · 김영일 · 유근일
이직형 · 서경석 · 여정남

위 사람들에 대한 대통령긴급조치 위반 등 피고사건에 관하여 별첨과 같이 항소이유를 밝힙니다.

1974. 8. 14

위 피고인들의 변호인 변호사 한승헌

비상고등군법회의 귀중

● 피고인 나병식, 김영일('오적' 사건 부분 제외), 유근일, 이직형, 서경석, 여정남에 대하여

원판결은 피고인들에 대한 공소사실을 모두 그대로 인용하고 각 공소적용 법조에 적힌 죄명에 해당된다고 판시하였으나,

I. 그와 같은 원판결은 채증법칙을 위반하여 적법한 증거에 의하지 아

니하고 사실을 인정한 위법을 범하고 있다.

원판결이 자료로 내세우고 있는 여러 증거는 모두 증거능력이 없거나 증명력이 없어 유죄의 자료가 될 수 없는 것들이다. 즉,

1. 검찰관 작성의 피고인 등에 대한 각 피의자 신문조서 및 각 진술조서와 각 자필진술서는 원심 법정에서 변호인이 각 그 성립은 인정하였으나 임의성을 부인하였으니, 각 그 진술의 임의성에 대한 별단의 입증이 없는 이상 증거능력이 없음이 증거법규상 뚜렷한 것이고,

2. 상 피고인들에 대한 검찰관 작성의 피의자 신문조서 및 각 진술조서와 공소 외의 다른 피의자들에 대한 피의자 신문조서 및 진술조서 그리고 그밖의 사람들에 대한 진술조서, 위 사람들의 일부가 쓴 자필진술서 등은 원심법정에서 변호인이 증거로 함에 동의하지 않았으며,

3. 그중 수명법무사의 증인신문에 나타난 각 원진술자의 진술에 관하여 살피건대 변호인의 참여 및 반대신문권 행사 아래 진술한 증인들의 진술내용은 한결같이 피고인들에 대한 공소혐의와 같은 범죄사실이 없었다는 것이었고, 수사기관에서 작성된 자기들의 조서나 진술서는 임의로 사실을 말할 수 없는 상태에서 모두 사실과 다른 내용으로 차 있다는 진술로 일관하였다.

그렇다면 수사기관에서 작성한 위의 각 조서 및 진술서는 원진술자에 의하여 그 성립이나 내용의 진실을 인정할 수 없음이 밝혀졌으니 증거로 삼을 수 없을 뿐만 아니라 나아가서 원판결이 내세우고 있는 수명법무사 작성의 증인신문조서도 그 내용이 모두 피고인들의 혐의 없음을 밝히고 있는 것이어서 유죄의 증거가 되지 못하는 것이다.

4. 하물며 나머지 증인들에 대하여는 변호인의 참여조차 없는 가운데 수명법무사의 신문이 강행되었으니 이는 피고인의 방어권 및 변호인의 변호권을 규정하고 있는 소송절차 법규에 위반되는 것으로서 그 신문의 효력은 무효라 할 것이며, 그 신문에 근거한 원진술자의 수사기관에서의 각 조서나 진술서 또한 증거능력이 부여될 수 없는 것임에도 불구하고 원심이 변호인의 참여 없이 강행한 수명법무사의 증인신문조서 및 그들의 수

사기관에서의 원진술까지 유죄의 증거로 하였음은 위법이라 아니할 수 없는 것이다.

5. 그밖에 원판결이 열거하는 다른 증거를 아무리 검토하여도 원심의 판시사실을 인정할 만한 자료가 없으니 결국 원판결은 증거에 의하지 아니하고 사실을 인정한 위법이 있다고 할 것이다.

Ⅱ. 원판결의 사실인정은 채증법칙에 관한 대법원 판결에 위반되는 것이다.

1. 설령 검찰관 작성의 피고인들에 대한 신문조서나 진술조서 및 진술서 가운데 일부 공소사실과 부합될 만한 내용의 기재가 되어 있다 하더라도 임의성이 없는 피고인의 자백에 의하여 유죄의 판결을 선고한 것은 위법이라 할 것이고(66. 2. 28. 대법원 판결),

2. 달리 공동 피고인의 진술이나 그밖에 보강증거가 없는 본건에서 부자유와 기망유도에 기인한 자백이었다는 다툼이 뚜렷한 본건에서 그 자백을 그대로 믿은 것은 위법이 아닐 수 없으며 (55. 6. 10. 대법원 판결),

3. 검사 작성의 피의자 신문조서의 내용이 공소사실에 부합되는 경우에 (임의성 문제는 앞서 따졌으니 별론으로 치고라도) 법정진술 및 그밖의 자료에 의하여 내용의 반증이 나와 있으면 마땅히 이를 증거로 할 수 없는 것이고, 설령 반증의 유무에 대한 논쟁을 접어놓고 말한다 해도 '반증이 없는 한 이를 증거로 하여 유죄의 판결을 하지 않으면 안된다는 채증법칙은 없다'는 대법원 판결(66. 9. 27 선고)에 비추어 본건 사실 인정은 채증법칙을 어긴 것이며,

Ⅲ. 원판결은 국가보안법상의 '반국가단체의 구성죄'와 형법상 내란죄 및 반공법상 '찬양고무행위'의 법리를 오해한 위법을 범하였다.

1. 무릇 '반국가단체'라 함은 국가보안법 제1조에 못박고 있듯이 정부

를 참칭하거나 국가를 변란할 목적으로 만든 결사 또는 집단을 뜻하는 것이며, 내란이라 함은 국토를 참절하거나 국헌을 문란할 목적으로 폭동을 일으키는 것을 그 구성요건으로 하고 있으며, 여기서 '국헌문란'이라 함은 형법 제91조가 명시하듯이 헌법 또는 법률에 정한 절차에 의하지 아니하고 헌법 또는 법률의 기능을 소멸시키는 것과, 헌법에 의하여 설치된 국가기관을 강압에 의하여 전복 또는 그 권능행사를 불가능하게 하는 것을 필요로 하는 것이다.

2. 그런데 본건의 경우를 보면 피고인들에게는 현사회에서의 여러가지 불법과 부정을 개탄하고 이의 시정과 각성을 촉구하기 위한 의사표현의 방법으로서 과범한 학생데모를 기도하기 위하여 서로 모여서 논의하였던 점만을 인정할 수 있고, 그들이 소망한 민주주의와 국민기본권의 회복은 우리나라 헌정질서의 궁극적 이념이요 목표는 될지언정 반국가나 국헌문란에 문의될 여지는 조금도 없는 것이다.

3. 그렇다면 피고인들에게는 '정부를 참칭하거나 국가를 변란할 목적' 또는 '국헌을 문란할 목적'이 전혀 없었던 것이 분명하고, 더구나 그러한 단체를 구성하였다고 단정할 증거는 존재치 않는다. 적어도 '단체의 구성'이라고 하기 위하여는 조직과 운영에 관한 최소한의 기본적 골격이라도 갖추어져야만 할 것인데, 학생 몇 사람이 모여서 학생운동에 관한 논의를 한 것만으로는 단체의 구성이라고 볼 수 없다. 나아가서 피고인들이 폭동을 기도한 사실은 더욱 없고, 오직 학생데모를 논의하였을 뿐인 것이다.

4. 결국 원판결은 본건 피고인들이 기도한 데모의 성격에 현정부에 대한 비판적 의도가 담겨 있었다는 점에 집착하여 현재의 상황 아래에서 시도되는 민주회복운동 내지 반정부적 학생데모의 목적을 국가변란이나 국헌문란의 목적과 혼동 내지 동일시하여 위 두 목적범의 법리를 오해한 것이라고 아니할 수 없다.

5. 또한 대규모적인 학생데모를 감행하는 일이 곧 폭동과 동격의 물리적 사태라고 폭동의 법리를 잘못 판단한 허물도 개재되어 있다고 아니할 수 없다.

6. 설령 학생데모가 일어났을 경우에 민중의 호응을 받아 폭동화된다고 가상에 가상을 거듭한다 할지라도 국헌문란의 폭동이 직접목적이 아니었는데 단지 파급효과로서 폭동이 예상된다 하더라도 그것은 내란죄를 구성하지 않는다는 것이 우리나라 대법원의 확립된 판례인 것이므로(68. 3. 5.) 연쇄반응을 이유로 하여 학생데모를 내란요건으로서의 폭동으로 사전에 예상함은 잘못이라 아니할 수 없다.

이처럼 반국가단체의 구성죄 및 내란죄에 대한 법리를 그릇 해석하고, 그런 바탕 위에서 각 그죄의 음모, 예비, 선동 등의 죄책을 인정한 원판결은 어느 모로 보나 법리를 오해하고 법률의 해석을 잘못한 것이라고 아니할 수 없다.

7. 그리고 반공법 제4조 제1항에 규정된 반국가단체 찬양 동조행위라는 것은 최소한 반국가단체를 이롭게 한다는 인식이 있어야만 하는 것인데, 본건 피고인들은 우리나라의 현실에 대하여 걱정하고 반성하며 잘못을 바로잡아야 되겠다는 생각에서 비판적인 대화와 문구를 썼을 뿐이라고 변소하고, 달리 그들에게 북한 공산집단을 이롭게 하려는 의도가 없었음을 알기에 족한 것이다.

그렇다면 피고인들의 소위는 우리나라 헌법이 보장하고 있는 언론의 자유, 표현의 자유 등의 범위를 벗어나지 않는 행위로서 국민기본권행사의 한계내의 언동으로 보아야 할 것이다. 그런 데도 불구하고 원심이 피고인들의 현실비판적인 언동을 반국가단체의 동조행위로 본 것은 필경 반공법 제4조 제1항의 법리를 오해한 잘못 때문이라고 할 것이다.

Ⅳ. 원판결에는 이유불비의 위법이 있다.

원판결은 32명의 피고인들에 대한 수백 항에 달하는 공소사실을 모두 인정하면서 그 증거설시에 있어서 누구에 대한 어느 사실을 어느 증거에 의하여 인정한다는 것을 알아볼 정도로 피고인별로 구분하여 밝히지 아니하였다.

뿐만 아니라 각 피고인들에 대하여 인정한 여러 범죄사실에 대한 법률적용에 있어서도 어느 사실에 대하여 어느 법조를 적용한 것인지를 개별적으로 적시하지 않았다.

무릇 형사소송법 제323조 제1항과 군법회의법 제368조 제1항에 유죄판결에는 그 판결이유에 범죄사실과 증거의 요지, 법령의 적용을 명시하라고 규정한 취지는 특정 피고인에 대한 특정의 증거를 개별적으로 밝힘은 물론이고 어떠한 범죄사실에 대하여 어떤 법률을 적용하였는지 객관적으로 알 수 있도록 분명하게 기재하라는 뜻이라 할 것인바, 따라서 앞서 본 바와 같은 원판결은 특정인에 대한 범죄사실에 대하여 무엇이 증거가 되었고, 특정된 판시사실에 대하여 어떤 법률을 적용하였는지 분별할 수 없는 것으로서 이유불비의 위법이 있다고 아니할 수 없다.(같은 취지 : 74. 7. 26. 대법원 전원합의부 판결)

● 피고인 김영일에 대한 반공법 위반 중 담시 '오적' 사건 부분(서울형사지법 70고 22427호 사건)

Ⅰ. 증거에 의하지 아니하고 사실을 인정한 위법

원판결이 들고 있는 유죄의 증거 중
1. 검사 작성의 피고인에 대한 피의자 신문조서는 그 내용에 있어서 피고인이 '오적' 시를 창작하여 《사상계》지에 발표케 하였다는 것뿐이지 반국가단체인 북한 공산집단을 찬양 동조할 의도로 그시를 썼다고 인정할 자료는 되지 못하며, 달리 범의를 인정할 증거가 없으며
2. 검사 작성의 부완혁, 김승균, 이현세, 정만기, 정욱표, 여석동 및 김성희 등에 대한 각 피의자 신문조서 또한 그 내용을 보면 그 피고인의 의도나 작품의 내용이 결코 반국가단체를 이롭게 하는 것이 아니라는 취지의 진술이므로 이것들을 가지고 유죄의 증거로 삼는 것은 잘못이고,
3. 본건 '오적' 시의 내용을 본다 하더라도 그 시詩 안에 부정부패, 빈부의

격차, 강자의 횡포, 현실의 부조리상이 다루어지고 있기는 하지만, 이것은 서민을 대변하여 현실을 비판, 고발하는 데 본의가 있을 뿐, 계급의식의 고취 등과는 아무런 관계도 없는 것이며, 만일 부정한 계층, 부류에 대한 비판을 금지케 한다면 바로 그런 태도야말로 계급의식의 고취라 할 것이다.

4. 또한 '오적' 시에 담겨 있는 정도의 사회비판적 내용은 자유민주체제 하에서라면 당연히 허용되어야 할 언론, 창작 등 표현의 자유에 속하는 것이며, 우리 헌법상 보장된 기본권행사의 한도를 넘어선 것이 아니다.

5. 설령 그 작품이 반국가단체의 선전에 이용될 가능성이 있다 하더라도 그러한 이유만으로 곧 작품 자체를 반국가적으로 볼 수는 없는 것이다. 반국가단체의 선전에 이용당할 우려만으로 범의 없는 행위가 위법시되거나 처벌된다는 것은 죄형법정주의를 저버린 반헌법적 논리이다.

6. 그 시詩 속에 나타난 바와 같은 부정부패와 부조리상이 바로잡히기를 갈망하는 작자의 의도를 도외시하고 창작의 소재로서 다룬 현실의 맹점이 마치 피고인에 의하여 새로이 조작된 듯이 보고 문학화된 작품과 작자를 형사적 안목으로 죄책을 묻는 것은 잘못이라 하겠다.

7. 그밖에 본건 '오적' 시를 용공작품으로 보아 반국가단체를 찬양 동조했다고 볼 아무런 증거도 없으며, 서울형사지방법원에서 의뢰한 감정인의 감정결과(감정서)에 의하더라도 이 '오적' 시는 결코 반국가단체를 찬양 동조하는 작품이 아니며, 작자인 피고인에게 그러한 의도가 있다고 볼 수 없다는 점이 충분히 밝혀져 있는 것이다.

그렇다면 원판결은 필경 적법한 증거에 의하지 아니하고 유죄의 판시를 한 사실오인의 위법을 범한 것으로 볼 수밖에 없다.

Ⅱ. 반공법 제4조 제1항의 법리를 오해한 위법

앞서 나병식 등에 대한 항소이유 중 제Ⅱ항 법리오해의 위법주장 부분을 원용함.

판결문

비 상 고 등 군 법 회 의

판 결

사건번호   74비고 군형항 제14호 제15호 제16호
사 건 명   (가) 대통령 긴급조치위반
            (나) 국가보안법 위반
            (다) 내란예비 음모
            (라) 내란선동
            (마) 반공법 위반
            (바) 뇌물공여
            (사) 국회의원선거법 위반
            (아) 집회 및 시위에 관한 법률 위반

피고인의 인적사항: 별지와 같다.
항 소 인   각 피고인들
변   론   거침
관여검찰관: 검사 백광현
관여변호인: 변호사 조성기 (피고인 서도원, 동 하재완, 동 송상진)
변호사 황계룡 (피고인 도예종, 동 전재권)
변호사 조승각 (피고인 이수병)
변호사 윤익준 (피고인 김용원)
변호사 김종길 (피고인 우홍선, 동 전창일, 동 김한덕 동 강창덕, 동 조만호, 동 이재형, 동 임구호)

변호사 최재덕 (피고인 이창복)

변호사 김용국 (피고인 정민진)

변호사 정태흠 (피고인 이태환)

변호사 함정호 (피고인 유진곤)

변호사 홍성우, 동 황인철 (피고인 이철, 동 유인태, 동 서중석, 동 이근성, 동 정윤광, 동 강구철, 동 이강철, 동 정하영, 동 임규영, 동 김영준, 동 송무호, 동 김수길, 동 김효순, 동 이현배)

변호사 이세중 (피고인 정문화, 동 황인성, 동 정상복, 동 안재웅, 동 나상기, 동 이광일)

변호사 한승헌 (피고인 나병식, 동 유근일, 동 이직형, 동 서경석, 동 여정남)

변호사(국선) 윤의준 (피고인 황현승, 동 김종대, 동 나경일, 동 구충서)

원판결:
비상보통군법회의 74형공 제35, 36호 74. 7. 11. 선고.
비상보통군법회의 74형공 제14, 17, 18호 74. 7. 13. 선고.
서울형사지방법원 71고합 386, 421, 447호 71. 6. 29. 선고.

피고인의 인적사항

1. 성명: 서도원 (가, 나, 다, 마)
생년월일: 1923. 3. 27.생
직업: 무직
주거: 경북 대구시 동구 범어동 600-17
본적: △△△△△△

2. 성명: 도예종 (가, 나, 다, 마)
생년월일: 1924. 12. 25.생

직업: 삼화건설 회장
주거: 대구시 서구 성당동 138
본적: △△△△△△

3. 성명: 하재완 (가, 나, 다, 마)
생년월일: 1932. 1. 10. 생
직업: 무직
주거: 대구시 서구 성당동 290
본적: △△△△△△

4. 성명: 이수병 (가, 나, 다, 마)
생년월일: 1933. 4. 17. 생
직업: 삼락일어학원 강사
주거: 서울 서대문구 응암동 74-3
본적: △△△△△△

5. 성명: 김용원 (가, 나, 다, 마)
생년월일: 1935. 11. 10. 생
직업: 경기여자고등학교 교사
주거: 서울 영등포구 방화동 583-11
본적: △△△△△△

6. 성명: 우홍선 (가, 나, 다, 마)
생년월일: 1930. 3. 6. 생
직업: 한국골든 스탬프사 상무이사
주거: 서울시 서대문구 갈현동 281-149
본적: △△△△△△

7. 성명: 송상진 (가, 나, 다, 마)
생년월일: 1923. 10. 30. 생
직업: 양봉업
주거: 대구시 남구 대봉동 3구 590-62
본적: △△△△△△

8. 성명: 전창일 (가, 나, 다, 마)
생년월일: 1921. 11. 8. 생
직업: 극동건설 외공부장
주거: 서울 성북구 석관동 332-637
본적: △△△△△△

9. 성명: 김종대 (가, 나, 다, 마)
생년월일: 1936. 3. 23. 생
직업: 삼락일어학원 원장
주거: 서울 서대문구 불광동 1-119
본적: △△△△△△

10. 성명: 황현승 (가, 나, 다, 마)
생년월일: 1935. 4. 29. 생
직업: 광신상업고등학교 교사
주거: 서울 용산구 보광동 10-52
본적: △△△△△△

11. 성명: 이창복 (가, 나, 다, 마)
생년월일: 1933. 10. 19. 생
직업: 무직
주거: 서울 도봉구 번동 437-1

본적: △△△△△△

12. 성명: 김한덕 (가, 나, 다, 마)
생년월일: 1932. 3. 1. 생
직업: 부록제조업
주거: 서울 마포구 망원동 66-13
본적: △△△△△△

13. 성명: 나경일 (가, 나, 다, 마)
생년월일: 1930. 12. 7. 생
직업: 노동
주거: 경북 대구시 동구 신천동 900번지
본적: △△△△△△

14. 성명: 강창덕 (가, 나, 다, 마)
생년월일: 1923. 11. 30.생
직업: 무직
주거: 대구시 동구 범어동 267-15
본적: △△△△△△

15. 성명: 전재권 (가, 나, 다, 마)
생년월일: 1923. 3. 20. 생
직업: 상업
주거: 대구시 중구 대신동 115
본적: △△△△△△

16. 성명: 이태환 (가, 나, 다, 마)
생년월일: 1926. 3. 20. 생

직업: 측량설계사
주거: △△△△△△
본적: △△△△△△

17. 성명: 조만호 (가, 나, 마)
생년월일: 1935. 2. 21. 생
직업: 학교 도서보급
주거: 대구시 중구 삼덕동 2가 184
본적: △△△△△△

18. 성명: 정만진 (가, 나, 마)
생년월일: 1940. 2. 10. 생
직업: 목욕업
주거: 대구시 남구 대명동 1구 1591-6
본적: △△△△△△

19. 성명: 이재형 (가, 나, 마)
생년월일: 1939. 1. 22. 생
직업: 가전사주
주거: 경북 영천군 영천읍 과전동 100
본적: △△△△△△

20. 성명: 임구호 (가, 나, 다, 마)
생년월일: 1943. 6. 25. 생
직업: 고려학원 강사
주거: 대구시 동구 수송동 1가 32-9
본적: △△△△△△

21. 성명: 유진곤 (가, 나, 다, 마)
생년월일: 1937. 5. 4. 생
직업: 대산목재 사장
주거: 서울 마포구 서교동 369-17
본적: △△△△△△

22. 성명: 이철 (가, 나, 다, 라)
생년월일: 1943. 3. 13.
직업: 서울 대학교 문리과대학 사회학과 3년
주거: 서울 마포구 서교동 357의 1
본적: △△△△△△

23. 성명: 유인태 (가, 나, 다, 마)
생년월일: 1943. 9. 5.
직업: 목재상
주거: 서울 도봉구 미아동 130의 87
본적: △△△△△△

24. 성명: 여정남 (가, 나, 다, 마)
생년월일: 1944. 5. 7.
직업: 무직
주거: 대구시 동구 파동 81
본적: △△△△△△

25. 성명: 정문화 (가, 나, 다, 마)
생년월일: 1951. 3. 24.
직업: 서울대학교 문리과대학 외교학과 4년
주거: 서울시 용산구 원효로 1가 17-54

본적: △△△△△△

26. 성명: 황인성 (가, 나, 다, 마)
생년월일: 1953. 1. 27.
직업: 서울대학교 문리과대학 독문학과 4년
주거: 경남 사천군 사천읍 정의동 396
본적: △△△△△△

27. 성명: 나병식 (가, 나, 다, 마)
생년월일: 1949. 2. 25.
직업: 서울대학교 문리과대학 국사학과 4년
주거: 서울시 관악구 봉천동 665
본적: △△△△△△

28. 성명: 서중석 (가, 나, 다)
생년월일: 1943. 8. 25.
직업: 서울대학교 문리과대학 국사학과 4년
주거: 서울시 관악구 흑석2동 산 91
본적: △△△△△△

29. 성명: 이근성 (가, 나, 다)
생년월일: 1951. 1. 25.
직업: 무직
주거: 서울시 서대문구 갈현동 12-466
본적: △△△△△△

30. 성명: 정윤광 (가, 나, 다, 마)
생년월일: 1947. 5. 23.

직업: 서울대학교 문리과대학 철학과 4년
주거: 경남 고성군 회화면 삼덕리 1866
본적: △△△△△△

31. 성명: 강구철 (가, 나, 다)
생년월일: 1950. 5. 25.
직업: 서울대학교 문리과대학 정치학과 3년
주거: 충남 대전시 성남 3동 9번지
본적: △△△△△△

32. 성명: 구충서 (가, 나, 다)
생년월일: 1954. 9. 13.
직업: 단국대학교 문리과대학 사학과 1년
주거: 서울시 서대문구 홍제동 222의 40
본적: △△△△△△

33. 성명: 이강철 (가, 나, 다, 마)
생년월일: 1947. 5. 6.
직업: 무직
주거: 경북 대구시 남구 대봉동 141-3
본적: △△△△△△

34. 성명: 정화영 (가, 나, 다, 마)
생년월일: 1949. 3. 19. 생
직업: 경북대학교 법정대학 정치과 4년
주거: 경북 대구시 서구 비산동 1구 699
본적: △△△△△△

35. 성명: 임규영 (가, 나, 다, 마)
생년월일: 1953. 10. 4.
직업: 경북대학교 사범대학 사회학과 4년
주거: 경북 대구시 서구 원대동 3가 1374-13
본적: △△△△△△

36. 성명: 윤한봉 (가, 나, 다)
생년월일: 1943. 12. 22.
직업: 전남대학교 농과대학 축산과 4년
주거: 전남 광주시 서구 용봉동 119
본적: △△△△△△

37. 성명: 김영준 (가, 나, 다)
생년월일: 1947. 4. 16.
직업: 연세대학교 상경대학 경제학과 4년
주거: 서울시 영등포구 개봉동 49
본적: △△△△△△

38. 성명: 송무호 (가, 나, 다)
생년월일: 1952. 1. 16.
직업: 연세대학교 상경대학 경영과 2년
주거: 서울시 영등포구 영등포동 2가 440
본적: △△△△△△

39. 성명: 김수길 (가, 나, 다)
생년월일: 1952. 11. 9.
직업: 성균관대학교 법정대학 행정학과 3년
주거: 경북 상주군 상주읍 낙양동 34

본적: △△△△△△

40. 성명: 김효순 (가, 나, 다, 마)
생년월일: 1953. 1. 9.
직업: 무직
주거: 경기도 시흥군 서면 광명리 158-550
본적: △△△△△△

41. 성명: 유근일 (가, 나, 라)
생년월일: 1938. 1. 30.
직업: 중앙일보 논설위원
주거: 서울시 동대문구 중화동 395-25
본적: △△△△△△

42. 성명: 이현배 (가, 나, 라, 마)
생년월일: 1944. 1. 29.
직업: 서울대학교 대학원 사학과 2년, 상록학원 강사
주거: 서울시 도봉구 번동 410의 58
본적: △△△△△△

43. 성명: 정상복 (가, 다, 라)
생년월일: 1944. 6. 5.
직업: 한국기독학생총연맹 간사
주거: 서울시 용산구 효창동 산 1
본적: △△△△△△

44. 성명: 이직형 (가, 라, 바)
생년월일: 1933. 4. 23.

직업: 한국기독학생총연맹 총무
주거: 서울시 동대문구 이문동 221의 36
본적: △△△△△△

45. 성명: 안재웅 (가, 라)
생년월일: 1940. 3. 14.
직업: 한국기독학생총연맹 간사
주거: 서울시 서대문구 북아현동 197-6
본적: △△△△△△

46. 성명: 나상기 (가, 다, 라)
생년월일: 1949. 7. 3.
직업: 한국기독학생총연맹 이사
주거: 전남 광주시 동명 1동 189의 1
본적: △△△△△△

47. 성명: 서경석 (가, 라)
생년월일: 1948. 10. 6.
직업: 무직
주거: 서울시 서대문구 홍제동 278-19
본적: △△△△△△

48. 성명: 이광일 (가, 다, 라)
생년월일: 1950. 3. 29.
직업: 훈련병 61042204
주거: 보병 제30사단 신병교육대
본적: △△△△△△

주문: 1 피고인 서도원, 동 도예종, 동 하재완, 동 이수병, 동 김용원, 동 우홍선, 동 송상진, 동 전창일, 동 김한덕, 동 나경일, 동 강창덕, 동 이태환, 동 조만호, 동 정만진, 동 이재형, 동 유진곤, 동 이철, 동 유인태, 동 여정남, 동 정윤광, 동 윤한봉, 동 김수길, 동 정상복, 동 안재웅, 동 나상기, 동 서경석, 동 이광일의 각 항소를 모두 기각한다.

항소 이후의 구금일수 중 45일을 피고인 조만호, 동 정만진, 동 이재형, 동 정윤광, 동 윤한봉, 동 김수길, 동 정상복, 동 안재웅, 동 나상기, 동 서경석, 동 이광일의 각 원심 징역형에 각 산입한다.

2. 피고인 김종대, 동 황현승, 동 이창복, 동 전재권, 동 임구호, 동 정문화, 동 황인성, 동 나병식, 동 서중석, 동 이근성, 동 강구철, 동 구충서, 동 이강철, 동 정화영, 동 임규영, 동 김영준, 동 송무호, 동 김효순, 동 유근일, 동 이현배, 동 이직형에 대하여는 각 원심판결을 모두 파기한다. 피고인 김종대, 동 정문화, 동 황인성, 동 나병식, 동 서중석, 동 이근성, 동 김효순, 동 유근일을 각 징역 20년과 자격정지 15년에,

동 황현승, 동 이창복, 동 임구호, 동 전재권, 동 강구철, 동 이강철, 동 정화영, 동 임규영, 동 김영준, 동 송무호를 각 징역 15년과 자격정지 15년에, 동 동 구충서, 동 이직형을 각 징역 12년과 자격정지 12년에,

동 이현배를 무기징역에 각 처한다.

원심판결 선고 전 구금일수 중 피고인 서중석, 동 정화영, 동 임규영, 동 이직형에 대하여는 각 100일을, 동 정문화, 동 황인성, 동 나병식, 동 구충서에 대하여는 각 90일을,

동 이근성, 동 김영준, 동 송무호에 대하여는 각 85일을,

동 이강철에 대하여는 80일을,

동 유근일, 동 강구철에 대하여는 각 75일을,

동 김효순에 대하여는 70일을,

동 김종대, 동 이창복, 동 임구호, 동 전재권에 대하여는 각 65일을,

동 황현승에 대하여는 60일을,

각 원심징역형에 각 산입한다.

3. 74 비고군형항 제14호 사건으로 압수된 증제61호 내지 73호는 피고인 이현배로부터, 증제78호 내지 81호는 동 이직형으로부터, 증제98호는 동 황인성으로부터, 증제99호 제100호 제229호 제230호는 동 나병식으로부터, 증제101호 내지 제108호는 동 서중석으로부터, 증 제111호 내지 제134호 제205호는 동 이근성으로부터, 증 제136호 내지 제149호 제151호 내지 제158호는 동 정화영으로부터, 증 제159호 내지 제180호는 동 임규영으로부터, 증 제189호 제190호는 동 송무호로부터, 증 제228호는 동 김효순으로부터,

74비고군형항 제15호 사건으로 압수된 증제 46호 내지 제51호는 동 임구호로부터, 증 제200호 내지 제202호는 전재권으로부터 이를 각 몰수한다(품목은 별지기재).

4. 피고인 이근성에 대한 국회의원선거법 위반 등 피고사건에 관한 검사의 항소는 이를 기각한다.

별지 1. 74비고군형항 제14호

몰수한 압수품 목록(번호 품목 수량)

61 《소비엣트 사회사》 1권
62 《일본 사회당론》
63 《일본의 노동자 계급》
64 《중국 공산당사》
65 《공산정권하의 중국》 상, 하 2권
66 《볼쉐비즘의 정치 이론》 1권
67 《현대정치의 5개사상》 1권
68 《민족주의》 1권
69 《현대 아세아의 혁명과 법》 2권
70 일본 민족주의의 연구
71 《중국의 법과 안보제도 7》
72 중국 공산당
73 중국의 종교
78 예금통장(구) 1권
79 예금통장 (신) 1권
80 현금출납 노-트 1권
81 현금출납 노-트 1권
98 《한국 노동운동사》 1권
99 초안문 (4·3반박) 2부
100 《대일민족 선언》 1권
101 《혁명로선의 모색》 1권
102 《이성과 혁명》 1권

103 《혁명과 경제》 1권
104 《중국 공산당서》 1권
105 《공산정권하의 중국》 2권
106 《쏘련 정치활동》 1권
107 《전향》(상과 중)
108 수첩 1권
111 회전등사기 1대
112 타자기 1대
113 격문 전단 1만 매
114 민중의 소리 350매
115 민중, 민족, 민주선언 900매
116 반독재 민주구국 선언 445매
117 갱지 8절 87매
118 고급원고지 2권
119 등사원지 15매
120 타자원지 6매
121 철필 3개
122 등사잉크 3통
123 스탠드용 전구 1개
124 원지 정정약 1병
125 드라이브 2개
126 호치키스 알 1갑
127 휘발유 2병
128 등사잉크 솔 1개
129 등사용 장갑 1켤레
130 이불 보자기 3매
131 《이성과 혁명》 1권
132 《소비에트 사회사》 1권
133 《맑스 주의론》 1권
134 트란지스터 라디오 1대
136 민중의 소리 53부
137 민중, 민족, 민주선언 1매
138 지식인, 언론인, 종교인에게 드리는 글 1매
139 반독재 민주구국 선언문(3.21.경북대) 13매
140 반독재 민주구국 선언문(3.21.경북대) 80매
141 등사기(지구표) 1매
142 등사용 로라 1개
143 철줄판 (일제) 1개
144 철필 1개
145 등사잉크 1통
146 붓 1개
147 먹물 1병
148 반독재 민주구국 선언문(초안문) 8매
149 구호문(초안문) 2매
151 구호문(유인물) 11매
152 프랭카드(반독재 민주구국 민주인사학생석방 민주헌법 제정) 4매
153 돌(유인물 투입용) 2개
154 등사원지 2매
155 반독재 민주구국 선언문 519매
156 《다리》지 1권

157 한국 풍토연구회 회칙 2매
158 담시(5적) 3매
159 백봉투 37매
160 8절 갱지 100매
161 16절 갱지 30매
162 한풍회 회칙 1권
163 한풍회 회원 카-드 47매
164 자유의 종(유인물) 11매
165 의단 (유인물) 2부
166 전이 (유인물) 2부
167 정진 (유인물) 5부
168 한맥 (유인물) 1부
169 백서 (유인물) 1부
170 《학생운동》 1권
171 유인물(71년 총학생회 발간) 3매
172 반독재 구국선언문 1매
173 전국 공동선언문 3매
174 결의문 1매
175 대한 언론인에게 1매
176 우리는 고발한다 1매
177 군사교육철폐 1매
178 내 나라 (유인물) 1부
179 교련 철폐투쟁선언 2부
180 한국문제 레퍼트 1부
189 단도 및 칼집 1개
190 연설문 원고문 1매
205 학원 수호가 400매
228 《삼민주의》 1권
229 휴대용 트란지스타 1대
230 가정용 트란지스타 1대

별지 2. 74비고군현항 제15호

몰수한 압수품 목록(번호 품목 수량)

46 경북대학 공동선언문 40매
47 반독재 구국선언문 5매
48 구국선언문(원고) 1매
49 전국대학공동선언문 1매
50 반독재 구국선언문 1매
51 성명서 1매
200 일산회(등산)회원수첩 1개
201 도내 산악단체 및 친선 등산대회 회원명단 1부
202 공원 정우회 경리관계 노트 1권

이유: 1. 항소이유

1) 피고인 서도원, 동 하재완, 동 송상진의 변호인 변호사 조성기의 각 항소이유의 요지는,

첫째 피고인들은 공산주의 사상을 갖지도 아니하였음은 물론 인혁당 재건을 위한 공산비밀지하조직인 경북지도부를 구성하거나 전국 민주청년학생총연맹을 조직하여 학생데모를 선동, 정부전복을 기도하고자 하는 행동을 한 바 없으므로 원심판결은 사실을 오인하였고,

둘째 원심양형은 부당하게 과중하다고 함에 있으며,

2) 피고인 우홍선, 동 전창일, 동 김한덕, 동 강창덕, 동 조만호, 동 이재형, 동 임구호들의 변호인 변호사 김종길의 각 항소이유의 요지는,

첫째 원심이 피고인들을 유죄로 인정하는 증거라는 피고인에 대한 사법경찰관 및 검찰관 작성의 각 피의자 신문조서와 상피고인들에 대한 사법경찰관 및 검찰관 작성의 각 피의자 신문조서 등이나 위 각 신문조서들은 강압에 의하여 작성된 것일 뿐만 아니라 증거로 함에 동의하지도 아니하였으므로 이를 유죄의 증거로 한 것은 채증법칙을 위배한 것이고, 둘째 따라서 원심판결은 적법한 증거 없이 사실을 인정한 잘못을 범하였을 뿐만 아니라 이로 인하여 사실을 오인하였고,

셋째 원심양형은 과중하다고 함에 있으며,

넷째 피고인 김한덕과 동 임구호 부부에 대하여는 증인신문 신청을 이유 없이 기각한 위법이 있고,

3) 피고인 도예종, 동 전재권의 변호인 변호사 황계룡의 각 항소이유의 요지는,

첫째 피고인 도예종은 국헌을 문란하거나 국토를 참절할 목적도 없었음은 물론 인혁당 재건을 위한 반국가단체인 경북지도부 및 서울지도부를 조직한 사실 및 그 지도위원이 된 사실이 없을 뿐만 아니라 이를 인정할 증거도 없으며 또한 동 전재권도 위 경북지도부를 조직하거나 그 구성원이 된 사실이 없음은 물론 전국민주청년학생총연맹 등의 단체에 활동자금을 준 사실이 없을 뿐만 아니라(상피고인 송상진에게 빌려준 것이다) 이를 인정

할 증거도 없으므로 원심판결은 사실을 오인하였거나 아니면 증거 없이 사실을 인정한 잘못을 저질렀고,

둘째 전국 민주청년학생총연맹이 조직된 것은 1974. 3. 7.이고 피고인 전재권이 상피고인 송상진을 만나 금원을 빌려준 것은 그 이전의 일이기 때문에 송상진은 그 구성원이 될 수도 없으므로 아무런 증거설시도 하지 아니하고 피고인이 동인에게 금원을 빌려준 사실만으로 곧 대통령 긴급조치 제4호 위반이라 한 것은 증거 없이 사실을 인정한 잘못을 범하였고,

셋째 국가보안법상 반국가단체구성죄에 있어서 단체라 함은 단체로서의 위력을 가질 정도의 다수인의 결합체이고 또한 그 주장이 과학적이고 실현가능성이 있어야 할 것인바 피고인들이 조직하였다고 하는 경북지도부와 서울지도부는 그 조직내용도 불분명할 뿐만 아니라 그 구성원도 소수이기 때문에 국가를 변란한다는 것은 불가능한 것이므로 이를 국가보안법상의 반국가단체라고 한 원심판결은 동조의 법리를 오해하였다고 함에 있는 듯하고,

넷째 검찰관 및 사법경찰관 작성의 피고인과 상피고인들에 대한 각 피의자 신문조서와 진술서 등은 강요에 의하여 임의로 작성된 것이 아니므로 이를 유죄의 증거로 한 원심판결은 채증법칙에 위배하였고,

다섯째 원심판결이 위와 같이 위 조서만을 믿고 합리성있는 피고인과 상피고인의 법정진술을 배척한 것은 자유심증주의 남용과 공판중심주의에 위배한 것이고,

여섯째 군법회의법 제340조에 의하면 법무사는 피고인 또는 변호인에게 증거의 증명력을 다룰 기회, 즉 반대신문권을 부여하도록 규정하고 있음에도 불구하고 원심은 제2차 및 제3차 변론기일에서 공동피고인들에 대한 변호인의 반대신문권을 주지 아니하였으므로 원심은 위 법조에 위배한 잘못도 저질렀고,

일곱째 따라서 이와 같이 공동피고인들에 대한 반대신문권도 주지 아니하였으므로 사법경찰관 및 검찰관 작성의 공동피고인들에 대한 신문조서, 진술조서 등을 증거로 할 수 없음에도 이를 유죄의 증거로 채택한 것도 잘

못이고,

　　여덟째 원심양형은 부당하게 과중하다는 데 있다.

　4) 피고인 이수병의 변호인 변호사 조승각의 항소이유의 요지는,

　　첫째 피고인은 원심판시와 같이 인혁당 재건을 위한 공산비밀지하조직인 서울지도부를 구성하거나 그 지도적 임무에 종사한 바도 없고 또한 민청학련에 관여한 바도 없을 뿐만 아니라 북괴의 지령을 받거나 또는 북괴의 활동에 동조 등 행위를 한 바 없으며 또한 대통령 긴급조치에 위반한 사실도 없으므로 원심판결은 사실을 오인하였고,

　　둘째 검찰관 및 사법경찰관 작성의 피고인과 상피고인들에 대한 각 피의자 신문조서들은 고문에 의하여 작성된 것이므로 이를 증거로 한 원심판결은 채증법칙에 위배한 잘못을 저질렀고

　　셋째 원심이 유죄의 증거로 적시한 것 중 트란지스터 라디오, 그 레시버와 일본서적 2권은 참고는 될 수 있으나 유죄의 증거로는 되지 못함에도 불구하고 이를 증거로 채택한 위법이 있고,

　　넷째 원심양형은 부당하게 과중하다고 함에 있으며,

　5) 피고인 김용원의 변호인 변호사 윤의준의 항소이유의 요지는,

　　첫째 검찰관 및 사법경찰관 작성의 피고인에 대한 각 피의자 신문조서는 강요에 의하여 임의로 작성된 것이 아니므로 원심은 마땅히 이러한 증거를 배척하고 진실을 밝힌 피고인들의 법정진술을 증거로 하여야 함에도 불구하고 원심이 위 법정진술을 배척하고 위 조서를 채택한 것은 채증법칙에 위배된 것이고,

　　둘째 피고인은 원심판시와 같은 사실을 범한 일이 없으므로 원심판결은 사실을 오인하였고,

　　셋째 원심양형은 부당하게 과중하다고 함에 있다.

　6) 피고인 이창복의 변호인 변호사 최재덕의 항소이유의 요지는,

　　첫째 피고인에게는 원심판시와 같은 범의가 없었으므로 원심판결은 사실을 오인하였고,

　　둘째 원심양형은 부당하게 과중하다는 데 있으며,

7) 피고인 정만진의 변호인 변호사 김용국의 항소이유의 요지는,

첫째 군법회의법 제356조 1항 단서에 의하면 '피고인이 된 피의자의 진술을 기재한 조서는 그 진술이 특히 신빙할 수 있는 상태에서 행하여진 때에 한하여 그 피의자였던 피고인의 공판준비 또는 공판기일에서의 진술에 불구하고 증거로 할 수 있다' 라고 규정되어 있는 바, 피고인과 상피고인들이 검찰관에게 한 진술은(원심 법정에서의 진술에 비추어보아) 특히 신빙할 수 있는 상태에서 행한 것이라고는 믿어지지 아니하므로(또한 위 조서들의 내용도 인정치 아니하였고 증거로서 동의도 하지 아니하였으므로) 위 조서들을 증거로 한 원심판결은 채증법칙에 위배하였고,

둘째 공판기일에 현출된 증거에 치중하여 사실을 인정함이 공판중심주의 원칙인 바, 원심은 피고인들의 공판정에서의 진술을 배척하고 검찰관 작성의 신문조서만을 채택한 것은 공판중심주의 원칙에 위배한 것이고,

셋째 피고인들의 원심법정에서의 진술에 비추어보면 원심판결은 사실을 오인하였고,

넷째 원심양형은 과중하다고 함에 있으며,

8) 피고인 이태환의 변호인 변호사 정태흠의 항소이유의 요지는,

첫째 피고인에 대한 공소사실은 사실무근이므로 이를 유죄로 단정한 원심판결은 사실을 오인하였고,

둘째 위와 같이 사실무근임을 입증키 위하여 증인신문 신청을 하였으나 이를 채택치 아니하고 검찰관이 제출한 증거에 의하여 유죄로 판시한 것은 채증법칙 위배 내지 심리미진의 위법을 범하였다고 함에 있으며,

셋째 수사기관 작성의 조서들은 강요에 의하여 임의로 작성된 것이 아니므로 이를 유죄의 증거로 한 것은 잘못이며,

넷째 피고인이 경북지도부의 구성원으로서 지도적 임무에 종사하였다는 것은 이를 인정할 아무런 증거 없으며,

9) 피고인 유진곤의 변호인 변호사 함정호의 항소이유의 요지는,

첫째 피고인은 반국가단체의 지도적 임무에 종사한 사실도 없고 내란을 예비한 사실도 없으며, 대통령 긴급조치를 비방한 사실도 없고 또한 상피

고인 김용원의 행위내용을 알지도 못하기 때문에 긴급조치 4호에 의한 고지를 안한 것이므로 원심판결은 사실을 오인하였다고 함에 있고,

둘째 검찰관 작성의 피고인 및 상피고인들에 대한 각 피의자 신문조서들은 임의로 작성된 것이 아니므로 이를 증거로 한 원심판결은 채증법칙에 위배하였고,

셋째 피고인은 원심법정에서 공소장 적시의 일시, 장소에서 상피고인들과 만난 일이 없고 그 일시에는 다른 곳에 있었다고 변호하고 이를 입증키 위하여 증인신문 신청을 한 바 있으나 원심은 정당한 이유 없이 이를 기각하였으므로 원심은 심리미진의 위법이 있고,

넷째 원심은 공판기일에서 변호인에게 상피고인들에 대한 반대신문의 기회조차 주지 아니하고 사실심리를 종결하였으므로 소송법규에 위배한 잘못을 저질렀고,

다섯째 원심양형은 부당하게 과중하다고 함에 있으며,

10) 피고인 서도원, 동 도예종, 동 하재완, 동 이수병, 동 김용원, 동 우홍선, 동 송상진, 동 전창일, 동 김종대, 동 황현승, 동 이창복, 동 정만진, 동 이재형, 동 조만호, 동 강창덕, 동 나경일, 동 김한덕, 동 임구호, 동 이태환, 동 전재권, 동 유진곤의 각 항소이유의 요지는,

첫째 피고인들은 공산주의자도 아니고 반국가단체를 구성하거나 그 지도적 임무에 종사한 일도 없으며 기타 공소사실들은 전부 허위사실이므로 원심판결은 각 사실을 오인하였다고 함에 있고,

둘째 검찰관 및 사법경찰관 작성의 피고인들에 대한 각 피의자신문조서와 진술조서 및 자술서 등은 강요에 의하여 임의로 진술한 것이 아니므로 이를 증거로 한 원심판결은 채증법칙에 위배하였다고 함에 있고,(단, 피고인 우홍선, 동 황현승은 제외)

11) 피고인 서도원, 동 하재완, 동 이수병, 동 김용원, 동 전창일, 동 김한덕, 동 강창덕, 동 조만호, 동 이재형, 동 이창복, 동 정만진, 동 임구호의 각 항소이유 셋째점과 동 우홍선, 동 황현승의 항소이유 둘째점의 각 요지는 원심양형이 과중하다는 데 있으며,

12) 피고인 송상진의 항소이유 셋째점과 동 임구호의 항소이유 넷째점의 요지는 원심법정에서 변호인이 피고인과 관계되는 여정남 등에 대한 증인신문을 신청하였으나 정당한 이유 없이 원심이 이를 기각한 것은 위법이고,

13) 피고인 유진곤의 항소이유 셋째점과 요지는 원심은 피고인과 변호인에게 진술 및 반대신문의 기회조차 주지 아니하였을 뿐만 아니라 증인신문 신청을 이유 없이 기각한 위법을 범하였고,

14) 동 나경일의 항소이유 셋째점의 요지는 원심판정 사실은 피고인의 검찰관 및 사법경찰관에게 한 임의성 없는 자백 이외에는 이를 인정할 자료없으므로 원심은 채증법칙에 위배한 잘못을 저질렀고,

15) 피고인 이철, 동 유인태, 동 서중석, 동 이근성, 동 정윤광, 동 강구철, 동 이강철, 동 정화영, 동 임규영, 동 김영준, 동 송무호, 동 기수길, 동 김효순, 동 이현배의 변호인 변호사 홍성우, 동 황인철의 항소이유의 요지는,

첫째 법률상 재판의 대심과 판결은 공개함이 원칙이고 특별한 경우에 한하여 군법회의의 결정으로 공개하지 아니할 수 있을 뿐임에도 불구하고 원심은 제한의 결정을 한 바도 없이 공판정에 입정할 수 있는 자를 피고인의 직계존속 및 처 중 한 사람과 극소수의 국방부 출입기자로 한정하여 사실상 비공개로 재판을 진행함으로써 재판공개의 규정에 위배하였고,

둘째 증인신문에 피고인과 변호인은 참여권과 신문권이 보장되어 있으므로 증인신문 기일에는 반드시 피고인과 변호인에게 기일통지와 함께 소환을 하여 참여시켜야 할 것임에도 불구하고 원심은 수명법무사가 증인신문을 행함에 있어 피고인들을 소환하지 아니하여 피고인들이 이에 참여하지도 못하였을 뿐만 아니라 1974. 4. 6. 오후의 기일에는 변호인들의 참여도 없이 행하였으므로 동 증인신문조서들은 증거능력이 없다 할 것이고 따라서 이를 유죄의 증거로 한 원심판결은 채증법칙에 위배하였고,

셋째 또한 위 법정의 증인신문은 군법회의법 제206조의 요건에도 해당하지 아니하는 사정 아래에서 행하여진 위법이 있고

넷째 검찰관 작성의 참고인 신상초 외 62명에 대한 피의자 신문조서, 진

술조서, 자필진술서, 감정서 등은 모두 전문증거들로서 법정에서 적법한 증거조사를 거치지 아니하면 그 증거능력이 없음에도 불구하고 원심이 적법한 증거조사를 거침이 없이 이를 유죄의 증거로 한 것은 채증법칙의 위반이고,

다섯째 군법회의법 제209조 1항 단서에 의하면 제1회 공판기일 전에는 증거조사를 할 수 없도록 되어 있으므로 비상보통군법회의 서기 최명림 작성의 조직위에 대한 증인신문조서 등본은 위 규정에 위배하여 실시된 것으로서 그 증거능력이 없음에도 원심은 이를 증거로 한 잘못이 있고,

여섯째 비상보통군법회의 서기 조규철 작성의 하재완, 이수병, 김용원 및 서도원에 대한 공판조서 등본이나 같은 서기 최명림 작성의 하야가와 요시하루, 다시가와 마사키 및 조직위에 대한 공판조서 등본은 모두 이 사건의 공판준비 또는 공판기일에서 작성된 조서가 아니기 때문에 적법한 증거조사를 거치지 아니하는 한 증거능력이 없음에도 불구하고 적법한 증거조사를 거침이 없이 증거로 채택한 것은 채증법칙을 위배한 것이고,

일곱째 검찰관 작성의 피고인들에 대한 각 피의자 신문조서와 각 진술조서 및 피고인들의 자필진술서 등은 강요에 의하여 임의로 작성된 것이 아니고 또한 이러한 증거 외에는 원심판시 사실을 인정할 증거가 없으므로 원심판결은 채증법칙에 위배한 잘못을 저질렀고,

여덟째 피고인들이 기도하였던 것은 평화적인 데모로서 정부전복을 목적으로 하는 폭력적 데모는 아니었고, 또한 전국민주청년학생총연맹(이하 민청학련이라 약칭함)은 데모할 때 유인물에 사용하려고 만든 명칭에 불과한 것이지 단체로서 인정할 만한 조직체가 아니며 또한 피고인들은 반국가단체인 북괴의 활동을 찬양하거나 이롭게 할 의도는 전혀 없었으므로 원심판결은 사실을 오인하였다고 함에 있고,

아홉째 국가보안법상 반국가단체라 함은 단체 또는 결사를 인정할 수 있을 만한 외형과 실체를 갖추어야 할 것인바, 피고인들이 조직하였다는 민청학련은 그 조직과 부서도 없고 구성원의 범위도 특정되지 아니하였으므로 이를 국가보안법상의 반국가단체 구성으로 의율한 원심판결은 동죄

의 법리를 오해하였고,

열째 피고인 이현배에 관하여 피고인이 구독하였다는 《아세아의 혁명과 법》이라는 책은 정식으로 수입한 국내서점에서 구입한 것일 뿐만 아니라 학문적 탐구로서 이를 구입한 것이지 결코 반국가단체를 이롭게 할 의도로서 구입한 것도 아니고 또한 피고인의 행위는 내란선동 행위를 한 것이 아니므로 원심은 사실을 오인하였고,

열한째 피고인 이현배에 대한 원심양형은 부당하게 과중하며,

16) 피고인 정문화, 동 황인생, 동 정상복, 동 안재웅, 동 나상기, 동 이광일의 변호인 변호사 이세웅의 항소이유의 요지는,

첫째 원심은 수명법무사가 증인신문을 행함에 있어 피고인들을 소환하지 아니한 채 진행함으로써 피고인들의 참여권을 박탈하였으므로 이러한 위법한 절차에 의하여 작성된 증인신문조서는 증거능력이 없어 이를 증거로 한 원심판결은 소송절차 및 채증법칙에 위배하였을 뿐만 아니라 이러한 위법은 대법원의 판례에 어긋나는 것이며,

둘째 법무사는 피고인 또는 변호인에게 반대신문권 등 증거의 증명력을 다툴 기회를 주어야 함에도 불구하고 원심 수명법무사는 증인신문기일에서 변호인들에게 반대신문의 기회를 일절 주지 아니한 채 진행함으로써 소송법규에 위배한 잘못을 저질렀을 뿐만 아니라 그러한 절차에 의하여 작성된 증인신문조서는 증거능력이 없으므로 이를 증거로 한 원심판결은 채증법칙에 위배하였고,

셋째 피고인 정문화, 동 황인성은 순수한 학생데모를 기도한 일은 있으나 정부를 전복하려는 폭력혁명을 기도한 사실이 없을 뿐만 아니라 국가를 변란할 목적으로 민청학련을 구성한 사실이 없고, 위 명칭은 단지 데모시 유인물에 사용하려고 만든 것에 불과하며 또한 북괴의 활동을 찬양, 고무 또는 이에 동조한 사실이 없으며 피고인 정상복, 동 안재웅, 동 나상기, 동 이광일 등은 한국기독학생총연맹의 간부들로서 내란을 예비하거나 선동한 사실이 없고 피고인들은 민청학련의 존재자체도 긴급조치 제4호가 공포됨으로써 비로소 알았으나 상피고인 나병식, 황인성 등이 그 구성원

이거나 동 단체와 관련이 있는지 몰랐기 때문에 고지하지 아니한 것이므로 원심판결은 사실을 오인하였다고 함에 있고,

넷째 검찰관작성의 피고인들에 대한 피의자신문조서는 강요에 의하여 임의로 작성된 것이 아니므로 이를 유죄의 증거로 한 것은 잘못이며 또한 이러한 증거 이외에는 공소사실을 인정할 증거 없으므로 원심은 증거 없이 사실을 인정한 잘못을 저질렀고,

17) 피고인 나병식, 동 유근일, 동 이직형, 동 서경석, 동 여정남의 변호인 변호사 한승헌의 항소이유의 요지는,

첫째 검찰관 작성의 피고인들에 대한 각 피의자 신문조서는 강요에 의하여 임의로 진술한 것이 아니므로 증거능력이 없는 것이고,

둘째 위와 같이 임의성 없는 자백은 유죄의 증거로 할 수 없는 것임에도 불구하고 증거로 한 것은 채증법칙에 위배한 잘못일 뿐만 아니라 대법원의 판례에도 어긋나는 것이며,

셋째 검찰관 작성의 피고인들에 대한 각 피의자 신문조서, 공소 외 다른 피의자들에 대한 각 피의자 신문조서, 기타 사람들에 대한 참고인 진술조서 등은 증거로 함에 동의하지 아니하였을 뿐만 아니라 원진술자들의 원심법정에서의 진술에 의하여도 위 조서들은 임의로 작성된 것이 아니므로 모두 증거능력이 없으며,

넷째 원심 수명법무사가 행한 증인신문 절차는 피고인은 물론 변호인의 참여 없이 진행하였으므로 그 증인신문조서는 증거능력이 없을 뿐만 아니라 그 증인신문에 근거한 원진술자들에 대하여 수사기관에서 작성한 진술조서 등도 증거능력이 부여될 수 없으므로 이를 유죄의 증거로 한 것은 채증법칙에 위배한 잘못이 있고,

다섯째 이와 같이 증거능력이 부여되지 아니한 증거들을 제외하고는 원심판시 사실을 인정할 아무런 증거 없으므로 원심판결은 증거 없이 사실을 인정한 잘못이 있으며

여섯째 국가보안법상의 반국가단체라 함은 정부를 참칭하거나 국가를 변란할 목적으로 만든 결사나 집단을 말하고 내란이라 함은 국토를 참절

하거나 국헌을 문란할 목적으로 폭동을 일으키는 것을 말하는바, 피고인들은 현사회의 부정부패에 대한 시정과 각성을 촉구하기 위한 의사표현 방법으로 과감한 정부비판 시위를 하려고 한 것이지 결코 국가변란이나 국헌문란의 목적으로 한 것은 아니므로 반정부적 시위의 목적을 국가변란 또는 국헌문란의 목적과 동일시한 것은 잘못일 뿐만 아니라 대규모적인 학생데모를 곧 내란죄의 폭동과 동격의 물리적인 사태라고 한 것 또한 폭동의 법리를 오해한 잘못이며, 그리고 국헌문란의 목적은 직접적이어야 하므로 설사 학생데모시 민중의 호응을 받아 폭동화된다 하더라도 이는 내란죄를 구성하는 것이 아니므로 원심은 어느 점으로 보나 내란죄의 법리를 오해한 것이고,

일곱째 국가보안법상의 반국가단체구성죄에 있어서의 단체의 구성이라 하려면 적어도 단체로서의 조직 및 운영에 관한 최소한의 기본적인 골격이 갖추어져야 할 것인데 이건에서 구성하였다는 민청학련은 학생 몇 사람이 모여서 학생운동에 관한 논의를 한 것에 불과하므로 이를 반국가단체의 구성이라고 인정한 원심판결은 동죄의 법리를 오해하였고,

여덟째 반공법 제4조 1항의 반국가단체의 찬양, 동조 등 행위는 반국가단체를 이롭게 한다는 인식이 있어야 할 것인바 피고인들은 우리나라 현실의 잘못된 점을 시정해야 되겠다는 생각에서 비판적인 대화와 문구를 쓴 것이고 따라서 이는 언론의 자유, 표현의 자유의 행위이므로 원심판결은 반공법 제4조 1항의 법리를 오해하였고,

아홉째 원심판결은 그 증거설시에 있어서 누구에 대한 어느 사실을 어느 증거에 의하여 인정하였는가를 분명히 구분도 하지 아니하였을 뿐만 아니라 어느 피고인에 대한 범죄사실을 어느 법령을 적용하였는지조차 불분명하므로 원심판결은 이유불비의 잘못을 범하였다고 함에 있으며,

18) 피고인 윤한봉의 변호인 변호사 임광규의 항소이유의 요지는,

첫째 원심은 증인신문 기일에 피고인이나 변호인에게 참여할 기회를 주지 아니하였고 따라서 피고인이나 변호인은 반대신문도 하지 못하였으므로 그 절차에 의하여 작성된 증인신문조서는 증거능력이 부여되지 아니하

며,

둘째 피고인들이 기도한 것은 대규모적인 학생데모에 불과한 것이고 따라서 이러한 정도의 행위로는 국헌을 문란케 할 폭동이나 국가변란의 정도에는 미치지 못하므로 내란예비음모라고는 할 수 없고,

셋째 원심양형은 부당하게 과중하다고 함에 있으며,

19) 피고인 구충서의 국선변호인 변호사 윤의준의 항소이유의 요지는 원심양형이 과중하다고 함에 있고,

20) 피고인 이철, 동 유인태, 동 여정남, 동 정문화, 동 황인성, 동 나병식, 동 서중석, 동 이근성, 동 정윤광, 동 강구철, 동 구충서, 동 이강철, 동 정화영, 동 임규영, 동 윤한봉, 동 김영준, 동 송무호, 동 김수길, 동 김효순의 각 항소이유의 요지는,

첫째 피고인들 배후에 인혁당과 일본공산당 등이 있다는 것은 사실무근이고 민청학련은 데모시 유인물에 적어넣기 위하여 만든 명칭에 불과하고 실제로 그러한 단체를 구성하지 아니하였을 뿐만 아니라(또한 그러한 단체를 알지도 못하였고) 설사 구성하였다 하더라도 이는 순수한 학생단체이므로 반국가단체가 아니며 피고인들이 데모를 예비한 일은 있으나 내란을 예비한 사실도 없고 북괴를 이롭게 할 의도에서 행동한 바도 없으므로 원심판결은 사실을 오인하였으며, 둘째 검찰관 및 사법경찰관 작성의 피고인들에 대한 각 피의자 신문조서와 피고인들의 자필진술서들은 고문과 강요에 의하여 임의로 작성된 것이 아니므로 이는 증거능력이 없다고 함에 있고, (피고인 이근성, 동 김영준, 동 송무호, 동 김효순 등은 제외)

21) 피고인 유인태, 동 나병식, 동 김수길의 각 항소이유 첫째점의 요지는,

대통령 긴급조치는 악법이고 또한 정부의 잘못을 국민이 시정시켜야 할 권리의무가 있으므로 이를 준수하지 아니하거나 또는 정부의 잘못을 시정시키기 위한 행동은 국민의 저항권 행사이므로 위법성이 조각되는 것이라고 함에 있는 듯하고,

22) 피고인 이철의 항소이유 셋째점과 동 유인태의 항소이유 넷째점의

요지는,

피고인들이 화염병을 준비하려 하였다고 하지만 이는 박카스병이나 페니실린병으로 만들려고 하였던 것이고 또한 이러한 화염병과 각목, 투석 등으로는 사람을 살상하거나 정부를 전복할 수 없는 것이므로 원심은 폭동의 법리를 오해하였다고 함에 있는 듯하고,

23) 피고인 여정남, 동 이강철의 각 항소이유 셋째점의 요지는,

원심은 검찰관의 증인신문 신청은 전부 채택하고 피고인측의 증인신문 신청은 전부 기각한 위법이 있고,

24) 피고인 여정남의 항소이유 넷째점 동 강구철의 항소이유 셋째점과 동 김영준, 동 김효순의 항소이유 둘째점의 요지는 피고인들이 평화적인 데모로 의사표시를 하거나 정부의 실정 및 대통령 긴급조치를 비판하는 것은 언론, 집회의 자유인 국민의 기본권 행사의 행위이므로 위법성이 조각되는 것이라고 함에 있으며,

25) 피고인 여정남의 항소이유 다섯째점 동 이강철, 동 윤한봉, 동 김수길의 각 항소 이유 넷째점과 동 정상복의 항소이유 다섯째점 및 동 정윤광의 항소이유 셋째점의 요지는, 원심은 피고인의 진술기회는커녕 변호인의 반대신문 기회마저 주지 아니하였을 뿐만 아니라 증인신문 기일에서 피고인과 변호인의 참여권 및 신문권을 부여하지 아니한 잘못을 저질렀고,

26) 피고인 유근일, 동 이현배, 동 정상복, 동 이직형, 동 안재웅, 동 나상기, 동 서경석, 동 이광일의 각 항소이유 첫째점의 요지는, 피고인들은 내란을 선동한 사실도 없고 긴급조치 1호에 위반한 사실 및 반공법위반 사실도 없으므로 원심판결은 사실을 오인하였다고 함에 있고,

27) 피고인 유근일, 동 정상복, 동 서경석의 각 항소이유 둘째점의 요지는,

검찰관 작성의 피고인과 상피고인들에 대한 각 피의자 신문조서들은 강요에 의하여 임의로 작성된 것이 아니므로 이를 증거로 한 것은 채증법칙에 위배한 것이라고 함에 있으며,

28) 피고인 유근일, 동 정상복, 동 서경석의 각 항소이유 셋째점과 피고

인 이직형, 동 안재웅, 동 나상기, 동 이현배, 동 이광일의 각 항소이유 둘째점의 각 요지는,

피고인들은 민청학련과 아무런 관계가 없거나 그 단체의 존재도 모르고 또한 그 구성원이 누구인가를 몰랐기 때문에 고지하지 아니한 것이므로 원심판결은 사실을 오인하였다고 함에 있고,

29) 피고인 임규영의 항소이유 셋째점과 동 송무호의 항소이유 둘째점의 요지는 대통령 긴급조치 4호에서 규정하는 고지의무에 따라 기억나는 대로 거의 다 고지하였음에도 불구하고 피고인들을 위 조치 4호에 의율한 것은 동조치의 법리를 오해하였고,

30) 피고인 윤한봉의 항소이유 넷째점의 요지는 판결을 선고함에는 판결이유를 고지하여야 함에도 불구하고 이를 고지하지 아니하였으므로 원심은 소송법규에 위배한 잘못을 저질렀다고 함에 있고,

31) 피고인 유근일의 항소이유 넷째점의 요지는 피고인은 원심법정에서 검찰관 작성의 피고인과 상피고인 나병식에 대한 각 피의자 신문조서는 임의로 된 것이 아니라고 하면서 피고인이 무고함을 진술하였음에도 불구하고 피고인들의 법정진술을 배척하고 위 조서 등을 증거로 채택한 것은 자유심증주의 남용으로 채증법칙에 위배한 잘못이라고 함에 있고,

32) 피고인 정상복의 항소이유 넷째점의 요지는, 원심은 피고인에게 법률을 확대해석하여 적용하였으므로 죄형법정주의에 위배하였다고 함에 있는 듯하고,

33) 피고인 유근일의 항소이유 다섯째점과 동 이직형, 동 서중석, 동 이현배의 각 항소이유 셋째점 및 동 정상복의 항소이유 여섯째점의 요지는 원심양형이 과중하다는 데 있으며,

34) 피고인 이근성에 대한 국회의원선거법위반 등 피고사건에 관한 검사의 항소이유의 요지는

첫째 원심은 '피고인과 상피고인 등이 1971. 5. 17. 11:30경 서울시 종로구 관훈동 소재 신민당사 옆골목에서 불법집회를 주최하였다' 는 공소사실에 대하여 피고인들의 행위는 동당사내에서 있을 5. 25.총선 보이코트

요구를 관철시키기 위한 집회를 준비하려 한 과정에 불과하며 다수인의 공동목적을 갖고 일정한 장소에 집합하는 이른바 독립된 옥외집회라고는 볼 수 없다고 판시하여 무죄를 선고하였으나 검사 작성의 피고인들에 대한 각 피의자 신문조서와 피고인들의 원심법정에서의 진술 등에 비추어보면 피고인들이 당초 학교에서 선배학생들로부터 연락을 받을 때 일단 신민당사 앞 노상에서 집결하여 선배들의 지시를 받아 다음 행동을 취하도록 지시를 받았고 또한 피고인들이 적어도 30분 내지 1시간 이상 동 당사 앞 주변 노상에서 대기한 사실을 인정할 수 있고 이러한 사실이 인정되는 이상 이는 분명히 별개의 집회행위라고 볼 수 있으며 당시 피고인들은 경우에 따라서는 당초의 예상보다 학생수가 적게 모인다든지 또는 학생대표들과 신민당측과의 협의가 잘 되지 아니하든지 하는 경우에는 동당사에 들어가지 아니할 수도 있는 것이므로 원심판결은 사실을 오인하였고,

 둘째, 피고인들이 동일 12:00경 신민당사에 들어가 헌법의 민주적 기본질서에 위배되는 불법집회 시위를 개최하였다는 공소사실에 대하여 원심은 어느 특정한 1개 정당이 선거에 참여하는 것을 반대한다고 하여 그것이 곧 헌법의 민주적 기본질서에 위배되는 것이라고는 속단하기는 어려울 뿐더러 가사 피고인들의 집회가 헌법의 민주적 기본질서에 위배되는 것이라 하더라도 그 집회가 공공의 안녕과 질서에 직접적이고도 명백한 위험을 미치는 경우라야만 집회 및 시위에 관한 법률이 규제의 대상으로하는 집회에 든다 할 것이나 피고인들의 이건 행위는 공공의 안녕질서에 직접적이고도 명백한 위험을 가져오는 것이라고는 볼 수 없고 따라서 가별적 위법성이 없다고 하였으나 그러나 제1야당으로하여금 헌법의 규정에 의한 국정의 참여, 자유로운 투사에 의한 다수의 확정, 평등·보통선거를 하지 못하게 하기 위한 피고인들의 행위는 동법에서 말하는 헌법의 민주적 기본질서에 위배되는 집회 또는 시위라고 아니할 수 없으며 또한 피고인들 30여 명이 집단을 이루어 제1야당인 신민당에 침입하여 동당의 선거대책 수립의 최고책임자인 김의택, 방일홍 등에게 5·25총선거 거부문제를 동당 운영위원회에 회부하여 정식 결정하자고 위협하였음을 인정할 수 있고

이러한 행위는 공공의 질서에 직접적이고도 명백한 위험을 가져오는 것이라 할 것이므로 원심판결은 사실을 오인하였거나 아니면 동법 법리를 오해하였고,

셋째 선거를 방해하였다는 공소사실에 관하여 원심은 선거의 자유라 함은 특정한 선거에 관한 피선거인의 선거운동과 선거인의 투표 및 판단의 자유를 말하는 것이고, 선거의 자유를 방해한다 함은 선거운동 내지 투표행위를 구성하는 여러가지 심신활동의 자유를 방해할 추상적인 위험을 초래하는 것으로는 부족하고 현실로 그 방해의 결과가 생기든가 또는 그러한 구체적 위험이 생기는 것을 지칭하는 것이라 할 것인바, 피고인들의 이건 행위는 그것으로서 곧 선거인과 피선거인에 대한 선거의 자유에 대해 직접적이고 구체적인 위험을 주는 행위라고는 볼 수 없다고 판시하였으나 그러나 선거의 자유란 특정한 선거에 임하는 모든 관계자들의 선거에 관련한 모든 행동의 자유를 말하는 것이고 또한 피고인들은 모두 서울대학교 각 단과대학의 각 대표자들이므로 광대한 학생조직을 배경으로 한 이건 피고인들의 행위는 선거의 자유를 방해할 결과 발생의 구체적 위험이 충분히 있으므로 원심판결은 동법의 해석을 그릇된 잘못을 저질렀다고 함에 있다.

2. 항소이유에 대한 판단

1) 먼저 피고인들과 각 피고인의 변호인 변호사들의 항소이유 중 사실오인, 심리미진의 주장을 함께 본다.

살피건대 일건기록과 원심에서 적법하게 조사한 증거들을 모두어보니 원심이 판시한 각 피고인들에 대한 범죄사실들은 이를 넉넉히 인정할 수 있고 달리 원심이 사실을 그릇 인정하였거나 그 사실인정 과정에 심리를 다하지 아니한 잘못을 찾아볼 수 없으므로 논지 모두 이유 없다.

2) 피고인 우홍선, 동 전창일, 동 김한덕, 동 강창덕, 동 조만호, 동 이재형, 동 임구호들의 변호인의 항소이유 첫째점, 동 도예종, 동 전재권의 변호인의 항소이유 넷째점, 동 이수병의 변호인의 항소이유 둘째점, 동 김용원의 변호인의 첫째점,(전단부분) 동 이태환의 변호인의 항소이유 셋째점

동 유진곤의 변호인의 항소이유 둘째점, 동 서도원, 동 도예종, 동 하재완, 동 이수병, 동 김용원, 동 송상진, 동 전창일, 동 김종대, 동 이창복, 동 정만진, 동 이재형, 동 조만호, 동 강창덕, 동 나경일, 동 김한덕, 동 임구호, 동 이태환, 동 전재권, 동 유진곤의 각 항소이유 둘째점과, 피고인 이철, 동 유인태, 동 서중석, 동 이근성, 동 정윤광, 동 강구철, 동 이강철, 동 정화영, 동 임규영, 동 김영준, 동 송무호, 동 김수길의 변호인의 항소이유 여섯째점(전단부분) 피고인 나병식, 동 유근일, 동 이직형, 동 서경석, 동 여정남의 변호인의 항소이유 첫째점, 피고인 정문화, 동 황인성, 동 정상복, 동 안재웅, 동 나상기, 동 이광일의 변호인의 항소이유 넷째점(전단부분) 피고인 이철, 동 유인태, 동 정문화, 동 황인성, 동 나병식, 동 서중석, 동 정윤광, 동 강구철, 동 구충서, 동 이강철, 동 정화영, 동 임규영, 동 윤한봉, 동 김수길, 동 여정남, 동 유근일, 동 정상복, 동 서경석의 각 항소이유 둘째점을 함께 본다.

　먼저 사법경찰관 작성의 각 피고인들에 대한 피의자 신문조서들은 원심이 이를 증거로서 채택하지 아니하였으므로 이점에 대하여는 판단할 필요가 없고, 다음 검찰관 작성의 각 피고인들에 대한 피의자 신문조서와 진술조서 및 자필진술서 그리고 참고인들에 대한 진술조서 등에 관하여 보건대 일건기록을 아무리 정사하여보아도 위 조서 등이 강요에 의하여 임의로 작성된 것이 아니라고 의심할 만한 아무런 자료를 찾아볼 수 없고, 또한 일건기록을 정사하여보니 피고인들 및 참고인들은 원심 법정에서 검찰관 작성의 피고인에 대한 각 피의자 신문조서 진술조서 및 자필진술서 그리고 참고인들에 대한 진술조서 등의 성립의 진정을 인정하였으므로 동 조서 등은 모두 증거능력이 인정되는 것이고 따라서 이에 대하여 동의 여부는 불필요하므로 논지 이유 없으며,

　3) 피고인 나병식, 동 유근일, 동 이직형, 동 서경석, 동 여정남의 변호인의 항소이유 둘째점을 보건대 위 2)에서 본 바와 같이 피고인들의 검찰관에게 한 자백은 임의로 한 것이 아니라고 볼 만한 자료 없으므로 동 진술의 임의성이 없음을 전제로 하는 채증법칙 위반 및 판례위반의 주장은

논지 이유 없다.

4) 피고인 도예종, 동 전재권의 변호인의 항소이유 다섯째점, 동 정만진의 변호인의 항소이유 둘째점, 동 김용원의 변호인의 항소이유 첫째점(후단부분) 및 피고인 유근일의 항소이유 넷째점을 함께 본다.

살피건대 증거의 취사 선택은 심판부의 자유심증에 의하는 것인바, 일건 기록을 정사하여보니 원심이 피고인들의 법정진술을 배척하고 검찰관 작성의 각 조서를 증거로 채택한 것이 논리상 또는 경험법칙에 반한 판단이라고는 할 수 없을 뿐만 아니라 이러한 증거판단의 문제는 공판중심주의와는 무관한 것이며 또한 원심 공판조서를 정사하여보니 검찰관 작성의 각 조서들을 공판정에 현출시켜 적법한 증거조사를 하였음이 명백하므로 논지는 모두 이유 없다.

5) 피고인 도예종 동 전재권의 변호인의 항소이유 여섯째점, 피고인 유진곤의 변호인의 항소이유 넷째점, 피고인 유진곤의 항소이유 셋째점(전단부분) 피고인 정문화, 동 황인성, 동 정상복, 동 안재웅, 동 나상기, 동 이광일의 변호인의 항소이유 둘째점과 피고인 윤한봉의 변호인의 항소이유 첫째점(전단 부분) 피고인 이강철, 동 윤한봉, 동 김수길의 각 항소이유 넷째점(전단 부분)과 동 여정남의 항소이유 다섯째점(전단 부분)과 정윤광의 항소이유 셋째점(전단 부분) 동 정상복의 항소이유 다섯째점(전단 부분)을 함께 판단한다.

살피건대 군법회의의 재판장 또는 법무사는 소송관계인의 신문이나 진술이 중복된 사항이거나 또는 그 사건에 관계없는 사항인 때 기타 상당하지 아니한 때에는 소송관계인의 본질적인 권리를 해하지 아니하는 범위내에서 이를 제한할 수 있는 바, 기록에 의하여 원심공판 조서를 살펴보니 원심이 그 심리과정에서 피고인들에게 진술의 기회를 전혀 주지 아니하였다거나 변호인의 반대신문권의 기회를 부여하지 아니하여 판결에 영향을 미칠 정도로 그들의 본질적인 권리를 제한하였다고 인정할 만한 자료를 찾아볼 수 없으므로 논지 이유 없다.

6) 피고인 도예종, 동 전재권의 변호인의 항소이유 일곱째점을 살피건

대 위 5)에서 판시한 바와 같이 상 피고인들에 대한 변호인의 반대신문권을 전혀 주지 아니하였다고 볼 만한 자료도 없을 뿐만 아니라 공동피고인들이 원심법정에서 검찰관 작성의 신문조서, 진술조서들이 성립의 진정을 인정하고 있으므로 (사법경찰관 작성의 각 조서는 원심이 증거로 채택하지 아니하였으므로 논외로 한다), 이를 유죄의 증거로 사용함에 아무런 영향이 없고 따라서 논지 이유 없으며,

7) 피고인 정만진의 변호인의 항소이유 첫째점을 보건대 위 2)부분에서 본 바와 같이 피고인과 상 피고인들은 원심 법정에서 검찰관 작성의 각 피의자 신문조서의 성립의 진정을 인정하였을 뿐만 아니라 일건기록을 아무리 정사하여보아도 위 조서들이 신빙할 수 없는 상태하에서 작성된 것이라고 믿을 만한 아무런 자료를 찾아볼 수 없으므로 논지 이유 없다.

8) 피고인 우홍선, 동 전창일, 동 김한덕, 동 강창덕, 동 조만호, 동 이재형, 동 임구호의 변호인의 항소이유 넷째점 등 이태환의 변호인의 항소이유 둘째점, 동 유진곤의 변호인의 항소이유 셋째점, 피고인 임구호의 항소이유 넷째점, 동 송상진의 항소이유 셋째점과 동 유진곤의 항소이유 셋째점(후단 부분), 동 여정남, 동 이강철의 각 항소이유 셋째점을 함께 본다.

살피건대 당사자의 증거신청에 대하여 이를 전부 받아들여 증거조사를 할 의무가 있는 것은 아니고, 따라서 사건과 관련성이 없거나 법률상 또는 사실상 증거조사가 불가능하거나, 중복되거나 또는 불필요한 경우에는 이를 기각하여야 할 것인바 일건기록과 원심이 적법하게 조사한 증거들을 모두어보니 피고인측이 신청한 증인신문은 모두가 불필요하거나 또는 사건과 직접적인 관련이 없는 것들임을 인정할 수 있으므로 원심의 기각결정은 정당하고 따라서 논지 모두 이유 없다.

9) 피고인 이철, 동 유인태, 동 서중석, 동 이근성, 동 정윤광, 동 강구철, 동 이강철, 동 정화영, 동 임규영, 동 김영준, 동 송무호, 동 김수길, 동 김효순, 동 이현배의 변호인의 항소이유 둘째점과 피고인 나병식, 동 유근일, 동 이직형, 동 서경석, 동 여정남의 변호인의 항소이유 넷째점과 피고인 정문화, 동 황인성, 동 정상복, 동 안재웅, 동 나상기, 동 이광일의 변호

인의 항소이유 첫째점, 동 윤한봉의 변호인의 항소이유 첫째점(후단 부분) 및 피고인 이강철, 동 윤한봉, 동 김수길의 각 항소이유 넷째점(후단 부분) 동 정상복의 항소이유 둘째점(후단 부분) 동 여정남의 항소이유 다섯째점(후단 부분) 동 정윤광의 항소이유 셋째점(후단 부분)을 함께 보건대 기록에 의하여 원심공판 조서를 정사하여 보니 원심 수명법무사가 행한 증인신문 기일에 피고인이 참석치 아니한 사실은 인정할 수 있으나 그러나 원심은 피고인들과 변호인들이 참석한 1974. 7. 2. 제14차 공판기일에서 '1974. 7. 5. 13:00와 1974. 7. 6. 10:00 비상보통군법회의 법무사실에서 수명법무사가 증인신문을 행할 것'을 고지하고 각 관계인의 출석을 명하여 적법하게 기일통지를 하였음을 볼 수 있고 또한 위 증인신문 기일에 변호인이 참석치 아니한 것은 변호인들 스스로 참여권과 반대신문권을 포기한 것이므로 비록 피고인이나 변호인이 참석치 아니하였다 하여 그 증인신문 절차가 위법하다고는 할 수 없고 또한 증인신문 절차에서 작성된 증인신문 조서에 대하여는 피고인과 변호인 전원이 출석한 1974. 7. 3. 제15차 공판기일에서 그 결과를 고지하고 이에 대하여 적법한 증거조사를 거쳤음이 기록상 명백하고 또한 논지가 지적하는 대법원 판례는 이 사건과는 기초 사실이 상이하여 적절한 것이 되지 못하므로 논지 이유 없다.

10) 피고인 이철, 동 유인태, 동 서중석, 동 이근성, 동 정윤광, 동 강구철, 동 이강철, 동 정화영, 동 임규영, 동 김영준, 동 송무호, 동 김수길, 동 김효순, 동 이현배의 변호인의 항소이유 셋째점을 보건대 논지 자체에 의하더라도 이건 증인신문이 군법회의법 제206조의 어느 요건에 해당하지 아니한다는 것인지 그 주장 자체가 불분명할 뿐만 아니라 위 증인신문 과정을 기록에 의하여 살펴보니 동 증인신문이 동조의 요건에 명백히 벗어난 것이라고는 하기 어렵고 오히려 원심의 법정 외의 증인신문은 재판의 신속성 등의 필요에 의하여 행하였음을 엿볼 수 있으며, 가사 위 증인신문이 동조 소정의 요건에 일부 부합하지 아니한다 할지라도, 이와 같은 흠은 판결에 영향을 미칠 만한 위법이라고는 할 수 없을 것이므로 논지 이유 없다.

11) 피고인 이철, 동 유인태, 동 서중석, 동 이근성, 동 정윤광, 동 강구

철, 동 이강철, 동 정화영, 동 임규영, 동 김영준, 동 송무호, 동 김수길, 동 김효순, 동 이현배의 변호인의 항소이유 넷째점을 보건대 검찰관 작성의 신상초 외 62명에 대한 피의자 신문조서, 진술조서 자필진술서, 감정서 등은 논지가 지적하는 바와 같이 전문증거임은 명백하나 그러나 원심공판 조서를 정사하여 보니 위 원진술자들이 수명법무사가 행한 증인신문과정에서 그 성립의 진정을 모두 인정하였고 또한 이에 대하여 다음 공판 기일에서 적법한 증거조사를 거쳤음이 기록상 명백하므로 위 조서들은 증거능력이 인정되는 증거들이고 따라서 논지 이유 없다.

12) 피고인 나병식, 동 유근일, 동 이직형, 동 서경석, 동 여정남의 변호인의 항소이유 셋째점을 보건대 원심공판 조서를 정사하여 보니 검찰관 작성의 상 피고인들과 공소와 다른 피의자들에 대한 각 피의자 심문조서 그리고 참고인들에 대한 각 진술조서들 중 원심이 유죄의 증거로 적시한 것은 원심공판 기일 또는 수명법무사가 행한 증인신문 과정에서 원진술자들이 그 성립의 진정을 각 인정하였기 때문에 당사자의 동의 여부에 불구하고 그 증거능력이 인정되므로 논지 이유 없다.

13) 피고인 우홍선, 동 전창일, 동 김한덕, 동 강창덕, 동 조만호, 동 이재형, 동 임구호의 변호인의 항소이유 둘째점(전단 부분) 동 이태환의 변호인의 항소이유 넷째점, 동 나경일의 항소이유 셋째점, 동 이철, 동 유인태, 동 서중석, 동 이근성, 동 정윤광, 동 강구철, 동 이강철, 동 정화영, 동 임규영, 동 김영준, 동 송무호, 동 김수길, 동 김효순, 동 이현배의 변호인의 항소이유 일곱째점(후단 부분) 피고인 정문화, 동 황인성, 동 정상복, 동 안재웅, 동 나상기, 동 이광일의 변호인의 항소이유 넷째점(후단 부분)을 함께 살피건대 위에서 각 설시한 바와 같이 원심판결서에 적시된 증거들은 모두 증거능력이 있고 적법한 증거조사를 거친 증거들이며 또한 이러한 증거들을 모두어본다면 원심이 판시한 피고인들의 범죄사실은 넉넉히 인정할 수 있고 거기에 증거 없이 사실을 인정한 잘못을 찾아볼 수 없으므로 논지 이유 없다.

14) 피고인 이수병의 변호인의 항소이유 셋째점을 살피건대 범죄사실을

인정하는 증거로는 직접증거는 물론 간접증거도 포함된다 할 것인바 논지가 지적하는 증거들을 검토하여보니 이것들은 피고인에 대한 범죄사실을 간접적으로 인정하는 자료로 넉넉하다 할 것이므로 이를 유죄의 증거로 한 원심조처는 정당하고 따라서 논지 이유 없으며

15) 피고인 이철, 동 유인태, 동 서중석, 동 이강철, 동 이근성, 동 정윤광, 동 강구철, 동 정화영, 동 임규영, 동 김영준, 동 송무호, 동 김수길, 동 김효순, 동 이현배의 변호인의 항소이유 첫째점을 보건대 일건기록을 정사하여보아도 논지와 같이 원심 군법회의의 결정이나 재판장의 명령에 의하여 방청인을 소수의 직계가족 등에 한정하였다고 볼 아무런 자료가 없으므로 논지 이유 없다.

16) 피고인 도예종, 동 전재권의 변호인의 항소이유 셋째점 피고인 이철, 동 유인태, 동 서중석, 동 이근성, 동 정윤광, 동 강구철, 동 이강철, 동 정화영, 동 임규영, 동 김영준, 동 송무호, 동 김수길, 동 김효순, 동 이현배의 변호인의 항소이유 아홉째점과 피고인 나병식, 동 유근일, 동 이직형, 동 서경석, 동 여정남의 변호인의 항소이유 일곱째점을 함께 보건대 원심이 적법하게 확정한 사실과 같이 피고인 도예종 등은 상 피고인들과 함께 북괴 공산집단과 영합된 통일 공산국가 건설을 위하여 전국적으로 조직적인 학생데모를 선두로 정국을 혼란시켜 민중의 호응을 받아 유혈폭력으로 대항세력을 돌파하고 국가기관을 강점하는 폭력혁명으로 정부를 전복시킬 것을 목적으로 공산비밀지하조직인 인민혁명당의 재건을 위한 경북지도부와 서울지도부를 조직하거나 이에 가입하여 각 조직의 책임자, 연락책임자, 자금조달책임자, 학원조종책임자 등을 정하는 등 부서를 결정한 후 빈번히 회합하면서 그 실행방법을 모의 계획한 것이고 또한 피고인 나병식 등은 이철 등 상 피고인들과 함께 전국적인 학생조직을 결성하여 서민대중을 선동, 반정부 세력을 규합하여 일제히 봉기, 시위를 감행하면서 이를 저지하는 군경에게 화염병과 각목투석 등으로 대항하여 유혈사태를 유발시켜 폭도화된 군중과 함께 청와대 등 정부 주요기관을 강점하는 폭력혁명의 방법으로 정부를 전복시켜 무산대중을 위한 새로운 정부를

수립할 것을 기도하고 전국적 규모의 단체인 민청학련을 조직하여 각 대학별 조직책임자, 연락책임자 등 부서를 결정한 후 동조세력을 이에 가입시키면서 그 실행방법의 계획과 준비를 한 것이고 따라서 사실관계가 이와 같다면 이는 그 목적이나 조직 그리고 방법 어느 면으로 보나 국가를 변란한 목적으로 구성한 단체라 아니할 수 없으므로 피고인들이 결성한 유형적 결합을 국가보안법상의 반국가단체라고 판시한 원심 판결은 정당하고 따라서 논지는 이유 없다.

17) 피고인 나병식, 동 유근일, 동 이직형, 동 서경석, 동 여정남의 변호인의 항소이유 여섯째점과 동 윤한봉의 항소이유 둘째점, 동 이철의 항소이유 셋째점 및 동 유인태의 항소이유 넷째점을 보건대 위 16)에서 설시한 바와 같이 피고인들의 행위는 반정부적인 데모에 그치려고 하였던 것이 아니고 직접적으로 국가를 변란하고 국헌을 문란할 목적이 있었던 것임을 인정할 수 있고 또한 평화적인 시위를 함에 그치려 하였던 것이 아니고 위에서 본 바와 같이 폭력혁명적인 수단을 택했던 것일 뿐만 아니라 비록 피고인들이 박카스병이나 페니실린 병으로 만든 화염병, 각목 및 돌을 폭력의 수단으로 사용하려 하였다고는 하나 그 기도하는 목적, 단체로서의 규모 및 그 방법 등을 종합하여보면 피고인들이 기도하였던 행위는 적어도 한 지방의 안전과 평온을 해할 정도에 이를 수 있는 폭동으로 인정함에 족하다 할 것이므로 이러한 행위를 내란죄의 폭동으로 본 원심 판결은 정당하고 따라서 논지 이유 없다.

18) 피고인 나병식, 동 유근일, 동 이직형, 동 서경석, 동 여정남의 변호인의 항소이유 여덟째점을 보건대 위 1)에서 설시한 바와 같이 피고인들의 행위는 반국가단체를 이롭게 한다는 인식을 가지고 행한 것이라고 인정되고 따라서 이러한 행위는 어느 편으로 보나 언론의 자유의 범위를 벗어난 행위임은 두말할 나위도 없으므로 논지 이유 없으며

19) 같은 변호인의 항소이유 아홉째점을 보건대 유죄판결에서 밝혀야 될 이유로서의 '증거의 요지'는 어느 증거의 어느 부분에 의하여 어떠한 범죄사실을 인정하였느냐 하는 이유 설명까지를 할 필요는 없는 것이고

어느 증거에 의하여 어떤 범죄사실을 인정하였는가를 알아볼 정도로 증거의 중요부분을 표시하면 된다 할 것인바, 원심판결서를 정사하여보니 피고인들에 대한 범죄사실들은 대개가 공통되어 어느 증거로서 어느 피고인에 대한 범죄사실을 인정하였는가를 구분하기도 곤란하고 그렇게 한다면 계속 중복된 증거설명을 하여야 하기 때문에 번거롭기만 할 뿐인바, 원심판결서의 증거의 요지를 살펴보니 원심은 증거의 중요부분을 빠짐없이 표시하였기 때문에 그 정도의 적시로서 증거설명으로 부족하다고는 볼 수 없으며 또한 원심판결 이유를 보면 어느 범죄사실에 대하여 어느 법령을 적용하였는가를 명백히 밝히지 아니하였음은 논지가 지적하는 바와 같으나 그러나 해당법령의 조문을 명시하고 있으므로 죄명과 범죄사실을 해당법령의 조문내용에 대조하여 보면 어느 범죄사실에 어느 법령을 적용하였는가를 쉽사리 알아볼 수 있으므로 그러한 정도의 설명을 곧 이유불비의 허물이라고는 할 수 없으므로 논지 이유 없다.

20) 피고인 유인태, 동 나병식, 동 김수길, 동 강구철의 각 항소이유 셋째점과 동 여정남의 항소이유 넷째점과 동 김영준, 동 김효순의 항소이유 둘째점을 함께 본다. 살피건대 국민의 기본권 보장은 자유민주주의 헌법의 기본원리임은 두말할 나위도 없지만 그러나 그렇다고 하여 그 존립기반인 자유민주주의의 기본질서를 초월하는 절대적인 권리가 아님은 물론 그 행사도 헌법과 법률에 저촉되지 아니하는 범위내에서 행사되어야 하는 것이므로 언론 집회 등의 자유를 구실로 국가존립을 위협하는 피고인들의 이건 행위는 명백히 위 권리의 행사의 범위를 벗어난 것이고 또한 초실정법적이고, 이론적인 저항권을 전제로 하여 국가의 안전보장과 공공의 안녕질서를 위하여 헌법 제53조에 의하여 정당하게 발하여진 대통령의 긴급조치를 준수할 의무가 없다고 하거나 국가존립에 도전하는 것은 용납될 수 없는 것이므로 논지 이유 없으며,

21) 피고인 윤한봉의 항소이유 넷째점을 보건대 원심공판 조서를 정사하여 보니 원심이 판결을 선고함에 있어 그 이유의 요지를 고지하였음이 기록상 명백하므로 논지 이유 없으며,

22) 피고인 정상복의 항소이유 넷째점을 보건대 법률적용을 어떻게 확대해석하였다고 하는 것인지 그 주장 자체가 불분명하므로 이는 적법한 항소이유가 되지 못하며,

23) 피고인 이철, 동 유인태, 동 서중석, 동 이근성, 동 정윤광, 동 강구철, 동 이강철, 동 정화영, 동 임규영, 동 김영준, 동 송무호, 동 김수길, 동 김효순, 동 이현배의 변호인들의 항소이유 다섯째점을 보건대 제1회 공판기일 전에는 군법회의 자체가 증거조사를 행할 수 없음은 논지가 지적하는 바와 같으나 군법회의법 제257조의 2의 제2항에 의하면 검찰관 또는 군사법 경찰관에게 임의로 진술한 자가 공판기일에 전의 진술과 다른 진술을 할 염려가 있고 그의 진술이 범죄의 증명에 없어서는 아니될 것으로 인정될 경우에는 검찰관은 제1회 공판기일 전에 한하여 법무사에게 그에 대한 증인신문을 청구할 수 있는바, 논지가 지적하는 공판조서 등본을 기록에 의하여 검토하여보니 이는 원심군법회의가 제1회 공판기일 전에 증인신문을 한 것이 아니고 군법회의법 제257조의 2의 2항에 의하여 검찰관의 증인신문 청구를 받고 법무사가 행하였음이 명백하므로 논지 이유 없으며,

24) 같은 변호인의 항소이유 여섯째점을 보건대 공판조서는 비록 다른 피고사건의 진행과정에서 작성된 것일지라도 군법회의의 공판준비 또는 공판 기일에서 작성된 것이므로 군법회의법 제359조 3호의 규정에 의하여 당연히 증거능력이 있다고 할 것이고 또한 그 등본은 동조 제1호의 규정에 의하여 당연히 증거능력이 있다고 하여야 할 것이며 또한 원심 공판조서를 정사하여 보니 이에 대하여 원심은 적법한 증거조사를 거쳤음을 인정할 수 있으므로 논지 이유 없다.

25) 피고인 임규영의 항소이유 셋째점과 동 송무호의 항소이유 둘째점을 보건대 대통령 긴급조치 4호의 4의 내용을 검토하여보면 동 조치 4호의 1에서 금한 행위 내용의 전부를 수사·정보기관에 출석하여 숨김없이 고지하게 되어 있는바, 일건기록을 정사하여 보면 피고인들이 임의로 출석하여 진술하였는가의 여부는 별론으로 하고 사법경찰관이 피고인들에게 대통령 긴급조치 4호의 내용을 주지시키고 동조치에서 규정한 내용을

전부 진술하라고 촉구한 바 있음에도 불구하고 그중 일부만 진술하였을 뿐 그 전부를 진술하지 아니하였음이 명백하므로(이점은 1974. 4. 3.까지의 진술한 내용과 그후에 진술한 내용을 대조하여보면 분명하다) 피고인들을 동 조치의 불고지죄에 의율한 원심판결은 정당하고 따라서 논지 이유 없고,

26) 피고인 이근성에 대한 국회의원선거법 위반 등 피고사건에 관한 검사의 항소이유 첫째점을 보건대, 일건 기록을 정사하여보니 원심이 인정한 바와 같이 피고인들은 선배 또는 동료학생들로부터 신민당 중앙당사에 가서 '5·25총선거를 거부하라' 는 서울대학교 총학생회 결의를 전달하라는 연락을 받고 이에 찬동하기로 하였는데 학교에서 모여 함께 가면 당국의 제지를 받을 염려가 있으니 동일 11:30까지 서울 종로구 관훈동 소재 신민당 당사 앞이나 그 부근에 모여 동 당사에 들어가기로 하고 각기 흩어져 위 일시경 동소 부근에 가서 동 당사에 들어가기로 하고 각기 흩어져 위 일시경 동소 부근에 가서 동 당사에 함께 들어가기로 한 학생들이 오는가를 확인하고자 또는 이를 규합하고자 하여 10분 내지 30분 동안 삼삼오오 흩어져 서성거리고 있다가 동 당사에 모두 들어갔던 사실을 인정할 수 있는 바, 이와 같은 피고인들의 일련의 행위를 피고인들의 주관적인 의사와 관련지어보면 이는 공소장에 기재된 바와 같이 동 당사에 들어가 동 학생들의 5·25총선거 거부의 요구를 관철하고자 한 집회의 준비적 과정에 불과하고 그것 자체로서 독립된 집회라고는 보기 어렵다고 아니할 수 없다. 그렇다면 이와 견해를 같이한 원심판결은 정당하고 따라서 논지 이유 없으며, 같은 항소이유의 둘째점을 보건대 집회 및 시위에 관한 법률 제3조 1항 3호에서 규정하는 헌법의 민주적 기본질서란 헌법 제7조 3항 단서에서 규정하는 민주적 기본질서를 가리키는 것이고 또한 동조에서 규정하는 민주적 기본질서는 우리 헌법에 근거된 자유민주주의의 근본규범을 말하는 것으로서 이는 정당조항에만 적용되는 것이 아니고 헌법 전체를 규제하는 근본적인 가치 이념의 규준을 의미하는 것이므로 이에 근거를 두고 타당성을 갖는 헌법의 일반질서 및 기타 일반 법 질서와는 분명히 구별하지 아니하면 안될 것이고 따라서 이에 위배한다 함은 이러한 기본질서

의 부정, 철폐 또는 그 전면적인 개혁을 내용으로 하여 그것과 양립할 수 없는 것을 말한다고 함이 타당하다 할 것이다.

그러므로 헌법이 선거에 관한 민주적 기본질서로 하는 개념은 국민주권주의, 국민의 국정참여, 자유로운 투표에 의한 다수의 확정, 평등 보통선고 제도 등이라고 이해되고 있으므로 이에 위배한다 함은 위 제도 등의 부정, 반대 철폐 등을 내용으로 하는 것이라야만 할 것이고 단순히 직접선거제를 부정하고 간접선거제도를 주장하거나 어느 특정의 선거실시를 거부, 반대하는 등 위 기본질서에 근거를 두고 형성되는 헌법의 일반 법 질서나 기타 국법 질서에 위배되는 것과는 분명히 구분하지 아니하면 아니될 것이고 또한 이러한 점은 우리 헌법이 국민의 집회의 장을 기본권으로 보장하고 있고 이와 같은 헌법규정에 따라 제정된 집회 및 시위에 관한 법률 또한 이러한 집회의 자유를 보호하는 데 그 주된 목적이 있으며 그러기 위하여 동법은 필요한 최소한도의 제한대상을 3가지의 옥내집회로 한정하고 있는 점으로 보더라도 자명하다고 아니할 수 없다.

그렇다면 피고인들이 다중이 위력을 과시하여 1개 정당에 불과한 동 신민당에 대하여 1971. 5. 25.에 실시되는 국회의원 선거를 거부하도록 요구하는 집회를 하였다고 하는 이건 행위는 일반 국법 질서인 국회의원 선거제도에 위배되는 것은 별론으로 하고 헌법의 민주적 기본질서에 위배한 집회라고는 할 수 없다고 아니할 수 없을 뿐만 아니라 가사 공소장에 적시된 바와 같이 다중의 위력을 과시하여 신민당에 대하여 총선거를 거부하도록 강박하는 집회행위가 헌법의 민주적 기본질서에 위배되는 불법집회라고 가정하더라도 일건기록과 원심에서 적법하게 조사한 증거들을 모두어보니 피고인들은 1971. 4. 27.에 실시된 대통령선거가 부정선거라고 오신한 나머지 동년 5. 25.에 실시될 국회의원선거 역시 부정선거가 될 것이라고 속단하여 이를 거부함으로써 집권당으로 하여금 공명선거를 실시하도록 촉구하는 방법으로 제1야당인 신민당에게 위 선거를 거부하라고 요구한 것이지 결코 헌정질서를 파괴할 목적으로 총선거의 거부를 요구하였다고는 인정되지 아니하고 달리 이를 뒤집을 자료 없다.

그렇다면 이와 견해를 달리하는 원심판결의 논거는 잘못되었다고 할 것이나 그 결론은 당심의 판단과 일치하므로 결국 원심판결은 정당하다고 아니할 수 없고 따라서 논지는 이유 없음에 귀착되며,

다음 같은 항소이유 셋째점을 살피건대 국회의원선거법 제149조 1항 2호에서 말하는 선거의 자유란 피선거인의 선거운동, 선거인의 투표 및 판단의 자유뿐만 아니라 특정한 선거에 임하는 모든 관계자들의 선거에 관한 일체의 의사와 행동의 자유는 물론 선거분위기의 자유도 포함하는 것이라고 할 것임은 논지와 같으나 그러나 선거의 장을 방해한다 함은 위와 같은 선거의 자유를 방해할 추상적인 위험을 초래하는 정도로는 부족하고 현실로 그 방해의 결과가 생긴다든가 또는 그러한 구체적 위험이 생기는 것을 가리키는 것이라고 할 것인바 위 첫째점 및 둘째점에서 설시한 바와 같은 피고인의 행위 즉 신민당사에 이르러 동당에 대하여 5. 25. 국회의원 선거를 거부하라고 요구하였다 하여 그러한 행위가 곧 선거의 자유를 방해할 직접적이고 구체적인 위험이 있는 행위라고는 보여지지 아니하므로 이와 견해를 같이하는 원심판결은 정당하고 따라서 논지 이유 없다.

27) 피고인 서도원, 동 하재완, 동 송상진의 변호인의 항소이유 둘째점, 동 우홍선, 동 전창일, 동 김한덕, 동 강창덕, 동 조만호, 동 이재형, 동 임구호의 변호인의 항소이유 셋째점, 동 도예종, 동 전재권의 변호인의 항소이유 여덟째점, 동 이수병의 변호인의 항소이유 넷째점, 동 김용원의 변호인의 항소이유 셋째점, 동 이창복의 변호인의 항소이유 둘째점, 동 정만진의 변호인의 항소이유 넷째점, 동 유진곤의 변호인의 항소이유 다섯째점과 피고인 서도원, 동 하재완, 동 이수병, 동 김용원, 동 전창일, 동 김한덕, 동 강창덕, 동 조만호, 동 이재형, 동 이창복, 동 정만진, 동 임구호의 각 항소이유 셋째점, 동 우홍선, 동 황현승의 항소이유 둘째점, 동 윤한봉의 변호인의 항소이유 셋째점과 피고인 이현배의 변호인의 항소이유 열한째점, 동 구충서 변호인의 항소이유, 동 유근일의 항소이유 다섯째점과 동 이직형, 동 서중석, 동 이현배의 항소이유 셋째점, 동 장상복의 여섯째점의 요지인 양형부당의 주장과 함께 나머지 피고인들에 대하여도 직권으로

양형부당의 점을 함께 본다.

살피건대 일건기록과 원심에서 법하게 조사한 증거에 나타난 양형의 자료되는 여러 정상을 모두어 보니 피고인 서도원, 동 도예종, 동 하재완, 동 이수병, 동 김용원, 동 우홍선, 동 송상진, 동 전창일, 동 김한덕, 동 나경일, 동 강창덕, 동 이태환, 동 조만호, 동 정만진, 동 이재형, 동 유진곤과 동 이철, 동 유인태, 동 여정남, 동 정윤광, 동 윤한봉, 동 김수길, 동 정상복, 동 안재웅, 동 나상기, 동 서경석, 동 이광일에 대한 원심양형은 모두 적정하게 양정되었다고 인정되고,

피고인 김종대, 동 황현승, 동 이창복, 동 전재권, 동 임구호, 동 정문화, 동 황인성, 동 나병식, 동 서중석, 동 이근성, 동 강구철, 동 구충서, 동 이강철, 동 정화영, 동 임규영, 동 김영준, 동 송무호, 동 김효순, 동 유근일, 동 이현배, 동 이직형에 대하여는 원심양형이 무거워서 부당하다 할 것이므로 파기를 면치 못할 것이다.

따라서 피고인 서도원, 동 도예종, 동 하재완, 동 이수병, 동 김용원, 동 우홍선, 동 송상진, 동 전창일, 동 김한덕, 동 나경일, 동 강창덕, 동 이태환, 동 조만호, 동 정만진, 동 이재형, 동 유진곤과 동 이철, 동 유인태, 동 여정남, 동 정윤광, 동 윤한봉, 동 김수길, 동 정상복, 동 안재웅, 동 나상기, 동 서경석, 동 이광일의 각 항소와 피고인 이근성에 대한 국회의원 선거법위반 등 피고사건에 관한 검사의 항소는 모두 이유 없으므로 군법회의법 제420조에 의하여 이를 각 기각하기로 하고 형법 제57조에 의하여 항소 이후 구금일수 중 45일을, 피고인 조만호, 동 정만진, 동 이재형, 동 정윤광, 동 윤한봉, 동 김수길, 동 정상복, 동 안재웅, 동 나상기, 동 서경석, 동 이광일의 각 원심 징역형에 각 산입하며, 피고인 김종대, 동 황현승, 동 이창복, 동 전재권, 동 임구호, 동 정문화, 동 황인성, 동 나병식, 동 서중석, 동 이근성, 동 강구철, 동 구충서, 동 이강철, 동 정화영, 동 임규영, 동 김영준, 동 송무호, 동 김효순, 동 유근일, 동 이현배, 동 이직형의 각 항소는 정당하므로 군법회의법 제421조 제404조 16호에 의하여 원심 판결을 각 파기하기로 하고 동법 제425조에 따라 당심에서 자판하기로 한다.

이 군법회의가 인정하는 범죄 사실과 증거관계는 피고인 이근성에 대한 반공법위반 사실을 제외하는 이외에는 원심 판결서의 그것과 같으므로 동법 제429조에 따라 이를 그대로 인용하기로 한다.

(법률적용)

(1) 피고인 김종대에 대하여,
대통령 긴급조치 제1호 5, 1
대통령 긴급조치 제4호 8, 1, 2,(각 유기징역형 선택)
국가보안법 제1조 제2호(유기징역형 선택) 동 제11조
반공법 제4조 제1항
형법 제90조 제1항 동 제87조, 동 제40조, 동제 37조 전단 동제 38조, 제1항 제1호, 동제 50조,(형이 가장 중한 반국가단체 구성죄의 정한 형에 경합가중) 동 제42조 단서, 제57조.

(2) 피고인 황현승에 대하여,
대통령 긴급조치 제1호 5, 1
대통령 긴급조치 제4호 8, 1, 2,(각 유기징역형 선택)
국가보안법 제1조 제2호(유기징역형 선택) 동 제11조
반공법 제4조 제1항
형법 제90조 제1항 동 제87조, 동 제40조, 동제 37조 전단, 동 제38조, 제1항 제2호, 동 제50조 동 제42조, 단서,(형이 가장 중한 반국가단체 구성죄의 정한 형에 경합가중) 동 제57조.

(3) 피고인 이창복에 대하여,
대통령 긴급조치 제1호 5, 1
대통령 긴급조치 제4호 8, 1, 2,(각 유기징역형 선택)

국가보안법 제1조 제2호(유기징역형 선택) 동 제11조
반공법 제4조 제1항
형법 제90조 제1항 동 제87조, 동 제40조, 동 제37조 전단, 동 제38조, 제1항 제2호, 동 제50조 동 제42조, 단서,(형이 가장 중한 반국가단체 구성죄의 정한 형에 경합가중) 동 제57조.

(4) 피고인 전재권에 대하여,
대통령 긴급조치 제1호 5, 1
대통령 긴급조치 제4호 8, 1, 4의 전단(유기징역형 선택)
국가보안법 제1조 제2호(유기징역형 선택) 동 제11조
반공법 제4조 제1항
형법 제90조 제1항 동 제87조, 동 제40조, 동 제37조 전단, 동 제38조, 제1항 제2호, 동 제50조(형이 중한 반국가단체구성죄의 정한 형에 경합가중) 동 제42조, 단서, 동 제48조 제1항 제1호 제57조.

(5) 피고인 임구호에 대하여,
대통령 긴급조치 제1호 5, 1
대통령 긴급조치 제4호 8, 1, 4의 전단(유기징역형 선택)
국가보안법 제1조 제2호(유기징역형 선택) 동 제11조
반공법 제4조 제1항
형법 제90조 제1항 동 제87조, 동 제40조, 동 제37조 전단, 동 제38조, 제1항 제2호, 동 제50조, 동 제42조 단서(형이 중한 반국가단체구성죄의 정한 형에 경합가중)
동 제57조, 동 제48조 제1항 제1호.

(6) 피고인 정문화에 대하여,
대통령 긴급조치 제1호 5, 1
동조치 제4호의 8, 2, 4의 전단(유기징역형 선택)

반공법 제4조 제1항
국가보안법 제1조 제2호(유기징역형 선택) 동 제11조
형법 제90조 제1항 동 제87조
동법 제40조, 동법 제37조 전단.
동법 제38조, 제1항 제2호, 동법 제50조 57조.

(7) 피고인 황인성에 대하여,
대통령 긴급조치 제1호 5, 1, 2, 4
동조치 제4호의 8, 2, 4의 전단(유기징역형 선택)
반공법 제4조 제1항
국가보안법 제1조 제2호(유기징역형 선택) 동 제11조,
형법 제90조 제1항 동법 제87조
동법 제40조, 동법 제37조 전단.
동법 제38조, 제1항 제2호, 동법 제50조
동법 제48조 제1항 동 제57조.

(8) 동 나병식에 대하여,
대통령 긴급조치 제1호 5, 1
동조치 제4호의 8, 2, 4의 전단(유기징역형 선택)
반공법 제4조 제1항
국가보안법 제1조 제2호(유기징역형 선택) 동 제11조,
형법 제90조 제1항 동법 제87조
동법 제40조, 동법 제37조 전단.
동법 제38조, 제1항 제2호, 동법 제50조 제57조.
동법 제48조 제1항.

(9) 동 서중석에 대하여,
대통령 긴급조치 제1호 5, 1, 2

동조치 제4호의 8, 4의 전단(유기징역형 선택)
국가보안법 제1조 제2호(유기징역형 선택) 동 제11조,
형법 제90조 제1항 동법 제87조
동법 제40조, 동법 제37조 전단.
동법 제38조, 제1항 제2호, 동법 제50조
동법 제48조 제1항 동 제57조.

(10) 동 이근성에 대하여,
대통령 긴급조치 제1호 5, 1
동조치 제4호의 8, 2, 4의 전단(유기징역형 선택)
국가보안법 제1조 제2호(유기징역형 선택) 동 제11조,
형법 제90조 제1항 동법 제87조
동법 제40조, 동법 제37조 전단.
동법 제38조, 제1항 제2호, 동법 제50조 동법 제48조 제1항 동제57조.

(11) 동 강구철에 대하여,
대통령 긴급조치 제1호 5, 1, 2, 4
동조치 제4호의 8, 2, 4의 전단(유기징역형 선택)
국가보안법 제1조 제2호(유기징역형 선택) 동 제11조,
형법 제90조 제1항 동법 제87조
동법 제40조, 동법 제37조 전단.
동법 제38조, 제1항 제2호, 동법 제50조(반국가단체구성죄의 형에 경합 가중)
동법 제57조.

(12) 동 구충서에 대하여,
대통령 긴급조치 제1호 5, 1, 2
동조치 제4호의 8, 2, 4의 전단(유기징역형 선택)
국가보안법 제1조 제2호(유기징역형 선택) 동 제11조,

형법 제90조 제1항 동법 제87조 동법 제40조, 동법 제53조, 동법제 55조, 동법제 37조 전단. 동법 제38조, 제1항 제2호, 동법 제50조(반국가단체구성죄의 형에 경합 가중) 동법 제57조, 동법 제48조 제1항.

(13) 동 이강철에 대하여,
대통령 긴급조치 제1호 5, 1
동조치 제4호의 8, 2, 4의 전단 5, 6(유기징역형 선택)
반공법 제4조 제1항, 국가보안법 제1조 제2호(유기징역형 선택) 동 제11조,
형법 제90조 제1항 동법 제87조 동법 제40조, 동법 제37조 전단. 동법 제38조, 제1항 제2호, 동법 제50조(반국가단체구성죄의 형에 경합 가중) 동법 제57조.

(14) 동 정화영에 대하여,
대통령 긴급조치 제1호 5, 1
동조치 제4호의 8, 4의 전단(유기징역형 선택)
반공법 제4호 제1항
국가보안법 제1조 제2호(유기징역형 선택) 동 제11조,
형법 제90조 제1항 동법 제87조 동법 제40조, 동법 제37조 전단. 동법 제38조, 제1항 제2호, 동법 제50조(반국가단체구성죄의 형에 경합 가중)
동법 제57조, 동법 제48조 제1항.

(15) 동 임규영에 대하여,
대통령 긴급조치 제1호 5, 1
동조치 제4호의 8, 4의 전단(유기징역형 선택)
반공법 제4호 제1항
국가보안법 제1조 제2호(유기징역형 선택) 동 제11조,
형법 제90조 제1항 동법 제87조 동법 제40조, 동법 제37조 전단. 동법 제38조, 제1항 제2호, 동법 제50조(반국가단체구성죄의 형에 경합 가중) 동법

제57조, 동법 제48조 제1항.

(16) 동 김영준에 대하여,
대통령 긴급조치 제1호 5, 1
동조치 제4호의 8, 4의 전단(유기징역형 선택)
국가보안법 제1조 제2호(유기징역형 선택) 동 제11조,
형법 제90조 제1항 동법 제87조 동법 제40조, 동법 제37조 전단. 동법 제38조, 제1항 제2호, 동법 제50조(반국가단체구성죄의 형에 경합 가중) 동법 제57조.

(17) 동 송무호에 대하여,
대통령 긴급조치 제1호 5, 1
동조치 제4호의 8, 4의 전단(유기징역형 선택)
국가보안법 제1조 제2호(유기징역형 선택) 동 제11조,
형법 제90조 제1항 동법 제87조 동법 제40조, 동법 제37조 전단. 동법 제38조, 제1항 제2호, 동법 제50조(반국가단체구성죄의 형에 경합 가중) 동법 제57조, 동법 제48조 제1항.

(18) 동 김효순에 대하여,
대통령 긴급조치 제4호의 8, 4의 전단(유기징역형 선택)
반공법 제4호 제1항
국가보안법 제1조 제2호(유기징역형 선택) 동 제11조,
형법 제90조 제1항 동법 제87조 동법 제40조, 동법 제37조 전단. 동법 제38조, 제1항 제2호, 동법 제50조, 동법 제48조 제1항 제57조.

(19) 동 유근일에 대하여,
대통령 긴급조치 제1호 5, 1
동조치 제4호의 8,4의 전단(유기징역형 선택)

국가보안법 제1조 제2호(유기징역형 선택) 동 제11조,
형법 제90조 제2항, 제1항, 동법 제87조 동법 제40조, 동법 제37조 전단. 동법 제38조, 제1항 제2호, 동법 제50조 동법 제57조.

(20) 동 이현배에 대하여,
대통령 긴급조치 제1호 5
동조치 제4호의 8,4의 전단(무기징역형 선택)
반공법 제4호 제2항, 제1항,
국가보안법 제1조 제2호(무기징역형 선택)
형법 제90조 제2항 제1항 동법 제87조 동법 제40조, 동법 제37조 전단. 동법 제38조, 제1항 제1호, 동법 제50조, 동법 제48조 제1항.

(21) 동 이직형에 대하여,
대통령 긴급조치 제1호 5, 1
동조치 제4호의 8,4의 전단(유기징역형 선택)
형법 제90조 제2항, 제1항 동법 제87조(징역형 선택) 동법 제133조 제1항, 동법 제129조 제1항(징역형 선택) 동법 제40조, 동법 제37조 전단. 동법 제38조 제1항 제2호 동법 제50조(대통령 긴급조치 제4호의 4의 형에 경합 가중) 동법 제57조, 동법 제48조 제1항.

1974. 9. 7.

재판장	대 장	이세호
심판관	소 장	윤성민
심판관	소 장	차규헌
심판관	판 사	문영극
심판관	판 사	박천식

상고이유서

상 고 이 유 서

성명 여정남

상고 요지

상기명 피고인은 1974년 9월 7일 비상고등군법회의에서 사형을 언도받고 불복 상고한 바 그 이유를 다음과 같이 개진합니다.

상고 내용

1. 시종일관 고문 공갈 협박으로 강제 조작 허위진술된 제반기록에 의한 엉터리 공소사실과 위법재판 절차를 그대로 인정, 항소기각 결정을 내린 비상고등군법회의에의 2심재판 역시 1심재판과 마찬가지로 전면 무효가 되어야 마땅합니다.

그러므로 본 상고이유서에서는 본피고인의 항소이유서에서 열거한 사항들도 전부 포함하여 상고이유로서 주장하는 바입니다. 소송기록에 첨부되어 있는 항소이유서를 충분히 검토하였을 줄로 사료하옵고, 본 상고이유서에는 항소이유서와 중복되는 내용은 기술하지 않고 포괄적으로 간단히 상고이유를 밝히고자 합니다.

2. 재판을 개정하기 전일 변호인 접견시에 알 수 있었던 사실인 바, 비상고등군법회의에 본 피고인이 제출한 항소이유서의 열람을 변호인이 요청했던 바 이유없이 이를 거절당한 경악할 사실이 있었습니다. 피고인의 인권을 옹호할 소송대리인이 항소이유서도 보지 못하고, 다시 말하면 항소의 내용조차도 모르고 꼭두각시 놀음격으로 재판에 임해야만 했던 넌센스는 대한민국에는 법이 존재치 않는 무정부 상태나 같다는 역설적인 표현과 하등 다를 바 없다고 생각됩니다.
  더군다나 어려운 상황하에서도 본 피고인을 위해 열성껏 변호해주시던 강신옥 변호사님이 1심 공판 도중 긴급조치위반죄로 어처구니없이 구속 기소되어 10년이란 중형을 받고 상고중에 있는 법치국가에서는 도저히 있을 수 없는 불행한 사태까지 생겼습니다.
  이러한 점을 비추어볼 때 이루 열거할 수 없을 만치 많은 변론봉쇄 내지 탄압책이 자행되었으리라 사료됩니다. 이러한 처사만 보아도 비단 변호인뿐만 아니라 1, 2심 재판부가 양심에 입각해서 자주적으로 소신껏 재판을 할 수 없었음은 명백한 사실일 것입니다. 거역할 수 없는 무서운 절대권력의 억압과 명령하에 일방적으로 행해진 형식적인 재판절차와 판결을 전면 무효로 함이 마땅합니다.

  3. 비상보통군법회의에서의 1심 재판이 소위 재판의 형식이나마 갖추려고 노력한 흔적이 엿보인다면 '빈대도 낯짝은 있다'는 옛 속담과 같이 더 이상 부끄러워 재판을 계속할 수 없었든지, 아니면 소위 인혁당 사건, 민청학련 사건 등의 조작사실의 진상이 만천하에 또다시 공개되는 것이 두려워서인지 피고인, 변호인 등에게 진술할 일체의 기회를 박탈해버렸습니다. 변호인이 신청한 증인신청을 기각했음은 물론 보충심문조차도 허용치 않음은 군법회의법에 규정되어 있는 요식행위조차도 생략한 불법행위라고 생각됩니다.

  4. 가령 조작된 공소사실을 전부 인정한다는 있을 수 없는 불행한 판결

을 내릴지라도 원심 판결은 형의 양정이 심히 부당하므로 당연코 파기되어야 할 것입니다.

존경하는 재판장님!
상기와 같이 본피고인의 상고이유를 밝혔사오니 현명하신 판단 아래 공정한 판결을 내려주시기를 앙망합니다. 본피고인뿐만 아니라 수많은 피고인들의 사적인 억울한 사정은 우선 차치하고라도 법의 존엄성을 밝히고 아울러 사법권의 독립을 지키기 위해서라도 법치국가에서는 도저히 묵과될 수 없는 본건을 철저히 규명하시와 파기 환송의 판결을 내리시어 1심재판부터 공정한 법절차에 따라 재판이 새로이 재개될 줄로 기대하오며, 그길만이 이 나라 민주주의 헌정질서를 소생시키는 시금석이 될 것입니다.

1974년 12월 12일

위 무인은 본인의 것임을 증명함
교도보 주한균

대법원 제1부 재판장 귀하

| 상고이유서 |

상 고 이 유 서

피고인 여정남 · 유근일 · 정상복 · 이직형
서경석 · 황인성 · 안재웅 · 나상기

위 사람들에 대한 대통령긴급조치 위반 등 피고사건에 관하여 별첨과 같이 상고이유를 밝힙니다.

1974년 12월 6일

위 피고인들의 변호인 변호사 한승헌

대법원(형사부) 귀중

이유

원판결에는 다음 별기하는 바와 같이 판결에 영향을 미친 헌법 위반, 법률 위반, 법률 오해 및 이유불비의 위법이 있다.

제1점

원판결이 적용한 대통령긴급조치 제1호(1974. 1. 8.), 동 제2호(동일자) 및 동 제4호(동년 4. 3.)는 헌법에 위반되는 조치로서 무효이며, 이러한 무효인 조치를 적용하여 유죄의 판결을 한 원판결은 명백한 헌법위반이 아닐 수 없다.

1. 전시 대통령긴급조치(이하 긴급조치 또는 조치라 약칭함)는 헌법 제53조가 정하는 선포요건이 존재치 않는 상태에서 발동되었으며, 긴급조치로서 규제할 수 있는 한계를 벗어난 것이다.

헌법 제52조 제1항에 보면 '대통령은 ①천재지변 또는 중대한 재정경제상 위기에 처하거나 ②국가의 안전보호 또는 공공의 안녕질서가 중대한 위협을 받거나 받을 우려가 있어 ③신속한 조치를 할 필요가 있다고 판단할 때'에 제한하여 긴급조치를 발포할 수 있다고 규정하였다. 그런데 위 긴급조치들이 과연 그 근거되는 헌법조항에 맞게 선포되었느냐를 따져보면,

가. 긴급조치 제1호에 대하여
(1) 동 제1호 발포시에는 이른바 유신헌법의 개정을 주장하는 재야인사들이 개헌청원을 위한 서명운동을 시작하여 각계의 호응을 얻고는 있었으나 이러한 평화적 청원운동은 '국가의 안전보호와 공공의 안녕질서에 중대한 위협을 줄 우려'(74. 1. 8.자 긴급조치때의 정부발표 해설문)가 조금도 없는 행동이었다.

(2) 위와 같은 개헌청원서명운동은 우리 헌법이 보장하고 있는 국민청원권 행사의 일환이었다. 헌법 제2조에 의하면 '모든 국민은 법률이 정하는 바에 의하여 국가기관에 문서로 청원할 권리를 가진다'(동조 제1항)고 되어 있고, 청원법 제4조가 정하는 청원사항에는 '법률 명령의 제정, 개정 또는 폐지'도 포함되어 있으며(3호), 다수인이 공동하여 청원하는 것이 당연히 허용되는 이상(동법 제6조 2항) 헌법개정청원을 위한 서명 및 그에 관련된 의사표시는 헌법상 당연한 국민기본권 행사의 하나임이 분명하다.

(3) 또한 현행헌법에 대한 찬반 개폐의 의사표시는 그 내용이 자유민주적 기본질서를 부인하는 것이 아닌 한 헌법 제18조가 정하는 언론출판의 자유에 속할 뿐만 아니라, 헌법 제8조 후단이 '국가는 국민의 기본적 인권을 최대한으로 보장할 의무를 진다'고 규정하고 있음을 비추어볼 때 전기한 헌법상의 국민의 제권리를 근본적으로 박탈하는 조치는 헌법위반이라고 아니할 수 없다.

(4) 그럼에도 불구하고 위 긴급조치 제1호는 헌법의 부정, 반대, 개정, 폐지의 주장이나 청원을 전면적으로 금지 처벌하는 것을 내용으로 하고 있으니, 이것은 헌법상 보장된 국민의 청원권과 사상발표의 자유를 본질적으로 침해 박탈하는 것으로서 헌법에 어긋나는 무효의 조치라 할 것이다.

(5) 국민의 평화적인 기본권 행사는 그 자체로서 국가의 안전보장이나 공공의 안녕질서에 위협이 될 수는 없는 것이고, 설령 그 행사과정의 진전이나 여파에 의해서 공익에 '중대한 위협을 줄 우려'가 있다고 한정하더라도 법적인 조치는 그런 위협이 될 만한 불법한 물리적 위력을 방지하는 한도에서 끝나는 것이어야지 아예 기본권의 평화적 행사까지를 곧 범죄시할 수는 없는 것이다. 그리고 그러한 위협요인의 제거가 현행법상의 제재법령만으로는 도저히 불가능할 경우에 한하여 긴급조치를 발동할 수 있는 것이며, 그것은 헌법상의 대통령긴급조치권이 국민기본권 보장과 권력분립을 생명으로 하는 우리 헌법을 스스로 파괴할 위험을 내포한 예외적 이례적인 제도임에 비추어 그 행사요건과 한계는 엄격히 제한적으로 해석함이 옳기 때문이다.

(6) 따라서 가사 개헌 청원이나 반정부적 언동으로 인하여 시위가 일어나거나 사회질서에 혼란을 줄 염려가 있다 하더라도 집회시위에 관한 법률, 형법, 폭력행위 등 처벌에 관한 법률 등 현행법으로 다스릴 수 있었고, 극단의 경우에는 형법상의 소요죄나 내란죄로 대응할 수 있을 뿐 아니라, 최악의 경우에 정부가 가장 우려하는 반국가적 색채를 띠게 된다 할지라도 국가보안법이나 반공법 등으로 처벌할 길이 있는 것이다.

결국 개헌청원이 어떤 혼란을 가져온다고 가상하더라도 그로 인한 질서

파괴 행위는 현행법으로 충분히 대응 내지 처벌이 가능한 것이며, 이처럼 현행법으로 못 다스릴 질서파괴 행위는 하나도 없는데 새로운 조치를 발포하여 국민의 헌법적 권리행사를 범죄시하는 것은 헌법 제53조 1항의 긴급조치 발동요건을 무시한 처사였다고 아니할 수 없다.

(7) 헌법에 대한 반대나 개헌청원에 수반하여 소란이 온다고 보아서 개헌청원행위 자체를 범죄행위로 규정하는 것은 마치 어버이의 약값을 마련하고자 절도를 한 경우에 절도행위만을 처벌하는 데 그치지 않고 효도 그 자체를 일반적인 범죄로 보아 금지 처벌하는 것과 동일한 억설이라 할 것이다. 특히 긴급조치 비방행위까지 처벌(제 5항)하는 규정을 두고 있는 점은 위와 같은 위헌적 조치 발동을 그 조치 스스로가 자인하는 표현이라 할 것이다.

(8) 위 긴급조치 제1호는 법관의 영장 없는 체포, 구속, 압수수색을 허용한 점에서도(제5항) 헌법에 위반된다.

헌법상 영장제도에 관하여 특별한 조치를 할 수 있는 경우는 헌법 제54조 제33항에 의한 비상계엄 선포하에서만 허용되는 것이고, 헌법 제53조에 의거한 긴급조치로는 영장 없는 체포, 구속 등이 허용되지 않음이 명백하다. 그것은 헌법 제54조가 '비상계엄이 선포된 때에는 법률의 정하는 바에 의하여 영장제도……에 관하여 특별한 조치를 할 수 있다'고 명시하고 있음에 반하여 헌법 제53조에는 그러한 명문이 없는 점에서도 자명하다. 오직 '이 헌법에 규정되어 있는 자유와 권리를 잠정적으로 정지'하거나 '정부나 법원의 권한에 관하여' 긴급조치를 할 수 있다고 규정하고 있을 뿐인데, 그런 내용의 조치는 헌법 제54조에도 '…… 영장제도, 언론 출판 집회 결사의 자유, 정부나 법원의 권한에 관하여 특별한 조치를 할 수 있다'고 되어 있어 후자에 영장제도에 관한 명문을 두는 것 외에는 양자가 동일한 내용임을 알 수 있다.

그렇다면 전자의 조치로는 후자에만 명시된 영장제도에 관한 특칙을 신설할 수 없다고 봄이 타당한 것이다. 그럼에도 불구하고 긴급조치 제1호가 영장 없는 체포 구금제도를 둔 것은 헌법 제53조를 위반한 내용으로서 효력이 없다고 할 것이다.

　나. 긴급조치 제4호에 대하여
　(1) 동 조치 또한 발동의 요건과 그럴 만한 상황이 없이 취해진 점에서 전시 조치 제1호의 경우와 흡사하다. 동 조치가 발포된 1974. 4. 3. 경의 상황은 오래 전부터 유포되어온 학생 데모설이 항간에 나돌고 있었을 뿐이었고, 만일 집단적인 시위가 벌어진다 하더라도 현행법령으로서 능히 대처할 수 있는 것이므로 새로이 국민의 자유와 권리를 침탈하는 긴급조치를 할 만한 불가피성은 없었던 것이다. 그러므로 동 조치는 헌법 제53조 제1, 2항의 요건에 맞지 않는 것이어서 헌법상의 근거를 일탈한 조치로서 무효라 할 것이다.
　(2) 또한 위 조치는 긴급조치로서 규제할 수 있는 한계를 무시한 금지규정을 두고 있어 이 또한 헌법에 위반하고 있다. 즉, 전국민주청년학생총연맹과 이에 관련되는 제단체(이하 '민청학련'이라고 약칭)를 조직하거나 이에 가입하는 등의 제행위를 금하고(제7항), 그 단체 등의 표현물 배포 등을 금지시키는 것(제2항)은 정부가 특정단체의 명칭을 명시하여 사법재판의 판결을 거치지 않은 채 그 특정단체를 일방적으로 범죄단체로 규정하였다는 점에서 국민기본권에 속하는 결사의 자유와 법률에 의한 재판을 받을 권리를 박탈하는(위 '단체'가 범죄단체라는 것을 재판 이전에 이미 전제를 삼고 조치가 나왔으므로) 위헌적 조치이다.
　북한 공산집단이나 그 산하의 노동당 또는 조총련에 대해서도 그 명칭을 지목하여 제재입법을 한 일은 없고, 오직 국가보안법이나 반공법에서 '반국가단체'라는 법문을 두고 그 개념의 해석과 나타난 사실을 통하여 범죄단체시하여온 것임을 상기한다면 민청학련을 특정하여 정부가 일방적으로 범죄단체시한 위 긴급조치는 어느 모로 보나 헌법 부정의 조치라 하겠다.
　(3) 그리고 가사 민청학련이 범죄집단 내지 반국가단체라는 정부의 일방적 예단에 잘못이 없다고 하면 전시한 국가보안법이나 반공법 그리고 형법

중 범죄단체조직죄(제114조) 등 현행법으로 다스려도 충분한 것이며, 따라서 새로운 긴급조치의 필요는 전혀 없는 상태에서 위 조치가 발포되었으니 이점에서도 위헌임을 면치 못할 것이다. 혹시 학생들에 의한 데모나 폭력사태를 예상하였다 해도 그에 대처할 집회 시위에 관한 법률과 형법 등이 현행법으로서 엄존하는 이상 결론은 동일하게 귀착되는 것이다.

(4) 더욱이 동 조치 제4호는 그 발포 이전의 행위를 사후에 범죄시하여 처벌하는 규정을 두고 있는 점에서 헌법상의 형벌불소급의 원칙에 위반된다.

(가) 위 조치 제4호는 1974. 4. 3. 22시부터 시행한다고 하여(제12항) 언뜻 보아 시행일자상으로는 소급효를 피한 듯이 보이지만 그 조치 선포 전에 제1항 내지 제3항에서 금한 행위를 한 자는 1974. 4. 8.까지 그 행위내용의 전부를 수사 정보기관에 출석하여 숨김 없이 고지하여야 한다고 규정하였을 뿐만 아니라(제4항), 나아가 이에 위반한 자는 사형 또는 5년 이상의 유기징역에 처한다고 규정함으로써(제8항) 현실적인 소급처벌 규정을 두고 있다.

(나) 일정의 시행일자를 기준으로 하여 그 이전의 행위는 범죄가 아니라고 인정하면서 시행일 이후에 정보 수사기관에 출석, 그것을 고지할 의무를 강요하고 이에 위반하는 부작위를 처벌하는 것은 결국 조치시행 이전의 행위를 사후에 처벌시하는 것과 동일한 내용으로서 소급입법의 제한과 형벌불소급의 대원칙을 설명한 헌법 제11조에 저촉되는 것임이 분명하다.

(다) 행위시의 법률에 의하여 범죄가 되는 행위에 대해서도 자수의 의무는 없는 터이고(형법상 자수는 형의 감면사유일 뿐임), 하물며 자수불이행을 독립된 범죄로 보는 형사입법은 존재할 수 없는 것인데 행위시의 법률에 의하여 정당시되는－범죄가 되지 아니하는 행위를 한 자에게 출석 고지의무를 지우고(이는 자수의무와 다를 바가 없다), 고지의무 위반을 독립된 범죄로 보아 처벌하는 위 조치 제4항은 그 시행 이전의 행위를 범죄로 보고 있다는 논리와 전제에서 나온 규정이라 아니 볼 수 없다.

(라) 특히 동 4항에서 '위 기간내에 출석 고지한 행위에 대하여는 처벌하지 아니한다'고 하는 규정을 새삼스럽게 둔 것은 '조치 시행 이전의 행위

라도 기간내에 고지를 하지 않은 것은 범죄로 본다'는 취지가 문득 노정된 것으로서 동 조치의 소급처벌성을 자인한 단면이라고 보아야 할 것이다. 동 조치에 엿보이는 조문 표현상의 기교나 위장성을 가지고 헌법상의 형벌 불소급의 원칙을 왜곡시키려는 해석 태도는 용인될 수 없는 것이다.

(5) 법관의 영장 없이 체포·구금 등 강제처분을 할 수 있다는 규정(제9항)을 두고 있다는 점에서도 동 조치가 위헌·무효임을 앞서 조치 제1호에 대한 부분에서 살핀 바와 같다.

이처럼 본건에서 적용된 긴급조치는 그 발동요건의 부존성과 규제조항의 내용면에서 위헌이라 할 것이고, 따라서 원심은 본건 피고인들에 대한 심판에서 그 위헌임을 밝히는 절차를 밟아 그 적용을 거부 배제하였어야 할 것인데, 그러지 않고 무효인 조치를 그대로 적용한 위법을 범하여 판결에 영향을 미친 것이다.

2. 물론 헌법 제53조 제4항에는 '제1항과 제2항의 긴급조치는 사법적 심사의 대상이 되지 아니한다'고 하는 규정이 있으나 구태여 그런 규정을 따로 둔 본의가 긴급조치로서 헌법을 무시 유린해도 좋다는 절대권을 대통령에게 주자는 데 있다면 이는 절대적 헌법(absolute Verfassung)에 어긋나는 상대적 헌법률(relatives Verfassungsgesetz)로서 무효라 할 것이고, 반대로 그렇지 않다고 하더라도 국회의 정상 입법절차를 거친 법률도 위헌심사의 대상이 되는 것과 비교해보거나, 전쟁 또는 전쟁에 준할 사변에 있어서 적의 포위공격으로 인하여 사회질서가 극도로 교란된 지역에 선포하는 비상계엄(헌법 제54조, 계엄법 제4조)의 선포에 즈음한 특별조치도 동법 심사대상에서 예외되지 않는 점(헌법 제54조 제3항)과 대비하여 볼 때에 그 결론을 달리할 수 없는 것이니 역시 보다 높은 절대적 헌법을 존중한다는 차원에서 위헌 여부의 심사를 헌법위원회에 제청하였어야 마땅하다고 보는 것이다.

제2점

원판결은 또한 긴급조치 제1호와 동 제4호의 해제로 인하여 처벌할 수 없는 행위를 유죄로 판결한 헌법 및 법률 위반을 범하였다.

1. 전시한 긴급조치 제1호와 동 제4호는 1974. 8. 23.자로 해제되었으니 (긴급조치 제5호) 이는 형법 제1조 2항 소정의 '범죄 후 법률의 변경에 의하여 그 행위가 범죄를 구성하지 아니하는 경우' 또는 '범죄 후의 법령 개폐로 형이 금지되었을 때'에 해당되므로 군법회의법 제371조 제4호에 의하여 마땅히 면소의 선고를 하였어야 옳다.

2. 물론 위 긴급조치 제5호 2항에는 '해제 당시 대통령긴급조치 제1호 또는 동 제4호에 규정된 죄를 범하여 그 사건이 재판 계류중에 있거나 처벌을 받은 자에게는 영향을 미치지 아니한다'라고 규정하여 이미 공판에 계류중인 사건에는 위 해제의 영향이 미치지 않는다는 조항을 두고 있으나, 이러한 경과규정은 헌법 제53조 제5항에 위반되는 것으로 효력이 없는 것이다. 헌법 제53조 제5항에는 '긴급조치의 요인이 소멸한 때에는 대통령은 지체없이 이를 해제하여야 한다'고만 되어 있으므로 그 해제에는 어떠한 유보나 단서도 붙일 수가 없는 것이다. 일반 법률에서의 이른바 경과규정은 그 설정 자체가 정상적 입법권의 행사인 점에서 대통령의 비상적 변칙조치인 긴급조치와 동일하게 말할 예증이 되지 못한다.

3. 그렇다면 위의 경과규정은 위헌이라 할 것이고, 헌법 제53조 제4항의 동법 제1항과 제2항의 긴급조치만 사법심사의 대상이 되지 아니한다고 규정하였으니(설령 그런 조항이 유효하다고 할지라도) 동 제5항에 의한 대통령의 해제조치(특히 그중 경과조항)는 사법심사의 대상이 되는 것임이 명백하고, 따라서 원심은 그 위헌 여부의 심사를 헌법위원회에 제청하여 그 판단을 받아 재판을 하였어야 마땅했을 것이다.

제3점

원심은 법적 요건을 갖춘 결정도 없이 비공개재판을 강행함으로써 공개재판을 받을 피고인의 권리를 보장한 헌법 제24조를 위반하였으며, 비공개결정이 없는 한 공개재판을 해야 한다고 한 군법회의법 제67조에 위반하였다.

1. 원심에서는 시종 공판기일마다 피고인 1인에 직계가족 1인씩의 법정방청만이 허용되었고, 그외의 사람은 정문에서 출입증교부를 거부하는 방법을 써가지고 재판장소의 근처에도 접근치 못하게 하였다. 많은 피고인을 좁은 법정에 들여 앉히고 재판하느라고 방청석이 협소했다는 구실이 나올지도 모르나 1, 2명의 피고인을 재판할 때도 방청금지는 동일하였으며, 다수의 피고인을 입정시켰을 때에도 방청석에는 빈 자리가 많이 남아 있었고, 혹은 정보, 수사, 재판을 담당한 기관원들에 의하여 자리가 메워져 있었다. 피고인의 어머니가 방청을 한다고 해서 아버지나 형제조차도 방청이 금지된 그러한 재판은 결코 공개재판이 아니다.

2. 무릇 공개재판이란 방청을 원하는 모든 사람에게 장소의 형편이 허용하는 한도로나마 모두 방청을 가능케 하는 기회를 개방함으로써 국민으로 하여금 재판의 공정을 감시 담보케 하려는 제도임이 분명하다면 피고 1인당 방청인 1명이라는 엄격한 허가제(?)를 풀지 않은 채 방청인이 앉아야 할 자리에 각계의 기관원이 앉아서 진술의 메모와 감시의 인상을 주는 표정으로 일관한 원심의 법정상황은 국민의 재판감시 역할을 봉쇄하였다는 점에서도 공개재판이었다고 볼 여지가 없는 것이다.(심지어 국방부 출입기자도 취재 메모나 방청 후의 보도가 금지된 채 군법회의 대변인의 발표문을 그대로 받아가는 실정이었다) 더구나 원심은 그와 같은 방청금지를 위한 적법한 비공개결정을 한 바도 없다.

3. 위와 같은 제사실에 비추어 설령 원심 공판조서에 공개로 재판이 진행되었다는 취지의 상용문구가 기재되었다고 하더라도 그것은 하나의 허위기재에 불과하고, 실질적으로 비공개재판이었던 위법한 원심 재판절차의 과오를 치유시킬 수는 없다. 설사 방청의 일반적 금지조치가 원심 심판부의 제지가 아니었다고 해도 심판부와 '한 집안'처럼 밀착되어 업무를 수행해온 관계부처(군법회의내의 각과)의 공무원에 의해서 이루어진 조치인 이상, 그리고 그러한 방청금지 조치를 심판부가 알면서 묵인한 이상 '적법한 결정 없는 비공개 재판'이라는 위법에는 아무런 소장消長이 없는 것이다. (이 부분에 대한 재판은 원심 기록을 통해서는 밝혀질 수 없는 것이므로 군법회의법 제435조에 의하여 원심 변호인들의 진술을 들을 필요가 있다고 사료되어 별도로 이를 신청하겠음)

제4점

원재판은 고문, 기타의 방법에 의하여 강요된 자백을 임의성있는 자백이라고 보아 유죄의 증거로 삼았다는 점에서 헌법 제10조 2항, 군법회의법 제361조(제1항과 제2항)에 위반하였다.

1. 검찰관 작성의 각 피고인들에 대한 피의자 심문조서, 진술조서, 자필진술서 등은 피고인들이 비상보통군법회의 검찰부에 송치되기 전 사법검찰관서의 조사를 받음에 즈음하여 심한 고문을 당했거나 위계에 넘어가서 사실이나 본의 아닌 진술을 강요당하였고, 검찰관의 조사단계에서도 그러한 공포와 불안의 분위기가 계속되었는 데다가 구타, 송치 기관원의 입회 등의 방법으로 자유로운 진술을 하지 못하였으며, 일방적인 조서작성, 불러주는 대로의 자필진술서 작성 등의 수법에 의한 것으로 피고인들은 제1심 법정에서부터 이에 관한 이의와 호소를 제기한 바 있었다.

2. 이와 같이 피고인(또는 피고인 아닌 자)의 진술이 임의로 된 것이 아닌 것은 증거할 수 없음이 명백한데(군법회의법 제361조 제1항) 제1항은 별반의 임의성 입증도 없는 채로 위와 같은 진술을 내용으로 한 조서나 서류를 유죄의 증거로 하였고 원심 또한 이를 지지하였다.

3. 원심은 그 판결에서 '검찰관 작성의 각 피고인들에 대한 피의자신문조서와 진술조서 및 자필진술서…… 등에 관하여 보건대 일건 기록을 아무리 정사하여 보아도 위 조서 등이 강요에 의하여 임의로 작성된 것이 아니라고 의심할 만한 아무런 자료도 찾아볼 수 없고……'라고 판시하였다.(판결문 42면 상단)

이러한 설시에서 원판결의 위법한 과오는 더욱 두드러지게 나타나고 있다.

첫째, 강요에 의한 임의성 없는 진술이었는가의 여부를 일건 기록의 정사만 가지고 판단하였다는 것은 넌센스에 속한다. 조서상에는 오히려 임의로 진술하였다는 것을 표시하는 부동문자가 인쇄되어 있음이 상례이고, 자기 앞에서의 진술이 강요에 의한 진술이라거나 자기가 진술을 강요했다는 점을 조서에 기재해 놓을 작성자(또는 심문자)는 천하에 존재하지 않기 때문이다.

둘째, 정말로 일건 기록을 정사했다면 제1심 공판조서 기재 내용 가운데에서 피고인들의 수사기관에서의 진술이 임의성이 없는 것이라고 의심할 만한 자료(피고인들의 진술 등)를 충분히 발견하였을 터인데, 이점을 간과한 것은 큰 잘못이었다.

셋째, 피고인이 된 피의자의 진술을 기재한 조서는 그 진술이 특히 신뢰할 수 있는 상태하에서 행하여진 때에 한하여 피고인의 법정진술에 불구하고 증거로 할 수 있는 것인데(군법회의법 제356조) 적어도 피고인들의 진술이 고문과 강요에 의한 진술이었다고 각 진술자(피고인) 자신이 억울함을 개진하였고, 기소 전과 그후의 법정진술이 전면적으로 상치되어 있음을 아울러 간취하였다면 기소 전에 작성된 조서상에 담긴 피고인들의 진술이 '특히 신빙할 수 있는 상태하에서' 행하여진 것이 아님을 알았을 것이고,

만일 불확실했다 하면 그점에 관한 심리를 좀더 자세히 하여 진상을 밝혔어야 했다.

넷째, 본건 제1심에서 변호인은 위 각 조서에 대한 의견진술을 통하여 각 피고인의 진술의 임의성을 부인하였는데, 이런 경우 소추자인 검찰관 측이 그 진술의 임의성을 입증하지도 않았으니 그런 진술을 내용으로 한 위 각 조서 등은 군법회의법 제361조 제2항의 해석상 증거능력이 없는 것임에도 불구하고 이를 유죄의 증거로 채용하였으니, 그와 같은 제1심 판결을 그대로 지지한 원심은 진술의 임의성과 증거능력에 관한 법리를 오해하였거나 검찰관에 대한 '임의성 입증'의 촉구조차 안했다는 점에서 심리미진의 위법을 범한 것이라고 보아야 한다.

4. 무릇 헌법 제10조 제2항이 '모든 국민은 고문을 받지 아니하며 형사상 자기에게 불리한 진술을 강요당하지 아니한다'고 규정한 소이는 고문이나 진술강요 등을 금지시킨다는 뜻과 아울러 그러한 위법행위의 결과로 얻어진 진술에는 아무런 효력도 부여해서는 안된다는 뜻을 설명한 것이므로 이에 어긋나는 판단을 보인 원심 판결은 헌법위반의 허물도 내포하고 있는 것이다.

제5점

원판결은 군법회의법 제204조를 위반하고 피고인 및 변호인의 증인신문 참여권을 박탈한 제1심의 위법을 간과한 위법이 있다.

1. 이점에 관하여 판결문은, 원심 공판조서를 정사하여 보니 원심 수명 법무사가 행한 증인 신문기일에 피고인이 참석치 아니한 사실은 인정할 수 있으나, 그러나 원심은 피고인들과 변호인들이 참석한 1974. 7. 2. 제14차 공판기일에서 '1974. 7. 5. 13:00와 1974. 7. 6. 10:00 비상보통군법회

의 법무사실에서 수명법무사가 증인신문을 행할 것'을 고지하고 각 관계인의 출석을 명하여 적법하게 기일통지를 하였음을 볼 수 있고……비록 피고인이나 변호인이 참석치 아니하였다 하여 그 증인 신문절차가 위법하다고는 할 수 없고……(판결문 44면)라고 설시하면서 변호인들의 항소이유를 배척하였다.

2. 그러나 제1심 당시의 1974. 7. 2. 공판기일에서 재판장은 증인신문기일에 피고인들의 출석을 명하거나 증인신문에 참여할 수 있다는 취지를 알린 바가 없으며, 구속피고인의 출정을 가능케 하는 소환이나 그에 준하는 조치를 하나도 취한 바도 없다. 만일 원심기록에, 증인 심문기일에 피고인들을 소환한 흔적이 남아 있다면 그것은 원심 변호인들의 강력한 항의가 있은 뒤 사후에 꾸며진 문서임이 틀림없으니(수많은 피고인 중 한 사람도 증인 신문기일에 신문장소에 '인출' 된 사람이 없었을 뿐 아니라 그 다음의 공판기일에 피고인들이 이에 항의한 점에서 그 진상을 숙지할 수 있다) 이로써 증인신문 참여권의 박탈을 첨부할 자료로 삼아서는 안된다.

3. 뿐만 아니라 피고인들이 증인신문에 참여하지 않겠다는 의사를 미리 명시한 일도 없었으니 제1심 재판부로서는 군법회의법 제204조 제2항의 규정에 따른 통지를 피고인들에게 미리 하였어야 함은 물론이고, 특히 구속 수감중인 피고인들로 하여 증인심문에 참여할 수 있는 출정지시가 따랐어야 할 터인데 실제로는 그러한 조치가 없었으니 이는 결국 동조 제1항이 정하는 피고인의 증인신문 참여권을 의도적으로 봉쇄한 것으로 위법이라 할 것이다.

4. 그러한 위법한 상태하에서 행해진 제1심의 수명법무사 증인신문 결과를 증거로 삼은 것이 위법이 아니라고 판시한 원판결은 전기한 바와 같은 법률위반을 답습한 또 하나의 위법을 범하고 있는 것이다.

제6점

원판결에는 적법한 증거에 의하지 아니하고 사실을 인정한 위법 또는 채증법칙을 어긴 위법이 있어 판결에 영향을 미쳤다. 원판결이 지지한 제1심 판결에서 예거된 유죄의 증거라는 것은 모두 증거능력이 없거나 증명력이 없는 것들이어서 유죄의 자료가 될 수 없는 것들이다.

1. 검찰관 작성의 피고인 등에 대한 각 피의자심문조서 및 각 진술조서와 각 자필진술서 등은 전기 제4점에서 지적한 바와 같은 이유로 증거능력이 없고,

2. 상 피고인들에 대한 검찰관 작성의 피의자심문조서 및 각 진술조서와 공소 외의 다른 피의자들에 대한 심문조서, 진술조서, 그밖의 사람들에 대한 진술조서, 위 사람들의 일부가 쓴 자필진술서 등은 제1심 공판 이래 변호인측이 증거로 함에 동의하지 않았으며, 그 때문에 실시된 제1심 수명법무사의 증인심문(74년 7월 5일과 6일)에 있어서는, 첫째 피고인들의 심문참여권이 고의적으로 박탈되었음은 전술(제5점)하였고, 둘째 변호인의 참여 및 반대심문권 행사하에 진술한 증인들의 진술내용은 한결같이 피고인들에 대한 공소사실과 같은 범죄가 없었다는 것이고, 수사기관에서 작성된 자기들의 조서나 진술서는 임의로 사실을 말할 수 없는 상태하에서 모든 사실 아닌 진술을 강요당하였던 것이라고 이구동성으로 답변하였던 것이다.

3. 그렇다면 수사기관에서 작성한 전기의 각 조서 및 진술서 등은 원진술자의 진술에 의하여 오히려 그 성립이나 내용의 진정을 인정할 수 없게 되었고(설사 조서 말미에 기명 무인 사실을 시인했다는 점에서 조서와 진정 성립은 인정된 것이라 보더라도 증명력은 태무한 것임), 수명법무사 작성의 증인심문조서 또한 그 내용이 피고인들의 혐의 없음을 밝혀주고 있는 것이어서, 그

어느 것이나 유죄의 증거로 삼을 수 없는 것이었다.

4. 더구나 나머지 증인들에 대하여는 변호인의 참여조차 없는 가운데 피고인들의 참여 불능은 물론이고, 수명법무사의 심문만 강행되었으니 이는 피고인의 방어권 및 변호인의 변호권을 규정하고 있는 소송의 절차법규에 위반되는 것으로, 그 심문의 결과를 유죄의 자료로 삼을 수는 없는 것이며, 그런 위법한 심문에 근거하여 원진술자의 수사기관에서의 각 조서나 진술서에 대하여 증거능력을 부여할 수도 없는 것이다. 그럼에도 불구하고 이를 유죄의 증거로 거시하였음은 위법이라 할 것이며, 결국 제1심은 증거능력이나 증명력이 없는 자료를 유죄의 증거로 삼은 위법을 범한 것이라 아니할 수 없다.

5. 그밖에 제1심 판결이 열거하는 여지의 증거를 아무리 검토하여도 제1심의 판시사실을 인정할 만한 증거는 없으니 위 판결은 증거에 의하지 아니하고 사실을 인정한 위법을 저질렀다 할 것인 바, 그러한 제1심 판결에 잘못이 없다고 하여 이를 지지한 원판결 역시 똑같은 위법을 면할 수 없는 것이다.

제7점

원판결은 국가보안법 제1조의 반국가단체의 구성죄와 형법 제87조의 내란죄(동법 제90조 예비음모, 선동 포함), 반공법 제4조의 반국가단체 활동의 찬양 고무행위의 법리를 오해하여 판결에 영향을 미친 위법이 있다.

1. 무릇 반국가단체라 함은 국가보안법 제1조가 못박고 있듯이 '정부를 참칭하거나 국가를 변란할 목적으로' 만든 결사 또는 단체를 가리키는 것이고, 내란이라 함은 국토를 참절하거나 국헌을 문란할 목적으로 폭동을

일으키는 것을 그 구성요건으로 하고 있으며, 여기서 국헌문란이라 함은 형법 제91조가 명시하듯이 헌법 또는 법률이 정한 절차에 의하지 아니하고 헌법 또는 법률의 기능을 소멸시키는 것과 헌법에 의하여 설치된 국가기관을 강압에 의하여 전복 또는 그 기능행사를 불가능하게 함을 지칭하는 것이다.

2.
그런데 본건 피고인들의 소위를 본다면 그들은 현사회에서의 여러가지 불법과 부정을 개탄하고 특히 사회정의와 민주정부의 확립을 촉구하는 의사표현의 방법으로서 광범한 학생데모를 기도하고자 서로 모여서 논의를 하였거나, 또는 그런 데모와 관계없이 유신체제하의 정치, 사회 등에 관한 시국담을 나누고 청년 학생으로서의 책무를 다짐하였던 것이니 그들이 소망한 민주주의와 국민기본권의 회복은 우리나라 헌정질서의 궁극적 이념이요 목표이므로 피고인들의 행위는 그 어느 모로 보나 반국가 혹은 국헌문란에 문제될 여지가 없는 것이다.

3. 따라서 피고인들에게는 '정부를 참칭하거나 국가를 변란할 목적' 또는 '국헌을 문란할 목적' 이 전혀 없었음이 분명하고, 더구나 그런 목적을 가진 단체를 구성하였다고 볼 증좌는 전혀 존재하지 않는다. 적어도 '단체의 구성' 이라고 하기 위하여는 그 조직과 운영에 관한 최소한의 기본적 골격이라도 갖추어야만 할 것인데, 수명의 학생들이 몇 차례 모여 학생운동에 관한 논의를 한 것만으로는 단체의 구성이라고 볼 수 없다. 나아가서 피고인들이 폭동을 기획한 사실은 더욱 없고, 오직 학생데모를 논의하였을 뿐이다.

4. 설령 학생데모가 일어났을 경우에 민중의 호응을 받아 폭동화될 것이라고 가상을 하더라도, 국헌문란의 폭동이 직접목적이 아니었는데 단지 파급효과로서 폭동이 예상된다 하더라도 그것은 내란죄를 구성하지 않는

다고 보는 것이 우리 대법원의 판례이므로(1968. 3. 5.) 가상적 연쇄반응을 이유로 하여 학생데모를 곧 내란요건으로서의 폭동으로 예단함은 큰 잘못이다 할 것이다.

5. 결국 원판결은 본피고인들의 일부가 데모를 구상한 데는 현정부에 대한 비판적 의도가 작용하고 있음에 집착하여, 현재의 상황 아래에서 시도되는 민주회복운동 내지 반정부적 학생데모의 목적을 국가변란이나 국헌문란의 목적과 혼동 내지 동일시하여 위 두 목적범의 법리를 오해한 것이라고 아니할 수 없다. 그리고 대규모의 학생데모를 감행하는 일이 곧 폭동과 동격의 물리적 파괴행위가 되는 것이라고 폭동의 법리를 잘못 해석한 허물도 있다 할 것이다.

6. 그리고 반공법 제4조 제1항에 규정된 반국가단체의 찬양동조행위라는 것은 최소한 반국가단체를 이롭게 한다는 인식이 있어야 하는 것인데 본건 피고인들은 우리나라의 현실에 대하여 걱정하면서 그 부조리를 바로잡기 위하여 비판적인 언론(대화나 문구)을 행사하였던 것이고, 달리 그들에게 북한 공산집단을 이롭게 하려는 의도가 없었음을 알기에 족한 것이다.
그렇다면 피고인들의 행위는 우리나라 헌법이 보장하고 있는 언론의 자유, 표현의 자유의 범위를 벗어나지 않는 것으로서 국민기본권 행사의 일면을 보였다 할 것임에도 불구하고 원심이 피고인들의 현실비판적인 언동을 반국가단체의 동조행위에 틀림없다고 하여 제1심 판결을 재확인한 것은 필경 반공법 제4조 제1항의 법리를 오해하였기 때문이라고 본다.

제8점
원판결에는 이유불비의 위법이 있는 제1심 판결을 그대로 답습한 위법이 있다.

1. 원판결이 지지한 제1심 판결은 32명의 피고인들에 대한 수백 항에 달하는 공소사실을 모두 유죄로 인정하면서 그 증거 제시에 있어서 어느 피고인에 대한 어느 사실을 어떤 증거에 의하여 인정한다는 것인지를 알아볼 수 있도록 피고인별로 구분하여 밝히지 아니하였다. 뿐만 아니라 각 피고인들에 대한 법률적용에 있어서도 어느 사실에 대하여 어느 법조를 적용한 것인지를 개별적으로 적시하지 않았다.

2. 무릇 형사소송법 제323조 제1항과 군법회의법 제368조 제1항에서, 유죄판결에는 그 판결 이유에 범죄사실과 증거의 요지, 법령의 적용을 명시하여야 한다고 규정한 취지는 특정 피고인에 대하여 인정되는 특정의 사실에 관하여 특정의 증거를 개별적으로 밝히고, 그중 어느 범죄사실에 대하여 어떤 법률을 적용하였는지를 객관적으로 알 수 있도록 분명하게 기재함으로써 사실과 증거 및 법률관계를 명시하여 판결논리와 납득의 기능을 다하도록 함에 있다 할 것이다.

3. 그런데 위의 제1심 판결은 다수의 피고인에 대한 다수의 판시사실에 대하여 총체적 일괄적으로 증거와 법조를 나열함에 그쳤기 때문에 특정 피고인에 대한 어느 범죄사실에 대하여 무엇을 증거로 삼았으며, 특정의 판시사실에 대하여 어떤 법조를 적용하였는지를 구별할 수 없게 하였으니 이는 1974. 7. 26.자 대법원 전원합의부의 판결에도 위반되는 이유불비의 판결이라 할 것이다.

그럼에도 불구하고 위와 같은 제1심 판결에 잘못이 없다고 하여 변호인의 항소이유를 배척한 원판결 역시 이유불비 또는 법리오해의 위법을 면할 수 없다고 본다.

따라서 위와 같이 여러 위법을 내포하고 있는 원판결을 파기하고 다시 상당한 재판을 구하는 뜻에서 이 상고에 이른 것이다.

판결요지

인혁당 사건 및 민청학련 사건 대법원 판결이유(요지)

헌법위반의 주장에 관하여

상고이유 중 긴급조치가 헌법의 근본규범에 위배되어 무효한 것이라든가, 소급적 처벌규정이어서 헌법 제11조 제2항에 위반한 것으로 무효라든가, 또 그 내용이 요건을 갖추지 못하여 무효라는 것, 긴급조치 제5호의 제2항의 경과규정이 헌법위반이라는 점 등의 소론에 대하여는 그 주장들이 우리 헌법 해석상 받아들이지 못할 것이라 함은 본원의 이에 대한 누차의 판결로써 명시된 바 있는 것이며 위와 같은 본원의 견해를 변경할 필요를 느끼지 않는다.

따라서 이점 상고이유는 실당한 것이며 법관의 영장 없는 체포, 구속, 압수, 수색을 할 수 있게 한 긴급조치 제2호 제12항의 경우 헌법 제53조에 의하여 대통령의 긴급조치권을 발동할 경우에는 동조 제1항에 의하여 사법 등 국정 전반에 걸친 조치를 취할 수 있고 동조 제2항에 의하여 '헌법에 규정되어 있는 국민의 자유와 권리를 잠정적으로 정지' 하는 조치를 취할수 있고 이 경우에는 '법원의 권한에 관하여 긴급조치를 할 수' 있는 것임이 동법에 명시되어 있는 바로서 헌법 제53조에 의한 긴급조치는 대통령에게 이러한 권한이 부여되었다고 인정할 수 있으므로, 따라서 헌법 제53조에 의하여 논지가 지적하여 비위하는 바와 같은 국민의 일부권리와 자유의 잠정적 정지조치는 헌법위반이라고 인정할 수 없다.

법률위반 내지 법리오해의 주장에 관하여

긴급조치 제1호 및 제4호가 동 제5호 제1항으로써 1974. 8. 23. 10시부터 해제되었음은 소론과 같으나, 그러나 그 제2항에 경과적 규정으로서 '사건이 재판에 계류중에 있는' 자에게는 해제조치가 영향을 미치지 않는 것으로 규정되었고 또 이 규정이 앞에서 설시한 바와 같이 그 효력이 없는 것이라고 볼 수 없는 것이므로 재판에 계속중이던 이 사건의 피고인 등의 긴급조치위반의 공소사실에 대하여 원심이 판결로써 면소를 선고하지 아니한 점에 아무런 위법이 없다.

국가보안법 제1조의 법리오해의 점에 대해

'결사' 나 '집단' 등에 있어서 '결사' 라 함은 2인 이상의 구성원이 결합되면 족한 것이고, 그 구성원은 특정되어 있어야 하나 각 구성원이 다른 구성원을 지실할 필요까지는 없는 것이고, 또 '결사' 에는 일정한 공동목적이 있어야 하나 그 공동목적이 존재한 이상 그것이 '결사' 의 조직의 유일한 목적임은 요하지 않고 다른 목적이 있어도 '결사' 의 구성에는 지장이 될 수 없는 것이며, 또 일정한 목적으로써 조직된 '결사' 인한 그 구성원 중 일부인이 그 공동목적 이외에 어떤 다른 목적까지 수행하려고 하여도 '결사' 의 구성에는 영향이 없는 것이며, '결사' 에는 '지속성' 이 있어야 한다 함은 소론과 같으나, 그러나 이 '지속' 은 사실상 지속하여야 함을 요하지 않고 지속시킬 의도에서 결합한 이상 '결사' 에 해당되는 것이며, 또 그 지속성은 영구성을 뜻하는 것도 아니다.

또 상고이유 중 전시한 과거 '인혁당' 사건이 반공법위반으로 처단되었음에도 불구하고 이를 다시 국가보안법 소정의 반국가 단체로 인정하였음은 일사부재리의 원칙에 반한 법리오해의 위법이 있다는 주장에 관하여 살피건대, 원심이 유지한 제1심의 거시증거에 의하면, 이 사건의 '인혁당 재건단체' 는 위 1964년 9월 5일에 기소된 소위 '인혁당' 과는 별개의 단체인 반국가단체로 인정하였음이 명백하므로 위 소위 '인혁당사건'의 피고인 등이 반공법 위반으로 처단되었다 할지라도 이 사건의 '인혁당재건단체'를 원심이 증거에 의하여 국가보안법 제1조 소정의 반국가단체로 인정하여 이에 관련된 피고인들을 국가보안법 제1조 제1항 같은 제2항 위반으로 처단하였음은 소론과 같은 잘못이 없다.

한편 국가보안법 위반으로 처단된 피고인 김영준 등 송무호에 대한 제1심 판결을 보면

공소 외의 김동길로부터 "73년도말 유신헌법폐지 등을 위한 학생들의 반정부데모를 위시하여 종교계 언론계 인사들이 헌법개정청원 서명운동을 일으키고 더욱 석유파동으로 정부가 경제적으로 타격을 받게 되는 등 일련의 사태를 보아 유신체제와 정부의 앞날이 멀지 않은 것으로 본다"는 74년도 시국전망에 관한 논평을 듣고 74년도 새학기가 시작되면 대대적인 반정부데모를 감행하기로 모의하고 준비를 하던 중…… 으로 판시되어 있는바 이는 비공산주의자로서 본죄의 목적에 있어서 폭력에 의한 정부전복 후의 새로운 정부에 대한 구체적인 구상이 있었다고 볼 수 없으며 또 이들은 상피고인 유인태, 이철, 황인성 등에 포섭되었으나 그 포섭내용이 이점에까지 공모되었다고는 원판결이 인정하지 않았다.

따라서 이점에 대한 상고는 이유 있어 원판결 중 피고인 김영준, 송무호에 대한 부분을 파기하고 이 부분을 비상고등군법회의에 환송한다.

피고인 유근일에 대한 범죄의 목적사실을 기재한 제1심 판결서를 보면, 이 판시사실 자체가 동피고인의 국가보안법 위반죄의 목적을 용공성이 없는 것으로 보여지기도 하나, 그러나 전단에서 설시한 바와 같이 용공국가 건설의 목적만이 이죄의 목적이 아닌 것이며 폭력에 의한 정부의 전복 후의 새 정부 수립에 대한 구체적인 구상을 목적으로 하였으면 족하므로 원심판결에 잘못이 없다.

반공법의 법리오해라는 주장에 관하여

피고인 이현배는 비록 공산주의자가 집필한 것으로 보여지는 논문 2편

이 수록된 《아세아의 혁명과 법》이라는 책자를 취득 보관한 것이 순수한 학구적인 견지에서의 이러한 책자의 보관 등에 반공법 제4조 제2항이 적용될 수 없다는 논지는 수긍이 간다.

그러나 이 피고인의 평소의 정치이념이 사회주의 국가의 수립에 있었으며 이와 같은 정치이념의 소지자가 용공서적을 읽고 이를 보관하고 있음은 반공법 제4조 위반으로 인정된다.

비공개재판의 위법성에 관하여

재판의 심리과정에서 어떤 심급의 재판이 공개되었느냐의 여부는 공판조서의 기재사항을 규정, 군법회의법 제84조 제2항 제5호 동법 제89조에 재판의 공개 여부는 이 사건의 공판조서에 의하여서만 인정할 수 있는 것이다. 그런데 이 사건은 공판조서상 시종 공개된 법정에서 심리가 진행되었음을 인정할 수 있다.

그리고 다수의 피고인의 재판심리에 있어서 재판장이 법정질서상 그의 재량권에 의하여 일정한 한도내에서 방청권을 발행하여 재판을 심리하되 그 입정이 허용된 범위가 피고인의 가족 중 1인 변호인과 보도기관인 국방부 출입기자단이 방청 내지 참여하였다면, 이것은 국민으로 하여금 재판의 공정을 감시 담보케 하는 사명을 하였다고 인정할 수 있고, 따라서 이는 헌법이 보장한 공개재판을 받을 권리를 침해받았다고 볼 수 없다.

공판심리절차상 위법이 있다는 주장에 관하여

'인혁당재건단체'의 사건이나 '민청학련' 사건의 각 제1심공판조서를 조사한즉 위 각 제1심에서는 각 피고인에 대하여 필요하고도 충분한 진술의 기회와 각 변호인이 피고인, 기타 소송 관계인에 대한 필요한 신문권을 부여하였음을 인정할 수 있고 각 변호인에게 피고인을 변호할 수 있는 필요하고도 충분한 기회가 부여되어 그것이 실행되었음을 인정하기에 충분할 뿐 아니라 각 피고인에게도 충분한 최후진술이 있었음을 공판조서상 명백히 인정할 수 있다. 따라서 이와 반대되는 견해로써 위 각 제1심판결을 비위함은 적법한 것이 되지 못하여 이점에 관한 논지는 이유 없다.

또 피고인의 최후진술 없이 변론이 종결되었다 하여도 재판장의 법정질서를 위한 퇴정명령을 받은 이 주장의 피고인들에 대하여 최종진술 없이 결심한 조치는 군법회의법 제375조에 의하여 아무런 위법사유가 될 수 없다.

증거조사절차에 위법이 있다는 주장에 관하여

제1심 공판기록에 의하면, 채택한 증인들에 대한 증인신문을 법정 외에서 증인신문함에 있어 소송관계인의 의견을 물은즉 소송관계인은 별 의견이 없다고 진술하여 재판장은 위법정 외의 증인신문은 수명법무사로 하여금 74년 7월 5일과 7월 6일 오전 10시에 법무사실에서 신문하겠다고 고하고 각 소송관계인들에게 출석할 것을 명하였음은 기록상 명백한 바, 그렇다면 피고인과 변호인에게 증인신문의 시일과 장소를 미리 통지한 것이므로 피고인이나 변호인이 증인신문에 참여하지 아니하였다 하여도 증인신문 절차에 위법이 있다 할 수 없으며 74년 7월 8일 제 15차 공판기일에 피고인과 변호인이 모두 재정한 법정에서 법무사가 위 증인 신문결과를 고지하고 각 소송 관계인에게 의견을 물은즉 소송관계인들은 별 의견이 없다고 진술하였음은 기록상 명백하므로 이는 책문권의 포기로 치유된다.

상고이유 중 제1심은 검찰관이 신청한 증거는 모두 채택하고 변호인이 신청한 증거는 모두 기각함으로써 증거채부에 위법이 있다는 점에 관하여 판단하면 이 사건 기록에 의할 때 검찰관이 신청한 증거뿐만이 아니라 변호인이 신청한 증인도 일부채택하였음은 기록상 명백하므로 제1심의 증거채부에 위법이 있다는 논지는 그 이유 없다. 또 피고인 도예종 상고이유 중 제1심은 공동피고인들 중 일부를 퇴정시킨 후 심리를 하여 반대신문의 기회를 박탈한 위법이 있다는 주장에 관해 살피건대 기록에 '인혁당재건단체' 사건 제1심 2차공판 기록에 의하면 피고인들 일부를 변호인의 동의를 얻어 퇴정시키고 심리한 사실을 인정할 수 있으나 속개된 다음 3차공판기일에 출석한 모든 피고인들에게 전회 공판심리결과의 요지를 고지하고 이에 대한 이의의 기회를 주었음이 기록상 명백하므로 그 심리절차에는 소론과 같은 위법이 없다.

채증법칙 위배의 주장에 관하여

상고이유 중 진술의 임의성이 없는 검찰관의 피의자 신문조서, 진술조서 및 자필 진술서와 또 그것이 특히 신빙할 수 없는 상태에서 작성된 것임에도 불구하고, 이에 의하여 피고인 등의 공소사실에 대하여 유죄의 증거로 하였음은, 결국 증거능력 없는 증거를 유죄의 증거로 한 위법이 있다고 주장하므로 이에 대하여 판단한다.

'인혁당 재건단체' 사건에 있어서의 유죄의 증거로 인용된 것은 검찰관의 피의자 신문조서와 압수된 증거물뿐이므로 그 이외의 진술조서나 자필 진술서에 대하여서는 이 주장에 대한 판단을 할 필요가 없다.

일반적으로 진술의 임의성이 없다 함은 수사관에 의하여 신문을 받는 자가 협박, 고문 등 기타의 방법으로 인하여 자유스러운 분위기의 상태하에서 진술이 되어 있지 않음을 말하는 것인바 74. 6. 19 제2차 공판정에서의 피고인들의 이 부분에 대한 검찰관의 직접신문의 문답부분을 밝혀보면

첫째 제1심의 공개된 공판정에서 피고인 송상진은 검찰관 작성의 피의자 신문조서에 기초된 검찰관의 공소장 기재의 범죄사실 전부를 자백한 사실이 있었던 바, 그 내용에 있어서 기타 피고인 등의 진술과 부합하고,

둘째로 변호인의 공판정에서의 반대심문에도 피고인 나경일은 검찰관 앞에서의 신문의 자유스러운 분위기 속에서 진행되었고, 따라서 그 진술에 임의성이 있다고 진술한 사실이 있었고, 또 동 피고인의 진술내용도 기타 관련 피고인 등의 진술과 부합되는 점,

셋째 검찰관 앞에서 진술에 임의성이 있었다고 진술한 기타 피고인 등의 진술내용도 관련 피고인의 진술내용과 부합되며,

넷째 이와 같이 진술한 피고인 등은 위 제1심의 양 사건에 있어서 주도적 또는 비교적 주동적인 임무에 종사하였다는 사실과,

다섯째 위 이외의 피고인도 제1심이 결심될 때까지 이점을 다루지 않았다는 점,

여섯째 이와 같은 상황임에도 불구하고 위에서 설시한 피고인들도 또다시 임의성이 없다고 다투는 점으로 보아 그 피고인 등의 이점 주장은 진실성이 없다고 판단되는 점 등을 종합하면 원심이나 제1심의 심판관이 이 모든 서류에 임의성이 있는 것으로 인정한 것은 정당하며 피고인들의 이 주장을 배척한 것은 이를 비위할 만한 아무 잘못이 있다 할 수 없다.

임의성의 입증책임을 보면, 그 책임은 검찰관에게 있다. 그러나 그 입증책임의 내용은 항상 처음부터 입증하여야 하는 것도 아니고, 임의성에 관하여 의심할 만한 사정 또는 증거가 나타났을 때 비로소 임의성을 입증할 필요가 있는 것이며, 또 검사가 부담하는 것은 임의성의 실질적 거증책임이기 때문에 단지 피고인이 임의성을 다투었다 하여 그것만으로서 당연히 검찰관의 입증을 기다려야 하는 것도 아닌 것이며, 원래 임의성의 판단은 경험칙에 위배되지 않고 합리적인 범위내에서 심판관의 자유스러운 심증에 의하여 결정지어지는 것이니 자백의 임의성의 조사에 있어서는 소송수행의 모든 상황, 즉 그 서류의 작성, 내용은 물론 피고인의 변소 및 태도, 검찰관의 석명, 그 서류작성에 관여한 증인의 증언 등 모든 면에 있어서 심판부가 합리적인 판단을 내리면 족하는 것인바, 이 사건에 있어서 제1심의 심판관이나 원심의 심판관이 상고이유가 지적하는 서류 등이 임의성이 있다고 판단한 점에 관한 과정에서, 위에서 설시한 모든 상황을 참작하여 피고인들의 주장을 배척한 점에 아무런 잘못도 없다.

증거 없이 원심이 사실을 인정했다는 것은 원심기록에 비추어 인정할 수 없다.

피고인 이철은 그 상고이유 중에서 헌법상 보장된 '학원의 자유의 소산물인 학술논문'을 동 피고인에 대한 공소사실의 유죄의 증거로 하였음은 위법한 것이고 이 사건에서 그가 집필한 논문인 '테러리즘의 평가' 제하의 논문을 유죄의 증거로 한 것을 위법이라고 주장하므로 이점에 관하여 판단한다.

문제는 이 피고인의 내심적인 학문의 자유 자체를 논하는 것이 아니고 이 논문이 내포한 필자인 이 피고인의 사상경향 또 이 학생시위에서 이루어져야 할 이 피고인의 목적이 무엇이냐 하는 사실에 대한 직접증거나 간접증거로 채용한 점에 대한 원심의 조치에는 아무런 잘못이 없다.

양형부당의 점에 관하여

상고이유 중 원심의 양형은 심히 무거워 부당하다는 점에 관하여 판단한다. 군법회의법에서는 고등군법회의의 판결에 양형부당을 이유로 하여서는 적법한 상고이유가 되지 못하게 규정하고 있다.

대법원판사 양병호, 대법원판사 김윤행의 보충의견

다수의견과 달리 국가보안법에 있어서의 국가변란의 목적이라는 것은 우리나라 국체인 민주공화체제를 부인하고 반공과 자유민주주의를 바탕으로 하는 국가의 기본조직을 파괴하는 것을 의미한다고 해석하여야 할 것이다.

군법회의법 제425조에 관한 대법원판사 이일규의 의견

기록에 의하면 이 사건의 항소심인 원심판결은 검찰관의 공소사실의 진술도 없이 또 제1심에서의 신문과 중복된다 하여 피고인의 신문을 생략한다 하여 항소이유에 관한 변론만을 시행하여 결심하였는바 이는 공소사실에 대한 변론을 거쳤다고 할 수 없으니 이는 변론, 즉 사실심리를 아니하고 재판을 한 재판절차에 위법이 있다고 아니할 수 없고 따라서 원심판결은 파기를 면할 수 없다고 본다.

■ 대법원 판결에 나타난 두 사건의 개요

'인혁당재건' 사건

제1심판결이 증거에 의하여 공소사실 중 국가보안법 위반(반국가단체구성) 내란예비 음모에 관하여 인정한 사실은 '인혁당재건단체' 사건에 있어서 과거경력에 비추어 용공분자이거나 혁신계열의 사상을 가진 피고인들은 북괴가 적화통일을 획책하고 있다는 점을 알고 있으면서도 국가를 변란하고 국헌을 문란케 하여 공산주의국가를 건설할 목적으로 과거 64년 9월 5일에 국가보안법위반으로 기소되었다가 후에 반공법으로 공소장변경된 '인민혁명당'과 같은 통일된 공산 지하세력을 구축하여 혁명역량을 비축한 다음 전국적으로 조직적인 학생데모를 선동하여 정부를 혼란시켜 민중의 호응을 받아 유혈폭동으로 대항세력을 파괴하고 국가기관을 강점하는 공산폭력혁명으로 정부를 전복시킨 다음 진보적인 청년 학생 지식인 노동자 농민 및 반정부세력 등과 연합으로 과도정부를 수립한 다음 점차적으로 북괴와 영합하여 공산주의 체제로 변화시켜 나아가 궁극적으로 통일공산주의 국가를 건설하기 위해 수차의 회합을 했다. 이들은 원판시와 같이 국가보안법 제1조의 '반국가단체'로서 ㉮ '경북도지부'를 조직하고 그 지도위원에 서도원, 도예종, 교양지도책에 이재문, 조직책에 하재완, 자금조달책에 송상진, 학원조정책에 여정남, 구성원으로 임구호, 강창덕 등 7명으로 하고 ㉯ '서울지도부'에는 지도위원은 위 경북지도부 지도위원과 같고 4인지도부에 피고인 이수병, 우홍선, 전창일, 이성재가, 지도요원에 김용원, 구성원에 김한덕, 유진곤으로 구성했다.

㉰ '서울지도부와 같은 목적의 반국가단체'로서 그 제1조에 유진곤, 김달수, 박종기가, 제2조에 김용원, 김종대, 이창복이, 제3조에 김용원, 황현승, 이창복 등으로 구성하고 한편 위 경북지도부 구성원 서도원, 도예종, 하재완 등은 경북지도부 학원조정책인 여정남을 서울로 파송하여 서울 및 각 지방의 대학을 비롯한 학원내에 침투시켜 그들의 목적달성을 위한 동조자를 포섭 규합시키고 위에서 설시된 3개의 반국가단체의 목적달성을 위한 투쟁방법은 '민청학련'의 투쟁방법과 같다.

'민청학련'사건

폭력 또는 폭동으로 정부를 전복하고 소위 공산주의 노선에 따른 노농정권의 수립을 목적으로 74년 3월 7일 밤9시 유인태집에서 서중석의 사회로 이철, 정문화, 나병식, 유인태 등이 회합하는 것을 비롯, 원판시와 같이 여러 곳에서 전후 수십 회 회합하여 '민청학련'이라는 반국가단체를 조직했다.

총괄책임자 이철, 여정남은 인혁당의 학원조직책으로서 '민청학련'에 침투, 경북대·부산대 등 경남지방 조직책을, 유인태는 이철의 보좌역, 경기 강원지방 조직책 및 제2선 데모지휘책을, 김병곤은 서울시내 각 대학 조직책, 동 황인성은 지방대 이대 조직책, 나병식은 교회 노동자 조직책, 정윤광은 동대 성대 조직책 등으로 선정하고 제1선 데모책과 제2선 데모책으로 분류하여 복선조직을 했다.

위장구호로서는 유신헌법 및 유신체제 철폐, 민생고 해결, 매판자본 배격을 내세우고 투쟁방법은 74년 3, 4월 위기설에 편승하여 전국적 조직에 의한 학생들의 일제봉기로 고교생 서민 대중과 합세하되 이 '폭력 데모'가 사회주의국가 건설을 위한 것이라는 목적을 은폐하면서 제지경찰관 등과 충돌하면 화염병, 각목, 피켓, 돌 등으로 대항하여 유혈폭동으로 유발하여 제지경찰관 등의 저지선을 돌파하고 중앙청, 경찰서, 치안국 등 정부 주요기관을 강점, 치안을 극도로 혼란 마비케 하여 정부를 정복한 다음 과도체제로서 '민족지도부' 혹은 '10인협의회'를 구성하였다가 노농국가 또는 사회주의 체제국가를 건설한다는 것이다.

유혈폭동시 사용할 유인물로 전국 '민주청년학생총연맹' 명의의 민중의 소리 4백 장, 격문전단 1만 장, 민중민족 민주선언 9백 장, 반독재 구국 선언문 결의문 선언문 플래카드 4장과 불온가로서는 학원수호가, 북괴의 혁명가 날아가는 까마귀야 등 13곡 등을 준비하여 거사일자는 74년 4월 3일로 결정했다.

자료

인혁당 재건위 사건 추적기

유봉인 (전 의문사진상조사위원회 조사관)

세칭 '인혁당 재건위 사건'은 법적인 절차가 진행된 시점을 기준으로 볼 때는 1974년 사건이지만 실제로는 1964년에 이미 시작되었다. 필자는 이글에서 이 사건을 둘러싼 다양한 논점에 대해 이야기하고자 한다.

우선은 그토록 오랜 세월 동안 망각 속에 묻혀 있었던 이유와 그 메커니즘, 관련자들에게 가해진 고문의 실상과 그로 인해 피해자뿐 아니라 가해자, 나아가서는 사회구성원 모두가 입은 상처를 살펴보고, 당시 사법부가 채택했던 증거들이 어떻게 조작되었는지, 그 증거는 무엇인지 또한 제시해보겠다.

마지막으로는 이 사건을 기획한 집단과 이 기획에 근거해 실제로 조직사건으로 만들어낸 집단 그리고 이 사건을 조사하면서 부딪혔던 장벽 등에 대해 때로는 사실적 근거를, 때로는 느낀 바를 서술하려 한다.

발표는 있었으나 실체는 없다.

필자가 이글을 쓰는 이유는 잘못된 기억과 고정관념 그리고 망각에 대한 저항이 우리 모두의 의무라고 믿기 때문이다. 물론 판단은 전적으로 독자의 몫이다. 그러나 이글을 읽는 독자들에게 부탁드리고 싶은 한 가지는,

사건을 객관적이고 실증적으로 접근하기 위해서 가급적 이 사건에 등장하는 '인민'이나 '혁명' 같은 단어들이 갖는 고정관념에서 비켜서달라는 것이다. 이제 사건에 대한 기억을 하나하나 되살리며 27년 전의 사건 속으로 들어가보자.

기억 1. 1964년 8월 김형욱 당시 중앙정보부(이하 중정) 부장은 1차 인혁당 사건을 발표한다. 그는 "북괴의 지령을 받고 대규모 지하조직으로 국가를 변란하려던 인민혁명당사건을 적발, 일당 57명 중 41명을 구속하고 나머지 16명을 전국에 수배했으며 이들은 데모 주도학생을 포섭하여 -(중략)- 지령하는 동시 현정권이 타도될 때까지 학생 데모를 계속 조종함으로써 북괴가 주장하는 노선에 따라 남북평화통일을 성취할 것을 목표로 암약해 왔다"고 말했다(〈동아일보〉 1964년 8월 14일 기사 참조).

기억 2. 1974년 4월 25일과 5월 27일 두 차례에 걸쳐 인혁당 재건위 사건이 발표된다. 그 내용은 "민청학련의 배후에는 과거 공산 불법단체인 인혁당 조직과 재일 조총련계와 일본 공산당 등이 개입되어 있으며 -(중략)- 이들은 공산비밀지하조직을 결성하여 학생 데모를 조종하여 폭동을 야기하고 이를 통해 공산주의 국가를 건설하려 했다"는 것이었다(〈동아일보〉 1974년 4월 25일, 5월 27일 기사 참조).

10년의 세월을 사이에 두었지만 발표내용은 매우 흡사하다. 직급은 달라졌지만 핵심인물인 신직수 씨(전 중정 부장)와 이용택 씨(전 중정 6국장)도 빠지지 않고 등장했다. 하지만 두 발표가 '진실'이란 이름으로 통용된 기간은 큰 차이가 있다. 전자의 유통기한은 8개월에 불과했지만 후자는 27년이나 되었다.

1차 인혁당사건 발표시점에 박정권은 정치적으로 위기상황에 몰려 있었다. 1964년 봄에는 한일회담을 대일 굴욕외교로 규정하고 이를 규탄하는 움직임이 전국을 휩쓸고 있었고 그 움직임은 갓 출범한 박정희 정권의 안보를 정면으로 위협하는 것이었다. 6월 3일 비상계엄령이 선포되고 각급 학교에 휴교령이 내려졌으며 대량검거 선풍이 불어닥쳤다. 그리고 바로 2개월 후에 '기억 1'의 인혁당 사건이 발표된 것이다.

그러나 중정의 발표와는 달리 당시 이 사건 수사를 맡았던 검사들은 피의자들의 혐의를 입증하기 위해 갖은 노력을 다했으나 결과적으로 사건 자체가 기소할 수 있는 사안이 될 수 없다는 데 의견을 같이하고 기소를 포기하기로 합의를 보았다. 담당이었던 이용훈 부장검사 등 공안검사들과 이 사건 담당 변호사들의 진술 그리고 판결문은 1차 인혁당 사건을 적발했다는 당시 중정의 발표가 허구에 지나지 않는다는 사실을 분명하게 보여주고 있다. 이는 이 발표가 정권안보를 위한 술책에 지나지 않았다는 세간의 평가를 뒷받침한다.

그러나 당시 신직수 검찰총장은 중정의 압력에 굴복하여, 수사에 전혀 참여하지도 않았던 당직검사에게 기소를 지시했다. 이에 반발해 이용훈 부장검사와 장원찬 검사, 김병리 검사 등 담당검사 4명 전원이 사표를 제출하기로 의견을 모았으며 결국 사정이 있던 한 사람을 제외한 세 사람이 사표를 제출했다. 재판과정에서도 '인혁당'이라는 조직의 실체는 부정됐다. 인혁당이라는 조직은 존재하지 않았고 존재한 것도 없다는 것이 사법부의 판단이다.

인혁당이 존재하지 않았다면 당연히 10년 뒤 '인혁당의 재건'이라는 말은 논리적으로 성립하지 않는다. 국방부에서 제출받은 인혁당 재건위 사건의 수사기록과 재판기록은 관련자들의 유죄를 입증하는 증거라기보다는 사건이 조작되었음을 말해주는 웅변이나 진배없었다.

우선 경찰과 중정이 압수한 품목들을 아무리 살펴봐도 '인혁당'은커녕 조직을 결성했다는 사실을 입증하는 그 어떤 증거도 없다. 수사기록을 시간순서에 따라 분석하면서 우리는 수사관들이 사건 초기에는 이 사건을 '조직사건'으로 다루지 않았다는 사실을 알 수 있었다. 이 사건으로 구속된 사람들 대다수는 신문지상에 이 사건이 대서특필된 후에도 평상시와 다름없이 자기의 집에서 일상생활을 하고 있었다.

중정 발표와는 달리 세칭 인혁당 재건위 관련자들이 민청학련을 배후 조종했다는 증거도 전혀 없었다. 물증이 없다면 사전내사를 통해 혐의자들이 북한과 접촉하거나 아니면 학생세력과 연대하여 정권을 타도하기 위한 지하 비밀조직화를 시도하고 있다는 내부적인 혐의를 갖고 수사에 착수했던 것일까. 그러나 당시 수사관들에 따르면 그 역시 사실이 아니다. 1974년 당시 이 사건을 수사했던 수사관들 중에 이런 사실을 부인하는 수사관은 없다.

그렇다면 사전내사도 없었고 증거도 없는 상태에서 중정의 발표와 같이 조직원이 수십 명에 달하는 어마어마한 비밀 지하당을 일망타진하는 개가를 올리는 것은 어떻게 가능했을까. 이 당연한 의문에 답하기 위해 위원회의 조사과정을 하나하나 따라가보자.

27년 만에 확인된 재판기록

필자를 포함해 두 명의 조사관이 국방부 검찰단 문서고에 들어가 인혁당 재건위 관련 수사기록과 재판기록을 확인한 시점은 2001년 8월이었다. 서류에 쌓여 있는 먼지두께가 27년이라는 세월을 말해주는 이 기록은 이때 처음으로 세상 밖으로 나왔다. 분량만 해도 2만여 페이지였다. 정의평화구현사제단과 천주교인권위원회, 그밖에 사건 관련자들에 따르면, 그동안 국방부는 이들의 기록열람 요청에 대해 "보관하고 있지 않다"고 답변해왔다.

의문사위에 이 사건 재판기록의 확보는 진상조사를 위한 전제조건이었다. 기록이 없으면 조사대상자조차 확정할 수 없고 사건흐름을 파악할 수도 없기 때문이다. 기록 확보를 위해 갖은 노력을 기울였지만 아무런 성과 없이 석 달이 흘렀다. 기록이 있을 만한 곳 가운데 남은 것은 국방부밖에 없었다.

국방부에 기록을 요청하기에 앞서 의문사위는 사전준비 계획을 세웠다. 관련기록을 요청하는 공문 한 장 달랑 보내는 것은 좋은 방법이 아니라고 판단했기 때문이다. 공문을 보냈다가 '기록을 보관하고 있지 않다'는 답변이 올 경우 인혁당 재건위 사건의 조사는 한 발짝도 움직이지 못할 것임이 분명했다. 물론 국방부가 그와 같은 답변을 보내올 것이라고 예상할 실제적 근거는 부족했고 또한 실지조사라는 최후수단이 남아 있었지만, 군 대상 의문사를 조사하는 우리 위원회 조사3과의 경험은 담당 조사관이던 필자에게는 심각한 경고음이었다. 당시까지 3과가 군을 대상으로 실시한 실지조사는 성과가 전무하다시피 했기 때문이었다.

결국 기록의 존재 여부를 확인한 후 공문을 발송하기로 하고 곧바로 확인작업에 들어갔다. 확인작업에 착수한 지 두 달 보름 만에 국방부 검찰단에 기록이 보관되어 있다는 사실을 확인했다. 공문을 보내 기록을 확인하고 사본을 복사하는 데 또 두 주일이 걸렸다. 기록을 입수해오기까지 정확히 6개월이 소비된 것이다.

기록을 복사하기 위해 검찰단에 갔던 첫날은 시간이 유난히도 느리게 흘렀던 기억이 난다. 일군의 고위급 장교들이 우르르 검찰단 문서고에 들어오더니 "위원회에 사본을 내줘도 좋다고 결재한 사람이 대체 누구냐"며 큰 소리를 치는 등 화를 내는 것이었다. 그러나 이미 종료휘슬이 울린 이후였다.

이제 닥친 일은 기록의 분석이었다. 필자는 당시 최종길 교수 사건을 마무리하는 시점이어서 기록의 분류와 분석 그리고 피해자측에 대한 조사는 조현조 조사관이 전담하기로 했다. 방대한 문서기록을 분류한 후 이를 분석하는 데 다시 몇 개월이 흘렀다.

분석을 통해 조사대상자가 확정되었고 또 이들을 몇 개 그룹으로 나누었으나 문제는 증언을 해줄 제3자였다. 엄밀히 말하자면 그때까지 고문, 문서 허위작성, 증거 조작 등은 기록에 나온 내용을 바탕으로 추정한 잠정적인 결론에 지나지 않았다. 이를 육성으로 확인해줄 사람이 절대적으로 필요했다.

가혹한 고문이 광범위하게 자행됐다는 사실, 문서가 허위로 작성되고 증거가 조작되었다는 것을 필자가 확신할 수 있었던 근거는 피해자들의 증언이 일관되고 구체적일 뿐만 아니라 입수한 기록에서 논리적으로 설명할 수 없는 모순이 너무나도 많이 눈에 띄었기 때문이었다. 그리고 한 가지 덧붙이자면, 중정의 당시 수사관들이 음으로 양으로 이 사건 해결을 도와주었기 때문이기도 하다.

이 사건으로 사형당한 여덟 명을 비롯해 구속된 사람 모두 상고심으로 형이 확정되기까지 약 1년 동안 중정의 지시에 의해 면회가 일절 금지되었기 때문에 이들이 고문당한 사실을 증언해줄 사람은 본인들을 제외하고는 변호사와 교도관들 그리고 직접 고문을 하거나 목격한 수사관들 뿐이었던 것이다.

그러나 당시 서울구치소에서 인혁당 재건위 관련자들을 담당했던 교도관을 찾는 것은 쉬운 일이 아니었다. 1974년 당시 서울구치소에 근무하던 교도관들은 약 480명. 간단히 말해 공휴일을 제외하고 하루에 한 명씩 소환 조사한다 해도 2년이 걸린다는 계산이 나온다. 결국 소환조사 대신 탐문조사를 선택할 수밖에 없었다. 일대일 접촉을 지양하고 집단접촉grouping을 시도했다. 접견과와 출정과 그리고 사동담당자들 중에서 근무기간이 긴 사람을 우선 선정하여 협조자를 찾는 한편, 한 번에 다수를 접촉할 수 있는 소모임을 만들어 증언확보를 위한 교두보로 삼았다.

생각보다는 정보타깃(조사에 필요한 정보를 갖고 있는 대상이나 그 대상을 알려줄 수 있는 사람 혹은 자료)을 찾기가 쉬웠다. 거의 대부분의 교도관들이 인혁당 재건위 사건을 조작된 사건이며 매우 억울하게 희생당한 사례로 기억하고 있었다. 이들은 스스로 나서서 유용한 정보를 알 만한 사람을 소개해주고 심지어 연락처를 일일이 확인해 우리에게 알려주기도 했다.

"전 과정이 불법으로 점철된 사건"

이들의 도움으로 당시 사동담당자, 요시찰 접견을 담당했던 사람, 재판정에 입회했던 출정과 직원, 사형장에 입회했던 사람, 고문을 목격했을 것으로 추정되는 사람들 명단이 작성되었다. 이 사건으로 사형당한 하재완 씨가 탈장이 되는 등 고문후유증으로 고생하는 것을 목격한 교도관의 증언이 있었다. 이후 재판정에서 이 사건 관련 피고인들이 인혁당이라는 조직의 결성사실을 완강히 부인하고 그외에도 대부분의 혐의에 대해 억울해 했다는 증언, 사형당한 사람들이 남긴 유언 그리고 중정 요원이 구치소에 상주하며 교도소내의 권력자로 행세했던 일 등 다양한 증언이 확보되었다.

당시에 이들을 변호했던 변호인들도 피고인들이 고문을 당했다는 내용, 인혁당이라는 조직은커녕 어떠한 조직도 만든 적이 없다는 법정진술, 기소한 검찰이 혐의내용을 입증할 증거가 거의 없었으며 오직 고문으로 만든 진술서가 증거의 전부나 마찬가지여서 검찰에서 작성한 조서가 임의성이 없고 따라서 증거능력이 없다는 사실, 그외 재판장에서 피고인들이 했던 진술내용 등을 증언했다. 변호사들은 이 사건을 담당했던 군사법정의 심리절차가 위법했으며 채증법칙을 위반한만큼 이 사건의 재판은 위법한 재판이었다고 분명한 어조로 진술했다.

당시 이 사건을 담당한 변호인들은 피고인들의 무죄를 입증할 수 있는 증인을 여러 차례 재판부에 신청했지만 한 건도 받아들여지지 않고 기각당했다고 진술했다. "이 법정에서 우리 변호인들이 할 일이 없으니 모두 동반사퇴하자"는 논의까지 있었다는 것. 담당 변호사들에 따르면 이 사건 관련자들에 대한 구속부터 경·검의 조사, 재판에 이르기까지 전과정이 불법으로 점철됐다는 것이었다.

위와 같은 진술을 확보한 상태에서 당시 이 사건 수사를 담당했던 수사관들을 상대로 조사가 시작되었다. 조사 초기에 상당수 수사관들은 "이 사건은 재판을 통해 결론이 난 사건인데 무슨 일로 조사를 한다는 것이냐"며 응하지 않으려 했다. 심지어 자신은 이 사건과 아무 관련이 없다며 발뺌하는 수사관들도 있었다. 일부 수사관은 "나는 가해자라기보다는 오히려 피해자에 가까운 측면이 있다"고 호소하며 조사를 피하려 했다. 대부분의 수사관은 진상이 백일하에 드러나기보다는 망각의 늪 속에 영원히 묻혀 있기를 바랐다.

수사관들의 입장이 위와 같으니만큼 우리는 1차 조사 목표를 수사관들의 성향을 파악하는 데 주력하는 것으로 설정했다. 이 작업이 앞으로의 조사방향을 정교하게 설정하는 데 도움이 될 것이라는 판단에 따른 것이었다. 소환조사 외에 탐문조사를 병행했는데 이 과정에 퇴직한 중정 수사관들은 물론 현직 국정원 수사관들까지도 조사대상자들의 성향을 파악하는 데 도움을 주었다. 이때에 이르러 조사관들은 정보타깃과 조사타깃 그리고 조사방법의 대강을 설정할 수 있었다.

수사관도 피해자

담당 수사관들에 대한 1차 조사를 마친 후 우리 조사관들은, 조사대상자를 단지 정보를 제공하거나 잘못한 사실을 털어놓아야 할 객체로만 파악해서는 안되며, 가해자라는 측면만을 강조해 공격적인 조사를 하는 것 또한 바람직하지 않다는 결론을 내렸다. 대신 괴롭고 처참했던 이 사건을, 조사관 혹은 피해자들과 함께 '기억' 할 수 있도록 진심으로 용기를 북돋아 주는 것을 원칙의 하나로 삼았다. 이를 위해서는 조사관의 눈으로뿐 아니라 당시 수사관들의 시각에서 이 사건을 볼 수 있어야 했다.

그렇기 때문에 우리는 가장 고급정보는 '신뢰' 라고 판단했다. 이 사건처럼 수십 년이 지난 사건의 경우 정보의 양과 적합성 혹은 신속성은 신뢰에 비해 후순위일 수밖에 없다. 조사관들은 여러가지 방증조사를 통해 수사관들도 어쩔 수 없이 상부의 지시에 따랐을 뿐 양심 때문에 괴로워한 사람이 있다고 확신했다. 고문한 수사관들을 가해자로 설정하고 고문당한 사람들을 피해자로 놓는 이분법적 구도는 이 사건의 성격과 맞지 않는 위치설정positioning임이 분명해 보였다.

수사관들은 가해자인 동시에 피해자였다. 즐기려는 마음에서 사람을 고문하는 사람은 드물다. 죄 없는 자를 식별하지 못하는 수사관도 드물다. 당시 수사관들이 위원회의 조사관들을 신뢰하지 않는다면 그 또한 진실을 털어놓는 데 장애가 될 것임은 물어보나 마나였다. 이외에 또 하나의 변수는 채 3개월도 남지 않은 조사기간이었다.

예상했던 일이지만 본격적인 조사에 들어가자 대부분의 수사관들은 고문사실을 완강하게 부인했다. 조사를 받을 수 없다고 고함을 지르며 거품을 무는 사람, "정권이 바뀌면 당신부터 조사하겠다"고 협박하는 사람, "세상이 뒤집혔다. 빨갱이들에게 무슨 인권이 있느냐. 완전히 빨갱이 세상이 되었다"고 한탄하는 사람 등 다양한 반응이 있었다. 필자는 이들의 반응을 고려해 조사에 들어가면 모든 질문에 우선해서 고문사실부터 파고들었다.

첫 질문은 대개 "왜 고문을 하셨습니까. 이제 연세가 들고 나서 돌이켜보면 후회가 되시죠"였다. 그 당시와 같은 상황이라면 지금 조사하고 있는 나라도 어쩔 수 없이 그랬을 거라는 말을 덧붙였다. 위와 같은 질문의 효과는 분명하게 나타난다. 아무리 수사관들 스스로 고문사실에 대해 양심에 가책을 느끼고 있다고 해도 어쩌다 비위가 상하면 한번쯤은 조사관과 맞붙어볼 요량으로 가슴 한 구석에 전의를 간직하고 있게 마련이다. 그러나 위와 같은 접근방식은 수사관들의 가슴을 얼마쯤은 부드럽게 녹여주었고, 동시에 자신이 조사를 받는 위치에 있다는 사실을 뚜렷이 각인시키는 질문이었다.

사실 우리는 이 수사관들을 조사하기 전에 언제 어디서 누가 어떻게 왜 고문을 했는가에 대하여 상당정도를 파악하고 있었고 우리에게 조사를 받으러 오는 수사관들도 반쯤은 체념하고 있었다. 그러나 자신이 자백의 선두주자일 수는 없다는 생각 그리고 위원회에서 자신이 한 진술이 외부에 공개될 것이라는 근거 없는 추정 때문에 고문을 시인하지 못하는 수사관도 있었고, 그와는 다른 차원에서, 즉 자신이 저지른 끔찍한 고문을 차마 인정할 용기가 없어서 자백하지 못하는 이들도 있었다.

반복된 물고문과 전기고문

후자의 한 예는 전기고문으로 피의자의 한쪽 눈을 실명케 하거나 발가락을 마비시키거나 사람을 실신시켜 사망 직전까지 가게 만든 전기고문 기술자 박○○ 씨의 경우였다. 전기고문은 보통 물고문 후에 가하는 경우가 많은데 박○○ 수사관은 물고문도 직접 했다.

전기고문은 엄지손가락이나 발가락에 코일을 붙인 다음 228전화기(야전용 전화기)에 달린 손잡이를 돌리는 방법을 쓴다. 고문을 당해본 사람에 따르면 이로 인한 고통은 마치 번갯불로 온몸을 지지는 것과 같은 충격이라 한다. 전기고문에 대한 증언은 이미 이 사건 피의자들 거의 모두로부터 구체적으로 나와 있었지만 이번 위원회 조사과정에 당시 수사관이던 전○○ 씨 등의 목격담이 나오면서 분명한 사실로 입증됐다.

물고문은 이른바 통닭구이 고문과 병행되는 것이 보통이다. 우선 고문흔적을 남기지 않으려고 철봉에 붕대를 감는다. 그러지 않으면 고문당한 사람 피부에 찰과상이 나서 고문사실이 쉽게 드러나기 때문이다. 그런 다음, 양팔과 다리를 묶고 이 사이에 철봉을 끼운 후 두 책상 사이에 걸면 사람이 통닭처럼 대롱대롱 매달린다. 그리고는 물수건을 얼굴에 씌운 다음 고춧가루가 섞인 물을 주전자로 서서히 얼굴에 붓는다. 이 고문을 당하면 호흡이 매우 어렵고 숨을 쉰다 해도 고춧가루가 섞인 물이 들어와 폐가 손상되는 경우가 많다. 이 사건의 경우, 이러한 물고문은 수도 없이 자행됐다. 여기에 참여한 수사관은 박○○ 씨 외에도 손○○ 씨, 심○○ 씨 등이었다.

야전침대에서 뺀 봉으로 사람을 두들겨 패는 몽둥이 찜질도 자행됐다. 고문을 하다가 피의자의 비명소리가 크게 나면 입에다 솜을 집어넣고 구타했다. 이 사건 피의자들은 하도 심하게 맞아 온 몸이 시퍼렇게 변할 정도였다. 교도관들과 피해자들의 증언에 따르면 몽둥이 찜질을 당한 사람들 피부는 새카맣게 탄 것같았다.

희생자인 하재완 씨의 사동담당 교도관은 하재완 씨가 중정에서 물고문, 전기고문을 받았다고 말하기에 자세히 살펴보니 탈장이 돼 있었고 온몸에 멍자국이 있었다고 증언했다. 아랫배가 불룩한 상태에다 정상적으로 걸을 수가 없었기 때문에 의무과로 치료받으러 갈 때도 소제(교도소나 구치소에서 잔심부름을 하는 재소자로 비교적 죄질이 경미한 사람들이 차출된다)들이 부축해 걸어갔다는 것이었다.

하재완 씨나 우홍선, 김용원 씨 등이 조사를 받고 서울구치소로 복귀할 때 업혀서 들어오는 것을 여러 차례 봤으며 이들에게 밤 늦게서야 돌아오는 이유를 물으니까 "고문을 많이 받아서 그렇다"고 답했다는 증언도 있었다. 그외 이수병 씨도 여러 차례 몸이 불편하다고 호소해서 살펴보니 피부가 새카맣게 타 있더라는 교도관의 증언도 있었다.

위원회 조사결과 고문은 수사초기 중정에서부터 검찰조사를 받을 때까지 수시로 자행됐다. 수사관들이 고문을 가한 이유는 증거가 없었기 때문이다. 누구나 객관적으로 인정할 수 있는 증거가 있다면 고문을 할 필요가 없다. 이 사건의 경우에도 피의자들의 혐의점을 밝히기 위한 '수사'보다는 원하는 답변을 얻기 위한 고문이 중점적으로 자행됐다. 당시 수사관들은 "이 사건의 현장 수사지휘 책임자이던 중정의 윤ㅇㅇ로부터 '물건(조직사건)을 만들라'는 지시를 받았다"고 구체적으로 털어놓았다.

사건조사가 마무리에 접어드는 시점에 윤ㅇㅇ가 세칭 1차 인혁당 사건 관련자료를 열심히 들여다보더니 느닷없이 이 사건을 인혁당 재건위라는 조직사건으로 만들라고 지시했다는 것이다.

잔혹한 고문을 직접 했던 수사관들을 제외하고는 위와 같은 구체적 진술 앞에서 동료 수사관들의 고문사실과 이유를 털어놓는 수사관이 나왔다. 그뿐 아니라, 고문한 수사관들조차도 이 사건이 중정에 의해 조작된 사건이라고 털어놓았다. 특히 이들은 앞에서 언급한 '기억 2'와 같은 중정의 발표에 반발했다고 이야기한다. 무엇보다 세칭 인혁당 재건위 관련자들이 민청학련을 배후조종한 사실이 없기 때문이라는 얘기였다.

발표가 먼저, 조사는 다음

그러나 인혁당 재건위 사건이 조작되었음을 입증하는 결정적인 증거는 중정이나 군법회의 검찰부에서 사건을 발표하는 시점까지 피의자들을 대상으로 '인혁당 재건위'라는 조직의 실체가 존재하느냐에 대해 어떠한 조사도 이루어지지 않았다는 사실이다. 검찰은 사건발표와 동시에 거의 동일한 내용의 공소를 제기했지만 이때까지만 해도 증거는 물론 진술도 없었다. 조사 자체가 없었던 상태에서 발표를 먼저 한 셈이다. 이는 재판기록과 수사기록을 통해 분명하게 알 수 있다.

검찰과 중정은 먼저 가상의 사실을 유포한 후 인혁당 재건위를 만들어냈다. 중정 요원들의 냉소적인 표현을 빌리면 "제품을 만들기도 전에 광고 컨셉을 기획하는 것과 같은 이치"였다. 증거의 유무와는 상관없이 자신들이 기획한 제품(공산주의 조직)을 만들어냈다는 이야기였다. 중정에서 사용한 '제품'의 제조기술은 다름 아닌 고문이었다.

실제로 수사기록을 자세히 살펴봐도 비밀지하당 구성에 관한 물증은 전혀 없다. 구성시점과 장소, 조직원, 강령은 물론 활동내용에 대한 물증도 없다. 그런데도 중정은 사전 내사활동은커녕 사후 방증수사조차 하지 않았다. 비밀지하당을 건설해 남한을 공산화하려 했던 엄청난 사건에 있어서 피의자들의 동선이나 연락수단, 조직성격 등에 대한 수사는 전혀 하지 않은 것이다.

이는 중정 수사관들의 직무유기였을까? 아니면 그러한 수사활동조차 할 필요가 없었기 때문일까? 이 사건 담당 수사관의 말이다.

"피의자들이 인혁당 재건위라는 비밀지하당을 구성했다는 중정발표를 보고 우리도 깜짝 놀랐다. 그때까지 수사를 하고 있던 우리들도 모르는 사실이었기 때문이다. 우리는 발표에 너무 놀라 반발했었다."

일시도 장소도 조작된 조서

발표 후 수사관들은 중정 고위관계자가 만들어온 조직표(수사관들의 표현을 그대로 옮기면 '와꾸')를 놓고 피의자들을 그틀에 꿰맞출 수밖에 없었다고 말한다. 이렇듯 꿰맞춘 수사의 흔적은 여러 곳에 널려 있다. 수사도 하기 전에 발표를 하고 이 발표내용에 맞춰 공소를 제기했으니, 인혁당 조직과 관련한 조사일시는 발표와 공소제기 전에 수사한 것처럼 허위로 작성할 수밖에 없었다. 다시 말해, 검찰에서 작성하는 피의자신문조서와 진술서에 기록되어 있는 일시는 허위작성된 것이었다.

조서가 조작되었다는 근거를 하나하나 살펴보자.

첫째, 당시 수사관들의 진술. 이○○, 신○○ 수사관 등은 당시 중정에서 조서 작성일자를 사실과 다르게 순서를 바꾸어 기록한 사실을 인정했다. 둘째, 이 사건으로 수형생활을 했던 피의자들의 증언. 이들의 증언에는 수사관들이 진술서와 조서에 일시를 기록하지 말라고 강요했던 정황이 상세히 드러나고 있다. 셋째, 사건 당시 이 사건 피의자들이 재판부에 제출한 항소이유서와 상고이유서에 나타나는 진술. 이 진술에는 조서와 진술서의 작성일자가 변경된 사실이 매우 구체적이고 상세하게 진술돼 있다. 특히 항소이유서와 상고이유서에 기록된 내용을 당시 수사기록과 비교하면 기록이 허위로 작성되었음을 확인할 수 있다. 피의자들이 인혁당 재건위와 관련된 조사를 처음 받은 것은 사건발표와 기소일인 1974년 5월 27일 이후였던 것이다.

조사일시뿐 아니라 장소도 허위로 기재되어 있다. 국방부로부터 제출받은 공판기록을 분석하면, 이 사건 피의자들을 조사한 장소는 대부분 서울구치소, 서울 중부경찰서로 되어 있다. 이 기록 역시 허위이다. 수사관들은 몇몇 조사를 제외하고는 대부분의 조사가 중앙정보부 6국에서 진행됐다고 진술하고 있다. 이를 부인하는 수사관은 한 사람도 없다. 특히 한 수사관은 "중정 간부로 수사를 현장지휘했던 윤○○이 경찰에서 파견나온 수사관들에게 인혁당 재건위 사건은 모두 경찰이 조사한 것으로 만들라고 지시했다"고 증언했다.

조사장소를 허위로 작성하게 한 이유 역시 증언을 통해 확인됐다. 1964년의 1차 인혁당 사건으로 망신을 당한 중정 수사관들이, 10년이 지난 후 또다시 이 사건을 인혁당 재건위 사건으로 만들려는 상부방침에 '무리한 수사'라고 심하게 반발하며 조서에 이름 남기기를 거부했다는 것이다. 퇴직한 한 중정수사관은 "중정에서 수사관들이 상부지시에 이렇게 반발한 것은 매우 드문 일"이라고 말한다.

납득할 수 없는 재판과정

증거도 없는 상태에서, 조사도 이루어지지 않은 혐의에 대해 공소를 제기한 것 자체가 법에 대한 심각한 모욕이며 생명을 대상으로 한 위험한 블랙 코미디였다. 공소제기는 매우 엄밀한 요건을 갖추어야 한다는, 극히 초보적인 법 정신은 검찰관들에 의해 법전 속에 유폐됐다. 검찰의 공소내용이 사실과 다르다며 날인을 거부하는 피의자들에게는 검찰 수사관들이 전기고문, 물고문 등으로 '본때'를 보여주었다. 한 퇴직 수사관의 말을 들어보자.

"사흘 매에 견디는 장사가 없다고 하지만 세 시간을 견디는 사람도 본 기억이 없다. 증거고 뭐고 소용없다. 일단 공산주의자로 도장을 박아놓으면 확실한 면죄부를 손에 쥔 것이다. 누구 하나 찍소리도 못하던 시절이었다."

이 사건 피의자들은 고문으로 정신과 육체가 피폐해진 상태에서도 마지막으로 재판부에 대한 기대를 버리지 않았다. 그러나 이러한 기대는 무참히 짓밟혔다. 재판은 사실상 비공개로 진행됐고 검찰은 물론 재판관들도 피고의 발언을 수시로 제지했다. 이 사건 피고인이었던 임구호 씨의 경우 재판관의 제지를 무시한 채 최후진술을 통해 "증거가 조작되었다"고 주장한 직후에 검찰관실로 불려가 문호철, 이규명 검사 등으로부터 폭행을 당했다.

변호인측이 요청한 증인은 모두 기각되고 검찰측 증인만 채택됐는데 그나마 변호인들은 이들을 상대로 심리조차 하지 못했다. 피고인들이 법정에서 "조서와 진술서가 임의성이 없었다"고 말해 본인들의 자유의지로 작성된 것이 아니라고 진술했고 변호인들 역시 증거로 할 수 없다고 주장했으니, 법적으로 볼 때 별도의 방법으로 그 임의성이 입증되지 않는 이상 진술서와 조서는 증거로 채택될 수 없었지만 이 역시 무시됐다.

담당 변호사였던 함정호 변호사와 박승서 변호사는 "피고인들이 공소사실을 모두 부인하고 무죄를 주장했는 데도 재판부가 무죄를 입증하기 위한 피고인의 증거신청을 모두 기각한 것은 증거법 위반이며 위법한 심리태도"라고 말했다. 한승헌 변호사는 또 "헌법 제10조 제2항 '모든 국민은 고문을 받지 아니하며 형사상 자기에게 불리한 진술을 강요당하지 아니한다' 는 규정은 위법행위의 결과로 얻은 진술은 어떠한 효력도 발휘할 수 없다는 뜻이다. 따라서 이에 어긋나는 원심판결은 헌법을 위반한 것"이라고 말한다.

더욱더 충격적인 사실은 공판조서 또한 허위로 작성됐다는 사실이다. 공판조서에는 이 사건 피고인들이 수사과정에 당한 고문에 대해서 단 한 마디도 항변하지 않았고, 검찰에서 작성한 조서의 임의성을 인정한 것으로 돼 있으며, 지하 비밀당을 만들어서 국가를 변란시키고 정부를 전복하여 공산주의 국가를 건설하려 했다는 공소내용을 시인한 것으로 돼 있다.

그러나 재판을 목격했던 사람들은 이를 부인한다. 그 당시 서울구치소 김○○, 이○○ 교도관은 "다른 것은 몰라도 검찰의 공소내용을 시인한 사람이 없었다는 것은 분명하다"고 진술했다. 변호인이었던 김종길 변호사(작고)는 1975년 2월 4일에 공판조서의 허위작성 사실을 인정하는 확인서를 남겼다.

함정호, 박승서 등 다른 변호인들도 인혁당 재건위는커녕 어떠한 조직도 건설하였다고 인정한 피고인들은 없었다고 말한다.

함변호사는 "공판조서를 보니 일부는 사실과 일치하고 일부는 정확하게 기록되지 않아서 마치 피고인들이 유죄를 인정한 듯 오해를 이야기할 수 있게 오기誤記되어 있다"고 말한다.

박승서 변호사도 "피고인들은 변호인 반대신문에서 '검찰관 앞에서 자백하지 않으면 다시 끌려가서 고문을 당할까봐 겁이 나 공포분위기 속에서 검찰이 원하는 대로 허위자백을 하지 않을 수 없었다' 고 진술했다"고 증언한다. 박변호사는 또 "피고인들이 인혁당은 물론 어떠한 조직도 결성한 사실이 없다고 주장했으며 정부를 전복하려 했다는 혐의에 대해서는 관련자 모두가 부인한 것이 사실"이라며 "공판과정에 피고인 중 일부는 자신들이 혁신적인 생각을 가지고 있고 공산주의에 대해서도 알 필요가 있다는 생각으로 이 사건과 관련하여 문제가 된 노트(북한 조선노동당대회에 관한 노트)를 돌려보았다는 사실은 인정했다"고 진술했다.

한 수사관은 이에 대해 "하재완 씨는 군에 근무할 당시 북한방송 녹취를 전담했던 사람으로, 중정에서 수사를 받을 때 1972년 남북적십자회담을 전후하여 북한의 동향을 알고 싶어 방송을 청취했다고 진술했던 것으로 알고 있다"고 말했다(이외에도 많은 진술이 있으나 지면 관계상 생략하기로 한다).

이렇게 허위로 작성된 조서와 공판조서를 바탕으로 여덟 명은 사형을 당했고 나머지 피고인들도 무기징역에서 징역 15~20년형을 선고받았다. 특히 사형은 대법원 판결 바로 다음날인 1975년 4월 9일 새벽에 집행되었다. 사형집행은 확정판결 후에도 상당 시간(보통 1~7년)이 경과한 다음에 집행되거나 혹은 감형조치되던 관례는 이 사건에는 적용되지 않았다. 이러한 전격적인 사형집행은 재심기회마저 박탈했다.

죽음 이후의 가해

이 집행의 정당성을 의심하는 또 다른 근거는 상고심에서 확정판결이 나기도 전에 이미 교도소에서는 사형집행을 위한 준비절차에 들어가 있었다는 증언이다. 당시 민청학련 사건으로 서울구치소에 수감되어 있던 유인태 씨(전 국회의원)는 사형을 집행하기 전날 우연히 운동장에서 김용원 씨를 만나 "오늘 오전에 수정이 미제 수정으로 바뀌었다. 아무래도 내일 처형당할 것같다"는 이야기를 들었다. 당시 사형수들은 평소에 국산 수정을 차고 있었는데 집행 하루 전에 이를 단단한 미제 수정으로 바꾸는 것이 관례였다. 유인태 씨가 이 이야기를 들었을 때는 대법원 재판이 진행중이던 시점이다.

인혁당 재건위 사건으로 사형을 당한 사람들에 대한 가해는 그것으로 그친 것이 아니다. 이들은 사형장에서 '적화통일 만세' '종교의식을 거부한다'는 등의 유언을 남긴 것으로 알려졌다. 그러나 당시 사형장면을 목격했던 교도관들과 군종 목사의 증언에 따르면 이와 같은 유언 역시 조작된 것이다. 당시 교도관 김○○, 안○○, 이○○에 의하면 도예종 씨는 "통일을 못 보고 죽는 것이 억울하다"는 한마디를 남겼으며 그외에도 '적화통일'이란 표현은 사용한 사람이 없다. '종교의식을 거부한다'는 말 역시 듣지 못했다는 것. 당시 사형집행 명령부를 작성했던 교도관 이○○ 역시 자신이 기록한 유언이 사실과 다를 수 있다는 점을 인정한다.

유가족들은 사형이 집행된 후 사체조차 뜻대로 수습할 수 없었다. 일부 사체는 경찰이 경계하는 가운데 응암동 성당으로 옮기려는 가족의 의사를 무시하고 바로 대구로 옮겨졌고, 송상진 씨의 경우에는 경찰들이 사체를 탈취한 뒤 가족의 동의 없이 화장한 후에 유골을 인계했다.

인혁당 재건위 사건의 수사, 재판, 사형에 이르는 일련의 과정을 보면 유신시대의 법을 '민주로 위장하기 위한 장식용 소품'으로 비유한 어느 시인의 말은 너무 가벼워 보인다. 이 사건만을 놓고 본다면 당시의 법은 반대자를 제거하기 위한 지배의 도구였다.

유가족들은 '빨갱이의 가족'으로 낙인찍혀 사회에서 격리됐다. 이들은 끊임없이 이사를 다녀야 했고 어린 자식들은 '빨갱이 자식'이라는 놀림을 들으며 동네아이들의 전쟁놀이에서 나무에 묶인 채 수도 없이 총살을 당해야 했다. 이제야 이들의 무고함이 어느 정도 밝혀졌다고 하지만, 지난 세월 유신의 광기와 반공의 망령에 저당잡힌 인생은 무엇으로 보상받을 수 있을 것인가.

사회적으로 '합의된 망각'

유가족과 이 사건으로 실형을 선고받았던 사람들, 천주교인권위원회 등에서는 지난 30여 년간 "인혁당 재건위 자체가 존재하지 않은 가상의 조직이며 고문으로 인해 증거가 조작됐다"고 줄기차게 주장해왔다. 하지만 사건 당시부터 언론은 침묵했고 법의 지배와 정의를 말하던 대부분의 지식인 또한 이 사건의 진실을 외면했다. 그 결과, 지난 30여 년간 거짓은 진실로 행세했고 사회는 이 사건을 '망각의 영역'으로 추방해버렸던 셈이다. 그리고 당시 유신정권의 총책임자였던 박정희 전대통령은 지금 기념관으로 부활하고 있다.

필자는 이글에서 주로 인혁당 사건이 조작되었다는 근거를 제시했지만 앞으로는 이 사건이 갖고 있는 다양한 의미에 대해 발전적이고 생산적인 논쟁이 전개되기를 바란다. 법적인 재심도 필요하지만 사회적, 역사적인 평가가 더 절실하다고 생각하기 때문이다.

과거의 오류가 교정되지 않고 비인도적인 범죄가 처벌되지 않는다면, 미래는 그 의미를 상실한다는 것을 이 사건은 생생히 보여주고 있다. 그런 의미에서 이 사건은 현재진행형이다. '모난 돌이 정을 맞는다' 거나 '죽은 X만 억울한 것' 이라는 처세술에 몸을 맡긴 채 '법의 지배'를 이룬 속의 존재로만 여기는 경향이 사회적으로 통용 가능한 선택이라면 미래에는 더 끔찍한 망령이 나타날 수도 있다.

오이디푸스는 자기 아버지를 죽이고 어머니와 결혼하는 비극의 주인공이다. 오이디푸스가 아내이자 어머니인 이오카스테를 찾았을 때 그녀는 이미 목매 자살한 후였다. 오이디푸스는 당장 목숨을 끊는 것만으로는 자신이 지은 죄에 대한 벌이 너무 약하다고 생각해 스스로 눈을 멀게 하고, 속죄를 위해 딸 안티고네의 도움을 받아 참회의 길을 떠났다. 그는 자신의 행위가 범죄인 것을 알지 못한 상태에서 끔찍한 죄를 저질렀다. 그런데도 참회의 길을 걸어 복수의 여신인 에리니에스의 사당에서 지난날의 죄를 깨끗이 씻고 죽어서 신들과 같은 대우를 받았다고 한다.

'인혁당 재건위' 사건을 담당했던 재판관들, 중정 고위간부들 그리고 끔찍한 고문을 자행했던 수사관들은 앞으로 어떤 길을 걸을지 자못 궁금하다. 과연 우리 사회에 에리니에스의 사당은 있는가.

한승헌변호사 변론사건실록 ②

2006년 11월 25일 초판 1쇄 발행

엮은이	한승헌변호사변론사건실록간행위원회
펴낸이	윤형두
펴낸데	범우사

등록	1966. 8. 3. 제 406—2004—000012호
주소	(413-756)경기도 파주시 교하읍 문발리 출판단지 525-2
전화	031-955-6900~4
팩스	031-955-6905
홈페이지	http://www.bumwoosa.co.kr
이메일	bumwoosa@chol.com

편집	윤아트
교정	김정숙

ISBN 89-08-04388-8
  89-08-04386-1 (세트)

* 값은 뒤표지에 있습니다.

사르비아 총서
사르비아총서는 하루 아침에 만들어진 것이 아닙니다

1977~2006

'범우 사르비아문고'에서 편집체제와 판형 및 내용을 대폭 개선한 '사르비아총서'까지 독자 여러분의 사랑을 받아온 지도 30년이 되었습니다. 앞으로도 '사르비아총서'는 독자여러분의 사랑과 성원 속에 '일반교양도서' 시리즈로 확고히 자리매김하여 선구자적인 역할을 다할 것입니다.

인물 · 전기

- 101 백범일지 김구 지음
- 102 만해 한용운 임중빈 지음
- 103 도산 안창호 이광수 지음
- 104 단재 신채호 일대기 임중빈 지음
- 105 프랭클린 자서전 B. 프랭클리 지음/양수정 옮김
- 106 마하트마 간디 로맹 롤랑 지음/최현 옮김
- 107 안중근 의사 자서전 안중근 지음
- 108 이상재 평전 전택부 지음
- 109 윤봉길 의사 일대기 임중빈 지음
- 110 디즈레일리의 생애 앙드레 모루아 지음/이정림 옮김
- 111 윤관 장군과 북벌 임중빈 지음
- 112 윤용하 일대기 박화목 지음

한국고전 · 신소설

- 201 목민심서 정약용 지음/이민수 옮김
- 202 춘향전 · 심청전 작자 미상/이상보 주해
- 203 난중일기 이순신 지음/이민수 옮김
- 204 호질 · 양반전 · 허생전(외) 박지원 지음/이민수 옮김
- 205 혈의 누 · 은세계 · 모란봉 이인직 지음
- 206 토끼전 · 옹고집전(외) 작자 미상/전규태 주해
- 207 사씨남정기 · 서포만필 김만중 지음/전규태 옮김
- 208 보한집 최자 지음/이상보 옮김
- 209 열하일기 박지원 지음/전규태 옮김
- 210 금오신화 · 화왕계(외) 김시습 · 설총 지음/이민수 역주
- 211 귀의 성 이인직 지음
- 212 금수회의록 · 공진회(외) 안국선 지음
- 213 추월색 · 자유종 · 설중매 최찬식 · 이해조 · 구연학 지음
- 214 홍길동전 · 전우치전 · 임진록 허균 지음/전규태 옮김
- 215 구운몽 김만중 지음/전규태 옮김
- 216 한국의 고전명문선 최치원 지음/이민수 역주
- 217 흥부전 · 조웅전 작자 미상/전규태 주해
- 218 북학의 박제가 지음/김승일 옮김
- 219 삼국유사(상) 일연 지음/이민수 옮김
- 220 삼국유사(하) 일연 지음/이민수 옮김
- 221 인현왕후전 작자 미상/전규태 옮김
- 222 계축일기 작자 미상/전규태 옮김

한국문학(근 · 현대소설)

- 301 압록강은 흐른다 이미륵 지음/전혜린 옮김
- 302 그래도 압록강은 흐른다 이미륵 지음/정규화 옮김
- 303 이야기(외) 이미륵 지음/정규화 옮김
- 304 태평천하 채만식 지음
- 305 탈출기 · 홍염(외) 최서해 지음
- 306 무영탑(상) 현진건 지음
- 307 무영탑(하) 현진건 지음
- 308 벙어리 삼룡이(외) 나도향 지음
- 309 날개 · 권태 · 종생기(외) 이상 지음
- 310 낙엽을 태우면서(외) 이효석 지음
- 311 상록수 심훈 지음
- 312 동백꽃 · 소낙비(외) 김유정 지음
- 313 빈처(외) 현진건 지음
- 314 백치 아다다(외) 계용묵 지음
- 315 탁류(상) 채만식 지음
- 316 탁류(하) 채만식 지음
- 317 이범선 작품선 이범선 지음
- 318 수난이대(외) 하근찬 지음
- 319 감자 · 배따라기(외) 김동인 지음
- 320 사랑 손님과 어머니 주요섭 지음
- 321 메밀꽃 필 무렵(외) 이효석 지음

한국문학(시 · 수필)

- 401 효 피천득 외 31인 지음
- 402 김소월 시집 김소월 지음
- 403 역사를 빛낸 한국의 여성 안춘근 엮음
- 404 독서의 지식 안춘근 지음
- 405 윤동주 시집 윤동주 지음
- 406 한시가 있는 에세이 정진권 지음
- 407 이육사의 시와 산문 이육사 지음
- 408 님의 침묵 한용운 지음
- 409 옛시가 있는 에세이 정진권 지음
- 410 한국의 옛시조 이상보 지음
- 411 시조에 깃든 우리 얼 최승범 지음
- 412 한국고전 수필선 정진권 지음
- 413 에세이 중국고전 정진권 지음

동양문학

- 501 아큐정전(외) 루쉰 지음/허세욱 옮김
- 502 삼국지(상) 나관중 지음/최 현 옮김
- 503 삼국지(중) 나관중 지음/최 현 옮김
- 504 삼국지(하) 나관중 지음/최 현 옮김
- 505 설국·천우학 가와바타 야스나리 지음/김진욱 옮김
- 506 법구경 입문 마츠바라 타이도 지음/박혜경 옮김
- 507 채근담 홍자성 지음/최 현 옮김
- 508 수호지(상) 시내암 지음/최 현 옮김
- 509 수호지(중) 시내암 지음/최 현 옮김
- 510 수호지(하) 시내암 지음/최 현 옮김
- 511 천자문 주흥사 지음/안춘근 엮음

서양문학

- 601 인간의 대지·젊은이의 편지 생 텍쥐페리 지음/조규철·이정림 공역
- 602 기탄잘리 타고르 지음/김양식 옮김
- 603 외투·코·초상화 고골리 지음/김영국 옮김
- 604 맥베스·리어왕 셰익스피어 지음/김진욱 옮김
- 605 로미오와 줄리엣(외) 셰익스피어 지음/양은숙 옮김
- 606 어린 왕자(외) 생 텍쥐페리 지음/이정림 옮김
- 607 예언자·영가 칼릴 지브란 지음/유제하 옮김
- 608 서머셋 몸 단편선 서머셋 몸 지음/이호성 옮김
- 609 토마스 만 단편선 토마스 만 지음/지명렬 옮김
- 610 이방인·전락 A.카뮈 지음/이정림 옮김
- 611 노인과 바다(외) 헤밍웨이 지음/김회진 옮김
- 612 주홍글씨 N. 호손 지음/이장환 옮김
- 613 포 단편선 애드거 A. 포 지음/김병철 옮김
- 614 명상록 M. 아우렐리우스 지음/최 현 옮김
- 615 잔잔한 가슴에 파문이 일때(외) 루이제 린저 지음/홍경호 옮김
- 616 싯다르타 헤르만 헤세 지음/홍경호 옮김
- 617 킬리만자로의 눈(외) 헤밍웨이 지음/오미애 옮김
- 618 별·마지막 수업(외) 알퐁스 도데 지음/정봉구 옮김
- 619 젊은 시인에게 보내는 편지 R. M. 릴케 지음/홍경호 옮김
- 620 니체의 고독한 방황 니체 지음/최혁순 옮김
- 621 이상한 나라의 앨리스 루이스 캐롤 지음/김성렬 옮김
- 622 헤세의 명언 헤르만 헤세 지음/최혁순 옮김
- 623 인간의 역사 M. 일리인(외) 지음/이순권 옮김
- 624 사람은 무엇으로 사는가 톨스토이 지음/김진욱 옮김
- 625 좁은 문 앙드레 지드 지음/이정림 옮김
- 626 대지 펄 벅 지음/최 현 옮김
- 627 야간비행(외) 생 텍쥐페리 지음/조규철·전채린 옮김
- 628 여자의 일생 모파상 지음/이정림 옮김
- 629 그리스·로마 신화 토마스 불핀치 지음/최혁순 옮김
- 630 위대한 개츠비 스콧 피츠제럴드 지음/송관식 옮김
- 631 젊은이의 변모 한스 카로사 지음/박환덕 옮김
- 632 마지막 잎새(외) O. 헨리 지음/송관식 옮김
- 633 어떤 미소 F. 사강 지음/정봉구 옮김
- 634 수레바퀴 아래서 헤르만 헤세 지음/박환덕 옮김
- 635 슬픔이여 안녕 F. 사강 지음/이정림 옮김
- 636 마음의 파수꾼 F. 사강 지음/방 곤 옮김
- 637 모파상 단편선 모파상 지음/이정림 옮김
- 638 데미안 헤르만 헤세 지음/박환덕 옮김
- 639 독일인의 사랑 막스 뮐러 지음/홍경호 옮김
- 640 젊은 베르테르의 슬픔 괴테 지음/지명렬 옮김
- 641 늪텃집 처녀(외) 라겔뢰프 지음/홍경호 옮김
- 642 갈매기의 꿈(외) 리처드 바크 지음/김진욱·양은숙 옮김
- 643 폭풍의 언덕 E. 브론테 지음/윤삼하 옮김
- 644 모모(상) 미하엘 엔데 지음/서석연 옮김
- 645 모모(하) 미하엘 엔데 지음/서석연 옮김
- 646 북경에서 온 편지 펄 벅 지음/김성렬 옮김
- 647 페이터의 산문 페이터 지음/이성호 옮김
- 648 아름다워라 청춘이여 헤르만 헤세 지음/박환덕 옮김

역사·철학·기타

- 701 철학 사상 이야기(상) 현대사상연구회 엮음
- 702 철학 사상 이야기(하) 현대사상연구회 엮음
- 703 사랑의 기술 에리히 프롬 지음/정성호 옮김
- 704 탈무드 마빈 토케이어 지음/정진태 옮김

▶계속 펴냅니다

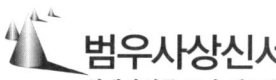
범우사상신서
현대사회를 보다 새로운 시각으로 종합진단하여 그 처방을 제시해줍니다.

1 자유에서의 도피 E. 프롬/이상두
2 젊은이여 오늘을 이야기하자 렉스프레스誌/방곤·최혁순
3 소유냐 존재냐 E. 프롬/최혁순
4 불확실성의 시대 J. 갈브레이드/박현채·전철환
5 마르쿠제의 행복론 L. 마르쿠제/황문수
6 너희도 神처럼 되리라 E. 프롬/최혁순
7 의혹과 행동 E. 프롬/최혁순
8 토인비와의 대화 A. 토인비/최혁순
9 역사란 무엇인가 E. 카/김승일
10 시지프의 신화 A. 카뮈/이정림
11 프로이트 심리학 입문 C.S. 홀/안귀여루
12 근대국가에 있어서의 자유 H. 라스키/이상두
13 비극론·인간론(외) K. 야스퍼스/황문수
14 엔트로피 J. 리프킨/최현
15 러셀의 철학노트 B. 페인버그·카스릴스(편)/최혁순
16 나는 믿는다 B. 러셀(외)/최혁순·박상규
17 자유민주주의에 희망은 있는가 C. 맥퍼슨/이상두
18 지식인의 양심 A. 토인비(외)/임헌영
19 아웃사이더 C. 윌슨/이성규
20 미학과 문화 H. 마르쿠제/최현·이근영
21 한일합병사 야마베 겐타로/안병무
22 이데올로기의 종언 D. 벨/이상두
23 자기로부터의 혁명 ① J. 크리슈나무르티/권동수
24 자기로부터의 혁명 ② J. 크리슈나무르티/권동수
25 자기로부터의 혁명 ③ J. 크리슈나무르티/권동수
26 잠에서 깨어나라 B. 라즈니시/길연
27 역사학 입문 E. 베른하임/박광순
28 법화경 이야기 박혜경
29 융 심리학 입문 C.S. 홀(외)/최현
30 우연과 필연 J. 모노/김진욱
31 역사의 교훈 W. 듀란트(외)/천희상
32 방관자의 시대 P. 드러커/이상두·최혁순
33 건전한 사회 E. 프롬/김병익
34 미래의 충격 A. 토플러/장을병
35 작은 것이 아름답다 E. 슈마허/김진욱
36 관심의 불꽃 J. 크리슈나무르티/강옥구
37 종교는 필요한가 B. 러셀/이재황
38 불복종에 관하여 E. 프롬/문국주
39 인물로 본 한국민족주의 장을병
40 수탈된 대지 E. 갈레아노/박광순
41 대장정—작은 거인 등소평 H. 솔즈베리/정성호
42 초월의 길 완성의 길 마하라시/이병기
43 정신분석학 입문 S. 프로이트/서석연
44 철학적 인간 종교적 인간 황필호
45 권리를 위한 투쟁(외) R. 예링/심윤종·이주향
46 창조와 용기 R. 메이/안병무
47-1 꿈의 해석 ⓐ S. 프로이트/서석연
47-2 꿈의 해석 ⓗ S. 프로이트/서석연
48 제3의 물결 A. 토플러/김진욱
49 역사의 연구 ① D. 서머벨 엮음/박광순
50 역사의 연구 ② D. 서머벨 엮음/박광순
51 건건록 무쓰 무네미쓰/김승일
52 가난이야기 가와카미 하지메/서석연
53 새로운 세계사 마르크 페로/박광순
54 근대 한국과 일본 나카스카 아키라/김승일
55 일본 자본주의의 정신 야마모토 시치헤이/김승일·이근원
56 정신분석과 듣기 예술 E. 프롬/호연심리센터
57 문학과 상상력 콜린 윌슨/이경식
58 에르푸르트 강령 칼 카우츠키/서석연
59 윤리와 유물사관(외) 칼 카우츠키/서석연

▶계속 펴냅니다

범우 희곡선

연극으로 느낄 수 없는 시나리오의
진한 카타르시스, 오랜 감동…!

1 세일즈맨의 죽음 아서 밀러/오화섭
2 코카시아의 백묵원 베르톨트 브레히트/이정길
3 몰리에르 희곡선 몰리에르/민희식
4 간계와 사랑 프리드리히 실러/이원양
5 욕망이라는 이름의 전차 테네시 윌리엄스/신정옥
6 에쿠우스 피터 셰퍼/신정옥
7 뜨거운 양철지붕 위의 고양이 테네시 윌리엄스/오화섭
8 유리동물원 테네시 윌리엄스/신정옥
9 빌헬름 텔 프리드리히 실러/한기상
10 아마데우스 피터 셰퍼/신정옥
11 탤리 가의 빈집(외) 랜퍼드 윌슨/이영아
12 인형의 집 헨릭 입센/김진욱
13 산불 차범석
14 황금연못 어네스트 톰슨/최현
15 민중의 적 헨릭 입센/김석만
16 태(외) 오태석
17 군도 프리드리히 실러/홍경호
18 유령 헨릭 입센 헨릭 입센/김진욱
19 느릅나무 밑의 욕망 유진 오닐/신정옥
20 지평선 너머 유진 오닐/오화섭
21 굴원 곽말약/김승일
22 채문희 곽말약/김승일
23 새야새야 파랑새야(외) 차범석
24 피그말리온 버나드 쇼/신정옥

▶계속 펴냅니다

대영박물관 신화 시리즈

1 **아즈텍과 마야 신화** 칼 토베/이웅균·천경효
신국판·180면·값 7,000원
고대 아즈텍과 마야 신화들은 현대 멕시코와 중앙 아메리카의 민간 전승 속에서 여전히 살아있는 메소아메리카의 문화적 전통을 담고 있는데 이 책은 많은 부족들이 서로 다른 문화 속에서도 천 년의 세월동안 광범위한 접촉을 해왔음을 재평가해 보이고 있다.

2 **이집트 신화** 조지 하트/이웅균·천경효
신국판·186면·값 8,000원
이집트 신화는 시각적, 문헌적 이미지가 복잡하게 얽혀 있는 한 편의 풍부한 파노라마라 할 수 있는데 이는 각종 무덤 회화, 신전 조각과 파피루스를 통해 살아남아 왔음을 알 수 있다.

3 **그리스 신화** 루실라 번/이경희
신국판·184면·값 7,000원
대다수의 신화들이 그리스 문명만큼이나 오래되었다는 그리스 신화! 가장 흥미롭고 영향력 있는 이야기들과 트로이 전쟁의 서사, 오디세우스의 방랑, 오이디푸스의 비극적 운명, 올림피아 신과 여신의 복잡한 만신전 등등 지속적인 그리스 신화의 상상적 유산을 고찰하고 있다.

4 **로마 신화** 제인 F. 가드너/이경희
신국판·186면·값 7,000원
로마 신화는 신들에 관한 이야기가 아니라 로마 초기의 역사와 로마인 자신들의 이야기다. 아에네아스·로물루스와 레무스·일곱 왕의 이야기 등 갖가지 신화들을 로마 고대의 사회, 종교, 문학 속에서 새롭게 검토 재구성하였다.

5 **메소포타미아 신화** 헨리에타 맥컬/임웅
신국판·184면·값 8,000원
고대 메소포타미아(서남아시아-현재 이라크와 시리아 북부)인들에 의해 기원전 3000년 이전에 점토판에 새겨진 쐐기 모양의 상징들로 이루어진 설형문자를 19세기 학자들이 가까스로 해독함에 따라 광범위한 전설이 그 모습을 드러냈다.

6 **잉카 신화** 게리 어튼/임웅
신국판·156면·값 8,000원
잉카인들은 스페인 식민자들의 수탈의 역사가 지속되고 있는 동안에도 고대신화와 전설 속에서 희망의 메시지를 담고 있다. 스페인, 포르투갈의 수탈의 역사 정도로만 알려지고 있는 잉카 제국의 역사에 관해 좋은 안내서가 될 것이다.

7 **페르시아 신화** 베스타 커티스/임웅
신국판·182면·값 8,000원
이란의 전설적인 과거로부터 끄집어낸 페르시아 신화는 조로아스터교에서 드러나는 선과 악의 대결, 신들의 행적, 그리고 영웅들과 전설적인 동물들의 공적에 대한 페르시아 사회의 태도를 반영하고 있다.

▶계속 펴냅니다